ADMINISTRAÇÃO EDUCACIONAL

```
H867a   Hoy, Wayne K.
            Administração educacional : teoria, pesquisa e prática /
        Wayne K. Hoy, Cecil G. Miskel, C. John Tarter ; tradução:
        Henrique de Oliveira Guerra ; revisão técnica: Márcia
        Rosiello Zenker. – 9. ed. – Porto Alegre : AMGH, 2015.
            xv, 519 p. : il. ; 25 cm.

            ISBN 978-85-8055-494-6

            1. Gestão educacional. 2. Administração – Liderança –
        Tomada de decisão. I. Miskel, Cecil G. II. Tarter, C.
        John. III. Título.

                                                    CDU 37.07
```

Catalogação na publicação: Poliana Sanchez de Araujo – CRB 10/2094

Wayne K. HOY
Ohio State University

Cecil G. MISKEL
Emérito
University of Michigan

com

C. John TARTER
University of Alabama

ADMINISTRAÇÃO EDUCACIONAL
teoria, pesquisa e prática
9ª EDIÇÃO

Tradução
Henrique de Oliveira Guerra

Revisão técnica
Márcia Rosiello Zenker
Psicóloga. Especialista em Psicologia Educacional pelo Instituto Sedes Sapientiae
Especialista em Gestão de Conflitos pelo Instituto Familiae
Sócia da Zenker Tecnologia da Evolução e consultora associada da Humus
Consultoria em Educação

AMGH Editora Ltda.
2015

Obra originalmente publicada sob o título
Educational Administration: Theory, Research and Practice, 9th Edition
ISBN 0078024528 / 9780078024528

Original edition copyright © 2013, McGraw-Hill Global Education Holdings, LLC, New York, New York 10121.
All rights reserved.

Portuguese language translation copyright © 2015, AMGH Editora Ltda., a Grupo A Educação S.A. company.
All rights reserved.

Gerente editorial: *Letícia Bispo de Lima*

Colaboraram nesta edição:

Editora: *Priscila Zigunovas*

Assistente editorial: *Paola Araújo de Oliveira*

Capa: *Márcio Monticelli*

Imagem de capa: *©thinkstockphotos.com/raywoo, Interior stairs*

Preparação de originais: *Cristine Henderson Severo*

Leitura final: *Luiza Drissen Signorelli Germano*

Editoração: *Techbooks*

Reservados todos os direitos de publicação, em língua portuguesa, à
AMGH EDITORA LTDA., uma parceria entre GRUPO A EDUCAÇÃO S.A. e McGRAW-HILL EDUCATION
Av. Jerônimo de Ornelas, 670 – Santana
90040-340 – Porto Alegre – RS
Fone: (51) 3027-7000   Fax: (51) 3027-7070

É proibida a duplicação ou reprodução deste volume, no todo ou em parte, sob quaisquer
formas ou por quaisquer meios (eletrônico, mecânico, gravação, fotocópia, distribuição na Web
e outros), sem permissão expressa da Editora.

Unidade São Paulo
Av. Embaixador Macedo Soares, 10.735 – Pavilhão 5 – Cond. Espace Center
Vila Anastácio – 05095-035 – São Paulo – SP
Fone: (11) 3665-1100   Fax: (11) 3667-1333

SAC 0800 703-3444 – www.grupoa.com.br

IMPRESSO NO BRASIL
PRINTED IN BRAZIL

AUTOR

Wayne K. Hoy recebeu seu bacharelado no Lock Haven State College em 1959 e, em seguida, lecionou matemática na Cheltenham High School em Wyncote, Pensilvânia. Em 1965, concluiu seu doutorado em educação na Pennsylvania State University. Após lecionar na Oklahoma State University por diversos anos, transferiu-se para a Rutgers University em 1968. Lá se destacou como professor, diretor de departamento e reitor assistente para assuntos acadêmicos. Em 1994, foi selecionado para a Novice G. Fawcett Chair em Administração Educacional na Ohio State University. Seus principais interesses profissionais são a teoria e a pesquisa em administração, a sociologia das organizações e a psicologia social da administração.

Em 1973, recebeu o prêmio da Fundação Lindback por Destaque em Docência da Rutgers University; em 1987, foi agraciado com o prêmio Alumni de Pesquisa Profissional da Faculdade de Educação da Rutgers University; em 1991, recebeu o prêmio Excelência em Educação da Pennsylvania State University; em 1992, foi agraciado com o prêmio de Pesquisa Meritória da Eastern Educational Research Association; e em 1996, tornou-se um *Alumni Fellow* da Pennsylvania State University. É ex-secretário-tesoureiro da Conferência Nacional de Professores de Administração Educa-

cional (National Conference of Professors of Educational Administration, NCPEA) e ex-presidente do Conselho Universitário para Administração Educacional (University Council for Educational Administration, UCEA). Em novembro de 2003, foi agraciado com o prêmio Roald Campbell pelo Conjunto da Obra em Administração Educacional. Em 2009, foi selecionado como membro da Associação Norte-Americana de Pesquisa Educacional.

Hoy é coautor, com D. J. Willower e T. L. Eidell, da obra *The School and Pupil Control Ideology* (1967); com Patrick Forsyth, de *Effective Supervision: Theory into Practice* (1986); com C. J. Tarter e R. Kottkamp, de *Open Schools – Healthy Schools: Measuring Organizational Climate* (1991); com C. J. Tarter, de *Administrators Solving the Problems of Practice* (1995, 2004) e *The Road to Open and Healthy Schools* (1997); com D. Sabo, de *Quality Middle Schools* (1998); e com sua esposa, Anita Woolfolk Hoy, de *Instructional Leadership: A Research-Based Guide to Learning in Schools,* 3ª edição (2009). Em 2010, escreveu seu livro mais recente, *Quantitative Research in Education: A Primer.* Também atuou em conselhos editoriais de diversos periódicos, incluindo *Educational Administration Quarterly, Journal of Educational Administration, Leadership and Policy in Schools* e *Review of Educational Research.*

DEDICATÓRIA

Para Amaya Bella Hoy – o melhor ainda está por vir.

PREFÁCIO

Todas as edições de *Administração educacional: teoria, pesquisa e prática* basearam-se em três pressupostos sobre o estudo e a prática da administração educacional:

- Existe um conjunto substancial de conhecimentos sobre organizações educacionais, mas muitas vezes esse conhecimento é desprezado tanto por professores quanto por administradores.
- Um modelo de sistemas sociais abertos fornece às escolas um abrangente e útil arcabouço conceitual que organiza e relaciona essas teorias e pesquisas para bem dos administradores educacionais.
- A prática administrativa pode tornar-se mais sistemática, reflexiva e eficaz quando orientada por sólidas pesquisas e teorias.

Por isso, todas as edições, incluindo a atual, resumem e analisam os conhecimentos relevantes e demonstram sua utilidade na resolução de problemas da prática. Temos uma grande dívida de gratidão com nossos alunos e colegas, que nos ajudaram a ancorar nossas teorias e pesquisas no mundo real da prática – o livro se beneficiou muito com seus pensamentos e sugestões.

NOVIDADES DA 9ª EDIÇÃO

- **Novos conhecimentos.** Mais de 200 novas pesquisas e estudos teóricos foram adicionados à medida que trabalhos mais antigos foram descartados nesta edição. Trazemos aos administradores atuais e futuros as teorias e as pesquisas mais recentes, mas também fazemos um esforço especial para manter as análises clássicas de ícones no campo como Weber, Blau, Gouldner, Etzioni, Skinner, Vygotsky, Piaget, Mintzberg, Dewey, March e Simon, para citar apenas alguns.
- **Cobertura expandida sobre ensino e aprendizagem.** O Capítulo 2 resume as teorias e as pesquisas mais recentes sobre ensino e aprendizagem, mantendo a tradição de ser um dos poucos livros de administração educacional a lidar com essas funções primordiais da educação. Só nesse capítulo, quase 50 novos estudos foram adicionados, ao passo que a análise foi atualizada e aprimorada.
- **Novo capítulo sobre clima organizacional.** O estudo sobre a cultura e o clima organizacionais foi separado em dois capítulos – o Capítulo 5 centra-se nas mais recentes teorias e pesquisas sobre cultura escolar, ao passo que o novo Capítulo 6 amplia nossa discussão e análise sobre o clima organizacional.
- **Importante revisão do capítulo sobre ambientes externos das escolas.** Esse capítulo passou por uma revisão substancial. Adicionou-se uma nova seção sobre a responsabilização, e o foco desloca-se para duas perspectivas conceituais do ambiente – o modelo da dependência dos recursos e o modelo institucional. O capítulo foi remodelado e simplificado, ao mesmo tempo em

x Prefácio

que as pesquisas mais recentes foram adicionadas e aplicadas nas análises.

- **Importante revisão do capítulo sobre eficiência escolar.** Três novos modelos de realização acadêmica, bem como duas novas perspectivas gerais sobre a eficiência da escola, são propostos e discutidos em novas e significativas conceituações e análises sobre eficiência.
- **Novo recurso – *Guia prático*.** Cada capítulo agora é concluído com um novo recurso, o *Guia prático*, que traduz a teoria e a pesquisa de cada capítulo em um conjunto de recomendações práticas para os administradores. Em suma, mais de 150 diretrizes práticas são introduzidas nesta edição.
- **Novos casos.** Sete casos novos e requintados foram adicionados aos capítulos na seção *Caso sobre liderança educacional,* para manter a aplicação da teoria e da pesquisa focada em questões e problemas contemporâneos.
- **Recursos aprimorados e expandidos.** Todos os outros recursos foram atualizados: *Teste os seus conhecimentos,* para revisar os conceitos-chave; um conjunto de *Leituras sugeridas,* para ampliar as perspectivas; um *Exercício de portfólio,* vinculado com os padrões de liderança; *Teoria na prática,* que realça questões de aplicação; e *Princípios e pressupostos básicos,* para resumir as ideias principais de cada capítulo. Todos os recursos são projetados para ajudar os leitores a confirmar e aplicar seu aprendizado.

RECURSOS

- **Pontos principais.** No começo de cada capítulo, o leitor encontrará uma seção que resume os pontos principais a serem abordados no capítulo. Sugerimos que os alunos analisem com calma a seção dos pontos principais, que é delibe-

radamente concisa porque fornece um esboço prévio do capítulo.

- **Teoria na prática.** Exercícios para tornar o livro mais prático e fácil de usar foram adicionados nesta edição. Ao longo de cada capítulo, os leitores serão confrontados com uma série de dicas e exercícios sobre a aplicação da teoria na prática, que os obriga a testar sua compreensão da teoria e a sugerir aplicações para problemas contemporâneos.
- **Casos sobre liderança educacional.** Cada capítulo inclui um caso real para desafiar aos leitores a aplicar as ideias e os conceitos desenvolvidos no capítulo e a demonstrar a sua iniciativa de liderança.
- **Princípios e pressupostos básicos.** Ao final de cada capítulo, são resumidas as generalizações básicas obtidas da pesquisa e da teoria.
- **Guia prático.** Cada capítulo também termina com um conjunto de recomendações específicas para orientar a prática administrativa.
- **Conceitos-chave.** Os conceitos-chave em cada capítulo são identificados em negrito. Os leitores devem dedicar um tempo para conferir seu conhecimento e se certificar de que entendem e podem definir esses conceitos.
- **Teste os seus conhecimentos.** Um teste sobre os conceitos-chave é fornecido ao término de todos os capítulos.
- **Leituras sugeridas.** Cada capítulo traz uma bibliografia comentada de leituras complementares.
- **Exercício de portfólio.** Cada capítulo termina com um exercício para os leitores demonstrarem suas percepções e habilidades.
- **Coletânea suplementar de casos sobre liderança educacional.** Uma coletânea de seis casos adicionais está disponível no final do livro. Esses casos fornecem ao leitor uma prática extra em várias situações, à medida que aplicam seus

conhecimentos em desafios reais de liderança.

- **Principais padrões administrativos (padrões Interstate School Leaders Licensure Consortium – ISLLC – e Educational Leadership Constituent Council – ELCC).** Todos os estudos de caso sobre liderança do livro estão resumidos em *Uma coletânea de casos sobre liderança educacional,* que classifica cada caso em termos dos padrões abordados.

ABORDAGEM

Nossa abordagem permanece pragmática, selecionando as teorias e as pesquisas mais úteis e descartando as inúteis. No âmago de nosso modelo de sistemas sociais estão quatro elementos cruciais da vida escolar – estrutura, motivação, cultura e política –, cada qual discutido em um capítulo separado. Esses elementos interagem e fornecem o contexto para o ensino e a aprendizagem nas escolas. O capítulo ambiental apresenta um conjunto de restrições e oportunidades para as escolas; e os resultados da escola são examinados no capítulo sobre eficiência. Processos administrativos essenciais são analisados em capítulos sobre tomada de decisão, empoderamento, comunicação e liderança, que continuam a ser fundamentais para uma administração eficaz. Novas teorias e pesquisas contemporâneas são incorporadas em nossas análises sobre ensino, aprendizagem e liderança. Já que o objetivo básico de administradores educacionais é resolver problemas verdadeiros, incluímos um autêntico caso de liderança no fim de cada capítulo. Acreditamos que para fazer pleno uso do conteúdo deste livro os leitores devem primeiro *entender* os conceitos (perspectiva construtivista), em seguida *lembrar-se* deles (perspectiva cognitiva) e depois *praticá-los e aplicá-los* (perspectiva comportamental) – os três pontos

de vista de aprendizagem desenvolvidos no segundo capítulo.

RECURSOS PARA ESTUDANTES (EM INGLÊS)

A 9ª edição de *Administração educacional: teoria, pesquisa e prática* é acompanhada por um centro de aprendizagem *on-line*, que inclui apresentações em PowerPoint® para cada capítulo, bem como questionários práticos para os estudantes. Saiba mais em www.mhhe.com/hoy9e.

Acesse também o conteúdo *on-line* no *site* www.grupoa.com.br. Acesse a página do livro por meio do campo de busca e clique em Conteúdo Online para baixar materiais de estudo relacionados ao tema de cada capítulo.

AGRADECIMENTOS

Obrigado aos professores que forneceram *feedback* sobre a 9ª edição para ajudar a guiar nossa revisão: Beverly Irby, Sam Houston State University; Marilynn Quick, Ball State University; Russ Higham, Tarleton State University; Stewart Mayers, Southern Oklahoma State University; e James Green, Georgia Southern University. Colegas e alunos continuam a ser importantes fontes de ideias e críticas. Gostaríamos de agradecer a Curt Adams, University of Oklahoma; Anika Anthony, Ohio State University; Ann Allen, Ohio State University; Michael DiPaola, College of William and Mary; Patrick Forsyth, University of Oklahoma; Roger Goddard, Texas A&M University; Peter Gronn, Monash University; Ronald Heck, University of Hawaii; Sam Hwan Joo, Chungnam National University; Kenneth Leithwood, University of Toronto; Roxanne Mitchell, University of Alabama;

Rodney Ogawa, University of California – Santa Cruz; Lynne Perez, San Diego State University; Brian Rowan, University of Michigan; Gail Schneider, University of Wisconsin, Milwaukee; James Sinden, Overseas Chinese Institute of Technology; Page Smith, University of Texas at San Antonio; Scott Sweetland, Ohio State University; Megan Tschannen-Moran, College of William and Mary; C. J. Tarter, University of Alabama; Cynthia Uline, San Diego State University; e Anita Woolfolk Hoy, Ohio State University. Também devo especial agradecimento a quatro estudantes de pós-graduação da Ohio State University: Lauren Bailes, Amy Schrepfer-Tarter, Lisa Reigal e Hsin-Chieh Wu.

Cecil está aproveitando a aposentadoria no Arizona e se concentrando em interesses fora do âmbito profissional. A capa ainda leva seu nome, porque ao longo dos anos se tornou cada vez mais difícil separar as nossas contribuições individuais. Também sou grato a todos os alunos que ajuda-ram a enriquecer as explicações e dar corpo às teorias com suas experiências. Minha especial gratidão a Curt Adams, Michael DiPaola, C. John Tarter e Anita Woolfolk Hoy, que colaboraram incansavelmente na revisão deste livro. Curt e Michael fizeram importantes e substanciais contribuições ao capítulo sobre **Ambientes externos e responsabilização de escolas**, e Michael deu algumas ideias e sugestões interessantes sobre liderança. C. John Tarter fez relevantes contribuições e sugestões editoriais para praticamente todos os capítulos. Na verdade, nós reescrevemos o capítulo **Eficiência escolar**; ele é o coautor desse capítulo. Finalmente, embora Anita Woolfolk Hoy e eu originalmente sejamos coautores do capítulo **O cerne técnico: aprendizagem e ensino**, a revisão desse capítulo é inteiramente dela. Fui abençoado por ter ótimos alunos e colegas ao longo de toda a minha carreira – sou eternamente grato a eles.

Wayne K. Hoy

PADRÕES DE LIDERANÇA

A seguir estão os padrões de liderança desenvolvidos pelo Conselho dos Dirigentes Escolares (Council of Chief School Officers)* – comumente chamados de **padrões ISLLC** (do inglês Interstate School Leaders Licensure Consortium, Consórcio Interestadual de Licenciamento dos Líderes Escolares) –, bem como os desenvolvidos pelo Conselho Constituinte de Liderança Educacional – os **padrões ELCC** (do inglês Educational Leadership Constituents Council). Os dois conjuntos de padrões são quase idênticos. Onde e istem pequenas diferenças, o padrão ELCC é mencionado após o padrão ISLLC. A seguir, são mostrados quais padrões são relevantes para cada caso encontrado nesta obra.

Padrões desenvolvidos pelo ISLLC e pelo ELCC

Líder escolar é alguém que promove o sucesso para todos os alunos ao:

> **Padrão 1:** *Facilitar o desenvolvimento, a articulação, a implementação e o patrocínio de uma visão de aprendizagem que é compartilhada e apoiada pela comunidade escolar.*

> **Padrão 2:** *Defender, nutrir e sustentar uma cultura escolar e um programa instrucional propício à aprendizagem do aluno e ao crescimento profissional (ISLLC); e promover uma cultura de escola positiva, proporcionar um eficiente programa instrucional, aplicar as melhores práticas para a aprendizagem do aluno e projetar abrangentes modelos de crescimento global (ELCC).*

> **Padrão 3:** *Assegurar a gestão da organização, operações e recursos para uma comunidade de aprendizagem segura e eficiente.*

> **Padrão 4:** *Colaborar com as famílias e com os membros da comunidade, respondendo aos diversos interesses e necessidades da comunidade e mobilizar recursos comunitários.*

> **Padrão 5:** *Agir com integridade, equidade e ética.*

> **Padrão 6:** *Compreender, responder e influenciar o mais amplo conte to político, social, econômico, jurídico e cultural.*

Os detalhes desses padrões podem ser encontrados *on-line* nos *sites* do Council of Chief School Officers** e do Educational Leadership Constituents Council. E ercícios práticos para compreender e demonstrar os padrões são apresentados nos *Casos sobre liderança educacional* localizados no final de cada capítulo. Na página seguinte, mostramos uma matriz para identificar os padrões considerados importantes para cada caso. Os casos lidam com vários padrões e ilustram as competências necessárias dos líderes educacionais de hoje. Acreditamos que o sucesso e ige conhecimento sobre o sistema social escolar, o ensino e a aprendizagem, as múltiplas perspectivas conceituais e os processos de comunicar, decidir, empoderar e conduzir. Os casos são e ercícios significativos para aplicar pesquisa e teoria relevantes aos problemas da prática.

---

* N. de R.T.: O Conselho dos Dirigentes Escolares é uma organização nacional, sem fins lucrativos, que reúne os dirigentes das escolas, apoiando-os quanto às políticas de educação do sistema de ensino público norte-americano.

** N. de R.T.: O *site* a que o autor se refere é o www.ccsso.org.

xiv Padrões de liderança

Casos sobre liderança educacional e padrões de liderança

Caso sobre liderança educacional	Visão Padrão 1	Desenvolvimento profissional da aprendizagem do aluno Padrão 2	Ambiente na escola Padrão 3	Colaboração comunitária Padrão 4	Ética Padrão 5	Contexto geral Padrão 6
Nudista na hora do almoço (p. 35)		X	X	X	X	X
Aprendizagem cooperativa (p. 88)		X	X			X
Problemas em West High (p. 131)	X	X	X	X		X
Desafio motivacional e de liderança (p. 172)		X	X			
Ambivalência em East High (p. 204)		X	X	X	X	X
Desconfiança na Escola Albany (p. 225)		X	X	X	X	X
Conflito na WHS (p. 263)	X	X	X	X	X	X
Rito de passagem (p. 294)			X	X		X
Reviravolta escolar (p. 325)	X	X	X			X
O Conselho dos Professores (p. 352)	X		X	X		X
Tratamento especial? (p. 383)	X	X	X		X	X
A carta (p. 421)		X		X	X	X
Dilema no Facebook (p. 462)	X	X	X	X	X	X
Reação precipitada? (p. 486)		X	X	X	X	X
Desdenhando os criacionistas? (p. 487)	X	X	X	X	X	X
Passando dos limites ou apenas uma paixonite? (p. 489)		X	X	X	X	X
Liderando para mudar, mudando para liderar (p. 492)	X	X	X	X	X	X
Exigência dos pais (p. 493)		X	X	X	X	X
Dilema em Urban High (p. 495)	X	X	X	X	X	X

SUMÁRIO

CAPÍTULO 1   A ESCOLA COMO SISTEMA SOCIAL   1

CAPÍTULO 2   O CERNE TÉCNICO: APRENDIZAGEM E ENSINO   38

CAPÍTULO 3   ESTRUTURA NAS ESCOLAS   85

CAPÍTULO 4   INDIVÍDUOS NAS ESCOLAS   124

CAPÍTULO 5   CULTURA ORGANIZACIONAL DAS ESCOLAS   161

CAPÍTULO 6   CLIMA ORGANIZACIONAL DAS ESCOLAS   188

CAPÍTULO 7   PODER E POLÍTICA NAS ESCOLAS   207

CAPÍTULO 8   AMBIENTES EXTERNOS E RESPONSABILIZAÇÃO DAS ESCOLAS   241

CAPÍTULO 9   EFICIÊNCIA ESCOLAR   269

CAPÍTULO 10   TOMADA DE DECISÃO NAS ESCOLAS   296

CAPÍTULO 11   TOMADA DE DECISÃO COMPARTILHADA: EMPODERAMENTO DOS PROFESSORES   323

CAPÍTULO 12   COMUNICAÇÃO NAS ESCOLAS   348

CAPÍTULO 13   LIDERANÇA NAS ESCOLAS   381

CAPÍTULO 14   RECAPITULANDO: ANÁLISE DA ESCOLA COMO SISTEMA SOCIAL   417

Coletânea de casos sobre liderança educacional   433

Referências   445

Índice onomástico   493

Índice   503

1

A ESCOLA COMO SISTEMA SOCIAL

Embora estejamos determinados a estudar a realidade, isso não quer dizer que não desejamos aprimorá-la; se nossas pesquisas tivessem apenas interesse especulativo, deveríamos considerá-las inúteis. Se nós separamos cuidadosamente os problemas teóricos dos problemas práticos, não o fazemos para subestimar os problemas práticos; mas, ao contrário, para ter melhores condições de resolvê-los.

Emile Durkheim
The Division of Labor in Society

Não há nada de tão prático quanto uma boa teoria.

Kurt Lewin
Field Theory in Social Science

PONTOS PRINCIPAIS

1. A teoria organizacional é um conjunto de conceitos, definições e generalizações inter-relacionados que descreve e explica de forma sistemática os padrões de regularidades na vida organizacional.

2. As funções da teoria são explicar, orientar pesquisas, gerar novos conhecimentos e orientar a prática.

3. A teoria informa a prática de três maneiras importantes: forma uma moldura de referência; fornece um modelo geral para análise; e orienta a tomada de decisão reflexiva.

4. A evolução do pensamento e da teoria organizacionais pode ser abordada de acordo com três diferentes perspectivas de sistemas: racional, natural e aberto.

5. A perspectiva de sistema racional encara as organizações como instrumentos formais projetados para alcançar objetivos organizacionais; a estrutura é a característica mais importante.

6. A perspectiva de sistema natural encara as organizações como grupos sociais típicos com a intenção de sobreviver: as pessoas são o aspecto mais importante.

7. A perspectiva de sistema aberto tem o potencial para combinar os elementos racionais e naturais no mesmo arcabouço e fornecer uma perspectiva mais completa.

8. As escolas são sistemas sociais abertos com cinco elementos ou subsistemas importantes: o estrutural, o individual, o cultural, o político e o pedagógico. O comportamento organizacional é uma função da interação desses elementos no contexto do ensino e da aprendizagem.

9. O processo de ensino-aprendizagem é o cerne técnico do sistema social escolar; é um processo complexo que pode ser proficuamente analisado sob três perspectivas: a comportamental, a cognitiva e a construtivista.

10. O ambiente também é um aspecto crucial da vida organizacional; não só fornece recursos para o sistema, mas também fornece novas restrições e oportunidades.
11. Postulamos uma hipótese da congruência: mantidos os outros fatores iguais, quanto maior o grau de congruência entre os elementos do sistema, mais eficaz ele é.
12. O nosso sistema aberto de modelo escolar fornece uma base conceitual para a análise organizacional e a resolução de problemas administrativos.

O estudo sistemático da administração educacional é tão novo quanto a escola moderna; a escola com sala única da área rural dos Estados Unidos não precisava de administradores especializados. A pesquisa sobre administração e o desenvolvimento de teorias da organização e administração são fenômenos relativamente recentes.* Porém, antes de explorar as perspectivas conceituais da administração educacional, precisamos de um entendimento básico sobre a natureza e o significado da teoria organizacional. Em razão disso, iniciamos o capítulo definindo teoria e ciência e discutindo as inter-relações entre teoria, pesquisa e prática.

TEORIA

Boa parte do ceticismo sobre a teoria baseia-se no pressuposto de que a administração educacional é incapaz de se tornar uma ciência. Esse tipo de ceticismo assola todas as ciências sociais. Em contrapartida, a teoria nas ciências naturais alcançou respeitabilidade não só porque envolve necessariamente descrições exatas, mas também porque descreve fenômenos ideais que "funcionam" em aplicações práticas.

A maioria das pessoas pensa que os cientistas lidam com fatos, ao passo que os filósofos se aprofundam na teoria. Com efeito, para muitos indivíduos, inclusive administradores educacionais, fatos e teorias são antônimos; ou seja, os fatos são reais e seus significados, óbvios, e as teorias são especulações ou sonhos. Entretanto, a teoria na administração educacional tem o mesmo papel que a teoria em ramos como física, química, biologia ou psicologia – fornecer explicações gerais, que orientem a pesquisa e a prática.

Teoria e ciência

O propósito de toda ciência é compreender o mundo em que vivemos e trabalhamos. Os cientistas descrevem o que constatam, descobrem regularidades e formulam teorias (BABBIE, 2011). A ciência organizacional tenta descrever e explicar regularidades no comportamento dos indivíduos e dos grupos no âmbito das organizações. Cientistas organizacionais buscam princípios básicos que forneçam uma compreensão geral da estrutura e da dinâmica da vida organizacional (MINER, 2002). Abbott (2004) capta o âmago da ciência ao descrevê-la como "conversa entre o rigor e a imaginação". O rigor de testes cuidadosos é aplicado na formulação criativa de ideias e explicações. Assim, a ciência tem duas faces: é minuciosa e sistemática, bem como engenhosa e inovadora.

Alguns pesquisadores consideram a ciência um conjunto estático e interconectado por princípios que explicam o universo em que vivemos. Consideramos **ciência** o

---

* N. de R.T.: O mesmo pode-se dizer do Brasil quanto às escolas rurais. Só a partir da oferta mais expansiva da educação, no início do século XX, é que tivemos, por volta de 1930, o desenvolvimento de um corpo teórico na área administrativa escolar brasileira.

processo dinâmico para desenvolver, por meio de experimentação e observação, um conjunto interconectado de proposições que, por sua vez, gera mais experimentação e observação; ou seja, o objetivo fundamental da ciência é descobrir explicações gerais, chamadas *teorias* (CONANT, 1951). Indivíduos investigativos que tentam entender como as coisas funcionam criam teorias; no entanto, nenhuma teoria sempre é considerada definitiva, pois uma melhor pode ser formulada a qualquer momento. Na verdade, uma das forças básicas da ciência é ser autocrítica e autocorretiva (WILLOWER, 1994, 1996). As normas da ciência e da teoria são orientadas para a compreensão, a comunicação pública e esclarecida dos resultados e a adoção de critérios impessoais de avaliação (ZUCKER, 1987).

Há várias definições para "teoria". Donald J. Willower (1975) fornece uma definição concisa: o conjunto de generalizações inter-relacionadas que serve para explicar. Sugerimos a definição mais abrangente de teoria em administração educacional preconizada por Fred N. Kerlinger (1986). **Teoria** é o conjunto de suposições, generalizações e conceitos inter-relacionados que descreve e explica, de modo sistemático, as regularidades no comportamento em organizações educacionais. Além disso, a boa teoria é testável, coerente, econômica, geral e útil (HIGGINS, 2004).

Elementos da teoria

A teoria é uma linguagem especial que nos explica e ajuda a compreender algum fenômeno (TOSI, 2009). Como qualquer linguagem, ela tem vocabulário (conceitos) e gramática (generalizações teóricas) próprios. O vocabulário de uma teoria é composto por seus conceitos, que constituem os blocos de construção básicos, ou os elementos da teoria. **Conceitos** são termos abstratos (palavras) que fornecem definições especiais. Por terem conotações específicas, os conceitos nos ajudam a chegar a um acordo sobre o significado dos termos, e sua abstração assegura a generalidade. Por exemplo, hierarquia de autoridade, impessoalidade, formalização, racionalidade e especialização são conceitos que ajudam a explicar a estrutura e a função das organizações (ver Cap. 3).

Só as palavras, porém, são insuficientes para explicar algo. Rotular observações e padrões não é o mesmo que explicá-los. Precisamos conhecer não só o significado das palavras, mas também por que e como elas se relacionam entre si. Ou seja, precisamos combinar nossos conceitos em relações teóricas coerentes que forneçam uma explicação geral. Essas **generalizações teóricas** são a gramática da teoria; são afirmações que indicam as relações entre dois ou mais conceitos. Por exemplo, considere as duas generalizações teóricas a seguir:

1. A divisão do trabalho produz a especialização.
2. A especialização promove a competência, ou *expertise*.

Observe que cada uma dessas afirmações explica a relação entre dois conceitos. Você concorda com as generalizações teóricas? O Capítulo 3 lhe orientará a esse respeito.

As teorias fornecem explicações gerais sobre os fenômenos; fornecem uma história coerente e conectada sobre por que atos, eventos e comportamentos ocorrem (HIGGINS, 2004; MCKINLEY, 2010; SUTTON; STAW, 1995). Em sua maioria, os conceitos, as generalizações e as teorias deste livro estão no meio termo – isto é, são um tanto limitados em seu escopo e não tentam abranger tudo. São tentativas de resumir e explicar algumas das consistências encontradas nas organizações escolares.

Por natureza, as teorias são gerais e abstratas; não são estritamente verdadeiras ou falsas, mas, em vez disso, úteis ou inúteis. As teorias são úteis na medida em que geram previsões precisas sobre eventos e nos ajudam a entender e influenciar o comportamento. Albert Einstein, um dos maiores teóricos de todos os tempos, e Leopold Infeld (Einstein e Infeld, 1938) capturam a essência do ato de teorizar na seguinte citação:

> Em nosso esforço para compreender a realidade, lembramos um pouco o homem que tenta entender o mecanismo de um relógio fechado. Observa o mostrador e os ponteiros em movimento, inclusive escuta o tique-taque, mas não sabe como abrir a caixa. Se ele for engenhoso, consegue formar imagens de um mecanismo responsável por todas as coisas que ele observa, mas nunca vai estar completamente certo de que sua imagem é a única que explica suas observações. Nunca será capaz de comparar a sua imagem com o mecanismo real, e nem sequer imagina a possibilidade do significado dessa comparação. (GINSTEIN; INFELD, 1938, p. 31).

Teoria e realidade

A realidade existe, mas nosso conhecimento sobre ela sempre permanece evasivo e incerto. Não deveria ser surpreendente que diferentes indivíduos muitas vezes cheguem a diferentes conclusões a partir das mesmas experiências perceptivas, afinal eles defendem diferentes teorias que afetam sua interpretação dos fatos (CAREY; SMITH, 1993). O nosso conhecimento consiste em nossas teorias. Porém, a forma da teoria é menos importante do que o grau em que ela gera compreensão útil. Em última análise, a pesquisa e a teoria são julgadas por sua utilidade (GRIFFITHS, 1988).

O uso da teoria em análise organizacional parece indispensável para a prática reflexiva. O calouro em administração educacional pode se perguntar: "Esses modelos e teorias realmente existem?". A nossa posição é igual à de Mintzberg (1989). Os modelos, as teorias e as configurações usadas para descrever as organizações neste livro

são meras palavras e imagens impressas, não a própria realidade. As organizações reais são muito mais complexas do que qualquer uma dessas representações; na verdade, nossos arcabouços conceituais são simplificações das organizações que ressaltam algumas características e negligenciam outras. Por isso, elas distorcem a realidade. O problema é que, em muitas áreas, não conseguimos avançar sem orientação teórica (teorias implícitas ou explícitas), tal qual um turista não consegue se orientar sem um mapa em territórios desconhecidos.

Em geral, a nossa escolha não é entre realidade e teoria, mas, em vez disso, entre teorias alternativas. Mintzberg (1989, p. 259) captura o dilema muito bem:

> Ninguém carrega a realidade em sua cabeça, nenhuma cabeça é tão grande. Em vez disso, carregamos impressões da realidade, que equivalem a teorias implícitas. Às vezes, essas teorias são complementadas com arcabouços explícitos para identificar os conceitos e os inter-relacionar – em outras palavras, com teorias formais, construídas com base na investigação sistemática conhecida como pesquisa, ou ao menos com base na consideração sistemática da experiência. Na verdade, certos fenômenos não podem ser compreendidos sem esse auxílio formal – como alguém desenvolveria uma teoria implícita de fissão nuclear, por exemplo?

Todos nós utilizamos teorias para orientar nossas ações. Algumas são implícitas e outras, explícitas; na verdade, muitas de nossas teorias implícitas pessoais são teorias formais que já foram internalizadas. Parafraseando John Maynard Keynes, os administradores práticos que se consideram livres de quaisquer influências teóricas são geralmente escravos de alguma teoria extinta. Existem bons modelos e teorias, e, se fizermos bem nosso trabalho neste livro, elas existirão onde todos os conhecimentos úteis devem existir – na mente do leitor.

A realidade não está em nossas cabeças, mas começamos a entendê-la ao executar, ajustar e aprimorar nossos modelos e teorias (SELZNICK, 1992; HOY, 1996).

Teoria e pesquisa

A pesquisa está inextricavelmente relacionada com a teoria; portanto, muitos dos equívocos e das ambiguidades em torno da teoria são refletidos na interpretação do significado e do propósito da pesquisa. Kerlinger (1986, p. 10) fornece uma definição formal:

> A pesquisa científica é a investigação sistemática, controlada, empírica e crítica das proposições hipotéticas sobre as relações presumíveis entre os fenômenos naturais.

Essa definição sugere que a investigação é orientada por hipóteses comparadas empiricamente com observações sobre a realidade de forma sistemática e controlada. Assim, os resultados desses testes estão abertos a análises críticas por outros. Para testar as nossas teorias, os conceitos são expressos como variáveis que podem ser manipuladas e medidas; na verdade, o teste de qualquer teoria exige transformar conceitos em variáveis confiáveis e válidas (HOY, 2010).

Observações aleatórias seguidas pela conclusão de que os fatos falam por si só não se qualificam como pesquisa científica; na verdade, esse empirismo tosco pode distorcer a realidade e não leva ao desenvolvimento sistemático do conhecimento. Às vezes, pesquisas e estudos etnográficos bem concebidos com o propósito expresso de desenvolver hipóteses são pontos de partida úteis em termos do desenvolvimento de hipóteses e teorias. Em última análise, no entanto, o conhecimento em qualquer disciplina é expandido pela pesquisa orientada por hipóteses derivadas da teoria. Em suma, os fatos da pesquisa não são tão importantes quanto os padrões gerais e as explicações fornecidas por eles.

Hipóteses

Hipótese é uma afirmação conjetural que indica uma relação entre ao menos dois conceitos ou variáveis. Os três exemplos seguintes ilustram esse ponto.

- Quanto mais capacitadora for a estrutura escolar, maior é o grau de eficácia coletiva.
- A estrutura escolar capacitadora funciona indiretamente por meio da eficácia coletiva da escola para melhorar o desempenho estudantil.
- A situação socioeconômica e o desempenho anterior do aluno fazem contribuições diretas ao desempenho estudantil, bem como contribuições indiretas ao desempenho por meio do otimismo acadêmico.

Várias observações podem ser feitas sobre essas hipóteses. Primeira: cada hipótese especifica a relação entre pelo menos duas variáveis. Segunda: cada qual descreve clara e concisamente essa relação. Terceira: os conceitos de cada hipótese são tais que cada uma pode ser testada empiricamente. A primeira hipótese exprime a relação entre estrutura capacitadora e eficácia coletiva, dois conceitos que podem ser medidos como variáveis. Essas hipóteses fazem a ponte entre a teoria e a pesquisa, fornecendo um meio para testar a teoria e compará-la com a realidade observada; na verdade, todas as três são desenvolvidas a partir de perspectivas conceituais e da teoria dos Capítulos 3 e 5. Por fim, observe que essas três hipóteses têm diferentes níveis de complexidade, desde uma simples primeira hipótese até uma segunda mais complexa e uma terceira bastante complexa, tanto em termos de número de variáveis quanto de suas inter-relações.

A hipótese é o viés do pesquisador. Se for deduzida a partir de uma teoria, o pesquisador espera que venha a ser sustentada por dados. O teste da hipótese é essencial para o desenvolvimento do conhecimento em qualquer campo de estudo. A sustentação da hipótese na pesquisa empírica demonstra a utilidade da teoria como explicação. O fato de que o conhecimento depende, em parte, de teorias e suposições não sustentadas não deve provocar desânimo. O objetivo dos pesquisadores organizacionais é testar nossas suposições e teorias, aprimorar explicações e reformular as teorias, à medida que mais dados e evidências são reunidos e analisados.

A forma básica do conhecimento em todas as disciplinas é semelhante; consiste em conceitos, generalizações e teorias, cada qual dependente de uma que a precede (WILLOWER, 1963). A Figura 1.1 resume os componentes básicos da teoria necessários ao desenvolvimento do conhecimento. A figura mostra que os conceitos acabam se interligando em generalizações que, por sua vez, formam um conjunto logicamente coerente de proposições, fornecendo uma explanação geral sobre um fenômeno (uma teoria). A partir da teoria, são deduzidas hipóteses para testar a utilidade da teoria. Os conceitos das hipóteses são medidos como variáveis, e, então, as hipóteses são testadas empiricamente. Os resultados dessa pesquisa fornecem os dados para aceitar, rejeitar ou reformular as generalizações básicas da teoria. Ao longo do tempo, com apoio e evidência empíricos e contínuos, as generalizações evoluem e se tornam princípios que explicam o fenômeno. No caso da teoria organizacional, princípios são desenvolvidos para explicar a estrutura e a dinâmica das organizações e o papel do indivíduo nas organizações. A teoria é tanto o início quanto o fim da pesquisa científica. Por um lado, serve como base para a geração de hipóteses que descrevem e preveem o comportamento observável. Por outro, o objetivo final de todos os esforços científicos é desenvolver um conjunto teórico substancial, ou seja, fornecer explicações gerais confiáveis. Boas teorias nos ajudam a entender e resolver todos os tipos de problemas desde o mais simples até o mais complexo.

Teoria e prática

A teoria está diretamente relacionada à prática em pelo menos três maneiras. Pri-

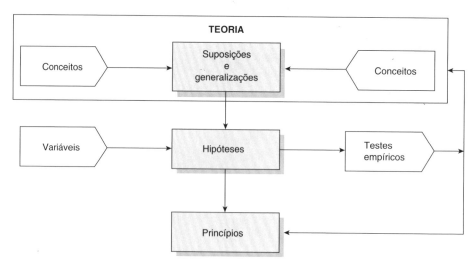

FIGURA 1.1 Relação teoria-pesquisa.
Fonte: Hoy e Smith (2007).

meiro, a teoria forma uma estrutura de referência para a prática profissional. Segundo, o processo de teorização fornece um modo geral de análise de fatos práticos. E terceiro, a teoria orienta a tomada de decisão.

A teoria dá aos profissionais as ferramentas analíticas e a estrutura referencial necessárias para aguçar e concentrar suas análises dos problemas que eles enfrentam (DEWEY, 1933).* Munidos assim, os administradores podem desenvolver soluções alternativas a problemas pragmáticos. Entretanto, é equivocado pensar que toda e qualquer teoria das ciências sociais é capaz de fornecer programas definitivos e soluções imediatas. A teoria não gera diretamente aplicações imediatas para problemas práticos. Conforme William James (1983) observou, é necessária uma mente inventiva intermediária para fazer a aplicação, lançando mão de sua própria originalidade e criatividade. Não existe substituto para o pensamento reflexivo.

Os próprios administradores defendem que a mais importante qualificação no desempenho de suas funções é a capacidade de utilizar conceitos. Porém, é um erro presumir que a capacidade de rotular aspectos de um problema usando construtos teóricos da sociologia ou da psicologia fornece, automaticamente, a solução do problema. Por exemplo, classificar o problema na categoria de conflito de atribuições, deslocamento de objetivos ou processamento cognitivo não resolve por si só o problema, mas pode organizar as questões para que surja um plano sensato de ação.

A relação teoria-prática vai além de usar os conceitos teóricos para rotular os aspectos importantes de um problema.

A abordagem científica fornece uma maneira de pensar sobre os fatos, um modo de análise, tanto para quem teoriza quanto para quem pratica. Com efeito, a abordagem científica é a própria materialização da investigação racional, não importa se o foco é a análise e o desenvolvimento teóricos, uma pesquisa, a tomada de decisão organizacional ou a resolução de problemas no nível pessoal. Uma boa descrição geral dessa abordagem é encontrada na análise de John Dewey (1933), intitulada *How we think*. O processo envolve identificar um problema, conceituá-lo, propor generalizações na forma de hipóteses que forneçam respostas aos problemas, deduzir as consequências e as implicações das hipóteses e, por fim, testar essas hipóteses.

Existem certas diferenças nas maneiras específicas pelas quais teóricos, pesquisadores e práticos adotam e utilizam a abordagem científica, mas as diferenças são mais uma questão de grau de rigor e de nível de abstração do que de abordagem. Os teóricos atuam em um nível mais alto de abstração e generalidade do que os pesquisadores, que testam as hipóteses. Os práticos, por sua vez, atuam em um nível ainda mais baixo de abstração do que os pesquisadores, pois estão essencialmente preocupados com problemas e fatos específicos em suas organizações. Mas não se engane: a arte de teorizar traz implicações diretas para a prática da administração (JOHNSON, 2010).

Da mesma forma, teóricos e pesquisadores geralmente utilizam a abordagem científica com mais rigor do que os práticos, e por um bom motivo. Em geral, os teóricos iniciam suas proposições com o preâmbulo *ceteris paribus* (mantidas inalteradas todas as outras coisas), e os pesquisadores tentam controlar todas as outras variáveis em estudo. Em contraste, os práticos atuam em um mundo em que as outras coisas geralmente não se mantêm

---

* N. de R.T.: John Dewey (1859-1952) inspirou o movimento da Escola Nova no Brasil e as bases dos PCN (Parâmetros Curriculares Nacionais). É célebre a sua afirmação: "Nós só pensamos quando nos defrontamos com um problema".

inalteradas e todas as variáveis não são controláveis. Os práticos são limitados por seus cargos, suas responsabilidades, sua autoridade e o imediatismo de seus problemas. Embora não abandonem uma abordagem reflexiva, os práticos são forçados a ser mais flexíveis ao aplicar o método científico. Por exemplo, os administradores educacionais estão provavelmente menos preocupados do que os teóricos ou pesquisadores com a generalização – ou seja, na medida em que suas soluções funcionam para outros administradores em outras esferas. No entanto, a abordagem de teóricos, pesquisadores e práticos conscienciosos é basicamente a mesma; é uma abordagem sistemática e reflexiva.

Uma última relação entre teoria e prática precisa ser mencionada – a teoria orienta a tomada de decisões administrativas. Podemos definir administração como a arte e a ciência de aplicar o conhecimento para a resolução de problemas administrativos e organizacionais. Para Arthur Blumberg (1984, 1989), é um ofício. Essas definições implicam que os administradores tenham acesso aos conhecimentos necessários para tomar as decisões. Sem teoria, no entanto, não há praticamente base alguma para o conhecimento, pois pesquisas significativas que fornecem informações pressupõem uma teoria. Infelizmente, a teoria e a pesquisa em administração educacional continuam a render, na melhor das hipóteses, apenas ganhos modestos. Não obstante, administradores reflexivos são mais propensos a serem guiados por teorias, por mais imperfeitas que elas sejam, do que por impulsos ou preconceitos de crenças duvidosas. Preconceitos e crenças errôneas nunca desaparecerão, mas podem ser colocados em xeque por hábitos mentais que promovam o raciocínio saudável (GILOVICH, 1991). As teorias não substituem o pensamento, mas são guias para a tomada de decisões e a resolução de problemas.

A teoria administrativa realmente influencia a prática. A evolução do pensamento e da teoria organizacionais ao longo do último século pode ser descrita de várias maneiras. Perscrutamos a história do pensamento organizacional por meio de uma série de lentes de sistemas.

UMA PERSPECTIVA DE SISTEMAS

O conceito de sistema tem uma história rica tanto nas ciências físicas quanto nas sociais. Tanto Alfred N. Whitehead (1925) quanto George C. Homans (1950) observaram que a ideia de um todo organizado, ou sistema, ocorrendo em um ambiente é fundamental e essencial para a ciência.

Um desenvolvimento significativo na análise do comportamento organizacional é a distinção entre sistemas abertos e fechados. Análises iniciais de sistemas da escola encaravam as organizações (GETZELS; GUBA, 1957) como sistemas fechados – isto é, isolados do mundo exterior. Foram feitas explicações em termos do funcionamento interno da organização, com pouca ou nenhuma atenção aos limites externos no ambiente. Hoje, no entanto, alguns teóricos organizacionais contemporâneos aceitam a premissa de que as organizações podem ser compreendidas isoladas dos eventos que ocorrem externamente; na verdade, Marshall Meyer (1978, p. 18) argumenta: "[...] a questão dos sistemas abertos *versus* sistemas fechados está fechada, pelo lado da abertura".

Embora o pensamento contemporâneo organizacional esteja ancorado na ciência social moderna, surgiram e evoluíram três perspectivas de sistemas concorrentes, cada qual com seu quinhão de defensores. W. Richard Scott (1987a, 1992, 1998) os chama de perspectivas de sistemas racionais, sistemas naturais e sistemas abertos. Esses três pontos de vista populares das organizações ainda são relativamente distintos, mas são parcialmente sobrepostos, complementares e conflitantes; cada qual tem seus antecedentes e raízes no pensamento organizacional. Com base principalmente no trabalho de Scott (1998) e Scott e Davis (2007), cada perspectiva será discutida em detalhes.

Modelos de sistemas racionais: de fechados a abertos

A **perspectiva de sistemas racionais** enxerga as organizações como instrumentos formais projetados para alcançar objetivos organizacionais específicos. Com apoio na racionalidade, um conjunto de ações é organizado e adotado para atingir metas predeterminadas com o máximo de eficiência (SCOTT, 1992). A abordagem racional tem suas raízes no clássico pensamento organizacional dos gestores científicos, e, inicialmente, os sistemas racionais foram considerados fechados, mas inevitavelmente todos os modelos racionais agora são vistos como sistemas abertos influenciados pelos seus ambientes.

O início – gestão científica: modelo mecânico racional e fechado

Frederick Taylor, o pai da **gestão científica**, buscou maneiras de usar as pessoas com eficácia nas organizações industriais. A formação e a experiência de Taylor como funcionário, escriturário, operador de máquina, supervisor, chefe de projetos, e, finalmente, engenheiro-chefe reforçaram sua convicção de que os indivíduos poderiam ser programados para serem máquinas eficientes. A chave para a abordagem da gestão científica reside na metáfora da máquina.

Taylor e seus colegas pensavam que os trabalhadores, motivados pela econo-

mia e limitados pela fisiologia, precisavam de orientação constante. Em 1911, Taylor (1947) formalizou suas ideias em *Scientific Management*. Uma amostragem de suas ideias revela o sabor de sua teoria gerencial. Taylor e seus seguidores – os engenheiros humanos – concentraram-se na produção física, e seus **estudos de tempo e movimento** almejavam ampliar os limites físicos dos trabalhadores e descreviam o método mais rápido para executar determinada tarefa (BARNES, 1949). Eles acreditavam que, ao estudar sistematicamente uma tarefa e cronometrar o tempo para executar várias tarefas, seria possível determinar o modo mais eficaz de completar a tarefa. Embora a obra de Taylor tivesse um foco apenas fisiológico e ignorasse variáveis psicológicas e sociológicas, ele demonstrou que muitos postos de trabalho podiam ser executados com maior eficácia. Ele também ajudou trabalhadores não qualificados, ao aprimorar a produtividade o suficiente para elevar o salário dos não qualificados a valores quase equivalentes aos auferidos pela mão de obra qualificada (DRUCKER, 1968).

Ao passo que a análise dos engenheiros humanos de Taylor partia do trabalhador individual para cima, a dos gestores administrativos partia do diretor geral para baixo. Henri Fayol, como Taylor, adotou uma abordagem científica na administração. Fayol, engenheiro de minas francês e executivo bem-sucedido, com a carreira estabelecida, tornou-se professor de administração. De acordo com Fayol (URWICK, 1937), o comportamento administrativo engloba cinco funções: planejar, organizar, comandar, coordenar e controlar. Luther Gulick (1937) posteriormente amplificou essas funções na resposta à pergunta: "Qual é o trabalho do diretor executivo?". Ele respondeu: "POSDCoRB", acrônimo para seus sete procedimentos administrativos: planejar, organizar, *staffing* (alocação de pessoal), dirigir, coordenar, relatar e *budgeting* (orçamentação).*

Para os gestores administrativos, a **divisão do trabalho** era um princípio básico da organização. Por conseguinte, quanto mais uma tarefa pudesse ser dividida em seus componentes, mais especializado e, portanto, mais eficaz seria o funcionário na realização da tarefa. Para complementar a divisão de trabalho, as tarefas eram agrupadas em postos de trabalho, e esses postos de trabalho eram então integrados em departamentos. Embora os critérios para a divisão pudessem apresentar necessidades conflitantes, a divisão do trabalho e a consequente departamentalização eram aspectos necessários da gestão. Além disso, decupar as tarefas em componentes permite desempenho rotineiro, ou seja, a **padronização** do trabalho.

Abrangência de controle, ou o número de trabalhadores supervisionados diretamente, era um segundo princípio. Ao subdividir de cima para baixo, cada unidade de trabalho tinha de ser supervisionada e coordenada com outras unidades, e a abrangência de controle considerada mais eficaz era de 5 a 10 subordinados. Essa regra geral ainda é amplamente utilizada na construção de organizações administrativas. Um único executivo, com poder e autoridade fluindo uniformemente do topo até a base, comanda as estruturas com formato piramidal decorrentes desse segundo princípio.

Um terceiro princípio operacional do gestor administrativo era o **princípio da ho-** mogeneidade de posições. Segundo Gulick (1937), um único departamento poderia ser formado de posições agrupadas em quatro maneiras diferentes: objetivo principal, processo principal, clientela ou localização.

- *Objetivo principal* reunia aqueles que compartilhavam um objetivo comum.
- *Processo principal* combinava aqueles com habilidade ou tecnologia similar.
- *Clientela* ou material agrupava aqueles que lidavam com clientes ou materiais semelhantes.
- A organização com base na *localização* ou na área geográfica reunia aqueles que trabalhavam juntos, independentemente da função.

Organizar departamentos nessas quatro formas apresenta problemas óbvios. Por exemplo, uma atividade de saúde escolar deve ser colocada no departamento de educação ou de saúde? A resposta a essa pergunta vai alterar a natureza do serviço. Homogeneizar departamentos em uma das quatro formas não os homogeneíza em todos os sentidos. "A questão não é qual o critério de agrupamento a ser usado [...]", observou James D. Thompson (1967, p. 57). "Em vez disso, em qual prioridade os vários critérios devem ser exercidos?"

Tanto os engenheiros humanos quanto os gestores científicos enfatizaram a organização formal ou burocrática. Eles estavam preocupados com a divisão do trabalho, a alocação do poder e as especificações para cada posição; nitidamente desdenhavam as idiossincrasias individuais e a dinâmica social das pessoas no trabalho. Essa perspectiva, apropriadamente denominada de "modelo mecânico", implica que uma organização pode ser construída de acordo com uma planta, como alguém constrói pontes ou motores (WORTHY, 1950).

Conforme detalhado por Roald Campbell et al. (1987), as evoluções em administração educacional andam paralelamente àquelas no amplo campo da administração.

---

* N. de R.T.: De um modo geral, os procedimentos significam: Planejar: planejamento do que deve ser feito e escolha dos métodos para se chegar o mais perto possível do que se planejou. Organizar: criar uma estrutura formal de autoridade, por exemplo, o organograma. *Staffing*: contratar funcionários e treiná-los. Dirigir: tomar decisões e transformá-las em instruções; Coordenar: ligar as partes do trabalho; Relatar: dar informações a seus funcionários e se manter informado; *Budgeting*: acompanhar o orçamento com ferramentas de controle orçamentário.

Semelhante aos gestores científicos de Taylor, embora sem o rigor dos engenheiros humanos, os primeiros estudiosos de administração educacional como Franklin Bobbit (1913) focalizaram o comportamento organizacional do ponto de vista da análise do trabalho. Observaram os administradores em ação, especificando as tarefas constituintes a serem executadas, determinando as formas mais eficazes de executar cada tarefa e sugerindo uma organização para maximizar a eficiência. A análise das escolas e do "culto da eficiência", de Raymond E. Callahan (1962), concentrando-se no período de 1910 a 1930, indica claramente a influência dos gestores científicos na literatura sobre as escolas.

Seria incorreto, no entanto, considerar a gestão científica de Taylor um modismo; de fato, Kanigel (1997) argumenta que o taylorismo foi absorvido no tecido vivo da organização moderna, bem como na própria vida norte-americana. A obsessão de Taylor com tempo, ordem, produtividade e eficácia se traduz hoje em nosso fascínio por organizadores eletrônicos, *smartphones*, correio de voz, correio eletrônico, torpedos e *tablets*, tudo para nos manter produtivos e eficientes. Hoje, o taylorismo pode estar intelectualmente fora de moda, mas poucos negam seu impacto duradouro na sociedade norte-americana. Para o bem ou para o mal, o taylorismo perdura.

Visão contemporânea: modelo estrutural racional e aberto

Para aqueles que têm uma perspectiva de sistemas racionais, o comportamento nas organizações é considerado intencional, disciplinado e racional. As preocupações e os conceitos dos teóricos dos sistemas racionais são veiculados por termos como "eficiência", "otimização", "racionalidade" e "*design*". Além disso, essa visão enfatiza as limitações dos tomadores de decisão individual, no contexto das organizações; assim, as noções de oportunidades, limita-

ções, autoridade formal, regras e normas, conformidade e coordenação representam elementos essenciais da racionalidade. Os teóricos contemporâneos dos sistemas racionais enfatizam a especificidade de objetivo e a formalização, porque esses elementos dão importantes contribuições para a racionalidade e a eficiência das organizações (SCOTT, 1998; SCOTT; DAVIS, 2007). Além disso, eles encaram as organizações como abertas e racionais.

Objetivos são os fins desejados que orientam o comportamento organizacional. Objetivos específicos orientam a tomada de decisão, influenciam a estrutura formal, especificam as tarefas, direcionam a alocação de recursos e regulam as decisões de projetos. Objetivos ambíguos dificultam a racionalidade, pois, sem objetivos claros, não é possível ordenar alternativas e fazer escolhas racionais; portanto, mesmo quando os objetivos organizacionais gerais são vagos (como muitas vezes acontece na educação), as operações diárias reais são guiadas por objetivos específicos. Os educadores podem discutir interminavelmente sobre os méritos da educação progressiva e tradicional, mas em cada escola um acordo considerável se desenvolve em torno de questões como requisitos para graduação, políticas de disciplina e regras escolares.

Formalização, ou o nível de regras e de codificação de trabalho, é outra característica que torna racionais as organizações; a formalização produz padronização e a regulação do desempenho no trabalho. Regras são desenvolvidas de modo a comandar precisa e explicitamente o comportamento; os cargos são cuidadosamente definidos em termos de comportamentos aceitáveis; as relações entre as funções são definidas independentemente dos atributos pessoais dos titulares; e, às vezes, o próprio fluxo de trabalho é claramente especificado. A formalização é o meio de a organização tornar o comportamento previsível por meio da padronização e regulamentação. Conforme

Simon (1947, p. 100) afirma de modo contundente:

> As organizações e as instituições permitem que expectativas estáveis sejam formadas por cada membro do grupo quanto ao comportamento dos outros membros sob condições específicas. Essas expectativas estáveis são uma condição prévia essencial para uma análise racional das consequências da ação em um grupo social.

A formalização também contribui para o funcionamento racional da organização de várias outras maneiras importantes (SCOTT, 1992). Ela torna visível a estrutura das relações organizacionais; assim, para melhorar o desempenho, os gestores podem modificar estruturas formais. Gestão por objetivos (*management by objectives*, MBO); sistemas de planejamento, programação e orçamentação (*planning, programming, and budgeting systems*, PPBS); planejamento estratégico; e técnicas de avaliação e análise de desempenho (*performance evaluation and review techniques*, PERT) são exemplos de ferramentas técnicas que os gestores utilizam para facilitar a tomada de decisões racional. A estrutura formal também promove a disciplina e a tomada de decisão com base em fatos, e não em laços emocionais e sentimentos; de fato, a formalização reduz em certa medida tanto os sentimentos positivos quanto os negativos que os membros têm uns pelos outros. Como salienta Merton (1957, p. 100):

> A formalidade facilita a interação entre os ocupantes dos gabinetes apesar de suas atitudes privadas (possivelmente hostis) em relação uns aos outros.

Além disso, a formalização torna a organização menos dependente de indivíduos em particular. A substituição dos indivíduos torna-se rotineira, de modo que indivíduos treinados adequadamente possam ser substituídos com o mínimo de perturbação. Até mesmo necessidades de liderança e inovação são levadas em conta pela formalização. Como frisa Seldon Wolin (1960, p. 383):

> A organização, por meio de procedimentos de simplificação e criação de rotinas, elimina a necessidade de talento extra. Ela se baseia em seres humanos comuns.

Para aqueles comprometidos em atingir objetivos organizacionais, a racionalidade e a formalização são os pontos referenciais da busca. Como estruturas podem ser criadas e projetadas para realizar o trabalho com eficácia? Os teóricos de sistemas racionais respondem com um conjunto de princípios orientadores que inclui divisão do trabalho, especialização, padronização, formalização, hierarquia de autoridade, estreita abrangência de controle, além do princípio da exceção. A divisão do trabalho subdivide a tarefa em seus componentes básicos e conduz à especialização. A especialização, por sua vez, produz aumento da *expertise* e, junto com a padronização da tarefa, promove respostas eficientes e eficazes para as tarefas de rotina. Além disso, a formalização promove procedimentos operacionais padrão sob a forma de um sistema de regras e normas. O **princípio da exceção**, no entanto, defende que os superiores devem lidar com situações excepcionais não abrangidas nas regras. Finalmente, uma hierarquia de autoridade coordena e controla o comportamento organizacional, fornecendo uma unidade de comando, ou seja, uma estrutura vertical que promove conformidade disciplinada com as diretrizes administrativas. A organização formal é fundamental, como é a crença de que as organizações podem ser projetadas para ter eficiência pela adoção dos princípios de organização supracitados. Convém acrescentar, no entanto, que o projeto da organização formal é em parte dependente de forças externas. O ambiente restringe estruturas e funções de várias maneiras (ver Cap. 8); em suma, o sistema organizacional é aberto.

Talvez o maior ponto fraco da perspectiva de sistema racional seja sua rígida concepção sobre a organização. Como James G. March e Herbert Simon (1958) observaram, a estrutura e o funcionamento de uma organização podem ser muito afetados por fatos externos à organização e por fatos imperfeitamente coordenados no âmbito dela, e nenhum desses fatos pode ser fixado com antecedência. Críticos contemporâneos também apontam a ênfase indevida nas partes, em vez de no todo. Por exemplo, Kofman e Senge (1993) e Senge (1990) argumentam que restringir a atenção às partes de uma organização e acreditar que otimizar cada parte equivale a maximizar o todo é uma perspectiva imprudente, pois negligencia a primazia do todo, bem como o ambiente; obriga distinções artificiais; e nega o funcionamento sistêmico das organizações.

TEORIA NA PRÁTICA

Identifique cada pessoa em sua escola que tem autoridade formal em relação aos professores. Qual é o papel de cada um? Seus títulos? Quanta autoridade formal eles têm e como a exercem? Dê exemplos específicos. Descreva a divisão de trabalho e especialização na escola. A abrangência de controle é estreita ou ampla? O quão fixo ou flexível é o currículo? Quanta independência os professores têm para tomar suas próprias decisões? Como você caracterizaria a organização formal da sua escola?

Modelos de sistemas naturais: de fechados a abertos

A **perspectiva de sistemas naturais** fornece outra visão da organização que contrasta com a perspectiva de sistemas racionais. A perspectiva de sistemas naturais encara as organizações como mais semelhantes a organismos do que a máquinas. Esse prisma teve suas raízes na abordagem de relações humanas da década de 1930; desenvolveu-se em grande parte como reação à gestão científica e percebeu as inadequações do modelo de sistemas racionais. Análises iniciais, como suas correspondentes da gestão científica, encaravam a organização sob uma perspectiva de sistema fechado, mas, também como o modelo de sistemas racionais, inevitavelmente migraram de uma perspectiva de sistemas fechados para abertos.

O início – relações humanas: modelo orgânico natural e fechado

Mary Parker Follett foi uma pioneira no movimento de relações humanas. Ela redigiu uma série de artigos brilhantes, lidando com o lado humano da administração, e argumentou que o problema fundamental em todas as organizações era desenvolver e manter as relações harmoniosas e dinâmicas. Além disso, Follett (1924, p. 300) considerava que o conflito

> [...] não era necessariamente um surto inútil de incompatibilidades, mas um processo normal pelo qual se registram diferenças socialmente valiosas para o enriquecimento de todos os envolvidos.

Apesar do trabalho de Follett, o desenvolvimento da abordagem de relações humanas é geralmente relacionado a estudos realizados na fábrica da Western Electric Company, no bairro de Hawthorne, em Chicago. Esses estudos são fundamentais para a literatura que descreve grupos informais, e o estudo de grupos informais é fundamental para uma análise das escolas.

Os **estudos de Hawthorne** começaram com três experimentos conduzidos para estudar a relação entre qualidade e quantidade da iluminação com a eficiência na indústria (ROETHLIS-BERGER; DICKSON, 1939). O primeiro experimento de iluminação foi realizado em três departamentos. O nível de intensidade da iluminação em cada departamento foi aumentado em intervalos definidos. Os resultados causaram perplexidade. O aumento nas taxas de produção não correspondeu ao aumento da iluminação, nem a produção declinou com iluminação reduzida.

Em um segundo experimento, um grupo de teste com várias intensidades da iluminação foi comparado com um grupo controle com iluminação mantida constante. Os dois grupos mostraram aumentos nas taxas de produção não apenas substanciais, mas também quase idênticos.

Por fim, em um terceiro experimento, no qual a iluminação no grupo teste foi diminuída e no grupo controle foi mantida constante, a eficiência dos dois grupos aumentou. Além disso, as taxas de produção aumentaram no grupo teste até a luz se tornar tão fraca a ponto de os trabalhadores reclamarem que não conseguiam mais ver o que estavam fazendo.

Os resultados não foram tão simples nem tão claros quanto os experimentadores tinham antecipado originalmente. Duas conclusões pareciam justificadas: a produção dos empregados não estava relacionada principalmente às condições de iluminação; e muitas variáveis não tinham sido controladas nos experimentos. A natureza surpreendente das conclusões estimulou mais pesquisas.

Dois professores de Harvard – Elton Mayo, psicólogo industrial, e Fritz Roethlisberger, psicólogo social – foram contratados para continuar estudando a relação entre produtividade e condições físicas de trabalho. A empresa suspeitava de que fatores psicológicos e fisiológicos estivessem envolvidos. De 1927 a 1932, os dois pesquisadores continuaram os estudos de Hawthorne com uma série de experiências que se tornaram clássicas nas ciências sociais. Uma generalização tornou-se clara quase imediatamente. O comportamento dos trabalhadores não se moldou às especificações oficiais dos cargos. Surgiu uma organização informal que afetou o desempenho. A **organização informal** é uma estrutura social não oficial que surge no âmbito da organização, com líderes informais, bem como normas, valores, sentimentos e padrões de comunicação, todos também informais.

Os pesquisadores descobriram que padrões informais de interações eram criados tão logo os homens eram reunidos para trabalhar em tarefas conjuntas. Amizades se formavam e grupos bem definidos surgiam. Esses núcleos informais eram evidentes nos padrões de interação tanto dentro quanto fora do trabalho. Por exemplo, um núcleo, em vez de outro, envolvia-se em certos jogos nas horas de folga. Ainda mais importantes do que as diferenças nos padrões de interação eram as normas informais que surgiam para balizar o comportamento e unificar o grupo. Quem trabalhava muito era considerado um pé-de-boi cuja alta produtividade ameaçava o nível salarial. Quem trabalhava pouco incorria na ofensa igualmente grave e informal da desídia. Também emergiu uma regra de não dar com a língua nos dentes; nenhum membro do grupo devia dizer algo que pudesse prejudicar um colega. Outras normas incluíam não ser intrometido nem muito autoconfiante; esperava-se que o funcionário fosse um "cara normal" e evitasse ser espalhafatoso e ansioso por atenção e liderança.

O grupo de trabalho fazia cumprir o respeito pelas normas informais por meio de ostracismo, sarcasmo e invectivas para pressionar os membros que se desviavam. Um mecanismo para forçar a conformidade era dar um soco rápido e seco no antebraço. O golpe não chegava a machucar, nem era essa a intenção; era um gesto simbólico do descontentamento do grupo.

Muitas atividades no grupo contrariavam as prescrições de cargo formais. Os trabalhadores não se atinham às suas funções conforme prescritas, mas muitas vezes trocavam de cargos, promoviam competições informais e ajudavam uns aos outros. O grupo também restringia a produção. As normas do grupo definiam uma quantidade justa de trabalho diário aquém das expectativas da administração, mas não tão aquém a ponto de se tornar inaceitável. A maior parte do trabalho era feita pela manhã. Os trabalhadores mais rápidos simplesmente diminuíam seu ritmo mais cedo ou relatavam menos trabalho do que realizavam, no intuito de economizar produção para dias lentos. Os níveis de produção informal eram mantidos de modo consistente, embora fosse possível uma produção mais elevada. O grupo recebia por peça produzida, por isso, uma produção maior resultaria em salários mais elevados. Assim, o comportamento dependia das normas do grupo, e não de incentivos econômicos. As experiências na fábrica de Hawthorne foram as primeiras a questionar muitos dos pressupostos básicos dos engenheiros humanos e dos gestores científicos, mas outras logo se seguiram e reforçaram a importância da organização informal.

Embora essas conclusões remontem à década de 1930, elas continuam importantes. A abordagem das relações humanas, no entanto, tem lá seus detratores. Amitai Etzioni (1964) sugere que a abordagem das relações humanas é uma simplificação rudimentar das complexidades da vida organizacional por envernizar as realidades do trabalho. As organizações têm valores e interesses conflitantes e convergentes; elas são uma fonte de alienação, bem como de satisfação humana. A insatisfação do trabalhador pode ser sintoma tanto dos conflitos reais subjacentes quanto da falta de compreensão da situação: a probabilidade é a mesma. Resumindo, as organizações com frequência não são uma "família feliz". Críticos contemporâneos do movimento de relações humanas (CLARK et al., 1994; SCOTT, 1998) também argumentam que a preocupação com os trabalhadores não era autêntica; em vez disso, a gestão a usava como ferramenta ou estratégia para manipular subordinados. No entanto, uma conclusão é clara: a abordagem de relações humanas suavizou o foco dos gestores científicos na estrutura organizacional

com uma ênfase na motivação e satisfação dos funcionários e na moral do grupo. Porém, tanto a abordagem da gestão científica quanto a das relações humanas desconsideravam o ambiente externo, ou seja, tratavam as organizações como sistemas fechados.

O impacto dos estudos de Hawthorne nas escolas ficou evidente nos escritos sobre administração democrática e na exortação de sua adoção. O vago lema da época era "democrático" – administração democrática, controle democrático, supervisão democrática, tomada de decisão democrática e ensino democrático. Como Roald Campbell (1971) observou, essa ênfase nas relações humanas e nas práticas democráticas muitas vezes significava uma série de prescrições sobre quais deviam ser as condições e como as pessoas em uma organização deviam se comportar. Pululavam supostos "princípios de administração", geralmente não mais do que observações de gestores bem-sucedidos ou ideologias democráticas de professores universitários. Na década de 1940 e início dos anos de 1950, a administração educacional, com a abordagem democrática em voga, tinha muita retórica e deploravelmente pouca pesquisa e prática (CAMPBELL, 1971).

Visão contemporânea – recursos humanos: modelo natural e aberto

Enquanto os defensores de sistemas racionais concebem organizações como arranjos estruturais deliberadamente idealizados para atingir objetivos específicos, os adeptos dos sistemas naturais enxergam as organizações como grupos principalmente sociais tentando se adaptar e sobreviver em sua situação específica. Os analistas de sistemas naturais em geral concordam que a formalização e a especificidade de objetivos são características das organizações, mas argumentam que outros atributos têm maior importância; na verdade, alguns defendem que estruturas e objetivos formais têm pouco a ver com o que realmente acontece nas organizações (SCOTT, 1998; ETZIONI, 1975; PERROW, 1978).

A visão dos sistemas naturais focaliza as semelhanças entre os grupos sociais. Assim, as organizações, como todos os grupos sociais, são impulsionadas principalmente pelo objetivo básico da sobrevivência – e não pelos objetivos especificamente idealizados por instituições em particular. Gouldner (1959, p. 405) capta a essência da abordagem de sistemas naturais ao afirmar:

> A organização, de acordo com esse modelo, luta para sobreviver e para manter seu equilíbrio, e essa luta pode persistir mesmo após seus objetivos explicitamente declarados terem sido atingidos com sucesso. Essa tensão rumo à sobrevivência pode inclusive, em certas ocasiões, levar à negligência ou à distorção dos objetivos da organização.

A sobrevivência, então, é o objetivo principal. Primordialmente, as organizações formais são encaradas não como meios para alcançar fins específicos, mas como veículos para os indivíduos satisfazerem suas necessidades humanas. As pessoas são valiosos recursos humanos para a organização.

Da mesma maneira que os analistas de sistemas naturais geralmente ignoram objetivos como atributos importantes das organizações, eles também consideram irrelevantes as estruturas formais construídas para alcançar objetivos. Apesar de reconhecerem que as estruturas formais realmente existem, eles argumentam que o comportamento nas organizações é regulado principalmente por estruturas informais que surgem para transformar o sistema formal. Assim, a perspectiva de sistemas naturais enfatiza a organização informal em vez da formal, as pessoas em vez da estrutura, e as necessidades humanas em vez das necessidades organizacionais. Os indivíduos nas organizações não são meros ajudantes contratados, mas trazem junto consigo seus cérebros e corações. Entram na organização com suas próprias necessidades, crenças, valores e motivações. Interagem com os outros e geram vários itens informais: normas, estruturas de *status*, relações de poder, redes de comunicação e acordos de trabalho (SCOTT, 1992).

Em suma, objetivos e estrutura não tornam as organizações diferentes; na verdade, as características formais da organização são ofuscadas por atributos mais genéricos, como o desejo de o sistema sobreviver, as características dos indivíduos e as relações informais. Enquanto a perspectiva de sistemas racionais dá mais importância à estrutura do que aos indivíduos, a abordagem de sistemas naturais prioriza os indivíduos em detrimento da estrutura. Nas palavras contundentes de Warren G. Bennis (1959), o foco dos sistemas racionais está na "estrutura sem pessoas", enquanto a clara inversão de prioridades no modelo de sistemas naturais produz uma orientação de "pessoas sem organização".

Até agora, rastreamos o desenvolvimento do pensamento organizacional desde seus primórdios na gestão científica e nas relações humanas até suas perspectivas de sistemas contemporâneos – racionais e naturais (ver Fig. 1.2). As primeiras perspectivas de sistemas eram fechadas, mas deram lugar a prismas de sistemas abertos. Praticamente todos agora concordam que as organizações são sistemas abertos; alguns as visualizam como basicamente racionais, enquanto outros as consideram sistemas naturais. No entanto, a integração das ideias é possível. Assim, neste texto, enxergamos as escolas como sistemas abertos com elementos tanto formais e racionais quanto informais e naturais (ver Fig. 1.2). A seguir, discutiremos essa abordagem integrada de sistemas abertos aplicados a organizações e escolas.

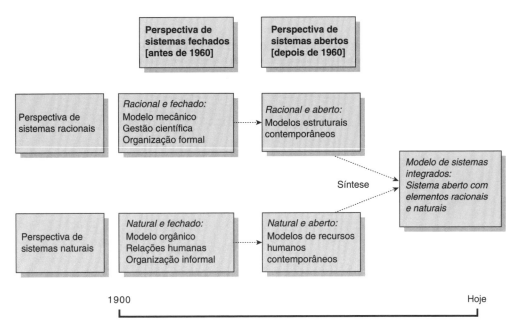

FIGURA 1.2 Crescimento e desenvolvimento da teoria e do pensamento organizacionais.

TEORIA NA PRÁTICA

Identifique cada pessoa na organização que tem poder informal, mas não tem autoridade formal. Por que cada pessoa tem esse poder? De onde elas obtêm seu poder? Descreva as importantes normas informais que existem na sua escola. Como os líderes formais e informais se relacionam entre si? Dê alguns exemplos de como cooperam. Qual grupo de professores é o "grupo influente"? Existe um grupo rival? Como os grupos informais se relacionam entre si? Quanto conflito existe entre aqueles com autoridade formal e aqueles unicamente com autoridade informal? Qual a natureza desses conflitos? Exemplifique.

SISTEMA ABERTO: UMA INTEGRAÇÃO

A **perspectiva de sistemas abertos** foi uma reação ao pressuposto não realista de que o comportamento organizacional pode ser isolado das forças externas. A concorrência, os recursos e as pressões políticas do ambiente afetam o funcionamento interno das organizações. O modelo de sistemas abertos encara as organizações como não só influenciadas pelos ambientes, mas também dependentes deles. Em nível geral, as organizações facilmente são retratadas como sistemas abertos. As organizações recebem entradas (*inputs*) do ambiente e os transformam em saídas (*outputs*) (ver Fig. 1.3). Por exemplo, as escolas são sistemas sociais que extraem do ambiente recursos como mão de obra, alunos e dinheiro e submetem essas entradas a um processo de transformação educacional para produzir alunos e graduados letrados e instruídos.

Como a abordagem de sistemas racionais, particularmente os gestores científicos, ignorava o impacto das necessidades individuais e das relações sociais, e como os sistemas naturais, especialmente os defensores de relações humanas, não levavam

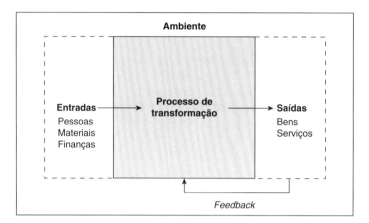

FIGURA 1.3 Sistema aberto com ciclo de *feedback*.

em conta a estrutura formal, essas duas perspectivas de sistemas são limitadas e incompletas. É claro que os aspectos formais e informais, bem como a estrutura e as pessoas, são cruciais para entender as organizações. Uma perspectiva de sistemas abertos fornece esse ponto de vista.

Chester I. Barnard (1938) foi um dos primeiros a considerar ambos os prismas em sua análise da vida organizacional intitulada *Functions of the executive*. Fruto do período de Barnard na presidência da empresa de telefonia Bell, de Nova Jersey, essa obra oferece uma teoria abrangente do comportamento cooperativo nas organizações formais. Barnard forneceu as definições originais de organizações formais e informais e de modo convincente demonstrou a inevitável interação entre elas. O próprio Barnard (1940) resumiu as contribuições de seu trabalho em termos de conceitos estruturais e dinâmicos. Os conceitos estruturais que ele considerava importantes eram o indivíduo, o sistema cooperativo, a organização formal, a complexa organização formal e a organização informal. Seus importantes conceitos dinâmicos eram o livre arbítrio, a cooperação, a comunicação, a autoridade, o processo de decisão e o equilíbrio dinâmico.

Herbert Simon (1957a), em *Administrative behavior*, ampliou o trabalho de Barnard e utilizou o conceito de equilíbrio organizacional como ponto focal para uma teoria formal de motivação no trabalho. Simon percebia a organização como um sistema de troca em que incentivos são trocados por trabalho. Os funcionários permanecem na organização enquanto percebem que os incentivos são maiores do que suas contribuições de trabalho.

Embora forneça a estrutura, as informações e os valores para decisões racionais, a organização tem capacidade limitada de coletar e processar informações, buscar alternativas e prever as consequências. Por conseguinte, as questões são resolvidas mais por satisfazimento* do que por otimização. Sob o prisma de Simon, não existe solução ideal para qualquer problema, mas algumas soluções são mais satisfatórias do que outras (ver Cap. 10).

Outra importante formulação teórica das organizações (ver Cap. 3) evoluiu a partir dos escritos de Max Weber (1947). Embora muitos dos pontos de vista de Weber sejam consistentes com aqueles defendidos

---

* N. de T.: Tradução já consagrada do termo *satisficing* cunhado por Herbert Simon.

pelos gestores científicos, as discussões de Weber sobre burocracia e autoridade forneceram aos teóricos atuais um ponto de partida nas suas concepções de organizações como sistemas sociais que interagem com, e são dependentes de, seus ambientes. Coube a Talcott Parsons (1960), no entanto, salientar a importância do ambiente sobre a organização e antecipar uma concepção da organização como sistema aberto – um sistema social dependente e influenciado por seu ambiente.

O modelo de sistemas abertos tem o potencial de fornecer uma síntese por combinar as perspectivas racionais e naturais. As organizações são complexas e dinâmicas. Elas têm estruturas formais para alcançar objetivos específicos, mas são compostas por pessoas com seus próprios e idiossincráticos interesses, necessidades e crenças, os quais geralmente entram em conflito com as expectativas organizacionais. Assim, as organizações têm características planejadas e não planejadas, características racionais e irracionais, e estruturas formais e informais. Em certas organizações, as preocupações racionais dominam as relações; em outras, as relações naturais e sociais predominam. Em todas as organizações, porém, tanto os elementos racionais quanto os naturais coexistem dentro de um sistema que está aberto ao seu ambiente.

Alguns estudiosos argumentam que as organizações contemporâneas são sistemas naturais e abertos ou sistemas racionais e abertos, adaptados a diferentes tipos de ambientes (LAWRENCE; LORSCH, 1967). Nossa visão é a de que as escolas são sistemas abertos, confrontados com as restrições racionais e naturais que mudam à medida que as forças ambientais mudam; negligenciar tanto os elementos racionais quanto os naturais é imprudente. A teoria de sistemas abertos é o nosso arcabouço geral para explorar os fundamentos conceituais da administração educacional neste texto. Embora muitas teorias sejam discutidas em nossas análises, a perspectiva de sistemas abertos é o quadro global que destaca cinco subsistemas internos que interagem para influenciar o comportamento organizacional: os sistemas técnicos, estruturais, culturais, individuais e políticos. Os conceitos, os pressupostos básicos e os princípios de cada uma das perspectivas de sistemas encontram-se condensados no final deste capítulo na Tabela 1.2.

TEORIA NA PRÁTICA

O que é mais importante em sua escola, a organização formal ou informal? Por quê? Qual área é controlada por cada uma? Onde você se enquadra nas relações de poder em sua escola? Que melhorias você tentaria fazer para tornar as relações formais e informais em sua escola se você se tornasse diretor/a? Por quê? Quem são as pessoas em sua escola cujas vozes têm sido silenciadas e por quê? Por fim, analise o comportamento de liderança da pessoa que ocupa o cargo de direção. Em que medida ela ou ele depende da organização formal e da organização informal para fazer as coisas? Qual é o equilíbrio entre as duas? Qual é a mais importante? Em seu ponto de vista, o equilíbrio é bom ou poderia ser melhorado? De que modo?

PROPRIEDADES ESSENCIAIS DOS SISTEMAS ABERTOS

Nosso ponto de vista de sistemas abertos escolares está preocupado igualmente com a estrutura e com o processo; é um sistema dinâmico com estabilidade e flexibilidade, com relações estruturais firmes e frouxas. A organização não é um arranjo estático de relações e cargos. Para sobreviver, a organização deve se adaptar e, para se adaptar, ela precisa mudar. A interdependência da organização com o ambiente é fundamental. Em vez de desdenhar o ambiente, como fazia a perspectiva de sistemas racionais em seus primórdios, ou considerá-lo hostil, como acontece nas muitas perspectivas de sistemas naturais,

> [...] o modelo dos sistemas abertos enfatiza os laços recíprocos que ligam e inter--relacionam a organização com aqueles elementos que a cercam e a interpenetram. Com efeito, o ambiente é visto inclusive como a própria fonte da ordem. (SCOTT, 1987a, p. 91).

Há certa concordância sobre as propriedades e os processos essenciais que caracterizam os sistemas mais sociais. Começamos apresentando, definindo e discutindo nove conceitos centrais. Um sistema aberto é um conjunto de elementos interativos que adquire *entradas* do meio externo e os transforma em saídas para o ambiente. Gente, matérias-primas, informações e dinheiro são as entradas típicas das organizações. No *processo transformacional,* essas entradas são alterados em algo valioso chamado *saídas,* que em seguida são exportadas de volta ao ambiente. Saídas são geralmente produtos e serviços, mas também incluem a satisfação do funcionário e outros subprodutos do processo de transformação. Salas de aula, livros, computadores, materiais instrucionais, professores e alunos são entradas cruciais para as escolas. De modo ideal, os alunos são transformados pelo sistema de escolar em graduados instruídos, que por sua vez contribuem com o ambiente mais amplo ou a sociedade. Esses três elementos de um sistema aberto estão ilustrados na Figura 1.3.

A capacidade do sistema de fornecer *feedback* (retroalimentação) facilita o padrão repetitivo e cíclico de "entrada-transformação-saída". *Feedback* consiste em informações sobre o sistema que lhe permite corrigir-se. Estruturas de comunicação formal – associações de pais e mestres e vários conselhos consultivos – e contatos políticos informais são estabelecidos dentro e fora do prédio escolar para fornecer *feedback* à escola. Porém, ao contrário de sistemas mecânicos, os sistemas sociais nem sempre utilizam as informações para mudar. O superintendente de um sistema escolar que recebe informações sobre notas decrescentes no vestibular e as crescentes dificuldades dos formados na obtenção de empregos e no ingresso nas faculdades de sua escolha pode usar essas informações para identificar fatores dentro do sistema que estejam contribuindo e adotar medidas corretivas. No entanto, nem todos os superintendentes optam por agir. Portanto, embora o *feedback* ofereça oportunidades de autocorreção, o potencial nem sempre é aproveitado.

Os sistemas têm *fronteiras* – ou seja, são diferenciados de seus ambientes. As fronteiras são menos claras em sistemas abertos do que em sistemas fechados, mas elas existem. Os pais fazem parte do sistema escolar? Isso depende. Em certas escolas, os pais são considerados parte das escolas e em outras, não. Independentemente de os pais serem considerados dentro das fronteiras, as escolas investem energia substancial em atividades que perpassam as fronteiras, como reuniões de pais e mestres, projetos de serviço comunitário e programas de ensino para adultos.

Fora das fronteiras do sistema, o *ambiente* afeta os atributos dos componentes internos ou é alterado pelo próprio sistema social (consultar, no Cap. 8, uma análise detalhada sobre o ambiente externo). Para uma escola específica, políticas distritais, administradores centrais, outros edifícios escolares e a comunidade são características importantes do ambiente escolar. Embora normalmente se entenda que o ambiente organizacional se refira a condições externas à organização, a clara separação da organização do seu ambiente é praticamente impossível quando aplicada a sistemas abertos como escolas. Na prática, no entanto, alguns administradores tentam controlar o grau de abertura da escola. Por exemplo, apenas a clientela autorizada tem acesso ao prédio da escola, as pessoas da rua têm acesso restrito, e os visitantes são obrigados a se identificar na sala da direção.

O processo pelo qual um grupo de controladores atua para manter um estado constante entre os componentes do sistema é chamado de *homeostase*. Uma analogia biológica ilustra o conceito: quando um organismo se move de um ambiente quente para um local frio, mecanismos homeostáticos desencadeiam reações para manter a temperatura corporal. Da mesma forma, em um prédio escolar, elementos e atividades cruciais são protegidos para que a estabilidade global seja mantida. Os sistemas que sobrevivem tendem a se mover em direção a uma situação estável – equilíbrio. Essa situação estável, porém, não é estática. A energia está continuamente sendo importada do ambiente ou exportada ao ambiente. Embora as forças que buscam manter o sistema contrariem qualquer força que ameace perturbá-lo, os sistemas realmente apresentam um crescimento dinâmico. Fatos que desequilibram o sistema são abordados por ações calculadas para mover o sistema rumo a um novo estado de equilíbrio. Como os administradores sabem muito bem, perturbações alteram esse equilíbrio e criam períodos temporários de desequilíbrio. Por exemplo, talvez um grupo comunitário exija que o curso de educação sexual seja excluído. Isso causa desequilíbrio, mas o sistema se altera ou neutraliza as forças perturbadoras que incidem sobre ele; ou seja, restaura o equilíbrio.

A tendência de qualquer sistema a se esgotar – deixar de existir – é chamada de *entropia*. Os sistemas abertos superam a entropia pela importação de energia a partir do ambiente. As organizações, por exemplo, procuram manter uma posição favorável com relação a seus ambientes, adaptando-se às dinâmicas exigências ambientais. A pressão de uma secretaria estadual de educação por novos programas normal- mente resulta na aceitação dessas exigências, embora com mais impostos e recursos para o sistema.

O princípio da *equifinalidade* sugere que sistemas atingem o mesmo objetivo a partir de diferentes posições iniciais e por meio de diferentes caminhos. Assim, não existe maneira ideal para organizar e, da mesma forma, não existe maneira ideal de alcançar o mesmo objetivo. Por exemplo, as escolas podem selecionar vários meios (aprendizagem de descoberta, projetos independentes, tecnologias interativas) para alcançar melhorias nas habilidades de pensamento crítico dos alunos.

MODELO DE SISTEMAS SOCIAIS: PRESSUPOSTOS BÁSICOS

A noção de um sistema social é geral. Pode ser aplicada às organizações sociais planejadas cuidadosa e deliberadamente ou para aquelas que surgem espontaneamente. A escola é um sistema de interação social; é um todo organizado composto por personalidades interativas ligadas entre si por uma relação orgânica (WALLER, 1932). Na condição de **sistema social**, a escola é caracterizada por uma interdependência das partes, uma população claramente definida, a diferenciação de seu ambiente, uma complexa rede de relações sociais e sua própria e exclusiva cultura. Tal como acontece com todas as organizações formais, a análise da escola como sistema social chama a atenção tanto aos aspectos planejados quanto aos não planejados – formais e informais – da vida organizacional.

Até aqui, em nossa discussão sobre os sistemas, fizemos vários pressupostos implícitos. Chegou a hora de explicitá-los, enquanto examinamos a escola como sistema social. Coligimos esses pressupostos da literatura, mas as fontes principais são os trabalhos de Jacob W. Getzels e Egon G. Guba (1957); Jacob W. Getzels, James Lipham e Roald F. Campbell (1968); Charles E. Bidwell (1965); e W. Richard Scott (1998, 2003).

- Sistemas sociais são *sistemas abertos*: as escolas são afetadas por normas estatais, política, história e um leque de outras forças ambientais.
- Sistemas sociais consistem em partes, características e atividades *interdependentes* que contribuem com o todo e recebem contribuições dele: quando a diretora é confrontada por solicitações dos pais por novos cursos, não só ela é afetada diretamente, como também os professores e os alunos são afetados.
- Sistemas sociais têm a ver com *gente*: os professores agem com base em suas necessidades, crenças e objetivos (motivações), bem como suas funções.
- Sistemas sociais são *direcionados a objetivos*: a aprendizagem e o controle dos alunos são apenas dois dos muitos objetivos escolares, mas o objetivo central de qualquer sistema de ensino é a preparação dos alunos para funções adultas.
- Sistemas sociais são *estruturais*: sistemas de ensino têm divisão do trabalho (p. ex., professores de matemática e ciências), especialização (p. ex., professores, orientadores e administradores) e hierarquia (superintendente, diretores, subdiretores e professores).
- Sistemas sociais são *normativos*: as escolas têm regras e normas formais, bem como normas informais que prescrevem o comportamento apropriado.
- Sistemas sociais têm *mecanismos de sanção*: as escolas têm mecanismos formais como expulsão, suspensão, desligamento, estabilidade e promoção, além de sanções informais que incluem o uso de sarcasmo, ostracismo e ridicularização.
- Sistemas sociais são *políticos*: as escolas têm relações de poder que afetam inevitavelmente as atividades de administradores e professores.
- Sistemas sociais têm *culturas distintas*: as escolas têm um conjunto dominante de valores compartilhados que influenciam o comportamento.
- Sistemas sociais são *conceituais e relativos*: com um propósito, a sala de aula pode ser considerada um sistema social; porém, com outros propósitos, a escola e o sistema escolar podem ser vistos como sistema social.
- Todas as organizações formais são sistemas sociais, mas nem todos os sistemas sociais são organizações formais.

Esses pressupostos sugerem que uma escola consiste em uma série de elementos ou subsistemas importantes que afetam o comportamento organizacional.

ELEMENTOS ESSENCIAIS DO SISTEMA SOCIAL ESCOLAR

Todos os sistemas sociais têm algumas atividades e funções que são realizadas de forma bastante estável. Por exemplo, se concebemos a própria sociedade como sistema social, logo a rotina e as funções imperativas de educar, proteger e reger são executadas por instituições educacionais, legais e governamentais. Independentemente da natureza do sistema social, os padrões de comportamento tornam-se habituais e rotineiros.

Quando a realização de um objetivo exige esforço coletivo, os indivíduos muitas vezes estabelecem organizações especificamente projetadas para coordenar as atividades e para fornecer incentivos para que outros se juntem a eles nesse desiderato. Essa organização – explicitamente estabelecida para atingir determinados objetivos – é uma **organização formal**. Nossa preocupação é com o sistema social escolar como organização formal.

A Figura 1.4 ilustra os principais elementos ou subsistemas de um sistema social. O comportamento nas organizações formais é influenciado não só por elementos estruturais e individuais, mas também por elementos culturais e políticos, bem como o cerne técnico, o sistema de ensino e a aprendizagem. Os elementos *estruturais* são definidos em termos de expectativas burocráticas formais, concebidas e organizadas para cumprir os objetivos da organização. Os elementos *individuais* são vistos em termos de necessidades, objetivos, crenças e compreensões cognitivas dos postos de trabalho; o indivíduo fornece a energia e a capacidade para alcançar os objetivos da organização. Os elementos *culturais* compreendem as orientações de trabalho compartilhadas pelos participantes; fornecem uma identidade especial à organização. A *política* é o sistema de relações de poder informais que surgem para resistir a outros sistemas de controle. O *cerne técnico* da escola é o sistema de ensino-aprendizagem. Além disso, todos os elementos e interações dentro do sistema são limitados por importantes forças tanto do *cerne técnico* quanto do *ambiente*; o sistema é aberto. Enfim, as organizações formais como sistemas sociais devem resolver os problemas básicos de adaptação, realização de objetivos, integração e latência, caso queiram sobreviver e prosperar.[1]

O modelo de organização formal que propomos leva em conta todos esses fatores. Começamos examinando os elementos internos do sistema e, em seguida, discutimos o impacto do ambiente e do cerne técnico (processo de ensino-aprendizagem) na escola e em seus resultados.

Estrutura

As expectativas burocráticas são as exigências e as obrigações formais definidas pela organização; elas são os principais blocos de construção da estrutura organizacional. As **funções burocráticas** são definidas por

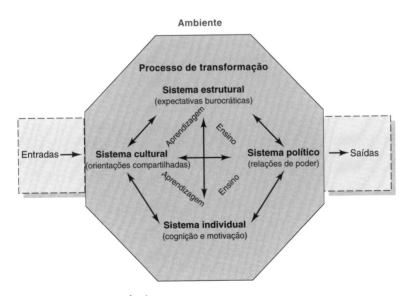

FIGURA 1.4 Elementos internos do sistema.

conjuntos de expectativas, que são combinadas em cargos e gabinetes na organização. Nas escolas, os cargos de diretor, professor e aluno são essenciais e cada qual se define em termos de um conjunto de expectativas. As expectativas burocráticas especificam o comportamento apropriado para uma função ou um cargo específico. Um professor, por exemplo, tem a obrigação de planejar as experiências de aprendizagem para os alunos e tem o dever de envolver os alunos de um modo pedagogicamente eficaz. As funções e as expectativas burocráticas são os planos que orientam a ação, os fatos organizacionais básicos da repartição.

Algumas expectativas formais são essenciais e obrigatórias; outras são mais flexíveis. Muitas funções não são prescritas precisamente; ou seja, as expectativas associadas com a maioria dos cargos abrangem um vasto leque. Essa gama de liberdade permite que professores com personalidades completamente diferentes desempenhem as mesmas funções em tensões ou conflitos indesejados (PARSONS; SHILS, 1951). As funções derivam seu significado de outras funções no sistema e, nesse sentido, são complementares. Por exemplo, é difícil, se não impossível, definir a função do aluno ou a do professor em uma escola sem especificar o relacionamento entre professor e aluno. Da mesma forma, o papel do diretor depende de sua relação com as funções de professores e alunos.

A partir de uma vasta gama de expectativas vagas e contraditórias, as organizações formais selecionam algumas expectativas burocráticas gerais que são razoavelmente consistentes com os objetivos da organização. Essas expectativas são muitas vezes formalizadas, codificadas e adotadas como regras e regulamentos oficiais da organização; elas podem delinear itens como horários de chegada, procedimentos do estabelecimento e descrições de cargos. A especialização – a expectativa de que o comportamento do funcionário seja guiado pela perícia ou *expertise* – complementa as regras e normas. Assim, espera-se que um professor se comporte de forma adequada com base nas regras da escola e na *expertise* exigida pelo ofício da instrução.

Simplificando, as organizações formais como as escolas têm estruturas compostas de expectativas e funções burocráticas, uma hierarquia de gabinetes e cargos, regras e regulamentos e especialização. As expectativas burocráticas definem as funções organizacionais; as funções são combinadas em cargos e gabinetes; e os cargos e gabinetes são organizados em uma hierarquia formal de autoridade de acordo com seu poder e *status* relativos. As regras e os regulamentos são fornecidos para orientar a tomada de decisão e acentuar a racionalidade organizacional, e o trabalho é dividido à medida que os indivíduos se especializam em tarefas. O comportamento nas escolas é determinado, em parte, por sua estrutura organizacional; algumas estruturas facilitam e outras tolhem o funcionamento da escola.

Indivíduo

O fato de que uma unidade social foi formalmente estabelecida não significa que todas as atividades e interações de seus membros se adaptem estritamente a requisitos estruturais – o plano oficial. Independentemente dos cargos oficiais e das expectativas burocráticas elaboradas, os membros têm suas próprias e individuais necessidades, crenças e compreensões cognitivas sobre seus cargos.

Assim como nem todas as expectativas são relevantes para a análise do comportamento organizacional, nem todas as necessidades individuais são relevantes para o desempenho organizacional. Que facetas do indivíduo são mais instrumentais na determinação do comportamento organizacional do indivíduo? Postulamos vários aspectos cognitivos importantes do indivíduo: necessidades, objetivos, crenças e cognição. Isoladamente, a motivação no trabalho constitui o conjunto de necessidades mais relevante para os funcionários em organizações formais. Mais tarde essa questão será esmiuçada, mas por enquanto as necessidades de trabalho são definidas como forças básicas que motivam o comportamento no trabalho.

A **cognição** é o uso, pelo indivíduo, de representações mentais para entender o trabalho em termos de percepção, conhecimento e comportamento esperado. Os trabalhadores procuram criar representações significativas e coerentes do seu trabalho, independentemente de sua complexidade. Eles aprendem que o trabalho deles tem a ver com o monitoramento e a conferência de seu próprio comportamento. Suas necessidades, crenças pessoais, objetivos e experiências tornam-se as bases para construir a realidade organizacional e interpretar seu trabalho. Sua motivação e cognição são influenciadas por fatores como crenças sobre competência e controle pessoais, objetivos individuais, expectativas pessoais por sucesso e fracasso, e motivos de trabalho. De modo sucinto, os aspectos mais salientes do sistema individual são as necessidades, as crenças e os objetivos pessoais, além das orientações cognitivas ao trabalho.

Embora tenhamos examinado a influência de elementos estruturais (S) e individuais (I) separadamente, o comportamento é uma função (f) da interação das expectativas de papel burocrático e das orientações de trabalho relevantes ao membro organizacional [$B - f(S \times I)$]. Por exemplo, a avaliação da equipe docente é afetada pela política do distrito, bem como pelas próprias necessidades do diretor. As regras e os regulamentos orientam que o diretor deve avaliar cada professor em certos intervalos com um instrumento de avaliação específico. Os atos do diretor resultam dessa política. O comportamento de cada diretor é diferente nas reuniões de avaliação, talvez em decorrência da cognição individual e das necessidades motivacionais. Um administrador com grande desejo pessoal por aceitação social dos professores pode tratar essas sessões como uma oportunidade para socializações amigáveis em vez de avaliações. Mas outro diretor, sem essa necessidade de aceitação social, pode seguir à risca as regras e permanecer analítico na avaliação. Os dois diretores são afetados pelos dois elementos, mas o primeiro é mais influenciado pelas necessidades individuais e o segundo pelas expectativas burocráticas da função.

A relação das expectativas burocráticas com as necessidades de trabalho individuais, que, pelo menos em parte, determina o comportamento, varia com o tipo específico da organização, o trabalho específico e a pessoa específica envolvida. A Figura 1.5 ilustra a natureza geral dessa interação. A linha vertical A representa uma situação hipotética em que a proporção de comportamento controlada pela estrutura burocrática é relativamente grande; a linha B (à direita) representa a situação em que o comportamento é controlado principalmente pelas necessidades individuais.

Em geral, considera-se que as organizações militares são representadas pela linha A – mais controle burocrático – enquanto as organizações de pesquisa e desenvolvimento são mais bem representadas pela linha B. A maioria das escolas deve se situar entre esses dois extremos. Escolas de conceito livre e aberto, como as Montessori, se aproximam da linha B. Escolas ligadas à igreja normalmente são consideradas mais perto da linha A. Onde os administradores e os alunos se situam nesse aspecto? Os indivíduos diferem entre si; alguns tendem para a linha B – os espíritos livres – e alguns para a linha A – os burocratas. Em nosso exemplo dos dois diretores nas sessões de avaliação, o primeiro, com alta necessidade de aceitação social, estaria perto da linha B, e o segundo, mais perto da linha A.

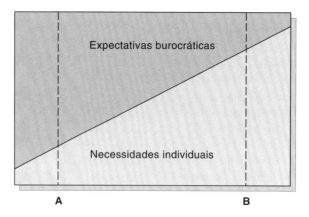

FIGURA 1.5 Interação dos elementos individuais e burocráticos que afetam o comportamento.

Cultura

Quando pessoas são reunidas no local do trabalho, estabelece-se uma relação dinâmica entre os requisitos da função burocrática e as necessidades individuais do trabalho. As organizações desenvolvem suas próprias e distintas culturas. À medida que os membros organizacionais interagem, vão emergindo e sendo compartilhados valores, normas, crenças e modos de pensar. Essas orientações compartilhadas formam a cultura da organização. A **cultura organizacional** distingue uma organização da outra e fornece aos membros um senso de identidade organizacional (HELLRIEGEL; SLOCUM; WOODMAN, 1992; DAFT, 1994). Em uma escola, as crenças compartilhadas e as normas informais entre os professores têm um impacto significativo no comportamento. A cultura fornece aos membros o compromisso com crenças e valores que vão além de suas individualidades; os indivíduos pertencem a um grupo maior do que eles mesmos. Quando a cultura é forte, a identificação com o grupo e a influência do grupo também são fortes.

A cultura representa a parcela sensível e não escrita da organização (DAFT, 1994). A comunicação de sentimentos é fácil entre os pares, especialmente amigos. As orientações compartilhadas ajudam a manter a coesão e os sentimentos pessoais de integridade, autoestima e pertencimento. Como muitas interações nas organizações são informais, elas são pessoais e não dominadas pela autoridade. Elas oferecem oportunidades para que o indivíduo mantenha sua personalidade, não obstante as tentativas da organização burocrática de amordaçá-la ou até destruí-la (BARNARD, 1938). Os membros recebem recompensas importantes do grupo, e as normas do grupo são significativas para orientar o seu comportamento. Por exemplo, os professores podem adotar procedimentos informais, em vez de regras formais, para disciplinar os alunos; na verdade, as normas informais protetoras para controlar os alunos tornam-se o critério para julgar o ensino "eficaz" em muitas escolas. O bom controle é equiparado ao bom ensino.

O comportamento nas organizações formais é influenciado não só por elementos estruturais e individuais, mas também por valores emergentes e orientações compartilhadas do grupo de trabalho. A cultura organizacional, com seus importantes valores, normas e crenças grupais, é outra força poderosa que afeta o comportamento organizacional.

Política

A estrutura representa a dimensão formal do sistema social escolar, enquanto o aspecto pessoal do sistema é representado pelo indivíduo. A cultura é a dimensão coletiva do sistema que mescla o formal com o pessoal para criar um sistema de crenças compartilhadas. Mas é a dimensão política que gera as relações de poder informal que surgem, muitas vezes, para resistir a outros sistemas de controle legítimo. Os membros que trabalham dentro dos limites da estrutura, da cultura e dos sistemas individuais geralmente contribuem diretamente com as necessidades da organização em geral. A estrutura fornece autoridade formal; a cultura gera autoridade informal; e o indivíduo traz a autoridade da *expertise* para a organização. Em contraste, a política é normalmente informal, muitas vezes clandestina e até ilegítima. É ilegítima por ser comportamento geralmente concebido para beneficiar o indivíduo ou grupo em detrimento da organização. Por isso, a política é em grande parte fragmentadora e conflituosa, jogando indivíduos e grupos uns contra os outros e contra a organização como um todo (MINTZBERG, 1983a; PFEFFER, 1992).

No entanto, a política é parte inevitável da vida organizacional. Sempre existem aqueles que querem tomar o poder para seus próprios fins pessoais. De modo extremo, é possível conceber uma organização

> [...] como uma massa de grupos competindo pelo poder, cada qual buscando influenciar a política em termos de seus próprios interesses, ou, em termos de sua própria imagem distorcida em relação aos interesses [da organização]. (STRAUSS, 1964, p. 164).

As relações de poder são equacionadas de várias maneiras: táticas e jogos políticos, "toma lá, dá cá" e resolução de conflitos. Os membros são invariavelmente forçados a dançar conforme a música do jogo de poder da política. Allison (1971, p. 168) resume: "O poder [...] é uma mistura evasiva [...] de vantagens na negociação, habilidade e vontade no uso das vantagens da negociação [...]". Embora a política seja informal, fragmentadora e geralmente ilegítima, pouca gente duvida de que é uma importante força que influencia o comportamento organizacional.

Para compreender a vida organizacional, devem-se observar os tipos de poder tanto formais quanto informais, bem como legítimos e ilegítimos. Por isso, a estrutura, o indivíduo, a cultura e a política são elementos essenciais dos sistemas sociais; esses elementos podem tornar-se molduras individuais ou lentes para observar o comportamento organizacional, mas lembre-se de que o comportamento depende da *interação* desses elementos.

Cerne técnico: ensino e aprendizagem

Todas as organizações têm um cerne técnico preocupado principalmente com a principal missão do sistema social. Nas escolas, o processo de ensino-aprendizagem é o cerne da organização. Todas as outras atividades são secundárias às missões básicas de ensino e aprendizagem, que moldam as decisões administrativas nas escolas. A aprendizagem ocorre quando há uma mudança estável no conhecimento ou comportamento do indivíduo; não existe um modo ideal de explicar a aprendizagem, porque envolve um processo cognitivo complexo. Diferentes teorias de aprendizagem têm implicações diferentes para o ensino, dependendo do que está sendo aprendido. A administração não acontece no vácuo – as perspectivas comportamentais, cognitivas e construtivistas da aprendizagem fornecem o cenário para a tomada de decisões na escola (ver Cap. 2).

Ambiente

Como definição geral, o ambiente é tudo o que está fora da organização. Mas, ao contrário de sistemas físicos, os sistemas sociais são abertos; portanto, as fronteiras são muito mais ambíguas, e o ambiente mais invasivo. Não há dúvida de que o ambiente é crucial para o funcionamento organizacional das escolas. É a fonte de energia do sistema. Ele fornece recursos, valores, tecnologia, exigências e história – todos os quais impõem restrições e oportunidades sobre a ação organizacional.

Quais recursos do ambiente são mais significativos para conter o comportamento nas escolas? Não há resposta rápida ou simples. Tanto fatores amplos quanto específicos influenciam a estrutura e as atividades das escolas. Tendências mais amplas nos âmbitos social, jurídico, econômico, político, demográfico e tecnológico têm um impacto potencialmente poderoso nas escolas, mas os efeitos dessas forças ambientais gerais não são nem um pouco claros. Em contraste, os grupos e as partes interessadas, tais como pais, contribuintes, sindicatos, agências regulamentares, faculdades e universidades, legislaturas estaduais, agências de acreditação e associações educacionais, têm efeitos mais imediatos e diretos sobre as escolas. Mas novamente os resultados são incertos.

O grau de incerteza, o grau de estrutura ou organização e o grau de escassez no ambiente condicionam a resposta da escola a fatores ambientais. Os tomadores de decisão da escola monitoram o ambiente em busca de informações, e suas percepções determinam em grande medida os rumos futuros da organização. As escolas, como todas as organizações, tentam reduzir a incerteza e controlar seus ambientes; portanto, os administradores muitas vezes recorrem a estratégias para minimizar os efeitos externos. Além disso, se os grupos e as organizações do ambiente são altamente organizados, então a escola se depara com um potente conjunto de exigências e restrições, e o resultado provavelmente será a conformidade. Por fim, as escolas competem em um ambiente composto de vários conjuntos de recursos. Se os recursos de um determinado tipo são escassos, então a estrutura e as atividades internas se desenvolverão de modo a facilitar sua aquisição.

Em poucas palavras: as escolas são sistemas abertos afetados por forças externas. Embora não haja acordo básico sobre a importância do meio ambiente, sua complexidade torna a análise difícil. No entanto, é preciso considerar quais fatores, individualmente e em relação aos outros, criam exigências, restrições e oportunidades externas básicas às quais as escolas respondem. O ambiente será analisado em mais detalhes no Capítulo 8.

Resultados

Assim, pode-se pensar na escola como um conjunto de elementos –individuais, estruturais, culturais e políticos. Porém, o comportamento nas organizações não depende apenas dos seus elementos e de suas forças ambientais; depende da interação dos elementos. Assim, o comportamento organizacional é o resultado da relação dinâmica entre seus elementos. Mais especificamente, o comportamento é uma função da interação de estrutura, indivíduo, cultura e política, interação essa limitada pelas forças ambientais. Para entender e prever o comportamento nas escolas, convém examinar os seis pares de interações entre os elementos em termos de sua harmonia. Defendemos um **postulado da congruência**: mantidos os outros itens inalteráveis, quanto maior o grau de congruência entre os elementos do sistema, mais eficaz ele é.[2] Por exemplo, quanto mais consistentes as normas informais e as expectativas formais, maior será a probabilidade de que a organização alcance seus objetivos formais. Da mesma forma, quanto melhor o ajuste entre motivação in-

TABELA 1.1 Congruência entre pares de elementos essenciais	
Relações de congruência	Perguntas cruciais
Individual ↔ Estrutural	Até que ponto as necessidades individuais de trabalho melhoram as expectativas burocráticas?
Individual ↔ Cultural	Até que ponto as orientações compartilhadas da cultura organizacional são consistentes com as necessidades individuais de trabalho?
Individual ↔ Político	Até que ponto as relações de poder entram em conflito com as necessidades individuais de trabalho?
Estrutural ↔ Cultural	Até que ponto as expectativas burocráticas reforçam as orientações compartilhadas no sistema cultural?
Estrutural ↔ Político	Até que ponto as relações de poder minam as expectativas burocráticas?
Político ↔ Cultural	Até que ponto as relações de poder entram em conflito e minam as orientações compartilhadas da cultura?

dividual e expectativas burocráticas, mais eficaz será o desempenho. Na Tabela 1.1, são delineados exemplos de questões fundamentais relativas à congruência de cada par de elementos essenciais.

Os resultados de desempenho são indicadores da realização dos objetivos. Os resultados de desempenho incluem indicadores como realização, satisfação no trabalho, assiduidade e qualidade de desempenho global. De qualquer modo, os aspectos cruciais do comportamento são definidos pelas saídas do sistema. O modelo assume que a concretização efetiva desses resultados

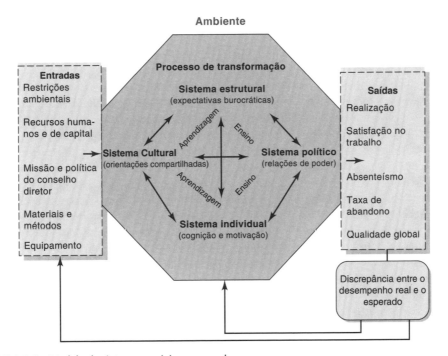

FIGURA 1.6 Modelo de sistemas sociais para escolas.

comportamentais é uma função do grau de congruência entre os elementos do sistema. Por conseguinte, a eficiência organizacional é o grau com que os resultados reais são consistentes com os resultados esperados. Os elementos essenciais, suas interações, as exigências e restrições do ambiente, e os resultados comportamentais estão esboçados na Figura 1.6.

Ciclos de *feedback* internos

O modelo de sistemas sociais ilustrado na Figura 1.6 também tem dois mecanismos de *feedback*, os internos e os externos. Por exemplo, a estrutura da escola formal e os grupos informais tentam influenciar o comportamento individual (ABBOTT, 1965a). O *feedback* informa os indivíduos como a estrutura burocrática e a organização informal percebem os seus comportamentos. Embora a burocracia tenha mecanismos formais e o grupo de trabalho, informais, ambos têm ciclos de *feedback* internos.

A organização escolar formal fornece uma definição oficial do cargo, a posição do cargo na hierarquia e um conjunto de comportamentos adequados a quem ocupa o cargo. Na verdade, a estrutura burocrática já estabeleceu um padrão de incentivos para garantir um comportamento adequado. Se a burocracia da escola aprova o desempenho de um indivíduo, recompensas positivas reforçam o comportamento dele ou dela. Se o comportamento dessa pessoa for avaliado como inferior, os incentivos positivos são reduzidos e os incentivos negativos são aumentados.

Da mesma forma, grupos informais influenciam o comportamento. Como revelou nossa discussão sobre os estudos de Hawthorne, as normas do grupo controlam o comportamento. No prédio escolar, existem normas internas em todos os grupos informais de colegas, bem como entre esses grupos. Por exemplo, os professores esperam que seus colegas atuem adequada-

mente para controlar os alunos. Se um professor não consegue manter a disciplina em sala de aula, os outros professores aplicam sanções: sarcasmo e ostracismo na sala dos professores podem ter efeitos devastadores sobre um indivíduo.

Ciclos de *feedback* externos

O comportamento nas escolas também é monitorado por meio de ciclos de *feedback* externos. A cultura da comunidade fornece restrições ambientais que influenciam diretamente as expectativas burocráticas e as normas de grupo, bem como objetivos organizacionais que influenciam indiretamente as necessidades individuais. Apesar das tentativas de uma escola para isolar-se, ela continua aberta às forças da comunidade, do Estado e da nação. Por exemplo, a introdução da instrução sobre aids no currículo escolar raramente passa despercebida pelo público. Na verdade, grupos comunitários organizados fornecem entradas importantes sobre o que eles consideram os objetivos e resultados de um programa aceitável de instrução sobre aids.*

Portanto, o comportamento social em uma escola é afetado diretamente por pelo menos quatro elementos ou subsistemas internos – estrutura, indivíduo, cultura e política – tudo isso ocorrendo no contexto do ensino e da aprendizagem. Além disso, como ilustra a Figura 1.6, os *feedbacks* internos e externos reforçam o comportamento organizacional adequado. Quando se constata uma discrepância entre os resultados esperados e os observados, os ciclos de *feedback* informam os indivíduos e grupos dentro e fora do sistema.

---

* N. de R.T.: Um exemplo que ilustra a visão da escola como sistema social concebido pelo autor é, no Brasil, a divulgação dos resultados do Enem (Exame Nacional do Ensino Médio) ou do Ideb (Índice de Desenvolvimento da Educação Básica).

O modelo de sistemas sociais dá uma visão dinâmica da escola, com os mecanismos e elementos de *feedback* fornecendo os componentes de ação. Fatos bons, ruins e neutros ocorrem constantemente, e a natureza dinâmica do sistema torna-se ainda mais evidente quando consideramos as maneiras que os alunos, professores e administradores afetam o comportamento dos outros. A análise de sistemas se concentra em como a totalidade – elementos e atividades – produz um determinado resultado. O resultado dinâmico não é previsível com precisão absoluta, pois ocorrem infinitas variações à medida que a burocracia, os subgrupos e os indivíduos modificam objetivos, expressam valores e exercem poder por meio de liderança, tomada de decisões e comunicação.

A ESCOLA COMO ORGANIZAÇÃO DE APRENDIZAGEM

A esta altura, já deve estar bem claro que a vida organizacional é complexa porque faz parte de uma intricada rede de relações sociais. O significado completo de qualquer fato só pode ser entendido no contexto do sistema; ou seja, contemplando o todo em vez de partes isoladas do sistema. Essa abordagem foi denominada de "pensamento sistêmico" (SENGE, 1990) e se enquadra no ponto de vista que define a escola como sistema social.

As escolas são organizações de serviço comprometidas com o ensino e a aprendizagem. Em última análise, o objetivo da escola é a aprendizagem do aluno; na verdade, sua própria existência baseia-se nessa atividade. As escolas, mais do que qualquer outro tipo de organização, devem ser **organizações de aprendizagem,** ou seja, locais onde os participantes continuamente expandem suas capacidades de criar e realizar, onde novos padrões de pensamento são incentivados, onde aspirações coletivas são acalentadas, onde os participantes aprendem a como aprender juntos, e onde a organização amplia sua capacidade de inovação e de resolução de problemas (SENGE, 1990; WATKINS; MARSICK, 1993). De acordo com uma definição complementar, a organização de aprendizagem envolve participantes que buscam atingir fins compartilhados, com o comprometimento coletivo de avaliar rotineiramente o valor desses fins, modificando-os quando apropriado e continuamente desenvolvendo modos mais eficazes e eficientes de alcançar esses fins (LEITHWOOD; LOUIS, 1998).

Embora o conceito de organização de aprendizagem tenha obtido ampla notoriedade desde a pioneira análise de Senge (1990) sobre a arte e a prática da organização de aprendizagem, a literatura tem sido fértil em análises teóricas, mas escassa em mostrar provas de pesquisa, condição que levou Weick e Westley (1996, p. 40) a comentar: "[...] parece que existem mais resenhas sobre aprendizagem organizacional do que conteúdo a ser resenhado". Entretanto, a pesquisa empírica que sustenta a convincente lógica teórica das escolas como organizações de aprendizagem (BEN-PERETZ; SCHONMANN, 1998; LEITHWOOD; JANTZI; STEINBACH, 1998; LOUIS; KRUSE, 1998) está apenas começando a surgir.

Para que as escolas se tornem organizações de aprendizagem eficazes, elas devem encontrar maneiras de criar estruturas (Cap. 3) que continuamente sustentem o ensino e a aprendizagem (Cap. 2) e melhorem a adaptação organizacional; desenvolver culturas e climas organizacionais que sejam abertos, colaborativos e autorregulatórios (Caps. 5 e 6); atrair indivíduos que sejam seguros, competentes e abertos a mudanças (Cap. 4); e evitar que políticas cruéis e ilegítimas perturbem as genuínas atividades de ensino e aprendizagem (Cap. 7). Liderança transformacional (Cap. 13), comunicação aberta e contínua (Cap. 12), tomada de decisões (Cap. 8) e tomada de decisões compartilhada (Cap. 11) são mecanismos que podem e devem melhorar a aprendizagem organizacional nas escolas. O desafio é criar escolas que tenham a capacidade de responder de maneira eficaz não só a problemas contemporâneos (Cap. 8), mas também a novas e emergentes questões de eficiência escolar (Cap. 9).

CASO SOBRE LIDERANÇA EDUCACIONAL

Nudista na hora do almoço

O inverno chegava ao fim e os prenúncios da primavera já se sentiam no ar tépido; flores desabrochavam no pátio interno da Smithson Regional High School (SRHS, Escola Regional de Ensino Médio Smithson). O pátio é o local de encontro dos alunos perto da cantina. No cenário costumeiro e informal, alunos batiam papo, estudavam ou simplesmente relaxavam entre um período e outro, comendo uma barra de chocolate, bebendo um refrigerante. Nem todos os alunos da SRHS ficavam no pátio ao mesmo tempo, mas em geral sempre havia mais de 150 alunos curtindo o intervalo. O pátio não é uma área supervisionada, estritamente falando, mas sempre há professores ou um administrador pegando uma rápida xícara de café, além do segurança da cantina situada a poucos passos de distância.

Súbito, o tédio do inverno foi quebrado por um rapaz branco como neve, Holden Calloway, que apareceu correndo pelado a toda velocidade, atravessando o pátio e dando voltas nele, usando apenas um par de tênis e óleo corporal. Os alunos gritaram e riram enquanto o segurança e os administradores tentavam agarrar o liso e esquivo Holden. O nudista driblou todo mundo até que um guarda lançou mão de um último recurso e aplicou um choque de *taser* em Holden. O guarda Sam Bascomb foi incapaz de segurar o seboso aluno e, após ordenar que ele parasse, sacou sua *taser* e desferiu um disparo infalível no meio do dorso. Enquanto Holden tentava se erguer, Sam aplicou-lhe um segundo choque elétrico, que o imobilizou e permitiu que o guarda o algemasse. Logo depois, um administrador apareceu com um cobertor e cobriu o aluno enquanto o guarda o conduzia para fora do pátio.

Holden foi levado diretamente à sala do diretor, onde este imediatamente mandou que o segurança tirasse as algemas. Choroso e trêmulo, Holden visivelmente sentia dor na frente do diretor e do guarda. Após uma breve explicação do que havia acontecido, o diretor ordenou que seu assistente providenciasse as roupas de Holden, o vestisse e o trouxesse de volta à sua sala assim que ele se sentisse melhor. Depois de ele sair, o diretor obteve os detalhes do incidente com o guarda e outro assistente.

O guarda Bascomb então sugeriu que seria a ocasião de chamar a polícia.

— Por que deveríamos chamar a polícia? — perguntou o diretor. — Holden é um bom garoto; está sempre na lista dos melhores alunos; nunca se meteu em encrenca. Vamos ouvi-lo. Sei lá o que deu nele para fazer isso.

O guarda insistiu:

— Esse é um caso de indução de pânico, indecência pública, resistência à prisão e conduta desordeira; na verdade, eu já chamei a polícia.

Na mesma hora, uma viatura policial estacionou diante da escola.

— Sam, já que você ligou para eles, é melhor ir lá fora e dizer que não precisamos deles no momento.

Sam retorquiu:

— Esse garoto violou a lei. Ele deveria ser preso.

O diretor protestou:

— Esse é um incidente escolar que ocorreu sob minha responsabilidade. Tenho a obrigação de zelar pelo bem-estar de todos os alunos da

(continua)

CASO SOBRE LIDERANÇA EDUCACIONAL *(continuação)*

escola. Vamos reunir todos os fatos e depois resolver. Acho que você se precipitou ao ligar para a polícia. Diga-lhes que vamos voltar a chamá-los se for preciso, mas não precisamos deles no momento.

Sam ficou atônito.

– Chamei a polícia e relatei um caso de indecência pública e resistência à detenção. Eles têm de investigar.

– Agora, não. Esse é um problema da escola. Estou preocupado com a saúde de um dos nossos alunos. No momento estou mais preocupado com o bem-estar dele do que com qualquer outra coisa. Por favor, saia da sala e faça o que tem de fazer, mas não quero ninguém agindo sem minha autorização.

Tão logo Sam saiu da sala, o diretor-assistente voltou com um Holden nitidamente abalado e dolorido pelos choques de *taser* nas costas. Holden admitiu que seu nudismo fora simplesmente uma questão de febre primaveril, erro de julgamento e uma aposta com outros alunos. Desculpou-se com o diretor por criar esse distúrbio e disse que aceitaria de bom grado o castigo dele.

– Sei que foi uma burrice – reconheceu Holden.

– Sim, foi – frisou o diretor. – Mas primeiro passe na enfermaria para tratar esses vergões em suas costas.

Sem o diretor saber, quando Holden saiu da sala rumo à enfermaria, ele foi interceptado pelo guarda Bascomb e dois policiais uniformizados, que o empurraram para fora do prédio e o enfiaram na viatura. Quando o diretor percebeu o que havia acontecido, a polícia já havia ido ao hospital para tratar dos ferimentos do aluno e depois rumo à delegacia de polícia para indiciá-lo.

Agilmente, o diretor reuniu a equipe administrativa. O episódio estava se tornando uma bola de neve e escapando do controle.

– O que precisamos fazer? – indagou a seus diretores-assistentes, uma coordenadora e o conselheiro de classe sênior.

Os fatos eram os seguintes:

1. Holden tinha corrido pelado durante a hora do almoço no pátio da cantina.
2. O guarda Bascomb (segurança contratado pela escola) tinha subjugado Holden à força após ele se recusar a parar. Ele foi imobilizado com dois choques nas costas, algemado e trazido à sala do diretor.
3. Por iniciativa própria, o guarda Bascomb chamou a polícia sem consultar quaisquer autoridades escolares.
4. O guarda Bascomb continuou a procurar a ajuda da polícia após o diretor lhe dizer para que esperasse a escola investigar o incidente.
5. Holden Calloway é um aluno laureado que nunca se envolveu em problemas.
6. A polícia está em processo de indiciar Holden Calloway por indução de pânico, resistência à prisão, conduta desordeira e atentado violento ao pudor.

A tarefa da equipe administrativa era desenvolver um plano para lidar com a situação, um plano que fosse justo e protegesse os melhores interesses do aluno.

1. O segurança agiu com força desproporcional?
2. É uma boa política para a escola permitir que funcionários tenham *tasers*?
3. O diretor tem autoridade para dar ordens ao segurança?
4. Quais os limites para a coação de um aluno?
5. Qual deveria ser a relação entre a escola e a polícia local?
6. A escola pode e deve proteger um aluno para que ele não seja processado criminalmente?
7. Está na hora de a escola adotar uma política mais explícita? Qual deveria ser essa política?

TABELA 1.2   Princípios e pressupostos básicos

34

Hoy & Miskel

RAÍZES HISTÓRICAS → *PERSPECTIVAS DE SISTEMAS CONTEMPORÂNEOS*

Gestão científica →   **Perspectiva de sistemas racionais**
(Foco: objetivos)   (Foco: organização formal, organizacionais) racionalidade e eficiência)
(Período de tempo: 1900-1930)   (Período de tempo: contemporâneo)

Pioneiros   **Conceitos-chave**   **Princípios e pressupostos básicos**
Taylor   • Objetivos   1. As organizações existem principalmente para realizar seus objetivos.
Fayol   • Divisão do trabalho   2. A divisão do trabalho conduz à especialização.
Gulick   • Especialização   3. A especialização promove a competência, ou *expertise*.
Urwick   • Padronização   4. A padronização das tarefas produz eficiência.
Weber   • Formalização   5. A formalização de atividades aumenta a eficiência.
    • Hierarquia de autoridade   6. A hierarquia promove conformidade disciplinada.
    • Estreita abrangência de controle   7. Uma estreita abrangência de controle melhora a supervisão.
    • Controle   8. O controle administrativo é essencial para a eficiência.
    • Racionalidade   9. A racionalidade na tomada de decisão promove a eficiência.
    • Organização formal   10. A organização formal pode ser projetada para maximizar a eficiência.

Relações humanas →   **Perspectiva de sistemas naturais**
(Foco: necessidades individuais)   (Foco: organização informal, cultura organizacional e agrupamentos naturais)
(Período de tempo: 1930-1960)   (Período de tempo: contemporâneo)

Pioneiros   **Conceitos-chave**   **Princípios e pressupostos básicos**
Follett   • Sobrevivência   1. As organizações são primordialmente grupos sociais tentando se adaptar e sobreviver.
Mayo   • Necessidades   2. As necessidades individuais são os motivadores principais do desempenho organizacional.
Roethlisberger   • Indivíduos   3. Os indivíduos são mais importantes do que a estrutura para atingir a eficácia.
McGregor   • Estrutura social   4. Os indivíduos organizam-se informalmente com base em seus interesses.
    • Normas informais   5. Normas e procedimentos não oficiais muitas vezes são mais importantes do que os formais
    • Empoderamento   6. A tomada de decisão compartilhada promove a eficácia.
    • Ampla abrangência de controle   7. Uma ampla abrangência de controle aumenta a eficácia e a autonomia do professor.
    • Cultura   8. A cultura organizacional faz a mediação dos efeitos da estrutura.
    • Equipes   9. O trabalho em equipe é a chave para o sucesso organizacional.
    • Organização informal   10. As estruturas informais são mais importantes do que as formais.

Ciências sociais →   **Perspectiva de sistemas abertos**
(Foco: integração)   (Foco: interdependência, integração e contingências)
(Período de tempo: 1960-atual)   (Período de tempo: contemporâneo)

Pioneiros   **Conceitos-chave**   **Princípios e pressupostos básicos**
Weber   • Interdependência entre a organização e seu ambiente   1. Todas as organizações são sistemas abertos que interagem com seu ambiente.
Barnard   • Integração   2. O comportamento organizacional depende da interação da estrutura organizacional com as necessidades individuais.
Simon   de objetivos organizacionais e necessidades humanas;   3. Todas as organizações têm características racionais e naturais.
Parsons   de recursos naturais e racionais;   4. As organizações precisam tanto de vinculações frouxas quanto firmes para ter sucesso.
Weick   de vinculações firmes e frouxas;   5. A política permeia a vida organizacional.
Katz e Kahn   de atividades planejadas e não planejadas;   6. As organizações têm duas faces interativas: uma formal e outra informal.
      de perspectivas formais e informais   7. Não há melhor maneira de organizar, motivar, decidir, liderar, ou se comunicar: a eficácia desses processos
    • Teoria da contingência*   depende de uma série de contingências.

* N. de R.T.: A teoria da contingência teve sua origem por volta da década de 1960. Seus principais representantes são T. Burns e G. Stalker (que introduziram os conceitos principais), J. Thompson, P. Lawrence, J. Lorsch e C. Perrow (que os desenvolveram). A teoria destaca que as características das organizações dependem das condições do seu ambiente imediato.

GUIA PRÁTICO

1. Procure e teste boas explicações em sua prática administrativa: seja ao mesmo tempo reflexivo e guiado por evidências.
2. Esteja preparado tanto para o comportamento escolar racional quanto para o irracional: os dois ocorrem bastante nas escolas.
3. Cultive relações informais para resolver os problemas formais: a organização informal é uma fonte de ideias engenhosas.
4. Use múltiplas perspectivas para definir os desafios da escola: definir o problema muitas vezes é a chave para sua solução.
5. Envolva os líderes informais na resolução de problemas: a cooperação entre o formal e o informal é uma chave para o sucesso.
6. Seja politicamente astuto ao representar a escola e seus alunos: a política é um fato da vida escolar.
7. Incentive a estabilidade e a espontaneidade, conforme apropriado: ambas são essenciais às boas escolas.
8. Seja sensível à comunidade: a escola é um sistema aberto.
9. Cultive a *expertise* como base para a resolução de problemas: o conhecimento deve ser a base da tomada de decisão.
10. Aproveite o potencial da administração para facilitar um sólido sistema de ensino e aprendizagem: ensino e aprendizagem são a razão de ser das escolas.

TESTE OS SEUS CONHECIMENTOS: SABE O SIGNIFICADO DESTES TERMOS?

ciência, *p. 2*
teoria, *p. 3*
conceitos, *p. 3*
generalizações teóricas, *p. 3*
hipótese, *p. 5*
perspectiva de sistemas racionais, *p. 9*
gestão científica, *p. 9*
estudos de tempo e movimento, *p. 9*
divisão do trabalho, *p. 10*
padronização, *p. 10*
abrangência de controle, *p. 10*
princípio da homogeneidade, *p. 10*
objetivos, *p. 11*

formalização, *p. 11*
princípio da exceção, *p. 12*
perspectiva de sistemas naturais *p. 13*
estudos de Hawthorne, *p. 13*
organização informal, *p. 14*
perspectiva de sistemas abertos *p. 17*
sistema social, *p. 21*
organização formal, *p. 23*
funções burocráticas, *p. 23*
cognição, *p. 25*
cultura organizacional, *p. 26*
postulado da congruência, *p. 28*
organizações de aprendizagem, *p. 31*

LEITURAS SUGERIDAS

ADLER, S. P. (Ed.). *The Oxford handbook of sociology and organizational studies*. Oxford: Oxford University Press, 2009.

Seleção de textos clássicos sobre a sociologia das organizações, que situa a teoria e a pesquisa organizacionais contemporâneas.

ETZIONI, A. *Modern organizations*. Englewood Cliffs: Prentice Hall, 1964.

Exame clássico da história do pensamento organizacional.

FIEDLER, K. Tools, toys, truisms, and theories: some thoughts on the creative cycle of theory formation. *Personality and Social Psychology Review*, v. 2, p. 123-131, 2004.

Informativa análise sobre o processo de criar e desenvolver teorias.

KANIGEL, R. *The one best way*. New York: Viking, 1997.

Análise histórica do impacto da gestão científica sobre as organizações e a sociedade contemporânea.

KATZ, D.; KAHN, R. L. *The social psychology of organizations*. 2nd ed. New York: Wiley, 1966.

Clássica análise sobre a teoria de sistemas abertos – uma das primeiras e uma das melhores.

MINER, J. B. *Organizational behavior*: foundations, theories, and analyses. New York: Oxford University Press, 2002.

Abrangente revisão dos fundamentos da teoria e da análise organizacionais.

MORGAN, G. *Images of organizations*. Thousand Oaks: Sage, 2006.

Forma alternativa e inovadora de encarar as organizações, usando metáforas para desenvolver imagens das organizações que representam importantes verdades parciais.

SCOTT, W. R.; DAVIS, G. F. *Organizations and organizing*: rational, natural, and open system perspectives. Upper Saddle River: Prentice Hall, 2007.

Pesquisa sobre a utilização de sistemas de pensamento para compreender as organizações com foco nas formas flexíveis de ação coordenada, ocorrendo dentro e entre organizações formais.

SENGE, P. M. *The fifth discipline*: the art and practice of the learning organization. New York: Doubleday, 1990.

Clássico sobre organizações de aprendizagem.

STINCHCOMBE, A. L. *The logic of social science research*. Chicago: University of Chicago Press, 2005.

Análise perspicaz dos papéis complementares de ciência, teoria e pesquisa.

EXERCÍCIO DE PORTFÓLIO

Escolha um diretor de escola que em sua opinião é um excelente líder educacional. Entreviste esse líder usando o modelo de sistemas sociais descrito neste capítulo. Mais especificamente, elabore uma série de perguntas que sondem a liderança do diretor perguntando sobre o seu papel nestas áreas:

- A estrutura da escola.
- A cultura da escola.
- A política na escola.
- O sistema de ensino e aprendizagem.
- A motivação na escola.

Também pergunte sobre as relações escola-comunidade (oportunidades e restrições ambientais) e a eficácia percebida da escola.

Analise seus dados e tire algumas conclusões sobre o seguinte:

- A missão básica da escola.
- A visão da escola sobre ensino e aprendizagem.
- A liderança do diretor.
- O papel da comunidade na escola.

Escreva uma breve análise (cerca de cinco ou seis páginas) sobre a escola levando em conta as respostas às suas perguntas. Quais são os principais pontos fortes da escola, quais áreas podem ser melhoradas, e o que mais lhe chamou atenção e lhe impressionou em relação à escola e sua liderança?[3]
Padrões de liderança 1, 2, 3 e 4

NOTAS

1. Nosso modelo envolve principalmente uma síntese e a extensão do trabalho de Getzels e Guba (1957); Abbott (1965a); Leavitt, Dill e Eyring (1973); Scott (1987a, 1987b, 2003); Mintzberg (1983a); Nadler e Tushman (1983, 1989); e Lipham (1988).

2. Muitas formulações teóricas propuseram uma suposição semelhante. Por exemplo, consulte Getzels e Guba (1957); Etzioni (1975); e Nadler e Tushman (1989).

3. A ideia para este exercício de portfólio foi da professora Lynne Perez.

2

O CERNE TÉCNICO

Aprendizagem e ensino[1]

O conhecimento não é uma cópia da realidade. Conhecer um objeto ou um fato não é apenas perscrutá-lo e fixar uma cópia ou imagem dele na mente. Conhecer um objeto é agir sobre ele. Conhecer é modificar, transformar o objeto e entender o processo de transformação e, assim, entender a maneira como o objeto é construído.

Jean Piaget
Development and Learning

PONTOS PRINCIPAIS

1. O cerne técnico de todas as escolas é o ensino e a aprendizagem.

2. A aprendizagem ocorre quando a experiência produz uma mudança estável no conhecimento ou no comportamento de alguém.

3. Existem três perspectivas gerais de aprendizagem – a comportamental, a cognitiva e a construtivista –, e cada qual nos ajuda a entender o ensino e a aprendizagem.

4. Muitos alunos confundem reforço negativo com punição; o reforço fortalece o comportamento, mas a punição suprime ou enfraquece o comportamento.

5. Os objetivos de aprendizagem, o jogo do bom comportamento e a instrução direta (muitas vezes incluindo revisão, apresentação, prática orientada, verificação do entendimento e prática independente) são aplicações das abordagens de aprendizagem comportamental.

6. As explicações cognitivas sobre a aprendizagem realçam a importância do conhecimento prévio em focar a atenção, apreender o sentido de novas informações e apoiar a memória.

7. O processamento de informações é uma teoria cognitiva da memória que descreve como as informações são captadas, processadas, armazenadas na memória de longo prazo (na forma de episódios, produções, imagens e esquemas) e recuperadas.

8. Estratégias e táticas de aprendizagem, tais como sublinhar, destacar e fazer diagramas são aplicações da abordagem cognitiva.

9. Pontos de vista construtivistas explicam a aprendizagem em termos da construção individual e social do conhecimento. O conhecimento é julgado não tanto por sua precisão como pela sua utilidade.

10. Existem três tipos de construtivismo – psicológico, social e radical.

11. A aprendizagem situada enfatiza a ideia de que a aprendizagem é específica para a situação em que é aprendida e difícil de transferir.

12. Recursos da aplicação construtivista incluem complexas tarefas da vida real, interação social, responsabilidade compartilhada, múltiplas representações de conteúdo e ensino centrado no aluno.

13. Três aplicações promissoras da abordagem construtivista são a aprendizagem com base em problemas, as oficinas cognitivas e a aprendizagem cooperativa.

Talcott Parsons (1960) foi o primeiro a propor três níveis distintos de estrutura na organização – técnico, gerencial e institucional. O nível técnico ou **cerne técnico** é o sistema de atividade organizacional em que o "produto" real da organização é produzido; nas escolas, é exemplificado pelo ensino e pela aprendizagem em sala de aula. O sistema de gestão, o próximo nível acima, é responsável por administrar os assuntos internos da organização e fazer a mediação entre a organização e o ambiente. Por fim, no topo está o nível institucional, cuja função é conectar a organização com o ambiente, especificamente para dar legitimidade à organização em termos do contexto social mais amplo. No caso das escolas, o conselho de educação é o principal mecanismo formal do nível institucional e sua função é legitimar as atividades escolares junto à comunidade em geral. Parsons (1960) frisa que existem interrupções qualitativas nas relações da linha de autoridade em cada ponto de interseção dos níveis. Embora o nível gerencial seja o foco principal deste livro sobre administração, os outros níveis também são importantes porque fornecem pontos fundamentais de articulação entre a escola e seus alunos--clientes, bem como entre a escola e seus cidadãos-clientes.

Assim como o nível institucional chama a atenção para as restrições organizacionais do ambiente (ver Cap. 8), o cerne técnico realça o significado do ensino e da aprendizagem nas decisões administrativas. No caso das escolas, a função técnica é o processo de ensino e aprendizagem, o coração e a alma de todas as organizações educacionais. Seríamos relapsos na análise da escola como sistema social se não examinássemos o cerne técnico da escola – o processo de ensino e aprendizagem –, pois ele molda muitas das decisões administrativas que precisam ser tomadas (ROWAN, 1998; ROWAN; RAUDENBUSH; CHEONG, 1993).

APRENDIZAGEM: UMA DEFINIÇÃO

Ao ouvir a palavra "aprender", muita gente recorda de si mesmo na escola, estudando para uma prova, aprendendo a pilotar um veículo, dedilhando uma nova canção ou até mesmo dominando um novo aplicativo de computador. Aprendemos assuntos, habilidades e comportamentos adequados para uma vasta gama de situações sociais. A aprendizagem claramente não se limita à escola, embora em última análise ela seja a razão de a escola existir. O que é aprendizagem? Em sentido lato, a **aprendizagem** *acontece quando a experiência (incluindo prática) produz uma mudança estável no conhecimento ou no comportamento de alguém.* A mudança pode ser intencional ou não, mas para qualificar-se como aprendizagem, a mudança deve ocorrer devido à experiência, à medida que o indivíduo interage com seu ambiente. As mudanças simplesmente decorrentes do amadurecimento, como crescer em altura ou ficar calvo, não se enquadram como exemplos de aprendizagem. Da mesma forma, as mudanças temporárias devido à doença, à fadiga ou a privações físicas de curta duração não fazem parte da aprendizagem, embora, é claro, as pessoas realmente aprendam a lidar com problemas dessa natureza (HILL, 2002; MAYER, 2011).

Nossa definição indica que a aprendizagem envolve uma mudança no conhecimento ou no comportamento do indivíduo. Embora a maioria dos especialistas em aprendizagem concorde com essa proposição geral, alguns tendem a enfatizar o comportamento e outros, o conhecimento. A nossa posição é a de que a aprendizagem é um processo cognitivo complexo e não existe uma explicação ideal sobre ela. Na verdade, as diferentes teorias de aprendizagem oferecem explicações mais ou menos úteis, dependendo do tópico a ser explicado. Enfatizamos três teorias gerais de aprendizagem, cada qual com um foco diferente:

- As teorias *comportamentais* de aprendizagem ressaltam as mudanças observáveis em comportamentos, habilidades e hábitos.
- As teorias *cognitivas* de aprendizagem ressaltam atividades mentais internas como pensar, lembrar, criar e resolver problemas.
- As teorias *construtivistas* de aprendizagem estão interessadas em como os indivíduos aprendem o significado de fatos e atividades; portanto, a aprendizagem é vista como a construção do conhecimento.

A aplicação de cada uma dessas perspectivas teóricas tem diferentes implicações para o ensino. Assim, a nossa discussão sobre aprendizagem também fornecerá uma análise do ensino.

PERSPECTIVA COMPORTAMENTAL NA APRENDIZAGEM

A abordagem comportamental moderna de aprendizagem surgiu dos estudos de Skinner e seus seguidores, que enfatizaram a importância dos antecedentes e das consequências na mudança de comportamento. O foco dessa perspectiva claramente reside no comportamento. A aprendizagem é definida como uma mudança de comportamento provocada pela experiência sem praticamente nenhuma preocupação com os processos mentais ou internos do pensamento. O comportamento é apenas o que uma pessoa faz em determinada situação. Analise o comportamento como algo imprensado entre dois conjuntos de influências ambientais: seus antecedentes, que o precedem, e suas consequências, que vêm depois dele (SKINNER, 1950). Essa relação é demonstrada simplesmente como Antecedente-*Behavior*(Comportamento)-Consequência, ou A-B-C. À medida que acontece o comportamento, determinada consequência o transforma em um antecedente para a próxima sequência ABC. O comportamento, em seguida, é alterado por mudanças nos antecedentes, nas consequências ou em ambos. Os primeiros trabalhos comportamentais se concentravam nos resultados ou nas consequências.

Consequências

Na visão comportamental da aprendizagem, as consequências do comportamento em grande parte determinam se esse comportamento se repetirá. Em particular, o tipo e o sincronismo da consequência vão fortalecer ou enfraquecer a propensão de um indivíduo repetir o comportamento. Existem dois tipos de consequências – aquelas que reforçam (fortalecem) o comportamento e aquelas que punem (enfraquecem) o comportamento.

Reforço

O significado comum de reforço é recompensa, mas em teoria de aprendizagem "reforço" tem uma conotação específica. Um reforço é uma consequência que fortalece o comportamento relacionado; assim, por definição, o reforço aumenta a frequência ou a duração de determinado comportamento. O diagrama a seguir mostra o processo:

	CONSEQUÊNCIA	EFEITO
Comportamento ──────────→	Reforço ──────────→	Comportamento fortalecido

A pesquisa demonstra que a comida quase certamente será um intenso reforçador para um animal faminto, mas isso funciona da mesma maneira com as pessoas? Como seria de esperar, as coisas são mais complicadas quando envolvem pessoas. Não sabemos por que um fato atua como reforçador para um indivíduo; na verdade, muitas teorias concorrentes explicam por que o reforço funciona com as pessoas. Por exemplo, alguns psicólogos acreditam que os reforços satisfazem as necessidades. Outros argumentam que os reforços diminuem as tensões ou estimulam uma parte do cérebro (RACHLIN, 1991). A medida na qual as consequências são reforçadoras provavelmente depende da percepção do fato pela pessoa e do significado que ele tem para o indivíduo. Por exemplo, os alunos que rotineiramente são enviados para a coordenação por mau comportamento em sala de aula podem estar recebendo reforço para esse comportamento. Talvez haja *algo* nessa consequência (ser mandado à coordenação) que sirva de reforço para eles, mesmo que não pareça desejável para os seus professores. Talvez o comportamento forneça a atenção necessária ou gere fama entre os colegas. Os behavioristas argumentariam que a repetição do mau comportamento está sendo reforçada de alguma forma para esse aluno (LANDRUM; KAUFFMAN, 2006).

Vamos examinar o reforço mais de perto. Existem dois tipos de reforço – positivo e negativo. O **reforço positivo** ocorre quando um comportamento produz um novo estímulo ou força motivadora. Por exemplo, um aluno pode receber elogios por vestir uma jaqueta bonita. Da mesma forma, "tropeçar e cair" na sala pode resultar em gargalhadas. Claro, se esse papel "desajeitado" é desempenhado repetidamente para o riso e o aplauso dos colegas, os professores talvez expliquem o comportamento como apenas um jeito de "chamar a atenção". Essa explicação é comportamental; os professores estão aplicando o princípio de reforço positivo para explicar o comportamento, supondo que a atenção é um reforçador positivo para o aluno. Observe que o comportamento do aluno é reforçado, apesar de não ser positivo na perspectiva do professor. O reforço positivo de comportamentos inadequados é um problema potencial para todos os professores, porque muitas vezes eles sem querer reforçam o mau comportamento dos alunos. Em suma, quando uma consequência fortalece um comportamento fornecendo a *adição* de um estímulo, ocorreu um reforço positivo.

Em contraste, o **reforço negativo** ocorre quando a consequência que reforça ou fortalece o comportamento é obtida pela eliminação (*subtração*) de um estímulo. Quando uma ação especial leva a parar ou evitar uma situação negativa ou adversa, esse comportamento provavelmente será repetido, porque o indivíduo aprendeu a evitar algo negativo ou desconfortável. Por exemplo, os fabricantes de automóveis equiparam seus carros com cintos de segurança anexados a sensores. Ao dar a partida, um zumbido irritante é disparado, o qual cessa quando você prende o cinto. Assim, é provável que você repita o ato de se "afivelar" (o comportamento é reforçado) porque ele remove a irritação (elimina um estímulo negativo). Em outras palavras, um comportamento é reforçado, ou fortalecido, pela remoção de um estímulo negativo ou contrário. Analise o pai que não para de reclamar de um professor e de insistir para que seja substituído. Para eliminar a reclamação constante, você, no cargo de diretor, troca o professor. Você eliminou a situação adversa com o pai e, se não houver mais consequências negativas, é provável que você repita seu comportamento para equacionar novas queixas semelhantes de outros pais. Eliminar um estímulo negativo (no caso, um pai irritante) reforçou o seu comportamento. O "negativo" em reforço negativo não significa necessariamente que o comportamento reforçado é ruim, mas, em vez disso, implica que algo está sendo subtraído da situação que reforça o comportamento. Associe positivo e negativo a números – positivo *adiciona* algo depois do comportamento, e isso reforça o comportamento; por sua vez, o reforço negativo *subtrai* algo depois do comportamento, reforçando o comportamento.

A propósito, Skinner não especulou sobre por que os reforçadores acentuam o comportamento. Ele acreditava que era inútil falar sobre "concepções imaginárias", como significados, hábitos, necessidades ou tensões. Skinner apenas descrevia a tendência de certo comportamento operante aumentar após determinadas consequências (HILL, 2002; SKINNER, 1953, 1989).

Punição

O reforço negativo é comumente confundido com punição. Se você sabe a diferença, já sabe mais do que a maioria das pessoas. O reforço, seja positivo ou negativo, sempre envolve fortalecer o comportamento. A **punição** envolve o enfraquecimento ou a supressão do comportamento; isto é, comportamento seguido por castigo é menos provável de ser repetido em situações semelhantes no futuro. Lembre-se, no entanto, de que é o efeito de diminuir o comportamento que define a consequência como punição. Pessoas diferentes têm diferentes percepções do que é punir. A suspensão da escola é um castigo para certos alunos, mas não para outros. O processo de punição é mostrado simplesmente como segue:

CONSEQUÊNCIA	EFEITO
Comportamento ⟶ Punição ⟶	Comportamento enfraquecido ou diminuído

Assim como existem dois tipos de reforço, existem dois tipos de punição definidos na teoria comportamental – tipo I e tipo II. Nenhum dos rótulos é muito informativo; por isso, chamamos o tipo I de **punição direta**, porque ocorre quando o surgimento do estímulo pós-comportamento suprime ou enfraquece o comportamento; uma coisa é adicionada para suprimir o comportamento. Quando os professores estipulam detenção, trabalho extra e notas mais baixas para punir os alunos, estão aplicando punição direta. O segundo tipo de punição (tipo II) é **punição de remoção**, porque um estímulo é removido para punir. Por exemplo, quando os pais ou professores retiram privilégios do aluno, estão aplicando uma punição de remoção; estão removendo algo que é desejado. Assim, a punição direta *adiciona* algo para diminuir ou interromper o comportamento e a punição de remoção *subtrai ou exclui* algo para diminuir ou enfraquecer o comportamento. A interação dos processos de reforço e punição está resumida na Figura 2.1.

Comportamento apoiado   Comportamento suprimido

	Comportamento apoiado	Comportamento suprimido
Estímulo apresentado	**Reforço positivo** • Notas altas • Papel de honra • Carta de recomendação	**Punição direta** • Detenção • Nota mais baixa • Tema de casa extra
Estímulo removido	**Reforço negativo** • Isento de teste • Dispensado da aula • Dispensado de tarefas	**Punição de remoção** • Não dirigir por uma semana • Não jogar futebol esta semana • Não sair com a namorada esta semana

Muitas vezes, reforço e punição são confundidos.

Lembre-se:
O reforço sempre incentiva ou fortalece o comportamento.
A punição suprime ou enfraquece o comportamento.

FIGURA 2.1   Tipos de reforço e punição.

Antecedentes

Antecedentes são os fatos que precederam o comportamento. Eles fornecem informações sobre quais comportamentos vão levar a consequências positivas e quais a negativas (**A**ntecedente → *Behavior* (Comportamento) → **C**onsequência). Pessoas perceptivas aprendem a diferenciar as situações; ou seja, elas aprendem a ler o antecedente. Quando um diretor deve solicitar mais recursos para comprar novos materiais curriculares: após uma derrota orçamental ou após uma elogiosa reportagem no jornal local sobre sua escola? Ver o diretor parado no corredor é uma deixa de antecedente: ajuda os alunos a diferenciar as prováveis consequências de "correr no corredor" ou talvez até mesmo "fumar um cigarro escondido" no banheiro dos meninos. As pessoas reagem a essas deixas de antecedentes sem pensar inteiramente sobre o processo e como seu comportamento é influenciado. Entretanto, os antecedentes na forma de deixas podem ser usados deliberadamente. **Dar a deixa** fornece um estímulo antecedente pouco antes de determinado comportamento. É especialmente útil na preparação para um comportamento que deve ocorrer em uma ocasião específica, mas é facilmente esquecido. Dar a deixa fornece informações sobre quais comportamentos serão reforçados ou punidos em uma situação particular. A viatura policial estacionada sob um viaduto ou simplesmente no acostamento da rodovia fornece uma deixa instantânea sobre as consequências do excesso de velocidade.

Professores e diretores muitas vezes corrigem os alunos após o fato. Por exemplo, eles exclamam: "Não acredito que você...". O problema é, naturalmente, que o mau comportamento já ocorreu. O aluno tem apenas poucas opções – prometer não fazer novamente ou se esforçar mais ou a resposta mais agressiva: "Me deixa em paz". Nenhuma dessas reações é particularmente útil, mas fornecer uma deixa sem juízo de valor pode ajudar a evitar um confronto negativo com o aluno. Por exemplo, para professores e diretores, simplesmente comparecer a um evento esportivo torna mais improvável que os alunos demonstrem fraco espírito esportivo. Além disso, quando os alunos desempenham adequadamente após essa deixa, os professores podem reforçar o comportamento do aluno sem recorrer a punições.

Avisar é fornecer uma deixa adicional após o primeiro sinal. Às vezes as pessoas precisam de ajuda extra para responder adequadamente a uma deixa. Alberto e Troutman (2009) propõem dois princípios para o uso de deixas e avisos:

- Certifique-se de que o estímulo ambiental que você quer que se torne uma deixa ocorra pouco antes do aviso, para que os alunos aprendam a responder à deixa e não depender apenas do aviso.
- Reduza o aviso assim que possível; não crie nos alunos uma dependência.

Um exemplo de aviso é fornecer aos alunos uma lista de verificação ou uma "lista de afazeres" quando trabalham em duplas como parte de tutoramento de colegas. À medida que os alunos aprendem os procedimentos, a lista de verificação é gradativamente retirada. Depois de aprenderem os procedimentos, os alunos já não precisam de avisos escritos ou orais. Eles aprenderam como reagir apropriadamente à deixa de trabalhar em duplas; aprenderam como trabalhar na tutoria de colegas. Os professores devem continuar a monitorar o processo, elogiar o bom trabalho e corrigir erros. Agora, o papel do professor é orientar os alunos para aprimorar suas habilidades de tutoria.

APLICAÇÕES DA ABORDAGEM COMPORTAMENTAL NO ENSINO

Professores experientes e especialistas fazem bom uso da teoria comportamental. Eles aplicam com cuidado e habilidade os princípios básicos de reforço e punição em sua prática docente e na gestão da sala de aula. Antes de fornecermos exemplos das contribuições da teoria comportamental para o ensino e a aprendizagem, resumimos algumas das diretrizes:

- Dar elogios claros e sistemáticos, mas apenas quando merecidos.
- Reconhecer realizações genuínas.
- Definir padrões para elogios com base nas habilidades e limitações individuais.
- Atribuir o sucesso do aluno ao esforço e à capacidade de construir confiança.
- Reconhecer o comportamento positivo de um modo valorizado pelos alunos.
- Dar muito reforço quando alunos confrontam novos materiais ou habilidades.
- Estabelecer metas claras e específicas, de modo que você saiba o que reforçar.
- Usar deixas para ajudar a estabelecer novos comportamentos.
- Usar uma variedade de reforçadores e permitir que os alunos escolham entre eles.
- Tentar estruturar a situação para usar reforços negativos em vez de punições.
- Adaptar a punição ao mau comportamento (WOOLFOLK, 2013).

O jogo do bom comportamento, a avaliação comportamental funcional, os objetivos da aprendizagem e a instrução direta são exemplos específicos da aplicação da teoria comportamental no ensino de sala de aula. Essas abordagens são especialmente úteis quando o objetivo é aprender novos comportamentos ou informações explícitas e a aprendizagem é sequencial ou factual.

O jogo do bom comportamento

No jogo do bom comportamento, a classe inteira pode ganhar recompensas com base no comportamento coletivo, geralmente pela adição dos pontos de cada aluno para um total da classe ou da equipe. Professores e alunos discutem o que tornaria a sala de aula um ambiente melhor de aprendizagem e identificam comportamentos que interferem com a aprendizagem. Com base nessa discussão, as regras da classe são desenvolvidas, e a turma é dividida em duas ou mais equipes. Cada vez que um aluno transgride uma regra, a equipe desse aluno recebe uma marca. A equipe com menor número de marcas no final do período recebe uma recompensa especial ou privilégio (p. ex., intervalo mais longo, primeiros a almoçar e assim por diante). Se todas as equipes ganharem menos do que um número preestabelecido de marcas, todas recebem a recompensa. Muitas vezes, uma turma precisa de uma regra de "nenhuma conversa" para que as equipes não fiquem o tempo todo chamando a atenção dos erros uns dos outros. Embora o jogo resulte em apenas pequenas melhorias no desempenho acadêmico, muitas vezes tem efeitos positivos no comportamento do aluno (EMBRY, 2002; TINGSTROM; STERLING-TURNER; WILCZYNSKI, 2006).

O que acontece se acrescentarmos intervenções com foco no desempenho acadêmico ao poder comprovado do jogo do bom comportamento? Catherine Bradshaw e seus colegas abordaram essa questão (BRADSHAW et al., 2009). O grupo acompanhou 678 alunos desde o 1º ano do ensino fundamental até o ensino médio. No 1º ano, os alunos participaram de um grupo controle ou um de dois programas específicos: (1) intervenção centrada na sala de aula que combinava o jogo do bom comportamento com um currículo acadêmico aprimorado (leitura em voz alta, redação de jornal, habilidades de pensamento crítico, atividades em pequenos grupos, etc.) ou (2) intervenção centrada na família que promovia o envolvimento dos pais nas atividades de leitura e matemática em casa. Essa intervenção ajudava os pais a desenvolver melhores estratégias na gestão da criança. Os alunos que participaram da intervenção de sala de aula que combi-

nava o jogo do bom comportamento com um currículo acadêmico aprimorado no 1º ano apresentaram notas mais altas nos testes de desempenho padronizado realizados na 3ª série do ensino médio, redução nos encaminhamentos aos serviços de educação especial, taxas mais elevadas de formatura no ensino médio e taxas mais altas de ingresso nas universidades, 12 anos depois! O programa de envolvimento dos pais teve um pequeno efeito significativo nas notas dos testes de leitura. Portanto, o investimento precoce em ajudar os alunos a aprender comportamentos positivos e habilidades acadêmicas pode fazer a diferença no futuro.

Apoio comportamental positivo com base na avaliação comportamental funcional

Uma nova abordagem com base na aprendizagem comportamental está ajudando os professores tanto em turmas comuns quanto em turmas de educação especial a lidar, de modo bem-sucedido, com problemas de comportamento. O primeiro passo é perguntar: "O que os alunos estão obtendo com seus problemas de comportamento – quais funções exercem esses comportamentos?". O foco é no *"por quê"* do comportamento, e não no *"o quê"* (LANE; FALK; WEHBY, 2006; STAGE et al., 2008). As razões para os problemas comportamentais geralmente recaem em quatro categorias (BARNHILL, 2005; MAAG; KEMP, 2003). Alunos se comportam mal para:

1. Receber atenção dos outros – professores, pais ou colegas.
2. Escapar de alguma situação desagradável – uma exigência acadêmica ou social.
3. Obter atividades ou itens desejados.
4. Satisfazer necessidades sensoriais, como a estimulação de balançar ou agitar os braços para certas crianças com autismo.

Tão logo o motivo para o comportamento for identificado, os professores podem elaborar formas de apoiar comportamentos positivos que exercerão a mesma função de "por quê". Por exemplo, certa vez trabalhamos com um diretor de escola de ensino fundamental que estava preocupado com um garoto que apresentava dificuldades em várias disciplinas, especialmente matemática. O aluno perturbava a aula de matemática pelo menos duas vezes por semana e acabava na coordenação. Quando chegava, o garoto recebia plena atenção do diretor. Depois de uma bronca, eles comentavam sobre esportes, porque o diretor gostava do aluno e lhe preocupava o fato de que, devido à morte do pai do garoto anos atrás, ele não tinha modelos de papel masculino. É fácil identificar a função das interrupções de sala de aula – elas sempre levavam a (1) fugas da aula de matemática (reforço negativo) e (2) tempo a sós com o diretor (reforço positivo após um pouco de reprimenda). Em conjunto, desenvolvemos com o diretor e o professor uma estratégia para apoiar os comportamentos positivos do aluno em matemática, conseguindo para ele alguma tutoria adicional e lhe permitindo passar um tempo com o diretor após ele completar os problemas de matemática em vez de mostrar mau comportamento em sala de aula. Os novos comportamentos positivos exerceram muitas das mesmas funções que os antigos problemas de comportamento.

Avaliações comportamentais funcionais

O processo de compreender o comportamento do problema é conhecido como **avaliação comportamental funcional**:

> [...] um conjunto de métodos ou procedimentos para obter informações sobre os antecedentes, os comportamentos e as consequências, a fim de determinar a razão ou a função do comportamento. (BARNHILL, 2005, p. 132).

Com as informações dessa avaliação, as escolas podem desenvolver um plano de intervenção, conforme relatado anteriormente com o aluno de matemática.

Muitos procedimentos diferentes podem lhe ajudar a determinar as funções de um comportamento. Você pode simplesmente entrevistar os alunos sobre seus comportamentos. Em um estudo, os alunos foram convidados a descrever o que fizeram para se meter em encrenca na escola, o que aconteceu pouco antes e o que aconteceu logo após o mau comportamento. Embora os alunos nem sempre tivessem certeza dos motivos de seu mau comportamento, pareceram se beneficiar com o fato de conversar com um adulto preocupado, que estava tentando entender a sua situação, não apenas repreendê-los (MURDOCK; O'NEILL; CUNNINGHAM, 2005). Os professores também podem observar os alunos e anotar as respostas para as seguintes perguntas: quando e onde ocorre o comportamento problemático? Quais pessoas ou atividades estão envolvidas? O que acontece logo antes – o que os outros fazem ou dizem e o que o aluno-alvo faz ou diz? O que acontece logo após o comportamento – o que você, os outros alunos ou o aluno-alvo fazem ou dizem? O que o aluno-alvo ganha ou do que ele se esquiva – quais mudanças acontecem após o aluno se comportar mal? Com base nessas questões, você pode projetar uma planilha sistemática de observação e planejamento para avaliações comportamentais funcionais adaptadas à sua situação escolar. Tão logo souber as funções dos comportamentos, você pode elaborar um plano para apoiar alternativas positivas.

Apoios comportamentais positivos

A Individuals with Disabilities Education Act, 1997 (Educação dos Indivíduos Portadores de Deficiências; IDEA, na sigla em inglês), exige **apoios comportamentais positivos** (PBS, do inglês *positive behavioral supports*) para alunos com deficiência e aqueles em risco de serem destinados à educação especial. (UNITED STATES, 1997). Apoios comportamentais positivos são intervenções projetadas para substituir problemas de comportamento com novas ações que exerçam a mesma finalidade para o aluno. Apoios comportamentais positivos com base em avaliações comportamentais funcionais podem ajudar os alunos com deficiência a ter sucesso em salas de aula inclusivas. Por exemplo, o comportamento perturbador de um menino de 5 anos com retardo mental foi praticamente eliminado em um tempo relativamente curto por meio de uma intervenção de PBS baseada em uma avaliação funcional realizada pela equipe do ensino regular e o professor de educação especial. A intervenção incluía garantir que as tarefas atribuídas estivessem no nível certo de dificuldade, fornecer assistência nessas tarefas, ensinar o aluno a solicitar assistência e ensinar o aluno a como pedir um intervalo do trabalho atribuído (SOODAK; MCCARTHY, 2006; UMBREIT, 1995). Mas essas abordagens não servem apenas para alunos com necessidades especiais. A pesquisa mostra que as ocorrências de indisciplina diminuem quando toda a escola usa essas abordagens para todos os alunos (LEWIS; SUGAI; COLVIN, 1998). Como cerca de 5% dos alunos são responsáveis por metade das ocorrências de indisciplina, faz sentido desenvolver intervenções para eles. Intervenções de comportamento positivo baseadas em avaliações funcionais podem reduzir esses problemas de comportamento em até 80% (CRONE; HORNER, 2003).*

---

* N. de R.T.: Pesquisas em escolas brasileiras sobre apoio comportamental positivo também mostram a possibilidade de seu uso para prevenir ou reduzir problemas de comportamento dos alunos. Ver SILVA, A.M.; MENDES, E.G. Psicologia e inclusão escolar: novas possibilidades de intervir preventivamente sobre problemas comportamentais. *Revista Brasileira de Educação Especial*, v. 18, n. 1, p. 53-70, 2012. Disponível em <http://www.scielo.br/scielo.php?script=sci_arttex/&pid=5413-65382000100005>. Acesso em: 2 nov. 2014.

Objetivos de aprendizagem

Existem muitas abordagens diferentes para definir objetivos; no entanto, todas assumem que a primeira etapa é decidir quais mudanças devem acontecer no aluno – qual é o objetivo do ensino. Um **objetivo instrucional** é uma clara e inequívoca descrição das metas educacionais do professor para os alunos.

Robert Mager desenvolveu talvez o mais influente sistema para definir os objetivos comportamentais. A ideia dele é a de que os objetivos devem descrever o que os alunos farão para demonstrar a sua realização e como os professores saberão quando os alunos forem bem-sucedidos (MAGER, 1975, 1997). De acordo com Mager, um bom objetivo tem três partes:

1. O objetivo descreve qual comportamento se pretende que o aluno tenha – o que o aluno deve fazer?
2. O objetivo enumera as condições em que o comportamento acontecerá – como esse comportamento será reconhecido ou testado?
3. O objetivo fornece os critérios para um desempenho aceitável em relação ao comportamento – como foi o desempenho do aluno?

Mager argumenta que os alunos muitas vezes ensinam a si próprios se recebem objetivos tão bem definidos.

Os objetivos são úteis? Podem ser, mas apenas sob certas condições. Em primeiro lugar, os objetivos são mais bem-sucedidos na promoção da aprendizagem com atividades frouxamente estruturadas, como palestras, filmes e projetos de pesquisa. Com materiais estruturados, como instrução programada, os objetivos parecem menos úteis. Em segundo lugar, se a importância da informação não está clara nos próprios materiais e atividades de aprendizagem, os objetivos instrucionais concentram-se na atenção dos alunos e, assim, incrementam o desempenho (DUCHASTEL, 1979).

A mais recente pesquisa sobre objetivos instrucionais tende a favorecer abordagens que combinem objetivos específicos e amplos. James Popham (2005, p. 104-105), antigo defensor de objetivos muito específicos, faz esta recomendação:

> [...] esforce-se para delinear meia dúzia de objetivos instrucionais verdadeiramente salientes e amplos, embora mensuráveis, para sua própria sala de aula. Muitos objetivos de escopo restrito, hiperespecíficos, terão pouca valia porque, se tudo estiver normal, você logo vai desconsiderá-los. Contudo, um pequeno número de objetivos intelectualmente administráveis, amplos, porém mensuráveis, não só se mostrarão úteis para você do ponto de vista instrucional, mas também vão lhe ajudar a responder à pergunta "o que avaliar?".

Hoje, a maioria dos distritos escolares ainda exige que os professores completem planos de aula que incluam objetivos de aprendizagem. Bons objetivos de aprendizagem, nos quais os objetivos e as etapas estejam claramente mapeados, podem ser benéficos e melhorar a aprendizagem. Os objetivos não são utilizados apenas em salas de aula com os alunos; os administradores os têm usado com diferentes graus de sucesso. A gestão por objetivos e a definição de objetivos são tentativas organizacionais de usar a teoria comportamental para melhorar o desempenho (LOCKE; LATHAM, 1990, 2002). Discutiremos as duas no Capítulo 4.

Quando tanto os objetivos quanto os meios para alcançá-los são claros, qual também é a postura dos alunos em relação à aprendizagem? A abordagem de instrução direta é coerente com os princípios comportamentais.

Instrução direta

Para muitas pessoas, "ensinar" significa dar uma palestra – instrutores explicando o material e fazendo perguntas aos alunos. Nas décadas de 1970 e 1980, uma explosão de pesquisas se concentrou nessa forma comum e tradicional de ensino. Um importante resultado de todo esse estudo foi o desenvolvimento de um modelo de ensino, a **instrução direta**, ou ensino explícito, que estava relacionado com a melhoria na aprendizagem dos alunos (ROSENSHINE; STEVENS, 1986).

Os procedimentos de instrução direta descritos nesta seção se adaptam a um conjunto específico de circunstâncias, pois evoluíram da mesma linha de pesquisa. Os pesquisadores aprimoraram modelos de instrução direta comparando os professores cujos alunos aprenderam mais do que o esperado com professores cujos alunos mostravam desempenho mediano ou esperado. Os pesquisadores focalizaram as práticas de ensino existentes nas salas de aula norte-americanas. A eficiência geralmente foi definida como melhoria média em notas padronizadas para uma turma ou escola inteira. Assim, os resultados valem para os grandes grupos, mas não necessariamente para cada aluno no grupo. Por exemplo, mesmo quando o desempenho médio de um grupo melhora, o desempenho de alguns indivíduos pode piorar (BROPHY; GOOD, 1986; GOOD, 1996; SHUELL, 1996).

Os modelos de instrução direta descritos a seguir se aplicam melhor ao ensino de **habilidades básicas** – conhecimentos claramente estruturados e habilidades essenciais, tais como fatos científicos, cálculos de matemática, vocabulário de leitura e regras gramaticais (ROSENSHINE; STEVENS, 1986). Essas habilidades envolvem tarefas que podem ser ensinadas passo a passo e testadas por testes padronizados. Uma ressalva: as abordagens de ensino descritas a seguir não são necessariamente adequadas para ajudar os alunos a escrever de forma criativa, a resolver problemas complexos ou a amadurecer emocionalmente.

Os psicólogos identificaram uma abordagem de ensino direto coerente com a teoria comportamental, que ajuda a melhorar a aprendizagem do aluno. Barak Rosenshine (1979, 1988) chama essa abordagem de instrução direta ou ensino explícito, ao passo que Tom Good (1983) usa o termo "ensino ativo" para uma abordagem semelhante. Weinert e Helmke (1995, p. 138) descrevem a instrução direta da seguinte maneira:

(a) A gestão de sala de aula pelos professores é especialmente eficaz e a taxa de comportamentos interruptivos dos alunos é muito baixa; (b) o professor mantém um sólido foco acadêmico e usa o tempo instrucional disponível intensamente para iniciar e facilitar as atividades de aprendizagem dos alunos; (c) o professor se certifica de que o máximo possível de alunos alcance bom progresso de aprendizagem por escolher cuidadosamente as tarefas adequadas, apresentar claramente as informações sobre o assunto e as estratégias de solução, continuamente diagnosticar o progresso de aprendizagem de cada aluno e as dificuldades de aprendizagem, bem como fornecer ajuda eficaz por meio da instrução corretiva.

A essa lista, Xin Ma (2012) adiciona mover-se em ritmo acelerado e criar um clima harmonioso e tolerante na sala de aula. Como os professores transformam essas precauções em ações?

Seis funções de ensino de Rosenshine

Rosenshine (1988) e Rosenshine e Stevens, (1986) realçaram seis funções de ensino com base em pesquisas sobre instrução eficiente. Elas fornecem diretrizes para o ensino de habilidades básicas:

1. *Revise e verifique o trabalho do dia anterior.* Reensine se necessário.
2. *Apresente material novo.* Ensine em pequenos passos, com muitos exemplos e antiexemplos.
3. *Forneça práticas orientadas.* Questione os alunos, aplique problemas práticos e fique atento para corrigir equívocos. Reensine se necessário. Prossiga a prática orientada até que os alunos respondam cerca de 80% das perguntas corretamente.
4. *Dê* feedback *e faça correções com base nas respostas do aluno.* Reensine se necessário.
5. *Forneça prática independente.* Deixe os alunos aplicarem as novas aprendizagens por conta própria, individualmente em sala de aula, em grupos cooperativos ou como tema de casa. A taxa de sucesso durante a prática independente deve girar em torno de 95%. Isso significa que os alunos devem estar bem preparados para o tema pela apresentação e pela prática orientada, e que as tarefas não devem ser muito difíceis. O importante é que os alunos façam exercícios até que as habilidades se tornem adquiridas e automáticas – ou seja, até que os alunos sintam-se confiantes.
6. *Faça revisões semanais e mensais.* Consolide a aprendizagem e inclua alguns itens de revisão como tema de casa. Aplique testes frequentes e reensine conteúdo mal-compreendido nos testes.

Essas seis funções não representam etapas a serem seguidas cegamente, mas todas são elementos da instrução eficaz. Por exemplo, o *feedback*, a revisão ou o reensino devem ocorrer sempre que necessário e devem corresponder à capacidade dos alunos. Existe um bom número de modelos de instrução direta, mas a maioria compartilha os elementos apresentados anteriormente.

A aprendizagem de mestria de Hunter (1982)* e a matemática de Missouri de Good, Grouws e Ebmeier (1983) são outras abordagens de instrução direta.

Críticas à instrução direta

Os críticos argumentam que a instrução direta é limitada aos objetivos de nível inferior, baseia-se em métodos de ensino tradicional, ignora modelos inovadores e desencoraja o pensamento e a ação independentes dos alunos. Alguns críticos vão ainda mais longe: defendem que a instrução direta baseia-se na teoria de aprendizagem *errada*. Os professores subdividem o conteúdo em pequenos segmentos, apresentam cada segmento claramente, reforçam ou corrigem erros e, assim, *transmitem* entendimentos precisos para o aluno. De acordo com esses críticos, o aluno é visto como um "recipiente vazio", à espera de ser preenchido com conhecimento, em vez de um ativo construtor do conhecimento (ANDERSON, 1989; BERG; CLOUGH, 1991).

Existem, porém, amplas evidências de que a instrução direta pode ajudar os alunos a aprender ativamente, não passivamente. Em especial para os aprendizes mais jovens e menos experientes, a aprendizagem do aluno sem a orientação e a instrução do professor pode levar a déficits sistemáticos no conhecimento dos alunos. Sem orientação, os entendimentos construídos pelos alunos são, às vezes, incompletos e enganosos (KIRSCHNER; SWELLER; CLARK, 2006; WEINERT; HELMKE, 1995). A compreensão profunda e o desempenho fluido – seja na dança, na resolução de problemas matemáticos ou na leitura – requerem modelos de desempenho especializado e extensa prática com *feedback* (ANDERSON; REDER; SIMON, 1996). Práticas orientadas e independentes com *feedback* construtivo são essenciais para o modelo de instrução direta. Quando habilidades e comportamentos específicos precisam ser aprendidos, uma abordagem de ensino consistente com a teoria da aprendizagem comportamental faz muito sentido.

TEORIA NA PRÁTICA

Identifique uma situação em sua escola que você gostaria de mudar. Pense nos participantes (alunos, pais ou professores) cujos comportamentos poderiam mudar para melhorar a situação. Agora identifique possíveis reforçadores para o comportamento atual das pessoas envolvidas – quais resultados desejáveis elas obtêm por agir da maneira que agem ou de quais resultados desagradáveis elas se esquivam? Em outras palavras, você consegue identificar reforços positivos ou negativos em ação?

PERSPECTIVA COGNITIVA NA APRENDIZAGEM

As raízes da perspectiva cognitiva remontam aos antigos filósofos gregos que se debruçaram sobre a natureza do conhecimento, o valor da razão e os conteúdos da mente (HERNSHAW, 1987); no entanto, a ciência cognitiva estava dormente quando o behaviorismo floresceu no começo e em meados do século XX. Até o final da Segunda Guerra Mundial, no entanto, a pesquisa cognitiva emergiu à medida que a revolução na informática e os avanços na compreensão da linguagem se desenvolveram. Acumularam-se evidências de que as

---

* N. de R.T.: Aprendizagem de mestria leva em consideração os objetivos específicos do currículo, rigorosamente concebidos e linearmente traçados pelo sistema de ensino da escola. Os alunos só prosseguem de um objetivo para o seguinte se dominarem completamente (mestria) o que estavam estudando. Caso seja identificado pelo professor (através de testes padronizados) que o objetivo não foi atingido, os alunos passam por remediação (recuperação) da aprendizagem, dando início a um novo ciclo de aprendizagem.

pessoas fazem mais do que apenas responder ao reforço e à punição. Por exemplo, os indivíduos planejam suas respostas, utilizam sistemas para ajudá-los a lembrar e organizam seus materiais em modos significativos e originais (MILLER; GALANTER; PRIBRAM, 1960; SHUELL, 1986). Com a crescente percepção de que a aprendizagem é um processo mental ativo, os psicólogos cognitivos investigaram como as pessoas pensam, aprendem conceitos e resolvem problemas (AUSUBEL, 1963; BRUNER; GOODNOW; AUSTIN, 1956).

O interesse na aprendizagem de conceito e na resolução de problemas logo deu lugar ao enigma de como o conhecimento era representado e recordado. Lembrar e esquecer eram os principais tópicos de estudo na psicologia cognitiva nas décadas de 1970 e 1980.

Conhecimento e aprendizagem

As abordagens cognitivas atuais sugerem que um dos elementos mais importantes no processo de aprendizagem é o que o indivíduo traz para a situação de aprendizagem. O que já sabemos determina em grande parte aquilo em que prestamos atenção, percebemos, aprendemos, lembramos e esquecemos (ASHCRAFT, 2006; BRANSFORD; BROWN; COCKING, 2000; GREENO; COLLINS; RESNICK, 1996). O conhecimento é, ao mesmo tempo, meio e fim; mais do que o produto da aprendizagem anterior, também orienta novas aprendizagens. Por exemplo, comparados com alunos de 4º ano com pouco conhecimento sobre futebol, alunos de 4º ano especialistas em futebol aprenderam e gravaram muito mais novos termos de futebol, embora a habilidade dos dois grupos para aprender e gravar termos não relativos a futebol fosse igual. Os alunos especialistas em futebol organizaram e agruparam os termos de futebol para ajudar na memorização (SCHNEIDER; BJORKLUND, 1992). Uma sólida base de conhecimentos pode ser mais importante do que boas estratégias de compreensão e memorização – mas amplo conhecimento e boa estratégia são melhores ainda.

A perspectiva cognitiva reconhece diferentes tipos de conhecimento – geral e de domínio específico:

- **Conhecimentos gerais** aplicam-se a várias situações. Por exemplo, os conhecimentos gerais sobre como ler ou usar um computador é útil em muitas situações.
- **Conhecimentos de domínio específico** referem-se a uma determinada tarefa ou assunto. Por exemplo, saber que existem nove períodos ou *innings* em uma partida é algo específico ao domínio do beisebol.

Os conhecimentos também podem ser caracterizados como declarativos, processuais ou autorregulatórios (PARIS; CUNNINGHAM, 1996; PARIS; LIPSON; WIXSON, 1983):

- **Conhecimento declarativo** é

   [...] o conhecimento que pode ser declarado, geralmente em palavras, por meio de palestras, livros, escrita, troca verbal, Braille, linguagem de sinais, notação matemática e assim por diante. (FARNAHAM-DIGGORY, 1994, p. 468).

- **Conhecimento processual** é "saber como" fazer algo como dividir frações ou consertar um condicionador de ar – fazer a tarefa demonstra conhecimento processual.
- **Conhecimento autorregulatório** é "saber quando e por que" aplicar os conhecimentos declarativos e processuais.

O conhecimento declarativo é "saber que" algo é o caso. A gama de conhecimentos declarativos é vasta. Você pode saber fatos muito específicos (o cérebro humano tem mais de 100 bilhões de neurônios), generalidades (certas árvores têm acículas em vez de folhas), preferências pessoais (eu odeio ervilhas), episódios pessoais (o que aconteceu em meu primeiro encontro amoroso) ou regras (para adicionar frações, converta cada fração a um denominador comum e, em seguida, adicione os numeradores e mantenha o denominador). Pequenas unidades de conhecimento declarativo são muitas vezes organizadas em unidades maiores; por exemplo, princípios de tomada de decisão podem ser organizados em sistemas inteiros de influência social.

Repetir a regra para adicionar frações mostra conhecimento declarativo – o aluno pode enunciar a regra –, mas para mostrar conhecimento processual o aluno precisa demonstrar o conhecimento. Quando confrontado com frações para adicionar, o aluno deve realizar os procedimentos corretamente. Alunos ou professores demonstram conhecimento processual quando resolvem uma equação ou traduzem corretamente um texto em francês.

O conhecimento autorregulatório equivale a dominar a gestão de sua aprendizagem – saber como e quando usar seus conhecimentos declarativos e processuais (SCHRAW, 2006). O conhecimento autorregulatório também tem sido chamado de *conhecimento condicional* (PARIS; CUNNINGHAM, 1996). É necessária autorregulação para saber quando ler cada palavra do texto e quando passar os olhos. Para muitos alunos, esse tipo do conhecimento é uma pedra no meio do caminho. Eles têm os fatos e sabem fazer os procedimentos, mas tropeçam em como aplicar o que sabem no momento adequado. O conhecimento autorregulatório pode ser específico a uma área de assunto (quando usar a fórmula para calcular a área, e não o perímetro, em geometria) ou mais geral (como resumir os pontos-chave ou usar diagramas para organizar as informações). Na verdade, todos os três tipos de conhecimento – declarativo, processual e autorregulatório – podem ser tanto gerais quanto de domínio específico, como você pode ver na Tabela 2.1. Para usar

o conhecimento, você deve se lembrar dele. Mas como as pessoas se lembram? O que sabemos sobre a memória?

Modelo de processamento de informações

As primeiras ideias sobre o **processamento de informações** utilizaram o computador como modelo. Como o computador, a mente absorve as informações, executa operações com base nelas, armazena-as, recupera-as quando necessário e gera respostas a elas. O modelo de computador provou-se útil, mas também incompleto. Por exemplo, nesse modelo, as informações se moveram ao longo do sistema principalmente em um sentido – da *memória sensorial* para a *memória de curto prazo* e para a *memória de longo prazo,* como acontece no computador, mas agora sabemos que existem muitas outras interações entre os processos – as informações se movimentam de muitas maneiras e direções. Além disso, os processos cognitivos acontecem simultaneamente – como muitos pequenos computadores operando em paralelo.

O atual modelo de *processamento de informações da ciência cognitiva* retém características da abordagem antiga, mas enfatiza o papel da memória de trabalho, da atenção e das interações entre os elementos do sistema, como mostrado na Figura 2.2, com base em diversas fontes (ASHCRAFT; RADVANSKY, 2010; BRUNING; SCHRAW; NORBY, 2011; STERNBERG; STERNBERG, 2012). As informações são codificadas na memória sensorial, onde a percepção e a atenção determinam o que será mantido na memória de trabalho para utilização posterior. Na memória de trabalho, os processos executivos gerenciam o fluxo de informações e integram as novas informações com o conhecimento da memória de longo prazo. Completamente processadas e conectadas, as informações passam a compor a memória de longo prazo e, quando ativa-

TABELA 2.1 Seis tipos de conhecimento e exemplos

	Conhecimento geral	Conhecimento de domínio específico
Declarativo	Horário em que o banco está aberto. Regras de segurança na rodovia.	Versos da peça Hamlet de Shakespeare. Definição de liderança educacional.
Processual	Como usar um computador. Como dirigir um carro.	Como resolver uma equação quadrática. Como programar em C++.
Autorregulatório	Quando abandonar uma abordagem e tentar outra. Quando correr os olhos no texto e quando ler com atenção.	Quando usar a fórmula para volume. Quando subir à rede no tênis.

das novamente, tornam-se parte da memória de trabalho (que pode consistir apenas na porção ativada da memória de longo prazo). Todos os três elementos do sistema interagem entre si para orientar a percepção; representar, organizar e interpretar as informações; aplicar e modificar proposições, conceitos, imagens, esquemas e estratégias; construir conhecimento; e resolver problemas. A atenção exerce um papel nos três processos de memória e nas interações entre eles. Vamos analisar esse sistema de forma mais aprofundada.

Memória sensorial

A memória sensorial é o processamento inicial que transforma os estímulos recebidos em informações para que consigamos entendê-las. Outros nomes para a memória sensorial são *memória temporária*, *memória icônica* (para imagens) e *memória ecoica* (para os sons). O significado que damos para as informações básicas recebidas por nossos sentidos é chamado **percepção**. O significado é construído a partir tanto da realidade objetiva quanto de nosso conhecimento existente. Por exemplo, considere o símbolo *I*. Ao ser indagado que letra é, você diria "I". Se indagado que número é, você diria "um". O sinal em si permanece igual; a percepção dele – seu significado – muda conforme o contexto e a sua expectativa de reconhecer um número ou uma letra. Para uma criança

sem o conhecimento de distinguir números ou letras, o caractere provavelmente não significa nada. O contexto também é importante. Na série **A 13 C**, 13 é uma *letra*, mas na série **12 13 14** é um *número* (BRUNING; SCHRAW; NORBY, 2011). Para reconhecer padrões com rapidez, bem como para observar características específicas, lançamos mão do conhecimento existente sobre a situação para apreender o seu sentido.

Se todas as variações de cor, movimento, som, cheiro, temperatura e assim por diante tivessem de ser percebidas simultaneamente, a vida seria impossível. Assim, prestamos atenção a certos estímulos e ignoramos outros; escolhemos entre todas as possibilidades aquilo que vamos processar. Mas a atenção é um recurso limitado, pois podemos prestar atenção em apenas uma tarefa exigente de cada vez (STERNBERG; STERNBERG, 2012). Por exemplo, quando você aprende a dirigir um carro, especialmente de câmbio manual, provavelmente ocorrem momentos em que você não consegue escutar o rádio e dirigir ao mesmo tempo. Com a prática, porém, você passa a ouvir e desfrutar o rádio e pilotar sem dificuldades, mas talvez desligue o rádio quando o movimento na rodovia aumenta. Muitos processos inicialmente exigem atenção e concentração, mas com a prática se tornam automáticos. A automaticidade, no entanto, é uma questão de grau – não somos completamente automáticos e, sim, mais ou

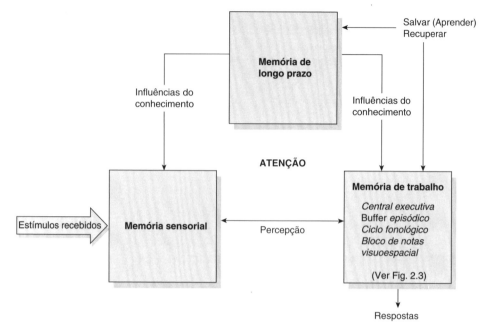

FIGURA 2.2 Versão recente do sistema de processamento de informações.

menos automáticos em nosso desempenho, dependendo da prática que temos (ANDERSON, 1995). Quando a atenção plena é fundamental, devemos bloquear outros estímulos. Até mesmo motoristas experientes podem se tornar muito atentos e concentrados durante uma nevasca ofuscante, e ninguém deve enviar torpedos ou conversar ao telefone celular enquanto estiver dirigindo.

A atenção é o primeiro passo na aprendizagem. Os alunos não conseguem processar o que não reconhecem ou percebem (LACHTER; FORSTER; RUTHRUFF, 2004). Na sala de aula, muitos fatores influenciam na atenção do aluno. Exibições ou ações dramáticas podem chamar a atenção no início de uma aula. Um professor pode começar uma aula de ciências sobre pressão do ar bombeando o ar para fora de um recipiente até ele se deformar. Usar cores brilhantes, sublinhar, destacar palavras escritas ou faladas, chamar alunos aleatoriamente, surpreender os alunos, fazer perguntas enigmáticas, apresentar dilemas desafiadores, alterar as tarefas e os métodos de ensino bem como mudar o tom de voz, a iluminação ou o ritmo: tudo isso pode ajudar a captar a atenção dos alunos. Mas ganhar a atenção do aluno é apenas metade da batalha – mantê-los concentrados na tarefa também é fundamental.

Modelo atual da memória de trabalho

Tão logo o estímulo tenha sido registrado e transformado em padrões de imagens ou sons, as informações na memória sensorial tornam-se disponíveis para processamento adicional. A memória de trabalho é onde essas novas informações são mantidas por um tempo curto e combinadas com o conhecimento da memória de longo prazo. A memória de trabalho é às vezes chamada de memória de curto prazo, mas à medida que a ênfase dos modelos de informações se deslocou do armazenamento para o processamento, o termo "memória de trabalho" substituiu "memória de curto prazo". Sob certos prismas, a memória de trabalho assemelha-se à tela de um computador – seu conteúdo é informação ativada: o que você está pensando no momento, sua consciência.

Alan Baddeley e seus colegas são responsáveis pelo modelo de memória de trabalho que é crucial para a nossa compreensão atual da cognição humana. Nesse modelo, a memória de trabalho é composta de pelo menos quatro elementos: a *central executiva* que controla a atenção e outros recursos mentais (a parte "operária" da memória de trabalho); o *ciclo fonológico* que detém informações verbais e acústicas (sonoras), o *bloco de notas visuoespacial* para informações visuais e espaciais, e o *buffer episódico* em que as informações do ciclo fonológico, do bloco de desenho visuoespacial e da memória de longo prazo são integradas para criar representações com base nas informações visuais, verbais e espaciais. O ciclo fonológico e o bloco de notas visuoespacial compõem o armazenamento da memória de curto prazo para sons e imagens, então constituem aquilo que era considerado memória de curto prazo nos primeiros modelos de processamento de informações. O ciclo fonológico, o bloco de notas visuoespacial e o *buffer* episódico fazem trabalhos de nível inferior para a central executiva – segurar e combinar informações. Baddeley também explica que existem outros sistemas de trabalho/armazenamento de nível inferior para informações diferentes, mas o ciclo fonológico, o bloco de notas visuoespacial e o *buffer* episódico são aqueles conhecidos por nós (BADDELEY, 2007; BADDELEY; HITCH; ALLEN, 2009; JARROLD et al., 2011). A Figura 2.3 mostra o sistema da memória de trabalho. O sistema da central executiva é a fonte de recursos mentais para atividades cognitivas como foco de atenção, raciocínio

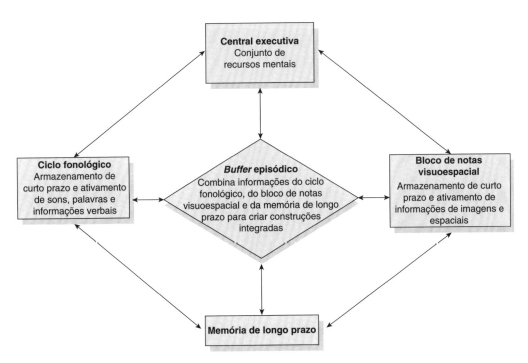

FIGURA 2.3 Partes da memória de trabalho.

e compreensão. O ciclo fonológico detém informações verbais e sonoras, e o bloco de notas visuoespacial armazena informações visuais e espaciais. O tampão episódico integra as informações do ciclo fonológico, do bloco de notas visuoespacial e da memória de longo prazo. O sistema é limitado e pode ficar sobrecarregado se a quantidade ou a dificuldade das informações for elevada. Vamos experimentar esse sistema em ação.

A central executiva

Resolva este problema de Ashcraft e Radvansky (2010) e se concentre em seu desempenho durante o processo:

$$\frac{(4 + 3) \times 2}{5 + \left(\frac{12}{6}\right)}$$

À medida que você resolve o problema, a central executiva de sua memória de trabalho concentra a sua atenção nos fatos necessários (quanto é 4 + 3? 7 × 2?), busca regras sobre quais operações devem ser feitas primeiro e recorda como dividir.

A **central executiva** monitora a atenção, inicia os planos e decide quais informações recuperar e como alocar recursos, como você percebeu na Figura 2.3.

O ciclo fonológico

O **ciclo fonológico** é um sistema de voz e sons para gravar e treinar (refrescar) palavras e sons na memória de curto prazo. Por tempo limitado, detém as informações verbais, deixando-as ativas ao mantê-las "no ciclo" – treinando e prestando atenção às informações. O armazenamento de curto prazo do ciclo fonológico é onde você coloca o "14" (4 + 3 = 7; 7 × 2 = 14) do numerador do problema enquanto você calcula o $5 + \left(\frac{12}{6}\right)$ no denominador do problema.

As primeiras experiências sugeriram que a capacidade da memória de curto prazo consistia em aproximadamente 5 a 9 (o "mágico 7" + ou − 2) novas unidades de informação de uma só vez (MILLER,

1956). Adiante veremos que essa limitação pode ser superada com o uso de estratégias como fragmentação ou agrupamento, mas em geral o limite de 5 a 9 aplica-se na vida cotidiana. É bastante comum lembrar-se de um novo número telefônico após encontrá-lo na internet, enquanto faz a chamada. Mas o que aconteceria se você precisasse fazer dois telefonemas seguidos? Para a maioria de nós, seria inviável armazenar dois novos números de telefone (14 dígitos) ao mesmo tempo. Baddeley (2001, 2007) sugere que conseguimos deter no ciclo fonológico o máximo de informações que conseguimos treinar (repetir a nós mesmos) em 1,5 a 2 segundos. Um telefone de 7 dígitos se enquadra nessa limitação. Mas, se você tentasse decorar as 7 palavras seguintes: *desembaraçar veranear diáfano anti-intelectual preventivo encerramento documentação* (GRAY, 2011)? O problema, além de sesquipedal, é que essa sequência de palavras leva mais de 2 segundos para repetir e é mais difícil de segurar na memória de trabalho do que 7 dígitos ou 7 palavras curtas. Além disso, se as palavras são desconhecidas, elas são mais difíceis de treinar.

Lembre-se de que a memória de trabalho encontra-se temporariamente mantendo e processando novas informações por alguns segundos. No cotidiano podemos deter mais de 5 a 9 unidades ou 1,5 segundo de informações de uma só vez. Enquanto digita o telefone de 7 algarismos que acabou de conferir, você é obrigado a ter outras coisas "em mente" (em sua memória): o manuseio do telefone, para quem você está ligando e o motivo da ligação. Você não precisa prestar atenção a essas coisas; elas não são conhecimentos novos. Alguns dos processos, como digitar o número de telefone, são *tarefas automatizadas*. Entretanto, por causa das limitações da memória de trabalho, se você estivesse em um país estrangeiro tentando usar um sistema de telefone desconhecido, você também poderia ter dificuldades para lembrar o número de telefone, porque sua central executiva estaria ao mesmo tempo à procura de estratégias para usar o sistema telefônico. Até mesmo algumas novas unidades de informação podem ser demais para lembrar se as novas informações forem complexas, desconhecidas ou se você tiver de integrar vários elementos para apreender o sentido de uma situação (SWELLER; VAN MERRIËNBOER; PAAS, 1998).

O bloco de notas visuoespacial

Experimente resolver este problema. Gire a letra "p" 180 graus no sentido horário. Obtém um d ou um b? A maioria das pessoas responde a essa pergunta criando uma imagem visual de um "p" e girando-a. O **bloco de notas visuoespacial** é o lugar onde você manipulou a imagem (claro, isso depois de sua central executiva recuperar o significado de "180 graus" e "sentido horário"). Trabalhar com o bloco de notas visuoespacial tem alguns aspectos iguais a realmente olhar para uma foto ou objeto. Se você tiver de resolver o problema do "p" e também prestar atenção a uma imagem em uma tela, você vai ser desacelerado exatamente como se tivesse de olhar para lá e para cá entre dois objetos diferentes. Mas se você tivesse de resolver o problema do "p" e ao mesmo tempo repetir dígitos, há pouca desaceleração. Você pode usar seu ciclo fonológico e seu bloco de notas visuoespacial ao mesmo tempo, mas cada qual é rapidamente preenchido e facilmente sobrecarregado. Na verdade, cada tipo de tarefa – verbal e visual – parece acontecer em diferentes áreas do cérebro, e, além disso, existem algumas diferenças individuais nas capacidades desses sistemas (ASHCRAFT; RADVANSKY, 2010; GRAY, 2011).

O buffer episódico

O *buffer* episódico é a bancada da memória de trabalho. É o processo que integra informações do ciclo fonológico, do bloco de notas visuoespacial e da memória de longo prazo, sob a supervisão da central executiva, para criar memórias complexas, como armazenar aparência, voz, palavras e ações de um ator em um filme para criar um personagem completo.

Uma coisa é certa: a duração das informações na memória de trabalho é curta, durando cerca de 5 a 20 segundos. Talvez você considere inútil um sistema de memória com limite de tempo de 20 segundos. Pense melhor. Sem essa memória de curto prazo, você já teria esquecido a primeira parte desta frase antes de chegar a estas últimas palavras. Na melhor das hipóteses, compreender frases seria uma tarefa complicada.

Carga cognitiva

Certas atividades ou tarefas exigem mais da memória de trabalho do que outras. A *carga cognitiva* refere-se ao volume de recursos mentais (principalmente da memória de trabalho) necessário para executar uma tarefa específica. A extensão da carga cognitiva em determinada situação depende de muitas coisas, inclusive o conhecimento prévio sobre a tarefa, bem como os apoios disponíveis. Existem três tipos de carga cognitiva. Um é inevitável, um restringe e outro é útil.

A *carga cognitiva intrínseca* é inevitável – é a quantidade de processamento cognitivo necessária para compreender o material. A quantidade depende de quantos elementos você deve levar em conta, da complexidade das interações e do seu nível de especialização na área do problema (ANTONENKO et al., 2010). Embora a memória de trabalho possa conter de 5 a 9 novas unidades de informação, ela processa apenas em torno de 2 a 4 por vez, então se você precisa entender quantos elementos separados interagem em um sistema complexo, tais como compreender a estrutura e função do DNA, estará em apuros a menos que já tenha algum conhecimento relevante – vocabulário, conceitos, procedimentos e assim por diante (VAN MERRIËNBOER; SWELLER, 2005). A carga cognitiva intrínseca é intrínseca à tarefa. Embora não possa ser eliminada, uma boa instrução ajuda a gerenciar e superar a carga.

A *carga cognitiva externa* é a capacidade cognitiva usada para lidar com problemas não relacionados com a tarefa de aprendizagem, como lidar com um livro-texto mal escrito e organizado. A boa instrução ajuda a superar cargas externas fornecendo apoios, ressaltando e organizando as ideias principais e geralmente fornecendo andaimes.

A carga cognitiva útil chama-se pertinente porque está diretamente relacionada com a aprendizagem de alta qualidade. A *carga cognitiva pertinente* evolui do processamento profundo de informações relevantes – organizando o material e o integrando com o que você já conhece e, no processo, criando novas compreensões. A instrução também pode apoiar esse processo. Por exemplo, solicite aos alunos para fazer anotações cuidadosas, para explicar o material uns aos outros ou a si mesmos, e para exibir de modo esquemático seu entendimento (BERTHOLD; RENKL, 2009; MAYER, 2011; VAN GOG; PASS; SWELLER, 2010). Só uma observação: alguns psicólogos sugerem que inexiste qualquer distinção prática entre carga intrínseca e pertinente – os alunos devem lidar com as duas para aprender (KALYUGA, 2011).

Retenção de informações na memória de trabalho

A memória de trabalho é frágil. Deve ser mantida ativada ou as informações serão perdidas (ANDERSON, 2010). Para manter as informações ativadas na memória de trabalho por mais de 20 segundos, a maioria das pessoas precisa se envolver em estratégias específicas para refrescar a memória. O treinamento é uma opção.

Existem dois tipos de **treinamento** (ASHCRAFT; RADVANSKY, 2010; CRAIK; LOCKHART, 1972) – de manutenção e elaborativo. O treinamento de manutenção é repetir a informação em sua mente. Enquanto você repete a informação, ela é mantida na memória de trabalho. Esse treinamento é útil para reter algo, como um número de telefone que você planeja usar e depois esquecer. O treinamento elaborativo é associar as informações que você está tentando lembrar com algo que já sabe – informações da memória de longo prazo. Por exemplo, se você for apresentado a um pai cujo nome é igual ao de seu assistente de diretoria, você não precisa repetir o nome para mantê-lo na memória; só precisa fazer a associação correta. O treinamento elaborativo não só aprimora a memória de trabalho, mas também ajuda a passar as informações da memória de curto prazo para a de longo prazo.

Uma estratégia de **fragmentação** pode ser usada para superar a capacidade limitada da memória de trabalho. O número de unidades de informação, não o tamanho de cada unidade, é a limitação para memória de trabalho. Você consegue reter mais informações se puder agrupar ou fragmentar conjuntos individuais de informação em unidades significativas. Por exemplo, para se lembrar dos seis dígitos 1, 5, 1, 8, 2 e 0, é mais fácil agrupá-los em três blocos de dois dígitos cada (15, 18, 20) ou em dois blocos (151, 820). Se você consegue fazer essas alterações, então existem apenas dois ou três grupos de informação para gravar ao mesmo tempo, em vez de seis.

Memória de longo prazo

A memória de trabalho contém as informações temporariamente ativadas, como um número de telefone que recebeu para fazer uma chamada. A memória de longo prazo retém as informações que você aprendeu, por exemplo, números de telefone que você já sabe.

Recentemente, alguns psicólogos sugeriram que não existem dois locais separados de estocagem – de trabalho e de longo prazo. Em vez disso, a memória de trabalho faz parte da memória de longo prazo. Em outras palavras, a memória de trabalho age sobre (processa) as informações atualmente ativadas e tem mais a ver com processamento do que com armazenamento. A diferença entre memória de trabalho e memória de longo prazo pode residir apenas em que medida determinada memória está ativa ou inativa (ANDERSON, 2010; WILSON, 2001). Esse modelo considera a memória um conjunto de sistemas com armazenamento de curtíssimo prazo (ciclo fonológico, bloco de notas visuoespacial e outras áreas de retenção breve) aninhados na memória de trabalho, que nada mais é do que a parte ativa da memória de longo prazo que integra as informações antigas com as novas (STERNBERG; STERNBERG, 2012).

Capacidade e duração da memória de longo prazo

As informações entram na memória de trabalho muito rapidamente, mas armazená-las na memória de longo prazo (conseguir se lembrar delas) requer algum esforço. Enquanto a capacidade da memória de trabalho é limitada, a capacidade de memória de longo prazo é praticamente ilimitada. A maioria das pessoas sequer se aproxima de sua capacidade de memória de longo prazo, e uma vez que as informações estejam armazenadas com segurança, elas podem permanecer ali indefinidamente. Em tese, embora devêssemos ser capazes de nos lembrar pelo tempo que quiséssemos, o desafio é nos lembrar, ou seja, encontrar a informação certa quando queremos. O acesso às informações requer tempo e esforço, porque temos de vasculhar a vasta gama de informações na memória de longo prazo, e quanto menos informação é usada, mais difícil é de encontrá-la.

Conteúdo da memória de longo prazo

A maioria dos teóricos cognitivos distingue três variedades de memória de longo prazo: episódica, processual e semântica. Memória sobre informações associadas com determinado local e hora, em especial memórias pessoais sobre fatos de sua própria vida, é chamada *memória episódica*. A memória episódica mantém as coisas ordenadas; é onde os detalhes de uma conversa, bem como piadas, fofocas ou enredos de filmes são armazenados. Memória de como fazer as coisas é chamada de *memória processual*. Pode levar um tempinho para aprender um procedimento – como fazer um orçamento escolar, dar uma tacada de golfe ou conduzir uma reunião do conselho escolar – mas uma vez aprendido, esse conhecimento é lembrado por um longo tempo. As memórias processuais são representadas como afirmações condicionais, como: "se ocorrer A, então faça B". Por exemplo, "se eu quiser diminuir a resistência a uma inovação, devo envolver os participantes na tomada de decisões" ou "para melhorar o desempenho do aluno, concentre-se na tarefa acadêmica". As pessoas não conseguem necessariamente enunciar todas suas regras condicionais, mas seus atos dependem delas. Quanto mais praticado o procedimento, mais automática será a ação (Ashcraft, 2006). A *memória semântica* é a memória para o significado; é a memória de conceitos gerais, princípios e suas associações. Dois modos importantes pelos quais as memórias semânticas são armazenadas consistem nas imagens e nos esquemas. Vamos examinar esses dois modos.

As *imagens* são representações com base em percepções visuais – sobre a estrutura ou a aparência das informações (ANDERSON, 2010). À medida que formamos imagens, tentamos lembrar ou recriar as características físicas e a estrutura espacial das informações. Por exemplo, indagada sobre qual loja fica ao lado do McDonald's em determinado cruzamento na cidade, muita gente consultaria seu "olho mental" para ver a interseção e "enxergar" o prédio ao lado do McDonald's. No entanto, os psicólogos não concordam quanto à exata maneira de como as imagens são armazenadas na memória. Alguns argumentam que as imagens são armazenadas como imagens; outros defendem que armazenamos proposições na memória de longo prazo e, quando necessário, as convertemos em imagens na memória de trabalho. O debate continua (Sternberg e Sternberg, 2012). As imagens são úteis na tomada de muitas decisões práticas: escolher a escrivaninha certa para seu escritório ou o itinerário para chegar à escola seguinte. Imagens também são úteis no raciocínio abstrato. Físicos, como Feynman e Einstein, relatam a criação de imagens para raciocinar sobre novos e complexos problemas (GAGNÉ; YEKOVICH; YEKOVICH, 1993; FEYNMAN, 1985).

Esquemas (às vezes chamados de diagramas) são estruturas de conhecimento abstrato que organizam grandes quantidades de informação. Um esquema é um padrão ou guia para a compreensão de fatos, conceitos ou habilidades. Meu esquema simplificado para o reforço está resumido na Figura 2.4: é uma representação parcial do conhecimento sobre o reforço; explica quais são as características costumeiras de uma categoria, o que esperar. Um esquema é um padrão que especifica as relações "padrão" em objetos ou situações. O padrão tem "lacunas" preenchidas com informações específicas à medida que aplicamos o esquema em uma situação particular. Esquemas são individuais. Por exemplo, um professor e um diretor podem ter esquemas muito diferentes sobre a tomada de decisão compartilhada – quem é que toma quais decisões escolares e quando, onde e como. No Capítulo 11, apresentamos um esquema idealizado sobre a participação na tomada de decisões (Fig. 11.4); o esquema especifica quando envolver os professores, como envolvê-los em cada situação, a estrutura do processo e as várias funções do diretor, dependendo da situação.

Armazenamento e recuperação de informações na memória de longo prazo

Como as pessoas "gravam" informações permanentemente, ou seja, criam memórias semânticas, episódicas ou processuais? Como usar melhor nossa capacidade praticamente ilimitada de aprender e recordar? Sua aprendizagem inicial – como você processa as informações desde o início – parece afetar sua recordação. Se você integra o material novo com informações já armaze-

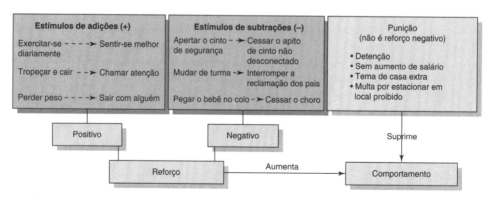

FIGURA 2.4 Esquema simples para reforço.

nadas na memória de longo prazo à medida que constrói uma compreensão, você tem mais chances de se lembrar dele. A elaboração, a organização e o contexto auxiliam essa integração.

A *elaboração* adiciona significado às novas informações, interligando-as com o conhecimento já existente. Em outras palavras, podemos aplicar nossos esquemas e conectá-los aos conhecimentos prévios para construir novo significado à medida que aprimoramos o nosso conhecimento existente. Muitas vezes, a elaboração ocorre automaticamente. Por exemplo, novas informações sobre uma experiência prévia de um professor ativam nosso conhecimento existente concernente àquele professor e fornece uma compreensão melhor e mais completa do professor.

Quando as informações são elaboradas logo que aprendidas, é mais fácil de recordar delas, porque a elaboração é uma forma de treinamento que mantém o material ativado na memória de trabalho o tempo suficiente para melhorar a probabilidade de armazenamento permanente na memória de longo prazo. Além disso, a elaboração constrói ligações extras com o conhecimento existente. Quanto mais um bloco de informações é associado com os outros, mais rotas se criam para se chegar ao bloco original. Em termos simples, você tem várias "alças" de recuperação ou pistas para reconhecer ou "pegar" a informação que você procura (BRUNING, SCHRAW; NORBY, 2011). Quanto mais os alunos elaboram as novas ideias, mais eles "se apropriam delas", mais profunda é a sua compreensão, e melhor será sua memória para o conhecimento em tela. Ajudamos os alunos a elaborar quando lhes pedimos para:

- Exprimir informações com suas próprias palavras.
- Criar exemplos.
- Explicar a um amigo.
- Representar a relação.

- Desenhar um diagrama.
- Aplicar as informações a novos problemas.

Claro, se os alunos elaboram novas informações fazendo conexões incorretas e desenvolvendo explicações erradas, infelizmente esses equívocos serão armazenados e também lembrados.

A *organização* também melhora a aprendizagem. Material bem organizado é mais fácil de aprender e de se lembrar do que pedaços e unidades desorganizados, especialmente quando a informação é complexa. Arranjar os conceitos em uma estrutura lhe ajuda a aprender e a recordar tanto de definições gerais quanto de exemplos específicos. A estrutura serve de guia para acessar as informações quando você precisar delas. Por exemplo, saber as dimensões básicas do poder (Cap. 7) nos ajuda a se lembrar dos aspectos essenciais das relações de poder, bem como de exemplos específicos de cada aspecto.

O *contexto* é outro elemento de processamento que influencia a aprendizagem. Os aspectos físicos e emocionais do contexto – lugares, como nos sentimos em determinado dia, quem está com a gente – são aprendidos junto com outras informações. Mais tarde, se você tenta lembrar as informações, será mais fácil se o contexto atual for semelhante ao original (ASHCRAFT; RADVANSKY, 2010). Por exemplo, em um estudo clássico, mergulhadores que aprenderam uma lista de palavras na água e depois foram testados debaixo d'água lembraram-se mais do que os mergulhadores que aprenderam submersos, mas foram testados em terra firme (GODDEN; BADDELEY, 1975).

Craik e Lockhart (1972) sugerem que a extensão de tempo durante a qual nos lembramos das informações é determinada por como as informações são analisadas e integradas com outras informações; quanto mais completamente as informações são processadas, melhores as chances de nos lembrarmos delas. Por exemplo, se você for solicitado a classificar fotos de cães com base na cor de suas pelagens, talvez não se lembre de muitas das fotos mais tarde, mas se for solicitado a determinar qual a probabilidade de cada cão lhe perseguir durante a sua corrida rotineira, é provável que se lembre mais das imagens porque vai prestar atenção aos detalhes nas fotos, relacionando o aspecto dos cães com as características associadas ao perigo e assim por diante.

Recuperação de informações da memória de longo prazo

Quando precisamos de informações da memória de longo prazo, nós a vasculhamos. Às vezes, a busca é consciente, como quando você vê um rosto familiar e procura o nome, e outras vezes é automática, como quando você digita um número de telefone. Pense na memória de longo prazo como um enorme galpão repleto de utensílios e suprimentos prontos para serem usados quando necessário. Como o galpão (memória de longo prazo) é tão amplo e completo, muitas vezes é difícil encontrar o que você precisa. A bancada (memória de trabalho) é pequena, mas tudo está pronto para uso imediato. Mas a bancada pode ficar bagunçada e suprimentos (blocos de informação) podem estar extraviados, caídos ou tapados, à medida que as unidades informativas interferem entre si (GAGNÉ, 1985).

O tamanho da rede na memória de longo prazo é colossal, mas apenas partes diminutas da rede são ativadas em dado momento – na verdade, como vimos anteriormente, alguns psicólogos dizem que a memória de trabalho *é* a menor parte ativada. As informações são recuperadas nessa rede ao se propagar a ativação. Quando imagens ou proposições particulares encontram-se ativadas – quando estamos pensando nelas –, outros conhecimentos estreitamente associados também podem ser preparados ou desencadeados, e a ativação pode se propagar rede afora (ANDERSON, 2010). Por exemplo, se você pensa: "Hoje preciso aplicar uma prova de recuperação para a Suzana", ideias relacionadas, como "Tenho de mudar algumas questões do teste", "Estou atrasado" e "Preciso esquentar o motor do carro antes de ir para escola" vêm à mente. À medida que a ativação se propaga desde "prova de recuperação" até "esquentar o motor", o pensamento original desaparece da memória de trabalho, devido ao espaço limitado.

Na memória de longo prazo, a informação ainda está disponível, embora você não esteja pensando nela. Se propagar a ativação não "encontra" as informações necessárias, ainda assim seríamos capazes de reconstruí-las, usando lógica, pistas e outros conhecimentos para preencher as lacunas. Infelizmente, às vezes as lembranças reconstruídas estão incorretas. Por exemplo, em 1932, F. C. Bartlett realizou uma famosa série de estudos sobre recordações de histórias. Ele leu um complexo e desconhecido conto indígena norte-americano para os alunos da Universidade de Cambridge, na Inglaterra. Ao longo de vários períodos de tempo, ele pediu aos alunos que recordassem da história. As histórias lembradas eram geralmente mais curtas e foram reconstruídas conforme os conceitos e a linguagem de sua cultura. Por exemplo, muitos alunos se lembravam da história de uma caça de focas como uma "viagem de pesca", a qual era mais consistente com sua experiência e seus esquemas.

Esquecimento e memória de longo prazo

Há mais de um século, Hermann Ebbinghaus (1964 p. 62), pioneiro na pesquisa sobre memória para informação verbal, concluiu: "Todos os tipos de ideias, se deixadas desativadas, são gradativamente esquecidas. Esse fato é de conhecimento geral.". As informações parecem ser perdidas da memória de longo prazo por transcurso e interferência do tempo. Por exemplo, a memória para vocabulário espanhol-inglês diminui durante três anos após o término de seu último curso em espanhol, então permanece nivelada por cerca de 25 anos e, em seguida, declina novamente pelos próximos 25 anos. Uma explicação para esse decréscimo é que as conexões neurais, como os músculos, se enfraquecem pela falta de uso. Depois de 25 anos, as lembranças ainda podem estar em algum lugar do cérebro, mas definham porque são fracas demais para serem reativadas. Além disso, a deterioração fisiológica que vem naturalmente com a idade pode explicar o declínio posterior; alguns neurônios simplesmente morrem (Anderson, 2010). Por fim, as lembranças mais recentes podem interferir com as mais antigas, e as mais antigas podem interferir com a memória para novo material. A memória de longo prazo, no entanto, é fantástica. As informações na memória de trabalho podem ser perdidas, mas as informações estocadas na memória de longo prazo podem permanecer disponíveis com as pistas certas (ERDELYI, 2010). Estratégias de ensino que incentivem a participação do aluno, o processamento profundo de informações e altos níveis de aprendizagem inicial estão associados com retenção mais duradoura. Exemplos dessas estratégias incluem revisões e testes frequentes.

Por que algumas pessoas aprendem e se lembram mais do que outras? Para aqueles que defendem um ponto de vista de processamento de informações, parte da resposta está em como as informações são processadas. Já comentamos sobre treinamento de manutenção, treinamento elaborativo, organização e elaboração. Esses processos são chamados de **habilidades metacognitivas**, pois os processos podem ser intencionalmente utilizados para regular a cognição.

Metacognição e regulagem

Emily Fox e Michelle Riconscente (2008, p. 373) definem **metacognição** simplesmente como "[...] conhecimento ou a consciência de si mesmo como conhecedor". A metacognição é pensar no pensamento – algo sobre o que William James escreveu há mais de 100 anos (embora ele não chamasse isso de metacognição). A metacognição é conhecimento de ordem superior sobre seu próprio pensamento e sua habilidade de usar esse conhecimento para gerir seus próprios processos cognitivos, por exemplo, à medida que participa da resolução de problemas (BRUNING; SCHRAW; NORBY, 2011). Um motivo pelo qual as pessoas diferem em quão bem e quão rápido elas aprendem é porque elas diferem em seus conhecimentos e habilidades metacognitivas.

Planejamento, monitoramento e avaliação são três habilidades cognitivas cruciais (BROWN, 1987; NELSON, 1996). Planejamento é decidir quanto tempo dedicar a uma tarefa, quais estratégias usar, como começar, o que reunir, que ordem seguir, o que fazer leitura dinâmica, o que ler atentamente, e assim por diante. Monitoramento é a consciência de como estou indo. Isso está fazendo sentido? Estou tentando ir rápido demais? Já consegui entender? Avaliação é fazer julgamentos sobre os resultados do pensamento e da aprendizagem. Devo modificar as estratégias? Pedir ajuda? Desistir por enquanto? Este relatório (proposta, orçamento, fórmula, modelo, plano de ação, relatório de supervisão, etc.) está pronto ou precisa ser mais bem trabalhado? Muitos processos de planejamento, monitoramento e avaliação não são conscientes, especialmente entre os adultos e os especialistas. Tornam-se automáticos; na verdade, os especialistas muitas vezes encontram dificuldades para explicar seu próprio processamento (SCHRAW; MOSHMAN, 1995). Felizmente, as habilidades metacognitivas podem ser ensinadas; assim, consistem em uma importante base de ensino.

APLICAÇÕES DA ABORDAGEM COGNITIVA NO ENSINO

Exatamente da mesma forma que professores experientes e especializados sabem lançar mão da teoria comportamental, também incorporam sólidas abordagens cognitivas em seu ensino. Antes de fornecermos exemplos das contribuições da teoria cognitiva ao ensino e à aprendizagem, resumimos algumas diretrizes:

- Lembre-se de que a percepção e a atenção são flexíveis, mas limitadas.
- Certifique-se de que você tenha a atenção do aluno.
- Oriente a percepção e a atenção pelo conhecimento anterior.
- Ajude os alunos a se concentrar nas informações mais importantes.
- Ajude os alunos a fazer conexões entre as novas informações e aquilo que já sabem.
- Reconheça que limitações de recursos e dados restringem a aprendizagem.
- Ajude os alunos a organizar as informações em blocos significativos.
- Proporcione aos alunos a oportunidade de usar tanto histórias verbais quanto imagens visuais.
- Forneça revisão e repetição de informações.
- Apresente as informações de forma organizada e clara.
- Concentre-se no significado, não na memorização.
- Certifique-se de que os alunos tenham o necessário conhecimento declarativo para compreender as novas informações.

- Ajude os alunos a aprender a gerenciar seus recursos, a conhecer suas próprias habilidades cognitivas, a usá-las deliberadamente e a monitorar a compreensão – isto é, a se tornarem autorregulados (BRUNING; SCHRAW; RONNING, 1999; WOOLFOLK, 2013).

Algumas das mais importantes aplicações de teorias cognitivas estão ensinando os alunos a como aprender e recordar por meio de estratégias e táticas de aprendizagem. Estratégias de aprendizagem constituem um tipo especial de conhecimento processual – *saber como* fazer algo. Existem infinidades de estratégias, algumas gerais e ensinadas na escola, como mapeamento de conceitos e confecção de gráficos, resumos ou estruturas de tópicos. Outras são específicas para um assunto, como o uso de mnemônicos para recordar as funções da administração (POSDCoRB). Outras estratégias podem ser originais, inventadas por um indivíduo, por exemplo, para aprender os nomes dos quatro tipos de clima escolar. Estratégias de aprendizagem podem ser cognitivas (resumir ou estruturar em tópicos as ideias principais), metacognitivas (monitoramento de compreensão – estou entendendo?) ou comportamental (usar um despertador para trabalhar por um tempo definido) (CANTRELL et al., 2010). Essas estratégias, maneiras simples de realizar uma tarefa de aprendizagem, são intencionalmente aplicadas quando os modos costumeiros de realizar a tarefa não funcionaram bem (HARRIS; ALEXANDER; GRAHAM, 2008). Ao longo do tempo, à medida que você se torna mais especializado no uso dessas estratégias, é provável que se torne mais automático em aplicá-las; ou seja, as estratégias tornam-se sua maneira habitual de realizar esse tipo de tarefa até deixarem de funcionar.

A maioria dos professores lhe afirmará que deseja que seus alunos "aprendam a como aprender". Para os alunos como um todo, existe uma relação positiva entre o uso de estratégias de aprendizagem e o sucesso acadêmico, por exemplo, a média ponderada das notas no ensino médio e permanência na faculdade (ROBBINS; LE; LAUVER, 2005). Embora alguns alunos aprendam estratégias produtivas por conta própria, todos os alunos podem se beneficiar com o ensino direto, a modelagem e a prática de estratégias de aprendizagem eficazes. Conceitos, princípios e estratégias recentemente dominados devem ser aplicados em uma vasta gama de situações e muitos tipos de problemas (CHEN; MO, 2004). A transferência positiva é facilitada quando habilidades são praticadas em condições autênticas semelhantes às que existirão quando as habilidades forem necessárias mais tarde. Por exemplo, os alunos podem aprender a escrever correspondendo-se via *e-mail* com amigos virtuais em outros países e também podem aprender métodos de pesquisa histórica estudando a história de suas próprias famílias. Certas aplicações, no entanto, devem incluir problemas complexos, mal-definidos e desestruturados, pois muitos dos problemas a serem encarados mais tarde na vida, tanto na escola como fora dela, não virão com instruções.

Sublinhar ou destacar

Se for como a maioria das pessoas, você sublinha ou destaca frases-chave nos livros didáticos. Será que as palavras estão ganhando fundo amarelo ou rosa neste exato momento? Você faz tópicos ou toma notas? Sublinhar e destacar são provavelmente duas das estratégias mais comumente utilizadas entre os alunos de pós-graduação. Poucos alunos, no entanto, sabem a melhor maneira de sublinhar ou destacar; portanto, não é surpreendente que muitos utilizem estratégias ineficazes. Quantas vezes você já baixou os olhos e viu praticamente toda a página destacada?

A maioria dos alunos sublinha ou destaca em demasia. Em geral, menos é melhor, e a seletividade é crucial. Em estudos que limi-

tam o quanto os alunos podem sublinhar (p. ex., apenas uma frase por parágrafo) a aprendizagem melhorou (SNOWMAN, 1984). Além de ser seletivo, vai ajudar se você transformar ativamente a informação em suas próprias palavras à medida que sublinha ou toma notas. Não dependa das palavras do livro. Pense em conexões entre o que você está lendo e outras coisas que sabe. Esboce diagramas e imagens para ilustrar as relações. Diagramas lhe ajudam a descobrir as lacunas, bem como a sintetizar o que você está tentando aprender. Por fim, busque organização no material e utilize os padrões para guiar seus sublinhados (IRWIN, 1991; KIEWRA, 1988).

Tomar notas

Quando você se senta na sala de aula, tomando notas, tentando freneticamente acompanhar as palavras de seu professor, talvez se pergunte se alguma coisa daquilo é importante. A resposta é sim, porque tomar notas exerce pelo menos duas funções importantes. Em primeiro lugar, tomar notas concentra a atenção e ajuda a codificar informações para que elas tenham melhores chances de entrar na memória de longo prazo. Quando você fixa as ideias-chave com suas próprias palavras – traduz, conecta, elabora e organiza –, isso lhe ajuda a processar profundamente. Mesmo se os alunos não relerem suas anotações antes de um teste, apenas tomar notas já aparenta auxiliar a aprendizagem. Como muitas coisas, tomar notas é uma habilidade que requer prática. Os alunos, por exemplo, devem ser cuidadosos para que o ato de tomar notas não desvie a atenção de ouvir e apreender o sentido da apresentação (VAN METER; YOKOI; PRESSLEY, 1994). Em segundo lugar, tomar notas fornece um registro "permanente" que permite aos alunos retornar e rever. Aqueles que usam suas anotações para estudar tendem a ter melhor desempenho nos testes, especialmente quando fazem anotações que capturam ideias, conceitos e relações essenciais (KIEWRA, 1985, 1989).

A pesquisa demonstra que a compreensão é melhor quando os alunos utilizam a prática de tomar notas para ressaltar as ideias importantes. À medida que um curso progride, alunos hábeis tomam notas com vistas à sua futura utilização. Além disso, introduzem modificações nas estratégias após provas ou trabalhos, usam códigos pessoais para rotular conteúdo difícil, preenchem as lacunas consultando outras fontes (incluindo colegas) e gravam a informação literal somente quando necessário. Em geral, alunos bem-sucedidos são estratégicos ao tomar e usar notas (PEVERLY et al., 2003).

Ferramentas visuais

O uso eficaz de sublinhar e tomar notas exige compreensão da estrutura e da organização do material a ser aprendido. Estratégias de mapeamento visual são úteis nesse aspecto (VAN METER, 2001). Criar organizadores gráficos como mapas conceituais, diagramas ou tabelas é mais eficaz do que apenas resumir o texto (ROBINSON; KIEWRA, 1995). Por exemplo, Armbruster e Anderson (1981) ensinaram aos alunos técnicas específicas das relações de diagramação entre as ideias apresentadas em um texto e descobriram que eles tiveram sua aprendizagem melhorada. O mapeamento de inter-relações – observando as conexões causais, fazendo comparações e contrastes e fornecendo exemplos – melhora a capacidade de recordar. Por exemplo, é útil quando os alunos comparam os seus "mapas" e discutem as diferenças. Uma possibilidade interessante é o **Cmaps**, desenvolvido por pesquisadores no Instituto para a Cognição Humana e Mecânica (Institute for Human and Machine Cognition – IHMC). Joseph Novak, pesquisador sênior do Instituto, criou os mapas conceituais na década de 1970, na Universidade de Cornell. Agora

Novak e o IHMC desenvolveram ferramentas que todo mundo pode baixar de graça para fazer mapas conceituais (Institute for Human and Machine Cognition, 2014). Nossos alunos da Ohio State University utilizam essas ferramentas – um deles inclusive planejou sua dissertação e organizou toda a leitura para seus exames de doutorado usando os mapas. Os Cmaps de computador podem estar ligados à internet, e os alunos em diferentes salas de aula e escolas mundo afora podem colaborar com eles.

Outras técnicas úteis são os diagramas Venn,* que mostram como as ideias ou conceitos se sobrepõem, e os diagramas de árvore, que demonstram como as ideias se ramificam umas das outras. Diagramas de árvore são especialmente úteis, por exemplo, no desenvolvimento de estratégias de tomada de decisão (ver Cap. 10).

Mnemônicos

Mnemônicos são procedimentos sistemáticos para melhorar a memória. Muitas estratégias mnemônicas utilizam imagens (LEVIN, 1985; MCCORMICK; LEVIN, 1987). Por exemplo, para se lembrar de uma lista de compras, você pode visualizar cada item em um local de sua casa especialmente fácil de lembrar – talvez um cacho de bananas pendurado em uma planta da cozinha, um litro de leite em cima da geladeira, um peru em cima do fogão e assim por diante. Esses lugares são os cabides que lhe ajudam a lembrar. Assim, toda vez que você tem uma lista para se lembrar, utilize o mesmo cabide (local), mas substitua os objetos de acordo com a lista nova.

Acrônimos ajudam as pessoas a se lembrar de informações por longos períodos de tempo. Um acrônimo é uma forma de abreviação – uma palavra formada a partir

---

* N. de R.T.: John Venn (1834-1923), matemático inglês, criou diagramas para facilitar o entendimento da relação de união e intersecção entre conjuntos.

da primeira letra de cada palavra ou uma expressão, como AASA, que significa American Association of School Administrators. POSDCoRB (Planejar, Organizar, *Staffing*, Dirigir, Coordenar, Relatar e *Budgeting*) é um acrônimo para recordar das sete funções da administração. Outro método forma frases ou sentenças com base na primeira letra de cada palavra ou item em uma lista. Por exemplo, a pergunta *How do I cause regularity?* (Como eu provoco regularidade?) é um bom alerta para se lembrar das características fundamentais da burocracia: Hierarquia, Divisão de trabalho, Impessoalidade, Carreira orientada e Regras e regulamentos. Outra abordagem é incorporar todos os itens a serem memorizados em um *jingle* com rimas, como "nunca, veja você, o 'n' vai antes do 'p' e do 'b'" para ajudar a soletrar certas palavras.

O sistema mnemônico mais amplamente pesquisado no ensino é o método das palavras-chave. Jones et al. (2000) utilizam um mnemônico (os três R) para ensinar o método mnemônico das palavras-chave:

- Recodifique o item de vocabulário a ser aprendido na forma de uma palavra conhecida e concreta: a palavra-chave.
- Relacione a dica da palavra-chave com a definição do item de vocabulário por meio de uma frase.
- Recupere a definição desejada.

Por exemplo, para lembrar que a palavra portuguesa "longeva" significa duradoura, você pode recodificar longeva na palavra-chave mais familiar, "longe". Depois invente uma frase como "Eva chegou bem longe na vida". Quando alguém lhe pedir o significado da palavra "longeva", você pensa na palavra-chave "longe", que remete à frase sobre Eva e ao significado (JONES et al., 2000).

As estratégias de ensino, com base nos pontos de vista cognitivos de aprendizagem, particularmente no processamento de informações, realçam a importância da atenção, do treinamento (prática) e da elaboração na aprendizagem e fornecem maneiras para dar aos alunos mais controle sobre sua própria aprendizagem por desenvolver e melhorar seus próprios processos metacognitivos.

Em resumo, as abordagens de processamento da informação no ensino consideram a mente humana um símbolo de sistema de processamento. Esse sistema converte entradas sensoriais em estruturas de símbolo (proposições, imagens ou esquemas) e em seguida processa (ensaia ou elabora) essas estruturas de símbolo, de modo que o conhecimento possa ser mantido na memória e recuperado dela. O mundo externo é visto como fonte de entradas, mas tão logo as sensações sejam percebidas e entrem na memória de trabalho, presume-se que o trabalho importante esteja acontecendo "dentro da cabeça" do indivíduo (SCHUNK, 2000; VERA; SIMON, 1993). Perspectivas construtivistas desafiam esses pontos de vista.

TEORIA NA PRÁTICA

De que modo o currículo em sua escola ajuda os alunos a desenvolver as estratégias de aprendizagem e os conteúdos do currículo? Por exemplo, quais estratégias de planejamento, memória ou monitoramento seus alunos devem desenvolver para melhorar seu desempenho em seus testes de proficiência? Como essas estratégias podem ser ensinadas como parte do currículo?

ABORDAGEM CONSTRUTIVISTA DE APRENDIZAGEM

Construtivismo é um termo amplo usado por filósofos, especialistas de currículo, psicólogos e educadores para descrever perspectivas embasadas nas pesquisas de Piaget, de Vygotsky e dos psicólogos da Gestalt, bem como na filosofia de John Dewey e no trabalho antropológico de Jean Lave, para mencionar apenas algumas raízes intelectuais. Embora não exista apenas uma teoria construtivista da aprendizagem, a maioria dos construtivistas concorda com duas ideias centrais (BRUNING; SCHRAW; NORBY, 2011).

1. Os aprendizes são ativos na construção do seu próprio conhecimento.
2. As interações sociais são importantes nesse processo de construção do conhecimento.

Abordagens construtivistas abraçam essas duas ideias em ramos variados, como o ensino de ciências e matemática, a psicologia e a antropologia educacionais, bem como a educação com base em computadores. Porém, embora muitos psicólogos e educadores usem o termo construtivismo, em geral se referem a coisas muito diferentes (MARTIN, 2006; MCCASLIN; HICKEY, 2001; PHILLIPS, 1997).

Tipos de construtivismo

Praticamente todas as teorias em ciência cognitiva incluem algum tipo de construtivismo porque assumem que os indivíduos constroem suas próprias estruturas cognitivas à medida que interpretam suas experiências em situações específicas (PALINCSAR, 1998). Uma maneira de organizar os pontos de vista construtivistas é falar sobre duas formas de construtivismo: o psicológico e o social (PALINCSAR, 1998; PHILLIPS, 1997).

Construtivismo psicológico/individual

Os construtivistas psicológicos estão interessados em conhecimentos, crenças, autoconceitos e identidades individuais; por isso, são às vezes chamados de construtivistas individuais. Todos têm como focos

a vida psicológica interior das pessoas e a construção de estruturas e estratégias cognitivas ou emocionais pelos indivíduos (PHILLIPS, 1997; WINDSCHITL, 2002). Por exemplo, Piaget propôs uma sequência de estágios cognitivos pela qual todos os seres humanos passam. A cada estágio, o pensamento evolui e incorpora os estágios anteriores, à medida que se torna mais organizado e adaptativo e menos vinculado a fatos concretos. Piaget descreveu como os indivíduos desenvolvem *esquemas* – os blocos de construção básicos do pensamento. Esquemas são sistemas organizados compostos de ações ou pensamentos que nos permitem representar mentalmente ou "pensar" sobre os objetos e fatos de nosso mundo. Esquemas podem ser muito pequenos e específicos, por exemplo, o esquema de "sugar de canudinho" ou o esquema de "reconhecimento de rosas". Ou podem ser maiores e mais gerais – o esquema de beber ou o esquema de categorização de plantas.

Dois processos são aplicados aos esquemas. A *assimilação* envolve tentar entender algo novo por meio da aplicação de esquemas existentes – adaptar o novo àquilo que já sabemos. Às vezes, talvez tenhamos de distorcer as novas informações para encaixá-las. Por exemplo, a primeira vez que muitas crianças se deparam com um gambá, elas o chamam de "au-au". Elas tentam coincidir a nova experiência com um esquema existente para identificação de animais. A *acomodação* ocorre quando uma pessoa deve alterar formas existentes de pensar para responder a uma situação nova. Ajustamos nosso pensamento para se adaptar às novas informações, em vez de ajustar as informações para se adaptar ao nosso pensamento. As crianças demonstram acomodação quando adicionam o esquema para reconhecer os gambás a seus outros sistemas de identificação de animais. As pessoas se adaptam a seus ambientes cada vez mais complexos usando esquemas existentes sempre que esses esquemas funcionam (assimilação) e modificando e aprimorando seus esquemas quando algo novo é necessário (acomodação).

A perspectiva construtivista psicológica de Piaget preocupou-se menos com representações "corretas" e se interessou mais pelos significados construídos pelo indivíduo. Piaget mostrou especial preocupação com a lógica e a construção de conhecimentos universais que não podem ser aprendidos diretamente do ambiente – conhecimentos como conservação ou reversibilidade (MILLER, 2002). Esses conhecimentos vêm da reflexão e da coordenação de nossos próprios pensamentos ou cognições, não do mapeamento da realidade externa. Piaget encarava o ambiente social como importante fator no desenvolvimento, mas não acreditava que a interação social fosse o principal mecanismo para a mudança de pensamento (MOSHMAN, 1997).

Piaget não fez recomendações educacionais específicas. Estava mais interessado em compreender o pensamento infantil. No entanto, ele realmente expressou algumas ideias gerais sobre a filosofia educacional. Ele acreditava que o principal objetivo da educação devia ser ajudar as crianças a aprender como aprender, e que a educação devia "formar, não fornecer" as mentes dos alunos (PIAGET, 1969). Embora Piaget não tenha concebido programas educacionais com base em suas ideias, muitas outras pessoas o fizeram. Por exemplo, a National Association for the Education of Young Children tem diretrizes educacionais adequadas ao desenvolvimento das crianças que incorporam as conclusões de Piaget (BREDEKAMP; COPPLE, 1997).*

---

* N. de R.T.: No Brasil, por volta de 1960, as ideias de "construção do conhecimento" começaram a aparecer na educação, e Jean Piaget era um de seus representantes. Na década de 1980, Emília Ferreiro e Ana Teberosky, consideradas precursoras do construtivismo com base em Piaget, foram amplamente estudadas, especialmente no estado de São Paulo, sendo referência para a rede estadual de ensino.

Alguns psicólogos educacionais e desenvolvimentistas têm chamado o construtivismo de Piaget de **construtivismo de "primeira onda"** ou construtivismo "solo", com ênfase na construção individual de significados (DECORTE; GREER; VERSCHAFFEL, 1996; PARIS; BYRNES; PARIS, 2001). O **construtivismo de "segunda onda"** insere o pensamento e a aprendizagem no contexto das situações sociais e práticas culturais. A teoria de Vygotsky é um exemplo de construtivismo de segunda onda.

Construtivismo social de Vygotsky

Há quase 80 anos, quando Lev Semenovich Vygotsky, psicólogo russo, morreu de tuberculose com apenas 38 anos de idade, ele já havia produzido mais de 100 livros e artigos. Vygotsky acreditava que o conhecimento é socialmente construído; ou seja, o conhecimento evolui com base naquilo que os participantes contribuem e constroem juntos. Assim, o desenvolvimento pode avançar de forma diferente em diferentes contextos culturais. A interação social, as ferramentas culturais e a atividade moldam o desenvolvimento e a aprendizagem individuais.

Vygotsky acreditava que *ferramentas culturais*, incluindo ferramentas verdadeiras (como prelos, réguas e o ábaco, juntamente com ferramentas que acrescentaríamos hoje, como assistentes digitais pessoais, computadores e a internet) e ferramentas simbólicas (como números e sistemas matemáticos, Braille e língua de sinais, mapas, obras de arte, sinais e códigos, e a linguagem), desempenham um papel muito importante no desenvolvimento cognitivo. Por exemplo, enquanto a cultura adota apenas números romanos para a representação das quantidades, certas formas de pensar matematicamente – desde a divisão longa até o cálculo diferencial – são difíceis ou impossíveis. Mas se um sistema de números tem um zero, frações, valores positivos e negativos e um número infinito de números, então é possível muito mais. O sistema de números é uma ferramenta cultural que apoia o pensamento, a aprendizagem e o desenvolvimento cognitivo. Esse sistema de símbolos é transmitido do adulto para a criança por meio de interações e ensinos formais e informais.

Vygotsky enfatizou que todos os processos mentais de ordem superior, como o raciocínio e a resolução de problemas, são mediados por (realizados por meio de e com a ajuda de) ferramentas psicológicas como linguagem, sinais e símbolos. Adultos ensinam essas ferramentas para as crianças durante as atividades do dia a dia, e as crianças as internalizam. A partir daí, as ferramentas psicológicas podem ajudar os alunos a fazer progressos em seu próprio desenvolvimento (KARPOV; HAYWOOD, 1998). O processo é algo parecido com isto: à medida que as crianças se envolvem em atividades com adultos ou pares mais capazes, elas trocam ideias e maneiras de pensar ou de representar conceitos – elaboração de mapas, por exemplo, como forma de representar os espaços e os lugares. As crianças internalizam essas ideias criadas em conjunto. Assim, o conhecimento, as ideias, as atitudes e os valores das crianças se desenvolvem quando elas se apropriam ou "tomam para si" os modos de agir e pensar fornecidos pela sua cultura e pelos membros mais capazes do seu grupo (KOZULIN; PRESSEISEN, 1995).

Construtivismo radical

O **construtivismo radical** tornou-se popular nos últimos anos, com a ascensão do pensamento e da crítica pós-modernos na educação norte-americana; na verdade, tem sido chamado de uma espécie de pós-modernismo (MOSHMAN, 1997). Os construtivistas radicais afirmam que o conhecimento não é um espelho do mundo externo, embora a experiência afete o pensamento e

o pensamento influencie o conhecimento. Todos os conhecimentos são socialmente construídos, e, o mais importante, algumas pessoas têm mais poder do que as outras para definir em que consistem esses conhecimentos. Essa abordagem incentiva a colaboração para entender os diversos pontos de vista e também desafia os tradicionais corpos de conhecimento (GERGEN, 1997). Considera que nenhuma base para avaliar ou interpretar qualquer crença é melhor ou pior do que a outra (GARRISON, 1995; WOODS; MURPHY, 2002).

Uma dificuldade com essa posição é que, pressionados ao extremo do relativismo, todos os conhecimentos e as crenças são iguais, pois todos são construídos. Essa forma de pensar oferece problemas para os educadores. Em primeiro lugar, os professores têm uma responsabilidade profissional para enfatizar valores como a honestidade ou a justiça, em detrimento de outros sentimentos, como a intolerância. Nem todas as crenças são iguais. Na condição de professores, pedimos aos alunos que trabalhem arduamente para aprender. Se a aprendizagem não consegue evoluir o entendimento porque todos os entendimentos são igualmente bons, então, como assevera David Moshman (1997 p. 230), "[...] tanto faz se deixamos que os alunos continuem acreditando no que já acreditam". Além disso, parece que uma parcela do conhecimento, como a contagem e a correspondência um a um, não é construída, mas universal. É algo inerente aos humanos saber a correspondência um a um (GEARY, 1995; SCHUNK, 2000). Concordamos com aqueles estudiosos e pesquisadores que criticam a perspectiva construtivista radical (CHANDLER, 1997; MOSHMAN, 1997; PHILLIPS, 1997).

Essas diferentes perspectivas sobre o construtivismo suscitam algumas questões gerais e discordam nas respostas. Essas questões talvez nunca sejam totalmente resolvidas, mas diferentes teorias tendem a favorecer posições diferentes.

Como se constrói o conhecimento?

Uma tensão entre as diferentes abordagens ao construtivismo baseia-se em *como* o conhecimento é construído. Moshman (1982) descreve três explicações.

1. *As realidades e as verdades do mundo externo direcionam a construção do conhecimento.* Os indivíduos *reconstroem* a realidade externa elaborando representações mentais exatas que refletem "as coisas como elas realmente são". O processamento das informações mantém essa visão de conhecimento (COBB; BOWERS, 1999).
2. *Processos internos como a organização, a assimilação e a acomodação de Piaget direcionam a construção do conhecimento.* Novos conhecimentos são separados dos conhecimentos antigos. O conhecimento não é um espelho da realidade, mas, em vez disso, uma abstração que cresce e se desenvolve com a atividade cognitiva. O conhecimento não é verdadeiro ou falso; apenas cresce mais internamente consistente e organizado com o desenvolvimento.
3. *Fatores internos e externos direcionam a construção do conhecimento.* O conhecimento evolui por meio das *interações* de fatores internos (cognitivos) e externos (ambientais e sociais). A descrição de Vygotsky sobre o desenvolvimento cognitivo por meio da apropriação e do uso de ferramentas culturais como o idioma é consistente com esse ponto de vista (BRUNING; SCHRAW; RONNING, 1999). A Tabela 2.2 resume as três explicações gerais sobre como o conhecimento é construído.

Conhecimento: situado ou geral?

Uma segunda questão que perpassa muitas perspectivas construtivistas é se o conheci-

TABELA 2.2 Como o conhecimento é construído		
O que comanda a formação do conhecimento?	**Pressupostos sobre aprendizagem e conhecimento**	**Exemplos de teorias**
Mundo externo	O conhecimento é adquirido pela construção de uma representação do mundo externo. Ensino direto, *feedback* e explicação afetam a aprendizagem. O conhecimento é exato na medida em que reflete "as coisas como elas realmente são" no mundo externo.	Processamento de informações
Processos internos	O conhecimento é construído pela transformação, organização e reorganização do conhecimento prévio. O conhecimento não é um espelho do mundo externo. A exploração e a descoberta são mais importantes do que o ensino.	Piaget
Fatores externos e internos	O conhecimento é construído com base nas interações e experiências sociais. O conhecimento reflete o mundo externo filtrado e influenciado por cultura, linguagem, crenças, interações com os outros, ensino direto e modelagem. Descobertas orientadas, modelos de ensino e treinamento, bem como os conhecimentos, as crenças e os pensamentos prévios do indivíduo afetam a aprendizagem.	Vygotsky

mento é interno, geral e transferível ou limitado ao tempo e espaço em que é construído. Psicólogos que enfatizam a construção social do conhecimento e a aprendizagem situada confirmam a noção de Vygotsky de que a aprendizagem é inerentemente social e impregnada em um cenário cultural específico (COBB; BOWERS, 1999). O que é verdadeiro em um tempo e lugar – como o "fato" pré-colombiano de que a terra era plana – torna-se falso em outro tempo e lugar. Ideias particulares podem ser úteis dentro de uma específica comunidade de prática, como a navegação do século XV, mas inúteis fora dessa comunidade. O que vale como conhecimento novo é determinado em parte pela forma como a nova ideia se adapta às práticas atualmente aceitas. Ao longo do tempo, a prática atual pode ser questionada e até mesmo abolida, mas até que essas mudanças principais ocorram, a prática atual moldará o que é considerado valioso.

A **aprendizagem situada** enfatiza que o mundo real não é como estudar na escola. Mais parece um aprendizado em que novatos assumem, com o apoio de um experiente guia e modelo, cada vez mais responsabilidade até serem capazes de funcionar de forma independente. Para aqueles que adotam o ponto de vista da aprendizagem situada, isso explica o aprendizado nas fábricas, em torno da mesa de jantar, nos corredores de escolas de ensino médio, nas gangues de rua, nos escritórios corporativos e nos *playgrounds*.

A aprendizagem situada é frequentemente descrita como "inculturação", ou adotar as normas, os comportamentos, as habilidades, as crenças, a linguagem e as atitudes de determinada comunidade. A comunidade pode ser composta de matemáticos, membros de gangues, escritores, alunos do 8° ano ou jogadores de futebol – qualquer grupo que tenha modos particulares de pensar e fazer. O conhecimento é visto *não* como estruturas cognitivas individuais, mas como criação da comunidade ao longo do tempo. As práticas comunitárias – como

interagir e como levar a cabo os projetos, além das ferramentas criadas pela comunidade – constituem o conhecimento dessa comunidade. A aprendizagem significa tornar-se mais capaz de participar dessas práticas, de usar as ferramentas e de assumir a identidade de um membro comunitário (DERRY, 1992; GARRISON, 1995; GREENO; COLLINS; RESNICK, 1996; ROGOFF, 1998).

No nível mais básico, a aprendizagem situada afirma que muito do que aprendemos está ligado ao contexto no qual aprendemos (ANDERSON; REDER; SIMON, 1996). Assim, diria alguém, aprender a fazer cálculos na escola pode ajudar os alunos a fazer mais cálculos escolares, mas talvez não os ajude a controlar o saldo da conta bancária, porque as habilidades podem ser aplicadas apenas no contexto em que foram aprendidas, ou seja, na escola (LAVE, 1997; LAVE; WENGER, 1991). Mas parece também que o conhecimento e as habilidades podem ser aplicados em contextos que não foram parte da situação de aprendizagem inicial, como quando você usa sua habilidade de ler e calcular para fazer seu imposto de renda, embora formulários de imposto de renda não tenham integrado seu currículo do ensino médio (ANDERSON; REDER; SIMON, 1996). Assim, a aprendizagem situada na escola não está condenada a ser irrelevante (BERIETER, 1997).

Grande parte do trabalho nas perspectivas construtivistas centrou-se no ensino. Muitos dos novos padrões de ensino, tais como os Padrões de Avaliação e Currículo para Matemática Escolar do Conselho Nacional de Professores de Matemática e os Pontos de Referência para Alfabetização Científica da Associação Norte-americana para o Avanço da Ciência, baseiam-se em pressupostos e métodos construtivistas. Muitos dos esforços para reformar e reestruturar as escolas são tentativas de aplicar perspectivas construtivistas no ensino e na aprendizagem ao currículo e à organização integral das escolas.

APLICAÇÕES DAS ABORDAGENS CONSTRUTIVISTAS NO ENSINO

Professores especializados usam boas teorias construtivistas, bem como sólidas teorias comportamentais e cognitivas. Antes de fornecermos exemplos das contribuições das abordagens construtivistas para o ensino e a aprendizagem, resumimos algumas das atividades que incentivam a construção do conhecimento, extraídas de Mark Windschitl (2002 p. 137):

- Os professores obtêm ideias e experiências dos alunos em relação a tópicos-chave e, em seguida, moldam situações de aprendizagem que ajudam os alunos a aprimorar ou reestruturar seus conhecimentos atuais.
- Os alunos têm oportunidades frequentes para se envolver em atividades complexas, significativas e baseadas em problemas.
- Os professores proporcionam aos alunos uma diversidade de recursos informativos bem como de ferramentas (tecnológicas e conceituais) necessárias para mediar a aprendizagem.
- Os alunos trabalham colaborativamente e recebem apoio para interagir uns com os outros por meio de diálogos orientados para a tarefa.
- Os professores explicitam seus próprios processos de pensamento para os alunos e incentivam os alunos a também fazê-lo, por meio de diálogos, redações, desenhos ou outras representações.
- Os alunos são rotineiramente solicitados a aplicar os conhecimentos em contextos diversos e autênticos, a fim de explicar ideias, interpretar textos, prever fenômenos e construir argumentos com base em provas, em vez de se concentrarem exclusivamente na aquisição de "respostas certas" predeterminadas.
- Os professores incentivam o pensamento reflexivo e autônomo em conjunto com as condições listadas anteriormente.
- Os professores empregam várias estratégias de avaliação para entender como as ideias dos alunos estão evoluindo e para dar *feedback* sobre os processos, bem como sobre os produtos do pensamento deles.

Além disso, as abordagens construtivistas incluem a *colocação de andaimes* para apoiar o desenvolvimento da *expertise* nos alunos. Aqui está uma boa definição de colocação de andaimes que enfatiza a natureza dinâmica e interativa dos andaimes, bem como o conhecimento que tanto o professor e o aluno trazem – ambos são especialistas em alguma coisa:

> Colocação de andaimes é uma poderosa concepção de ensino e aprendizagem de acordo com a qual professores e alunos criam conexões significativas entre os conhecimentos culturais dos professores e a experiências e os conhecimentos cotidianos do aluno. (MCCASLIN; HICKEY, 2001, p. 137).

Uma implicação da teoria de desenvolvimento cognitivo de Vygotsky é que a profunda compreensão exige que os alunos enfrentem os problemas em sua zona de desenvolvimento proximal, mas eles precisam da colocação de andaimes para trabalhar de forma eficaz nessa zona.*

Embora existam diferentes pontos de vista sobre a colocação de andaimes, a maioria dos psicólogos educacionais concorda quanto a três características (VAN DE POL; VOLMAN; BEISHUIZEN, 2010):

---

* N. de R.T.: Na zona de desenvolvimento proximal, o professor assume função importantíssima, oferecendo recursos e ajuda ao aluno (andaime) para que ele atinja um nível de conhecimento mais elevado.

1. *Apoio de contingência:* o professor está constantemente ajustando respostas sob medida para o aluno.
2. *Desvanecimento:* o professor gradualmente retira apoio à medida que os alunos desenvolvem entendimentos e habilidades.
3. *Transferência de responsabilidade:* os alunos assumem cada vez maior responsabilidade pela sua própria aprendizagem.

Os construtivistas acreditam que exercícios de competências básicas nem problemas simples ou artificiais devam ser administrados aos alunos, mas, em vez disso, eles devem ser desafiados com situações complexas e problemas "confusos", do tipo com que vão se deparar no mundo fora da sala de aula. Esses problemas devem ser incorporados em atividades e **tarefas autênticas**, os tipos de situações que os alunos terão de enfrentar quando forem aplicar o que estão aprendendo a problemas do mundo real (BROWN, 1990; NEEDELS; KNAPP, 1994).

Três exemplos de abordagens construtivistas para o ensino, consistentes com esses princípios orientadores, são aprendizagem com base em problemas, oficinas cognitivas e aprendizagem cooperativa.

Aprendizagem com base em problemas

Os objetivos básicos da aprendizagem com base em problemas são:

- ajudar os alunos a desenvolver conhecimentos úteis e flexíveis, não inertes; conhecimentos inertes são informações memorizadas, mas raramente aplicadas;
- acentuar a motivação intrínseca e as habilidades na resolução de problemas;
- aumentar a colaboração, a tomada de decisão com base em evidências e a aprendizagem autodirigida e duradoura (COGNITION AND TECHNOLOGY GROUP AT VANDERBILT, 1996; WHITEHEAD, 1929).

Na aprendizagem com base em problemas, os alunos são confrontados com problemas reais que desencadeiam suas pesquisas, à medida que colaboram para encontrar soluções. Os alunos identificam e analisam o problema com base nos fatos do cenário, que eles usam para gerar hipóteses sobre soluções. À medida que desenvolvem hipóteses, os alunos identificam as informações que faltam para testar suas soluções. E assim dão início às suas pesquisas. Os alunos, em seguida, aplicam seus novos conhecimentos, avaliam suas soluções para os problemas e refazem suas pesquisas se necessário. Por fim, eles refletem sobre as habilidades e os conhecimentos obtidos.

Durante todo o processo, os alunos não ficam desamparados. Seu pensamento e sua resolução de problemas são amparados por andaimes colocados pelo professor, *software* de computador, modelos, treinos, dicas de especialistas, guias, auxílios organizacionais ou outros alunos em grupos colaborativos – para que a memória de trabalho não fique sobrecarregada. Por exemplo, à medida que os alunos trabalham em seus problemas, eles podem ser obrigados a preencher um gráfico que lhes ajuda a distinguir entre "alegações" e "razões" em argumentações científicas (DERRY et al., 2006; HMELO-SILVER; RAVIT; CHINN, 2007).

Na autêntica aprendizagem com base em problemas, estes são reais e os atos dos alunos têm relevância. Por exemplo, durante o vazamento de petróleo da torre petrolífera Deepwater Horizon, em 2010, no Golfo do México, muitos professores aproveitaram a crise como trampolim para a aprendizagem. Seus alunos compararam esse vazamento com outros em tamanho, localização, custos financeiros e ambientais, causas e depois apresentaram tentativas de soluções.

O que poderia ser feito? Qual o papel das correntes e das marés? Que locais, empresas e espécies da vida selvagem correm maior perigo? Quanto tempo o óleo permanece no oceano? O que acontece com ele? Quais são os impactos financeiros e ambientais, no curto e no longo prazo? Que ações os alunos podem tomar? Os professores postaram textos em *blogs* sobre o uso do derramamento de óleo na aprendizagem com base em problemas e coletaram recursos para outros professores (BRUNSELL, 2010).

Pesquisa sobre aprendizagem com base em problemas

Pesquisas sobre a aprendizagem com base em problemas (ABP) têm sido feitas principalmente em faculdades de medicina, com resultados inconsistentes. Em um estudo, a aprendizagem dos alunos por meio da instrução com base em problemas foi melhor em habilidades clínicas como formação do problema e raciocínio; no entanto, eles se sentiam menos preparados na ciência e, na verdade, tinham menos conhecimentos básicos sobre ciência (ALBANESE; MITCHELL, 1993). Uma análise dos currículos de aprendizagem com base em problemas nas faculdades médicas concluiu que uma abordagem com base em problemas não foi eficaz em promover níveis mais elevados de conhecimentos no aluno (COLLIVER, 2000).

Em outro estudo, porém, alunos de medicina que aprenderam a usar abordagens com base em problemas criaram soluções mais precisas e coerentes para problemas médicos (HMELO, 1998). Além disso, em um abrangente estudo de um programa médico com base em problemas na Holanda, Schmidt et al. (2009) concluíram que, em comparação aos graduados em programas convencionais, os graduados do programa ABP tinham melhores talentos interpessoais e níveis mais elevados de habilidades práticas, terminaram o curso com mais rapidez

e mostraram pequenas diferenças positivas em seus conhecimentos médicos e no raciocínio de diagnóstico. Alunos de MBA que aprenderam um conceito usando métodos com base em problemas tiveram melhor desempenho para explicar o conceito do que alunos em aulas tradicionais, com palestras e debates em sala de aula (CAPON; KUHN, 2004). Alunos melhores na autorregulação podem se beneficiar mais de métodos com base em problemas (EVENSEN; SALISBURY-GLENNON; GLENN, 2001), mas usar métodos com base em problemas ao longo do tempo pode ajudar *todos* os alunos a desenvolver habilidades de aprendizagem autodirigidas.

As pesquisas de Cindy Hmelo-Silver (2004) e Hmelo-Silver, Ravit e Chinn (2007) verificaram evidências substanciais de que a aprendizagem com base em problemas apoia a construção de conhecimentos flexíveis e aprimora o desenvolvimento da solução de problemas e habilidades de aprendizagem autodirigidas; no entanto, há menos evidências de que a participação na aprendizagem com base em problemas seja intrinsecamente motivadora ou que ensine os alunos a colaborar. Nos estudos de ensino médio sobre economia e matemática, pesquisas recentes mostram que as abordagens com base em problemas auxiliam os alunos a aprender os conceitos mais complexos e a resolver problemas matemáticos com enunciados de múltiplas etapas.

A melhor abordagem nas escolas de ensino fundamental pode ser um equilíbrio entre a pesquisa com base em conteúdos e os métodos com base em problemas (ARENDS, 2000). Por exemplo, Eva Toth, David Klahr e Zhe Chen (2000) testaram uma abordagem equilibrada para ensinar alunos do 4º ano a como usar a estratégia da variável controlada em ciências para projetar bons experimentos. O método teve três fases: (1) em pequenos grupos, os alunos realizaram experimentos exploratórios para identificar variáveis que faziam uma bola rolar mais longe em uma rampa; (2) o professor conduziu uma discussão, explicou a estratégia da variável controlada e modelou pensamento ordenado sobre o projeto de experimentos; e (3) os alunos conceberam e realizaram experimentos aplicados para isolar quais variáveis fizeram a bola rolar mais longe. Essa combinação – de pesquisa, explicação, discussão e modelagem – foi bem-sucedida para ajudar os alunos a entender os conceitos.

Oficinas cognitivas

Oficinas são uma forma eficaz de educação. Ao trabalhar com um mestre e às vezes outros aprendizes, neófitos têm aprendido muitas habilidades, artes e ofícios. Por que elas são eficazes? Oficinas são ricas em informações porque os especialistas com amplo conhecimento orientam, modelam, demonstram e corrigem, bem como fornecem um vínculo pessoal e motivador. Os desempenhos exigidos do aluno são reais, importantes e se tornam cada vez mais complexos à medida que o aluno torna-se mais competente (COLLINS; BROWN; HOLUM, 1991).

Collins, Brown e Newman (1989) argumentam que o conhecimento e as habilidades aprendidas na escola muitas vezes são irrelevantes para o mundo além da escola. Para tratar desse problema, as escolas por vezes adotam muitos recursos das oficinas profissionalizantes, mas em vez de aprender a esculpir ou a colocar tijolos, as oficinas escolares se concentram em objetivos cognitivos, como compreensão de leitura, resolução de problemas matemáticos ou aplicação das competências profissionais em estágios. A maioria dos modelos de oficinas cognitivas compartilha seis características:

- Os alunos observam um especialista (geralmente o instrutor) modelar a tarefa.
- Os alunos recebem apoio por meio de *coaching* ou tutoria, incluindo dicas, *feedback*, modelos e lembretes.

- Andaimes conceituais – resumos, explicações, notas, definições, fórmulas, procedimentos e afins – são fornecidos e então gradativamente retirados à medida que o aluno se torna mais competente e proficiente.
- Os alunos articulam o conhecimento de modo contínuo – expressando o entendimento com suas próprias palavras.
- Os alunos refletem sobre seu progresso e comparam seu desempenho na resolução de problemas tanto com o desempenho de um perito quanto com os seus próprios desempenhos prévios.
- Os alunos exploram novas formas de aplicar o que estão aprendendo – maneiras que não praticaram ao lado do mestre.

Aprendizagem cooperativa

David e Roger Johnson (2009, p. 373), dois dos fundadores da aprendizagem cooperativa, definem a *aprendizagem cooperativa* formal como

> [...] alunos trabalhando juntos, por um período de aula até várias semanas, para alcançar objetivos de aprendizagem compartilhados e completar em conjunto tarefas e atribuições específicas.

A aprendizagem cooperativa tem uma ampla história na educação dos Estados Unidos, entrando e saindo de moda ao longo dos anos. Hoje, a evolução das perspectivas construtivistas produziu um crescente compromisso com situações de aprendizagem que dependem de elaboração, interpretação, explicação e argumentação – isto é, a aprendizagem cooperativa (WEBB; PALINCSAR, 1996). David e Roger Johnson (2009, p. 363) frisam:

> Depois de um tempo ignorada e desdenhada, a aprendizagem cooperativa tem progredido constantemente para se tornar uma das práticas instrucionais dominantes mundo afora. Hoje, a aprendizagem

cooperativa é utilizada em escolas e universidades em quase todo o mundo, em todas as áreas e desde a pré-escola até cursos de pós-graduação e programas de formação de adultos.

Johnson e Johnson (2009) listam cinco elementos que definem grupos de aprendizagem genuinamente cooperativa:

- Interação incentivadora
- Interdependência positiva
- Responsabilidade individual
- Habilidades colaborativas
- Processamento de grupo

Interação incentivadora significa que membros do grupo incentivam e facilitam os esforços uns dos outros. Geralmente interagem face a face e próximos, não do outro lado da sala, mas poderiam interagir via mídia digital mundo afora. Os membros do grupo experimentam *interdependência positiva* – precisam do apoio, das explicações e das orientações uns dos outros. Mesmo que trabalhem juntos e ajudem uns aos outros, os membros do grupo devem, em última análise, demonstrar a aprendizagem por conta própria – são mantidos *individualmente responsáveis* pela aprendizagem, muitas vezes por meio de testes individuais ou outras avaliações. São necessárias *habilidades colaborativas* para o eficaz funcionamento do grupo. Muitas vezes, essas habilidades, como dar *feedback* construtivo, chegar a um consenso e envolver todos os membros, devem ser ensinadas e praticadas antes que os grupos enfrentem uma tarefa de aprendizagem. Por fim, os membros monitoram os *processos de grupo* e os relacionamentos para garantir que o grupo esteja funcionando efetivamente e para aprender sobre a dinâmica dos grupos. Eles dedicam um tempo para se perguntar: "Como está o nosso desempenho em termos de grupo? Todo mundo trabalha junto?". Vamos examinar algumas das populares técnicas de aprendizagem cooperativa.

Quebra-cabeça

O quebra-cabeça, um dos formatos da aprendizagem cooperativa, enfatiza a alta interdependência. Cada membro do grupo recebe parte do material a ser aprendido pelo grupo inteiro e torna-se um *expert* sobre aquele pedaço. Os alunos ensinam-se uns aos outros; por isso, dependem entre si, e a contribuição de todos é importante. Uma versão mais recente, o quebra-cabeça II, acrescenta reuniões com especialistas em que os alunos com o mesmo material fazem consultas para ter certeza de que entenderam a parte atribuída a eles e depois planejam como ensinar a informação ao grande grupo. Após a reunião com o especialista, os alunos retornam para os seus grupos e transmitem sua *expertise* em sessões de aprendizagem. Por fim, os alunos fazem um teste individual sobre todo o material e ganham pontos para a pontuação de aprendizagem de sua equipe. As equipes trabalham por recompensas ou simplesmente por reconhecimento (SLAVIN, 1995).

Cooperação guiada

Donald Dansereau e colaboradores desenvolveram um método para a aprendizagem em duplas: a cooperação guiada. Os alunos trabalham cooperativamente em alguma tarefa – a leitura de um texto selecionado, a resolução de problemas de matemática ou a edição de rascunhos. Por exemplo, na leitura, cada um dos parceiros lê um trecho. Depois, um aluno faz um resumo oral e o outro comenta o resumo, observando omissões ou erros. Em seguida, os parceiros colaboram para aprimorar as informações – criar associações, imagens, mnemônicos, conexões com trabalhos anteriores, exemplos, analogias e assim por diante. Os parceiros alternam os papéis de leitura e de comentário no próximo trecho e continuam a se revezar até finalizar a missão (DANSEREAU, 1985; O'DONNELL; O'KELLY, 1994).

Existem muitas outras formas de aprendizagem cooperativa. Kagan (1994) e Slavin (1995) publicaram muitos trabalhos sobre aprendizagem cooperativa e desenvolveram vários formatos. Independentemente do formato, a chave para a aprendizagem em grupos é a qualidade do discurso entre os alunos. Conversas interpretativas – que analisam e discutem as explicações, provas, razões e alternativas – são mais úteis do que conversas apenas descritivas. Os professores desempenham um papel importante na aprendizagem cooperativa; eles são guias importantes. Professores eficazes semeiam a discussão com ideias e alternativas que instigam e provocam o pensamento dos alunos (PALINCSAR, 1998).

Aprendizagem cooperativa e salas de aula inclusivas

Às vezes, incluir os alunos com necessidades especiais em atividades cooperativas requer uma atenção extra no planejamento e na preparação. Por exemplo, em estruturas cooperativas, como questionamento guiado ou tutoria de pares, você quer ver e ouvir explicações e ensinamentos, não apenas afirmações ou fornecimento de respostas certas. Mas muitos alunos com dificuldades de aprendizagem têm problemas para compreender novos conceitos, de modo que tanto o instrutor quanto o aluno podem ficar frustrados, e o aluno com dificuldades de aprendizagem pode enfrentar rejeição social. Já que alunos com dificuldades de aprendizagem muitas vezes têm problemas nas relações sociais, não é uma boa ideia colocá-los em situações em que há maior probabilidade de rejeição. Assim, quando os alunos estão aprendendo conceitos novos ou de difícil compreensão, a aprendizagem cooperativa talvez não seja a melhor escolha para aqueles com dificuldades de aprendizagem (KIRK et al., 2006). Na verdade, pesquisas constataram que a aprendizagem cooperativa em geral não é sempre eficaz para alunos com dificuldades de aprendizagem (SMITH, 2006).

Uma segunda preocupação é que os grupos com capacidades díspares talvez não sejam benéficos para alunos superdotados. Com frequência, o ritmo é muito lento, e as tarefas são muito simples e repetitivas. Além disso, alunos superdotados muitas vezes acabam no papel de professor ou apenas fazendo o trabalho rapidamente para todo o grupo. Os desafios para os professores que utilizam grupos de capacidade mista, inclusive alunos superdotados, envolvem o uso de tarefas complexas que permitam o trabalho em diferentes níveis e mantenham os alunos superdotados interessados, sem perder o resto da turma (SMITH, 2006).

A aprendizagem cooperativa pode ser uma excelente escolha, no entanto, no ensino da língua inglesa para estrangeiros. Em muitas salas de aula, quatro, cinco, seis ou mais idiomas podem estar representados. Não se pode esperar que os professores dominem todas as línguas faladas por todos os seus alunos todos os anos. Aqui, os grupos cooperativos podem ajudar os alunos a trabalhar juntos nas tarefas acadêmicas. Alunos bilíngues podem ajudar a traduzir e a explicar os tópicos aos outros do grupo. Como falar em um grupo menor pode provocar menos ansiedade para alunos que estão aprendendo um idioma, aprendizes de língua inglesa podem praticar mais e obter mais *feedback* nesses grupos (SMITH, 2006). A estrutura cooperativa de quebra-cabeça é especialmente útil para os alunos de línguas, pois esses alunos têm informações necessárias ao grupo, por isso eles precisam falar, explicar e interagir. Na realidade, a abordagem de quebra-cabeça foi desenvolvida em resposta às necessidades para a criação de alta interdependência em grupos heterogêneos.

Consulte na Tabela 2.3 um resumo das perspectivas de aprendizagem discutidas neste capítulo.

TABELA 2.3 Quatro perspectivas de aprendizagem

	Comportamental Skinner	*Cognitiva* Anderson	*Construtivista individual* Piaget	*Construtivista social* Vygotsky
Conhecimento	Corpo fixo de conhecimentos para adquirir	Corpo fixo de conhecimentos para adquirir	Corpo dinâmico de conhecimentos, individualmente construídos no mundo social – mas algumas compreensões claramente superiores a outras	Conhecimentos socialmente construídos; eles refletem o mundo exterior filtrado e influenciado por cultura, linguagem, crenças e interações com os outros
Aprendizagem	Aquisição de fatos, habilidades, conceitos Ocorre por meio de explicação, demonstração e prática guiada	Aquisição de fatos, habilidades, conceitos e estratégias Ocorre por meio da aplicação efetiva de estratégias	Construção ativa e reconstrução do conhecimento prévio Ocorre por meio de múltiplas oportunidades para estabelecer conexões com o que já se sabe	Construção colaborativa de conhecimentos e valores socialmente definidos Ocorre socialmente por meio de oportunidades construídas
Ensino	Transmissão – declarar	Transmissão – orientar rumo a informações mais precisas e completas	Desafiar e orientar alunos rumo a uma compreensão mais completa	Professor e aluno em conjunto construindo o conhecimento
Papel do professor	Supervisor – corrigir respostas erradas	Guia – modelar estratégias eficazes e corrigir equívocos	Guia e facilitador – ouvir ideias e pensamentos do aluno e orientá-lo	Guia, facilitador e parceiro – escutar o conhecimento socialmente construído e auxiliar a construção conjunta do conhecimento
Papel dos colegas	Não essencial	Não essencial, mas podem facilitar o processamento de informações	Não essencial, mas podem estimular perguntas e suscitar questões	Parte do processo de construção do conhecimento
Papel do aluno	Receptor de informações; ativo na prática	Processador de informações; usuário de estratégias	Construtor ativo do conhecimento; ativo pensador e intérprete	Coconstrutor ativo do conhecimento; participante social ativo
Exemplo de abordagens de ensino	Objetivos de aprendizagem; instrução direta	Ferramentas visuais – gráficos e tabelas; estratégias mnemônicas	Ensino de mudança conceitual; aprendizagem de pura descoberta	Oficinas cognitivas; ensino recíproco

TEORIA NA PRÁTICA

Pense em um conceito importante de um tópico que você ensinou (nicho ecológico, ponto de vista, tom narrativo, determinismo recíproco, concordância verbal, propriedade distributiva, democracia...). Agora, planeje uma aula sobre o conceito refletindo o construtivismo individual de Piaget e outra aula exemplificando o construtivismo social de Vygotsky. Quais são as principais diferenças entre as duas perspectivas conforme reveladas em seus planos de aula?

CASO SOBRE LIDERANÇA EDUCACIONAL

Aprendizagem cooperativa: prática sensata ou experimento social?

Você está em seu segundo ano como diretor da Escola de Ensino Fundamental Jackson. O primeiro ano foi de adaptação, porque passou diretamente de professor a diretor, e a maioria de sua energia centrou-se em manter a escola funcionando sem problemas. Mas este ano é diferente. Este ano você tem o plano de começar a melhorar o desempenho dos alunos fracos da escola. Você começou de modo modesto, conseguindo que três professores do 6º ano se voluntariassem para usar a aprendizagem cooperativa em suas turmas. Os professores fizeram um curso de aperfeiçoamento sobre aprendizagem cooperativa na universidade, no verão passado, e agora já estão em pleno segundo mês da inovação – gostando do desafio e acreditando que estão fazendo a diferença.

Você está um pouco apreensivo por ter recebido uma ligação da Dra. Anita Rodrigues, a superintendente. A Dra. Rodrigues sempre foi muito solidária; na verdade, foi ela quem lhe indicou para o cargo da diretoria. Mas a conversa telefônica foi preocupante. A superintendente informou que ela e vários dos membros do conselho estavam recebendo telefonemas dos pais sobre o "experimento de aprendizagem cooperativa", como os pais o chamavam. A superintendente permanecia solidária, mas concluiu a conversa telefônica dizendo que só queria que você soubesse que existia oposição ao seu novo experimento de aprendizagem cooperativa e que você devia estar preparado para alguns problemas.

Na verdade, você mesmo havia recebido algumas queixas dos pais sobre o programa de aprendizagem cooperativa, as quais havia considerado inevitáveis na adoção de um novo programa. Por exemplo, uma mãe reclamou que a aprendizagem cooperativa era "apenas mais uma moda passageira do sistema educacional" e que ela queria ver os filhos dela aprendendo do modo tradicional. Ela frequentara a escola paroquial quando criança e tinha orgulho de sua educação rígida. Ela afirmou que "a aprendizagem não é se divertir e brincar – é um negócio sério e trabalho árduo". Você tentou tranquilizá-la, dizendo que o filho dela aprenderia e talvez viesse a apreciar o processo de aprendizagem, mas ela se retirou ainda aparentemente não convencida dos méritos da aprendizagem cooperativa. Também era verdade que outro pai expressou certo receio de que a escola estivesse "experimentando" com sua filha. Nesse caso, após revisar alguns dos fatos e propósitos do programa de aprendizagem cooperativa, você pensou ter sido bem-sucedido em resolver a questão, pois o pai saiu se sentindo mais tranquilo quanto à escola e à sua filha. Ao refletir mais sobre suas interações, você se dá conta de que talvez exista mais resistência do que pensava no início – obviamente a superintendente e o conselho estavam recebendo reclamações. Você está comprometido com o programa e deseja oferecer apoio aos três professores que se ofereceram e estão implementando a inovação.

Você decide falar diretamente com os professores sobre as reações dos pais. Uma reunião após o término das aulas com os três professores para aferir a resistência de comunidade e avaliar o progresso do programa rende algumas surpresas. Seus professores têm lidado com um número de reclamações bem maior do que você tinha conhe-

(continua)

CASO SOBRE LIDERANÇA EDUCACIONAL (continuação)

cimento, mas continuam entusiasmados e comprometidos com o programa. Acreditam que os ventos mudaram, pois a maioria dos alunos está realmente apreciando o trabalho em equipe, e o desempenho dos alunos, especialmente dos alunos mais lentos, definitivamente está melhorando. Quais são as críticas dos pais sobre o programa?

- O programa desacelera minha filha; ela é inteligente e não precisa de ajuda.
- Não gosto de que a escola faça experiências com os meus filhos.
- Concorrência, não cooperação, é o que faz a grandeza deste país. No mundo dos negócios, quem pode mais chora menos.
- Minha filha vai tirar notas mais baixas porque ela está sendo arrastada para baixo por outros em seu grupo.
- As crianças não trabalham arduamente; elas brincam e é uma perda de tempo.
- Meu filho faz todo o trabalho para seu grupo e isso não é justo.
- Passo todo meu tempo livre levando minha filha para lá e para cá, só para participar de projetos em grupo com os colegas.
- Meu filho vai bem por conta própria; ele não gosta de trabalhos em grupo.
- As crianças no grupo tratam mal o meu filho; eles não o incluem; ele odeia a escola.

Vocês todos concordam que muitos pais estão mal informados sobre aprendizagem cooperativa e precisam ser instruídos não só sobre os princípios básicos que embasam o novo programa, mas também sobre outras estratégias de aprendizagem que estão ocorrendo em sala de aula. Com esse objetivo, você concorda, com a ajuda de seus professores de aprendizagem cooperativa, em preparar um breve discurso para a próxima reunião de pais e mestres. O colóquio vai analisar o novo programa aprendizagem cooperativa, abordar cada uma das críticas listadas ao programa e explicar que a escola usa princípios de ensino e aprendizagem das perspectivas comportamental, cognitiva e construtivista para reforçar o programa de ensino e aprendizagem escolar. O objetivo é instruir e aliviar a ansiedade dos pais.

Você é o diretor dessa escola de ensino fundamental; por isso, cabe a você preparar o discurso. Faça isso.

GUIA PRÁTICO

1. Garanta que as ações positivas sejam reconhecidas e recompensadas: reforços fortalecem o comportamento.
2. Acompanhe toda punição com recompensas para o comportamento correto: enfatize o positivo.
3. Entenda a função do comportamento negativo: ajude os alunos a alcançar seus objetivos com ações positivas.
4. Combine a instrução com os objetivos de aprendizagem: o ensino direto é útil quando os alunos têm conhecimento limitado.
5. Ajude os alunos a se concentrar nas ideias importantes: aprender é difícil quando você não sabe o que é importante.
6. Evite sobrecarregar a memória de trabalho: carga cognitiva externa limita a aprendizagem.
7. Construa conhecimentos na memória de longo prazo fazendo múltiplas conexões: informações profundamente transformadas e elaboradas são mais fáceis de lembrar.
8. Ensine estratégias de memória e de aprendizagem diretamente: sem orientação, alguns alunos nunca vão dominar estratégias fortes.
9. Crie situações em que os alunos construam significados ativamente: inventar é entender.
10. Posicione os alunos no centro da aprendizagem: leve em conta os conhecimentos e os interesses da turma.
11. Forneça problemas autênticos como trampolim para a aprendizagem: conhecimentos úteis crescem a partir da resolução de desafios da vida real.
12. Construa habilidades colaborativas entre alunos e corpo docente: a cooperação gera respeito e pensamento crítico.

PRINCÍPIOS E PRESSUPOSTOS BÁSICOS

1. Se a frequência ou a intensidade de um comportamento está se mantendo ou aumentando, então algo está reforçando o comportamento.

2. Se uma ação lhe permite escapar ou evitar uma situação ruim, é provável que você repita a ação quando confrontado com a situação novamente.

3. O pensamento atual sugere que é melhor ter poucos, mas importantes, amplos e mensuráveis objetivos instrucionais para o ensino do que ter objetivos muito específicos ou muito gerais.

4. A instrução direta é eficaz quando o material a ser aprendido é explícito, factual e hierárquico.

5. O conhecimento declarativo (saber o quê) e o conhecimento processual (saber como) podem ser usados de forma mais eficaz se você também tiver conhecimento autorregulatório (saber quando e por que aplicar seu conhecimento). Muitas crianças e adultos não têm conhecimentos condicionais.

6. Quando a memória de trabalho está sobrecarregada, as informações são perdidas.

7. A informação é mais fácil de lembrar se for bem organizada, elaborada (conectada a outras coisas que você sabe) e aprendida em contextos significativos.

8. Estratégias de aprendizagem precisam ser explicitamente ensinadas e praticadas amplamente em várias situações.

9. Existem muitos e diferentes significados para o termo "construtivismo", dependendo se os teóricos enfatizam fatores socioculturais ou individuais na construção do conhecimento.

10. A aprendizagem por pesquisas baseia-se na teoria do desenvolvimento cognitivo de Piaget, a qual realça as descobertas do indivíduo e a invenção do conhecimento. Talvez esses métodos não sejam úteis para alunos menos preparados.

11. A aprendizagem com base em problemas enfatiza a preocupação de Vygotsky com atividades autênticas em contextos culturais. Talvez esses métodos sejam melhores para o processo de compreensão do que para aprender o conteúdo básico.

TESTE OS SEUS CONHECIMENTOS: SABE O SIGNIFICADO DESTES TERMOS?

cerne técnico, *p. 39*
aprendizagem, *p. 39*
reforço positivo, *p. 41*
reforço negativo, *p. 41*
punição, *p. 42*
punição direta, *p. 42*
punição de remoção, *p. 42*
dar a deixa, *p. 43*
avisar, *p. 44*
avaliação comportamental funcional, *p. 46*
apoios comportamentais positivos, *p. 46*
objetivo instrucional, *p. 47*
instrução direta, *p. 48*
habilidades básicas, *p. 48*

conhecimentos gerais, *p. 51*
conhecimentos de domínio específico, *p. 51*
conhecimento declarativo, *p. 51*
conhecimento processual, *p. 51*
conhecimento autorregulatório, *p. 51*
processamento de informações, *p. 52*
percepção, *p. 53*
central executiva, *p. 56*
ciclo fonológico, *p. 56*
bloco de notas visuoespacial, *p. 57*
treinamento, *p. 58*
fragmentação, *p. 58*
habilidades metacognitivas, *p. 63*
metacognição, *p. 63*

Cmaps, *p. 66*
mnemônicos, *p. 66*
construtivismo de "primeira onda", *p. 69*
construtivismo de "segunda onda", *p. 69*

construtivismo radical, *p. 70*
aprendizagem situada, *p. 72*
tarefas autênticas, *p. 74*

LEITURAS SUGERIDAS

ALBERTO, P. A.; TROUTMAN, A. C. *Applied behavior analysis for teachers*. 8th ed. Boston: Pearson, 2009.

Bom recurso sobre teorias comportamentais para professores.

BRUNING, R. H.; SCHRAW, G. J.; NORBY, M. M. *Cognitive psychology and instruction*. 5th ed. Boston: Pearson, 2011.

Resumo claro e de leitura aprazível sobre as teorias cognitivas de aprendizagem e suas implicações para o ensino.

KIRSCHNER, P. A.; SWELLER, J.; CLARK, R. E. Why minimal guidance during instruction does not work: an analysis of the failure of constructivist, discovery, problem-based, experiential, and inquiry-based teaching. *Educational Psychologist*, v. 41, p. 75-86, 2006.

Forte desafio ao pressuposto comum de que o ensino com base em pesquisa, com base em problemas e construtivista é útil quando os alunos têm limitado conhecimento em uma área. Embasado em excelentes pesquisas sobre o cérebro humano e a aprendizagem.

LANDRUM, T. J.; KAUFFMAN, J. M. Behavioral approaches to classroom management. In: EVERTSON, C. M.; WEINSTEIN, C. S. (Eds.). *Handbook of classroom management*: research, practice and contemporary issues. Mahwah: Erlbaum, 2006.

Olhar atualizado sobre como os princípios de aprendizagem comportamentais podem ser aplicados na gestão de salas de aula.

LOCKE, E. A.; LATHAM, G. P. Building a practically useful theory of goal setting and task motivation: a 35-year odyssey. *American Psychologist*, v. 57, p. 705-717, 2002.

Os gurus da teoria de objetivos resumem mais de três décadas de pesquisa.

MAYER, R. E. *Applying the science of learning*. Boston: Pearson, 2011.

Fonte breve e de agradável leitura sobre as implicações das ciências da aprendizagem para o ensino.

POPHAM, W. J. *Classroom assessment*: what teachers need to know. 6th ed. Boston: Allyn & Bacon, 2011.

Bem escrito, muitas vezes bem humorado, e sempre exato recurso sobre os objetivos de aprendizagem e questões de avaliação em sala de aula.

STAGE, S. A., et al. A validity study of functionally-based behavioral consultation with students with emotional/behavioral disabilities. *School Psychology Quarterly*, v. 23, p. 327-353, 2008.

Descreve como a avaliação comportamental funcional pode ser usada com alunos com problemas emocionais e comportamentais.

WINDSCHITL, M. Framing constructivism in practice as the negotiation of dilemmas: an analysis of the conceptual, pedagogical, cultural, and political challenges facing teachers. *Review of Educational Research*, v. 72, p. 131-175, 2002.

Olhar abrangente aos dilemas impostos pelo construtivismo na sala de aula atual.

WOOLFOLK, A. *Educational psychology*. 12th ed. Boston: Allyn & Bacon, 2013.

Boa fonte para obter informações sobre aprendizagem, ensino, gestão de classe e avaliação.

EXERCÍCIO DE PORTFÓLIO

Imagine que você é o diretor em uma escola com grande influxo de novos professores que tenham sido preparados para usar estratégias de ensino construtivistas e para desconfiar da instrução direta. Seus professores mais antigos, por outro lado, têm postura oposta – desconfiam das novas abordagens construtivistas e acreditam piamente no "ensino tradicional".

Prepare uma discussão/apresentação de 45 minutos sobre as diferentes teorias de ensino e aprendizagem, incluindo a instrução direta. Inclua uma apresentação em Power-Point® sobre os pontos fortes e fracos de cada uma das perspectivas de aprendizagem discutidas neste capítulo – comportamental, cognitiva e construtivista. Não se esqueça de discutir as situações em que cada perspectiva é mais adequada, por exemplo, as tarefas ou situações em que a abordagem comportamental é a melhor. Dê pelo menos um exemplo para cada abordagem. Certifique-se de que durante seus 45 minutos, você

- Considere os prós e os contras da instrução direta.
- Contraste a instrução direta com uma abordagem construtivista de ensino.
- Examine em que situações cada abordagem é apropriada.
- Proponha e defenda uma abordagem equilibrada para o ensino.

Padrões de liderança 1, 2, 4, 5 e 6

NOTA

1. Wayne K. Hoy e Anita Woolfolk Hoy escreveram este capítulo em conjunto. Algumas seções baseiam-se profundamente em Woolfolk (2013).

3

ESTRUTURA NAS ESCOLAS

Cada atividade humana organizada – desde a fabricação de vasos até a ida de astronautas à lua – dá origem a dois requisitos fundamentais e opostos: a divisão do trabalho em várias tarefas a serem executadas e a coordenação dessas tarefas para realizar a atividade. A estrutura da organização pode ser definida simplesmente como a soma total das maneiras pelas quais o trabalho é dividido em tarefas distintas e, em seguida, coordenado.

Henry Mintzberg
The Structuring of Organizations

PONTOS PRINCIPAIS

1. Cinco principais características organizacionais definem a clássica burocracia weberiana: divisão do trabalho, orientação impessoal, hierarquia de autoridade, regras e regulamentos e orientação de carreira.

2. O modelo de Weber é criticado por apresentar consequências disfuncionais, desconsiderar a organização informal, mostrar inconsistências internas e discriminar pessoas pelo gênero.

3. As regras têm consequências positivas e negativas para os participantes organizacionais; os administradores devem considerar os dois tipos.

4. Burocracias capacitadoras e entravadoras são dois tipos contrastantes, um produtivo e o outro não.

5. As dimensões burocráticas e profissionais da organização se combinam para definir quatro configurações estruturais para as escolas: weberiana, autoritária, profissional e caótica.

6. Não existe maneira ideal de organizar. Construir estruturas eficazes exige adaptar a estrutura aos objetivos, ao ambiente, à tecnologia, às pessoas e à estratégia.

7. Projetar uma eficaz estrutura organizacional também envolve o equilíbrio de uma série de forças antagônicas criadas pelo dilema organizacional básico de precisar, ao mesmo tempo, de ordem e liberdade.

8. As organizações monitoram e controlam o trabalho por ajuste mútuo, supervisão direta, padronização do trabalho, padronização dos produtos e padronização de habilidades.

9. Os principais elementos da estrutura são o ápice estratégico, a linha intermediária, o núcleo operacional, a equipe de apoio e a tecnoestrutura.

10. As estruturas escolares variam amplamente. Algumas são estruturas simples; outras são burocracias mecânicas; poucas são burocracias profissionais; algumas são híbridas; mas, em certas escolas, a estrutura é irrelevante – elas são politizadas.

11. Os elementos estruturais podem estar vinculados firmemente ou frouxamente; as duas configurações têm consequências positivas e negativas e existem nas escolas.

12. Uma fonte fundamental de conflitos para profissionais que atuam nas organizações vem dos sistemas de controle social usados pelas burocracias e pelas profissões.

13. As organizações acomodam esses conflitos estabelecendo estruturas frouxas, desenvolvendo estruturas de autoridade dualísticas ou se envolvendo na socialização.

O elemento estrutural da escola como sistema social é encontrado em sua organização formal. A clássica análise de Max Weber (1947) sobre a burocracia é um bom ponto de partida para nossa discussão sobre a estrutura organizacional em escolas, porque é a base teórica de tratamentos mais contemporâneos (HALL, 1991, 2002; PERROW, 1986; BOLMAN; DEAL, 2008; SCOTT, 2003; TOLBERT; HALL, 2008; HOY; SWEETLAND, 2000, 2001).

MODELO WEBERIANO DE BUROCRACIA

Quase todas as organizações modernas, incluindo as escolas, têm as mesmas características enumeradas por Weber: divisão do trabalho e especialização, orientação impessoal, hierarquia de autoridade, regras e regulamentos e orientação de carreira.

Divisão do trabalho e especialização

De acordo com Weber, **divisão do trabalho** e **especialização** quer dizer "[...] as atividades habituais necessárias para que os propósitos da estrutura burocraticamente governada sejam distribuídos de forma fixa, como deveres oficiais" (GERTH; MILLS, 1946, p. 196). Como as tarefas na maioria das organizações são complexas demais para ser executadas por um único indivíduo, a divisão do trabalho entre os cargos melhora a eficiência. Nas escolas, por exemplo, a divisão do trabalho existe principalmente para fins instrucionais. Nesse modelo de divisão, subespecialidades baseiam-se no nível de ensino – fundamental ou médio – e no assunto – matemática, ciência e outras especialidades, como leitura, bilinguismo e educação especial.

A eficácia aumenta porque a divisão do trabalho produz a especialização, a qual, por sua vez, origina funcionários que se tornam conhecedores e especialistas no desempenho de seus deveres atribuídos. Essa divisão permite à organização contratar funcionários com base nas qualificações técnicas. Assim, a divisão de trabalho e a especialização produzem mais *expertise* no pessoal da escola.

Orientação impessoal

Weber (1947, p. 331) argumentou que a atmosfera de trabalho de uma burocracia deve fornecer **orientação impessoal**, "[...] o domínio de um espírito de impessoalidade formalista, *sine ira et studio*, sem ódio ou paixão e, portanto, sem afeição ou entusiasmo". Espera-se do funcionário burocrático que ele tome decisões com base em fatos, não em sentimentos. A impessoalidade por parte dos administradores e professores assegura a igualdade de tratamento e facilita a racionalidade.

Hierarquia de autoridade

Gabinetes são dispostos verticalmente em burocracias; ou seja, "[...] cada gabinete inferior está sob o controle e a supervisão de um superior" (WEBER, 1947, p. 330), gerando **hierarquia de autoridade**. Essa característica burocrática manifesta-se no organograma, com o superintendente no topo e assistentes, diretores, professores e alunos em níveis sucessivamente mais baixos.

A hierarquia é talvez a característica mais difundida nas organizações modernas. Quase sem exceção, as grandes organizações desenvolvem um consagrado sistema de superordinação e subordinação, que tenta garantir a conformidade disciplinada às diretivas dos superiores, a qual é necessária para implementar as várias tarefas e funções de uma organização.

Regras e regulamentos

Weber (1947, p. 330) afirma que toda burocracia tem um sistema de **regras e regulamentos**, um

> [...] sistema consistente de regras abstratas estabelecidas de modo normal e intencional. Além disso, a administração da lei consiste na aplicação dessas regras aos casos particulares.

O sistema de regras abrange os direitos e os deveres inerentes a cada posição e ajuda a coordenar as atividades na hierarquia. Também fornece a continuidade das operações quando há mudanças no pessoal. Dessa forma, regras e regulamentos asseguram a uniformidade e estabilidade na ação dos funcionários.

Orientação de carreira

Já que o emprego em uma organização burocrática baseia-se nas qualificações técnicas, os funcionários consideram o seu trabalho uma carreira. Sempre que houver essa **orientação de carreira,** afirma Weber (1947, p. 334), "[...] há um sistema de promoção de acordo com a antiguidade, conquista ou ambos. A promoção depende da avaliação dos superiores". Para fomentar a lealdade à organização, indivíduos com habilidades especiais devem ser protegidos contra demissão arbitrária ou negação de promoção. Os funcionários estão protegidos no sentido de que os superiores supostamente devem tomar decisões desapaixonadas. As burocracias também institucionalizam proteção por meio dessas ações.

Eficiência

Para Weber (1947, p. 337), a burocracia maximiza a tomada de decisão racional e a eficiência administrativa:

> A experiência tende a mostrar universalmente que o tipo de organização puramente burocrático [...] é, de um ponto de vista puramente técnico, capaz de atingir o mais alto grau de eficiência.

A divisão de trabalho e a especialização produzem especialistas, e especialistas com orientação impessoal tomam decisões tecnicamente corretas e racionais, com base nos fatos. Tão logo decisões racionais tenham sido tomadas, a hierarquia de autoridade assegura conformidade disciplinada às diretivas e, junto com as regras e os regulamentos, um bem coordenado sistema de implementação e uniformidade e estabilidade na operação da organização. Por fim, uma orientação de carreira fornece o incentivo para que os funcionários sejam leais à organização e a produzir esforço extra. Essas características funcionam para maximizar a eficiência administrativa, pois especialistas comprometidos com a organização tomam decisões racionais executadas e coordenadas de forma disciplinada.

Tipo ideal

Embora a concepção de Weber da burocracia seja um **tipo ideal** que pode ou não ser encontrado no mundo real, ela realmente realça ou enfatiza tendências básicas das organizações reais:

- Divisão do trabalho (especialização)
- Impessoalidade
- Hierarquia de autoridade (centralização)
- Regras e regulamentos (formalização)
- Orientação de carreira

O tipo ideal é útil para fins analíticos. Como Alvin Gouldner (1950) explica, o tipo ideal pode servir como guia para nos ajudar a determinar como uma organização formal é burocratizada. Algumas organizações serão mais burocraticamente estruturadas do que outras. Certa organização pode ser mais burocratizada em uma característica e menos em outra. O modelo, como esquema conceitual, suscita questões importantes sobre a organização de diferentes tipos de burocracias formais. Por exemplo, sob quais condições as dimensões da burocracia se relacionam a fim de maximizar a eficiência? Sob que condições esse arranjo entrava a eficiência?

CRÍTICAS AO MODELO BUROCRÁTICO WEBERIANO

O modelo de burocracia weberiano foi atacado em várias frentes. Em primeiro lugar, Weber é criticado por não estar atento às características disfuncionais de sua formulação. Em segundo lugar, o modelo tem sido criticado por negligenciar a organização informal. Em terceiro lugar, Weber não leva em conta as potenciais contradições internas entre os elementos no modelo. Por fim, as feministas denunciam o viés de gênero do modelo. Vamos analisar cada uma dessas críticas.

Funções e disfunções do modelo

O modelo de burocracia de Weber é funcional no sentido de que a aplicação dos princípios promove a eficácia e a realização dos objetivos. Há, no entanto, a possibilidade de consequências disfuncionais, ou negativas – possibilidade à qual Weber presta pouca atenção. Vamos considerar cada um dos princípios ou características burocráticos mencionados anteriormente, em termos de possíveis funções e disfunções.

Embora a divisão do trabalho e a especialização produzam *expertise*, elas também produzem tédio. A literatura está repleta de casos em que esse tédio baixa os níveis de produtividade ou leva os funcionários a buscar maneiras de tornar a sua vida profissional mais interessante, como nos estudos de Hawthorne, discutidos no Capítulo 1. De fato, muitas organizações altamente burocratizadas que sofreram as consequências negativas da extrema divisão de trabalho estão ampliando as responsabilidades dos funcionários para amenizar o tédio.

A impessoalidade pode melhorar a racionalidade na tomada de decisões, mas também pode produzir uma atmosfera bastante estéril, na qual as pessoas interagem como "não pessoas", resultando em moral baixo. Moral baixo, por sua vez, costuma afetar a eficiência organizacional.

A hierarquia de autoridade realmente melhora a coordenação, mas muitas vezes à custa da comunicação. Duas das principais disfunções de hierarquia são distorção e bloqueio na comunicação. Cada nível na hierarquia produz um potencial bloqueio de comunicação, porque os subordinados relutam em comunicar qualquer coisa que possa ser vista com maus olhos pelos superiores; na verdade, provavelmente há a tendência de se comunicar só aquilo que os fazem parecer bem ou aquilo que eles acham que seus superiores desejam ouvir (BLAU; SCOTT, 2003).

Regras e regulamentos, por um lado, fornecem continuidade, coordenação, estabilidade e uniformidade. Por outro lado, muitas vezes produzem rigidez organizacional e deslocamento de objetivos. Os funcionários podem se tornar tão orientados às regras que se esquecem de que as regras e os regulamentos são meios para atingir metas, não *fins* por si só. A conformidade disciplinada com a hierarquia, e particularmente com os regulamentos, com frequência produz rigidez e incapacidade de fazer ajustes. Esse formalismo pode ser exagerado até o ponto de a conformidade interferir com a realização dos objetivos. Nesse caso, o aspecto mais infame da burocracia torna-se aparente (MERTON, 1957).

A orientação de carreira é saudável na medida em que produz um senso de lealdade nos funcionários e os motiva a maximizar esforços. A promoção, no entanto, baseia-se na antiguidade e em realizações, nem sempre compatíveis. Por exemplo, a promoção rápida de grandes realizadores muitas vezes produz descontentamento entre funcionários mais antigos, leais e trabalhadores, mas não tão produtivos ou criativos.

As potenciais consequências disfuncionais de cada característica burocrática não são adequadamente abordadas no tipo ideal de Weber. Merton (1957, p. 199), por exemplo, foi um dos primeiros a defender que medidas estruturais estabelecidas para manter a confiabilidade e a eficiência – regras, conformidade disciplinada, carreira gradativa, tomada de decisão impessoal – "[...] também levam à preocupação demasiada com uma adesão estrita às normas que induz a timidez, o conservadorismo e o tecnicismo". A Tabela 3.1 resume algumas das disfunções e funções do modelo weberiano. A pergunta agora é: sob quais condições cada característica leva a consequências funcionais e não disfuncionais? Seja qual for a resposta a essa pergunta, o modelo permanece bastante útil tanto como ferramenta analítica quanto como guia para pesquisas científicas.

Funções e disfunções das regras

Para ilustrar as utilidades analíticas e de pesquisa do modelo, vamos nos concentrar na discussão de Gouldner (1954) sobre regras organizacionais. Quase sem exceção, organizações grandes e formais têm sistemas de regras e regulamentos que orientam o comportamento organizacional. Por exemplo, a maioria dos distritos escolares tem manuais de política elaborados. As regras são tão universalmente presentes porque elas exercem funções importantes.

Regras organizacionais têm uma função de explicação – isto é, explicam em termos bastante concisos e explícitos as obrigações específicas dos subordinados. As regras tornam desnecessário repetir uma ordem rotineira; além disso, são menos ambíguas e mais cuidadosamente pensadas do que o comando verbal precipitado. As regras atuam como um sistema de comunicação para direcionar o desempenho dos cargos.

Uma segunda função das regras é servir de biombo – isto é, agir como proteção entre o administrador e seus subordinados. As regras carregam um sentido de igualitarismo, pois podem ser aplicadas igualmente a todos. Se um administrador diz não ao pedido de um subordinado pode fazê-lo com base no princípio de que as regras se aplicam a todos, superiores e subordinados, e não podem ser violadas. A raiva do subordinado, portanto, é redirecionada à impessoalidade das regras e dos regulamentos. Como expli-

TABELA 3.1 Funções e disfunções do modelo burocrático weberiano		
Característica burocrática	Disfunção	Função
Divisão de trabalho	Tédio	*Expertise*
Orientação impessoal	Falta de moral	Racionalidade
Hierarquia de autoridade	Bloqueios de comunicação	Conformidade disciplinada e coordenação
Regras e regulamentos	Rigidez e deslocamento de objetivos	Continuidade e uniformidade
Orientação de carreira	Conflito entre realização e antiguidade	Incentivo

ca Gouldner (1954), as regras anonimamente apoiam uma asserção à autoridade, sem forçar o líder a legitimar a superioridade pessoal; contudo, permitem aos subordinados aceitarem diretivas sem trair seu sentido de ser igual a todos os demais.

As regras organizacionais também podem legitimar a punição. Quando subordinados recebem um aviso explícito e prévio sobre qual comportamento vai provocar sanções e sobre a natureza das sanções referidas, a punição é legítima. Como indica Gouldner (1954), existe um sentimento profundamente enraizado em nossa cultura: o de que a punição é admissível somente quando o agressor sabe de antemão que certos comportamentos são proibidos; julgamentos *a posteriori* não são admissíveis. Com efeito, as regras não apenas legitimam, mas também impessoalizam a administração da punição.

As regras também têm função de negociação ou de "margem de manobra". Com o uso de regras formais como instrumento de barganha, os superiores podem assegurar a cooperação informal de subordinados. Por *não* fazer cumprir certas regras e regulamentos, uma esfera de autoridade pode ser ampliada por meio do desenvolvimento da boa vontade entre subordinados. As regras são úteis porque criam algo que pode ser descartado ou aplicado.

Para cada consequência funcional das regras discutidas até agora, existe um resultado disfuncional correspondente. As regras reforçam e preservam a apatia por explicitarem o nível mínimo de comportamento aceitável. Alguns funcionários permanecem apáticos, pois sabem o quão pouco é necessário para que permaneçam seguros. Quando a apatia se conjuga com a hostilidade, o cenário está pronto para a "sabotagem organizacional", a qual ocorre quando a obediência cega às regras viola o expresso propósito da regra (GOULDNER, 1954).

Embora as regras protejam o superior dos subordinados, essa proteção talvez se torne disfuncional. O **deslocamento de objetivos** se desenvolve; os meios, nesse caso as regras, se tornam fins em si mesmos. Ao usarem regras para tomar decisões importantes, os administradores podem se concentrar na importância da orientação de uma regra, muitas vezes em detrimento de objetivos mais importantes.

Outra consequência disfuncional que emerge das funções de proteção e de punição das regras é o legalismo. Quando as regras e as punições são dominantes, os subordinados podem adotar uma postura extremamente legalista. Na prática, tornam-se "advogados da Filadélfia", ou seja, advogados minuciosos e competentes capazes de ganhar a causa por um detalhe técnico. Em sua forma extrema, os funcionários podem utilizar o legalismo como desculpa para a inatividade em qualquer área não considerada pela regra. Quando um indivíduo é indagado por que ele não está executando uma tarefa sensata, a resposta vem na ponta da língua: "nenhuma regra diz que eu preciso". No mínimo, esse legalismo extremo cria um clima insalubre nas escolas.

A função da margem de manobra das regras – não fazê-las cumprir em troca de cooperação informal – envolve o perigo constante de ser leniente demais. O exemplo clássico desse tipo de permissividade é visto no padrão de indulgência descrito no estudo de Gouldner sobre uma fábrica em que poucas ou nenhuma das regras eram aplicadas; embora as relações entre superiores e subordinados fossem amigáveis, a produtividade baixava. As funções e as disfunções das regras estão resumidas na Tabela 3.2.

Os administradores educacionais devem aprender a prever e a evitar as consequências negativas das regras burocráticas. Eles devem se perguntar: Como as consequências funcionais das regras podem ser maximizadas e as consequências disfuncionais minimizadas? A pesquisa de Gouldner (1954) fornece algumas diretrizes. Ele

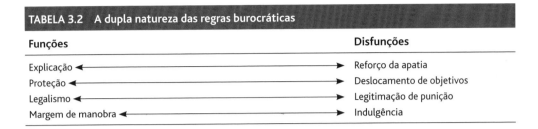

TABELA 3.2 A dupla natureza das regras burocráticas

Funções	Disfunções
Explicação ⟷	Reforço da apatia
Proteção ⟷	Deslocamento de objetivos
Legalismo ⟷	Legitimação de punição
Margem de manobra ⟷	Indulgência

sustenta que regras com padrão centrado em punição evocam principalmente consequências negativas. *Tanto funcionários quanto administradores iniciam, isoladamente, regras centradas em punição* para coagir o outro grupo a se enquadrar; e isso resulta em punição de um grupo pelo outro quando as regras são violadas, produzindo tensões e conflitos.

Entretanto, **regras representativas** são iniciadas e apoiadas *em conjunto* por funcionários e administradores. Embora essas regras sejam aplicadas pela administração e obedecidas pelos subordinados, elas resultam em esforços para educar, pois as violações das regras são interpretadas como falta de informação. Regras representativas são menos propensas a evocar consequências disfuncionais, pois são iniciadas em conjunto, têm o apoio geral das partes interessadas e empoderam subordinados. Portanto, as regras representativas, em contraste com as **regras centradas em punição**, têm maior probabilidade de obter as consequências funcionais desejadas sem muitas das consequências disfuncionais involuntárias.

 TEORIA NA PRÁTICA

Dê três exemplos de regras úteis para sua escola. Por que elas são úteis? Agora identifique três regras em suas escolas que causam mais problemas do que soluções. Por que elas atrapalham? Que diretrizes você usaria para estabelecer as regras da escola, quando você fosse o diretor?

Em suma, as regras são necessárias para uma administração eficaz das escolas, mas não estão engessadas. Analise as orientações administrativas para o desenvolvimento e o uso de regras burocráticas na Tabela 3.3.

Negligenciando a organização informal

O modelo weberiano de organização também tem sido criticado por desconsiderar a estrutura informal. A **organização informal** é um sistema de relações interpessoais que se forma espontaneamente dentro de todas as organizações formais. É um sistema não incluído no gráfico organizacional ou na planta oficial. É a estruturação que evolui naturalmente a partir das necessidades dos participantes à medida que eles interagem em seu local de trabalho. Contém dimensões estruturais, normativas e comportamentais; ou seja, inclui estrutura informal, normas informais e padrões informais de liderança (SCOTT, 1992). Nas escolas, professores, administradores e alunos inevitavelmente geram seus próprios sistemas informais: de *status* e redes de poder, de comunicação e de arranjos e estruturas de trabalho.

O desenvolvimento da organização informal

À medida que as pessoas interagem nas organizações, emergem redes de relações informais com efeitos importantes sobre o

TABELA 3.3	Dez orientações para desenvolver e utilizar as regras

1. Praticamente toda regra tem exceções: reconheça-as.
2. Há momentos em que as regras não funcionam: suspenda-as.
3. Algumas regras incentivam a desatenção: evite-as.
4. Algumas regras apoiam a atenção: desenvolva-as.
5. Muitas regras tornam-se desnecessárias: elimine-as.
6. Algumas regras permitem resultados positivos: crie-as.
7. Algumas regras criam dependência: tome cuidado com elas.
8. Algumas regras incentivam uma abordagem lúdica: invente-as.
9. Regras estabelecem precedentes: se os precedentes são ruins, mude as regras.
10. As regras são boas para guiar, mas não para impor.

Regra absoluta: não existe regra absoluta, à exceção desta.

FONTE: Hoy (2010).

comportamento. Cargos, normas, valores e líderes, tanto oficiais quanto não oficiais, moldam o comportamento individual. As relações informais abrangem padrões de interações sociais como comunicação, cooperação e concorrência. Quando os indivíduos se encontram em organizações formais, interações informais inevitavelmente acontecem. As pessoas falam umas com as outras sobre assuntos pessoais e sociais. Em razão disso, alguns indivíduos são benquistos, outros não. Normalmente, as pessoas procuram interações continuadas com aqueles de quem gostam e evitam interações com aqueles de quem não gostam. Esses intercâmbios sociais informais produzem diferenças nas relações sociais entre membros do grupo e, de modo relevante, definem a estrutura de *status* informal do grupo.

O *status* de um membro no grupo, portanto, depende da frequência, da duração e do caráter dos padrões de interação com os outros, bem como do quanto os outros respeitam o indivíduo no grupo. Consequentemente, alguns membros do grupo são ativamente procurados, enquanto outros são evitados; alguns são admirados, outros não; alguns são líderes, outros são seguidores; e a maioria se integra no grupo, embora poucos permaneçam isolados.

As interações informais produzem subgrupos; panelinhas se desenvolvem dentro da estrutura do grupo, algumas com mais *status*, poder e importância do que outras. Pertencer a um subgrupo, ou panelinha, fornece *status* no grupo maior pelo prestígio do subgrupo. Em suma, os padrões diferenciais das interações entre indivíduos e grupos, e a estrutura do *status* caracterizada por eles, definem a estrutura social da organização informal.

Além da estrutura social, surge uma orientação normativa que serve como guia para o comportamento. À medida que indivíduos participam de interações sociais, ocorrem concepções comuns de comportamento desejável e aceitável. Valores comuns surgem para definir conjunturas ideais, e normas sociais se desenvolvem para prescrever o que indivíduos devem fazer em diferentes situações e as consequências dos desvios em relação a essas expectativas. As normas contêm duas importantes características: um acordo geral sobre o comportamento adequado e mecanismos para fazer cumprir as expectativas. A distinção entre normas e valores às vezes é meio confusa, mas geralmente os valores definem os fins do comportamento humano, e as normas sociais fornecem os meios legítimos e explícitos para buscar esses fins (BLAU; SCOTT, 2003). Por fim, e além dos valores e das normas gerais compartilhados pelo grupo e previstos para integrá-lo, os conjuntos de expectativas são diferenciados de acordo com o papel ou a posição de *status* do indivíduo no grupo. O papel de "chefão" é bastante diferente do papel de "comediante do grupo"; o papel do líder é bastante diferente do papel de seguidor. Em suma, os principais componentes da organização informal são a estrutura social e a orientação normativa do grupo.

Uma ilustração hipotética nas escolas

Imagine a situação de uma nova escola, onde a superintendente contrata uma nova diretora que, por sua vez, contrata uma equipe inteira de novos professores, dos quais nenhum conhece o outro. No início do ano, temos apenas uma coleção de indivíduos ligados pelos requisitos formais da escola e seus empregos. A equipe de profissionais, no entanto, vai se tornar rapidamente mais do que a soma dos indivíduos que a compõem. O comportamento não será determinado só pelas expectativas formais da escola, mas também pela organização informal que emerge espontaneamente à medida que os participantes interagem.

Quando começa o ano letivo, professores e funcionários começam a trabalhar juntos, a comparecer a reuniões, a comer juntos, a socializar-se na sala dos professores e a planejar atividades escolares. As relações entre os professores serão, em parte, determinadas pelas características físicas da escola, como sala de professores, sala de almoço do corpo docente, a biblioteca e a disposição das salas de aula; os aspectos técnicos do trabalho – por exemplo, a estrutura do departamento, a equipe de ensino e as responsabilidades extracurriculares; e fatores sociais como os estilos de liderança da superintendência e da diretoria. As relações iniciais dos professores em uma escola podem ser examinadas em termos de interações e atividades formais. Os professores têm a necessidade de manter seus empregos, e um sistema formal foi criado para alcançar os objetivos da escola. Essa organização formal compreende hierarquia de autoridade, divisão de trabalho, regras e regulamentos formais, impessoalidade e uma estrutura de comunicação formal, desenvolvidos e implementados para atingir os objetivos da escola.

O estabelecimento das relações formais iniciais gera várias consequências. Novos sentimentos evoluem, diferentes daqueles motivados pelo trabalho que em última análise reuniu os professores. Os novos sentimentos envolvem gostar ou não de outros professores e grupos dentro da escola. Alguns dos professores despertam simpatia e respeito; seus colegas frequentemente lhes pedem conselhos e fazem companhia. Esses sentimentos e comportamentos servem de base para um *ranking* informal de indivíduos e grupos. Além disso, novas atividades informais se desenvolvem, algumas das quais são uma reação direta à organização formal. Por exemplo, a incapacidade de o corpo docente influenciar a política por meio da estrutura formal pode resultar em atividades, conversas e iniciativas informais. Novos padrões de interação se desenvolverão na escola – por exemplo, a associação em panelinhas, redes informais de comunicação, redes de disciplina centradas na liderança informal e estrutura de *status* entre grupos de professores. Alguns grupos informais se tornam mais prestigiados e poderosos do que outros.

Além da estrutura social informal que se desenvolve, um sistema de crenças e valores compartilhados informais surgirá – a orientação normativa. O corpo docente definirá o comportamento ideal e adequado. Seu ideal, por exemplo, pode ser uma escola caracterizada pelo trabalho árduo, o domínio das noções básicas, uma orientação acadêmica e relações positivas entre professores e alunos. Para esse fim, surgem normas para orientar o comportamento do professor: emissão mínima de autorizações para os alunos saírem da sala; aplicação de temas de casa substanciais e significativos; salas de aula ordeiras e diligentes serão cultivadas; e haverá ajuda extra prontamente disponível para os alunos. Se os professores violarem essas normas, perdem o respeito dos colegas, e sanções sociais serão aplicadas. Talvez se sintam menosprezados e isolados pelos colegas. Os professores também assumem papéis informais específicos; um porta-voz não oficial dos professores pode atuar como ligação poderosa com a direção; outro professor pode fornecer uma forte voz crítica quanto à política escolar nas reuniões do corpo docente; e, ainda, outro professor pode organizar atividades sociais para o corpo docente; e pode haver aquele professor que sempre está de bom astral e sabe relaxar o ambiente, em especial quando a situação está tensa.

Assim, a organização informal surge a partir da organização formal e depois reage a ela. O desenvolvimento de normas de grupo, a divisão em "panelinhas" e o *ranking* dos indivíduos e subgrupos estão condicionados diretamente pela estrutura formal e, indiretamente, pelo ambiente escolar. Portanto, podemos começar com o sistema formal da escola e argumentar que o informal está continuamente emergindo do formal e continuamente influenciando o formal. Os sistemas formais e informais andam de mãos dadas; afinal de contas, existe apenas uma organização. No entanto, a distinção é útil porque chama a atenção à natureza dinâmica da vida organizacional nas escolas e aos contínuos processos de elaboração, diferenciação e *feedback* nas escolas. O caráter dinâmico da organização informal e sua interação com a organização formal encontram-se resumidos na Figura 3.1.

O impacto do informal sobre a organização formal pode ser construtivo ou destrutivo. Por exemplo, os estudos de Hawthorne (ver Cap. 1) mostraram que a organização informal restringia a produção. Entretanto, também existem indícios de que a organização informal possa ser uma força construtiva na operação eficaz de organizações burocráticas, bem como

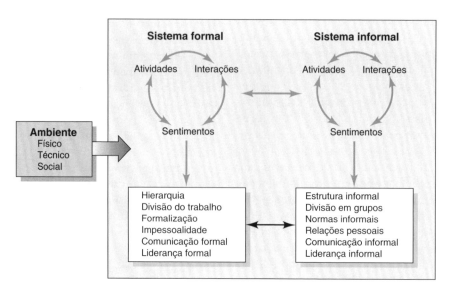

FIGURA 3.1 Elementos da organização formal e informal.

um mecanismo para mudanças. Na clássica análise teórica de Chester Barnard (1938) sobre as organizações, ele defendeu que as organizações informais têm pelo menos três funções cruciais:

- Veículos para uma comunicação eficaz: o bate-papo funciona bem.
- Meios para o desenvolvimento de coesão: indivíduos com ideias parecidas formam grupos coesos.
- Dispositivos para proteger a integridade dos indivíduos: a rede informal permite que os participantes se expressem autenticamente.

Os sistemas de comunicação formal nas organizações como as escolas são geralmente insuficientes e inevitavelmente complementados por outros informais; na verdade, sistemas de comunicação informal, o conhecido "bate-papo", existem em todas as organizações independentemente de quão evoluído é o sistema de comunicação formal (IANNACCONE, 1962; HOY; FORSYTH, 1986; ROBBINS, 1998) e são utilizados de forma construtiva em organizações eficazes (PETERS; WATERMAN, 1982). A estrutura informal fornece um canal para contornar as regras e os procedimentos formalmente prescritos. Muitos problemas urgentes surgem para os quais soluções ou comunicações eficazes não são possíveis no âmbito do arcabouço formal; portanto, a estrutura informal assume importância. As comunicações oficiais devem ser passadas pela "cadeia de comando", o que muitas vezes é um processo demorado. Com frequência, contornar o canal de comunicação oficial pelo bate-papo parece ser exatamente o que é necessário para a resolução de problemas cruciais (PAGE, 1946; PETERS; WATERMAN, 1982). O gestor sábio e flexível usa as informações informais, evitando, assim, a frustração burocrática daqueles que só seguem à risca o regulamento. Como veículo de comunicação, o bate-papo muitas vezes fornece maquinaria eficiente.

Com efeito, de modo geral, a organização informal é um importante dispositivo para a implementação de muitos objetivos organizacionais importantes.

A organização informal também promove a coesão. Padrões de relações sociais geralmente enfatizam a amizade, a cooperação e a preservação do grupo. Os grupos informais surgem espontaneamente e são construídos com base em interesses comuns e amizades. Eles surgem de fatos simples como frequentar as mesmas áreas na escola, gostar de certos colegas, almoçar na cantina, participar de um revezamento de carona solidária, ter os mesmos períodos de planejamento e outras atividades fortuitas. Essas situações e as relações sociais que as acompanham podem fornecer o cimento social que une o corpo docente, promovendo uma atmosfera de cordialidade e simpatia com força suficiente para que os membros sintam que pertencem ao grupo; coesão e solidariedade são os subprodutos de grupos informais (BOYAN, 1951; ROBBINS, 1998).

A organização informal funciona para manter um senso de integridade pessoal, dignidade e independência para os indivíduos (BARNARD, 1938). Ao contrário da hierarquia formal, a impessoalidade e a autoridade formal não dominam o informal. Em vez disso, o informal é uma consequência natural das necessidades individuais e pessoais dos membros. É um meio pelo qual os professores conseguem manter suas personalidades individuais apesar das exigências organizacionais que invariavelmente tentam despersonalizar os indivíduos (HOY, FORSYTH, 1986).

A organização informal existe. Não é um inimigo a ser eliminado ou suprimido; pelo contrário, pode ser um veículo útil para melhorar a eficiência. É irracional administrar uma organização formal, como uma escola, de acordo com os critérios puramente técnicos de racionalidade e formalidade, porque isso ignora os aspectos não racionais da organização informal (BLAU, 1956). O formal centra-se em eficiência, previsibilidade, controle, especificidade, disciplina, relações hierárquicas e racionalidade, enquanto o informal enfatiza adaptabilidade, inovação, espontaneidade, relações de colaboração e emotividade (KATZENBACH; INAYAT-KHAN, 2010). De uma perspectiva teórica, nossa posição é que a prática administrativa é melhorada pelo uso tanto dos componentes escolares formais quanto dos informais; é necessário mesclar os dois para alcançar a eficiência.

Em suma, a organização informal fornece uma série de benefícios para a formal; portanto, os administradores devem considerar as seguintes ações:

- Mesclar o formal e o informal.
- Utilizar as práticas eficazes do informal para moldar aspectos do formal.
- Aproveitar a organização informal para expandir a autoridade formal.
- Utilizar a comunicação informal (bate-papo) para se comunicar com rapidez e eficácia.
- Usar o informal para promover a coesão e o trabalho em equipe.

TEORIA NA PRÁTICA

Quem são os líderes informais em sua escola? Por que essas pessoas são líderes? Em que medida existe um bom relacionamento dessas pessoas com o diretor? Descreva a rede de bate-papos em sua escola. Quais são as panelinhas importantes? Como as panelinhas se dão umas com as outras? Como você descreveria a organização informal da sua escola? Onde você se encaixa na organização informal?

Estrutura dualística do modelo burocrático

Outra crítica frequente ao modelo weberiano aponta suas contradições internas em meio a certos princípios burocráticos da organização. De acordo com Weber, todas as características do seu tipo ideal são logicamente consistentes e interagem para a máxima eficiência organizacional; no entanto, análises teóricas e empíricas indicam que, no mundo real do funcionamento organizacional, as coisas não são assim tão suaves e integradas.

Talcott Parsons (1947) e Gouldner (1954) questionam se o princípio orientador da burocracia é autoridade com base na competência técnica e no conhecimento ou autoridade com base na disciplina e em poderes legais. Weber (1947, p. 339) sustenta que "[...] a administração burocrática significa fundamentalmente o exercício do controle com base no conhecimento". No entanto, ele escreve:

> Disciplina é receber a ordem e cumpri-la à risca, de modo consistentemente racionalizado e metodicamente treinado, pelo qual toda a crítica pessoal é incondicionalmente suspensa, e o subordinado se dedica inabalável e exclusivamente para executar o comando. (GERTH; MILLS, 1946, p. 196).

Portanto, Weber propõe a importância fulcral da disciplina, bem como da *expertise*. A administração burocrática baseia-se principalmente na *expertise* ou no cumprimento disciplinado das diretivas? A menos que se suponha que não haverá nenhum conflito entre a autoridade com base na "competência técnica e *expertise*" e aquela com base na "incumbência de uma posição hierárquica", a semente de contradição e conflito repousa nessas duas bases de autoridade, partes importantes do modelo weberiano. Na verdade, Gouldner (1954) e Constas (1958) sugerem que Weber pode ter implicitamente descrito não um, mas dois tipos de burocracia, conclusão apoiada por vários estudos empíricos (STINCHCOMBE, 1959; UDY, 1959).

Da mesma forma, a análise de Blau e Scott (2003) sobre a natureza dualística do modelo weberiano também os levou a concluir que Weber não conseguiu distinguir os princípios burocráticos dos profissionais. Da mesma forma, eles sustentam que a disciplina burocrática e a *expertise* (experiência adquirida) profissional são métodos alternativos para lidar com a incerteza. A disciplina reduz o âmbito da incerteza, enquanto a *expertise* fornece o conhecimento para lidar com a incerteza. A essência do problema parece ser que profissionais muitas vezes são funcionários de organizações burocráticas; portanto, esses modos alternativos de racionalidade estão frequentemente misturados, gerando tensão e conflito. Um exemplo típico é o/a diretor/a da escola. A autoridade dele ou dela reside no cargo burocrático ou na *expertise* profissional? Obviamente, uma mistura está presente e parece resultar em certo grau de conflito.

Crítica feminista à burocracia

As feministas muitas vezes adotam uma postura crítica em relação às organizações burocráticas que vai muito além da acusação comum de que mulheres qualificadas nas organizações modernas não recebem tratamento ou salário igual (SCOTT, 1992, 1998). Joanne Martin (1990a; MARTIN; KNOPOFF, 1999), por exemplo, argumenta que, apesar de a análise de Weber das características centrais da burocracia ser neutra em gênero e universal em sua descrição da administração com base na *expertise*, as mulheres são desfavorecidas. A ênfase no compromisso em tempo integral e no amplo treinamento como qualificações para manter o cargo restringe mulheres que rotineiramente enfrentam as demandas conflitantes das responsabilidades profissionais e familiares. As mulheres muitas vezes não têm igualdade de acesso aos programas de treinamento, e discussões sobre a burocracia costumam desconsiderar a interdependência das responsabilidades profissionais e familiares, tratando a profissão como assunto público e masculino e a família como assunto privado e feminino (BOSE; FELDBERG; SOKOLOFF, 1987; MARTIN,

1990b). Portanto, as burocracias são tendenciosas em gênero não apenas na *aplicação* dos critérios de nomeação e promoção, mas também na *seleção* dos critérios (SCOTT, 1992).

As feministas também argumentam que as estruturas burocráticas perpetuam sistemas de dominação masculina. Ferguson (1984), por exemplo, argumenta que a evidente ênfase da burocracia em autoridade, em regras, regulamentos e em racionalidade recria a dominação paternalista. As estruturas burocráticas dão prioridade às virtudes e aos valores masculinos. Scott (1992, p. 325) explica:

> Os princípios pelos quais as organizações são estruturadas – desigualdade, hierarquia, impessoalidade – desvalorizam modos alternativos de organização que supostamente apresentam mais características de valores femininos: associações igualitárias e personalizadas.

Na mesma linha, Ferguson (1984) argumenta que o controle burocrático invade a vida social por "feminizar" os participantes – ou seja, tornando-os passivos e dependentes; na verdade, as mulheres são limitadas a funções coadjuvantes por estruturas que encaram as características femininas como subordinadas, e as masculinas, como dominantes. As características masculinas de independência, racionalidade e competitividade são recursos instrumentais dominantes da burocracia, enquanto os recursos mais femininos de dependência, emotividade e cooperação são propriedades subalternas das organizações. As principais marcas distintivas da realização – concorrência e independência – são muito diferentes dos expressivos comportamentos maternais do estilo feminino (GILLIGAN, 1982; FERGUSON, 1984). Na verdade, o lado feminino é muitas vezes reprimido e desvalorizado pelas burocracias, criando uma opressão às mulheres. As burocracias não são instituições atenciosas, mas reprodutoras de patriarcado e reforçadoras de padrões de dominação (CLARK et al., 1994).

ESTRUTURA FORMAL NAS ESCOLAS

As escolas são organizações formais com muitas das mesmas características que as organizações burocráticas. Max Abbott (1965b, p. 45), por exemplo, usando as características do modelo weberiano desenvolvido no início deste capítulo, concluiu:

> A organização escolar como a conhecemos hoje [...] pode com precisão ser descrita como uma burocracia altamente desenvolvida. Como tal, ela exibe muitas das características e emprega muitas das estratégias de agências militares, industriais e governamentais, com as quais ela pode ser comparada!

O modelo burocrático é o adotado por muitos administradores escolares, e isso talvez explique por que o modelo pode ser usado para analisar o comportamento nas escolas (ABBOTT, 1965b; MILES, 1965; FIRESTONE; HERRIOTT, 1981; ABBOTT; CARACHEO, 1988; CORWIN; BORMAN, 1988).

Um pressuposto básico das burocracias é que cada subordinado tem menos *expertise* e conhecimento técnico do que o superior dele ou dela. Essa suposição certamente não se aplica nas escolas, nem se aplica em outras organizações profissionais. Pelo contrário, os profissionais muitas vezes têm mais competência e *expertise* técnica do que os administradores que ocupam um nível mais elevado na organização. Em consequência disso, deparar-se com tensão nas escolas entre professores e administradores não deveria ser surpreendente.

Em vez de classificar as escolas como burocráticas ou não burocráticas, uma abordagem mais útil é examinar o grau de burocratização com respeito aos componentes importantes do modelo weberiano. Essa abordagem diferencia os tipos de estruturas organizacionais. Richard H. Hall (1963, 1987, 1991), Wayne K. Hoy e Scott R. Sweetland (2000, 2001) e Henry Mintzberg (1979, 1989) estão entre os teóricos e pesquisadores contemporâneos que se debruçaram sistematicamente sobre o tema da estrutura.

Hall sobre estrutura burocrática

Uma das primeiras tentativas sistemáticas para medir a burocratização é o inventário organizacional desenvolvido por Hall (1963) para avaliar seis características fundamentais da estrutura burocrática: (1) hierarquia de autoridade, (2) especialização, (3) regras para funcionários (ou seja, aqueles encarregados de um cargo organizacional), (4) especificações de procedimento, (5) impessoalidade e (6) competência técnica. D. A. MacKay (1964) posteriormente adaptou e modificou o inventário organizacional em seu estudo sobre a burocratização de escolas. Ele mediu padrões burocráticos nas escolas usando o inventário organizacional escolar (SOI, de *school organizational inventory*), um questionário que operacionaliza as mesmas seis dimensões da estrutura.

As inter-relações dessas características burocráticas das escolas também têm sido exploradas empiricamente (KOLESAR, 1967; ISHERWOOD; HOY, 1973; ABBOTT; CARACHEO, 1988). Estudos indicam que existem dois modelos relativamente distintos de organização racional, em vez de um modelo burocrático completamente integrado. Hierarquia de autoridade, regras para funcionários, especificações processuais e impessoalidade tendem a variar juntos, e a especialização e a competência técnica, da mesma forma, variam juntos; no entanto, constatou-se que os dois grupos são independentes entre si ou inversamente relacionados.

Tipos organizacionais

Na escola, como em outros tipos de organizações, os componentes do tipo ideal de Weber não necessariamente formam um conjunto inerentemente conectado de variáveis; em vez disso, é provável que existam tipos distintos de organização racional. Esses resultados encontram-se resumidos na Tabela 3.4.

Na Tabela 3.4, rotulamos o primeiro conjunto de características como "burocráticas", e o segundo conjunto, como "profissionais". A distinção mais uma vez chama atenção para os potenciais conflitos entre a autoridade com base na competência técnica e *expertise* e a autoridade com base em exercer um cargo hierárquico e para a potencial incompatibilidade entre profissionalização e burocratização. Agrupar os padrões burocráticos e profissionais em um modelo único de burocracia parece obscurecer diferenças importantes entre escolas. De fato, separar dois padrões de organização e administração racionais torna possível explorar combinações dos dois padrões. Por exemplo, se cada padrão for dicotomizado, conforme mostrado na Figura 3.2, então quatro tipos de organizações são possíveis.

Na estrutura escolar weberiana, profissionalização e burocratização são com-plementares; ambos são altos. Esse padrão é semelhante ao do tipo ideal descrito por Weber. Portanto, o chamamos de **estrutura weberiana**.

Uma **estrutura autoritária** enfatiza a autoridade burocrática à custa de consideração profissional. A autoridade baseia-se no cargo e na hierarquia. Conformidade disciplinada com as regras, regulamentos e diretivas é o princípio básico de operação. O poder é concentrado e flui de cima para baixo. Regras e procedimentos são aplicados de modo impessoal. O superior sempre tem a última palavra. Além disso, promoções para cargos administrativos normalmente vão para aqueles que foram leais à organização e aos seus superiores. Em muitos aspectos, essa estrutura autoritária é semelhante à descrita por Gouldner (1954) como burocracia centrada em punição.

Uma **estrutura profissional** é aquela em que boa parte das tomadas de decisão é delegada à equipe profissional. Membros

TABELA 3.4 Dois tipos de organização racional no cenário escolar	
Características organizacionais	**Padrões organizacionais**
Hierarquia de autoridade Regras para funcionários Especificações processuais Impessoalidade	Burocráticos
Competência técnica Especialização	Profissionais

		Padrão profissional	
		Alto	Baixo
Padrão burocrático	Alto	Weberiana	Autoritária
	Baixo	Profissional	Caótica

FIGURA 3.2 Tipologia da estrutura organizacional escolar.

do quadro funcional são vistos como profissionais com *expertise* e competência para tomar importantes decisões organizacionais. Regras e procedimentos servem como guias em vez de formatos rígidos a serem aplicados uniformemente. É provável que casos especiais sejam regra em vez de exceção. Os professores têm muito poder no processo organizacional de tomada de decisão. Em poucas palavras, as decisões são tomadas por aqueles que têm o conhecimento e a *expertise* para tomá-las. Chamamos esse tipo de estrutura escolar de profissional.

Por fim, uma **estrutura caótica** tem baixo grau de burocratização e profissionalização; portanto, confusão e conflitos dominam as operações diárias. É provável que elementos como incoerência, contradição e ineficácia permeiem a estrutura caótica. Invariavelmente, fortes pressões surgirão para um movimento na direção de um dos outros tipos estruturais.

Essa tipologia apresenta quatro possíveis estruturas escolares bastante diferentes com consequências provavelmente diferentes para professores e alunos. Henry Kolesar (1967), por exemplo, constatou que a sensação de impotência entre os alunos era significativamente maior nas estruturas escolares autoritárias do que nas profissionais. Geoffrey Isherwood e Wayne K. Hoy (1973) chegaram à mesma conclusão com professores nos dois tipos de escolas. Em geral, a sensação de impotência entre os professores era muito maior nas estruturas autoritárias do que nas profissionais. Mas professores com orientação organizacional e social (aqueles que se identificam com os valores e objetivos da organização e da família e amigos, respectivamente) tiveram menor sensação de impotência na estrutura autoritária do que professores com orientação profissional. Aparentemente, a orientação de trabalho individual faz a mediação entre estrutura organizacional e alienação. Professores com orientação organizacional talvez não se sintam alienados por procedimentos e estruturas autoritárias e, com efeito, podem se sentir muito felizes. A conclusão de Gerald H. Moeller e W. W. Charters (1966) de que professores em sistemas altamente burocráticos tinham mais senso de poder do que professores em sistemas menos burocráticos dá apoio a essa especulação.

Também é verdade que o tipo de estrutura organizacional escolar pode influenciar o desempenho dos alunos. Pesquisas (MACKAY, 1964; ANDERSON, 1971; MACKINNON; BROWN, 1994) sugerem a possibilidade de estruturas altamente burocráticas exercer efeitos negativos sobre o desempenho do aluno e a inovação. Por fim, continuam a surgir evidências de que a especialização (padrão profissional) e a centralização (padrão burocrático) são levemente, mas negativamente relacionadas (HAGE, 1980; CORWIN; HERRIOTT, 1988; HALL, 1991).[1]

Mudança das estruturas escolares

A classificação das estruturas escolares nesses quatro tipos estruturais parece útil; na verdade, a tipologia pode servir de base para uma teoria do desenvolvimento escolar. Estruturas caóticas são ineficazes e candidatas a uma ação rápida. Conselhos de educação recebem grandes pressões internas e externas para trazer ordem ao caos existente. A resposta habitual é obter "nova liderança". A nova liderança invariavelmente recorre a procedimentos inflexivelmente burocráticos e autoritários para instaurar a ordem. Ou seja, parece provável que as estruturas caóticas se transformem em autoritárias.

Estruturas autoritárias são mecanicistas. Autoridade e poder dependem quase exclusivamente de uma estrutura organizacional fortemente interligada; administradores envolvem-se na tomada de decisão unilateral, e espera-se que os professores cumpram com suas diretivas sem questionar. Em geral, as relações são formais, impessoais e verticais. Um conjunto único de objetivos claros e formais apoiado pela autoridade burocrática orienta o comportamento organizacional. A instrução é coordenada pela imposição administrativa de horários, regras e procedimentos. A expectativa de conflitos é moderada – menor do que se verifica em estruturas caóticas, mas maior do que a encontrada em estruturas weberianas e profissionais. A eficiência escolar é prevista como moderada, desde que o ambiente seja solidário, estável e simples.

O próximo passo lógico no desenvolvimento evolutivo da estrutura escolar é em direção a uma configuração weberiana. Aqui as forças de centralização e especialização estão equilibradas. Os atributos burocráticos de hierarquia, regras, procedimentos e impessoalidade complementam a competência técnica e a especialização dos professores. Administradores e professores compartilham a tomada de decisão, com ambos os grupos focados em interesses comuns e comprometidos com um só conjunto de objetivos compartilhados. O conflito entre professores e administradores é limitado, embora os vínculos entre as partes organizacionais sejam moderadamente firmes. Em suma, os elementos formais e informais são integrados. Prevê-se que a eficiência escolar seja alta, e uma estrutura dessas deve funcionar com mais eficácia em um ambiente simples e estável.

A maioria das pessoas prefere a ordem ao caos; por isso, a guinada de uma estrutura caótica rumo a uma autoritária é relativamente simples. O desafio, no entanto, de transformar uma estrutura escolar autoritária em weberiana ou profissional é muito mais difícil. Nossas próprias experiências e pesquisas (ISHERWOOD; HOY, 1973; FIRESTONE; HERRIOTT, 1982; HOY; BLAZOVSKY; NEWLAND, 1983; ABBOTT; CARACHEO, 1988; HOY; SWEETLAND, 2000, 2001) sugerem que muitas escolas permanecem basicamente autoritárias; elas são estruturas de cima para baixo que não evoluem prontamente a estruturas weberianas e profissionais. Além disso, forças ambientais externas influenciam a estrutura escolar. Durante a última década, houve pressões de mudança rumo a estruturas mais profissionais, à medida que a reforma na educação pressionava para o empoderamento de professores (GOLDRING; CHEN, 1992), gestão com base na escola (MALEN; OGAWA; KRANZ, 1990; MALEN; OGAWA, 1992), descentralização (BROWN, 1990; HILL; BONAN, 1991; BIMBER, 1993) e reestruturação geral das escolas (DAVID; PURKEY; WHITE, 1989; CLUNE; WITTE, 1990), mas intensas forças contrárias rumo a maior centralização já silenciaram essas forças desde que as novas legislações No Child Left Behind (Nenhuma Criança Deixada para Trás; NCLB, na sigla em inglês) e Race to the Top (Corrida ao Topo) entraram em vigor.* Assim, a pressão é exercida rumo à centralização, às normas e à responsabilização em vez de rumo à descentralização, ao tino profissional e à autonomia.

À medida que o ofício do ensino torna-se mais integralmente profissionalizado, talvez algumas estruturas escolares evoluam de estruturas weberianas para profissionais. A estrutura profissional é instável, fluida e informal. Os profissionais docentes controlam a tomada de decisão; de fato, os grupos de professores são a fonte dominante de poder. Os administradores são subordinados aos professores no sentido de que seu papel principal é servir os professores e facilitar o processo de ensino e aprendizagem. O fardo para

---

* N. de R.T.: No Child Left Behind é uma lei federal norte-americana instituída em 2002, pelo governo Bush, que estabelece que os estados deveriam alcançar, até 2014, a meta de ter 100% de alunos proficientes em matemática e leitura. Race to the Top é o programa de financiamento federal americano, lançado em 2009 pelo governo Obama, que incentiva os estados a reformarem seus sistemas de ensino para atingirem qualidade educacional superior (melhor aprendizagem dos alunos, correção de deficiências de desempenho acadêmico e melhores indicadores na conclusão do ensino médio).

integrar as atividades da escola recai sobre os profissionais da docência. As estruturas profissionais são organizações complexas com pessoal altamente profissional, vários conjuntos de metas, elevada autonomia dos professores e relações horizontais em vez de verticais. Em última análise, a eficácia dessas organizações depende quase exclusivamente da *expertise*, do compromisso e do serviço dos professores. As organizações profissionais têm o potencial para alta eficácia em um ambiente estável e complexo, que tem confiança em seus profissionais.

Propusemos um modelo de desenvolvimento escolar em que as escolas rumam progressivamente desde estruturas caóticas até autoritárias, depois weberianas e, por fim, profissionais (ver Fig. 3.3). Não há nada de inevitável na evolução; de fato, suspeitamos de que no futuro próximo será difícil para as escolas se tornarem estruturas profissionais ou até mesmo estruturas weberianas. Além disso, é provável que muitas estruturas escolares deslizem de volta ao caos, à medida que o ambiente se tornar turbulento. Lembre-se também de que os quatro tipos de estruturas são tipos ideais; a maioria das escolas consiste em variações desses quatro temas. No entanto, o arcabouço deve ser útil para administradores e alunos de organizações escolares, à medida que eles analisam e tentam alterar suas próprias estruturas escolares e empoderar os professores. Agora vamos nos concentrar em como a formalização e a centralização podem ser combinadas para produzir estruturas escolares capacitadoras.

Hoy e Sweetland sobre estrutura

As burocracias podem alienar participantes individuais, mas isso é apenas metade da história: a pesquisa também sugere que elas podem melhorar a satisfação do trabalhador (MICHAELS et al., 1988), aumentar a inovação (DAMANPOUR, 1991; CRAIG, 1995), reduzir o conflito de cargos (SENATRA, 1980) e reduzir os sentimentos de alienação (JACKSON; SCHULER, 1985). Com efeito, a pesquisa organizacional retrata dois pontos de vista conflitantes dos resultados humanos da burocracia. O lado negativo sugere que a burocracia aliena, promove a insatisfação, inibe a criatividade e desmotiva os funcionários, enquanto a visão positiva mantém que a burocracia fornece orientação necessária, esclarece responsabilidades, reduz o estresse inerente aos cargos e ajuda os indivíduos a sentirem e serem mais eficazes (ADLER; BORYS, 1996). Como conciliar essas duas visões?

Paul Adler e Bryan Borys (1996) oferecem uma solução possível, à medida que interpretam a formalização como tecnologia organizacional e identificam dois tipos de formalização – capacitadora e entravadora. No sentido weberiano, a formalização é a extensão das regras, instruções, regulamen-

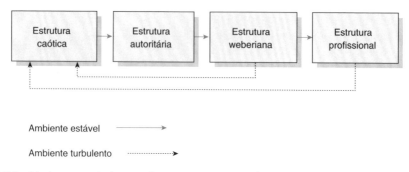

FIGURA 3.3 Mudanças evolutivas previstas na estrutura escolar.

tos e procedimentos firmados por escrito. A noção de formalização capacitadora e entravadora não destoa das regras representativas e centradas em punição de Gouldner (1954). Hoy e Sweetland (2000, 2001) partiram da ideia de Adler e Borys (1996) sobre formalização capacitadora e entravadora para examinar a estrutura escolar.

Vamos começar com definições dos dois tipos de formalização. A *formalização capacitadora* é um conjunto de procedimentos que ajuda os funcionários a lidar de maneira mais eficaz com problemas inevitáveis. Regras e procedimentos não têm de ser projetados para tornar o trabalho infalível; na verdade, não podem fazê-lo. Em vez disso, é necessário que exista um conjunto flexível de orientações ou práticas recomendadas que permita lidar de maneira mais eficaz com as surpresas que ocorrem. Por exemplo, uma regra para não agir até que dados sejam acumulados fornece o estímulo para a resolução de problemas e é capacitadora em vez de restritiva. Entretanto, uma detenção automática por responder ao professor está punindo e, assim, capacitando o aluno a fazer melhorias. A *formalização coercitiva* é um conjunto de procedimentos que pune e tenta forçar subordinados relutantes a entrar em conformidade. As regras e os procedimentos tornam-se substitutos do compromisso, em vez de complementares a ele. Funcionários comprometidos não têm acesso à aprendizagem organizacional acumulada e a uma lista de práticas recomendadas; em vez disso, procedimentos coercitivos são projetados para obrigar a conformidade e arrancar esforço recalcitrante.

A seguir, abordamos a centralização ou a hierarquia de autoridade das organizações. Como na formalização, existem dois tipos de estruturas de autoridade. A *centralização capacitadora* ajuda os funcionários a resolver problemas, em vez de criar empecilhos ao trabalho deles; é flexível, cooperativa e colaborativa, em vez de rígida, auto-

crática e controladora. Os gestores usam o poder para ajudar os professores e projetar estruturas que facilitem o ensino e a aprendizagem. A hierarquia capacitadora é um amálgama de autoridade onde professores sentem-se confiantes e são capazes de exercer o poder em seus papéis profissionais. A *centralização entravadora* refere-se a uma hierarquia e administração que cria empecilhos em vez de ajudar seus participantes a resolver problemas e fazer o seu trabalho. Nessas estruturas, a hierarquia obstrui a inovação, e os administradores usam seu poder e sua autoridade para controlar e disciplinar os professores.

Estrutura escolar capacitadora

Não surpreendentemente, existe uma estreita relação entre a formalização (sistema de regras, regulamentos e procedimentos) e a centralização (hierarquia de autoridade) nas escolas; ou seja, quando as regras e os procedimentos são capacitadores, a hierarquia também é, e vice-versa. Assim, as estruturas escolares podem ser descritas ao longo de um contínuo, desde capacitadoras até entravadoras.

Uma **estrutura escolar capacitadora** é uma hierarquia que ajuda, não entrava, e um sistema de regras e regulamentos que orienta a resolução de problemas, não castiga as falhas. Em estruturas escolares capacitadoras, professores e diretores trabalham cooperativamente com limites de autoridade reconhecidos e, ao mesmo tempo, mantendo suas funções distintas. Da mesma forma, regras e regulamentos são guias flexíveis para a resolução de problemas em vez de restrições que criam problemas. Nessas estruturas, tanto a hierarquia quanto as regras são mecanismos de apoio aos professores, em vez de veículos para aumentar o poder do diretor.

Em contraste, uma **estrutura escolar entravadora** é uma hierarquia que impede e utiliza um sistema de regras e regulamentos que é coercivo. O objetivo básico da hierarquia é conformidade disciplinada dos professores; assim, o comportamento do professor é gerenciado de perto e estritamente controlado. Tanto a hierarquia quanto as regras são usadas para obter controle e conformidade. A estrutura é usada para garantir que professores relutantes, incompetentes e irresponsáveis façam o que os administradores prescrevem. O poder do diretor é realçado, mas o trabalho dos professores é desmerecido.

As características contrastantes desses dois tipos de estrutura escolar são nítidas. Estruturas capacitadoras favorecem a comunicação bidirecional; encaram problemas como oportunidades de aprendizagem; apoiam as diferenças; e incentivam confiança, cooperação, abertura, resolução conjunta de problemas e inovação. Estruturas entravadoras normalmente se caracterizam por comunicação unidirecional e vertical; encaram problemas como empecilhos; forçam o consenso; e incentivam desconfiança, controle e punição. Os processos de desenvolvimento de estratégias capacitadoras envolvem participação e resolução de problemas; ou seja, professores e diretores trabalhando juntos para encontrar maneiras de resolver problemas de modos mutuamente satisfatórios. A confiança é o coração da empresa e a melhoria é o objetivo. Estruturas entravadoras têm estratégias diferentes e visam o controle e a execução das decisões administrativas; os diretores estão decididos a vigiar, controlar e punir os professores que não se enquadram. Os diretores simplesmente não confiam nos professores; e, por conseguinte, suspeita, controle e punição imbuem o processo.

A administração de uma escola capacitadora descobre maneiras de ajudar os professores a ter sucesso em vez de monitorar o comportamento do professor para garantir a conformidade. Vamos dar um exemplo concreto de estrutura capacitadora em termos do comportamento do diretor:

Em uma escola onde havia uma tremenda pressão para que todos os alunos obtivessem resultados acima da média estadual nos testes de proficiência, encontramos uma diretora com uma política de portas abertas com os professores. Ela se importava com os professores e respeitava suas decisões profissionais. Não estava disposta a instruir os professores a como aumentar as notas; em vez disso, era uma colega trabalhando com eles para resolver esse complicado problema. Ela demonstrava seu compromisso com eles e tentava solucionar o problema trabalhando arduamente com os professores. Um marco de seu comportamento solidário era os professores saberem que sempre podiam encontrá-la em sua sala todos os sábados, das 9h ao meio-dia. Não havia nenhuma pressão para os professores comparecerem à escola aos sábados, mas todos sabiam que essa diretora sempre estava disponível e pronta para falar, seja pelo telefone ou pessoalmente. Ela capacitava. Nenhuma secretária, nenhum aluno, nenhum orientador, nenhum outro gestor: apenas a diretora estava lá todos os sábados. A liderança por meio de exemplo era evidente; os padrões dela para o seu próprio comportamento eram mais altos do que os exigidos por ela dos professores, e os professores a respeitavam por isso. (HOY; SWEETLAND, 2001).[2]

Escolas atentas

Assim como os indivíduos podem ser atentos ou desatentos, as escolas também podem – por exemplo, adesão desatenta às regras é apenas um exemplo de uma desatenção coletiva que por vezes impregna a vida escolar. Um objetivo de todos os administradores escolares deve ser tornar suas escolas atentas (HOY, 2003). Weick e Sutcliffe (2001) foram os primeiros a introduzir a noção de atenção quando estudavam organizações de alta confiabilidade. Eles verificaram cinco processos que promoviam a atenção nas organizações: preocupação com as falhas, relutância a simplificar interpretações, sensibilidade com as operações básicas, compromisso com a resiliência e respeito à *expertise*.

Direcionar o *foco às falhas* à primeira vista parece equivocado, mas não é; essa perspectiva leva à contínua triagem para detectar problemas ou identificar pequenos problemas e eliminá-los antes que se tornem grandes. Organizações e gestores atentos evitam preocupação com seus sucessos, em parte porque sucesso gera contentamento; às vezes, arrogância; e, muitas vezes, vulnerabilidade.

Escolas atentas e seus líderes também são *relutantes a aceitar simplificações;* seu objetivo é simplificar menos e ver mais. Sabendo que as escolas são complexas e imprevisíveis, administradores escolares atentos se posicionam para ver o máximo possível e tentar conciliar diferentes interpretações sem destruir as nuanças da diversidade e da complexidade.

Escolas atentas demonstram uma preocupação constante com o inesperado. Não há nada de inesperado em surpresas organizacionais; elas são inevitáveis. Com o inesperado em mente, os líderes tentam vislumbrar o "panorama". Os líderes escolares precisam ficar por perto e *ser sensíveis às operações do cerne técnico* (ensino e aprendizagem) em sala de aula. Existe um laço estreito entre sensibilidade nas operações e sensibilidade nas relações interpessoais. Professores que se recusam a falar livremente estabelecem um sistema deficiente que limita a eficácia escolar. A sensibilidade às atividades de ensino e aprendizagem realça a informação em tempo real, permitindo operações eficazes.

Escolas atentas estão *comprometidas com a resiliência*. Nenhuma organização ou sistema é perfeito; portanto, líderes escolares atentos sabem que devem detectar os erros e recuperar-se rapidamente deles. Nenhuma quantidade de previsão impede erros ou surpresas. As escolas devem aprender não só a lidar com o inesperado pela previsão, mas também pela resiliência (WILDAVSKY, 1991); ou seja, as escolas e seus líderes devem aprender a ser suficientemente resistentes e flexíveis para se adaptar – precisam detectar os erros, contê-los e se recuperar deles.

Por fim, escolas atentas não adotam estruturas administrativas rígidas. Em vez disso, elas combinam a *expertise* com problemas e incentivam um sistema fluido de tomada de decisão pelo *respeito à expertise*, não ao *status* ou à antiguidade. Estruturas entravadoras e rígidas são substituídas por estruturas capacitadoras, em que a *expertise* é primordial. A autoridade é situacional e ancorada na perícia ou *expertise*. A *expertise* dá as cartas, independentemente da hierarquia.

A atenção plena é um paradoxo: encara problemas como oportunidades e enxerga o sucesso como problema; é ao mesmo tempo otimista e cética. Aqui estão alguns guias para administração atenta:

- Tenha cuidado com o sucesso; ele tem as sementes de sua própria destruição.
- Tenha cuidado com a simplificação; ela destrói as nuanças da diversidade e da complexidade.
- Seja sensível às operações de cerne; ensino e aprendizagem são básicos para escolas.
- Esteja comprometido com a resiliência; erros e falhas são inevitáveis, mas não permanentes.
- Respeite a *expertise*; a *expertise* é fundamental para o sucesso.

Estruturas escolares capacitadoras e atentas

Estruturas capacitadoras e atentas são complementares; não são a mesma coisa, mas têm muito em comum. **Organizações atentas** mostram preocupação com as falhas, resiliência e sensibilidade para o inesperado que algumas estruturas capacitadoras talvez não demonstrem. No entanto, as estruturas atentas e capacitadoras andam de mãos dadas (GAGE 3RD, 2004; WATTS, 2009).

A Figura 3.4 apresenta uma síntese das duas concepções com previsões de suas frequências reais nas escolas. Organizações ao mesmo tempo atentas e capacitadoras são organizações de aprendizagem e devem ser o objetivo. Organizações autocráticas são ao mesmo tempo desatentas e entravadoras; são estruturas rígidas, desorientadas, que castigam os participantes por comportamento incompatível. Tanto organizações de aprendizagem quanto autocráticas são prováveis ocorrências, porque estruturas capacitadoras facilitam a atenção enquanto as entravadoras promovem a desatenção. De vez em quando, estruturas capacitadoras são desatentas ao perseguirem estratégias e objetivos errados. Por fim, embora teoricamente possível, parece raro que as organizações sejam ao mesmo tempo atentas e entravadoras.

Pesquisas nas escolas (HOY; SWEETLAND, 2000, 2001; HOY, 2003; SINDEN; HOY; SWEETLAND, 2004a; SINDEN; HOY; SWEETLAND, 2004a, 2004b; HOY; GAGE 3RD; TARTER, 2006) começam a mostrar que existem diferenças significativas nas suas estruturas e, não surpreendentemente, estruturas capacitadoras e atentas normalmente melhoram a administração e o funcionamento das escolas. Além disso, a atenção da escola relaciona-se positivamente com otimismo acadêmico, bem como com a abertura e a saúde do clima de escola (REEVES, 2010; WILLIAMS, 2010). A imagem que emerge dessa pesquisa é a de que a estrutura escolar capacitadora está imbuída de confiança – o corpo docente confia no diretor e nos colegas e demonstra compromisso com a escola. Diretores e professores são abertos e autênticos uns com os outros. Por outro lado, uma estrutura entravadora caracteriza-se pelo sentido de impotência dos professores, conflitos de cargo e dependência das regras e da hierarquia. Professores em estruturas entravadoras evitam conflitos e não se arriscam, se escondendo atrás de regras e demonstrando obediência cega aos diretores e um senso geral de desatenção. Além disso, quando os professores são confrontados com regras coercivas, eles provavelmente defendem suas ações ao manipular a verdade de modo a satisfazer seus superiores e evitar conflito e punição.

Em suma, estruturas escolares capacitadoras e entravadoras, conforme os professores as experimentam, têm características diferentes, evoluem por meio de diferentes processos e têm consequências diferentes para o contexto de ensino-aprendizagem (ver Tab. 3.5). Além disso, esse aprimoramento conceitual da estrutura fornece uma

Organização		Estrutura	
		Capacitadora	Entravadora
	Atenta	Organização de aprendizagem (provável)	Organização atenta, mas entravadora (improvável)
	Desatenta	Organização desatenta (menos provável)	Organização autocrática (provável)

FIGURA 3.4 Tipologia de organizações escolares.
FONTE: Adaptado de Hoy (2003).

TABELA 3.5 Dois tipos de estrutura escolar: capacitadora e entravadora

	Estrutura capacitadora	Estrutura entravadora
Formalização	Promove regras e procedimentos flexíveis Encara problemas como oportunidades de aprendizagem Valoriza diferenças Incentiva a iniciativa Estimula a confiança	Impõe regras e procedimentos rígidos Encara problemas como restrições Exige consenso Castiga os erros Estimula a suspeita
Centralização	Facilita a resolução de problemas Promove a cooperação Incentiva a abertura Protege os professores Incentiva a inovação Procura a colaboração	Exige conformidade Adota o controle Estimula a desconfiança Pune professores Desencoraja a mudança Governa autocraticamente
Processos	Tomada de decisão participativa Resolução de problemas	Tomada de decisão unilateral Imposição
Contexto	Professores com confiança Veracidade e autenticidade Coesão Professores com sensação de poder	Professores desconfiados Manipulação da verdade e enganação Conflito Professores com sensação de impotência

potencial explicação para as conclusões conflitantes referentes ao impacto da burocracia sobre os participantes – ou seja, que é o *tipo (entravadora)* e não a *quantidade* de estrutura que explica os efeitos negativos da burocracia. A escola capacitadora produz resultados positivos; escolas entravadoras produzem resultados negativos. Em outras palavras, estruturas capacitadoras são funcionais; entravadoras são disfuncionais.[3]

TEORIA NA PRÁTICA

Dê dois ou três exemplos de comportamentos do seu diretor que você considera capacitadores, ou seja, comportamentos que apoiem as tentativas dos professores para melhorar o ensino e a aprendizagem. Agora, identifique várias regras que entravam ou punem as ações dos professores. Em sua escola, qual o balanço nos comportamentos capacitadores e entravadores do diretor? O quão atento é seu diretor? Quão bem-sucedido é o diretor na gestão do inesperado? Exemplos? O quão resiliente é a sua escola ao reagir a falhas e decepções? Dê alguns exemplos.

Mintzberg sobre estrutura

Henry Mintzberg (1979, 1980, 1981, 1983a, 1983b, 1989) fornece outro e mais abrangente arcabouço conceitual para examinar a estrutura organizacional. Ele descreve a estrutura simplesmente como as maneiras em que uma organização divide seu trabalho em tarefas e, em seguida, alcança a coordenação entre elas. Cinco **mecanismos de coordenação** são os meios básicos que as organizações usam para monitorar e controlar o trabalho: ajuste mútuo, supervisão direta, padronização dos processos de trabalho, padronização de produtos e padronização das habilidades dos funcionários. Esses mecanismos argamassam a organização.

Mecanismos de coordenação

O **ajuste mútuo** é a coordenação por meio do simples processo da comunicação informal. Os funcionários coordenam os seus esforços pela discussão informal e pelo ajuste. O ajuste mútuo é direto e básico; é necessário não só na organização mais simples, mas também na mais complicada.

A **supervisão direta** é a coordenação pelo comando pessoal. Um indivíduo tem a responsabilidade de monitorar e controlar o trabalho dos outros. À medida que o tamanho da organização aumenta, também cresce a probabilidade de que o ajuste mútuo se torne menos eficaz e a supervisão direta mais necessária. Porém, à medida que as atividades de trabalho tornam-se cada vez mais complicadas, nem o ajuste mútuo tampouco a supervisão direta são suficientes. Portanto, o trabalho é padronizado; a coordenação das partes é conseguida incorporando-as em um programa cuidadosamente planejado para o trabalho. Existem três maneiras básicas para obter padronização nas organizações: padronizar os processos de trabalho, os produtos ou as habilidades.

A **padronização do trabalho** é conseguida pela especificação ou programação dos conteúdos do trabalho. As instruções escritas para desenvolver um plano de aula são um exemplo. O processo de desenvolvimento do plano é descrito cuidadosamente em instruções passo a passo.

A **padronização dos produtos** é atingida pela especificação dos resultados do trabalho; as dimensões fundamentais do produto ou do desempenho são enumeradas. Taxistas, por exemplo, não recebem uma rota; o passageiro apenas lhe diz o destino. Da mesma forma, os professores podem simplesmente ser informados que o aluno deve ser capaz de ter um desempenho em nível básico em determinada área; os meios para atingir esse nível podem ser deixados por conta do professor. Os resultados do trabalho são descritos cuidadosamente, e espera-se que os funcionários alcancem o padrão.

A **padronização das habilidades** é um mecanismo de coordenação que fornece controle indireto do trabalho. Aqui, especificar o tipo de treinamento necessário para fazer o trabalho padroniza as habilidades e os conhecimentos. O treinamento fornece aos trabalhadores padrões de trabalho a serem desempenhados, bem como as bases da coordenação. Mintzberg observa que, quando cirurgião e anestesista se encontram na sala de cirurgia, normalmente pouca comunicação ocorre; em virtude de seus respectivos treinamentos, cada profissional sabe exatamente o que esperar. Suas habilidades padronizadas fornecem a maior parte da coordenação.

TEORIA NA PRÁTICA

Pense em sua escola. Dê um exemplo específico dos seguintes mecanismos de coordenação: ajuste mútuo, supervisão direta, padronização do trabalho, padronização dos produtos e padronização das habilidades. Quais desses meios de coordenação são mais predominantes em sua escola? Algum está ausente? Avalie as práticas globais de coordenação. O que você mudaria se pudesse? Por quê?

Partes essenciais

Embora a maioria das organizações de qualquer tamanho use os cinco meios de coordenação, cada organização especializa-se em um, fato com consequências importantes para a estrutura básica da organização. Mintzberg também identifica cinco componentes essenciais da organização (ver Fig. 3.5). Cada um desses significativos aspectos da estrutura tem uma função crucial para executar.

O **núcleo operacional** é composto por aqueles que executam o trabalho básico – atividades diretamente relacionadas à geração de produtos e serviços. O núcleo é o coração da organização; gera os produtos essenciais. Nas escolas, os professores são o núcleo operacional, e o ensino e a aprendizagem são os resultados.

O componente administrativo da organização tem três partes. Primeiro, o **ápice estratégico** consiste nos administradores superiores (superintendente e seus assistentes) com a responsabilidade de assegu-

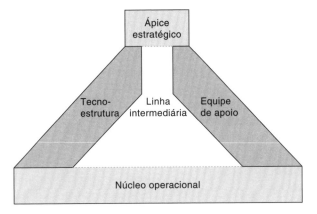

FIGURA 3.5 Cinco elementos básicos da estrutura.
FONTE: Mintzberg (1979).

rar que a organização cumpra de maneira eficaz sua missão. Aqueles administradores que conectam o ápice com o núcleo operacional por meio da estrutura de autoridade formal constituem a **linha intermediária**. Em sistemas escolares, os diretores exercem a função de gestores intermediários. Qualquer organização que se baseie principalmente na supervisão direta para controle e coordenação é obrigada a ter uma expressiva linha intermediária. A **tecnoestrutura** é o componente administrativo encarregado da responsabilidade de planejar. É composta de analistas que padronizam o trabalho dos outros e aplicam suas técnicas analíticas para ajudar a organização a se adaptar ao seu ambiente. Esses analistas projetam, planejam e treinam, mas não administram diretamente. Em geral, coordenadores de currículo e supervisores instrucionais são membros da tecnoestrutura escolar; seu papel é ajudar os professores a projetar e planejar a instrução, bem como proporcionar oportunidades para o crescimento profissional e o desenvolvimento em serviço.*

Por fim, um quinto componente – a **equipe de apoio** – é composto por unidades especializadas que existem para fornecer apoio à organização fora do fluxo de trabalho operacional. Nas escolas, por exemplo, encontramos um departamento de instalações e terrenos, um departamento de manutenção, uma cantina e um departamento de contabilidade. Nenhuma dessas unidades faz parte do núcleo operacional, mas cada uma delas existe para fornecer apoio indireto à escola.

Esses cinco componentes essenciais da organização e os cinco mecanismos de coordenação que os conectam servem como base para cinco configurações:

- *Estrutura simples:* o ápice estratégico é a parte fundamental e a supervisão direta é o principal dispositivo de coordenação.
- *Burocracia mecânica:* a tecnoestrutura é a parte fundamental e a padronização dos processos de trabalho é o principal dispositivo de coordenação.
- *Burocracia profissional:* o núcleo operacional é a parte fundamental e a padronização das habilidades é o principal dispositivo de coordenação.
- *Forma compartimentada:* a linha intermediária é a parte fundamental e a pa-

---

* N. de R.T.: Um exemplo da tecnoestrutura brasileira são as diretorias de tecnologia educacional e os departamentos de educação básica ligados às secretarias da educação dos estados.

dronização dos produtos é o principal dispositivo de coordenação.

- *Adocracia:* a equipe de apoio é a parte fundamental e o ajuste mútuo é o principal dispositivo de coordenação.[4]

Nossa discussão se concentrará nas formas com maior probabilidade de serem encontradas nas escolas.

Perspectiva de Mintzberg aplicada às escolas

As configurações que Mintzberg descreve são ideais abstratos, mas essas simplificações de estruturas mais complexas ganham vida na análise das escolas. As escolas experimentam as forças básicas que fundamentam essas configurações: a tendência a centralizar exercida pelos gestores de alto escalão, a tendência a formalizar exercida pela tecnoestrutura e a tendência a profissionalizar exercida pelos professores.[5] Onde uma tendência predomina, então a escola provavelmente será organizada perto de uma das configurações ideais de Mintzberg; ou seja, a tendência a formalizar arrasta a organização na direção da burocracia mecânica; a tendência a centralizar gera uma estrutura simples; e a tendência a profissionalizar conduz à burocracia profissional. Com a aprovação das leis No Child Left Behind e Race to the Top, instaurou-se uma tendência nacional para centralizar, formalizar e padronizar as escolas. Claramente uma tendência nem sempre é dominante, e os processos básicos podem precisar coexistir em equilíbrio. Agora vamos abordar as configurações estruturais esperadas em muitas escolas.

Estrutura simples Uma organização altamente centralizada e coordenada por alto grau de supervisão direta, com pequeno ápice estratégico e praticamente nenhuma linha intermediária, é uma **estrutura simples**. Nesse tipo de organização existe pouca elaboração – pouca tecnoestrutura, pouca equipe de apoio, pouca divisão do trabalho e especialização e uma pequena hierarquia administrativa.

Como o poder para tomar decisões importantes tende a estar centralizado nas mãos do administrador principal, o ápice estratégico é a parte fundamental da organização. A padronização em uma estrutura simples é desnecessária porque as questões são resolvidas à medida que surgem; existem relações de trabalho informais e frouxas entre os participantes. Assim, comunicação flui informalmente, mas a maioria dela acontece entre o administrador principal e todos os outros. O nome diz tudo – a estrutura é simples.

Novas organizações geralmente começam com uma estrutura simples e sofisticam suas estruturas administrativas à medida que vão crescendo. Muitas empresas pequenas, no entanto, mantêm uma estrutura simples. As comunicações informais permanecem eficazes e um ápice estratégico de uma só pessoa atende a coordenação. A estrutura simples pode variar. Por exemplo, a *organização autocrática* é uma estrutura simples onde o administrador principal acumula poder e regras por decreto; e a *organização carismática* é uma variante onde o líder tem o mesmo poder, mas esse poder não é meramente acumulado e sim conferido ao líder pelos seguidores. A força principal da estrutura simples é sua flexibilidade; só uma pessoa deve agir.

A estrutura simples é de interesse porque muitas escolas, especialmente pequenas escolas de ensino fundamental, apresentam essa estrutura. Diretores autocráticos e, às vezes, carismáticos as administram com mão de ferro. Embora alguns professores apreciem trabalhar em escolas pequenas e intimistas, onde o diretor carismático lidera o caminho, outros consideram a estrutura simples altamente restritiva e autocrática. Essas estruturas são altamente dependentes da *expertise*, da imaginação e da energia do chefe executivo. O sucesso da organização reflete o desempenho do chefe: se o chefe vai bem, a organização vai bem. Nessas estruturas altamente centralizadas, o administrador principal toma todas as decisões importantes e a autoridade formal flui em uma direção – de cima para baixo. Escolas com estruturas simples enfrentam problemas especialmente difíceis na sucessão executiva e à medida que o crescimento torna inadequada a supervisão direta. Uma estrutura simples pode ser relativamente duradoura ou apenas uma fase no desenvolvimento e amadurecimento de uma organização. Mintzberg (1979, 1989) define estruturas organizacionais que dependem de qualquer forma de padronização para coordenação como burocráticas. Entre as configurações escolares derivadas da formulação de Mintzberg, a estrutura simples é a única não burocrática; sua estrutura é orgânica.

Burocracia mecânica   Uma organização com sintonia fina e padronizada para funcionar como máquina integrada e bem regulada é chamada de **burocracia mecânica**. Os processos de trabalho nesse tipo de estrutura são a rotina e o padrão. Com efeito, a padronização do trabalho é o primordial mecanismo de coordenação e a tecnoestrutura é a parte fundamental da estrutura, pois contém os analistas responsáveis pela padronização. Nessas organizações, um alto grau de centralização é garantido por considerável formalização: regras e regulamentos permeiam a estrutura; a comunicação formal predomina em todos os níveis; e a tomada de decisão segue a cadeia hierárquica de autoridade.

Essa é a estrutura burocrática weberiana – responsabilidades padronizadas, qualificações técnicas, canais de comunicação formal, regras e regulamentos e hierarquia de autoridade. É uma estrutura orientada para precisão, celeridade, clareza, continuidade, unidade, subordinação e eficiência. A burocracia mecânica é obcecada por controle; uma mentalidade de controle se

desenvolve de cima para baixo. Conforme Mintzberg (1979, p. 321) observa de modo incisivo:

> O foco da burocracia mecânica não é desenvolver uma atmosfera aberta em que as pessoas possam expor seus conflitos, mas impor um ambiente fechado e rigidamente controlado, onde o trabalho pode ser realizado apesar desses conflitos.

Um poder considerável está nas mãos dos administradores do ápice estratégico; na verdade, os únicos outros a compartilhar a maior parte do poder com os administradores do alto escalão são os analistas da tecnoestrutura, porque sua função é padronizar os processos de trabalho da organização. Estruturas mecânicas funcionam melhor quando o trabalho é rotineiro – isto é, quando as pessoas devem executar um conjunto integrado de tarefas singelas e repetitivas, com exatidão e consistência (MINTZBERG, 1979).

Poucas escolas ou distritos escolares são burocracias mecânicas; em geral consistem em grandes distritos onde uma sofisticada tecnoestrutura tenta padronizar o trabalho ou em estados com sofisticadas tecnoestruturas estaduais. O comportamento é formalizado por um amplo conjunto de regras, procedimentos e descrições de cargos. Além disso, o poder tende a ser altamente centralizado no ápice da estrutura; a autoridade flui de cima para baixo. Embora muitas escolas tenham a aparência, a maioria delas não é burocracia mecânica no sentido puro, porque normalmente falta-lhes uma estrutura administrativa elaborada, uma grande linha intermediária e uma tecnoestrutura elaborada. Na verdade, a estrutura de muitas escolas públicas é o cruzamento entre estrutura simples e burocracia mecânica – alcunhada por Mintzberg de burocracia simples.

Burocracia profissional   A estrutura burocrática pode ser definida em termos "[...] da extensão em que o comportamento é predeterminado ou previsível, em efeito, padronizado" (MINTZBERG, 1979, p. 86). Assim, as organizações podem ser burocráticas sem ser centralizadas. Uma **burocracia profissional** é uma estrutura que permite tanto a descentralização quanto a padronização ao mesmo tempo. Essas organizações usam a padronização das habilidades como o principal mecanismo de coordenação; o núcleo operacional é a parte organizacional fundamental; e a profissionalização é o processo crucial. Todas essas estruturas contam com as habilidades e o conhecimento de seus profissionais operacionais para funcionar de maneira eficaz.

A burocracia profissional recebe sua coordenação indiretamente, confiando na padronização das habilidades que os profissionais adquiriram em sua formação; portanto, não é surpreendente constatar que as relações nessas organizações são muito mais frouxamente vinculadas do que nas burocracias mecânicas ou simples. No entanto, o trabalho em equipe e a colaboração entre os profissionais da escola parecem essenciais para que nossas escolas sejam produtivas (TSCHANNEN-MORAN et al., 2000; MARKS; PRINTY, 2003). A frouxidão estrutural da escola sustenta uma base profissional de organização; no entanto, a exigência de uniformidade nos produtos, a necessidade que os alunos se movimentem de ano escolar a ano escolar e de escola a escola em um processo ordenado e a longa vida escolar dos alunos exigem uma padronização das atividades e, consequentemente, uma base burocrática de organização escolar (MINTZBERG, 1979).

A estrutura administrativa da burocracia profissional é relativamente plana. Não precisa de uma hierarquia elaborada para controlar e coordenar ou uma tecnoestrutura para criar padrões de trabalho. Os profissionais se controlam e, em certo sentido, desenvolvem seus próprios padrões de trabalho. Os padrões da burocracia profissional se originam em grande parte de fora de sua estrutura, em associações autônomas às quais os profissionais pertencem. Essas associações estabelecem padrões gerais que as universidades ensinam e todas as organizações da profissão utilizam. Como já observamos, duas fontes geram autoridade organizacional. As burocracias mecânicas e simples dependem da autoridade do cargo ou do gabinete, e as burocracias profissionais são construídas com base na autoridade do conhecimento e da *expertise*.

A burocracia profissional é descentralizada; uma grande fatia do poder está nas mãos dos profissionais do núcleo operacional. O trabalho é muito complexo para ser supervisionado diretamente pelos gestores ou padronizado pelos analistas; portanto, os profissionais têm muito a dizer sobre o que fazem e como fazem. Os profissionais mantêm relações de trabalho estreitas com clientes e frouxas com os colegas. Faz mais sentido pensar em termos de uma estratégia pessoal para cada profissional em vez de em uma estratégia organizacional integrada. Algumas escolas têm as mesmas características da burocracia profissional – núcleo operacional qualificado, habilidades de trabalho padronizadas, normas profissionais e autonomia, associações profissionais, frouxidão estrutural e estrutura administrativa plana. Essas escolas são operadas por professores altamente competentes e treinados que controlam seu próprio trabalho e que buscam o controle coletivo sobre as decisões que os afetam.

Sugerimos que algumas pequenas escolas primárias são estruturas simples; elas são estruturas centralizadas, mas informais. O administrador-chefe fornece direção forte (frequentemente autocrática) em uma atmosfera informal livre de regras e regulamentos. Algumas escolas são burocracias mecânicas; em geral se encontram em grandes distritos onde uma tecnoestrutura elaborada tenta padronizar o trabalho, ou em estados com elaboradas tecnoestruturas estaduais. O comportamento é formalizado por um amplo conjunto de regras, procedimentos e descrições de cargos. Além disso, o poder tende a ser altamente centralizado no ápice da estrutura; a autoridade flui de cima para baixo. Certas escolas também são burocracias profissionais. Elas são operadas por professores altamente competentes e treinados que monitoram seu próprio trabalho e participam de trabalho em equipe, colaboração e liderança instrucional compartilhada com seus colegas (TSCHANNEN-MORAN et al., 2000; MARKS; PRINTY, 2003). A estrutura é descentralizada e democrática entre os profissionais. Apesar de algumas escolas se enquadrarem em uma dessas três configurações, a maioria das escolas é uma variante híbrida dos três "tipos ideais" descritos anteriormente.

Alguns elementos na situação influenciam a configuração escolar específica. Por exemplo, é provável que a idade e o tamanho de uma escola influenciem a sua estrutura. À medida que as escolas envelhecem e crescem, as relações informais e a supervisão direta serão provavelmente substituídas por formalização e controle burocrático. Quando o sistema técnico é definido como complexo (ou seja, o ensino é visto como um processo complexo, exigindo a individualização e as estratégias múltiplas e dinâmicas), então é necessária uma força de trabalho altamente profissional, bem como uma descentralização na tomada de decisão. Quando, em contrapartida, o sistema técnico é definido como rotina (ou seja, o ensino é visto como o processo rotineiro de fornecer padrões e simples habilidades mínimas), então o sistema técnico pode ser regulado por meio de procedimentos burocráticos. Além disso, quanto mais as organizações são controladas externamente, mais centralizadas e burocráticas elas tendem a se tornar. Novamente, considere o impacto das leis No Child Left

Behind e Race to the Top.* Mintzberg afirma que os dois modos mais eficazes de controlar de fora uma organização são designar a responsabilidade ao tomador de decisões mais poderoso e impor padrões específicos, geralmente na forma de regras e regulamentos.

À medida que os distritos escolares enfrentam cada vez mais exigências de responsabilização, habilidades básicas mínimas, testes para graduação e uma miscelânea de outras metas de desempenho recebidas das secretarias estaduais de educação, aumenta a tendência de mais formalização, mais centralização, menos profissionalização e uma mais bem desenvolvida tecnoestrutura estadual para regulamentar e controlar as escolas públicas. Entretanto, os reformadores escolares continuam a lamentar o impacto negativo do controle burocrático e clamam por reengenharia nas estruturas escolares, para torná-las mais hospitaleiras a professores qualificados e competentes (DARLING-HAMMOND, 1985; DARLING-HAMMOND; WISE, 1985; MCNEIL, 1986, 1988a, 1988b; ELMORE, 1988; WISE, 1988; PRESTINE, 1991; OUCHI, 2003); aqui a tendência é se afastar da formalização rumo à descentralização e à profissionalização.

PERSPECTIVA DE VINCULAÇÃO FROUXA

Há cinco décadas, Charles Bidwell (1965) analisou a frouxidão estrutural nas organizações escolares. Ele constatou que, a fim de

---

* N. de R.T.: No Child Left Behind e Race to the Top têm sido vistas por pesquisadores em educação dos Estados Unidos, ativistas, pais e educadores como políticas impostas de cima para baixo, com intenso incentivo à competição entre estados, com a utilização de resultados de testes padronizados que causam alto impacto na vida de professores, diretores, alunos e pais. As escolas centralizam seus esforços para responderem aos controles externos, tornando-se mais burocráticas.

lidar com o problema da variabilidade nas habilidades do aluno no dia a dia, os professores precisam ter liberdade para fazer juízos profissionais. A autonomia profissional parece inegável nas escolas. Os professores trabalham sozinhos em suas salas de aula, relativamente não são observados por colegas e administradores e exercem ampla e discricionária autoridade sobre seus alunos. O resultado é uma frouxidão estrutural *dentro* da escola. Da mesma forma, existe a frouxidão estrutural *entre* as unidades da escola no sistema. Os administradores e os professores de cada escola desfrutam de amplos e discricionários poderes em relação ao currículo, aos métodos de ensino e a escolha dos professores. Por exemplo, mesmo que o sistema recrute professores, eles normalmente não são atribuídos a uma escola particular sem a aprovação do diretor.

A frouxidão estrutural da escola sustenta uma base profissional de organização. No entanto, a exigência de uniformidade nos produtos, a necessidade de que os alunos se movimentem, em um processo ordenado, de ano escolar em ano escolar e de escola em escola; e os longos anos da vida escolar exigem a adoção de atividades rotineiras e, assim, uma base burocrática da organização escolar. Bidwell (1965), portanto, retrata a escola como uma combinação característica entre burocracia e frouxidão estrutural. Teóricos da vinculação frouxa (WEICK, 1976; ALDRICH, 1979) e teóricos institucionais (MEYER, 1978; MEYER; ROWAN, 1977, 1978; ROWAN, 1982) concentram-se na desconexão entre o comportamento e os resultados nas organizações. Coube a Weick (1976) desenvolver, provavelmente, a análise mais aprofundada do conceito de vinculação frouxa. Por **vinculação frouxa**, ele expressa

> [...] a imagem de que fatos acoplados são sintonizados, mas que cada evento também preserva sua própria identidade e alguma evidência de sua separação física ou lógica. (WEICK, 1976, p. 5).

A vinculação frouxa conota vínculos fracos ou infrequentes entre elementos minimamente interdependentes; por isso, a expressão é aplicada para se referir a uma variedade de situações.

As evidências empíricas que sustentam a existência, a abrangência e os padrões das vinculações frouxas são ambíguas; na verdade, a distinção tosca entre sistemas burocráticos e sistemas de vinculação frouxa pode ser enganosa (BOYD; CROWSON, 2002; CORWIN; BORMAN, 1988; MEYER, 2002a; ORTON; WEICK, 1990; ROWAN, 2002) e contraproducente. A maioria das escolas de ensino fundamental é mais firmemente estruturada do que as escolas de ensino médio, mas é uma questão de grau. Funções e tarefas de rotina são burocraticamente organizadas nas escolas secundárias. Na verdade, uma análise comparativa de escolas públicas de ensino médio e agências de bem-estar social realizada por Hoy, Blazovsky e Newland (1983) constatou que as escolas são drasticamente mais formalizadas e centralizadas do que as agências de bem-estar. Nenhuma agência de bem-estar social mostrou tanto controle hierárquico ou imposição de regras quanto a escola de ensino médio *menos* centralizada ou menos formalizada.

Em uma abrangente revisão de literatura sobre vinculação frouxa, R. M. Ingersoll (1993, p. 108) conclui "[...] que a perspectiva de vinculação frouxa ofereceu um ponto de vista incompleto e defeituoso da organização das escolas". De uma perspectiva burocrática weberiana, a recorrente surpresa é que organizações rotineiramente exibem frouxidão estrutural, enquanto de uma perspectiva de vinculação weickiana, a surpresa recorrente é a de que as organizações apresentem rotineiramente vinculações firmes (ORTON; WEICK, 1990). Claro, a conclusão é que escolas são organizações complexas com vinculações estruturais tanto firmes quanto frouxas.

Nossa análise nos leva à conclusão de que nas escolas existem dois domínios organizacionais básicos: um burocrático, consistindo nas funções institucionais e gerenciais de fazer a mediação entre a escola e a comunidade, aplicar a lei, gerir assuntos internos, adquirir e alocar os recursos necessários e fazer a mediação entre alunos e professores; e outro profissional, envolvido com os processos técnicos reais de ensino e aprendizagem.[6] O domínio burocrático é geralmente uma estrutura firmemente vinculada e coesa, às vezes demasiado rígida, impedindo a adaptação e gerando alienação entre os professores. A esfera profissional é muito mais frouxamente estruturada; os professores têm ampla liberdade para fazer juízos profissionais sobre o processo de ensino-aprendizagem; às vezes, independência demais gera conflito, confusão e problemas de coordenação, reduzindo a produtividade e entravando a eficiência.[7] As escolas são afetadas por seus ambientes; elas são sistemas abertos. À medida que mudam as forças na sociedade, as pressões para deixar as vinculações organizacionais mais firmes ou mais frouxas também variam. Por exemplo, as leis No Child Left Behind e Race to the Top têm atuado no sentido de instaurar vinculações mais firmes nas escolas, à medida que a tendência rumo à responsabilização* torna-se mais pronunciada. Claramente, os administradores precisam conhecer a organização e ser conscientes e sensíveis às consequências negativas *tanto* da vinculação firme *quanto* da frouxa. Em geral, a escola pública é uma combinação característica de elementos burocráticos e profissionais, tema que agora vamos explorar mais detalhadamente.

---

* N. de R.T.: A responsabilidade pela qualidade das escolas americanas é atribuída aos diretores e sua equipe (Sistema de Responsabilização das Escolas dos Estados Unidos). Se a escola não atingir as metas acadêmicas, avançando ano a ano em sua qualidade, estará sujeita a punições (desde a passagem de sua administração para fundações privadas ou ONGs até seu fechamento). Segundo o autor, isso promove a instalação da vinculação firme que melhora a eficiência organizacional e a responsabilização.

TEORIA NA PRÁTICA

Descreva uma estrutura escolar que realçaria a criatividade, promoveria o juízo profissional incentivaria a atenção e enfatizaria a *expertise*. Qual seria a aparência da hierarquia e como ela funcionaria? Quais seriam a extensão e a natureza das regras? Como as funções de professor e administrativas seriam diferenciadas e integradas? Quais seriam os papéis e a importância da personalidade e do conhecimento? Como eles se complementariam?

CONFLITO PROFISSIONAL-BUROCRÁTICO

Profissionais e semiprofissionais empregados em organizações formais trazem à tona um conflito básico entre os valores profissionais e as expectativas burocráticas. Embora existam muitas semelhanças entre os princípios profissionais e burocráticos, o potencial para conflitos permanece, pois as diferenças realmente existem (BLAU; SCOTT, 2003). As principais semelhanças e diferenças estão resumidas na Tabela 3.6.

Tanto burocratas quanto profissionais deverão ter *expertise* técnica em áreas especializadas, para manter uma perspectiva objetiva e agir de modo impessoal e imparcial. No entanto, espera-se que os profissionais ajam de acordo com os melhores interesses dos seus clientes, ao passo que espera-se que os burocratas ajam de acordo com os melhores interesses da organização. Esse aparente conflito entre os interesses dos clientes e da organização constitui um problema para muitas organizações formais, mas para organizações de prestação de serviço, como escolas, agências de bem-estar social e hospitais, isso talvez não seja um grande dilema. Ao contrário de preocupações corporativas, o principal beneficiário da organização de prestação de serviços

TABELA 3.6 Características básicas das orientações profissionais e burocráticas: semelhanças e diferenças

Orientação profissional	Orientação burocrática
Expertise técnica	*Expertise* técnica
Perspectiva objetiva	Perspectiva objetiva
Abordagem impessoal e imparcial	Abordagem impessoal e imparcial
Serviço para a clientela	Serviço para a organização
Principais fontes de conflitos	
Grupo de referência orientada a colegas	Orientação hierárquica
Autonomia na tomada de decisão	Conformidade disciplinada
Padrões de controle autoimpostos	Subordinação à organização

é o cliente. Para organizações de serviço, então, o objetivo primordial tanto do burocrata quanto do profissional é o mesmo – prestar serviços aos clientes.

Uma fonte fundamental do **conflito profissional-burocrático** realmente emerge do sistema de controle social usado por burocracias e profissões. Os profissionais tentam controlar as decisões de trabalho. Eles foram ensinados a internalizar um código de ética que orienta as suas atividades, e os colegas apoiam esse código de comportamento. Os profissionais são basicamente responsáveis pela sua profissão e, às vezes, os seus colegas podem censurá-los. Por outro lado, o controle nas organizações burocráticas não está nas mãos do grupo de colegas; a disciplina provém de uma linha principal de autoridade. Como Blau e Scott (2003, p. 63) explicam:

> O desempenho é controlado pelas diretivas recebidas dos superiores, em vez de por padrões autoimpostos e vigilância dos pares do grupo, como acontece entre os profissionais.

Existe uma variação considerável, no entanto, entre vários grupos de profissionais e no âmbito dos seus domínios profissionais. Por exemplo, professores do ensino fundamental podem ter um escopo relativamente estreito, ao passo que médicos e cientistas em geral têm ampla autoridade

(SCOTT, 1992). A base suprema para um ato profissional é o conhecimento profissional; porém, a justificativa suprema de um ato burocrático é sua coerência com as regras organizacionais e a aprovação por um superior. Aí reside a principal fonte de conflitos entre a organização e a profissão – o conflito entre "a *expertise* e a autonomia profissionais" e "a disciplina e o controle burocráticos".

Orientações profissionais e burocráticas nas escolas

Se ensinar é ou não uma profissão completamente desenvolvida é discutível. No entanto, poucos discutiriam que os professores estão mais próximos da extremidade profissional de um *continuum* ocupacional que trabalhadores manuais e trabalhadores do setor administrativo, ou que estão mais longe do polo profissional do que os médicos e advogados. Não obstante, o crescimento do conhecimento e das habilidades para resolver os problemas de ensino e aprendizagem, o aumento da responsabilidade pelo sucesso e bem-estar do aluno, a ênfase na comunidade profissional, um impulso rumo ao envolvimento acadêmico e à autoaplicação das normas, bem como mais solicitações por autonomia profissional fornecem as bases para encarar a docência como profissão (INGERSOLL, 2001; MCMAHON; HOY, 2009).

Considerando a burocratização de escolas e a crescente profissionalização dos professores, a continuação de conflitos parece provável. No ensino, os pontos imediatos de conflito giram em torno da quantidade de controle que os professores devem ter sobre a seleção de livros didáticos, procedimentos e métodos de ensino e reforma e desenvolvimento curriculares; no entanto, a questão subjacente é peculiar nem ao ensino nem às organizações escolares. O conflito acontece entre o profissional (*expertise* e autonomia) e o burocrático (disciplina e controle).

Enquanto a estrutura burocrática básica da escola tender a ser autoritária, a autoridade do professor continuará sendo uma importante fonte de tensão. Se a estrutura organizacional da escola se tornar mais profissional, então as chances para atenuar os conflitos e a tensão vão ser muito melhoradas. Na verdade, uma orientação dualística (local-cosmopolita) dos professores pode ser a regra em vez da exceção. Em estruturas organizacionais profissionais, os professores podem, cada vez mais, ter compromissos elevados tanto com a organização quanto com a profissão. Algumas pesquisas sustentam a noção de que a orientação burocrática e as atitudes profissionais dos professores não precisam estar em conflito se as escolas aumentarem a autonomia profissional dos professores (MARJORIBANKS, 1977; DIPAOLA; HOY, 1994).

Vários outros estudos de orientações do professor são pertinentes. Edward Kuhlman e Wayne K. Hoy (1974) estudaram a socialização burocrática de novos professores. A pesquisa avaliou em que medida as orientações profissionais e burocráticas dos professores novatos foram alteradas como resultado das tentativas iniciais de socialização feitas pela organização escolar. Eles teorizaram que uma orientação de duplo papel podia surgir entre os novos professores, à medida que eles se socializavam. Os novos professores, no entanto, não se tornaram igualmente mais profissionais e mais burocráticos em sua orientação durante o primeiro ano de ensino. Ao contrário, professores de ensino médio se tornaram significativamente mais burocráticos e menos profissionais durante o primeiro ano. As orientações dos professores dos anos iniciais do ensino fundamental permaneceram relativamente constantes, embora como grupo eles tenham sido significativamente mais burocráticos do que os professores de ensino médio. Não foi confirmada a hipótese de que uma orientação dualística evoluiria durante a experiência inicial de ensino e aumentaria tanto a eficácia profissional quanto a organizacional. Além disso, a controvérsia de Harold Wilensky (1964) em relação a uma interpenetração das culturas burocráticas e profissionais em muitas organizações não foi apoiada pelos achados em escolas de ensino médio.

As forças da socialização burocrática na maioria das escolas de ensino médio parecem fortes. A maioria das escolas começa quase que imediatamente a moldar os neófitos em papéis concebidos para manter a estabilidade, incentivar a subordinação e promover a lealdade à organização; na verdade, o processo de socialização começa com a experiência de professor estagiário. A orientação dos professores estagiários, como resultado de sua experiência prática de ensino, parece se tornar significativamente mais burocrática (HOY; REES, 1977). Forças e resultados de socialização semelhantes têm sido relatados para outras profissões aspirantes, especialmente no trabalho social (ENOCH, 1989).

Em suma, a pesquisa retrata a escola como uma organização de prestação de serviços com quadro funcional composto predominantemente por profissionais e semiprofissionais. A estrutura da organização escolar é basicamente burocrática, com aparência autoritária. Os professores como grupo tornam-se um pouco mais profissionais e mais militantes; no entanto, a estrutura burocrática, especialmente no nível de ensino médio, parece ser bastante eficaz em socializar novos membros de acordo com a postura burocrática apropriada, muitas vezes em detrimento de considerações profissionais. Portanto, o meio escolar compreende várias forças que se contrabalançam. Seria esperado que os administradores e professores se esforçassem para tornar as organizações escolares mais profissionais e menos autoritárias. Nessas organizações, é provável que uma orientação dualística se torne cada vez mais prevalente, com professores altamente comprometidos tanto com a profissão quanto com a escola.[8]

CASO SOBRE LIDERANÇA EDUCACIONAL

Problemas em West High

Você foi nomeado como o novo diretor da West High School. A escola tem 1.150 alunos, 85 professores, um diretor-assistente, quatro secretárias e dois orientadores. A West High é uma das duas escolas de ensino médio de um sistema escolar de médio porte na Costa Leste. O distrito escolar está na média em termos de apoio à educação, situando-se no percentil 48 na média estadual de gastos por aluno. Você tinha sido professor de ensino médio e diretor-assistente em outro distrito, 75 km ao norte. Quando surgiu a oportunidade, você se candidatou, foi contratado e está ansioso para fazer um bom papel em seu primeiro trabalho como diretor. O cargo representa uma promoção e um significativo aumento de salário. Além disso, a escola está convenientemente situada nas imediações da universidade estadual, onde você está concluindo sua tese de doutorado – embora em ritmo mais lento por enquanto.

Seu antecessor na West High foi um diretor populariíssimo que se aposentou depois de 30 anos no cargo. A maioria dos membros veteranos do corpo docente apreciava o estilo bonachão do ex-diretor; na verdade, o seu estilo pode ser mais apropriadamente descrito como indulgente. Ele permitia que os professores fizessem quase tudo o que desejassem, desde que isso não causasse problemas na comunidade e, em sua maioria, a comunidade demonstrava indiferença. Ocasionalmente, um cidadão ligava reclamando que um dos professores estava no banco ou tomando cafezinho em pleno horário de aula. O "bom e velho Bob", como seus professores o chamavam carinhosamente, sempre dava cobertura a eles: "Eles estavam a serviço da escola". Fazia tanto tempo que o velho Bob já estava no cargo que muitos dos pais da comunidade eram alunos na escola quando ele se tornou diretor e era chamado de "gentil Bob". Embora ele tivesse marcado época em West High, poucos o encaravam como líder, mas a maioria estava satisfeita. Em time que está ganhando não se mexe, era a frase comum quando o assunto era mudança. O velho Bob apenas cumpriu de forma bem aventurada seu papel como diretor da West High. Ele tinha um diretor-assistente, Pete Marshall, que intercedia por ele quando preciso e um corpo docente leal que reconhecia um bom negócio quando o experimentava.

Mas as coisas estavam mudando. Testes em todo o estado revelavam inadequações no programa instrucional. Os alunos estavam se metendo em encrencas tanto na escola como fora dela. Com efeito, os alunos estavam saindo do controle – falta às aulas, brigas e abandonos estavam em ascensão. Os pais estavam começando a pedir transferência de seus filhos para a East High, a outra escola de ensino médio no distrito. Os alunos da East High tinham melhor desempenho acadêmico e social, e a escola era mais limpa e tinha um ambiente mais ordeiro. A administração em East High era diretiva e às vezes severa com alunos e professores, mas muitos pais preferiam a forte disciplina da East High em vez da abordagem descontraída da West High. Enquanto não se configurava a crise, no entanto, o velho Bob estava contente, como a maioria de seus professores.

(continua)

CASO SOBRE LIDERANÇA EDUCACIONAL *(continuação)*

Há dois anos, o distrito escolar tinha contratado uma nova superintendente, Rebecca Goldberg, e desde então os ventos da mudança tinham começado a soprar. Rebecca e o velho Bob tornaram-se antagonistas quase imediatamente. Rebecca tinha uma visão para o distrito, uma visão de escolas melhores, com notas mais altas nos testes estaduais, mais envolvimento dos pais, novos programas curriculares e menos abandonos. Bem, dois anos de interferência eram mais do que o velho Bob poderia suportar. Na precoce idade de 62, aposentou-se e disse adeus a seus amigos. Recusou-se terminantemente a "dar o braço a torcer" à nova superintendente. Os leais professores do velho Bob ficaram chocados e um pouco apreensivos quando ele decidiu encerrar a carreira e se aposentar. Afinal de contas, sua postura era bastante cordial com os professores. Ele se opunha a regulamentos e regras burocráticas porque elas restringiam as atividades de seu corpo docente. Recompensava seus professores leais com uma política de não intervenção. Nunca mostrou arrogância nem abusou do poder – ele era apenas "um dos garotos", comentário que irritava algumas das professoras mais jovens. Mas nenhuma delas fez ou disse algo para ofender o velho Bob, pois ele era um boa-praça. Sempre que precisavam de um favor, podiam contar com ele. Ele tivera um ótimo relacionamento com o superintendente anterior; tinham sido amigos durante 20 anos e foi nesse tempo todo que o velho Bob adotou o padrão de indulgência e benigna desatenção com seus professores. Ninguém se lembrava de um novo professor que não tivesse alcançado estabilidade; de fato, a forma de ser contratado em West High era conhecer alguém que conhecia o velho Bob. Bob contratava a pessoa, e a nomeação sempre era aprovada pela superintendência e pelo conselho – isso até dois anos atrás. A nova superintendente tinha ideias diferentes; o conselho tinha contratado Rebecca Goldberg com o objetivo de mudar e melhorar o distrito. Alguns diziam que o velho Bob havia sido induzido a sair; seja qual for a dinâmica, o velho Bob se foi e deixou para trás um corpo docente escolhido por ele.

Bob cultivava a ideia de que Pete Marshall, seu assistente por uma década, viesse a tomar o seu lugar – então foi uma autêntica bomba quando o conselho escolar decidiu contratar um sucessor de fora. Você foi selecionado pelo conselho devido à sua visão de uma escola com elevados padrões acadêmicos, educadora e, ao mesmo tempo, rigorosa. O conselho de educação quis você como diretor, pois gostou de sua energia e de suas ideias progressistas, e tanto o conselho quanto a superintendente lhe deram carta branca para mudar. Você chegou à West High só um mês antes da volta às aulas e agora completou dois meses no cargo. Você realmente acredita que pode mudar as coisas, mas não vai ser assim tão fácil quanto pensava inicialmente. Você herdou um corpo docente leal; infelizmente, eles são leais ao velho Bob e ao seu diretor-assistente. Parece que você está recebendo oposição em cada assunto. Praticamente inexistem procedimentos operacionais nesta escola; os professores fazem o que querem fazer e o resultado beira o caos. Ao fazer uma pergunta a um professor sobre qualquer assunto, a resposta é sempre a mesma: "É assim que sempre fizemos". Ao sugerir que talvez uma mudança possa melhorar as coisas, a resposta comum é: "Não é assim que o velho Bob fazia".

Pete, seu diretor-assistente, é distante e não particularmente solícito: na verdade, você teve a impressão de que ele está tentando puxar o seu tapete. Na semana passada você passou pela sala dele e ouviu por acaso ele comentando com um pai ao telefone que você nunca estava por perto e isso dificultava as coisas. Você está tentando ser solidário com Pete e trabalhar com ele, pois sabe que ele está decepcionado por não ter conseguido o emprego. Talvez você devesse ter aceitado a proposta da superintendente de transferir Pete Marshall para East High. Você já tem problemas suficientes com professores e alunos e não precisa de um diretor-assistente lhe puxando o tapete. Esta é uma escola muito unida e, infelizmente, você é um forasteiro. O conselho e a superintendente esperam resultados e mudanças, mas você está encontrando obstáculos em todos os lugares. O corpo docente se ressente das reuniões de

(continua)

CASO SOBRE LIDERANÇA EDUCACIONAL *(continuação)*

desenvolvimento profissional que você agendou como parte de uma futura reciclagem. O corpo docente resiste a qualquer tentativa de mudar. Você não pode contar com o apoio de seu assistente; simplesmente não confia nele. Nem mesmo em sua secretária (a secretária do velho Bob) você pode confiar. Ela também está sempre lhe comparando com o velho Bob. Você já está cansado de ouvir sobre o quanto o velho Bob era legal; você sabe que não era bem assim. Você suspeita que o grau de conversa sobre seu antecessor é simplesmente um índice de resistência à sua liderança. Você está frustrado e sente a necessidade de fazer mudanças drásticas. O ano letivo só começou há um mês, mas você tem de fazer algo. Você está no comando. Neste momento, você tem o apoio do conselho e da superintendente. Deve agir, mas precisa de ajuda e de um plano. Hoje é o início da mudança em West High, você jura, ao pegar o telefone para agendar um encontro com a superintendente. Você calcula que tem um pouco de tempo para esboçar um plano de ação, e acredita que a superintendente é solidária com sua situação.

- Você deve pedir para que Pete Marshall seja transferido?
- Como você pode obter uma secretária solícita?
- Como pode usar a autoridade de seu cargo para gerar mudanças?
- Chegou a hora de fazer algumas mudanças unilaterais em sua escola? Mudanças de cima para baixo?
- Chegou a hora de instituir um sistema de regras, normas e procedimentos? Como?
- Chegou a hora de uma reestruturação drástica?
- A democracia nesta situação é um sonho não realista?

Essas são apenas algumas das perguntas que você deve responder antes de propor um plano de mudança à superintendente. Você é o diretor; tem o apoio de seus superiores, mas não de seus subordinados; seus superiores esperam melhoria; a escola precisa de mudança; e você precisa de um plano.

GUIA PRÁTICO

1. Certifique-se de que aqueles com *expertise* tomem as decisões importantes: o conhecimento dá as cartas.
2. Quando possível, substitua as regras por juízo profissional: o juízo suplanta as regras.
3. Inicie estruturas capacitadoras: elas facilitam culturas escolares positivas.
4. Evite estruturas entravadoras: elas frustram o juízo profissional e a criatividade do professor.
5. Preveja as consequências negativas das regras: esteja pronto e flexível.
6. Reveja e exclua regras a cada ano: quanto menos regras, melhor.
7. Conheça seus líderes escolares informais: a liderança informal é um importante complemento da formal.
8. Equilibre as exigências formais com as capacidades individuais: os dois itens são cruciais para o sucesso.
9. Tornar o local de trabalho interessante e desafiador: crie estruturas que estimulem a criatividade.
10. Seja atento: torne a atenção na atitude, na organização e no comportamento um hábito de pensamento e ação.
11. Institucionalize estruturas que funcionam: modifique estruturas que não funcionam.
12. Passe do controle burocrático ao profissional: o juízo do professor deve acabar substituindo o controle administrativo.
13. Procure a harmonia entre as organizações formais e informais: as duas são obrigatórias para a organização eficaz.

PRINCÍPIOS E PRESSUPOSTOS BÁSICOS

1. Praticamente todas as organizações, incluindo escolas, têm estruturas hierárquicas.
2. A divisão do trabalho promove a especialização, que por sua vez produz *expertise*.
3. A organização informal é a outra face da formal; em cada organização formal existe uma estrutura informal, que emerge espontaneamente.
4. A estrutura organizacional tem consequências positivas e negativas; o desafio administrativo é alcançar as positivas e evitar as negativas.
5. O tipo de estrutura organizacional (capacitadora ou entravadora, atenta ou desatenta, de vinculação firme ou frouxa) é tão importante quanto o grau de estrutura (alta ou plana, centralizada ou descentralizada).
6. Não existe estrutura ideal; a estrutura adequada depende das pessoas, das tarefas, dos objetivos, da tecnologia e do contexto.
7. As organizações se deparam com os problemas de controle e coordenação e também com problemas de criatividade e mudança.
8. A vinculação firme melhora a eficiência organizacional e a responsabilização, mas a vinculação frouxa promove a criatividade e o profissionalismo.
9. Todas as organizações são confrontadas com o dilema entre ordem e liberdade; não existe solução definitiva, mas em vez disso um esforço contínuo para obter o equilíbrio certo.
10. Uma perspectiva estrutural depende de acreditar na racionalidade e de confiar que mecanismos estruturais adequados minimizam os problemas.

TESTE OS SEUS CONHECIMENTOS: SABE O SIGNIFICADO DESTES TERMOS?

divisão do trabalho, *p. 86*
especialização, *p. 86*
orientação impessoal, *p. 86*
hierarquia de autoridade, *p. 86*
regras e regulamentos, *p. 87*
orientação de carreira, *p. 87*
tipo ideal, *p. 87*
deslocamento de objetivos, *p. 90*
regras representativas, *p. 91*
regras centradas em punição, *p. 91*
organização informal, *p. 91*
estrutura weberiana, *p. 99*
estrutura autoritária, *p. 99*
estrutura profissional, *p. 99*
estrutura caótica, *p. 100*
estrutura escolar capacitadora, *p. 103*
estrutura escolar entravadora, *p. 103*

organizações atentas, *p. 105*
mecanismos de coordenação, *p. 107*
ajuste mútuo, *p. 107*
supervisão direta, *p. 108*
padronização do trabalho, *p. 108*
padronização dos produtos, *p. 108*
padronização das habilidades, *p. 108*
núcleo operacional, *p. 108*
ápice estratégico, *p. 108*
linha intermediária, *p. 109*
tecnoestrutura, *p. 109*
equipe de apoio, *p. 109*
estrutura simples, *p. 110*
burocracia mecânica, *p. 111*
burocracia profissional, *p. 112*
vinculação frouxa, *p. 114*
conflito profissional-burocrático, *p. 116*

LEITURAS SUGERIDAS

BOLMAN, L. G.; DEAL, T. E. *Reframing organizations*: artistry, choice, and leadership. 3rd ed. San Francisco: Jossey-Bass, 2008.

Análise contemporânea sobre estrutura e liderança organizacionais.

FERGUSON, K. E. *The feminist case against bureacracy*. Philadelphia: Temple University Press, 1984.

Crítica feminista à burocracia.

HOY, W. K. An analysis of enabling and mindful school structures: some theoretical, research, and practical considerations. *Journal of Education Administration*, v. 41, p. 87-108, 2003.

Análise da noção de estruturas capacitadoras e comportamento de líder atento aplicada às escolas.

MARCH, J. G.; SIMON, H. *Organizations*. 2nd ed. Cambridge: Blackwell, 1993.

Clássica análise de estrutura organizacional e comportamento por dois dos mais destacados teóricos organizacionais.

MINER, J. B. *Organizational behavior 2*: essential theories of process and structure. Armonk: Sharpe, 2005.

Abrangente análise sobre as teorias da estrutura organizacional.

MINTZBERG, H. *The structuring of organizations*. Englewood Cliffs: Prentice Hall, 1979.

Abrangente e contemporânea análise da estrutura organizacional.

WEICK, K. E.; SUTCLIFFE, K. M. *Managing the unexpected*. San Francisco: Jossey-Bass, 2001.

Cartilha sobre as organizações de alta confiabilidade e organização e gestão atentas.

WILSON, J. Q. *Bureaucracy*: what government agencies do and why they do it. New York: Basic Books, 1989.

Esclarecedora análise das burocracias, incluindo as burocracias escolares.

EXERCÍCIO DE PORTFÓLIO

Utilize a perspectiva conceitual de *estruturas escolares capacitadoras e entravadoras*. Defina e desenvolva os conceitos e como eles se inter-relacionam; ou seja, explique a perspectiva de modo completo. Depois faça o seguinte:

- Visite www.coe.ohio-state.edu/whoy e baixe a Escala de Estrutura Capacitadora (ESS, de *Enabling Structure Scale*).
- Depois administre o instrumento a 8 ou 10 professores em sua escola que concordem em participar. Entreviste cada professor para verificar a validade da medida. Mantenha tanto a escola quanto os respondentes anônimos.
- Em seguida, confira a nota do instrumento e determine o quão capacitadora é a estrutura de sua escola. Compare e contraste a sua escola com uma escola média conforme definida no *site*. Qual

a representatividade dos resultados para a sua escola? Será que seu diretor concordaria? Em que medida os professores são tratados corretamente pela administração?

- Utilize os resultados e analise os pontos fortes e fracos de sua estrutura escolar. Desenvolva um plano para melhorar a estrutura de sua escola, a ser implementado no próximo ano. Forneça uma descrição passo a passo de seu plano. Certifique-se de que seja realista.
- Como o seu plano capitaliza a diversidade da escola para melhorar? Como então você avaliaria a eficácia de seu plano? Certifique-se de mencionar as coisas realmente necessárias para melhorar a estrutura da sua escola.

Padrões de liderança 3 e 5

NOTAS

1. Os estudos de Aston, feitos por D. S. Pugh e colaboradores (1968, 1969) e Pugh e Hickson (1976) na Universidade de Aston, em Birmingham, Inglaterra, são um conjunto abrangente de estudos sobre burocracia utilizando inventários de entrevista para avaliar a estrutura das organizações de trabalho, em vez de questionários. A técnica tem sido usada por pesquisadores canadenses (NEWBERRY, 1971; KELSEY, 1973; HOLDAWAY et al., 1975; SACKNEY, 1976) na Universidade de Alberta e por pesquisadores dos Estados Unidos (SOUSA; HOY, 1981; GUIDETTE, 1982; HAYMOND, 1982) na Universidade Rutgers para estudar organizações educacionais. Independentemente da estratégia de pesquisa, os resultados do estudo sobre estruturas burocráticas nas escolas são bastante consistentes.

2. Consulte outros exemplos de regras capacitadoras e estrutura capacitadora em Hoy (2003).

3. Uma nota de cautela: estruturas escolares capacitadoras podem capacitar os objetivos errados exatamente da mesma maneira que alguns pais permitem que seus filhos se envolvam em comportamentos destrutivos. A estrutura capacitadora não é uma panaceia nem um substituto para objetivos adequados, tecnologia e *expertise*. Ver Hoy (2003).

4. A essas cinco configurações originais, Mintzberg (1989) acrescentou mais duas – a organização missionária e a organização política. Às vezes, a ideologia ou a política se torna tão dominante que ignora as configurações padrão e cria sua própria configuração. Se a ideologia (cultura) da organização se torna tão forte que toda a sua estrutura é construída em torno dela, Mintzberg rotula a configuração de organização missionária. Se a política torna-se tão forte a ponto de capturar a organização, a configuração é rotulada de organização política. Mas normalmente, política (Cap. 7) e ideologia (Cap. 5) são componentes das formas padrão; são sobreposições das cinco configurações convencionais.

5. Mintzberg (1979) também identifica a tendência de os gestores da linha intermediária promover a fragmentação e a tendência de as equipes de apoio colaborar, ambas menos pronunciadas nas escolas e encontradas predominantemente em estruturas compartimentadas e adocracias.

6. Parsons (1967) detalha as funções técnicas, gerenciais e institucionais nas escolas.

7. Consulte uma discussão perspicaz sobre as zonas separadas de controle de diretores e professores em Lortie (1969).

8. Carlson (1962) fornece uma intrigante análise de pesquisa sobre as orientações local-cosmopolita para superintendentes em termos de influenciar o comportamento do administrador e Hoy e Aho (1973) e Ganz e Hoy (1977) fazem a mesma coisa com diretores de ensino médio e fundamental, respectivamente. Consulte em Gouldner (1958) o estudo clássico das orientações local-cosmopolita.

4

INDIVÍDUOS NAS ESCOLAS

Entre os mecanismos de agência, nenhum é mais central ou penetrante do que as crenças de eficácia pessoal. A menos que as pessoas acreditem que possam produzir os efeitos desejados por suas ações, elas têm pouco incentivo para agir.

Albert Bandura
Self-Efficacy: The Exercise of Control

Não é difícil aprender o que você quer saber.

Aluno anônimo
Washington, DC

PONTOS PRINCIPAIS

1. Indivíduos nas escolas são motivados por suas necessidades, crenças e metas.
2. A teoria da hierarquia das necessidades de Maslow postula cinco categorias básicas de necessidades organizadas em uma hierarquia de precedência: fisiológica, segurança, pertencimento, estima e realização pessoal.
3. A teoria de motivação e higiene de Herzberg postula dois conjuntos distintos de necessidades que conduzem à satisfação e à insatisfação.
4. As necessidades de autonomia e realização são também relevantes forças motivadoras para muitos indivíduos.
5. A teoria da atribuição explica que a motivação será forte quando as causas dos resultados são percebidas como internas, passíveis de mudança e controláveis.
6. A teoria da equidade sustenta que os indivíduos trabalham arduamente quando acreditam ter recebido tratamento justo — ou seja, quando receberam recompensas apropria-

das (com justa alocação das recompensas) e foram tratados com respeito.

7. A teoria da expectativa sugere que os indivíduos vão trabalhar arduamente se esse esforço adicional resultar em melhor desempenho, se o bom desempenho for notado e recompensado e se eles valorizarem as recompensas.
8. A autoeficácia contribui para a motivação pela determinação de quais objetivos os indivíduos definem para si mesmos, quanto esforço gastam, quanto tempo eles perseveram diante das dificuldades e a sua resiliência a falhas.
9. A teoria da definição de objetivos sugere que quando um indivíduo aceita objetivos específicos, realistas e desafiadores, a motivação será forte, especialmente se o *feedback* sobre o progresso for aberto.
10. A motivação intrínseca e a extrínseca são duas estratégias diferentes para motivar os indivíduos.

Quando os administradores analisam suas organizações, às vezes se concentram na estrutura em detrimento do indivíduo. Mas as organizações existem tanto para atender às necessidades humanas quanto para atingir os objetivos organizacionais. Desprezar o elemento estrutural ou o individual do sistema social escolar é não enxergar longe e não ter uma visão completa. Como já vimos (Cap. 1), alunos, professores e administradores trazem consigo suas necessidades e desenvolvem suas próprias orientações pessoais e compreensões cognitivas sobre seus papéis. Que facetas do indivíduo são mais instrumentais para influenciar o trabalho e outros comportamentos nas escolas? Quais características do indivíduo motivam o comportamento na escola? Respostas a essas perguntas podem ser enquadradas em muitos aspectos, pois os indivíduos são muito complexos e as percepções sobre o comportamento humano estão enraizadas em muitas perspectivas e disciplinas. Acreditamos que um jeito poderoso de obter percepções sobre alunos, professores e administradores como indivíduos no sistema social escolar é examinar suas *necessidades, crenças, metas* e *motivações*.

NECESSIDADES

Embora as pessoas exerçam cargos e funções nas escolas, elas não são meramente agentes desprovidos de necessidades exclusivas; na verdade, as motivações e as necessidades humanas são elementos fundamentais para determinar como os indivíduos se comportam nas organizações. Os indivíduos que trabalham em organizações estão sempre preocupados em satisfazer suas necessidades enquanto cumprem suas missões. Os pais estão preocupados com as necessidades dos seus filhos, os políticos estão em sintonia com as necessidades de seus círculos eleitorais, os professores ten-

tam atender às necessidades de seus alunos, e a maioria dos diretores é sensível às necessidades de seus professores. Não há dúvida de que as necessidades individuais são importantes nas organizações. As pessoas têm diferentes necessidades pessoais que moldam o seu comportamento. Na medida do possível, a maioria das pessoas tenta personalizar seus papéis em uma organização, ou seja, carimbar sua própria marca de comportamento nos papéis esperados – comportamento coerente com as suas necessidades. Uma das razões para o comportamento diferente de pessoas que exercem as mesmas funções é que cada pessoa tem o seu próprio estilo. Os professores têm estilos diferentes e também os alunos e administradores.

Edwin A. Locke (1991) observa que as necessidades são frouxamente utilizadas na conversa cotidiana, mas em seu contexto biológico elas são necessárias para a sobrevivência e o bem-estar dos organismos. Mais formalmente, as **necessidades** são estados internos de desequilíbrio que levam os indivíduos a seguir determinados cursos de ação a fim de recuperar o equilíbrio interno (STEERS; PORTER, 1991). O conceito de necessidade explica em um nível mais básico o comportamento dos organismos vivos, e é o padrão para julgar se uma ação específica é saudável ou não.

Hierarquia de necessidades: necessidades básicas

O psicólogo humanista Abraham Maslow (1970) desenvolveu uma fascinante teoria das necessidades humanas; na verdade, seu modelo de hierarquia de necessidades tornou-se um dos mais amplamente discutidos e influentes perspectivas sobre a motivação humana. O modelo foi derivado principalmente da experiência de Maslow como psicólogo clínico e não de pesquisas sistemáticas (CAMPBELL; PRITCHARD, 1976; STEERS;

PORTER, 1983). Sua teoria postula uma **hierarquia de necessidades** – um conjunto básico de necessidades humanas inatas dispostas em ordem hierárquica (KANFER, 1990).

Cinco categorias básicas de necessidades, dispostas em níveis hierárquicos (identificadas e descritas na Fig. 4.1) constituem a base do modelo de Maslow (1970):

- No primeiro nível da hierarquia estão as *necessidades fisiológicas*, que consistem em funções biológicas fundamentais como fome e sede.
- *Necessidades de segurança e proteção*, o segundo nível, derivam do desejo de uma sociedade pacífica, tranquila e estável.
- Compondo o terceiro nível, as *necessidades sociais, de pertencimento e amor* são extremamente importantes na sociedade moderna. Maslow sustenta que a frustração dessas necessidades provoca perturbações. Por exemplo, ele acredita que certa proporção da rebeldia adolescente é motivada pela profunda necessidade de pertencer a um grupo.
- As *necessidades de estima*, no quarto nível, refletem o desejo de ser altamente considerado por outros. Realização, competência, *status* e reconhecimento satisfazem as necessidades de estima.
- Por fim, Maslow mantém que o descontentamento e a inquietação se desenvol-

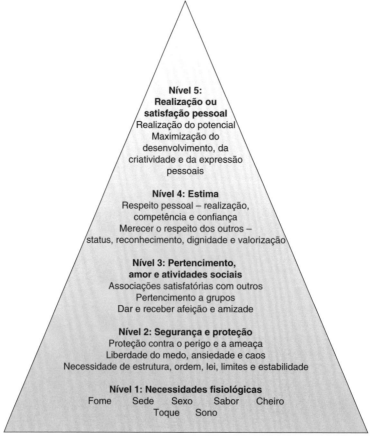

FIGURA 4.1 Teoria da hierarquia de necessidades de Maslow.

vem a menos que os indivíduos façam o que eles são mais adequados para fazer – isto é, a menos que eles satisfaçam sua necessidade de *realização pessoal*, o quinto nível. O significado de realização pessoal é tema de muita discussão. Uma definição sucinta e simples: **realização pessoal** é a necessidade de o indivíduo se tornar o que sempre quis ser, cumprir plenamente os objetivos de vida e realizar o potencial de sua personalidade (CAMPBELL; PRITCHARD, 1976). Maslow percebia a realização pessoal como processo, não estado final. Os indivíduos estão continuamente em processo de explorar mais e mais o incomparável potencial que têm a ser explorado em suas personalidades (CHERRINGTON, 1991).

As necessidades de Maslow relacionam-se umas com as outras e se organizam em uma hierarquia de precedência, ou urgência pela sobrevivência, do indivíduo. Quanto maior a precedência de uma necessidade, mais ela domina outras necessidades na consciência humana e exige ser satisfeita. Essa observação leva ao postulado fundamental da teoria de Maslow: *as necessidades de nível mais alto se tornam ativadas à medida que as necessidades de nível inferior se tornam satisfeitas*. Assim, Maslow sugere que uma pessoa consegue viver apenas com pão – se antes passava fome. Mas, na abundância de pão, emergem outras necessidades de nível superior. Elas, por sua vez, dominam a pessoa e, à medida que se tornam satisfeitas, são deslocadas por novas necessidades. A sequência – aumento da satisfação, importância diminuída, aumento da importância do nível seguinte de necessidade superior – repete-se até que seja atingido o nível mais alto da hierarquia. Por conseguinte, o comportamento individual é motivado por uma tentativa de satisfazer a necessidade mais importante na ocasião (LAWLER 3RD, 1973).

O surgimento sucessivo de necessidades de nível superior é limitado, porque as necessidades de nível inferior nunca estão completamente satisfeitas; além disso, se um indivíduo não consegue satisfazer as necessidades em determinado nível durante certo período de tempo, essas necessidades voltam a se tornar potentes motivadores. Uma necessidade completamente satisfeita não é um motivador eficaz. Por isso, o conceito de gratificação é tão importante quanto o de privação. Maslow pondera que a gratificação livra a pessoa da dominação de uma necessidade, permitindo o surgimento de uma necessidade de nível mais alto. No entanto, se uma necessidade de ordem inferior é deixada insatisfeita, ela ressurge e domina o comportamento.

Um equívoco comum sobre a teoria de Maslow é o de que uma necessidade deve ser inteiramente satisfeita antes que surja o próximo nível de necessidades. Maslow afirma que os indivíduos normais, em geral, têm todas as suas necessidades básicas apenas parcialmente satisfeitas. Uma descrição mais realista da estrutura das necessidades é a de que a porcentagem de satisfação diminui à medida que a hierarquia de precedência aumenta. Conforme Maslow, para a maioria das pessoas, as necessidades dos primeiros três níveis são habitualmente satisfeitas e já não exercem muito efeito motivacional; no entanto, a satisfação das necessidades de estima e de realização pessoal raramente se preenche. As necessidades de nível mais alto motivam continuamente. Em outras palavras, a maioria dos comportamentos é motivada por necessidades de mais de um nível da hierarquia, e novos estados de necessidade não emergem de modo brusco, tipo tudo ou nada (PINDER, 1984).

Várias observações sobre o trabalho em organizações educacionais podem ser feitas com base na teoria de Maslow. Primeiro, embora as necessidades fisiológicas pareçam razoavelmente bem satisfeitas para os educadores, alguns alunos são privados inclusive das mais básicas necessidades e, portanto, mostram fortes problemas motivacionais. Além disso, as necessidades de segurança e proteção, o segundo nível hierárquico, certamente podem se tornar fatores de motivação tanto para funcionários da escola quanto para os alunos. A violência direcionada contra a escola, a violência oriunda da escola e a violência no seio da escola têm, cada vez mais, se tornado um estilo de vida para muitos alunos. É difícil se concentrar em estudar ou lecionar quando você está com medo. Ações administrativas que despertam a incerteza em relação à estabilidade no emprego ou à discriminação podem afetar todos os indivíduos, desde o zelador até o superintendente. Além disso, Maslow teoriza que aspectos mais amplos da tentativa de procurar segurança e proteção são vistos na preferência que muitas pessoas têm por coisas familiares, em vez de não familiares, por coisas conhecidas, em vez de desconhecidas. Nas escolas, aquelas pessoas que têm necessidades de alta segurança podem resistir à mudança e desejar segurança no trabalho, planos de indenização em caso de danos e programas de aposentadoria para satisfazer essas necessidades.

Devido à necessidade de pertencimento, o indivíduo procura se relacionar com colegas de trabalho, pares, superiores e subordinados. No caso dos educadores, laços de amizade, grupos de trabalho informais, associações profissionais e associações escolares satisfazem essa necessidade. A necessidade de estima e *status*, o quarto nível hierárquico, motiva o educador a procurar controle, autonomia, respeito de e para os outros e competência profissional. Por fim, a necessidade de realização pessoal motiva os educadores a explorar todo o seu potencial como pessoa. Essa necessidade aparece menos do que outras, no entanto, pois muitos indivíduos ainda estão preocupados com as necessidades de nível inferior. Não obstante, Maslow (1965) claramente defende que organizações como as escolas devem proporcionar o mais alto nível de satisfação de necessidade possível, pois alunos, professores e administradores pessoalmente realizados têm melhores desempenhos.

A teoria da hierarquia das necessidades de Maslow, portanto, baseia-se em três postulados fundamentais (CHERRINGTON, 1991):

- As necessidades individuais são universais e organizadas em uma hierarquia.
- As necessidades não plenamente satisfeitas levam os indivíduos a se concentrar exclusivamente nessas necessidades.
- Necessidades de nível menor devem ser substancialmente satisfeitas antes que necessidades de nível mais alto sejam sentidas e seguidas.

A teoria de Maslow é tão popular pelo simples motivo de ser intuitivamente atraente, mas pesquisas projetadas para testá-la produziram resultados díspares (BARON, 1998). Não há indícios claros mostrando que as necessidades humanas são classificadas em cinco categorias distintas nem de que essas categorias estejam estruturadas em qualquer hierarquia especial. Na verdade, os resultados de vários estudos não sustentam o pressuposto fundamental de uma hierarquia de precedência; outros estudos verificaram reduzida corroboração (MINER, 1980; STEERS; PORTER, 1983; LANDY; BECKER, 1987; CHERRINGTON, 1991). De três estudos publicados desde 1980, um desafia fortemente a teoria (RAUSCHENBERGER; SCHMITT; HUNTER, 1980); e dois demonstram apoio apenas modesto (BETZ, 1984; LEFKOWITZ; SOMERS; WEINBERG, 1984).

Em suma, essa atraente análise das necessidades humanas deve ser vista como uma perspectiva intrigante, mas não comprovada, de examinar e explicar o comportamento. Isso não significa que a teoria está errada, mas apenas que ainda não foi sustentada até o momento (MINER, 2002).

Necessidades e satisfação do trabalhador

Frederick Herzberg, Mausner e Snyderman (1959) desenvolveram uma teoria da motivação e satisfação no trabalho com base nas conclusões do seu hoje famoso estudo sobre engenheiros e contabilistas. Os resultados os levaram a concluir que os fatores que conduziam a atitudes positivas no trabalho (motivadores) tinham o potencial de satisfazer as necessidades do indivíduo por realização pessoal, ou, nas palavras de Herzberg, o potencial de promover o crescimento psicológico. Entretanto, um conjunto distinto de fatores, os fatores de higiene, está relacionado a necessidades fisiológicas, de segurança e sociais. Maslow centra-se nas necessidades humanas gerais da pessoa psicológica, ao passo que Herzberg (1982) se concentra na pessoa psicológica em termos de como o trabalho afeta as necessidades básicas.

A teoria (que tem sido chamada de teoria da motivação-higiene, teoria dos dois fatores, teoria duplo-fator ou simplesmente teoria de Herzberg) tem sido amplamente aceita por administradores e formuladores de políticas. Herzberg e seus colegas constataram que fatos positivos foram dominados por referências à realização, ao reconhecimento (por conquistas), o trabalho em si (desafios), a responsabilidade e o progresso na carreira (promoção). Acontecimentos negativos foram dominados por referências a relações interpessoais com os superiores e colegas, supervisão técnica, política e gestão da empresa, condições de trabalho, salário e vida pessoal. Eles concluíram que a presença de certos fatores no emprego aumenta a satisfação do indivíduo no trabalho, mas a ausência desses mesmos fatores não necessariamente produz insatisfação no trabalho. A teoria tem vários pressupostos básicos:

- Existem dois conjuntos separados de fatores para explicar a satisfação e a insatisfação no trabalho.
- Os motivadores tendem a produzir satisfação, e os fatores de higiene tendem a produzir insatisfação.
- A satisfação e a insatisfação no trabalho não são polos contrários, mas, em vez disso, dimensões separadas e distintas.

Assim, a teoria da motivação-higiene postula que o cumprimento de certas necessidades, chamadas **motivadores** (ou seja, a realização, o reconhecimento, o trabalho em si, a responsabilidade e o progresso) aumenta a satisfação, mas quando os motivadores não são cumpridos, o resultado é apenas mínima insatisfação. Contudo, quando fatores chamados de **higienes** (ou seja, relações interpessoais, supervisão, política e gestão, condições de trabalho, salário e vida particular) não são cumpridos, atitudes negativas são criadas, gerando insatisfação no trabalho. O cumprimento das higienes leva apenas à mínima satisfação no trabalho. Por exemplo, ser restringido em sua capacidade de copiar as provas na máquina de xerox da escola provavelmente causará insatisfação, mas é improvável que a mera disponibilidade desse serviço promova elevada satisfação no trabalho. É mais provável que a satisfação no trabalho decorra de fatores como autonomia, responsabilidade e o desafio do trabalho em si. Em poucas palavras, os motivadores tendem a produzir a satisfação no trabalho, enquanto os fatores de higiene tendem a produzir insatisfação no trabalho. Por que chamar de "higienes" os fatores que produzem insatisfação e são relativamente sem importância na promoção da satisfação? É uma metáfora médica: embora a higiene seja muito importante na prevenção de infecções graves, só a higiene normalmente não produz uma cura, assim como os fatores de higiene isoladamente não conseguem produzir altos níveis de satisfação.

Miner (2002, 2004) observa que os cinco fatores de motivação têm relação ao mesmo tempo conceitual e empírica. Quando esses elementos estão presentes no trabalho, as necessidades básicas do indivíduo de crescimento pessoal e realização pessoal serão satisfeitas; sentimentos positivos e desempenho melhorado também resultarão. Os fatores de higiene, quando fornecidos adequadamente, podem servir para remover a insatisfação e melhorar o desempenho até certo ponto. Mas os elementos de higiene não produzem sentimentos tão positivos nem níveis tão altos de desempenho quanto seria possível.

Embora a teoria de Herzberg tenha se tornado bastante controversa, ela exerceu um grande impacto no campo da motivação no trabalho e do *design* de organogramas. Steers e Porter (1991) argumentam que Herzberg merece crédito substancial. Chamando atenção à necessidade de melhor compreensão do papel desempenhado pela motivação, ele preencheu um vácuo no final dos anos de 1950. Sua abordagem é sistemática; sua linguagem, compreensível. Ele criou e aprofundou uma teoria que é fácil de entender, se baseia em dados empíricos e oferece recomendações específicas de ação para os administradores. Pinder (1984) oferece uma defesa ainda mais forte para o modelo. Ele argumenta que existem evidências substanciais de que as ideias de Herzberg relativas à concepção dos postos de trabalho têm validade e utilidades práticas consideráveis.

Resumindo, os administradores devem estar cientes de ambos os conjuntos de fatores à medida que tentam projetar e enriquecer as funções ligadas ao ensino para torná-las inerentemente desafiadoras e interessantes, bem como para eliminar aqueles aspectos do trabalho com maior probabilidade de produzir insatisfação. Fatores tanto de higiene como motivadores são importantes, mas por razões diferentes (ver Tab. 4.1). Uma ressalva: a separação entre os dois conjuntos de fatores não é tão clara como a teoria sugere; por exemplo, o salário não é apenas um elemento desencadeador de insatisfação, mas também atua como motivador para certas pessoas (MINER, 2002). No entanto, é útil lembrar: fatores que incentivam a insatisfação muitas vezes são diferentes daqueles que promovem a satisfação.

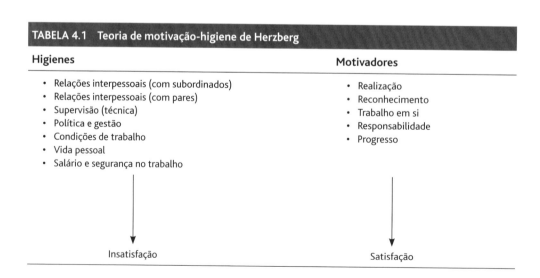

TABELA 4.1 Teoria de motivação-higiene de Herzberg

Higienes	Motivadores
• Relações interpessoais (com subordinados) • Relações interpessoais (com pares) • Supervisão (técnica) • Política e gestão • Condições de trabalho • Vida pessoal • Salário e segurança no trabalho	• Realização • Reconhecimento • Trabalho em si • Responsabilidade • Progresso
↓ Insatisfação	↓ Satisfação

Necessidade de realização: uma necessidade adquirida

Postulada por David C. McClelland (1961, 1965, 1985), a **teoria da motivação por realização** é comumente chamada de teoria da necessidade de realização ou teoria da *n*-realização.[1] A necessidade de realizar tarefas difíceis, de superar obstáculos e dificuldades e de se sobressair é a necessidade de realização. Considera-se que os indivíduos que se esforçam por excelência em qualquer campo por causa da realização, não de outras recompensas, tenham alta necessidade de realização. Em contraste com as necessidades inatas e de hierarquia fixa de Maslow, o arcabouço de McClelland assevera que os motivos são aprendidos; eles se tornam organizados em uma hierarquia de potencial para influenciar o comportamento; e variam de pessoa para pessoa. À medida que as pessoas se desenvolvem, aprendem a associar sentimentos positivos e negativos com certas coisas que acontecem na vida delas ou em torno de suas vidas. Por conseguinte, o valor de realização é aprendido quando oportunidades para competir com padrões de excelência tornam-se associadas com resultados positivos (PINDER, 1984). Para um indivíduo, a realização é direcionada rumo ao topo da hierarquia de motivos, e mínimas sugestões de realização são suficientes para ativar a expectativa de prazer. Assim, a probabilidade de busca pela realização é aumentada. Sob essas circunstâncias, motivos mais fracos provavelmente serão suplantados pela realização, assumindo um nítido papel secundário na influência do comportamento (MINER, 1980).

McClelland (1961, 1985) formulou a hipótese de que os indivíduos com alta motivação de realização têm três características principais:

- Primeiro, eles têm um *forte desejo de assumir a responsabilidade pessoal* para executar uma tarefa ou resolver um problema. Por isso, eles tendem a trabalhar sozinhos, em vez de com os outros. Se o trabalho exige colaboração, tendem a escolher colegas de trabalho com base na sua competência em vez de por amizade. Os indivíduos com altas necessidades de realização preferem situações que lhes permitam assumir a responsabilidade pessoal e obter crédito pessoal pelos resultados (MINER, 1980).

- Em segundo lugar, aqueles com alta necessidade de realização tendem a fixar *objetivos moderadamente difíceis* e correr riscos de nível intermediário. Se as tarefas são muito difíceis, a chance de sucesso e a probabilidade de satisfação são baixas. Tarefas fáceis representam coisas que qualquer um pode fazer; assim, pouca satisfação será obtida em realizá-las. Pessoas com alto nível de realização tendem a calcular os riscos e a escolher situações em que elas já contam que se sentirão um pouco sobrecarregadas por desafios, mas não muito sobrecarregadas (MINER, 1980, 2002).

- Em terceiro lugar, as pessoas com alta necessidade de realização têm um *forte desejo por* feedback *de desempenho*. Esses indivíduos querem saber quão bem estão se saindo e ficam ansiosos para receber informações sobre os resultados, independentemente se isso significar sucesso ou fracasso (CHERRINGTON, 1991). Há poucas oportunidades para a satisfação de realização quando uma pessoa não diferencia sucesso de fracasso.

Os indivíduos com alta necessidade de realização caracterizam-se por sua absorção centrada na realização da tarefa (CHERRINGTON, 1991). Por conseguinte, a necessidade de realização é um motivo importante nas escolas, pois alunos, professores e gestores centrados costumam ser bem-sucedidos. A partir de suas pesquisas, McClelland concluiu que a motivação de realização é aparentemente aprendida em idade precoce e fortemente influenciada por práticas de educação infantil e outras influências dos pais. Crianças que percebem que suas ações têm impacto no seu sucesso e que são ensinadas a reconhecer o bom desempenho são mais propensas a crescer com o desejo de se sobressair (SCHUNK, 2000).

Outros teóricos, no entanto, encaram a motivação de realização como um conjunto de crenças e valores conscientes moldado por experiências recentes com sucesso e falha e por fatores de situação imediata como a dificuldade da tarefa e incentivos disponíveis. Assim, uma professora pode estar altamente motivada com suas aulas de álgebra, porque a turma está indo bem, mas mostrar baixa motivação com suas aulas de geometria, porque a turma é desinteressada e claudicante (STIPEK, 1993).

Aproveitar uma necessidade existente por realização em professores ou alunos é uma coisa, mas desenvolver a necessidade de realização naqueles que não a apresentam é um desafio bem diferente. Uma estratégia geral para mudar os motivos é por meio de educação e formação (KATZELL; THOMPSON, 1990). Tentativas para incutir a motivação de realização devem ter como prováveis características:

- Estabelecer situações em que os indivíduos possam ter sucesso.
- Dar ênfase ao estabelecimento de metas razoáveis e alcançáveis.
- Aceitar responsabilidade pessoal pelo desempenho.
- Fornecer *feedback* claro sobre o desempenho.

A motivação de realização pode ser fortalecida nas escolas e outros cenários por meio da formação, com consequências favoráveis para o sucesso futuro. A necessidade de realização, em vez de ser satisfeita com a conquista, parece crescer, e não diminuir, à medida que é alcançada (WOOD; WOOD, 1999). Uma ressalva: a maior parte das pesquisas de McClelland foi feita com rapazes e homens, por isso a teoria dele atualmente limita-se a profissionais do sexo masculino; na verdade, tentativas de generalizá-la para mulheres foram menos bem-sucedidas (PINDER, 1984).

Necessidade de autonomia

A necessidade de autonomia ou autodeterminação é o desejo de exercer a escolha no que fazemos e como fazemos. Em outras palavras, é o desejo de agir com independência, em vez de deixar pressões e recompensas externas determinarem nossas ações (DECI; RYAN, 1985; DECI et al., 1991; RYAN; DECI, 2000, 2006). As pessoas procuram tomar as rédeas de seus próprios comportamentos. Na verdade, Porter (1961) argumentou que a necessidade de pensamento e ação independentes – a autonomia – é uma necessidade básica. As pessoas resistem e lutam contra a pressão de forças externas, como regras, regulamentos, ordens e prazos impostos por outros, pois isso interfere com a sua necessidade de autonomia. Às vezes uma pessoa inclusive rejeita ajuda para permanecer no controle (DECHARMS, 1976, 1983; PINK, 2009).

Richard deCharms (1976, 1983) usou a metáfora de indivíduos como "origens" e "peões" para capturar a diferença entre pessoas com autodeterminação e aqueles com determinação alheia. Origens percebem-se como a origem ou fonte de suas intenções de agir. Peões se consideram em um jogo controlado por outros, se consideram impotentes para determinar suas ações. Quando as pessoas são peões, as brincadeiras se tornam afazeres, o lazer se torna obrigação, e a motivação intrínseca se torna motivação extrínseca (LEPPER; GREENE, 1978). Por exemplo, você pode ter tido a experiência, no cargo de diretor, de decidir envolver os professores nas tomadas de decisões, só para ter a sua motivação amortecida por um superintendente que insiste em um bem definido programa de gestão com base no local. Sua chance de ser origem é estragada pela tentativa hierárquica de controlá-lo. Você tem pouco interesse em gestão com base no local que tenha sido imposta por ordem superior, pois seu senso de autodeterminação lhe foi roubado; com efeito, os professores são propensos a sentir-se da mesma forma em relação às imposições dos diretores (WOOLFOLK, 2004, 2010).

O trabalho de deCharms com alunos levou-o a concluir que os alunos são muito pouco controlados por sua própria motivação intrínseca e muito impotentes para controlar as suas próprias ações. Muitas vezes são peões, em vez de origens. É provável que professores e gestores sofram as mesmas, talvez mais fortes, consequências quando se encontram em situação de peões em vez de origens – eles se tornam passivos e assumem poucas responsabilidades pelo seu trabalho. A autonomia individual pode ser desenvolvida com atividades e programas que enfatizem a fixação de objetivos realistas, o planejamento pessoal dos objetivos, a aceitação da responsabilidade pessoal pelas ações e o desenvolvimento da autoconfiança (WOOLFOLK, 2004, 2010). Alguns estudos revelam que quando os indivíduos se sentem mais como origens do que como peões, eles apresentam maior autoestima, sentem-se mais competentes e têm níveis mais altos de desempenho (DECHARMS, 1976; RYAN; GROLNICK, 1986). As necessidades de autonomia e autodeterminação podem ser acentuadas ao se incentivar os indivíduos a:

- Fazer suas próprias escolhas.
- Planejar seus próprios cursos de ação.
- Aceitar a responsabilidade pelas consequências de suas próprias escolhas.

Parece lógico que, à medida que crescemos, nos desenvolvemos e amadurecemos, a necessidade de autonomia torna-se cada vez mais importante.

As necessidades de *realização, autonomia, relações sociais, autoestima* e *realização pessoal* são algumas das principais necessidades que motivam os professores e os administradores e influenciam suas percepções e compreensões intelectuais sobre seus papéis organizacionais. As crenças também são importantes fatores que explicam a motivação.

TEORIA NA PRÁTICA

Falamos sobre as necessidades que os funcionários sentem para obter segurança, respeito, autonomia, satisfação e realização pessoal. Em sua escola, cite alguns exemplos de quais dessas necessidades são as mais importantes. Explique por que isso acontece em sua escola e discuta maneiras pelas quais um diretor pode ajudar os professores a cumprirem essas necessidades e ajudá-los a serem mais produtivos.

CRENÇAS

Os indivíduos também agem com base em suas crenças. **Crenças** são entendimentos gerais ou generalizações sobre o mundo; elas são o que os indivíduos consideram ser verdade. Em geral, as crenças são afirmações sobre a existência de coisas como inteligência ou causa; muitas vezes também estão associadas com uma imagem ideal que contrasta com o estado existente; muitas vezes estão associadas com avaliações de como as coisas deveriam ser, por exemplo, a justiça das regras e regulamentos da escola; e muitas vezes estão ligadas a episódios ou fatos lembrados, por exemplo, a injustiça das regras e regulamentos pode ser rastreada a um episódio infeliz na escola (NESPOR, 1987).

As crenças desempenham um papel fundamental em motivar os indivíduos para agir. As crenças individuais sobre a causalidade, a justiça, a inteligência, as consequências de nossas ações e a nossa capacidade de controlar o nosso próprio destino são algumas das crenças fundamentais que influenciam o comportamento. Agora vamos focalizar explicações de motivação ancoradas em crenças.

Crenças sobre causalidade: teoria da atribuição

À medida que os indivíduos percebem fatos acontecendo consigo e com os outros, eles se perguntam o motivo e, em seguida, fazem inferências ou atribuições sobre as causas. Por exemplo, os alunos se perguntam: por que não passei no exame final? Foi por causa de falta de esforço? Ou não sou inteligente o suficiente para compreender o material? Com base nessas observações e perguntas, Bernard Weiner (1972, 1985, 1986, 1992, 1994a, 1994b) utiliza a noção de atribuição para criar um modelo de motivação. Em essência, a **teoria da atribuição** lida com as explicações causais que os indivíduos fazem sobre comportamentos passados, especialmente no que diz respeito a esforços e expectativas de realização. Os teóricos da atribuição supõem que os indivíduos naturalmente procuram compreensão sobre por que os eventos acontecem, em especial quando o resultado é importante ou inesperado (STIPEK, 1993). As pessoas atribuem êxitos e fracassos a fatores como capacidade, sorte, esforço, humor, interesse e procedimentos injustos. Quando as pessoas fazem atribuições causais, em essência estão buscando ou criando crenças sobre o que aconteceu e por quê. Tão logo criam a explicação, os indivíduos muitas vezes podem usá-la para melhor gerir a si mesmos e seus ambientes.

Dimensões de causalidade

Weiner (1985, 1986, 1992, 1994a, 1994b, 2000) argumenta que as causas às quais os indivíduos atribuem seus sucessos e fracassos podem se caracterizar, em sua maioria, em termos de três **dimensões de causalidade** – lócus, estabilidade e responsabilidade.

- *Lócus* (interno *versus* externo) define a localização da causa. A capacidade e o esforço são os fatores internos mais comuns da dimensão do lócus. A dificuldade da tarefa e a sorte comumente são determinantes externos de resultados.
- *Estabilidade* (estável *versus* variável) designa causas como constantes ou variáveis ao longo do tempo. A capacidade é estável porque se imagina que a aptidão do indivíduo para uma tarefa seja relativamente fixa, ao passo que o esforço é variável porque as pessoas podem variar seu trabalho de uma situação para outra.
- *Responsabilidade* (controlável *versus* incontrolável) refere-se à responsabilidade pessoal, ou seja, se a pessoa exerce controle sobre a causa. O esforço é controlável porque se imagina que os indivíduos sejam responsáveis pelo grau de esforço que investem na tarefa. Em contraste, considera-se que a capacidade e a sorte geralmente estejam além do controle pessoal (WEINER, 1986, 2000; KANFER, 1990; GRAHAM, 1991).

Cada uma dessas três dimensões tem implicações importantes para a motivação, porque elas tendem a gerar reações emocionais ao sucesso e ao fracasso. Por exemplo, o lócus interno-externo parece estar intimamente relacionado com a autoestima (WEINER, 2010). Se o sucesso ou fracasso for atribuído a fatores internos, então o sucesso normalmente produz orgulho, ao passo que o fracasso diminui a autoestima. A dimensão de estabilidade está ligada às emoções que implicam expectativas futuras. Por exemplo, causas estáveis para o fracasso (por exemplo, um professor injusto) geram desespero, apatia e resignação. A dimensão de responsabilidade está ligada a um conjunto de emoções sociais que inclui culpa, vergonha, pena e raiva. Sentimo-nos culpados quando as causas de fracasso pessoal ocorrem devido a fatores sob nosso controle, como falta de esforço e a decisão de não assumir a responsabilidade pelos próprios atos; ficamos orgulhosos se formos bem-sucedidos. É mais provável que sintamos constrangimento ou raiva se nossos fracassos pessoais se devem a fatores incontroláveis, como a capacidade ou a dificuldade da tarefa, ao passo que o sucesso leva à sensação de sorte ou apenas gratidão. Da mesma forma, sentir-se dono do próprio destino parece relacionado a escolher tarefas mais difíceis, trabalhar mais arduamente e persistir mais tempo (SCHUNK, 2000; WEINER, 1994a, 2000, 2010).

Ao conectar reações emocionais com as três dimensões de atribuição, talvez as causas dos resultados sejam classificadas como internas e variáveis, mas ainda assim recaírem sob a responsabilidade e a escolha do indivíduo (KANFER, 1990). Por exemplo, se novos professores perceberem sua incapacidade de envolver os alunos em um projeto de aula como causada por falta de preparação, então vão sofrer de baixa autoestima e culpa por seu fraco desempenho. Sua percepção de que a causa é interna, variável e controlável – ou seja, ao seu alcance para mudar – lhes permite ser otimista quanto ao sucesso futuro. No entanto, professores com muita experiência que têm repetidamente fracassado em envolver os alunos em projetos de sala de aula são propensos a atribuir a causa de sua incapacidade a uma falta de capacidade – ou seja, a causa é interna, estável e incontrolável. Esses professores esperam fracassos contínuos, desespero, baixa autoestima e vergonha. Têm baixa motivação para atuar na sala de aula. A Figura 4.2 esboça dois caminhos de atribuição para o fracas-

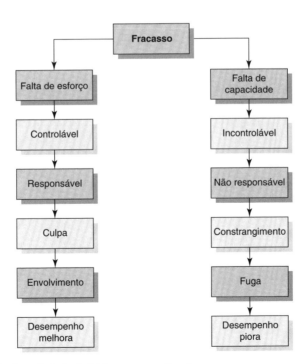

FIGURA 4.2 Teoria de atribuição de Weiner para explicar fracassos.

so: (1) quando o fracasso é atribuído à falta de esforço, que é visto como controlável, o indivíduo sente-se responsável e culpado e provavelmente vai se envolver em comportamento para melhorar o desempenho, mas (2) quando o fracasso é atribuído à falta de capacidade, que é vista como incontrolável, o indivíduo não se sente responsável pelo fracasso, mas fica envergonhado e provavelmente vai evitar a tarefa à medida que o desempenho piora.

Alguns criticam a teoria de atribuição rotulando-a de nada mais do que bom senso (GRAHAM, 1991). Por exemplo, temos pena dos deficientes, mas sentimos raiva dos preguiçosos sem disposição para trabalhar, ou esperamos repetir nosso sucesso quando temos alta capacidade. Alguns podem afirmar que essas atribuições causais fazem parte de nossos modos compartilhados de pensar sobre nosso mundo social e não se constituem conhecimento científico. Teóricos da atribuição argumentam, no entanto, que um objetivo importante é sistematizar o que sabemos se tratar de bom senso e situá-lo em um arcabouço conceitual que explique uma vasta gama de fenômenos sociais. A pesquisa mostra sustentação consistente para os mecanismos de atribuição e os efeitos da expectativa para o desempenho futuro (MINER, 1980, 2002; WEINER, 1986, 1994a, 1994b, 2000; KANFER, 1990).

Os ingredientes principais da teoria de atribuição podem ser resumidos com uma série de perguntas:

- *Pergunta causal:* Quais são as causas do resultado? Esforço? Capacidade? Sorte? Dificuldade? Ajuda? Viés?
- *Pergunta de lócus:* A causa é interna ou externa? Por exemplo, a causa está dentro (capacidade, esforço) ou fora (sorte e dificuldade da tarefa) do indivíduo?
- *Pergunta de estabilidade:* As causas são estáveis ou variáveis? A causa é fixa como a dificuldade ou variável como o esforço?
- *Pergunta de controlabilidade:* Posso controlar as causas? Posso controlar meu esforço? Minha capacidade? A dificuldade da tarefa? Ajuda? Classificações? Viés?

	Internas		Externas	
	Estável	Variável	Estável	Variável
Controláveis	Esforço normal	Preparação	Viés do observador	Ajuda da equipe
Incontroláveis	Capacidade	Humor	Dificuldade da tarefa	Sorte
Classificação da dimensão			**Motivo para o fraco desempenho**	
Internas-estáveis-incontroláveis			Baixa capacidade	
Internas-estáveis-controláveis			Esforço normal insuficiente	
Internas-variáveis-incontroláveis			Mau humor na hora da observação	
Internas-variáveis-controláveis			Despreparado para a tarefa	
Externas-estáveis-incontroláveis			Tarefa muito difícil	
Externas-estáveis-controláveis			Observador tendencioso	
Externas-variáveis-incontroláveis			Má sorte	
Externas-estáveis-controláveis			Colegas de equipe não conseguiram ajudar	

FIGURA 4.3 Possíveis causas e atribuições para o fraco desempenho.

Alunos, professores e administradores estarão altamente motivados quando souberem as causas dos resultados e essas causas forem internas (lócus), passíveis de alteração (variáveis) e sob seu controle (controláveis). Usando a teoria de atribuição, existem muitas explicações para o fraco desempenho no trabalho. Por exemplo, na Figura 4.3, ilustramos oito atribuições para fraco desempenho com base nas várias combinações de lócus, estabilidade e controlabilidade.

Crenças sobre capacidade

Algumas das atribuições mais poderosas que afetam a motivação e o comportamento são crenças sobre a capacidade. Se analisarmos essas crenças, podemos começar a entender por que as pessoas definem objetivos inadequados e não motivadores, por que alguns professores desistem e por que os alunos às vezes adotam estratégias autodestrutivas.

Os adultos têm duas visões gerais de capacidade – estável e incremental (DWECK, 1999, 2006; ELLIOT; DWECK, 2005). Uma **visão estável** (às vezes chamada visão de entidade) **da capacidade** assume que a capacidade é uma característica estável e incontrolável, ou seja, um traço individual que não pode ser alterado (DWECK; BEMPECHAT, 1983). Nesse sentido, algumas pessoas têm mais capacidade do que as outras, e o nível de capacidade é fixo. Uma **visão incremental da capacidade** (às vezes chamada de visão de crescimento), no entanto, pressupõe que a capacidade é instável e controlável – um reservatório expansível de conhecimentos e habilidades. Assim, as pessoas com visão incremental acreditam que pelo trabalho árduo, persistência, estudo e prática, o conhecimento pode ser aumentado e a capacidade, melhorada.

Crianças pequenas detêm uma visão quase exclusivamente incremental da capacidade (NICHOLLS; MILLER, 1984). Nos anos iniciais no ensino fundamental, por exemplo, a maioria dos alunos acredita que o esforço é o mesmo que inteligência. Pessoas inteligentes se esforçam e o esforço as torna mais inteligentes. Então, se você não tem um bom desempenho, você não é inteligente, pois não se esforçou o bastante. Se você tem um bom desempenho, deve ser inteligente e esforçado (STIPEK, 1993, 2002). Em torno dos 12 anos de idade, no entanto, os alunos começam a diferenciar esforço e capacidade. Os alunos começam a perceber que algumas pessoas alcançam sucesso sem tanto esforço e essas são pessoas inteligentes. Neste ponto, as crenças sobre capacidade começam a influenciar a motivação (ANDERMAN; MAEHR, 1994).

As pessoas que sustentam uma visão estável de inteligência tendem a estabelecer objetivos de desempenho. Elas buscam situações onde vão fazer um bom papel e proteger sua autoestima. Muitas vezes continuam a fazer o que conseguem fazer bem, sem despender demasiado esforço ou sem risco de fracasso, porque trabalho árduo ou fracasso lhes sugere baixa capacidade. Além disso, trabalhar arduamente e fracassar é um golpe devastador para a confiança e o senso de capacidade. Esses indivíduos preferem não tentar a fracassar; na verdade, se você não tentar, ninguém pode acusá-lo de ser burro. Quando você fracassa, a razão é óbvia – você simplesmente não se preparou ou não se esforçou. Assim, não tentar ou não se preparar se torna uma estratégia para se proteger do fracasso e de parecer burro. Todos nós tivemos experiências com alunos que se contentam com um C ou simplesmente com a aprovação. Às vezes "apenas conseguir passar" é uma estratégia protetora para manter as aparências. O aluno que tenta um A e obtém um C corre o risco de se sentir inadequado – então por que tentar e correr o risco de ser humilhado, quando é mais seguro apenas fazer o mínimo necessário para passar? Essas estratégias realmente protegem a autoestima, mas não melhoram a aprendizagem.

Os indivíduos com visão incremental da inteligência, em contraste, tendem a estabelecer objetivos de aprendizagem e procurar situações em que possam aprender e progredir, porque o aprimoramento significa aumentar sua capacidade. Para essas pessoas, crianças ou adultos, o fracasso não é devastador; apenas sugere que mais trabalho é necessário para melhorar. A capacidade não é ameaçada pelo fracasso; na verdade, muitas vezes o fracasso é aceito como um desafio para trabalhar com mais afinco (WOOLFOLK, 2004, 2010). Pessoas com uma visão incremental da capacidade têm maior probabilidade de estabelecer objetivos desafiadores, mas realistas, e, como já vimos, esses objetivos são motivadores eficazes.

Em suma, as nossas crenças sobre a capacidade desempenham um papel importante na motivação e no desempenho de alunos, professores ou administradores. Aqueles indivíduos que acreditam que podem melhorar sua capacidade são mais propensos a estabelecer objetivos de aprendizagem moderadamente difíceis e desafiadores e estão preocupados em dominar a tarefa em questão. Ao contrário, aqueles que sustentam uma visão de capacidade estável, fixa, são mais propensos a estabelecer metas de desempenho que são ou muito fáceis ou muito difíceis, porque estão preocupados com a impressão que vão passar aos outros; querem parecer bons e evitar qualquer coisa que ameaçaria essa imagem. Na verdade, eles muitas vezes conectam esforço elevado com baixa capacidade.

Com frequência, as organizações são vítimas desse tipo de pensamento. Uma mentalidade de "talento" permeia muitas organizações norte-americanas: contrate as pessoas mais inteligentes e melhores, e elas se tornarão as estrelas que levarão a organização a novos níveis de sucesso. Infelizmente, ser inteligente não é suficiente; na verdade, quando os indivíduos estão imersos em um ambiente que os celebra exclusivamente pelo seu "talento", eles começam a se autodefinir como bem-dotados, e quando as coisas ficam difíceis e sua autoimagem é ameaçada, eles têm dificuldades com consequências negativas (GLADWELL, 2002). Sob essas condições, preferem mentir a se acusar e admitir que cometeram equívocos. Gladwell (2002, p. 32) assevera com simplicidade: "O mito do talento supõe que as pessoas tornem as organizações inteligentes. O mais frequente é acontecer o contrário". Não existe substituto para administradores conscienciosos que acreditam que o trabalho árduo é o caminho para melhorar seus próprios conhecimentos, bem como o desempenho de sua organização; a capacidade não é suficiente.

Crenças sobre imparcialidade: teoria da equidade e justiça organizacional

Alunos, professores e administradores, como a maioria dos indivíduos em nossa sociedade, estão preocupados com questões de imparcialidade básica. Todos já ouvimos falar de professores que fazem seu trabalho mal e parcamente. Muitas vezes chegam tarde, aplicam poucos testes, nunca são voluntários para nada, se apressam para ir embora ao final do dia escolar, evitam todas as reuniões que podem e delegam seu trabalho a outros. Imagine o desgosto de professores jovens que trabalham longas horas, ficam depois do expediente para ajudar os alunos, preparam-se arduamente para cada aula e auxiliam com atividades extracurriculares ao descobrirem que seu colega faz corpo mole, mas ganha o dobro do salário.

Teoria da equidade

A parcialidade básica no local de trabalho é o que alguns teóricos (GREENBERG, 1993a; TYLER, 1994; FOLGER, 2005) chamam de inequidade, e isso nos leva a outra perspectiva sobre motivação chamada **teoria da equidade**, que se concentra na imparcialidade percebida – as crenças dos indivíduos quanto a estarem sendo tratados justamente ou não. A equidade percebida sobre os procedimentos utilizados para alocar recursos é chamada de *justiça processual* (GREENBERG, 1987, 2000; GREENBERG; COLQUITT, 2005) e é o conceito-chave na teoria da equidade.

Como os indivíduos concluem que estão sendo tratados injustamente? A teoria da equidade sugere que o mecanismo-chave para essas decisões é a comparação social; comparamo-nos com os outros. Em termos mais técnicos, comparamos a nossa proporção de entradas (tudo que contribuímos – contribuições) com saídas (tudo o que recebemos – recompensas) com a relação de entradas/saídas de outros (KULIK; AMBROSE, 1992). Em particular, escolhemos aqueles que são semelhantes conosco de várias maneiras. No exemplo supracitado, os professores jovens comparam-se com um professor mais velho. Vale a pena mencionar dois pontos. Tanto os professores jovens quanto os antigos estavam realizando o mesmo papel, no entanto, o professor mais velho tinha mais antiguidade. A desigualdade teria sido considerada ainda maior, se a comparação tivesse sido entre professores com idade e experiência semelhantes. No exemplo mencionado, talvez ocorra certa racionalização da diferença, por conta da maior experiência do professor mais antigo.

A teoria da equidade explica que, se nossas relações de entradas/saídas forem basicamente iguais às daquelas com quem nos comparamos, então consideramos que estamos sendo tratados com justiça. Se, no entanto, as relações não forem aproximadamente iguais, acreditamos que fomos tratados de forma injusta, e aflora uma sensação de desigualdade. As desigualdades são perturbadoras e tentamos eliminá-las. Uma das consequências potenciais dos sentimen-

tos de desigualdade é a motivação reduzida. Baron (1998) explica que os sentimentos de desigualdade interferem na motivação no trabalho, e os indivíduos tentam reduzir esses sentimentos de três maneiras:

- Tentam aumentar seus resultados – buscam incrementar seus benefícios, como aumento de salário ou outra recompensa.
- Tentam sair – eles desistem e encontram outro emprego.
- Reduzem suas entradas – se esforçam menos no trabalho.

A última tática parece bastante comum para os indivíduos que concluem que estão sendo sub-recompensados, ou seja, estão recebendo menos do que merecem. Eles muitas vezes reduzem os seus esforços em relação àqueles que a seus olhos estão sendo tratados imparcialmente (HARDER, 1992). Desempenho reduzido não é a única demonstração de baixa motivação. Por exemplo, alguns trabalhadores tentam equilibrar as coisas envolvendo-se em ações secretas que rendem benefícios extras, incluindo roubo (GREENBERG; SCOTT, 1995; GREENBERG, 1993b).

É necessário citar mais três pontos sobre a teoria. Primeiro: *julgamentos individuais sobre imparcialidade são subjetivos*; estão nos olhos de quem os vê. O indivíduo faz a comparação e faz o julgamento sobre a equidade. Segundo, *os indivíduos percebem quando recebem menos do que merecem, mas não quando recebem mais* (GREENBERG, 1993a). É mais fácil racionalizar receber mais do que se merece do que receber menos, mas com o tempo receber mais do que o merecido também tem o potencial para reduzir a motivação. Terceiro: *equidade e justiça são importantes forças motivadoras para muitos indivíduos*. A teoria da equidade está resumida na Figura 4.4.

Em suma, quando alunos, professores ou administradores concluem que estão sendo tratados de modo injusto, sua motivação por desempenho muitas vezes dimi-

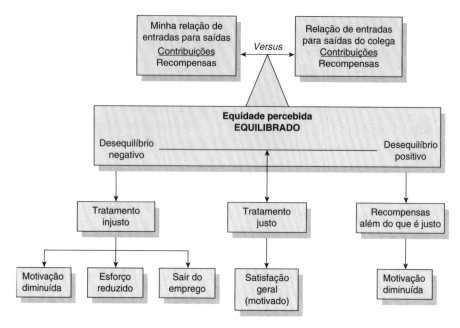

FIGURA 4.4 Teoria da equidade.

nui drasticamente e eles podem inclusive planejar "acertar as contas" trapaceando ou se envolvendo em outras práticas questionáveis. Assim, existem importantes motivos práticos, bem como éticos, para que se adote a equidade como procedimento operacional padrão nas escolas e em outras organizações de trabalho (BARON, 1998). Na verdade, Greenberg (2000) conclui que práticas e procedimentos justos realçam a aceitação do desempenho organizacional.

Justiça organizacional

A concepção de justiça organizacional surgiu a partir da revisão de literatura sobre a teoria de equidade e justiça processual (MINER, 2004; GREENBERG; COLQUITT, 2005). A **justiça organizacional** é a percepção dos membros organizacionais sobre a justiça na organização e inclui tanto a *justiça distributiva* – a equidade na distribuição dos recursos – quanto a *justiça processual* – a equidade dos procedimentos para a distribuição de recursos. Como os diretores podem criar uma atmosfera escolar que seja percebida como igual e justa? Para responder a essa pergunta, resumimos 10 princípios inferidos a partir da literatura para orientar o comportamento administrativo (LEVANTHAL; KARUZA; FRY, 1980; GREENBERG; LIND, 2000; HOY; TARTER, 2004a).

Em poucas palavras, um senso de justiça organizacional no ambiente de trabalho escolar é dependente de comportamento administrativo que seja justo, sensível, respeitoso, coerente, livre de egoísmo, honesto e ético. Além disso, voz ativa, altruísmo e representatividade são cruciais em qualquer tentativa de empoderar professores. Os professores querem participar nas decisões que os afetam (voz ativa), mas devem estar dispostos a colocar os interesses da escola à frente de seus próprios (altruísmo) e sentir que suas opiniões estão sendo representadas autenticamente no processo decisório (representatividade). Por fim, os diretores devem ter o bom senso e a confiança para reverter e corrigir decisões infelizes à medida que obtêm *feedback* e informações novas e mais precisas. Esses 10 princípios de justiça organizacional estão resumidos na Figura 4.5.

Crenças sobre resultados: teoria da expectativa

Uma das explicações mais confiáveis e válidas sobre o que motiva as pessoas a trabalhar é a teoria da expectativa. Embora modelos de expectativa tenham uma longa história na psicologia, a abordagem foi popularizada e modificada especificamente para cenários de trabalho durante a década de 1960 por Victor Vroom (1964) e outros (GRAEN, 1963; GALBRAITH; CUMMINGS, 1967; PORTER; LAWLER, 1968). Na verdade, Vroom (1964) provocou uma explosão de pesquisa com sua formulação da teoria da expectativa. O seu modelo foi desenvolvido para prever as escolhas entre empregos, tarefas e níveis de esforço que geram os mais altos benefícios percebidos (KANFER, 1990). Desde o final da década de 1960 até o início dos anos de 1980, a predominância da teoria da expectativa na literatura indica claramente a sua importância para as pesquisas sobre motivação nas organizações. Embora a frequência de publicações tenha diminuído, seu uso tem prosseguido (MILLER; GRUSH, 1988; VROOM, 2005). A teoria da expectativa apresenta uma visão complexa dos indivíduos nas organizações. Os conceitos, as generalizações e os pressupostos básicos da teoria da expectativa, no entanto, são facilmente identificados e explicados.

A **teoria da expectativa** sustenta-se em duas premissas fundamentais. Em primeiro lugar, os indivíduos tomam decisões sobre seu próprio comportamento em organizações usando suas habilidades para pensar, raciocinar e prever eventos futuros. A motivação é um processo consciente e cognitivo. As pessoas avaliam subjetivamente o valor esperado em resultados ou recompensas pessoais resultantes de suas ações, e então escolhem como se comportar. Em segundo lugar, as atitudes e os valores individuais interagem com os componentes ambientais, como as expectativas do cargo e a cultura escolar, para influenciar o comportamento.

Princípios de justiça organizacional	
Princípio da equidade	As recompensas devem ser proporcionais às contribuições.
Princípio da percepção	Percepções individuais de igualdade definem justiça.
Princípio da voz ativa	A participação nas decisões aumenta a equidade.
Princípio da justiça interpessoal	Tratamento digno e respeitoso promove a justiça.
Princípio da coerência	Comportamento coerentemente igualitário promove um senso de justiça.
Princípio do altruísmo	O interesse pessoal deve estar subordinado ao bem da organização como um todo.
Princípio da correção	As decisões errôneas devem ser rapidamente corrigidas.
Princípio da exatidão	As decisões devem ser ancoradas em informações exatas.
Princípio da representatividade	As decisões devem representar as partes interessadas.
Princípio da ética	Os padrões morais e éticos vigentes devem ser seguidos.

FIGURA 4.5 Princípios de justiça organizacional.

FONTE: Adaptado de Hoy e Tarter (2004a).

Essa segunda premissa não é exclusiva da teoria da expectativa e, de fato, ela foi enunciada no Capítulo 1 como uma generalização da teoria dos sistemas sociais.

A teoria da expectativa baseia-se nesses pressupostos com três conceitos fundamentais – expectativa, instrumentalidade e valência.

A **expectativa** é a extensão na qual um indivíduo acredita que o trabalho árduo resulta em desempenho melhorado. A questão de expectativa é: se eu trabalhar arduamente, vou ser bem-sucedido? Por exemplo, se os professores acharem que existe uma alta probabilidade de melhorar o desempenho estudantil aumentando seus próprios esforços, então eles têm um alto nível de expectativa. Se os alunos acreditam fortemente que podem projetar e implementar um projeto de ciências, logo eles têm altos níveis de expectativa.

A **instrumentalidade** é a probabilidade percebida de que o bom desempenho será notado e recompensado. A instrumentalidade é alta quando os indivíduos percebem uma forte associação entre ter um bom desempenho e receber recompensa. A questão da instrumentalidade é: se eu for bem-sucedido, o que vou receber em troca? Se os professores pensam que o ótimo desempenho dos alunos em sala de aula é suscetível de resultar em reconhecimento público de sua capacidade de ensino, logo a instrumentalidade é alta. Da mesma forma, se os alunos percebem que o sucesso no planejamento e na execução de um projeto de ciências vai aumentar seus conhecimentos sobre ciências, logo suas instrumentalidades são elevadas.

A **valência** é o valor percebido ou a atratividade de uma recompensa. O conceito de valência é semelhante ao conceito de valores – isto é, o que as pessoas consideram ou acreditam ser benéfico para seu bem-estar ou intrinsecamente importante. É a força do desejo de uma pessoa por uma recompensa especial. A questão da valência é: como eu me sinto em relação às recompensas a

meus esforços? Sentimentos de competência, autonomia, reconhecimento, realização e criatividade, por exemplo, representam resultados de trabalho valorizados pelos educadores e geram altos níveis de satisfação.

Em geral, a motivação para se comportar de certo modo é maior quando o indivíduo acredita que

- Ele ou ela tem a capacidade de atingir o nível de desempenho desejado (alta expectativa).
- O comportamento conduzirá aos resultados e às recompensas esperadas (alta instrumentalidade).
- Esses resultados têm valores pessoais positivos (alta valência).

Quando confrontado com escolhas sobre comportamento, o indivíduo passa por um processo de considerar três perguntas:

- A pergunta da expectativa: consigo executar a tarefa se eu trabalhar arduamente?
- A pergunta da instrumentalidade: se executá-la no nível desejado, quais são os resultados?
- A pergunta da valência: até que ponto aprecio esses resultados?

O indivíduo, então, decide se comportar da forma que lhe parece ter as melhores chances de produzir os resultados desejados (NADLER; LAWLER 3RD, 1977). Em outras palavras, os indivíduos consideram as alternativas, sopesam os custos e benefícios e escolhem os cursos de ação de máxima utilidade (LANDY; BECKER, 1987).

A teoria da expectativa está resumida na Figura 4.6. Observe que a força de motivação varia conforme a interação de expectativa, instrumentalidade e valência. A interação sugere que a motivação não será forte se qualquer um dos três elementos for quase zero. Por exemplo, se eu acredito que não há possibilidade de melhorar meu desempenho, mesmo se eu trabalhar duro, então minha motivação será baixa, independentemente de

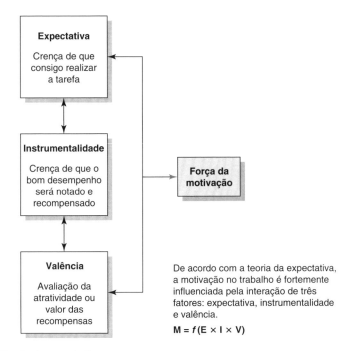

FIGURA 4.6 Teoria da expectativa.

quanto desejo o resultado e suas recompensas. Da mesma forma, mesmo se eu acreditar que consigo realizar meu objetivo por meio de trabalho árduo, mas que meu desempenho não vai ser recompensado e que as recompensas serão insignificantes, a força da minha motivação permanecerá baixa. Vamos analisar um exemplo específico. Para motivar seus professores a se comprometer com um novo programa curricular, você deve primeiro convencê-los de que com esforço extra o programa pode ser implementado. Além disso, eles têm de acreditar que as consequências do novo programa serão notadas e reconhecidas e, por fim, que as recompensas valem a pena – nesse caso, que os alunos deles obtenham resultados significativamente melhores em testes padronizados.

Vários autores (HENEMAN; SCHWAB, 1972; MITCHELL, 1974; CAMPBELL; PRITCHARD, 1976) revisaram sistematicamente a literatura sobre a teoria da motivação por expectativa e suas conclusões são semelhantes. A força da motivação em um modelo de expectativa está positivamente correlacionada com satisfação no trabalho, esforço e desempenho em vários cenários, inclusive escolas (GRAHAM, 1980; KOTTKAMP; MULLHERN, 1987; MOWDAY, 1978; MISKEL; DEFRAIN; WILCOX, 1980; MISKEL; MCDONALD; BLOOM, 1983). Estudos mais recentes também continuam a confirmar a teoria (TUBBS; BOEHNE; DAHL, 1993; VAN EERDE; THIERRY, 1996).

Em suma, a teoria da expectativa tem gerado um grande número de investigações em ambientes educacionais e corporativos. Em geral, os resultados corroboram a teoria. Pinder (1984, 1998) conclui que há motivos para otimismo de que a teoria seja um modelo razoavelmente válido sobre as causas do comportamento no trabalho. As seguintes conclusões são garantidas pela literatura:

- A teoria da expectativa é um excelente modo de prever a satisfação no trabalho.

- A teoria da expectativa prevê desempenho, mas não prevê tão bem satisfação.
- A teoria da expectativa mostra que as pessoas trabalham com afinco quando consideram que isto pode conduzir a resultados desejáveis.

De acordo com a teoria da expectativa, a motivação no trabalho é fortemente influenciada pela interação de três fatores: expectativa, instrumentalidade e valência.

Crenças sobre capacidades: teoria da autoeficácia

Entre todos os aspectos do autoconhecimento e da autorregulação, a eficácia pessoal é provavelmente a mais influente na vida cotidiana. A **autoeficácia** é o *julgamento de uma pessoa sobre sua capacidade de organizar e executar um plano de ação necessário para atingir certo nível de desempenho* (BANDURA, 1986, 1991, 1997, 2005). Em outras palavras, é o julgamento global de como o indivíduo percebe a sua capacidade de executar uma tarefa. Por exemplo, a crença de um/a professor/a de matemática de que ele/a pode ensinar com sucesso cálculo integral para uma turma da 3ª série do ensino médio é um julgamento de eficácia. Da mesma forma, os diretores com autoeficácia elevada talvez acreditem que possam exercer um efeito positivo no desempenho do aluno ou que possam aumentar a ênfase na aprendizagem acadêmica nas escolas. Observe que, em contraste com as atribuições causais, onde o foco está no passado, as percepções de autoeficácia representam expectativas futuras de ser capaz de atingir determinados níveis de desempenho.

As crenças de autoeficácia contribuem com a motivação por determinar os objetivos que os indivíduos definem para si mesmos, quanto esforço eles investem na tarefa, por quanto tempo perseveram diante das dificuldades e sua resiliência aos fracassos (WOOD; BANDURA, 1989; BANDURA,

1993, 2000). Quanto mais as pessoas acreditarem em suas capacidades, maiores e mais persistentes são seus esforços. As pessoas tendem a evitar tarefas e situações que excedam sua capacidade; elas buscam atividades que se julgam capazes de dominar. As consequências da elevada autoeficácia – disposição para começar e persistir nas tarefas, a seleção da tarefa e da situação, foco em estratégias de resolução de problemas, redução do medo e da ansiedade, experiências emocionais positivas – afetam os resultados de realização (STIPEK, 1993). Portanto, pessoas com as mesmas habilidades – mas diferentes níveis de eficácia pessoal – podem apresentar diferentes níveis de desempenho, por conta da maneira que usam, combinam e ordenam suas habilidades em contextos dinâmicos (GIST; MITCHELL, 1992).

Desenvolvimento da autoeficácia

As expectativas da autoeficácia se desenvolvem a partir de uma variedade de fontes, incluindo *feedback* de desempenho, histórico prévio e influência social. No entanto, quatro fontes primordiais de experiência – experiências de maestria, modelagem, persuasão verbal e excitação fisiológica – são postuladas para a autoeficácia.*

A *experiência de maestria* é a mais importante fonte de autoeficácia (BANDURA, 1997). Os sucessos e fracassos de desempenho (ou seja, experiências reais) na conclusão de tarefas têm efeitos fortes na autoeficácia. Sucessos recorrentes elevam as percepções de autoeficácia; fracassos habituais geram autodúvidas e reduzem a autoeficácia, especialmente se o fracasso ocorre no início de uma sequência de tarefas e não reflete uma falta de esforço ou influências externas contrárias. A eficácia é facilitada à

---

* N. de R.T.: Esses quatro mecanismos são propostos por Albert Bandura (psicólogo e professor emérito da Universidade de Stanford, criador da teoria cognitiva social) para o desenvolvimento de um forte julgamento de autoeficácia.

medida que realizações graduais constroem as habilidades, as capacidades de enfrentamento e a exposição necessárias para o desempenho da tarefa.

A *modelagem*, ou *experiência vicária*, afeta as autopercepções da eficácia por meio de dois processos. Primeiro, fornece o conhecimento. Ver um especialista completar uma tarefa veicula estratégias eficazes para o gerenciamento de tarefas semelhantes em diferentes situações. Em segundo lugar, em parte as pessoas julgam suas capacidades usando comparações sociais. Ver ou visualizar pessoas semelhantes a si mesmo realizar com sucesso uma tarefa pode elevar suas próprias crenças sobre a autoeficácia. Observando as pessoas modelarem certos comportamentos, os indivíduos se convencem de que se os outros podem fazê-lo, eles ao menos podem conseguir alguma melhoria em seu próprio desempenho. Experiências de modelagem são mais influentes para indivíduos em situações em que têm limitada experiência pessoal com a tarefa (BANDURA, 1997).

A *persuasão verbal* é amplamente utilizada para tentar convencer as pessoas a acreditar que elas têm a capacidade para alcançar o que elas querem realizar. Isoladamente, a persuasão social tem poder limitado para criar aumentos duradouros na autoeficácia, mas pode contribuir para o desempenho bem-sucedido se a avaliação aumentada estiver dentro de limites realistas. Considerando que a persuasão verbal reforça a autoeficácia e as pessoas se esforçam para ter sucesso, a persuasão verbal pode promover o desenvolvimento de habilidades (BANDURA, 1986; GIST, 1987; WOOD; BANDURA, 1989).

As pessoas também confiam parcialmente em informações de seus *estados fisiológicos* e *afetivos* para sua capacidade de julgar. Os indivíduos fazem julgamentos sobre o desempenho esperado com base na excitação positiva, tais como empolgação, entusiasmo e ficar "ligado" (SCHUNK; PINTRICH; MEESE, 2008), e em fatores negativos como medo, fadiga, estresse e ansiedade. A condição física geral, os fatores de personalidade (tipo A)* e o humor podem levar à excitação (GIST, 1987). Assim, outra maneira de modificar as crenças de autoeficácia é os indivíduos melhorarem o seu bem-estar físico e reduzirem o estresse (WOOD; BANDURA, 1989).

Na literatura geral sobre organização e gerenciamento, estudos empíricos de autoeficácia produziram resultados consistentes. A autoeficácia está associada com desempenhos relacionados ao trabalho, como produtividade, lidar com tarefas difíceis, escolha da carreira, aprendizagem e realização, bem como adaptabilidade a novas tecnologias (GIST; MITCHELL, 1992). Resultados semelhantes são evidentes em ambientes educacionais. As pesquisas sobre autoeficácia nas escolas tendem a se concentrar em uma de duas áreas ou abordagens. O primeiro grupo de estudos avalia os efeitos da autoeficácia do aluno e do professor sobre diversos indicadores motivacionais e de realização. A conclusão geral é a de que a autoeficácia está positivamente relacionada com o desempenho do aluno (ARMOR et al., 1976), as notas (PINTRICH; GARCIA, 1991), motivação do aluno (MIDGLEY; FELDLAUFER; ECCLES, 1989), adoção de inovações pelo professor (BERMAN et al., 1977; SMYLIE, 1988), classificação da competência dos professores pela superintendência (TRENTHAM; SILVERN; BROGDON, 1985), estratégias de gestão de sala de aula usadas pelos professores (ASHTON; WEBB, 1986), e é um forte prognosticador do comportamento em geral (ANDERMAN; ANDERMAN, 2009). Além disso, estudos experimentais têm consistentemente constatado que mudar as crenças de autoeficácia pode melhorar a utilização de estratégias cognitivas e os níveis

---

* N. de R.T.: Fazem parte do chamado padrão de personalidade tipo A pessoas que têm estilo de vida extremamente estressante, inquietas, impacientes agressivas, preocupadas com o tempo, reativas, que parecem estar sob pressão o tempo todo.

de realização acadêmica em tarefas de matemática, leitura e redação.

Em resumo, a autoeficácia é um importante fator motivacional que influencia vários resultados de desempenho e comportamentais. A autoeficácia é aprendida por um leque de experiências e é dinâmica; pode mudar ao longo do tempo, à medida que novas informações e experiências são adquiridas. Quatro conclusões são garantidas:

- Os indivíduos que acreditam mais em suas capacidades são mais bem-sucedidos e persistentes em seus esforços.
- Os indivíduos tendem a evitar tarefas e situações que excedam sua capacidade.
- Os indivíduos procuram atividades que se julgam capazes de dar conta.
- Os indivíduos desenvolvem autoeficácia por meio de experiências de maestria, modelagem, persuasão e excitação fisiológica.

Autoeficácia dos professores

Ao longo dos últimos 20 anos, a concepção sobre a eficácia do professor evoluiu a partir da teoria do controle do lócus de J. B. Rotter (1966) e da teoria cognitiva social de Albert Bandura (1977, 1986, 1997). O significado de autoeficácia do professor, no entanto, tem produzido considerável debate e alguma confusão entre os estudiosos e pesquisadores (ASHTON et al., 1982; GIBSON; DEMBO, 1984; GUSKEY, 1987; GUSKEY; PASSARO, 1994; MCINTYRE, 2011; PAJARES, 1996, 1997; TSCHANNEN-MORAN; WOOLFOLK HOY; HOY, 1998; WOOLFOLK HOY; HOY; DAVIS, 2009).

Usando as perspectivas teóricas de Rotter (1966),* os pesquisadores da Rand Corporation, estudando a eficácia da instrução por meio da leitura, primeiro perceberam a eficácia do professor como a extensão pela qual os professores acreditavam que conseguiam controlar o reforço de suas ações. Os professores que acreditavam que podiam influenciar o desempenho e a motivação dos alunos (lócus interno) eram mais eficazes do que aqueles que pensavam que as forças externas não podiam ser superadas. Uma segunda vertente conceitual de teoria e pesquisa, mais recente e útil, evoluiu a partir do trabalho de Bandura (1977). Ele definiu a eficácia do professor como um tipo de autoeficácia – o resultado de um processo cognitivo pelo qual as pessoas constroem crenças sobre sua capacidade de realizar um bom desempenho. Essas crenças de autoeficácia afetam a quantidade de esforço investido pelas pessoas, quanto tempo elas persistem diante das dificuldades, sua resiliência em lidar com fracassos e o estresse que sofrem ao lidar com situações exigentes (BANDURA, 1997). A existência de duas vertentes conceituais separadas, mas interligadas, emergindo de duas perspectivas teóricas, gerou certa confusão sobre a natureza da eficácia do professor; no entanto, a autoeficácia percebida é um prognosticador muito mais forte do comportamento do que o lócus de controle (BANDURA, 1997; TSCHANNEN-MORAN; WOOLFOLK HOY; HOY, 1998).

Um modelo de eficácia percebida para o ensino

Em resposta à confusão conceitual em torno da eficácia do professor e em harmonia com o corpo substancial de pesquisas, Megan Tschannen-Moran, Anita Woolfolk Hoy e Wayne K. Hoy (1998) desenvolveram um modelo integrado de eficácia do professor. A **eficácia do professor** é a *crença do professor em sua capacidade de organizar e executar cursos de ação necessários para realizar com sucesso uma tarefa de ensino específica em determinado contexto*. Em coerência com

---

* N. de R.T.: Rotter elaborou o construto lócus de controle, que se refere às crenças das pessoas a respeito do lugar (lócus, em latim) em que se encontram suas fontes de controle, que podem ser internas (competências, esforços) ou externas (sorte, crítica dos outros).

a teoria cognitiva social (BANDURA, 1986, 1997), as principais influências nas crenças de eficácia são a análise atributiva e a interpretação das quatro fontes de informação sobre eficácia – experiência de maestria, experiência vicária (modelagem), persuasão verbal e excitação fisiológica. Todas essas fontes são importantes na interpretação e no processamento cognitivo da informação.

A eficácia do professor é contexto-específica; os professores não se sentem igualmente eficazes em todas as situações de ensino. Professores sentem-se eficazes no ensino de temas específicos a certos alunos em ambientes particulares, mas muitas vezes se sentem mais ou menos eficazes conforme as circunstâncias variam. Até mesmo de um período de aula para outro, os níveis de eficácia dos professores podem mudar (ROSS; COUSINS; GADALLA, 1996; RAUDENBUSH; ROWAN; CHEONG, 1992). Portanto, ao fazer um julgamento de eficácia, é necessário considerar a tarefa de ensino e seu contexto, bem como avaliar os pontos fortes e fracos desse professor *em relação* aos requisitos da tarefa em questão.

Ao analisar a *tarefa de ensino e seu contexto*, a importância relativa dos fatores que dificultam o ato de lecionar ou agem como restrições é comparada com uma avaliação dos recursos disponíveis que facilitam a aprendizagem. Ao avaliar as *autopercepções da competência de ensino*, o professor julga recursos pessoais como habilidades, conhecimentos, estratégias ou traços de personalidade e os contrabalança com fraquezas e deficiências pessoais nesse contexto de ensino em particular. A interação desses dois componentes conduz a julgamentos sobre autoeficácia para a tarefa de ensino em questão. O modelo está resumido na Figura 4.7.

Uma das coisas que torna a eficácia do professor tão poderosa é sua natureza cíclica. Conforme observado na Figura 4.7, a proficiência de um desempenho cria uma nova experiência de maestria, que fornece novas informações (*feedback*) que serão processadas para moldar as crenças de eficácia futuras. Maior eficácia resulta em maior esforço e persistência, que leva a um melhor desempenho, que por sua vez resulta em maior eficácia. O inverso também é verdadeiro. Menor eficácia leva a menos esforço

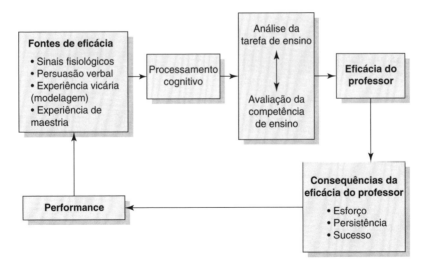

FIGURA 4.7 Modelo de eficácia percebida pelos professores.
FONTE: Adaptado de Tschannen-Moran, Woolfolk Hoy e Hoy (1998).

e desistir com facilidade, que leva a fracos resultados de ensino, que então produz redução da eficácia. Assim, um desempenho docente realizado com níveis de esforço e persistência influenciados pela sensação de eficácia do executante, quando concluído, torna-se uma fonte de futuras crenças de eficácia. Ao longo do tempo, esse processo se estabiliza em um relativo conjunto duradouro de crenças de eficácia.

Existem implicações teóricas e práticas para o modelo de eficácia do professor. Tanto a autopercepção de competência de ensino (inclusive uma avaliação de restrições e recursos internos) quanto as crenças sobre os requisitos da tarefa em uma situação de ensino particular (inclusive uma avaliação dos recursos e restrições externos ao professor) contribuem com a eficácia do professor e com as consequências que resultam das crenças de eficácia. Uma vez estabilizadas, as crenças sobre a tarefa de ensino e sobre a avaliação da competência pessoal de ensino provavelmente permanecerão inalteradas a menos que "evidências convincentes" se intrometam e provoquem sua reavaliação (BANDURA, 1997). Por conseguinte, ajudar os professores a desenvolver sólidas crenças de eficácia no início de suas carreiras resultará em dividendos duradouros.

Durante as últimas duas décadas, os pesquisadores estabeleceram conexões consistentemente fortes entre eficácia do professor e comportamentos do professor que estimulam o desempenho dos alunos (ALLINDER, 1994; ASHTON; WEBB, 1986; GIBSON; DEMBO, 1984; HOY; WOOLFOLK, 1990, 1993; TSCHANNEN-MORAN; WOOLFOLK HOY; HOY, 1998; WOOLFOLK; HOY, 1990; WOOLFOLK; ROSOFF; HOY, 1990). Persistência, esforço e sucesso de ensino dependem do quanto o(a) professor(a) acredita que tem a capacidade de organizar e executar o ensino que conduza à aprendizagem bem-sucedida em uma situação específica. Assim, existem duas perguntas-chave sobre a eficácia para os professores:

- *Pergunta da tarefa de ensino:* o quão difícil é a tarefa de ensino em questão e como posso executá-la?
- *Pergunta da competência de ensino:* diante da tarefa e da situação, eu tenho as habilidades e os conhecimentos necessários?

Respostas positivas a essas duas perguntas revelam forte eficácia do professor. Em suma, crenças sobre causalidade, habilidade, justiça, resultados e autoeficácia são elementos essenciais de motivação; no entanto, outra força influencia o comportamento: a força dos objetivos.

TEORIA NA PRÁTICA

Uma forte sensação de autoeficácia do professor ajuda os alunos a aprender com mais eficiência. Bandura sugere que as principais fontes de autoeficácia são experiências de maestria, modelagem, persuasão verbal e estados fisiológicos e emocionais. Suponha que você é um diretor de uma escola e contratou uma professora jovem e talentosa. O problema dela é ser ansiosa e não muito confiante sobre sua capacidade de levar as crianças ao aprendizado. Desenvolva um plano para aumentar o senso de autoeficácia dessa professora novata. Em seu plano, certifique-se de explicar como e por que você espera ter sucesso em trabalhar com essa nova professora.

OBJETIVOS

Objetivo é um estado futuro que um indivíduo está se esforçando para alcançar. Suponha que você esteja se preparando para o vestibular ou um concurso. Você diz a si mesmo que não vai parar de estudar até ter lido tantas páginas, ter decorado suas anotações completamente, ter feito tantos problemas e ter completado vários testes práticos? Se você é um aluno sério, é alta a probabilidade de que você tenha definido uma série de objetivos semelhantes para se preparar para esse importante evento. A maioria das pessoas estabelece objetivos concretos para si, pois eles ajudam a eliminar a discrepância entre "onde você está" e "onde você quer estar". A definição de objetivos funciona para mim. Um dos motivos por que fui bem-sucedido na redação deste livro é ter estabelecido objetivos de redação realistas para mim mesmo. Por exemplo, escrevo pelo menos uma página por dia. Mantenho a média, e você está lendo o resultado.

Objetivos são alvos ou resultados que um indivíduo gostaria de conseguir. Eles definem para o indivíduo um nível aceitável de desempenho ou rumo de ação. Em termos de motivação individual, os objetivos estão sempre dentro da pessoa, embora muitas vezes se construam a partir de informações contextuais (FORD, 1992). Por exemplo, os professores comumente adotarão objetivos compartilhados por outros professores ou desenvolvidos pela escola. Locke e Latham (1990) sugerem que os objetivos têm duas dimensões principais – conteúdo e intensidade.

O **conteúdo do objetivo** é o objeto ou resultado a ser procurado e varia de específico a abstrato. Exemplos de conteúdo de objetivo concreto ou específico incluem perder 5 kg nos próximos dois meses ou ganhar um A na próxima prova. Um exemplo de objetivo abstrato é "fazer o meu melhor". O conteúdo do objetivo varia para os indivíduos não só em especificidade, mas também em uma perspectiva de tempo (curto prazo ou longo prazo), dificuldade (fácil ou difícil) e número (poucos ou muitos).

A **intensidade do objetivo** é mais bem ilustrada pelo comprometimento com ele – até que ponto o indivíduo considera importante o objetivo, está determinado a alcançá-lo e não o abandona diante de contratempos e obstáculos? Fatores que aumentam o comprometimento são aqueles que convencem as pessoas de que o obje-

tivo é possível e importante ou adequado (LATHAM; LOCKE, 1991). O comprometimento influencia e regula a busca dos objetivos, porque objetivos importantes são mais propensos a serem aceitos, a suscitarem envolvimento intenso e a promoverem ações persistentes (MINER, 1980, 2002). É praticamente inconteste que, se não existir nenhum comprometimento com os objetivos, então eles não funcionam (LOCKE; LATHAM; EREZ, 1988; LATHAM; WINTERS; LOCKE, 1994).

Teoria da definição de objetivos

Embora as origens históricas dos objetivos como aspectos importantes da motivação datem do começo do século XX, Edwin A. Locke e seu colega Gary P. Latham (LOCKE, 1968; LOCKE; LATHAM, 1984, 1990, 2005, 2009; LATHAM, 2000) são geralmente reconhecidos pelo desenvolvimento da teoria contemporânea de definição de objetivos. Na verdade, a teoria da definição de objetivos não começou como teoria, mas foi um daqueles casos em que uma pesquisa interessante desencadeou a busca de uma explicação, e, assim, a importância da teoria de definição de objetivos (BARON, 1998). O resultado da pesquisa foi simples, claro e impressionante. Vamos examinar os detalhes do estudo fortuito que implorou por explicação teórica.

Latham e Baldes (1975) estudaram equipes de mateiros que carregavam as toras para uma serraria nas proximidades. Antes do início do estudo, as equipes carregavam os grandes caminhões madeireiros com apenas 60% da capacidade, o que era um desperdício porque o consumo de combustível dos enormes caminhões era péssimo – litros por quilômetro, não quilômetros por litro. Para melhorar a situação, Latham e Baldes entabularam uma discussão com os trabalhadores sobre o problema. Juntos, eles definiram um objetivo específico: carregar todos os caminhões até 94%

da capacidade antes de transportar as toras para a serraria. O que aconteceu? Os níveis de desempenho melhoraram drasticamente e o desempenho melhorado persistiu; de fato, em um estudo de acompanhamento sete anos mais tarde, as equipes continuavam a carregar os caminhões até pouco menos da capacidade máxima porque o objetivo foi aceito e agora fazia parte habitual do trabalho (BARON, 1998).

Por que os objetivos frequentemente melhoram nosso desempenho? Locke e Latham (1990) propõem que o desempenho bem-sucedido dos objetivos satisfaça quatro condições:

- Primeiro, os objetivos devem ser *específicos*.
- Em segundo lugar, os objetivos devem ser *desafiadores*.
- Em terceiro lugar, os objetivos devem ser *alcançáveis*.
- Por fim, os indivíduos devem estar *comprometidos* com os objetivos.

Conclusões de pesquisas (MENTO; LOCKE; KLEIN, 1992; WRIGHT et al., 1994; LATHAM, 2000; LOCKE; LATHAM, 2002) demonstraram que, quando essas quatro condições são atendidas, a definição de objetivos é uma forma eficaz de aumentar a motivação e o desempenho.

Qual a explicação para que a definição de objetivos seja tão eficaz? O postulado básico da teoria é que a intenção de alcançar um objetivo é uma força motivadora primordial para o comportamento. Os objetivos direcionam as ações mentais e físicas dos indivíduos. Locke e Latham (1990) usam quatro mecanismos para explicar o efeito positivo dos objetivos sobre as ações. Primeiro, os objetivos *aumentam a atenção* para a tarefa imediata; ou seja, eles afetam a escolha, ajudando os indivíduos a se concentrar. Segundo, os objetivos *aumentam o esforço consumido* nas atividades; ajudam as pessoas a executar ações relevantes aos objetivos e a ignorar outras. Terceiro, os ob-

jetivos *aumentam a persistência* porque existe menos tentação de desistir, uma vez que um objetivo foi claramente estabelecido. Tão logo uma pessoa se decide sobre um objetivo, esses três mecanismos tornam-se relativamente automáticos. Por fim, a definição de objetivos aumenta a motivação e o desempenho porque incentiva o *desenvolvimento de estratégias de tarefa específicas*, ou seja, maneiras de realizar a tarefa. Estratégias de tarefa são planos conscientes e deliberados que o indivíduo desenvolve para alcançar os objetivos. Assim, enquanto atenção, esforço e persistência são consequências bastante automáticas da definição de objetivos, o desenvolvimento de estratégias de tarefa tem consequências conscientes, deliberativas e criativas.

O *feedback* também é importante para transformar a definição de objetivos em eficiente força motivadora. Para estar motivado, o indivíduo necessita de um senso exato da discrepância entre "onde está" e "onde deseja estar". O *feedback* ajuda os indivíduos a avaliar seu progresso. Se eles deixaram a desejar, então podem se esforçar mais ou até mesmo mudar de estratégia. Quando o *feedback* destaca a realização, a tendência é que a autoconfiança, o pensamento analítico e o desempenho do indivíduo melhorem (BANDURA, 1993).

As ideias de Locke foram sustentadas por uma série de experimentos de laboratório bem controlados. A maioria desses estudos usou alunos universitários, que realizaram tarefas relativamente simples por curtos períodos de tempo. Como a teoria originalmente baseou-se em evidências de situações protegidas e artificiais, os proponentes da teoria em seguida tentaram responder à seguinte pergunta: uma prática tão enganosamente simples como a definição de objetivos específicos e difíceis pode aumentar o desempenho dos funcionários em cenários organizacionais naturais onde os efeitos experimentais estiverem ausentes e a aceitação de objetivos não for facilmente obtida? Sim, a evidência de estudos de campo indica que a teoria de definição de objetivos é válida para melhorar o comportamento dos funcionários em organizações como escolas (LATHAM; YUKL, 1975; LOCKE; LATHAM, 1990; PINDER, 1998).

Em particular, três generalizações sobre a teoria dos objetivos continuam a desfrutar de substancial apoio de pesquisas (LOCKE; LATHAM, 1990). Primeira: *objetivos difíceis, se aceitos, resultam em níveis mais elevados de desempenho do que objetivos mais fáceis*. Uma explicação sobre o efeito da dificuldade do objetivo é a de que objetivos difíceis resultam em maior esforço e persistência do que objetivos fáceis, desde que eles sejam aceitos. Da mesma forma, objetivos difíceis tornam a satisfação pessoal dependente de um nível superior de desempenho em comparação a objetivos fáceis.

Segunda: *objetivos específicos produzem níveis mais elevados de desempenho do que objetivos vagos como "faça o seu melhor" ou nenhum objetivo*. Objetivos gerais são inerentemente ambíguos, e as pessoas se permitem o benefício da dúvida na avaliação de seus desempenhos; assumem que cumpriram o critério de "fazer o seu melhor". Do ponto de vista da teoria da definição de objetivos, no entanto, um objetivo específico e difícil esclarece para a pessoa o que constitui um desempenho eficaz, e a pessoa não é mais capaz de interpretar uma vasta gama de níveis de desempenho como indicador de desempenho excelente (LATHAM; LOCKE, 1991). Um estudo recente sobre material didático para alunos do ensino fundamental (AUDIA et al., 1996) realça a importância de objetivos quantitativos em vez de qualitativos. Objetivos de quantidade (fazer cinco produtos em um tempo específico), mas não objetivos de qualidade (fazer produtos sem quaisquer defeitos) aumentaram as tendências dos participantes para utilizar estratégias de tarefa que aumentassem a produção. Mais uma vez percebemos que objetivos específicos funcionam com mais eficiência do que os gerais.

Uma terceira e controversa generalização tem a ver com a origem dos objetivos, o compromisso e o desempenho. Os objetivos podem ser definidos de três maneiras: indivíduos escolhem seus próprios objetivos, objetivos são definidos em conjunto ou são atribuídos por outras pessoas. Em decorrência de conclusões contraditórias das pesquisas, Locke e Latham (1990) ajudaram a projetar um elaborado conjunto de projetos de pesquisa para testar os efeitos da participação das configurações dos objetivos em compromisso e desempenho. Os resultados sugeriram que os efeitos motivacionais dos objetivos atribuídos podem ser tão poderosos quanto os de objetivos definidos em conjunto na geração de elevado comprometimento com os objetivos e, por conseguinte, com o desempenho. Da mesma forma, a autodefinição de objetivos não se revelou consistentemente mais eficaz em evocar comprometimento com o objetivo ou aumento no desempenho do que outros métodos de definição de objetivos. *A chave para motivação eficaz parece ser se os objetivos são abraçados por indivíduos independentemente da sua origem*. É mais provável que as pessoas aceitem e abracem objetivos se eles forem realistas, razoavelmente difíceis e significativos (EREZ; ZIDON, 1984).

Em suma, a teoria de definição de objetivos sugere que objetivos específicos e desafiadores, mas alcançáveis, podem e muitas vezes conseguem aumentar a motivação, porque levam a aumentar o foco, o esforço e a persistência, bem como ao desenvolvimento de estratégias de tarefa específicas para atingir o objetivo. O *feedback* sobre o progresso quanto a alcançar objetivos reforça a atenção, o esforço e a persistência, ou fornece informações para aprimorar e alterar a estratégia para torná-la mais eficaz (ver Fig. 4.8). A evidência da eficácia da teoria definição de objetivos é esmagadora (LOCKE; LATHAM, 1990, 2002,

2005, 2009; BARON, 1998; PINDER, 1998; LATHAM, 2000; FRIED; SLOWIK, 2004; ORDONEZ et al., 2009). A Figura 4.9 fornece uma integração simplificada das teorias da motivação discutidas neste capítulo.

TEORIA NA PRÁTICA

Você acaba de ser contratado como novo diretor de uma pequena escola com 20 professores. Você quer ter sucesso em seu primeiro trabalho como diretor. Que objetivos pretende estabelecer para si mesmo? Escreva dois objetivos de curto prazo (para serem cumpridos no primeiro mês de trabalho) e dois objetivos de longo prazo (para serem cumpridos ao longo do primeiro ano). Descreva *por que* você selecionou esses objetivos e seu comprometimento com eles. Certifique-se de que os objetivos sejam específicos, realistas, desafiadores e alcançáveis. Como vai obter *feedback* para avaliar seu progresso?

MOTIVAÇÃO INTRÍNSECA E EXTRÍNSECA

Já vimos como necessidades, crenças e objetivos são aspectos importantes da motivação. A **motivação** geralmente é definida como um estado interno que estimula, orienta e mantém o comportamento. Os psicólogos que estudam a motivação têm se concentrado em cinco aspectos básicos: escolhas, iniciação, intensidade, persistência e reação (GRAHAM; WEINER, 1996). Agora vamos nos debruçar sobre duas distinções importantes na análise das teorias de motivação – intrínseca e extrínseca. Todos nós sabemos como é se sentir motivado – encarar uma tarefa com toda a energia. Também sabemos como nos sentimos ao se dedicar arduamente, mesmo quando a tarefa não é assim tão interessante. O que energiza e orienta o nosso comportamento? Algumas explicações alegam que a motivação é pessoal e interna e baseia-se em necessidades, interesses, curiosidade e prazer. Outras explicações estão ligadas a fatores externos e ambientais como incentivos, recompensas, pressão, punição e assim por diante. Estamos preocupados com a **motivação no trabalho**,

> [...] um conjunto de forças energéticas que se origina tanto no interior do indivíduo como além de seu ser, para iniciar comportamento relacionado com o trabalho, e para determinar a sua forma, orientação, intensidade e duração. (PINDER, 1984, p. 8).

O desafio para os administradores é desenvolver professores motivados, ativamente envolvidos no ensino e na aprendizagem, abertos a novas ideias e abordagens, comprometidos com os alunos e que mudem ao longo de sua carreira como professores.

A motivação oriunda de fatores como interesse e curiosidade chama-se **motivação intrínseca** (WOOLFOLK, 2013). A motivação intrínseca é a tendência natural de procurar e aceitar os desafios à medida que perseguimos interesses pessoais e exercitamos capacidades (DECI; RYAN, 1985, 2002; REEVE, 1996; DECI; KOESTNER; RYAN, 1999; DECI; RYAN, 2002; REEVE; DECI; RYAN, 2004). Punição e recompensas não são necessárias porque *a atividade em si é gratificante*. Em poucas palavras, a motivação intrínseca é o que nos estimula a fazer alguma coisa quando não somos obrigados a fazer nada (RAFFINI, 1996). A **motivação extrínseca,** em contraste, baseia-se em recompensas e punições. Agimos para ganhar uma boa nota, para ter o mérito reconhecido, ser promovido ou evitar uma queixa. Não estamos interessados na atividade por si só, mas sim no que a atividade nos trará. A motivação extrínseca é uma perspectiva comportamental na motivação, porque explica a motivação e o comportamento em termos de recompensas e punições. A motivação extrínseca nos estimula a agir com estímulos e desestímulos.

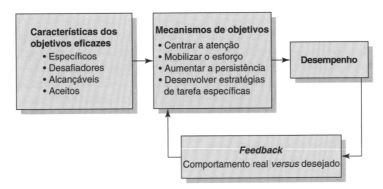

FIGURA 4.8 Teoria da definição de objetivos.

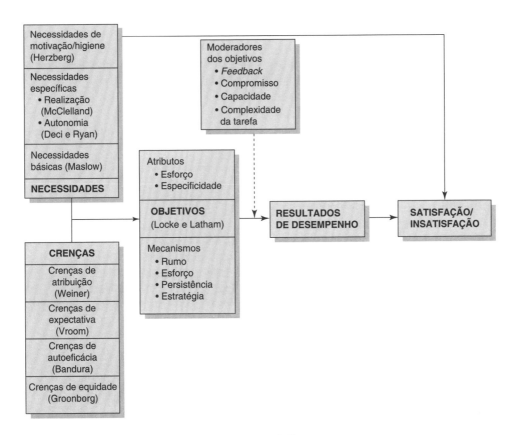

FIGURA 4.9 Modelo simplificado de motivação no trabalho.

A principal diferença entre motivação intrínseca e extrínseca está na razão para que o indivíduo aja. O lócus para a ação é interno (intrínseco) ou externo (extrínseco)? Se alguém escolhe livremente agir com base em preferências pessoais, a causa é interna e a motivação é intrínseca. A dicotomia entre intrínseco e extrínseco é um pouco simples demais, pois muitas ações têm traços de ambos os tipos de motivação. Por exemplo, o que começa como motivação extrínseca, estudar para tirar uma boa nota, pode se tornar intrínseca quando a curiosidade aparecer. Além disso, alguns indivíduos talvez escolham se esforçar com afinco em coisas que não apreciam particularmente, pois sabem que as atividades são importantes para alcançar um objetivo valioso, como ganhar um certificado de superintendente. Neste último caso, a pessoa *internalizou uma causa externa* e a motivação está no "entremeio". A pessoa escolheu livremente aceitar a causa externa e está tentando obter o máximo de benefícios da escolha (VANSTEENKISTE; LENS; DECI, 2006). O detalhe é que, embora a dicotomia intrínseca-extrínseca possa ser útil em alguns casos, em outros uma mescla é necessária. Administradores e professores precisam incentivar e alimentar a motivação intrínseca e, ao mesmo tempo, garantir que a motivação extrínseca apoie a tarefa em questão (ANDERMAN; ANDERMAN, 2009; PINK, 2009; WOOLFOLK, 2013). Para fazer isso, eles precisam saber os fatores que afetam a motivação. A Tabela 4.2 resume como necessidades, crenças e objetivos motivam o comportamento.

CASO SOBRE LIDERANÇA EDUCACIONAL

Desafio motivacional e de liderança

Você acaba de começar no cargo de diretora da Escola de Ensino Fundamental – Anos Iniciais – Martin Luther King. É o seu primeiro emprego como diretor. Depois de trabalhar em uma escola semelhante nas proximidades, primeiro como professor durante três anos e depois como diretor-assistente durante dois anos, surgiu a oportunidade aberta para você se tornar diretor. A Escola Fundamental King tem turmas do jardim de infância até o 6º ano e é relativamente pequena, contando com apenas 21 professores. A escola é urbana com corpo estudantil bem diverso – aproximadamente 40% afro-americanos, 30% hispânicos, 20% brancos e o restante de origem asiática. Os resultados da escola nos testes de proficiência estaduais estão ligeiramente abaixo da média, caindo no percentil 48.

Os primeiros meses de escola passaram rápido para todos, especialmente para você, que passou a maior parte do tempo tentando conhecer seus alunos e professores e certificando-se de que a escola esteja funcionando perfeitamente. Você está satisfeito com o andamento das coisas até agora. Sempre há os problemas de rotina envolvendo a disciplina dos alunos, pais descontentes, tensões entre professores, iniciativas da Associação de Pais e Mestres e diretivas burocráticas, mas você tem se saído bem e a maioria concordaria que sua escola está bem administrada.

Mas você tem a incômoda sensação de que há mais a ser feito nas salas de aula para melhorar áreas de habilidades básicas como leitura, redação e matemática. Nada específico lhe vem à mente. Talvez o que lhe esteja incomodando é o fato de que, na noite em que você foi contratada, a superintendente ter depositado confiança em sua capacidade de melhorar o desempenho dos alunos na escola King de ensino fundamental. Ela deixou bem claro que os resultados dos testes de proficiência precisavam ser melhorados, e você abraçou o desafio; na verdade, suas palavras ficam martelando em seu cérebro: "Sem problemas!", você exclamou ao apertar a mão da superinten-

(continua)

CASO SOBRE LIDERANÇA EDUCACIONAL *(continuação)*

dente. Você teve uma surpresa agradável um mês mais tarde, quando a superintendente lhe enviou um memorando pessoal incentivando-lhe a "fazer a diferença" e lhe oferecendo apoio monetário para o desenvolvimento profissional dos professores de sua escola. "Sem problemas, faça a diferença", você continua pensando.

Agora você está sentindo a realidade do desafio e sua resposta: "Sem problemas, faça a diferença". É hora de dar o salto de manter a organização para desencadear ações que terão um impacto positivo sobre os professores e os alunos de sua escola. Você analisa os três grupos de professores na sua escola. Um grupo é composto de sete professores que estão no segundo ou terceiro ano na escola, mais três novos professores que você ajudou a selecionar. Todos esses 10 professores e professoras são animados, entusiasmados e cooperativos. Outras sete são bons professores, mas bastante indiferentes a quaisquer novos programas; só fazem bem o seu trabalho. Por fim, como na maioria das escolas, há três professores que compõem a "velha guarda". Os três juntos somam 81 anos de experiência, a maior parte nas mesmas dependências da escola, remontando à época em que a escola ainda se chamava Escola de Ensino Fundamental Second Street, com população predominantemente branca. A velha guarda é um grupo complicado. Seja lá o que for, eles dizem: "Não vai funcionar"; "Já tentamos fazer isso" e "Não é boa ideia". Em geral, os indiferentes apenas encolhem os ombros e fazem seu trabalho com competência, ao passo que o grupo mais novo é aberto e ávido por experimentar coisas novas.

Na última reunião do corpo docente, você sugeriu que cada ano escolar definisse objetivos para melhorar o desempenho da leitura. Sua sugestão encontrou resistência. "Tentamos isso há oito anos e não fez diferença nenhuma", foi a primeira resposta do líder da velha guarda. Durante meia hora, seguiram-se reclamações generalizadas sobre a baixa capacidade e a indiferença dos alunos, a falta de motivação por parte dos alunos e seus pais, a falta de tempo, a falta de materiais extras, o número insuficiente de ajudantes e assim por diante. A velha guarda defendeu a tese de "deixar como está para ver como é que fica"; os indiferentes se omitiram; e o grupo novo simplesmente demonstrou certa opressão e imobilização na reunião. Não era isso que você tinha imaginado, mas percebeu o surgimento de um padrão de apatia e oposição. O novo grupo de 10 é capaz e disposto, mas você tem medo de que, a menos que os incentive, eles acabem influenciados pelos professores mais experientes a pensar de modo pessimista em vez de otimista.

Você precisa de um plano para motivar os professores. Os programas de instrução de leitura e matemática parecem mais do que adequados. Cada professor tem ao menos um ajudante de ensino em parte do turno. O tamanho das turmas é razoável. Os professores obtêm os materiais instrucionais que desejam. No frigir dos ovos, os materiais e o currículo são de boa qualidade. O que está faltando, no seu julgamento, é motivação positiva por parte de alguns professores. Você decide que é preciso incentivar e proteger os novos professores, estimular os indiferentes a se comprometer a compartilhar e a trabalhar com os colegas mais novos e isolar a velha guarda, enquanto trabalha individualmente com cada uma delas para melhorar o desempenho de seus alunos. Você tem os recursos de que precisa para se envolver na evolução profissional de seus professores; ou seja, tem os dias de desenvolvimento profissional e as verbas. Só falta um plano.

Você deve promover diferentes estratégias motivacionais para cada um dos grupos — novos professores, indiferentes e a velha guarda? Você começa a considerar as opções para motivar os professores na Escola de Ensino Fundamental Martin Luther King.

- Desenvolva uma estratégia para conseguir um alto grau de eficácia coletiva entre os novos professores e os indiferentes. Que experiências de maestria são necessárias, e como você vai obtê-las para seus professores? Que tipos de modelos ou outras experiências vicárias seus professores devem ter, e onde eles vão buscá-las? Que tipo de atividades será útil para convencer os professores de que

(continua)

156 Hoy & Miskel

TABELA 4. 2   Resumo de como necessidades, crenças e objetivos motivam o comportamento

Teoria das necessidades

Sugere que as pessoas trabalham arduamente quando

- As necessidades de ordem inferior são atendidas – necessidades fisiológicas, de segurança e de pertencimento.
- As necessidades de ordem superior oferecem o desafio – necessidades de estima e realização pessoal.

Teoria da motivação-higiene

Sugere que

- Necessidades inferiores não satisfeitas produzem desagrado com o trabalho.
- Necessidades de alto nível alcançadas produzem satisfação no trabalho.

Teoria da definição de objetivos

Sugere que as pessoas trabalham arduamente quando

- Têm objetivos realistas, específicos e desafiadores.
- Estão comprometidas com os objetivos.
- Recebem *feedback* sobre o progresso rumo aos objetivos.

Teoria da atribuição

Sugere que as pessoas trabalham arduamente quando elas acreditam que as causas para o sucesso são

- Internas – devido à capacidade e ao esforço.
- Não fixas – o esforço, por exemplo, pode variar de uma situação para outra.
- Controláveis – as causas podem ser controladas por trabalho árduo, uso da estratégia adequada, etc.

Teoria da equidade

Sugere que as pessoas trabalham arduamente quando tiverem sido tratadas com justiça e

- Receberam as recompensas que merecem.
- As recompensas foram alocadas com justiça.
- Foram tratados com respeito e cortesia.

Teoria da expectativa

Sugere que as pessoas trabalham arduamente quando

- Acreditam que o esforço adicional melhorará o desempenho.
- O bom desempenho será notado e recompensado.
- As recompensas são valorizadas.

Teoria da autoeficácia

Sugere que as pessoas trabalham arduamente quando

- Acreditam que têm os recursos para serem bem-sucedidos.
- Acreditam que a tarefa não é muito difícil.
- Tiveram sucesso na conclusão de tarefas semelhantes.
- Têm bons modelos de sucesso.

Administração Educacional **157**

CASO SOBRE LIDERANÇA EDUCACIONAL *(continuação)*

eles podem melhorar a proficiência dos seus alunos? Que tipo de estado afetivo é necessário em sua escola para desenvolver a eficácia coletiva de que você precisa? Como você vai alcançar esse estado?

- Desenvolva uma estratégia para seus professores definirem alguns objetivos de desempenho realistas para seus alunos. Certifique-se de que os objetivos sejam específicos, desafiadores e alcançáveis. Além disso, encontre maneiras de fazer os professores abraçarem os objetivos.
- Crie uma estratégia para desenvolver um alto grau de eficácia de professor em professores selecionados. Como você pode ajudar a desenvolver nos professores uma crença de que eles têm a capacidade de organizar e executar os cursos de ação necessários para conseguir melhorar o desempenho de leitura de seus alunos? Como você pode tornar alcançável a tarefa deles? Que tipos de habilidades e conhecimentos eles precisam?
- Desenvolva uma estratégia para motivar os professores da velha guarda. Que tipo de motivação é mais provável de funcionar – intrínseca ou extrínseca? Quais são as alternativas em cada área? Quanto tempo você deve investir nesses professores? Você deveria simplesmente deixar de lado esses professores e concentrar toda sua energia nos outros? Mas quanto aos alunos deles?

Coloque-se no papel desta nova diretora e desenvolva uma estratégia de plano e implementação para motivar os professores a melhorar o desempenho de leitura de seus alunos. Certifique-se de que seu plano considera os três grupos de professores. Ao longo do ano seguinte, especifique os detalhes do seu plano. Você não está limitado às estratégias que o diretor atual está considerando, mas isso é um bom ponto de partida para a ação. Que teorias de motivação você quer implementar e como vai fazê-lo? Como saberá se foi bem-sucedido? Em que ponto você usará os testes de desempenho dos alunos para avaliar o seu sucesso? Você deve avaliar o desempenho de leitura em cada sala de aula separadamente?

GUIA PRÁTICO

1. Comemore os sucessos de seu corpo docente: o reforço positivo é um forte motivador.
2. Articule objetivos claros, específicos e alcançáveis: eles fornecem alvos focados de esforço persistente.
3. Nutra uma visão incremental da inteligência: ela melhora o desempenho.
4. Seja justo tanto em escolher quanto em distribuir os recursos escolares: os participantes esperam ser tratados de forma justa.
5. Equipe os professores com as habilidades e os recursos necessários para ter sucesso: os professores trabalham de modo mais inteligente quando têm as ferramentas certas.
6. Desenvolva um senso de eficácia em professores e alunos: isso aumenta o desempenho acadêmico.
7. Forneça aos professores *feedback* construtivo enquanto buscam atingir seus objetivos: a persuasão verbal aumenta a perseverança.
8. Crie situações de ensino que levem a experiências bem-sucedidas: experiências de maestria são a fonte mais valiosa de autoeficácia do professor.
9. Forneça aos professores modelos de práticas bem-sucedidas: esses modelos são fortes determinantes da autoeficácia.
10. Incentive os professores a aceitar responsabilidade pelo desempenho: a responsabilidade produz comprometimento, perseverança e sucesso.

PRINCÍPIOS E PRESSUPOSTOS BÁSICOS

1. Indivíduos trabalham arduamente quando suas necessidades de nível inferior de segurança e proteção forem atendidas ao passo que necessidades de nível mais alto são desafiadas pela tarefa.
2. Se os indivíduos tiverem os conhecimentos e as habilidades necessárias para executar uma tarefa, então o fato de abraçarem objetivos específicos, desafiadores e alcançáveis produz sucesso.
3. Objetivos difíceis, se aceitos, produzem níveis mais elevados de desempenho em comparação a objetivos fáceis.
4. Indivíduos trabalham arduamente quando acreditam que as causas para o sucesso estão sob o seu controle.
5. A justiça organizacional melhora a aceitação dos resultados organizacionais.
6. Os indivíduos são altamente motivados quando acreditam que o esforço adicional será recompensado pelos resultados que eles almejam.
7. Crenças de autoeficácia determinam quais desafios de objetivos seguir, quanto esforço exercer e quanto tempo persistir; assim, um forte senso de capacidade para executar uma tarefa promove o sucesso.
8. A motivação para evitar o fracasso é geralmente contraproducente para o sucesso, enquanto a motivação para realizar é um poderoso impulso para o sucesso.
9. A ansiedade melhora o desempenho em tarefas simples, mas dificulta o desempenho em tarefas complexas.
10. O pessoal vai trabalhar arduamente para resolver os problemas que têm significado pessoal, ou seja, problemas intrigantes, desafiadores e prazerosos.

TESTE OS SEUS CONHECIMENTOS: SABE O SIGNIFICADO DESTES TERMOS?

necessidades, *p. 125*
hierarquia de necessidades, *p. 126*
realização pessoal, *p. 127*
motivadores, *p. 129*
higienes, *p. 129*
teoria da motivação por realização, *p. 131*
crenças, *p. 133*
teoria da atribuição, *p. 134*
dimensões de causalidade, *p. 134*
visão estável da capacidade, *p. 137*
visão incremental da capacidade, *p. 137*
teoria da equidade, *p. 139*
justiça organizacional, *p. 140*

teoria da expectativa, *p. 141*
expectativa, *p. 142*
instrumentalidade, *p. 142*
valência, *p. 142*
autoeficácia, *p. 144*
eficácia do professor, *p. 146*
objetivo, *p. 148*
conteúdo do objetivo, *p. 149*
intensidade do objetivo, *p. 149*
motivação, *p. 152*
motivação no trabalho, *p. 152*
motivação intrínseca, *p. 152*
motivação extrínseca, *p. 152*

LEITURAS SUGERIDAS

BANDURA, A. *Self-efficacy*: the exercise of control. New York: Freeman, 1997.

Um tour de force relacionando a teoria cognitiva social com a autoeficácia e a autorregulação, que resume e integra centenas de estudos.

GREENBERG, J.; COLQUITT, J. A. *Handbook of organizational justice*. Mahwah: Erlbaum, 2005.

Abrangente análise da história e da formulação do construto de justiça organizacional, bem como um resumo da pesquisa existente.

HOY, W. K.; TARTER, C. J. Organizational justice in schools: no justice without trust. *International Journal of Educational Management*, v. 18, p. 250-259, 2004.

Aplicação dos princípios de justiça organizacional na administração e liderança das escolas.

LOCKE, E. A.; LATHAM, G. P. Building a practically oriented theory of goal setting and task motivation: a 35-year odyssey. *American Psychologist*, v. 57, p. 705-717, 2002.

Revisão e análise abrangentes sobre a teoria da definição de objetivos pelos criadores da teoria.

MINER, J. B. *Organizational behavior 1*: essential theories of motivation andmotivation and leadership. Armonk: Sharpe, 2005.

Abrangente análise sobre as teorias de motivações com classificações de importância, validade e utilidade de cada perspectiva conceitual.

PINK, D. H. *Drive*: the surprising truth about what motivates us. New York: Penguin Group, 2009.

Provocante e intrigante aplicação da teoria de autodeterminação de Ryan e Deci.

SCHUNK, D. *Learning theories*: an educational perspective. Upper Saddle River: Pearson, 2004.

Cuidadosa aplicação da teoria cognitiva social e da teoria da motivação nas escolas, especialmente os Capítulos 3 e 8.

WEINER, B. (2000). Interpersonal and intrapersonal theories of motivation from an attributional perspective. *Educational Psychology Review*, v. 12, p. 1-14, 2000.

Análise contemporânea da teoria motivacional de uma perspectiva de atribuição.

EXERCÍCIO DE PORTFÓLIO

Desenvolva um plano para criar um ambiente que ofereça suporte à imparcialidade e promova o desenvolvimento da autoeficácia no ambiente escolar. Como gestor escolar, como você pode usar os princípios da justiça organizacional e as quatro fontes principais de eficácia para informar seu plano? Descrever ações práticas e situações reais que você pode fornecer para a sua equipe para apoiar o desenvolvimento tanto da equidade quanto da autoeficácia. Seja específico. A estrutura de tópicos a seguir é apenas um guia para você começar.

Fontes de imparcialidade

Princípio da equidade
Princípio da percepção
Princípio da voz ativa
Princípio da justiça interpessoal
Princípio da coerência
Princípio do altruísmo
Princípio da correção
Princípio da precisão
Princípio da representatividade
Princípio da ética

Ação administrativa proposta

Fontes de autoeficácia

Experiência de maestria
Modelagem
Persuasão verbal
Excitação fisiológica

Ação administrativa proposta

Padrões de liderança 1, 2, 3 e 5

NOTA

1. De acordo com Campbell et al. (1970), McClelland procurou aprimorar e investigar um subconjunto dos motivos de uma lista mais ampla, desenvolvida por H. A. Murray. Três motivos receberam mais atenção – a necessidade de realização, a necessidade de poder e a necessidade de afiliação. A motivação de realização tem recebido mais atenção e foi formalizada em uma teoria de expectativa e motivação por realização. Para fins desta obra, limitamos nossa discussão à parte da teoria de valor.

5

CULTURA ORGANIZACIONAL DAS ESCOLAS

O comportamento de um grupo não pode ser previsto unicamente a partir de uma compreensão da personalidade de cada um dos seus membros. Vários processos sociais atuam [...] [O] grupo desenvolve um "humor", uma "atmosfera". No contexto da organização, falamos de um "estilo", uma "cultura", um "caráter".

Henry Mintzberg
Power In and Around Organizations

PONTOS PRINCIPAIS

1. A cultura organizacional é uma perspectiva contemporânea para examinar o caráter distintivo das escolas.

2. A cultura organizacional é manifestada em normas, valores compartilhados e suposições básicas, e cada um desses fatores ocorre em diferentes níveis de abstração.

3. Fortes culturas organizacionais melhoram ou entravam a eficácia de uma organização: culturas diferentes são eficazes dependendo das restrições do ambiente.

4. As culturas das escolas podem ser interpretadas pela análise de seus símbolos, artefatos, ritos, cerimônias, ícones, heróis, mitos, rituais e lendas.

5. Muitas vezes, a coisa mais importante sobre fatos nas organizações não é o que aconteceu, mas o que o fato significa.

6. As culturas organizacionais aumentam a estabilidade no sistema social fornecendo a argamassa social que une a organização.

7. As culturas escolares podem ser concebidas de muitas maneiras – este livro analisa a cultura escolar em termos de controle, eficácia, confiança e otimismo acadêmico.

8. As culturas da eficácia, da confiança e do otimismo promovem o desempenho estudantil, ao passo que as culturas de controle humanístico sustentam o desenvolvimento socioemocional e o autoconceito positivo dos alunos.

9. Mudar a cultura de uma escola, na melhor das hipóteses, é difícil, mas um procedimento geral para aprimorar a cultura da escola é a estratégia de mudança de normas.

O comportamento nas organizações não depende simplesmente das expectativas formais e das necessidades e motivações dos indivíduos. As relações entre esses elementos são dinâmicas. Os participantes trazem para o local de trabalho uma série exclusiva de valores, necessidades, objetivos e crenças. Essas características individuais controlam os aspectos racionais da vida organizacional. Além disso, emerge um sentimento coletivo de identidade que transforma um simples aglomerado de indivíduos em uma distintiva "personalidade" no local de trabalho.

Essa sensação de nativismo do local de trabalho foi analisada e estudada sob uma variedade de rótulos, incluindo "caráter organizacional", "meio", "atmosfera", "ideologia", "clima", "cultura", "sistema emergente" e "organização informal". Nossa análise do ambiente interno de trabalho se concentrará em dois conceitos inter-relacionados – cultura organizacional neste capítulo e clima organizacional, no próximo. Cada uma dessas noções sugere um lado natural, espontâneo e humano da organização; cada qual sugere que o todo organizacional é maior do que a soma das suas partes; e cada qual tenta desvelar os significados compartilhados e as regras não escritas que orientam o comportamento organizacional.[1]

CULTURA ORGANIZACIONAL

A preocupação com a cultura do grupo de trabalho não é nova. Como já vimos, nos anos de 1930 e 1940, tanto Elton Mayo (1945) quanto Chester Barnard (1938) salientaram a importância do grupo de trabalho (normas, sentimentos, valores e interações emergentes) e, ao mesmo tempo, descreveram a natureza e as funções da organização informal. Philip Selznick (1957) ampliou a análise da vida organizacional ao encarar as organizações como instituições, em vez de organizações meramente racionais. As instituições, de acordo com Selznick (1957, p. 14), estão "[...] impregnadas de valor que vai além das exigências técnicas em questão". Esse valor impregnado produz uma *identidade distinta*

para a organização e define o caráter organizacional. Selznick (1957, p. 14) continua:

> [...] sempre que os indivíduos tornam-se ligados a uma organização ou a uma forma de fazer as coisas como pessoas em vez de como técnicos, o resultado é a valorização intrínseca. Do ponto de vista da pessoa comprometida, a organização deixa de ser uma ferramenta dispensável e se transforma em valiosa fonte de satisfação pessoal. Onde a institucionalização está bem avançada, perspectivas distintas, hábitos e outros compromissos são unificados, colorindo todos os aspectos da vida organizacional e emprestando-lhe uma integração social que vai bem além da coordenação e do comando formais.

Na verdade, é a formulação de Selznick de organizações como instituições, cada qual com competência e caráter organizacional distintos, que fornece uma base para as análises contemporâneas de organizações como culturas (PETERS; WATERMAN, 1982).

A cultura organizacional é uma tentativa de penetrar na sensação, no sentido, na atmosfera, no caráter ou na imagem de uma organização. Engloba muitas das noções anteriores sobre organização informal, normas, valores, ideologias e sistemas emergentes. A popularidade do termo "cultura organizacional" resulta, em parte, de uma série de livros populares sobre corporações bem-sucedidas que emergiram na década de 1980 (PETERS; WATERMAN, 1982; DEAL; KENNEDY, 1982; OUCHI, 1981). O tema básico de todas essas análises foi o de que organizações eficazes têm culturas corporativas fortes e distintas e que uma função básica de liderança executiva dá forma à cultura da organização.

Definição de cultura organizacional

A noção de cultura traz consigo complexidade conceitual e confusão. A antropologia não fornece uma definição perfeita de cultura; em vez disso, encontramos uma diversidade de definições. Não deveria ser surpreendente, portanto, o fato de existirem muitas definições de cultura organizacional. Por exemplo:

- William Ouchi (1981, p. 41) define cultura organizacional como

  [...] símbolos, cerimônias e mitos que se comunicam com os valores e as crenças subjacentes dessa organização e seus colaboradores.

- Henry Mintzberg (1989, p. 98) refere-se à cultura como a ideologia da organização, ou

  [...] as tradições e crenças de uma organização que a distinguem de outras organizações e infundem um sopro de vida no esqueleto da sua estrutura.

- Edgar Schein (1992, 1999), no entanto, argumenta que a cultura deve estar reservada em um "nível mais profundo de suposições, crenças e valores básicos" que se tornam compartilhados e tidos como certos à medida que a organização continua a ser bem-sucedida.

Nossa definição geral de **cultura organizacional** é um *sistema compartilhado de orientações que mantém a unidade e lhe confere uma identidade distinta*. Mas discordâncias substanciais surgem sobre o que é compartilhado – normas, valores, filosofias, perspectivas, crenças, expectativas, atitudes, mitos ou cerimônias. Outro problema é determinar a intensidade das orientações compartilhadas pelos membros organizacionais. As organizações têm uma cultura básica ou muitas culturas? Além disso, há desacordo sobre até que ponto a cultura organizacional é consciente e aberta ou inconsciente e secreta.

Níveis de cultura organizacional

Uma maneira de começar a desvendar alguns dos problemas de definição é analisar a cultura em níveis diferentes. Como ilus-

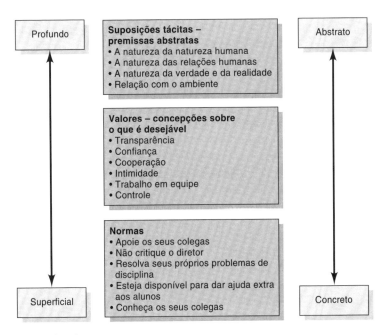

FIGURA 5.1 Níveis de cultura.

trado na Figura 5.1, a cultura se manifesta em normas, valores compartilhados e suposições básicas, cada qual ocorrendo em diferentes níveis de profundidade e abstração.

Cultura como normas compartilhadas

Uma perspectiva bastante concreta, alguns diriam superficial, sobre cultura emerge quando as normas comportamentais são usadas como os elementos básicos da cultura (ver Fig. 5.1). As **normas** geralmente são expectativas informais e não escritas que ocorrem logo abaixo da superfície da experiência. As normas influenciam diretamente o comportamento. São muito mais visíveis do que os valores ou as suposições tácitas; em razão disso, fornecem um meio claro para ajudar as pessoas a compreender os aspectos culturais da vida organizacional. Além disso, se estamos preocupados em mudar o comportamento organizacional, então é importante conhecer e compreender as normas dessa cultura.

As normas também são comunicadas aos participantes por histórias e cerimônias que fornecem exemplos visíveis e potentes do que a organização defende. Às vezes, histórias sobre pessoas são criadas para reforçar as normas básicas da organização. A diretora que apoiou o professor apesar da pressão esmagadora de pais e superiores torna-se um símbolo da coesão e lealdade na cultura da escola; é uma história recontada muitas vezes aos novos professores. Os professores aprendem rapidamente as normas: "não contem histórias fora da escola", "apoie seus colegas" e "apoie seu diretor". As normas determinam o modo que as pessoas se vestem e falam; o modo que os participantes respondem à autoridade, ao conflito e à pressão; e o modo que as pessoas equilibram os interesses pessoais com os interesses organizacionais. Exemplos de normas incluem o seguinte: não tumultue o ambiente; não critique os colegas professores diante de alunos ou pais; todos os homens usam gravatas;

resolva seus próprios problemas de disciplina; não deixe que os alunos saiam da sala de aula antes de a campainha soar; e atualize os murais de avisos com frequência. Como observado no Capítulo 1, a execução das normas é imposta por sanções; as pessoas são recompensadas e encorajadas quando estão em conformidade com as normas e são confrontadas, colocadas no ostracismo ou punidas quando violam as normas culturais do grupo. Em suma, as normas do grupo de trabalho definem uma fatia importante da cultura da organização.

Cultura como crenças e valores compartilhados

Em um nível intermediário de abstração, a cultura é definida como crenças e valores compartilhados. Os **valores** são crenças do que é desejável. São reflexos das suposições subjacentes da cultura e residem no próximo nível de análise. Os valores muitas vezes definem o que os membros devem fazer para serem bem-sucedidos na organização. Quando pedimos para que as pessoas expliquem seu comportamento, podemos começar a descobrir os valores fundamentais da organização. Valores compartilhados definem o caráter básico da organização e conferem a ela um sentimento de identidade. Se os membros sabem o que sua organização defende, se sabem quais padrões devem apoiar, são mais propensos a tomar decisões que corroborem essas normas. Também são mais propensos a sentir-se parte da organização e a considerar que a vida organizacional tem significado importante.

O livro de William Ouchi (1981) sobre o sucesso das corporações japonesas foi uma das primeiras análises contemporâneas sobre cultura corporativa. Ouchi argumentou que o sucesso das corporações eficazes no Japão e nos Estados Unidos refletia uma cultura corporativa distinta, uma cultura internamente consistente e caracterizada por valores compartilhados de intimidade, confiança, cooperação, trabalho em equipe e igualitarismo. O sucesso dessas organizações não tinha tanto a ver com tecnologia e sim com gestão de pessoas. Ele rotulou as organizações dos Estados Unidos com esses valores de culturas de teoria Z.

Organizações de teoria Z têm várias propriedades que promovem essa cultura característica (ver Tab. 5.1). Oportunidades de emprego de longo prazo criam nos funcionários um sentimento de segurança e comprometimento com a organização; os participantes "vestem a camisa" da organização. O processo de taxas mais lentas de promoção cria mais oportunidades para ampliar experiências e carreiras mais diversificadas à medida que os funcionários executam diferentes funções e ocupam diferentes cargos. Isso é eficaz para gerar as habilidades específicas da empresa e promover o desenvolvimento de carreira. Tomadas de decisão participativas e consensuais exigem cooperação e trabalho em equipe, valores abertamente comunicados e reforçados. A responsabilidade individual pela tomada de decisão coletiva exige uma atmosfera de confiança e apoio mútuo. Por fim, a preocupação com a pessoa integral é parte natural da relação de trabalho, que tende a ser informal e enfatiza a pessoa como um todo e não apenas o papel do indivíduo no trabalho. Essa perspectiva holística promove uma forte atmosfera igualitária, uma comunidade de iguais que trabalha cooperativamente para cumprir objetivos em comum em vez de depender da hierarquia

formal. Assim, as organizações de teoria Z são estruturadas e operam para promover os valores fundamentais de intimidade, confiança, cooperação e igualitarismo. Esses **valores fundamentais** da cultura são os valores dominantes aceitos e compartilhados pela maioria dos membros organizacionais; eles influenciam praticamente todos os aspectos da vida organizacional.

Outros estudos (DEAL; KENNEDY, 1982; PETERS; WATERMAN, 1982) sobre empresas bem-sucedidas também sugerem a importância crucial de fortes culturas organizacionais na promoção da eficácia. Deal e Kennedy (1982) sugerem que as organizações bem-sucedidas compartilham algumas características culturais comuns. Os dois autores argumentam que essas organizações têm

- Uma filosofia organizacional amplamente compartilhada.
- Preocupação com os indivíduos que é mais importante do que regras e políticas formais.
- Rituais e cerimônias que constroem uma identidade comum.
- Uma noção bem internalizada sobre as regras e exceções informais.
- A crença de que aquilo que os funcionários fazem é importante para os outros.

Portanto, o compartilhamento de informações e de ideias é incentivado.

Nas **culturas fortes**, crenças e valores são intensamente defendidos, amplamente compartilhados e orientam o comportamen-

TABELA 5.1 Organização e cultura da teoria Z	
Característica organizacional	**Valor fundamental**
Emprego de longo prazo	Compromisso organizacional
Taxas mais lentas de promoção	Orientação de carreira
Decisão participativa	Cooperação e trabalho em equipe
Responsabilidade individual pelas decisões do grupo	Confiança e lealdade de grupo
Orientação holística	Igualitarismo

to organizacional. Pode ser tentador chegar à conclusão precipitada de que um conjunto específico de valores define a excelência nas organizações, mas isso não se justifica. O que promove a excelência ontem não necessariamente a promove hoje ou amanhã (AUPPERLE; ACAR; BOOTH, 1986; HITT; IRELAND, 1987). Na verdade, uma cultura forte pode ser um risco em tempos de rápidas mudanças, porque a cultura da organização pode estar tão arraigada a ponto de impedir a adaptação às novas restrições. Hanson (2003) observa que, sob muitos prismas, a ligação entre a cultura e a eficácia é a mesma que entre estrutura e eficácia. Tanto a cultura quanto a estrutura podem comprometer os resultados ao estagnar ou perturbar o sistema por meio de inflexibilidades, conflitos e intenções ocultas.

Cultura em forma de suposições tácitas

Em seu nível mais profundo, a cultura é a manifestação coletiva de suposições tácitas. Quando os membros de uma organização compartilham uma visão de mundo a seu redor e o seu lugar nesse mundo, a cultura existe. Ou seja, um padrão de suposições básicas foi inventado, descoberto ou desenvolvido pela organização à medida que ela aprendeu a lidar com seus problemas de adaptação externa e integração interna. Esse padrão tem funcionado bem o suficiente para ser considerado válido, e é ensinado aos novos membros como a maneira correta de perceber, pensar e se sentir em relação a esses problemas. Já que as suposições têm funcionado repetidamente, elas se tornaram tão básicas que são subestimadas, tendem a não ser confrontadas nem discutidas, e, portanto, são altamente resistentes à mudança. Sob esse prisma, a chave para compreender a cultura organizacional é decifrar as suposições tácitas que os membros compartilham e descobrir como essas suposições se encaixam em um padrão ou paradigma cultural.

As **suposições tácitas** são premissas abstratas sobre a natureza das relações humanas, da natureza humana, da verdade, da realidade e do ambiente (DYER, 1985). Por exemplo, a natureza humana é basicamente boa, má ou neutra? De que modo a verdade é, em última análise, determinada – é revelada ou descoberta? Quais são as relações presumidas entre os membros do grupo – principalmente hierárquicas, cooperativas ou individualistas? Quando as organizações desenvolvem padrões consistentes e articulados de suposições básicas, elas têm culturas fortes.

Considere duas fortes, mas contrastantes, culturas escolares. A primeira escola tem uma cultura forte e distinta com base nas seguintes suposições conforme sugeridas por Schein (1985):

- A verdade em última análise vem dos próprios professores.
- Os professores são responsáveis, motivados e capazes de se governar e tomar decisões no melhor interesse de seus alunos.
- A verdade é determinada pelo debate, que muitas vezes produz conflitos e o teste das ideias em um fórum aberto.
- Os professores formam uma família; eles se aceitam e se respeitam mutuamente e tomam conta uns dos outros.

Essas suposições fundamentais originam valores compartilhados como individualismo, autonomia, transparência, profissionalismo e autoridade do conhecimento.

Em contraste, uma segunda escola é guiada pelas seguintes suposições:

- A verdade vem, em última análise, de professores e administradores experientes.
- A maioria dos professores está comprometida com a escola e é leal a ela. (Eles são bons "soldados".)
- Os relacionamentos na escola são basicamente hierárquicos.

- Todavia, os professores respeitam e honram a autonomia do outro nas salas de aula.
- Os professores compõem uma família que cuida uns dos outros.

Nessa escola, as suposições fundamentais produzem valores como respeito pela autoridade, respeito pelo território e evitação de conflitos.

Não existe maneira simples de desvelar os padrões básicos das suposições que servem de fundamento ao que as pessoas valorizam e fazem. Schein (1992, 1999) desenvolve um elaborado conjunto de procedimentos para decifrar a cultura de uma organização. É uma abordagem que combina técnicas antropológicas e clínicas e envolve uma série de encontros e explorações conjuntas entre o investigador e vários informantes motivados que vivem na organização e encarnam sua cultura. O esforço conjunto geralmente envolve extensas atividades de coleta de dados que exploram a história da organização, fatos críticos, estrutura organizacional, mitos, lendas, histórias e cerimônias. Schein (1992, 1999, 2004) evita questionários como dispositivos para identificar suposições tácitas; na melhor das hipóteses, argumenta ele, esses instrumentos só apresentam alguns dos valores adotados pelos membros do grupo. Cada vez mais, porém, os pesquisadores (O'REILLY 3RD; CHATMAN; CALDWELL, 1991; CHATMAN; JEHN, 1994; CAMERON; QUINN, 1999; MASLOWSKI, 2006) estão usando instrumentos quantitativos para avaliar os valores compartilhados da cultura.

Funções da cultura

Embora talvez não exista uma cultura ideal, as culturas fortes promovem a coesão, a lealdade e o comprometimento, que, por sua vez, reduzem a propensão de os membros deixarem a organização (MOWDAY; PORTER; STEERS, 1982). Além disso, Robbins (1991) resume algumas funções importantes executadas pela cultura da organização:

- A cultura tem uma função de definição de fronteiras; ela cria distinções entre as organizações.
- A cultura fornece um senso de identidade à organização.
- A cultura facilita o desenvolvimento do compromisso com o grupo.
- A cultura aumenta a estabilidade no sistema social.
- A cultura é o elemento coesivo que une a organização; ela fornece as normas adequadas de comportamento.

A cultura serve para orientar e moldar as atitudes e o comportamento dos membros organizacionais. É importante lembrar, no entanto, que uma cultura forte é tanto funcional quanto disfuncional – ou seja, promove ou impede a eficácia.

Cultura escolar

Embora a cultura organizacional tenha se tornado uma elegante concepção para análise na educação, grande parte da recente discussão sobre a cultura escolar permanece analítica, filosófica e retórica, em vez de empírica (CUSICK, 1987; MARION, 2002). Não é difícil, por exemplo, usar os resultados de pesquisa sobre culturas corporativas (OUCHI, 1981; DEAL; KENNEDY, 1982; PETERS; WATERMAN, 1982) e a pesquisa sobre escolas eficazes (BROOKOVER et al., 1978; RUTTER et al., 1979; CLARK; LOTTO; ASTUTO, 1984) para desenvolver uma descrição ideal de uma cultura escolar eficaz. Por exemplo, Terrence Deal (1985) propõe que escolas eficazes têm fortes culturas com as seguintes características:

1. Valores compartilhados e um consenso sobre "como fazer as coisas por aqui".
2. O diretor como herói ou heroína que encarna valores fundamentais.

3. Rituais característicos que personificam crenças amplamente compartilhadas.
4. Funcionários como heróis ou heroínas situacionais.
5. Rituais de aculturação e renovação cultural.
6. Rituais importantes para celebrar e transformar valores fundamentais.
7. Equilíbrio entre inovação e tradição e entre autonomia e controle.
8. Ampla participação em rituais culturais.

Que valores fundamentais transformam a escola em uma instituição eficaz? As escolas existem para os alunos; faça experiências em seu ensino; o ensino e a aprendizagem são processos cooperativos; crie vínculos com seus alunos; esforce-se para atingir a excelência acadêmica; exija desempenhos elevados, mas realistas; seja aberto no comportamento e na comunicação; confie em seus colegas; e seja profissional. Esses são valores fundamentais ou lemas vazios? Se essas crenças forem fortemente compartilhadas e amplamente adotadas, então esses tópicos parecidos com lemas podem definir uma forte cultura escolar. Infelizmente, há pouca pesquisa sistemática examinando diretamente as culturas institucionais das escolas eficazes.

São necessários estudos antropológicos e sociológicos sobre as culturas escolares. Profundas descrições sobre estudos qualitativos são necessárias para mapear as suposições básicas e os valores comuns das culturas escolares. Os pesquisadores educacionais devem considerar a escola como um todo e analisar como as suas práticas, crenças e outros elementos culturais se relacionam com a estrutura social, bem como dão sentido à vida social. Para entender a cultura, a pessoa deve estar imersa no complexo aglomerado de símbolos que as pessoas usam para dar sentido ao seu mundo.

William Firestone e Bruce Wilson (1985) fornecem um arcabouço útil para começar a estudar a cultura organizacional das escolas.

Eles sugerem que a análise da cultura escolar pode ser abordada por meio do estudo de seu conteúdo, das expressões culturais e dos principais padrões de comunicação.

Os símbolos por meio dos quais a cultura se manifesta muitas vezes ajudam a identificar importantes temas culturais. Três sistemas de símbolo comunicam o conteúdo de uma cultura escolar: histórias, ícones e rituais.

- **Histórias** são narrativas baseadas em fatos reais, mas muitas vezes combinam verdade com ficção.
  - **Mitos** são histórias que comunicam uma crença inquestionável que não pode ser demonstrada pelos fatos.
  - **Lendas** são histórias recontadas e elaboradas com detalhes ficcionais.

Por exemplo, a diretora que apoiou seus professores apesar da esmagadora pressão de pais e superiores torna-se um símbolo da coesão e da lealdade na cultura escolar. É uma história recontada muitas vezes para os novos professores, uma história que assume especial significado à medida que é interpretada e envernizada. Histórias muitas vezes envolvem heróis ou heroínas organizacionais que sintetizam a organização; fornecem um discernimento sobre os valores fundamentais da organização. Ícones e rituais também são importantes.

- **Ícones** são artefatos físicos usados para comunicar a cultura (logotipos, lemas e troféus).
- **Rituais** são as cerimônias e os ritos rotineiros que sinalizam o que é importante na organização.

Janice Beyer e Harrison Trice (1987) identificam ritos de passagem, degradação, aprimoramento e integração como exemplos de cerimônias de rotina utilizadas para desenvolver e sustentar a cultura organizacional. A Tabela 5.2 contém alguns exemplos escolares desses quatro ritos e suas prováveis consequências. Muito da cultura

TABELA 5.2	Exemplos de ritos, cerimônias e consequências escolares	
Tipo	Exemplos	Possíveis consequências
Ritos de passagem	Professor estagiário Classe difícil para neófitos Compromisso de almoço Aposentadoria	Facilitar a transição ao novo papel; socialização
Ritos de degradação	Avaliação negativa Repreensão pública	Reduzir o poder; reafirmar comportamento apropriado
Ritos de melhoria	Reconhecimento de assembleia: Professor do ano Campeões de equipes de debates Campeões de futebol	Aumentar o poder; reforçar comportamento apropriado
Ritos de integração	Festas natalinas Grupo do cafezinho Sala dos professores	Incentivar experiências comunitárias que unam o grupo

de uma escola pode ser construída a partir de artefatos, ritos, rituais e cerimônias relacionadas com assembleias, reuniões de professores, competições atléticas, atividades comunitárias, cantina, boletins, prêmios e troféus, planos de aula e a decoração geral da escola.

Também é importante um exame do sistema de comunicação informal na análise cultural de uma escola. O sistema de comunicação é uma rede cultural por si só (BANTZ; PEPPER, 1993; MOHAN, 1993). Como Deal e Kennedy (1982) observaram, contadores de histórias, espiões, sacerdotes, sociedades secretas e cochichadores formam uma hierarquia oculta de poder dentro da escola que comunica os valores básicos da organização. Os **criadores de mitos** são contadores de histórias tão eficazes na comunicação informal que criam mitos organizacionais. A identificação não só dos mitos, mas também do processo de sua criação, é importante para um completo entendimento da cultura.

Estudos sobre a cultura organizacional muitas vezes tentam capturar a essência da cultura por meio de metáforas. Por exemplo, considere o uso das seguintes metáforas para descrever culturas escolares:

- *A academia:* a escola é um lugar onde a aprendizagem é dominante e o diretor é um mestre professor e aprendiz.
- *A prisão:* a escola é uma instituição cerceadora de liberdade para alunos carentes de controle e disciplina, e o diretor é o chefe da penitenciária.
- *O clube:* a escola é um clube social onde todo mundo se diverte e o diretor é o presidente social.
- *A comunidade:* a escola é um ambiente carinhoso onde as pessoas aprendem e apoiam umas às outras, e o diretor é o líder da comunidade.
- *A fábrica:* a escola é uma linha de montagem, produzindo máquinas bem sintonizadas, e o diretor é o chefe da seção.

Pesquisa sobre cultura escolar

Boas pesquisas contemporâneas sobre cultura escolar são esparsas, conclusão confirmada por Firestone e Louis (1999) em sua revisão da literatura sobre o assunto. Apesar das inúmeras análises sobre culturas corporativas e extrapolações dessas conclusões às escolas públicas, poucos pesquisadores educacionais testaram essas conclusões diretamente nas escolas. Várias importantes questões teóricas e práticas devem ser abordadas no estudo da cultura escolar. Sugerimos que os arcabouços conceituais desenvolvidos por Firestone e Wilson (1985) e Deal (1985) são úteis para a análise das culturas escolares. Bates (1987), no entanto, argumenta que essas formulações tratam a cultura organizacional como sinônimo de cultura administrativa e são demasiado estreitas para captar a essência da cultura. Essa observação leva à questão mais geral: a maioria das escolas tem uma cultura ou diversas subculturas? Presumir que as escolas apresentem culturas exclusivas e únicas talvez seja mais esperança do que de fato, mas a questão é, em última análise, empírica.

A cultura pode ou deve ser intencionalmente gerenciada? Essa questão suscita calorosos debates. Grande parte da literatura inicial sobre culturas escolares é direcionada para mudança e melhoria da escola e pressupõe que compreender a cultura seja um pré-requisito para tornar as escolas mais eficazes (DEAL, 1985; METZ, 1986; ROSSMAN; CORBETT; FIRESTONE, 1988; DEAL; PETERSON, 1990). O sucesso da mudança cultural e sua influência na eficácia são tópicos válidos de pesquisa. Um argumento sugere que o nível e o número de culturas na organização influenciam o processo de mudança de cultura. Mudança de normas, por exemplo, é mais provável do que mudança de valores compartilhados ou suposições tácitas. Outros afirmam que toda e qualquer mudança é difícil e repleta de dilemas éticos. Por exemplo, Schein (1985) argumenta enfaticamente que grande parte da cultura de uma organização representa as maneiras que seus membros aprenderam a lidar com a ansiedade; portanto, as tentativas de mudar a cultura podem ser equivalentes a pedir que as pessoas desistam de suas defesas sociais. Para Schein, a questão da mudança cultural torna-se uma questão ética. Em uma vertente similar, Bates (1987) sustenta que os defensores de fortes culturas organizacionais es-

tão realizando análises culturais em nome dos gestores. O que é bom para a gestão não é necessariamente bom para os funcionários (HOY, 1990).

A análise das escolas em termos de cultura chama a atenção para a natureza simbólica das interações sociais nas escolas (BOLMAN; DEAL, 2003, 2008; CUNNINGHAM; GRESSO, 1993). Na verdade, Lee Bolman e Terrence Deal (2003) referem-se à perspectiva de cultura como a "moldura simbólica" para visualizar as organizações. Eles argumentam que a moldura se baseia nas seguintes hipóteses não convencionais sobre a natureza das organizações e do comportamento:

- O que é mais importante sobre os fatos nas organizações *não é o que* aconteceu, mas o que *os fatos querem dizer*. Muitas vezes, o significado é mais importante do que o fato.
- Fatos e significados, no entanto, com frequência são obscuros, porque os fatos têm significados diferentes para pessoas diferentes. Os indivíduos lançam mão de diferentes esquemas para interpretar suas experiências. O significado é evasivo e às vezes não compartilhado.
- Como os fatos são normalmente ambíguos ou incertos, é difícil saber o que aconteceu, por que aconteceu e o que vai acontecer depois. A explicação é difícil.
- Quanto maior a ambiguidade e a incerteza nos fatos, mais difícil será usar abordagens racionais na análise organizacional. A racionalidade claramente tem limites.
- Confrontadas com a ambiguidade e a incerteza, as pessoas criam símbolos e histórias para resolver a confusão e proporcionar entendimento. Histórias criam clareza.
- Assim, para muitos fatos organizacionais, a importância reside no que eles expressam em vez de no que eles pro-

duzem; rituais, cerimônias, sagas e mitos laicos dão às pessoas os significados que elas procuram.

Uma conclusão da literatura sobre cultura organizacional é clara: muito do que ocorre nas escolas deve ser interpretado no contexto da cultura escolar; muitas vezes, o que é dito ou feito não é nem de perto tão importante quanto o seu significado simbólico. Maslowski (2006) fornece uma análise crítica dos inventários existentes sobre cultura escolar.

Vamos concluir nossa análise sobre cultura examinando os quatro tipos de cultura escolar. Cada cultura descreve as crenças compartilhadas dos professores na escola. Escolas com fortes culturas de eficácia, confiança e otimismo acadêmico fornecem níveis mais elevados de desempenho dos alunos, ao passo que escolas com culturas privativas de liberdade impedem o desenvolvimento socioemocional dos alunos.

 TEORIA NA PRÁTICA

Escreva uma descrição de uma ou duas páginas da cultura de sua escola. Analise os símbolos, os artefatos e os ritos de passagem populares. Quais ícones sintetizam a cultura de sua escola? Que heróis e lendas envolvem sua escola? Quais mitos e rituais definem a aura básica de sua escola?

Cultura de eficácia

As crenças compartilhadas sobre a capacidade e a habilidade de professores e administradores são parte relevante da cultura de uma escola. A **eficácia coletiva dos professores** é a *percepção compartilhada entre os professores de uma escola de que os esforços do corpo docente como um todo terá efeito positivo sobre os alunos*. De acordo com Bandura (1993, 1997), a eficácia coletiva dos professores é uma característica escolar importante do ponto de vista organizacional porque ela ajuda a explicar o efeito diferencial que as escolas exercem sobre o desempenho dos alunos. Em nível coletivo, a cultura de eficácia é um conjunto de crenças ou percepções sociais que são reforçadas, em vez de exauridas, por meio de sua utilização e que conferem à escola uma identidade distinta.

Fontes de eficácia coletiva As organizações, assim como os indivíduos, aprendem (COHEN; SPROULL, 1996); na verdade, as organizações usam processos semelhantes à aprendizagem com indivíduos (COOK; YANON, 1996). As escolas atuam resolutamente na busca de seus objetivos educacionais. Por exemplo, uma escola pode estar trabalhando para elevar os escores de desempenho estudantil, ao passo que outra trabalha para aumentar a taxa e a qualidade de envolvimento parental. O funcionamento organizacional depende do conhecimento, da aprendizagem vicária, da autorreflexão e da autorregulação dos membros individuais. Por exemplo, uma escola que responde ao declínio nos resultados dos testes de desempenho pela adoção de uma reforma curricular que se mostrou eficaz em um distrito vizinho está envolvida em um processo de autorregulação que é informado pela aprendizagem vicária de seus membros. Esses exemplos mostram a importância da aprendizagem vicária e da autorregulação em nível organizacional, embora devamos reconhecer que é por meio dos indivíduos que as organizações atuam. Como vimos, as quatro fontes principais de informações de autoeficácia são experiência de maestria, experiência vicária, persuasão social e excitação emocional.* Assim como essas fontes são cruciais para os indivíduos, também são fundamentais para o desenvolvimento da eficácia coletiva de ensino.

---

* N. de R.T.: No Capítulo 4, o autor descreve as quatro fontes principais de informações de autoeficácia.

Experiências de maestria são importantes para as organizações. Na condição de grupo, os professores experimentam sucessos e fracassos. Os sucessos constroem fortes crenças no senso de eficácia coletiva de um corpo docente; os fracassos o solapam. Se o sucesso, no entanto, for frequente e demasiado fácil, o fracasso é suscetível de produzir desânimo. Um senso resiliente de eficácia coletiva exige experiência na superação de dificuldades por meio de um esforço persistente. Com efeito, as organizações aprendem pela experiência e, portanto, têm boas chances de sucesso em alcançar seus objetivos (HUBER, 1996; LEVITT; MARCH, 1996).

A experiência direta não é a única fonte de informação para os professores sobre sua eficácia coletiva. Eles também ouvem histórias sobre as realizações de seus colegas, bem como histórias de sucesso de outras escolas. Da mesma forma, a pesquisa sobre escolas eficazes descreve as características de escolas exemplares. Assim como a *experiência vicária* e a *modelagem* servem como fontes eficientes para a eficácia dos professores em termos pessoais, elas também a promovem em termos coletivos. As organizações aprendem pela observação de outras organizações (HUBER, 1996).

A *persuasão verbal* é outro meio de reforçar a convicção de um corpo docente de que dispõe dos recursos para alcançar o que procura. Os professores podem ser transformados por palestras, oficinas, atividades de desenvolvimento profissional e *feedback* sobre o desempenho. Na verdade, quanto mais coeso o corpo docente, maiores as chances de o grupo como um todo ser persuadido por argumentação sólida. No entanto, é improvável que a persuasão verbal isoladamente seja um agente poderoso de mudança, mas juntamente com modelos de sucesso e experiência direta positiva, pode influenciar a eficácia coletiva. A persuasão promove o esforço e a persistência, dois fatores que levam à solução dos problemas.

As organizações têm *estados afetivos*. Assim como os indivíduos reagem ao estresse, as organizações também reagem. Organizações eficazes toleram pressões e crises e continuam a funcionar de maneira eficaz; na verdade, elas aprendem a como se adaptar e a lidar com forças perturbadoras. Organizações menos eficazes reagem de modos disfuncionais quando confrontadas por esses problemas, que muitas vezes reforçam suas tendências naturais em relação ao fracasso. Elas interpretam os estímulos de modo errôneo – às vezes reagem de modo exagerado e outras vezes não reagem com o vigor necessário ou sequer reagem. O estado afetivo de uma organização tem muito a ver com o jeito que ela interpreta os desafios.

Formação da eficácia coletiva Embora essas quatro fontes de informações sejam fundamentais para a criação da eficácia coletiva, o processamento e a interpretação das informações são fulcrais. Os professores avaliam o que será necessário à medida que se envolvem no ensino; chamamos esse processo de análise da tarefa de ensino. Essa análise ocorre em dois níveis – o indivíduo e a escola. No nível escolar, a análise produz inferências sobre os desafios de ensinar naquela escola, ou seja, o que levaria a escola a ser bem-sucedida. As considerações incluem as habilidades e as motivações dos alunos, a disponibilidade de materiais instrucionais, as restrições de comunidade e a qualidade das instalações da escola, bem como o otimismo geral sobre a capacidade escolar para lidar com situações negativas nas casas dos alunos, bem como na escola. Os professores analisam os meios necessários para fazer da escola um sucesso, as barreiras ou as limitações a superar e os recursos disponíveis. Em seguida, eles avaliam a tarefa de ensino em conjunto com a sua avaliação sobre a competência de ensino do corpo docente; na verdade, os professores fazem julgamentos explícitos sobre a competência de ensino de seus colegas à luz das tarefas de ensino em sua escola específica. No nível escolar, a análise da competência de ensino leva a inferências sobre as habilidades de ensino, os métodos, o treinamento e a *expertise* do corpo docente. Os juízos sobre a competência de ensino podem incluir as crenças dos professores na capacidade de todas as crianças em sua escola terem sucesso. Como as análises das tarefas e das competências ocorrem simultaneamente, é difícil separar esses dois domínios pertencentes à eficácia de ensino coletiva. Eles interagem entre si à medida que emerge a eficácia coletiva dos professores.

Em suma, considera-se que as principais influências na eficácia coletiva dos professores sejam a análise e a interpretação das quatro fontes de informações – experiência de maestria, experiência vicária, persuasão social e estado emocional. Nesses processos, a organização concentra sua atenção em dois domínios relacionados: a tarefa de ensino e a competência de ensino. Esses dois domínios são avaliados sob o seguinte prisma: a organização tem capacidade para realizar um ensino bem-sucedido? As interações dessas avaliações moldam a eficácia coletiva dos professores em uma escola. As consequências de alta eficácia coletiva dos professores serão: aceitação de objetivos desafiadores, forte esforço organizacional e uma persistência que conduz ao melhor desempenho. Claro, o oposto também é verdadeiro. Baixa eficácia coletiva gera menos esforço, propensão para desistir e menor nível de desempenho. O processo e os componentes da eficácia coletiva dos professores são semelhantes àqueles da eficácia de professor individual e estão ilustrados na Figura 5.2. Como mostra a figura, a proficiência de desempenho fornece *feedback* à organização, que fornece novas informações que continuam a moldar a eficácia coletiva dos professores da escola. É provável, porém, que as crenças tanto sobre a tarefa de ensino quanto sobre a competência de ensino permaneçam inalteradas, a menos que algo drástico ocorra, pois, uma vez estabelecida, uma cultura escolar de eficácia é uma característica relativamente estável que requer esforço substancial para mudar. É relativamente fácil mapear a eficácia coletiva de uma escola, já que Goddard, Hoy e Woolfolk Hoy (2000), e Goddard (2002a), desenvolveram vários

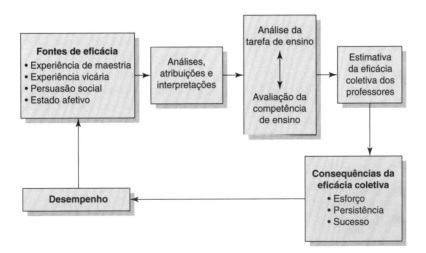

FIGURA 5.2 Modelo de eficácia coletiva.

instrumentos válidos e confiáveis para medi-la. As informações sobre a Escala de Eficácia Coletiva (escala de EC), suas propriedades e instruções de pontuação estão disponíveis em Hoy (c2005-2013a).

Eficácia coletiva: alguns resultados de pesquisas

Conclusões de pesquisa que sustentem o modelo e a importância da eficácia coletiva no desempenho do aluno são limitadas, mas continuam a crescer. Em seu estudo pioneiro sobre a eficácia coletiva dos professores com o desempenho dos alunos, Bandura (1993) primeiro revelou duas conclusões principais: (1) o desempenho estudantil (agregado ao nível escolar) mostrou-se significativa e positivamente relacionado com a eficácia coletiva, e (2) a eficácia coletiva teve maior efeito sobre o desempenho estudantil do que o *status* socioeconômico do aluno (agregado ao nível escolar). Essas conclusões foram sustentadas em estudos posteriores. Roger Goddard, Hoy e Woolfolk Hoy (2000, 2004) também verificaram forte apoio para o modelo e novamente confirmaram a importância da eficácia coletiva dos professores para facilitar o desempenho estudantil. Em pesquisas posteriores, a conclusão de que a eficácia coletiva é uma força positiva na melhoria do desempenho estudantil, até mesmo levando em conta diferenças no *status* socioeconômico, tem sido consistentemente sustentada em escolas de ensino fundamental e médio (GODDARD; HOY; WOOLFOLK HOY, 2000; GODDARD; SWEETLAND; HOY, 2000a, 2000b; GODDARD, 2001, 2002b; HOY; SWEETLAND; SMITH, 2002; HOY; SMITH; SWEETLAND, 2002a; GODDARD; HOY; LOGERFO, 2003; GODDARD; LOGERFO; HOY, 2004). Resumindo, uma forte cultura de eficácia na escola parece promover o ótimo desempenho estudantil, em parte porque isso leva a aceitação de objetivos desafiadores, forte esforço organizacional e uma persistência que conduz ao melhor desempenho. Bandura (1997) observa: já que as escolas apresentam aos professores um leque incomparável de desafios que envolvem itens como responsabilização pública, responsabilidade compartilhada pelos resultados estudantis e controle mínimo sobre os ambientes de trabalho, a tarefa de desenvolver altos níveis de eficácia coletiva dos professores é difícil, mas possível.

Cultura de confiança

Outro ponto de vista da cultura escolar pode ser mapeado em termos de confiança do corpo docente, as crenças compartilhadas coletivas dos professores. A confiança é um tanto parecida com o ar: ninguém pensa muito nela até ser necessária e não estar ali. No entanto, a confiança nas escolas é importante porque facilita a cooperação (TSCHANNEN-MORAN, 2001); aprimora a abertura (HOFFMAN et al., 1994); promove a coesão do grupo (ZAND, 1997); sustenta o profissionalismo (TSCHANNEN-MORAN, 2009); constrói a capacidade organizacional (COSNER, 2009); e melhora o desempenho estudantil (GODDARD; TSCHANNEN-MORAN; HOY, 2001; HOY, 2002; BRYK; SCHNEIDER, 2002; TSCHANNEN-MORAN, 2004; CYBULSKI; HOY; SWEETLAND, 2005). Todo mundo quer confiar e merecer confiança. Mas confiança significa muitas coisas.

As relações de confiança são construídas com base na interdependência; ou seja, os interesses de um não podem ser alcançados sem a confiança de outro (ROUSSEAU et al., 1998). Não surpreendentemente, a necessidade de confiança existe em muitas relações sociais nas escolas, por conta do alto nível de interdependência. Por exemplo, os professores dependem do diretor, mas o diretor também depende dos professores, e o mesmo vale para professores e alunos e professores e pais. Mas a interdependência em uma relação normalmente cria vulnerabilidade, uma característica comum da confiança (BAIER, 1986; BIGLEY; PEARCE, 1998; COLEMAN, 1990; MAYER; DAVIS; SCHOORMAN, 1995; MISHRA, 1996). Os indivíduos intuitivamente sabem o que é confiar – significa se tornar vulnerável aos outros com a certeza de que os outros não vão agir de modo a prejudicá-lo –, mas a confiança é complexa e multifacetada.

Além da vulnerabilidade, existem cinco outras facetas comuns na confiança: benevolência, confiabilidade, competência, honestidade e transparência (HOY; TSCHANNEN-MORAN, 1999, 2003; TSCHANNEN-MORAN; HOY, 2000; TSCHANNEN-MORAN, 2004). A pesquisa sobre a confiança do corpo docente nas escolas (HOY; TSCHANNEN-MORAN, 2003) mostra que todas essas facetas da confiança variam em conjunto e formam uma noção coerente sobre confiança nas escolas. Em outras palavras, quando o corpo docente tem um alto nível de confiança no diretor, os professores também acreditam que o diretor é benevolente, confiável, competente, honesto e aberto nas interações com os professores. Assim, a **confiança do corpo docente** é *a vontade dos professores de serem vulneráveis diante de outra pessoa com base na fé de que essa pessoa seja benevolente, confiável, competente, honesta e aberta.*

A confiança está impregnada nos relacionamentos e especificada por sua referência aos outros. Quatro referentes da confiança do corpo docente têm particular interesse no mapeamento de uma cultura de confiança organizacional nas escolas. A extensão em que os professores confiam nos alunos, no diretor, nos pais dos alunos e uns nos outros fornece uma base para um panorama sobre a confiança nas escolas. Contudo, na verdade os professores não fazem distinção entre confiar nos alunos e confiar nos pais; confiar nos alunos é o mesmo que confiar nos pais e vice-versa (HOY; TSCHANNEN-MORAN, 2003). Assim, uma cultura de confiança pode ser esboçada pelo exame do grau em que o corpo docente confia nos alunos e nos pais, no diretor e nos colegas.

Esses três referentes de confiança tendem a estar moderada e positivamente relacionados entre si, de modo que a confiança em um referente transborda para os outros, mas ainda é possível, por exemplo, que os professores depositem alta confiança no diretor e nos colegas, mas não nos alunos e nos pais dos alunos, ou depositem muita confiança nos colegas, mas não no diretor. Não obstante, é possível obter um bom panorama da confiança coletiva na escola examinando-se um perfil do quanto os professores confiam no diretor, nos colegas e nos alunos e pais.

O protótipo para uma **cultura de confiança** nas escolas envolve um nível alto de confiança dos professores nos três referentes. Em primeiro lugar, os professores confiam no diretor. Acreditam que o diretor consistentemente atuará no melhor interesse deles e é aberto, honesto e competente. Além disso, o corpo docente também vê seus colegas professores como competentes, abertos, honestos e autênticos em suas interações mútuas; os professores sabem que podem contar uns com os outros e têm a certeza de que seus colegas, mesmo em situações difíceis, não trairão a sua confiança. Por fim, o corpo docente como um todo acredita nos alunos e nos pais; os professores acreditam que os alunos são aprendizes competentes; acreditam naquilo que os pais e os alunos lhe informam; acreditam que consistentemente podem contar com os pais e os alunos; e acreditam que os pais e os alunos são honestos, abertos e autênticos. Em resumo, uma forte cultura de confiança organizacional nas escolas é aquela em que os professores do corpo docente confiam no diretor, confiam nos colegas e confiam tanto nos alunos quanto nos pais; todos os grupos trabalham em conjunto cooperativamente.

A confiança do corpo docente em uma escola pode ser determinada pela administração da Escala T de Confiança aos professores da escola. A escala de 26 itens pode ser usada em escolas de ensino fundamental e médio e mede os três referentes de confiança – a confiança dos professores no diretor, nos colegas e nos alunos e pais. Cada um dos três subtestes da escala mede a confiança do corpo docente nos multifacetados termos da confiança discutidos anteriormente. Além disso, cada medida é altamente confiável e demonstrou validade de concepção e prognóstico (HOY; TSCHANNEN-MORAN, 2003). A escala T pode ser encontrada na íntegra *on-line* em Hoy (c2005-2013b), e Hoy e Tschannen-Moran (2003) publicaram detalhes técnicos sobre o desenvolvimento da escala e os testes.

Confiança do corpo docente: algumas evidências de pesquisa

Concluiu-se que a confiança é um aspecto importante das relações em muitas organizações, incluindo as escolas. Cerca de quatro décadas atrás, Rensis Likert (1967) identificou a confiança como um elemento crucial no processo interação-influência da vida organizacional. Mais recentemente, Thomas Sergiovanni (1992) argumenta que a confiança é indispensável à liderança moral dos diretores de escolas, e Wayne Hoy, Tarter e Kottkamp (1991), Hoy e Sabo (1998), Hoy, Smith e Sweetland (2002b) e Tarter e Hoy (2004) têm fornecido pesquisas que apoiam a importância da confiança nos esforços de liderança de diretores de escola de ensino fundamental e médio. Outros acadêmicos organizacionais contemporâneos (BENNIS, 1989; OUCHI, 1981; ZAND, 1997) também concluíram que a confiança é uma característica fundamental da liderança bem-sucedida em uma série de cenários organizacionais. O nível de confiança dos participantes em seu líder determina quanto acesso eles darão ao líder sobre o seu conhecimento e compromisso (ZAND, 1997; SHOCKLEY-ZALABAK; MORREALE; HACKMAN, 2010). Um desafio para os líderes é evidente:

inspirar a lealdade e a confiança nos subordinados. Como vimos, para que as relações nas escolas sejam abertas e saudáveis, é bem provável que os professores devam confiar não só em seus líderes, mas também em seus colegas, bem como nos alunos e pais.

Indícios (HOY; SMITH; SWEETLAND, 2002a; GEIST; HOY, 2003, 2004) sugerem, no entanto, que fatores que aumentam a confiança do corpo docente no diretor são diferentes daqueles que fornecem a confiança do corpo docente nos colegas, que por sua vez também são diferentes dos fatores que levam à confiança do corpo docente nos pais e alunos. A confiança do corpo docente no diretor é construída por comportamento do diretor que seja atencioso, solidário e colegial. A confiança do corpo docente nos colegas é construída não por diretores, mas pelos próprios professores agindo de modo profissional e compassivo com os colegas e desenvolvendo um senso de solidariedade e afiliação mútuas. A confiança do corpo docente nos pais e alunos depende mais da orientação acadêmica da escola. Quando o corpo docente exige excelência acadêmica e bons desempenhos, provavelmente existe uma ênfase correspondente na confiança do professor em alunos e pais. Assim, a confiança do corpo docente em pais e alunos parece ser uma condição necessária para uma ênfase acadêmica na escola e, em contrapartida, uma ênfase acadêmica na escola aumenta a confiança do corpo docente nos pais e alunos.

Um dos conjuntos mais úteis de conclusões da pesquisa envolve a forte ligação entre a confiança do corpo docente nos alunos e pais e o desempenho dos alunos. Vários estudos independentes demonstraram essa significativa relação entre confiança e desempenho estudantil, mesmo levando em conta e controlando o *status* socioeconômico da escola (BRYK; SCHNEIDER, 2002; FORSYTH; ADAMS; HOY, 2011; GODDARD; TSCHANNEN-MORAN; HOY, 2001; HOY, 2002). Por exemplo, embora o objetivo inicial de Anthony Bryk e Barbara Schneider

(2002, p. 111) não tenha sido estudar a confiança nas escolas públicas de Chicago, eles constataram que a confiança foi fundamental na melhora no desempenho em matemática e em leitura; na verdade, eles relatam:

> Escolas com fortes níveis de confiança positiva em 1991 tiveram o triplo de chances de mostrar melhoria em matemática e leitura do que aquelas com fracos níveis confiança.

Essas conclusões persistiam até mesmo após controle do histórico do professor, demografia do estudante e outros fatores do contexto escolar. Cada vez mais, os indícios sugerem que as relações de confiança entre professores, pais e alunos promovem o desempenho e a melhoria estudantis. Essa conclusão é importante, porque embora não seja fácil alterar as relações de confiança entre professores, pais e alunos, isso ainda é bem mais maleável do que alterar o *status* socioeconômico dos pais.

Cultura de otimismo acadêmico

Outra maneira de conceituar a cultura escolar é em termos de otimismo coletivo de diretores e professores. Esse otimismo depende da eficácia, da confiança do corpo docente e da ênfase acadêmica da escola. Essas três propriedades coletivas não são semelhantes apenas em sua natureza e função, mas também em seu impacto poderoso e positivo no desempenho estudantil; na verdade, as três propriedades funcionam juntas, de modo unificado, para criar um ambiente escolar positivo chamado de *otimismo acadêmico* (HOY; TARTER; WOOLFOLK HOY, 2006a, 2006b; MCGUIGAN; HOY, 2006; SMITH; HOY, 2007). Muitas concepções consideram o otimismo uma característica cognitiva (PETERSON, 2000; SNYDER et al., 2002). A concepção atual de otimismo acadêmico, no entanto, inclui componentes cognitivos, afetivos e comportamentais. A eficácia coletiva é uma crença de grupo; é *cognitiva*. A confiança do corpo docente em pais e professores é uma resposta escolar *afetiva*, e a ênfase acadêmica é a representação *comportamental* da eficácia e da confiança.

O **otimismo acadêmico** é um conjunto coletivo de crenças sobre os pontos fortes e as capacidades nas escolas que pinta um quadro rico de agência humana na qual o otimismo é o principal tema que une a eficácia e a confiança com a ênfase acadêmica. Uma cultura escolar imbuída dessas crenças tem um sentido do possível. A eficácia fornece a crença de que o corpo docente pode fazer uma diferença positiva na aprendizagem dos alunos; *os professores acreditam em si mesmos*. A confiança do corpo docente nos alunos e nos pais reflete a crença de que professores, pais e alunos podem cooperar para melhorar a aprendizagem, ou seja, *o corpo docente acredita em seus alunos*. A ênfase acadêmica é o comportamento em vigor incitado por essas crenças, ou seja, *o foco do corpo docente no sucesso do aluno em termos acadêmicos*. Assim, uma escola com alto otimismo acadêmico define uma cultura em que o corpo docente acredita que *pode* fazer a diferença, que os *alunos podem* aprender e que o desempenho acadêmico *pode ser* alcançado (HOY; TARTER; WOOLFOLK HOY, 2006b). Esses três aspectos do otimismo coletivo interagem uns com os outros (ver Fig. 5.3). Por exemplo, a confiança do corpo docente em pais e alunos facilita um senso de eficácia coletiva, e a eficácia coletiva reforça a confiança. Da mesma forma, quando o corpo docente confia nos pais, os professores acreditam que podem insistir em padrões acadêmicos mais elevados sem medo de que os pais vão sabotá-los, e a ênfase em altos padrões acadêmicos, por sua vez, reforça a confiança do corpo docente em pais e alunos. Por fim, quando o corpo docente como um todo acredita que pode organizar e executar as ações necessárias para ter um efeito positivo sobre o desempenho estudantil, o desempenho acadêmi-

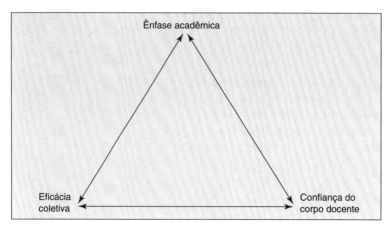

FIGURA 5.3 Natureza recíproca das três dimensões do otimismo acadêmico.

co será enfatizado, e a ênfase acadêmica por sua vez vai reforçar um forte senso de eficácia coletiva. Em resumo, todas as dimensões do otimismo acadêmico estabelecem relações transacionais umas com as outras e interagem para criar uma cultura de otimismo acadêmico no local de trabalho da escola.

Condições escolares que promovem desempenho

A pesquisa de Bryk e Schneider (2002) sobre confiança nas escolas urbanas conectou a confiança interpessoal com desempenho, mas os pesquisadores sugeriram que a confiança exerceu apenas influência indireta no desempenho. Eles argumentaram que a confiança fomentou um conjunto de condições escolares, que, por sua vez, promoveram diretamente melhores desempenhos estudantis. Em particular, eles propuseram que as seguintes condições organizacionais fomentaram alto desempenho estudantil:

1. Professores com a postura de "é possível fazer" e com responsabilidade internalizada.
2. Envolvimento e colaboração dos pais.
3. Comunidade profissional – práticas de trabalho colaborativas e altos padrões e expectativas acadêmicos.
4. Comprometimento com a comunidade escolar.

O que é surpreendente em relação às condições escolares de Bryk e Schneider que promovem aprendizagem é que elas são muito semelhantes aos elementos do otimismo acadêmico (FORSYTH; ADAMS; HOY, 2011; HOY, 2012). Na verdade, a maioria das condições organizacionais identificadas por Bryk e Schneider mapeia diretamente os elementos básicos que compõem o otimismo acadêmico. A postura de "é possível fazer" do grupo é definida pela eficácia coletiva. *Envolvimento e cooperação dos pais* são abarcados pela confiança coletiva em pais e alunos. *A comunidade profissional* em termos de práticas de trabalho colaborativo e grandes expectativas e padrões acadêmicos são incorporados em um clima de ênfase acadêmica. Em outras palavras, a cultura de otimismo acadêmico engloba as condições organizacionais que Bryk e Schneider afirmam promover o desempenho estudantil. O mapeamento está resumido na Figura 5.4.

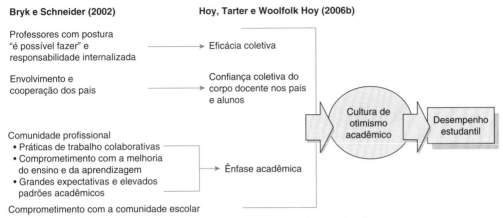

FIGURA 5.4 Condições escolares que promovem o desempenho estudantil.
FONTE: Hoy (c2005-2013f).

Utilidade da cultura de otimismo acadêmico

Diversos fatores reforçam a utilidade de uma cultura de otimismo acadêmico. O termo "otimismo" em si sugere possibilidades de aprendizagem; um ambiente escolar pessimista pode ser mudado. O corpo docente pode aprender a ser otimista. O otimismo acadêmico ganha força a partir da convicção de que todas as suas propriedades compostas expressam uma perspectiva otimista e são maleáveis. Os administradores e os professores têm razões para serem otimistas – eles estão empoderados para fazer a diferença. Nem o corpo docente, tampouco seus alunos, têm de estar irremediavelmente presos a fatores socioeconômicos que criam uma sensação de desesperança e sarcasmo. A pesquisa é animadora. O otimismo acadêmico tem um forte impacto positivo sobre o desempenho escolar, mesmo nivelando fatores socioeconômicos, sucesso prévio e outras variáveis demográficas (WAGNER; DIPAOLA, 2011, 2009; HOY; TARTER; WOOLFOLK HOY, 2006a, 2006b; KIRBY; DIPAOLA, 2009; MCGUIGAN; HOY, 2006; SMITH; HOY, 2007).

Você pode se perguntar: "O que uma cultura de otimismo acadêmico acrescenta para nossa compreensão além do que já trazem os elementos individuais de confiança coletiva, eficácia coletiva e ênfase acadêmica?". Primeiramente, como explicamos antes, o otimismo acadêmico reúne em um só conceito as condições escolares encontradas ao longo de anos de pesquisas para melhorar a aprendizagem do aluno. As pesquisas (BRYK; SCHNEIDER, 2002; FORSYTH; ADAMS; HOY, 2011; HOY, 2012) mapeiam uma teoria da dinâmica de como as condições escolares promovem o desempenho estudantil, a qual tem implicações importantes para melhorar as escolas. Para ser exato, nosso modelo (Fig. 5.2) e nossa explicação são apenas um ponto de partida e não uma chegada, mas a teoria realmente aponta caminhos para futuras pesquisas e práticas.

No otimismo acadêmico, temos um roteiro prático para orientar a escola e a melhoria dos alunos. Uma cultura de otimismo acadêmico fornece pelo menos três caminhos diferentes, mas relacionados, para melhorar o desempenho acadêmico: fomentar a eficácia coletiva, criar confiança coletiva e reforçar a ênfase acadêmica. Por exemplo, uma forma razoável de promover a eficácia coletiva é criar situações em que professores e alunos (1) experimentem desempenho acadêmico, (2) percebam modelos de sucesso em ambientes livres de estresse desnecessário e (3) sejam persuadidos por outros a acreditar em si mesmos e suas capacidades (BANDURA, 1997; GODDARD; LOGERFO; HOY, 2004). Além disso, a confiança do corpo docente em pais e alunos pode ser criada por intercâmbios úteis e projetos cooperativos, tanto formais quanto informais, entre pais e professores (HOY; TARTER; WOOLFOLK HOY, 2006b; FORSYTH; ADAMS; HOY, 2011).

O diretor deve ser o líder intelectual da escola e forjar um clima em que o sucesso acadêmico seja um objetivo básico. As escolas devem celebrar os sucessos intelectuais e acadêmicos de professores e alunos. Uma ressalva, no entanto, é necessária. Qualquer intervenção para melhorar um dos elementos de otimismo acadêmico também deve apoiar os outros dois. Por exemplo, uma estratégia para reforçar a ênfase acadêmica da escola, como testes mais competitivos ou padrões mais elevados, pode solapar a confiança entre professores, alunos e pais. Evite reforçar um elemento de otimismo acadêmico em detrimento de outros; isso é contraproducente. Use os três critérios de confiança coletiva, eficácia coletiva e ênfase acadêmica para avaliar possíveis mudanças. Independentemente da intervenção, certifique-se de que a escola não sofra em nenhum desses critérios.

No nível teórico, uma cultura de otimismo é uma força poderosa para melhoria. Seligman (1998, 2011) foi o primeiro a desafiar a visão tradicional de desempenho e sucesso em função de talento e motivação. Ele oferece evidências de um terceiro fator fundamental no sucesso – otimismo. Ele defende a ideia de que o otimismo é tão importante para o sucesso quanto o talento ou a motivação; o otimismo aprendido ajuda os indivíduos a pularem o muro do pessimis-

mo aprendido. O pessimismo é um grande inibidor de sucesso. Como explicamos em outros trabalhos (HOY; TARTER; WOOLFOLK HOY, 2006b), o pessimismo tanto no nível individual quanto no nível organizacional conduz a um sentimento de desesperança e futilidade. O pessimismo nas escolas promove a desgastante resignação de que as crianças não podem aprender e não há nada que o professor possa fazer a respeito. Infelizmente, essa visão é esmagadora e autoperpetuante. "O pessimismo também gera medo e um foco em evitar erros, que oprime a inovação e a persistência corajosas e dinâmicas" (HOY, 2012). "O otimismo acadêmico, em contraste, considera que professores sejam capazes; alunos, dispostos; pais, solidários e tarefas, exequíveis" (HOY; TARTER; WOOLFOLK HOY, 2006a, p. 40).

Em suma, o otimismo acadêmico cria uma cultura com crenças e normas coletivas que consideram os professores capazes, os alunos dispostos, os pais solidários e o sucesso acadêmico exequível. Para medir o otimismo acadêmico de sua escola, consulte The Ohio State University (c2005-2013). Além disso, recentes medições do otimismo acadêmico de professores individuais e alunos individuais também têm sido desenvolvidas (BEARD; HOY; WOOLFOLK HOY, 2010; FAHY; WU; HOY, 2010; FORSYTH; ADAMS; HOY, 2011; WOOLFOLK HOY; HOY; KURTZ, 2008) e estão postadas em The Ohio State University (c2005-2013).

Cultura de controle

Outra maneira de conceituar a cultura escolar é em termos das crenças dominantes que professores e diretores compartilham sobre como controlar os alunos. Willard Waller (1932), em um dos primeiros estudos sistemáticos da escola como sistema social, chamou a atenção para a importância do controle do aluno no que diz respeito tanto a aspectos estruturais quanto normativos da cultura escolar. Na verdade, a maioria dos estudos centrados na escola como sistema social tem descrito subculturas estudantis antagônicas, problemas de assiduidade e conflitos de alunos (GORDON, 1957; COLEMAN, 1961; WILLOWER; JONES, 1967).

O controle do aluno é um aspecto central da vida escolar. Considerando sua relevância, o conceito pode ser usado para distinguir tipos de escola. A conceituação de controle do aluno na pesquisa por Donald J. Willower, Terry I. Eidell e Hoy (1967) na Pennsylvania State University, fornece a base para essa perspectiva.[2] Pesquisadores da Penn State postularam um *continuum* de controle do aluno que vai desde o cerceador até o humanístico. Protótipos dos dois extremos são brevemente resumidos a seguir.

O modelo de uma **cultura cerceadora** é a escola tradicional, que fornece uma configuração rígida e altamente controlada em que a manutenção da ordem é primordial. Os alunos são estereotipados em termos de sua aparência, comportamento e condição social dos pais. Os professores com orientação cerceadora concebem a escola como uma organização autocrática com rígida hierarquia de *status* aluno-professor. O fluxo da energia e da comunicação é unilateral e de cima para baixo; os alunos devem aceitar as decisões dos seus professores sem questioná-las. Os professores não tentam entender o comportamento do aluno, mas sim encaram o mau comportamento como afronta pessoal. Eles percebem os alunos como pessoas irresponsáveis e indisciplinadas, que devem ser controladas por meio de sanções punitivas. Impessoalidade, sarcasmo e desconfiança vigilante permeiam a atmosfera da escola cerceadora.

O modelo da **cultura humanística** é a escola concebida como comunidade educacional, em que os alunos aprendem por meio de interações e experiências cooperativas. Esse modelo encara a aprendizagem e o comportamento em termos psicológicos e sociológicos. Em vez do rígido controle do professor, entra em cena a autodisciplina. Uma orientação humanística leva a uma atmosfera democrática com comunicação bidirecional entre alunos e professores e ao aumento da autodeterminação. O termo "orientação humanística" é usado no sentido sociofisiológico sugerido por Erich Fromm (1948); ambos sublinham a importância do indivíduo e a criação de uma atmosfera que atenda às necessidades do aluno.*

A orientação do controle de aluno de uma escola pode ser medida investigando-se as orientações individuais da equipe profissional da escola usando o formulário de Ideologia de Controle de Aluno (WILLOWER; EIDELL; HOY, 1967; HOY, 2001). Obtenha uma cópia desse formulário e instruções sobre a pontuação em Hoy (c2005-2013c).

Controle de aluno: alguns resultados de pesquisas

Appleberry e Hoy (1969) e Hoy e Clover (1986) constataram que existe uma forte correlação entre o humanismo na orientação de controle de aluno das escolas e a abertura do clima organizacional. Hoy e Appleberry (1970) compararam as escolas mais humanísticas e mais cerceadoras em termos de seus perfis de clima organizacional. Escolas com orientação de controle de aluno cerceadora apresentaram significativamente maior desvinculação de professores, níveis mais baixos de moral e supervisão mais rígida pelo diretor do que aquelas com orientação humanística no controle de aluno. A orientação escolar do controle de aluno está relacionada com muitos aspectos importantes da vida da escola. Considere o seguinte quadro

---

* N. de R.T.: Erich Fromm (1900-1980) foi um filósofo alemão, psicólogo social e psicanalista, considerado de orientação humanista. Concebe o homem como um ser social, que necessita relacionar-se com os outros para se desenvolver física e psiquicamente. Atribui importância às condições sociais nas quais vive o indivíduo, que podem levá-lo a se desenvolver mais plenamente ou não.

geral do caráter escolar que emerge da pesquisa. Escolas cerceadoras têm alunos mais alienados do que as humanísticas (HOY, 1972), ao passo que as escolas humanísticas proporcionam climas sociais saudáveis que levam ao desenvolvimento de autoimagens mais maduras para os alunos (DIEBERT; HOY, 1977). Além disso, as percepções dos alunos sobre um clima de escola humanística estão positivamente relacionadas com sua motivação, sua resolução de problemas e sua seriedade para aprender (LUNENBURG, 1983), bem como com suas percepções positivas sobre a qualidade da vida escolar (LUNENBURG; SCHMIDT, 1989). Quanto mais cerceador o clima da escola, maior o vandalismo estudantil, maior o número de incidentes violentos e suspensões (FINKELSTEIN, 1998) e mais entravadora tende a ser a estrutura escolar (HOY, 2001).

Os indícios sugerem uma necessidade de escolas públicas menos cerceadoras e mais humanísticas, porque essas escolas têm alunos menos alienados, mais satisfeitos e mais produtivos. Guinadas rumo a escolas mais humanísticas, no entanto, são mais facilmente descritas do que feitas e, inevitavelmente, são lentas na adoção e, muitas vezes, malsucedidas; no entanto, o esforço deve ser feito.

 TEORIA NA PRÁTICA

Selecione a Escala de Otimismo Acadêmico ou a Escala T de Confiança (HOY, c2005-2013b). Administre a escala a uma amostra aleatória de cerca de dez professores na sua escola. Em seguida, analise a pontuação conforme detalhado na página da *web*. Agora interprete os resultados à medida que você descreve uma cultura de otimismo acadêmico ou uma cultura de confiança. Como a sua escola se sai na comparação? Se você fosse diretor dessa escola, o quão satisfeito você ficaria? O que você pode planejar para melhorar a cultura organizacional de sua escola?

MUDANÇA DA CULTURA ESCOLAR

Temos poucas informações sobre, muito menos respostas para, o problema complexo de alterar o ambiente de trabalho escolar. Duas coisas são claras, no entanto. Não existe nenhuma maneira rápida e simples de alterar a cultura ou o clima das escolas. O esforço sistêmico de longo prazo tem mais probabilidade de produzir mudanças do que modismos passageiros. Ralph Kilmann (1984) implementou com sucesso um procedimento para alterar a cultura normativa das organizações.

Estratégia para mudança de normas

A maioria dos membros organizacionais pode listar as normas que operam no seu grupo de trabalho e até mesmo sugerir novas normas que seriam mais eficazes para melhorar a produtividade ou o moral (KILMANN; SAXTON; SERPA, 1985). Várias formas podem ser usadas para trazer à tona as normas reais, mas em geral os participantes relutam a especificar as normas *a menos* que estejam confiantes de que as informações não serão usadas contra eles ou a organização. Assim, o anonimato e a confidencialidade dos entrevistados são cruciais em identificar as normas relevantes em uma organização.

Kilmann et al. (1985) usaram com sucesso pequenos grupos em cenários de oficina para obter as normas. Ele sugere que, apenas com um pouco de estímulo e algumas ilustrações para iniciar a atividade do grupo, os membros logo começam a enumerar muitas normas; na verdade, eles se deleitam por serem capazes de articular o que antes era raramente discutido e não estava formalmente declarado.

Normas prevalecentes mapeiam o "jeito como as coisas são" em torno da organização. Com efeito, declarações sobre as normas muitas vezes começam com "por aqui". Por exemplo: "Por aqui, é legal admitir erros, desde que você não os cometa novamente". As principais normas de uma organização geralmente estão relacionadas com áreas tão importantes como controle, suporte, inovação, relações sociais, recompensas, conflitos e padrões de excelência. Para começar a identificar as normas de uma escola, os professores podem ser convidados a listar seus pontos de vista sobre a escola em termos de declarações "por aqui". Por exemplo, eles são convidados a completar as seguintes afirmações:

1. No final de uma reunião habitual dos professores, todos ...
2. Por aqui, a base real para recompensa ...
3. Por aqui, o controle de alunos ...
4. Por aqui, as decisões são tomadas por meio de ...
5. Por aqui, correr riscos ...
6. Por aqui, as diferenças de opinião são administradas por meio de ...
7. Por aqui, os padrões de desempenho ...
8. Por aqui, lidamos com problemas por meio de ...

Kilmann (1984) recomenda o seguinte procedimento de cinco etapas como **estratégia para mudança de normas**:

- *Traga à tona as normas*. Os professores, geralmente em configuração de oficina, identificam as normas que norteiam suas atitudes e comportamentos.
- *Articule novas direções*. Os professores discutem o rumo da escola e identificam novas direções necessárias para o progresso.
- *Estabeleça novas normas*. Os professores identificam um conjunto de novas normas que eles acreditam que vai levar ao aprimoramento e ao sucesso organizacional.
- *Identifique lacunas culturais*. Os professores examinam a discrepância entre

as normas reais (etapa 1) e as normas desejadas (etapa 3). Essa discrepância é uma lacuna cultural; quanto maior a lacuna, maior a probabilidade de que as normas existentes sejam disfuncionais.

- *Preencha as lacunas culturais*. O ato de listar novas normas muitas vezes resulta na efetiva adoção, por muitos membros do grupo, das normas novas e desejadas (KILMANN, 1984). Mas os professores como um grupo também devem concordar que as normas desejadas vão substituir as velhas normas e que as mudanças vão ser monitoradas e executadas. Novas reuniões de professores podem então ser usadas para reforçar as novas normas e impedir o retrocesso às velhas normas e práticas.

John Miner (1988) assinala que esse processo é especialmente útil na identificação e na mudança dos aspectos negativos da cultura de uma organização. Por exemplo, as normas negativas que vieram à tona na etapa 1 podem ser substituídas por normas mais desejáveis identificadas na etapa 3, como segue:

- *De:* não tumultue o ambiente; não se voluntarie para fazer nada extra; não troque informações; não conte a seus colegas ou superiores o que eles não querem ouvir.
- *Para:* experimente novas ideias; ajude os outros quando eles precisam de ajuda; comunique-se abertamente com seus colegas; persista na identificação de problemas.

Miner (1988) argumenta que essa abordagem de grupo para a mudança cultural pode ser mais útil para a identificação de aspectos disfuncionais da cultura do que para promover mudanças efetivas, e Schein (1985) salienta que esse processo lida, na melhor das hipóteses, com os aspectos superficiais da cultura. No entanto, o processo de cinco etapas de Kilmann parece um veículo útil para ajudar grupos de professores a obter informações específicas sobre a natureza de seu local de trabalho e para o desenvolvimento de um plano de mudança. Deal e Peterson (2009) fornecem outra perspectiva interessante sobre a formação da cultura escolar, que pode ser útil para diretores de escola.

CASO SOBRE LIDERANÇA EDUCACIONAL

Ambivalência na East High School

Você está em seu terceiro ano como diretora da East High School, grande escola urbana no Centro-Oeste. Você já sentiu que o corpo docente é meio apático; há algum tempo os professores andam frustrados, pois o desempenho dos alunos nos testes não tem melhorado com a rapidez que a comunidade gostaria. A maioria de seus professores parece trabalhar arduamente, mas ainda assim você sente que algo está faltando. Não há nem a empolgação nem o otimismo que você está tentando incutir no corpo docente.

Na última reunião de professores, você aplicou a Escala T de Confiança, a versão abreviada da Escala de Eficácia Coletiva e a Escala de Ênfase Acadêmica da OHI. Para completar toda a bateria de escalas foram necessários apenas 15 minutos, e o corpo docente, em sua maioria, foi cooperativo. Todas as respostas foram anônimas; na verdade, você saiu da sala durante o preenchimento dos formulários e pediu a um dos professores mais antigos para coletar as avaliações quando elas estivessem completas. Você pediu para um de seus assistentes processar os dados e resumi-los para você. Os resultados não foram inconsistentes com as suas expectativas e realmente forneceram um belo panorama da East High School.

Resultados dos questionários de cultura

Confiança do corpo docente no diretor	510 (média)
Confiança do corpo docente nos colegas	530 (acima da média)
Confiança do corpo docente nos pais e alunos	450 (abaixo da média)
Ênfase acadêmica	490 (na média)
Eficácia coletiva	440 (abaixo da média)
Otimismo acadêmico	460 (abaixo da média)

O que esse perfil cultural lhe diz sobre sua escola? Seus professores estão surpreendentemente curiosos em relação aos resultados dos levantamentos; na verdade, alguns fizeram perguntas sobre os resultados. Eles querem saber quando vão ser informados sobre as conclusões.

- Você vai compartilhar os resultados com seus professores? Em caso afirmativo, como fará isso?
- Qual é a sua interpretação sobre o perfil?
- O que pode ser feito para melhorar o perfil?
- Delineie uma conversa de 5 minutos sobre os resultados, que você vai apresentar na próxima reunião dos professores.
- Quais são as prováveis consequências de uma fraca cultura de otimismo acadêmico?
- Você precisa de um plano de melhoria. Como pode melhorar o otimismo acadêmico de sua escola?

GUIA PRÁTICO

1. Estimule uma cultura de otimismo acadêmico: uma sensação de desamparo imobiliza os participantes, ao passo que o otimismo os empodera.
2. Construa rituais que reforcem as normas positivas: uma cultura positiva e coesa pode aumentar a eficácia.
3. Projete oportunidades para que professores e pais aprendam a importância da cooperação e da confiança mútuas: a confiança do corpo docente nos pais facilita o desempenho acadêmico.
4. Impregne a escola com um senso da importância das necessidades individuais: uma perspectiva humanística desenvolve fortes autoconceitos nos alunos e reduz a alienação.
5. Use os erros como oportunidades de aprendizagem: seja positivo em relação à aprendizagem em todas as situações – as crises são oportunidades de aprendizagem.
6. Crie uma cultura de abertura e autenticidade: a transparência e a verdade promovem a confiança.
7. Celebre o sucesso acadêmico na escola: objetivos acadêmicos realistas facilitam o sucesso posterior.
8. Orquestre a harmonia entre alunos, professores, administradores e pais: essa cooperação é essencial para o sucesso acadêmico de todos os alunos.
9. Descubra as normas informais básicas da escola: as normas são um bom termômetro de até que ponto será fácil ou não implantar mudanças.
10. Avalie e melhore a cultura de sua escola: use vários modelos para avaliar a cultura escolar.

PRINCÍPIOS E PRESSUPOSTOS BÁSICOS

1. As escolas têm culturas, valores fundamentais e crenças distintos, os quais fornecem aos membros um senso de missão e identidade organizacionais.
2. Culturas fortes podem ser boas ou ruins, porque elas podem promover ou impedir a eficácia.
3. A cultura chama a atenção para a natureza simbólica das organizações; muitas vezes, o que é falado ou feito não é tão importante quanto o que isso simboliza.
4. Culturas escolares de eficácia, de confiança e de otimismo acadêmico promovem os desempenhos estudantis.
5. Uma cultura cerceadora de controle estudantil impede o desenvolvimento socioemocional dos alunos, ao passo que uma cultura humanística o promove.
6. A coisa mais importante em um fato de uma organização não é o fato em si, mas o que ele significa e simboliza.
7. As culturas escolares podem ser interpretadas de muitas maneiras, mas os ritos, as cerimônias, os ícones, os mitos, os heróis, os rituais e as lendas sempre fornecem guias concretos para a cultura.
8. A cultura organizacional é a argamassa social que une uma organização.
9. Em geral, mudar a cultura de uma escola é um processo difícil, contínuo e de longo prazo.

TESTE OS SEUS CONHECIMENTOS: SABE O SIGNIFICADO DESSES TERMOS?

cultura organizacional, *p. 163*
normas, *p. 164*
valores, *p. 164*
valores fundamentais, *p. 165*
culturas fortes, *p. 165*
suposições tácitas, *p. 166*
histórias, *p. 168*
mitos, *p. 168*
lendas, *p. 168*
ícones, *p. 168*

rituais, *p. 168*
criadores de mitos, *p. 169*
eficácia coletiva dos professores, *p. 171*
confiança do corpo docente, *p. 175*
cultura de confiança, *p. 175*
otimismo acadêmico, *p. 177*
cultura cerceadora, *p. 181*
cultura humanística, *p. 181*
estratégia para mudança de normas, *p. 183*

LEITURAS SUGERIDAS

CAMERON, K. S.; QUINN, R. E. *Diagnosing and changing organizational culture*. San Francisco: Jossey-Bass, 2006.

Análise contemporânea de como avaliar e gerenciar a cultura.

DEAL, T. L.; PETERSON, K. D. *Shaping School Culture:* pitfalls, paradoxes, and promises. 2nd ed. San Francisco: Jossey-Bass, 2009.

Análise contemporânea de como modelar e gerenciar a cultura escolar.

FORSYTH, P. A., ADAMS, C. M.; HOY, W. K. *Collective thrust:* why schools can't improve without it. New York: Teachers College Press, 2011.

Análise detalhada da pesquisa e da teoria na confiança coletiva nas escolas e suas implicações para a política e a liderança.

GODDARD, R. G.; HOY, W. K.; WOOLFOLK HOY, A. Collective efficacy: theoretical development, empirical evidence, and future directions. *Educational Researcher*, v. 33, p. 3-13, 2004.

Resumo dos trabalhos teóricos e empíricos sobre eficácia coletiva e rumos para futuras pesquisas.

MARTIN, J. *Organizational culture:* mapping the terrain. Thousand Oaks: Sage, 2002.

Análise crítica da cultura organizacional, incluindo estudos interpretativos e análises pós-modernas.

PETERS, K. D.; WATERMAN, R. H. *In search of excellence.* New York: Harper & Row, 1982.

Análise inicial e popular da cultura corporativa, que destacou a importância da cultura organizacional em corporações de negócios e estimulou uma década de pesquisas sobre cultura organizacional.

SCHEIN, E. *Organizational culture and leadership*. San Francisco: Jossey-Bass, 2004.

Análise abrangente e cuidadosa da cultura organizacional e liderança por um dos estudiosos mais ilustres da cultura corporativa.

TSCHANNEN-MORAN, M. *Trust matters:* leadership for successful schools. San Francisco: Jossey-Bass, 2004.

Guia prático sobre como estabelecer e manter a confiança dentro das escolas bem como uma análise das estratégias para recuperar a confiança perdida.

EXERCÍCIO DE PORTFÓLIO

Selecione uma dúzia de professores na sua escola, entreviste-os, colete dados de questionários e faça uma análise de sua cultura escolar em termos de confiança. Na preparação, faça o seguinte:

- Entreviste os professores para determinar o quanto eles confiam na *diretoria*, nos *colegas*, nos *alunos* e nos *pais* da comunidade escolar. Obtenha exemplos específicos de confiança em cada nível descrito e desenvolvido por você em seu artigo.
- Espere alguns dias e aplique a Escala T de Confiança para esses mesmos professores. Visite www.waynekhoy.com e consiga cópias da ferramenta e instruções sobre a pontuação.
- Registre os pontos da escala de confiança e interprete os resultados. Até que ponto as entrevistas apoiam os resultados do questionário? Se houver uma discrepância, ofereça uma explicação provisória para a diferença nos resultados. Então faça algumas entrevistas adicionais para testar a sua explicação.
- Compare e contraste a sua escola com a "escola média". Seu diretor concordaria com o seu panorama da cultura da escola? Sim ou não? Justifique. Qual seria a reação do diretor à Escala T de Confiança? Consegue prever como seriam as respostas dele ou dela? Seu diretor tem um senso exato sobre a cultura escolar? Por quê? Como você sabe?
- Discuta os pontos fortes e as fraquezas da cultura de sua escola. É um bom lugar para se trabalhar?
- Desenvolva um plano de curto e de longo prazo para melhorar a cultura de sua escola se você se tornasse o diretor.

Padrões de liderança 1, 2 e 3

NOTAS

1. Organização informal é outro conceito que descreve a natureza do local de trabalho em termos de estrutura social e de cultura do grupo de trabalho. Talvez você considere útil rever a discussão sobre organização informal no Capítulo 3.

2. A maior parte desse substancial corpo de pesquisas pode ser encontrada nos Pupil Control Studies Archives (Arquivos de Estudos sobre Controle de Alunos), The Pennsylvania State University, Pattee Library, University Park, PA 16802.

6

CLIMA ORGANIZACIONAL DAS ESCOLAS

Qualquer pessoa que visita várias escolas logo observa como as elas diferem entre si... Em uma escola, os professores e a diretora são zelosos; em outra, o descontentamento subliminar da escola é palpável; o diretor tenta esconder a sua incompetência [...] por trás de um manto de autoridade; [...] uma terceira escola não é marcada nem pela alegria, nem pelo desespero, mas pelo ritual vazio... cada qual parece ter uma "personalidade".

Andrew Halpin
Theory and Research in Administration

PONTOS PRINCIPAIS

1. O clima organizacional é outra perspectiva contemporânea para examinar o caráter distintivo das escolas.

2. O clima organizacional, ou a qualidade relativamente duradoura de uma escola, se manifesta nas percepções coletivas dos professores sobre o comportamento organizacional.

3. O clima e a cultura organizacionais são em parte concorrentes e em parte complementares: a cultura organizacional refere-se às crenças compartilhadas, ao passo que o clima reflete os padrões de comportamento dominantes nas organizações.

4. O clima escolar pode ser visto de uma gama de pontos de vista: quatro perspectivas úteis são a abertura de comportamento, a saúde das relações interpessoais, a visão simplificada tanto da saúde quanto da abertura e o comportamento de cidadania dos professores.

5. Cada uma dessas perspectivas climáticas pode ser confiavelmente mensurada usando

o instrumento adequado – OCDQ, OHI, OCI e OCB.

6. Normas padronizadas possibilitam que professores e diretores comparem os perfis climáticos de suas escolas com os de outras escolas.

7. A abertura, a saúde e a cidadania escolares são atributos diferentes, mas todos estão positivamente relacionados entre si.

8. Os comportamentos de abertura, saúde e cidadania de uma escola se relacionam com importantes resultados organizacionais, incluindo o moral do corpo docente, a confiança coletiva e a qualidade e a eficiência da escola.

9. Não existe modo rápido e simples de mudar o clima de uma escola: o planejamento de longo prazo produz mais mudanças positivas do que consertos de curto prazo.

10. Duas estratégias complementares para mudar a escola são a visão clínica e a abordagem centrada no crescimento.

Embora o termo "cultura organizacional" esteja atualmente em voga, o conceito de clima organizacional tem gerado muito mais pesquisas e até recentemente foi usado pela maioria dos teóricos organizacionais para captar a sensação geral ou atmosfera das escolas. Ao contrário da cultura, desde o início, o clima organizacional está conectado ao processo de desenvolvimento de instrumentos de medição (PACE; STERN, 1958; HALPIN; CROFT, 1963; DENISON, 1996; HOY, 1997). O clima tem suas raízes históricas nas disciplinas da psicologia social e da psicologia industrial, ao passo que a cultura tem suas origens na antropologia e na sociologia.

CLIMA ORGANIZACIONAL

No capítulo anterior, usamos o conceito de cultura organizacional para examinar a natureza do ambiente de trabalho interno das escolas. A cultura organizacional foi definida em termos de *crenças compartilhadas* – pressupostos, normas e valores. Agora vamos nos deter nos *padrões de comportamento* dominantes que diferenciam o local de trabalho. Encaramos a cultura organizacional e o clima organizacional principalmente como perspectivas complementares que descrevem a identidade coletiva de uma escola, a qual emerge espontaneamente à medida que professores, administradores, pais e alunos interagem uns com os outros. O clima organizacional centra-se mais no comportamento compartilhado do que em crenças. Sem dúvida, existe uma diferença entre comportamentos e crenças, mas as duas visões, na maior parte do tempo, são complementares.

Definição de clima organizacional

O clima foi inicialmente concebido como conceito geral para expressar a qualidade duradoura da vida organizacional. Renato Tagiuri (1968, p. 23) observa que

[...] determinada configuração de características duradouras envolvendo ecologia, meio, sistema social e cultura constituiria um clima, da mesma forma que a configuração particular de características pessoais constitui uma personalidade.

B. H. Gilmer (1966, p. 57) define clima organizacional como

[...] aquelas características que distinguem a organização de outras organizações e que influenciam o comportamento das pessoas nas organizações.

George Litwin e Robert Stringer (1968, p. 1) acrescentam a percepção em sua definição de clima:

[...] um conjunto de propriedades mensuráveis do ambiente de trabalho que (a) se baseia nas percepções coletivas das pessoas que vivem e trabalham no ambiente e (b) influencia o comportamento delas.

Ao longo dos anos, chegou-se a um consenso sobre as propriedades básicas do clima organizacional. Marshall Poole (1985) resume o acordo nos pontos seguintes:

- O clima organizacional preocupa-se com grandes unidades; caracteriza as propriedades de uma organização inteira ou subunidades principais.
- O clima organizacional descreve uma unidade de organização em vez de avaliá-la ou indicar reações emocionais a ela.
- O clima organizacional surge de práticas organizacionais rotineiras que se revelam importantes para a organização e seus membros.
- O clima organizacional influencia os comportamentos e as atitudes dos membros.

O clima escolar é um termo amplo que se refere às percepções dos professores sobre o ambiente de trabalho geral da escola; a organização formal, a organização informal, as personalidades dos participantes e a liderança organizacional influenciam o clima escolar. Simplificando, o conjunto de características internas que distingue uma escola de outra e influencia o comportamento dos membros de cada escola é o seu **clima organizacional**. Mais especificamente, o **clima escolar** é uma qualidade relativamente duradoura do ambiente escolar que é experimentada pelos participantes, afeta seu comportamento e se baseia em suas percepções coletivas sobre o comportamento nas escolas. A definição de clima organizacional como um conjunto de características internas é semelhante em alguns aspectos às primeiras descrições da personalidade. Com efeito, o clima escolar pode ser mais ou menos concebido como a personalidade escolar – ou seja, a personalidade está para o indivíduo como o clima está para a organização.

Já que a atmosfera de uma escola exerce um grande impacto sobre o comportamento organizacional, e já que os administradores podem ter uma influência significativa e positiva sobre o desenvolvimento da "personalidade" da escola, é importante descrever e analisar os climas escolares. O clima pode ser concebido a partir de vários pontos de vista (ANDERSON, 1982; MISKEL; OGAWA, 1988). Vamos adotar diversos prismas para abordar o clima escolar, incluindo abertura, saúde e cidadania. Cada qual fornece aos alunos e praticantes da administração um valioso conjunto de capital conceitual e ferramentas de medição para analisar, compreender, mapear e mudar o ambiente de trabalho das escolas.

Clima de abertura organizacional

Provavelmente a mais bem conhecida conceitualização e medição do clima organizacional das escolas é o estudo pioneiro de escolas de ensino fundamental feito por Andrew W. Halpin e Don B. Croft (1962). Eles começaram mapeando o domínio de clima organizacional das escolas, pois, embora as escolas diferissem consideravelmente em aparência, o conceito de moral não fornecia uma explicação adequada. Em uma série de estudos analíticos fatoriais, eles desenvolveram o Questionário Descritivo de Clima Organizacional (OCDQ, do inglês Organizational Climate Description Questionnaire) para medir aspectos importantes das interações professor-professor e professor-diretor. Eles solicitaram aos corpos docentes das escolas que descrevessem o comportamento de seus colegas e diretores, indicando com que frequência certos comportamentos ocorriam na escola, como: "o diretor faz de tudo para ajudar os professores" e "trabalhos de rotina interferem com o trabalho de ensino". A Tabela 6.1 apresenta exemplos de uma versão contemporânea de OCDQ.

Hoje existem três versões contemporâneas do OCDQ – para escolas de ensino fundamental – anos iniciais, escolas de ensino fundamental e escolas de ensino médio. Por exemplo, o OCDQ-RE define o clima das escolas de ensino fundamental – anos iniciais com seis dimensões; três descrevem a abertura nas interações entre o diretor e os professores, e três descrevem a abertura das interações entre os colegas. A Tabela 6.2 define as seis dimensões medidas pelo OCDQ-RE (o R vem de Rutgers, a universidade que criou o questionário, e o E de *elementary*, palavra usada para indicar o ensino fundamental nos Estados Unidos). Todos os instrumentos climáticos (escolas de anos iniciais, ensino fundamental e ensino médio) fornecem meios válidos e confiáveis para mapear a *abertura nos comportamentos* dos professores e administradores nas escolas (HOY; TARTER; KOTTKAMP, 1991; HOY; TARTER, 1997a, 1997b).[1] Os instrumentos de OCDQ, as instruções de pontuação e as interpretações estão à sua disposição *on-line* em www.waynekhoy.com.

O **clima aberto** é marcado por cooperação e respeito no corpo docente e entre os professores e o diretor. O diretor ouve e está aberto às sugestões dos professores, faz elogios autênticos e frequentes e respeita a competência profissional do corpo docente

TABELA 6.1   Itens de amostra do OCDQ-RE

INSTRUÇÕES: COM BASE NAS SEGUINTES AFIRMAÇÕES SOBRE A SUA ESCOLA, POR FAVOR, INDIQUE A FREQUÊNCIA COM QUE CADA AFIRMAÇÃO CARACTERIZA SUA ESCOLA CIRCULANDO A RESPOSTA ADEQUADA.

RO = RARAMENTE OCORRE   OO = OCASIONALMENTE OCORRE   FO = FREQUENTEMENTE OCORRE   MFO = MUITO FREQUENTEMENTE OCORRE

1. Os professores realizam seu trabalho com ímpeto, vigor e prazer	RO	OO	FO	MFO
2. Os amigos mais próximos dos professores são outros membros do corpo docente da escola	RO	OO	FO	MFO
3. As reuniões de professores são inúteis	RO	OO	FO	MFO
4. O diretor faz de tudo para ajudar os professores.	RO	OO	FO	MFO
5. O diretor governa com mão de ferro.	RO	OO	FO	MFO
6. Os professores deixam a escola imediatamente após o término das aulas. . .	RO	OO	FO	MFO
7. Professores convidam membros do corpo docente para visitá-los em casa	RO	OO	FO	MFO
8. O diretor faz críticas construtivas	RO	OO	FO	MFO

Consulte o instrumento completo e detalhes da pontuação em Hoy e Tarter (1997b).

(apoio elevado). Os diretores também dão liberdade a seus professores para atuar sem controle rígido (pouca autocracia) e fornecem um comportamento de liderança facilitadora desprovido de trivialidades burocráticas (pouca restritividade). Da mesma forma, o comportamento do professor apoia interações abertas e profissionais (alto nível de relações colegiais) entre o corpo docente. Os professores se conhecem uns aos outros e são amigos pessoais (muita intimidade). Eles cooperam entre si e estão comprometidos com seu trabalho (pouca alienação). Em poucas palavras, os comportamentos tanto do diretor quanto do corpo docente são abertos e autênticos.

O **clima fechado** é praticamente a antítese do clima aberto. O diretor e os professo-

TABELA 6.2   As dimensões do OCDQ-RE

Comportamento de diretor solidário – reflete uma preocupação básica com os professores. O diretor ouve e está aberto às sugestões dos professores. Elogios são dados de modo autêntico e frequente, e as críticas são construtivas.

Comportamento de diretor autocrático – exige supervisão rígida e cuidadosa. O diretor mantém controle rígido e constante sobre todas as atividades dos professores e da escola, até os mínimos detalhes.

Comportamento de diretor restritivo – mais entrava do que facilita o trabalho do professor. O diretor sobrecarrega os professores com papeladas burocráticas, exigências do comitê, deveres rotineiros e trabalhos só para tomar tempo.

Comportamento de professor colegial – apoia interações abertas e profissionais entre os professores. Entusiasmados e receptivos, os professores respeitam a competência profissional dos seus colegas.

Comportamento de professor íntimo – reflete uma rede forte e coesa de apoio social no âmbito do corpo docente. Os professores se conhecem bem, são amigos pessoais e socializam habitualmente.

Comportamento de professor alienado – refere-se à falta de significado e de foco nas atividades profissionais. Os professores estão simplesmente matando tempo. Esse comportamento é negativo e com postura crítica em relação aos colegas.

res parecem que apenas cumprem as obrigações, com o diretor enfatizando trabalhos rotineiros e desnecessários (muita restritividade) e os professores respondem minimamente e exibem pouco comprometimento (alta alienação). A liderança ineficaz do diretor também é vista como controladora e rígida (muita autocracia), bem como antipática, indiferente e insensível (baixa solidariedade). Essas táticas erradas são acompanhadas não só por frustração e apatia, mas também por suspeita geral e falta de respeito mútuo entre os professores tanto como amigos ou profissionais (baixa intimidade e ausência de relações colegiais). Os climas fechados têm diretores não solidários, inflexíveis, entravadores e controladores, e um corpo docente divisionista, intolerante, apático e descomprometido. A Figura 6.1 mostra os perfis contrastantes para escolas com climas organizacionais abertos e fechados. Utilize o OCDQ apropriado para determinar o grau de abertura de seu clima escolar.

Pesquisas sobre o Questionário Descritivo de Clima Organizacional (OCDQ)

As versões revisadas do OCDQ para o ensino fundamental e médio são desenvolvimentos relativamente recentes. No entanto, um corpo de pesquisa coerente está começando a emergir. Sabemos, por exemplo, que o índice de abertura do OCDQ original está altamente correlacionado com os novos e aprimorados subtestes que medem a abertura. Além disso, a abertura no clima está positivamente relacionada com o comportamento autêntico e aberto de diretores e professores (HOY et al., 1996; HOY; SWEETLAND, 2001). Assim, espera-se que as novas medições repliquem e aprimorem os resultados dos estudos prévios.

Os pioneiros estudos com OCDQ demonstraram que a abertura de um clima escolar estava relacionada com o tom emocional da escola, seguindo um padrão previsível. As escolas com climas abertos têm menos sentido de alienação do aluno em relação à escola e ao seu pessoal do que aquelas com climas fechados (HARTLEY; HOY, 1972). Como também se pode suspeitar, os estudos que examinam as relações entre as características do diretor e o clima escolar muitas vezes indicam que, em comparação com escolas fechadas, as escolas abertas têm diretores mais fortes, mais autoconfiantes, seguros de si, alegres, sociáveis e cheio de recursos (ANDERSON, 1964). Além disso, os professores que trabalham com diretores em escolas abertas expressam

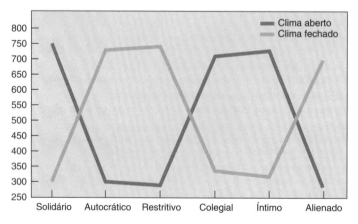

FIGURA 6.1 Perfis climáticos abertos e fechados de escolas de ensino fundamental – anos iniciais.

maior confiança em sua própria eficiência e na eficiência da escola (ANDREWS, 1965). Esses diretores têm professores mais leais e satisfeitos (KANNER, 1974).

Pesquisas mais recentes (TARTER; HOY, 1988; REISS, 1994; REISS; HOY, 1998) com os novos instrumentos de clima também mostram que climas escolares abertos se caracterizam por níveis mais elevados de lealdade e confiança (confiança do corpo docente tanto no diretor quanto nos colegas) do que em climas fechados. Os diretores em escolas abertas também geram mais comprometimento organizacional – ou seja, identificação e envolvimento na escola – do que aqueles em climas fechados (TARTER; HOY; KOTTKAMP, 1990). Além disso, a abertura do clima está positivamente relacionada com a participação do professor na tomada de decisões (BARNES, 1994) e com as avaliações da eficiência escolar (HOY; TARTER; KOTTKAMP, 1991) e, em escolas de ensino fundamental, com o desempenho do aluno em matemática, leitura e redação e também com a eficiência e a qualidade em geral (HOY; SABO, 1998).

Em conclusão, as três versões do OCDQ (para escolas de ensino fundamental – anos iniciais, escolas de ensino fundamental e escolas de ensino médio) são dispositivos úteis para mapear o clima geral da escola em termos das relações professor-professor e professor-diretor. Os subtestes de cada instrumento parecem ser medições válidas e confiáveis de aspectos importantes do clima escolar; fornecem perfis climáticos que podem ser utilizados para pesquisas, avaliações, serviços no local e autoanálises. Além disso, os índices de abertura fornecem meios para examinar as escolas ao longo de um *continuum* aberto-fechado. Halpin e Croft (1963) sugerem que a abertura pode ser um melhor critério para avaliar a eficiência escolar do que muitos supostos critérios que entraram no campo da administração educacional. A abertura é provavelmente uma condição importante na promoção eficaz de mudança organizacional. Da mesma forma, diretores que desejam melhorar a eficiência instrucional são mais propensos a serem bem-sucedidos se eles primeiro desenvolverem um clima aberto e confiante (HOY; FORSYTH, 1987). Embora haja muita discussão sobre o que constitui a eficiência escolar (ver Cap. 9), existem menos dúvidas de que as medições do OCDQ fornecem uma bateria útil de escalas para fins tanto diagnósticos quanto prescritivos.

Clima de saúde organizacional

Outra moldura para visualizar o clima escolar é sua **saúde organizacional** (HOY; FELDMAN, 1987; HOY; TARTER; KOTTKAMP, 1991; HOY; SABO, 1998). A ideia de saúde positiva em uma organização não é nova e chama a atenção para as condições que facilitam o crescimento e o desenvolvimento, bem como àquelas que impedem a dinâmica organizacional saudável (MILES, 1969). Escolas com clima organizacional saudável têm sucesso em lidar com seu ambiente à medida que mobiliza seus recursos e esforços para alcançar seus objetivos. A saúde organizacional de escolas de ensino médio é definida por sete padrões de interação específicos nas escolas (HOY; FELDMAN, 1987, 1999). Esses componentes críticos atendem às necessidades básicas do sistema social e representam os três níveis de responsabilidade e controle dentro da escola.

O nível *institucional* conecta a organização com seu ambiente. É importante que as escolas tenham legitimidade e apoio na comunidade. Os administradores e os professores precisam de apoio para realizar suas respectivas funções de forma harmoniosa, sem pressão indevida e interferências de indivíduos e grupos de fora da escola. Este nível é examinado em termos da integridade da escola. Ou seja, a integridade institucional é a capacidade da escola de se adaptar ao seu ambiente e lidar com ele de forma a manter a solidez de seus programas educacionais. Escolas com integridade são protegidas de exigências irracionais dos pais e da comunidade.

O nível *gerencial* é responsável por mediar e controlar os esforços internos da organização. O processo administrativo é a função gerencial, processo com qualidades diferentes da atividade de ensino. Os diretores são os principais agentes administrativos nas escolas. Eles devem encontrar maneiras de desenvolver a lealdade e a confiança nos professores, motivar o esforço dos professores e coordenar o trabalho. Quatro aspectos essenciais do nível gerencial devem ser determinados – influência do diretor, consideração, estrutura de iniciação e apoio de recursos. A influência é a capacidade do diretor de afetar as decisões dos superiores. A consideração é o comportamento de diretor aberto, amigável e solidário, ao passo que a estrutura de iniciação é o comportamento em que o diretor claramente define as expectativas de trabalho, os padrões de desempenho e os procedimentos. Por fim, o apoio de recursos é a extensão em que o diretor fornece aos professores todos os materiais e suprimentos necessários e solicitados.

Nas escolas, a função *técnica* é o processo de ensino-aprendizagem, e os professores são diretamente responsáveis. Alunos instruídos são o produto das escolas, e todo o subsistema técnico gira em torno dos problemas associados com a eficiência do ensino e da aprendizagem. O moral e a ênfase acadêmica são os dois elementos-chave do nível técnico. O moral é o entusiasmo, a confiança e o sentimento de realização que permeiam o corpo docente. A ênfase acadêmica, em contrapartida, é a pressão escolar por desempenho estudantil. As sete dimensões da saúde organizacional encontram-se definidas, resumidas por nível de responsabilidade e ilustradas na Tabela 6.3.

Especificamente, uma **organização saudável** é *aquela em que os níveis técnico,*

gerencial e institucional estão em harmonia. A organização tanto satisfaz suas necessidades quanto consegue lidar com as forças perturbadoras externas à medida que direciona suas energias rumo à missão.

A **escola saudável** está protegida das pressões insensatas da comunidade e dos pais. O conselho resiste com sucesso a todos os esforços mesquinhos de grupos de interesses pessoais para influenciar a política. O diretor de uma escola saudável fornece liderança dinâmica – liderança orientada ao mesmo tempo para as tarefas e as inter-relações. Esse comportamento é solidário com os professores, fornece orientação e mantém altos padrões de desempenho. Além disso, o diretor tem influência junto a seus superiores, bem como a capacidade de exercitar pensamento e ação independentes. Em escolas saudáveis, os professores estão comprometidos com o ensino e a aprendizagem. Estabelecem objetivos desafiadores, mas alcançáveis; mantêm elevados padrões de desempenho; e o ambiente de aprendizagem é ordeiro e sério. Além disso, os alunos trabalham arduamente nos assuntos acadêmicos, são altamente motivados e respeitam os outros alunos que têm um bom desempenho acadêmico. Nas salas de aula, os suprimentos e materiais de instrução estão acessíveis. Por fim, em escolas saudáveis, os professores gostam dos colegas, trabalham com entusiasmo e têm orgulho de sua escola.

A **escola enferma** é vulnerável às forças destrutivas externas. Os professores e os administradores são bombardeados com pedidos insensatos de grupos parentais e comunitários. A escola é fustigada pelos caprichos do público. O diretor não fornece liderança: há pouca direção, consideração e limitado apoio aos professores e praticamente nenhuma influência junto aos superiores. O moral dos professores é baixo. Os professores não se sentem bem nem com os colegas nem com seus empregos. Com-

Administração Educacional **195**

TABELA 6.3   As dimensões do OHI-S com exemplos

Nível institucional

Integridade institucional – descreve uma escola que não é vulnerável a interesses mesquinhos e pessoais da comunidade. A escola é capaz de lidar bem com forças externas destrutivas.

Exemplos: • A escola está protegida de exigências irracionais da comunidade e dos pais.

• A escola é vulnerável a pressões externas.*

Nível gerencial

Influência do diretor – refere-se à habilidade do diretor para afetar a ação dos superiores. O diretor influente trabalha de maneira eficaz com o superintendente para beneficiar os professores.

Exemplos: • O diretor ou a diretora obtém o que pede aos superiores.

• O diretor é impedido pelos superiores.*

Consideração – descreve comportamento de diretor simpático, solidário, aberto e colegial.

Exemplos: • O diretor busca o bem-estar pessoal dos membros do corpo docente.

• O diretor é amigável e acessível.

Estrutura de iniciação – descreve o comportamento de diretor orientado para as tarefas e o desempenho. O diretor esclarece suas expectativas e mantém padrões de desempenho.

Exemplos: • O diretor permite que os membros do corpo docente saibam o que é esperado deles.

• O diretor mantém padrões definidos de desempenho.

Apoio de recursos – refere-se a uma situação na escola em que nas salas de aula há disponibilidade de suprimentos adequados e materiais instrucionais, e materiais extras são facilmente obtidos.

Exemplos: • Materiais extras estão disponíveis se solicitados.

• Os professores recebem materiais adequados para suas salas de aula.

Nível técnico

Moral – refere-se a um sentimento de confiança, entusiasmo e cordialidade entre os professores. Os professores sentem-se bem em relação aos outros e, ao mesmo tempo, sentem-se realizados com seu trabalho.

Exemplos: • Os professores nesta escola gostam uns dos outros.

• O moral dos professores é alto.

Ênfase acadêmica – refere-se à pressão escolar por desempenho. Objetivos acadêmicos elevados, mas alcançáveis, são definidos para os alunos; o ambiente de aprendizagem é ordeiro e sério; os professores acreditam na capacidade de seus alunos realizarem um bom desempenho; e os alunos trabalham arduamente e respeitam o desempenho acadêmico.

Exemplos: • A escola define padrões elevados de desempenho acadêmico.

• Os alunos respeitam quem tira boas notas.

* Item pontuado no sentido inverso.

---

portam-se de modo arisco, desconfiado e defensivo. Por fim, a pressão por excelência acadêmica é limitada. Todo mundo está simplesmente "matando tempo".

A saúde organizacional de uma escola pode ser medida usando o Índice de Saúde Organizacional (OHI, do inglês Organizational Health Index). Por exemplo, o OHI para escolas de ensino médio é um questio-

nário descritivo de 44 itens composto por sete subtestes para medir cada uma das dimensões básicas, bem como a saúde geral da escola. Como o OCDQ, o OHI é administrado ao quadro funcional da escola. Existem três versões contemporâneas válidas e confiáveis do OHI – uma para cada nível escolar. Os perfis de saúde de três escolas estão mostrados graficamente na Figura

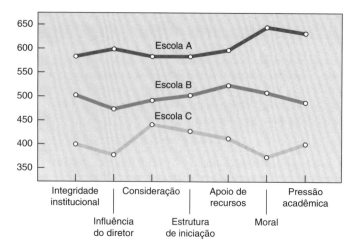

FIGURA 6.2 Perfis de saúde de três escolas.

6.2. A escola A representa um clima escolar relativamente saudável; todas as dimensões da saúde estão substancialmente acima da média. A escola C, em contraste, está abaixo da média em todos os aspectos da saúde, e a escola B é uma escola normal – em torno da média em todas as dimensões. Todos os instrumentos do OHI, instruções de pontuação e interpretações estão disponíveis para uso *on-line* em www.waynekhoy.com.

Pesquisas sobre o Índice de Saúde Organizacional (OHI)

O OHI é uma ferramenta útil para medir o clima escolar, com três versões – uma para cada nível escolar: escolas de ensino fundamental – anos iniciais, escolas de ensino fundamental e escolas de ensino médio. Os instrumentos medem dimensões fundamentais da saúde organizacional das escolas. Sobretudo, os fundamentos conceituais são consistentes com muitas das características das escolas eficientes. Além disso, um estudo em escolas de ensino médio em Taiwan demonstrou estabilidade da OHI em cenários de culturas não ocidentais (LIAO, 1994).

As conclusões das pesquisas usando o OHI continuam a ser encorajadoras. Como seria de se esperar, quanto mais saudável a dinâmica organizacional, maior o grau de confiança do corpo docente no diretor, nos colegas e na própria organização (TARTER; HOY, 1988; HOY; TARTER; WISKOWSKIE, 1992; SMITH; HOY; SWEETLAND, 2001). Não causa surpresa a existência de uma correlação entre a abertura e a saúde das escolas; escolas saudáveis têm altos níveis de confiança e ânimo e baixa alienação (HOY; TARTER, 1990). Em poucas palavras, as escolas abertas tendem a ser saudáveis, e as escolas saudáveis tendem a ser abertas. A saúde também está relacionada com o comprometimento organizacional dos professores de suas escolas; escolas saudáveis têm professores mais comprometidos (TARTER; HOY; BLISS, 1989; TARTER; HOY; KOTTKAMP, 1990).

Conclusões de pesquisas também mostram que a saúde organizacional relaciona-se positivamente com o desempenho estudantil; em geral, quanto mais saudável o clima escolar, maiores as notas nos testes de matemática e leitura de alunos do ensino médio (HOY; TARTER, 1990). Mais especificamente, quanto mais forte a ênfase acadêmica do clima de escolas de ensino fundamental, maiores os níveis de desempenho estudantil em testes padronizados de matemática, leitura e escrita (HOY; HANNUM, 1997; HOY; HANNUM; TSCHANNEN-MORAN, 1998; HOY; SABO, 1998; GODDARD; SWEETLAND; HOY, 2000a, 2000b). Um estudo sobre professores dos anos iniciais do ensino fundamental também demonstrou que um clima de escola saudável era propício ao desenvolvimento da eficácia do professor, a crença de que eles poderiam influenciar positivamente a aprendizagem estudantil (HOY; WOOLFOLK, 1993). Nossa própria pesquisa continua a demonstrar que a saúde escolar está relacionada a uma série de outras e importantes variáveis escolares. Por exemplo, relaciona-se positivamente com o humanismo, com a participação do professor na tomada de decisões, com cultura escolar forte e com um leque de medições sobre eficiência escolar. Por fim, é provável que a saúde de uma escola esteja significativamente relacionada com menos alienação estudantil, menores taxas de abandono e maior comprometimento do aluno.

Em conclusão, o instrumento de OHI adequado pode determinar de forma confiável a saúde de uma escola. Além disso, sólidas dinâmicas interpessoais na vida escolar são importantes não só como fins inerentes, mas também preditivas de itens como eficiência escolar, desempenho estudantil, compromisso organizacional, humanismo nas atitudes do professor e confiança do corpo docente nos colegas e no diretor. Em escolas saudáveis, é provável a existência de professores comprometidos com a escola que confiam uns nos outros e no diretor, que mantenham altos padrões acadêmicos, que sejam abertos e cujos alunos tenham alto desempenho acadêmico. Nessas escolas, a melhoria da instrução e o desenvolvimento profissional contínuo dos professores e administradores são objetivos ao alcance.

Uma síntese: o Índice de Clima Organizacional

O OCDQ centra-se na transparência das relações da escola, ao passo que o OHI examina o clima do ponto de vista das interações interpessoais saudáveis. Além disso, o OCDQ limita-se às relações entre professores e entre o diretor e os professores. A saúde organizacional fornece uma perspectiva mais ampla que descreve não apenas as interações professor-professor e diretor-professor, mas também as relações entre a escola e a comunidade, bem como as relações professor-aluno que enfatizam o desempenho intelectual e acadêmico. No estado de Ohio, desenvolvemos uma rápida visualização do clima escolar, o **Índice de Clima Organizacional** (OCI, do inglês Organizational Climate Index), que examina e mede as relações em quatro níveis cruciais: institucional, gerencial, docente e estudantil. O OCI tem apenas quatro dimensões, mas aborda quatro aspectos cruciais das escolas.

O arcabouço conceitual para o OCI identifica uma importante característica em cada um dos quatro níveis para fornecer um instantâneo de quatro das mais importantes facetas de uma escola. A partir de nossas pesquisas sobre o clima escolar, verificamos que a pressão acadêmica, às vezes chamada de ênfase acadêmica, é especialmente importante para facilitar níveis mais elevados de desempenho acadêmico (ALIG-MIELCAREK; HOY, 2005; HOY; HANNUM, 1997; HOY; SABO, 1998). No nível dos professores, o profissionalismo, especialmente na forma de comunidades de aprendizagem profissional, é valioso em nutrir o desempenho estudantil (BRYK; SCHNEIDER, 2002). A liderança do diretor também é fundamental tanto para nutrir as relações sociais quanto para motivar e ajudar os professores a melhorar o processo de ensino-aprendizagem (ALIG-MIELCAREK; HOY, 2005; HOY; TARTER; KOTTKAMP, 1991; HOY; SABO, 1998). Por fim, as escolas precisam ter integridade institucional; ou seja, é importante para as escolas ter legitimidade e apoio na comunidade. Os administradores e os professores precisam de apoio para realizar suas respectivas funções de forma harmoniosa, sem pressões e interferências indevidas de indivíduos e grupos de fora da escola (HOY; TARTER; KOTTKAMP, 1991; HOY; SABO, 1998). Resumindo, a literatura sustenta que escolas de qualidade são aquelas em que:

1. Professores e diretores obtêm apoio para trabalhar cooperativamente uns com os outros sem interferências indevidas de pessoas de fora.
2. O diretor demonstra preocupação tanto com o apoio social aos professores quanto com a sua realização de tarefas por meio de um padrão de liderança aberto e colegial.
3. Professores se enxergam e se respeitam uns aos outros como profissionais.
4. Alunos, professores e o diretor encaram o desempenho e o sucesso acadêmicos como essenciais.

Nesse sentido, o OCI mede o clima escolar, em termos de vulnerabilidade institucional, comportamento de professor profissional, liderança colegial e pressão por desempenho. A escala consiste em 30 itens descritivos que calibram esses aspectos do clima escolar. A Tabela 6.4 resume cada uma das dimensões do clima escolar nessa perspectiva e dá exemplos de itens utilizados para avaliar cada dimensão. A escala completa e normas para escolas de

---

TABELA 6.4   As dimensões do OCI com exemplos

Nível institucional

Vulnerabilidade institucional – a extensão em que a escola é suscetível às reivindicações de alguns grupos de pais e cidadãos. Alta vulnerabilidade sugere que professores e diretores estão desprotegidos e se colocam na defensiva.

Exemplos: • Alguns pais reivindicantes podem alterar a política escolar.

• A escola é vulnerável a pressões externas.

Nível do diretor

Liderança colegial – o diretor trata os professores como colegas profissionais, é aberto, igualitário e cordial, mas ao mesmo tempo estabelece aos professores claros padrões de desempenho e expectativas.

Exemplos: • O diretor trata todos os membros do corpo docente com equidade.

• O diretor permite que membros do corpo docente saibam o que se espera deles.

Nível do professor

Comportamento de professor profissional – é marcado por: respeito à competência do colega, compromisso com os alunos, julgamento autônomo e cooperação e apoio mútuos.

Exemplos: • Os professores respeitam a competência profissional dos seus colegas.

• Os professores nesta escola exercitam o julgamento profissional.

Nível do aluno

Pressão por desempenho – descreve uma escola que define padrões e objetivos acadêmicos altos, mas realizáveis. Os alunos demonstram persistência, se esforçam para conseguir boas notas e são respeitados por colegas e professores pelo seu sucesso acadêmico. Pais, professores e o diretor pressionam os alunos para atingir altos padrões e melhorias na escola.

Exemplos: • A escola define padrões elevados de desempenho acadêmico.

• O desempenho acadêmico é notado e reconhecido pela escola.

ensino médio são encontradas *on-line* em www.waynekhoy.com.

Pesquisas sobre o Índice de Clima Organizacional (OCI)

O OCI é uma ferramenta adicional para medir aspectos importantes do clima escolar; a escala fornece um rápido panorama da abertura e da saúde escolares. O OCI tem sido usado principalmente para medir o clima de escolas de ensino médio (HOY; SMITH; SWEETLAND, 2002). O instrumento é relativamente novo, mas os resultados iniciais são encorajadores. Esses quatro aspectos do clima fomentam uma cultura de confiança (HOY; SMITH; SWEETLAND, 2002), que, por sua vez, promove altos níveis de desempenho estudantil, independentemente do *status* socioeconômico (SSE) da escola (FORSYTH; ADAMS; HOY, 2011; HOY, 2012). Além disso, a abertura e a saúde das escolas (conforme medidas pelo OCI) têm associações positivas com orientações de mudança dos professores (KEARNEY; SMITH, 2010; MAIKA, 2007), com fortes relações comunitárias (SMITH; MAIKA, 2008) e com a atenção das escolas (FERGUSON, 2006), e correlação negativa com o *bullying* entre alunos (GONZALES, 2006).

O OCI da Arlington High School: aberto e saudável

O perfil da escola Arlington High School é o seguinte:

Pontuação do OCI

Vulnerabilidade institucional	430 (abaixo da média)
Liderança colegial	620 (alta)
Professor profissional	660 (alta)
Pressão por desempenho	670 (alta)

Examine o perfil e veja se consegue descrever o clima escolar em palavras. Há pouca dúvida de que se trata de uma produtiva escola de ensino médio em que os professores gostam de trabalhar. Por quê?

Para ser específico, o clima escolar tem alta integridade institucional conforme indicado por sua baixa pontuação na vulnerabilidade (430); os professores estão protegidos contra exigências insensatas de pais e outras pessoas na comunidade. A liderança é aberta e colegial (620). O diretor é aberto e amigável e trata os professores com justiça e como colegas, ao mesmo tempo em que os desafia com altos padrões de desempenho. Os professores respondem à liderança do diretor seguindo o exemplo dela ou dele; o escore de comportamento profissional é altíssimo (660). Os professores respeitam a competência e a capacidade de ensino de seus colegas e estão comprometidos com seus alunos, à medida que trabalham juntos, cooperativamente, exercitando o julgamento profissional. Por fim, existe uma forte pressão por desempenho e sucesso acadêmicos (670). Em geral, os alunos são muito motivados por seus professores. Além disso, professores, pais e diretor enfatizam e celebram o sucesso acadêmico. Em suma, o clima na Arlington High School é aberto, saudável e centrado na realização acadêmica. Faça uma comparação com a escola em que você trabalha. Use o OCI e descubra (HOY, c2005-2013 d).

Clima de cidadania

Outro modelo para abordar o clima escolar é em termos do comportamento de cidadania de seus membros. A **cidadania organizacional** é o comportamento que vai além das responsabilidades formais do cargo, com ações voluntárias para ajudar os outros a realizar a tarefa em questão. A disposição dos membros para se esforçar além do que prescreve o trabalho formal há muito tempo tem sido reconhecida como essencial para um desempenho organizacional eficaz (BATEMAN; ORGAN, 1983; ORGAN, 1988; ORGAN; RYAN, 1995). Só recentemente, porém, o termo foi aplicado às escolas por DiPaola e seus colegas (DIPAOLA; TSCHANNEN-MORAN, 2001; DIPAOLA;

TABELA 6.5 Aspectos da cidadania organizacional com exemplos

Altruísmo – ajudar novos colegas e voluntariamente ceder tempo para os outros.

> *Exemplo:* Os professores voluntariamente ajudam novos professores.

Consciência – usar o tempo com eficiência e ir além das mínimas expectativas.

> *Exemplo:* Os professores chegam ao trabalho e às reuniões pontualmente.

Espírito esportivo – investir tempo em esforços construtivos e não ficar reclamando.

> *Exemplo:* Os professores dão uma quantidade excessiva de trabalhos (pontuação inversa).

Cortesia – proporcionar avisos e lembretes.

> *Exemplo:* Professores avisam com antecedência aos colegas sobre alterações no cronograma ou na rotina.

Virtude cívica – atuar nos comitês e participar voluntariamente de funções.

> *Exemplo:* Os professores atuam voluntariamente em novos comitês ou comissões.

HOY, 2005a, 2005b; DIPAOLA; TARTER; HOY, 2005). O comportamento de cidadania tem cinco aspectos específicos, altamente inter-relacionados em todas as escolas: altruísmo, consciência, espírito esportivo, cortesia e virtudes cívicas.

O protótipo de um **clima de cidadania** é uma escola em que professores se ajudam mutuamente e ajudam os novos colegas, cedendo voluntariamente seu tempo livre. Os professores são conscientes e rotineiramente ultrapassam os deveres prescritos do cargo. Também evitam reclamar e se lamentar à medida que se envolvem em esforços produtivos para melhorar o ensino e a aprendizagem. Em escolas assim, os professores cultivam um tratamento mútuo com cortesia, usando lembretes para avisar com antecedência sobre mudanças e respeitando uns aos outros como profissionais. Praticamente todos os professores acreditam que é seu dever promover os melhores interesses da escola, atuando em comitês e voluntariamente cumprindo funções escolares.

O comportamento de cidadania de uma escola é medido pela escala de Comportamento de Cidadania Organizacional (OCB, do inglês *Organizational Citizenship Behavior*). O OCB é uma breve escala de Likert[*]

de 12 itens, confiável e válida (DIPAOLA; TARTER; HOY, 2005). A Tabela 6.5 identifica aspectos de cidadania medidos pelo OCB e fornece alguns exemplos. As pontuações de todos os professores são agregadas para determinar o grau de cidadania da escola. O OCB está disponível *on-line* em Hoy (c2005-2013e).

Pesquisas sobre o Comportamento de Cidadania Organizacional (OCB)

O OCB é uma ferramenta útil para medir outro aspecto importante do clima da escola. Embora o instrumento e seu uso nas escolas sejam relativamente recentes, os resultados de pesquisa são animadores. A escala funciona bem no ensino fundamental e no ensino médio; ou seja, é válido e confiável em todos os três níveis de escolas (DIPAOLA; TARTER; HOY, 2005). A cidadania organizacional é consistente e positivamente relacionada com outras propriedades organizacionais, como comportamento de diretor colegial, profissionalismo docente, pressão acadêmica e atenção da escola (DIPAOLA; HOY, 2005a, 2005b). Além disso, as escolas com altos graus de cidadania são mais eficientes (DIPAOLA; TARTER; HOY, 2005) e têm níveis mais elevados de desempenho estudantil (DIPAOLA; HOY, 2005b), inclusive levando em conta o *status* socio-

---

[*] N. de R.T.: Rensis Likert (1903-1981), sociólogo norte-americano, desenvolveu escalas para medir atitudes de funcionários nas organizações. É conhecido por suas pesquisas a respeito de estilos de gestão.

econômico. As escolas eficientes são flexíveis, adaptáveis e inovadoras (MOTT, 1972; ULINE; MILLER; TSCHANNEN-MORAN, 1998), porque bons cidadãos escolares procuram maneiras de fazer suas escolas trabalharem de modo mais eficiente. A cidadania organizacional é um complemento positivo para escolas abertas e saudáveis (DIPAOLA; TSCHANNEN-MORAN, 2001). Cada uma dessas perspectivas conceituais do clima traz uma visão ligeiramente diferente do clima escolar, mas todas medem aspectos importantes dos climas escolares de boa qualidade.

TEORIA NA PRÁTICA

Escolha um modelo de abertura (OCDQ), de saúde (OHI), de índice geral (OCI) ou de cidadania (OCB). O que lhe atrai nessa perspectiva teórica? Por que a considera útil? Que vantagens e desvantagens esse modelo apresenta para examinar o seu clima escolar? Administre o instrumento adequado para cinco ou seis professores na sua escola dispostos a cooperar. Em seguida, pontue o instrumento e desenvolva um perfil climático para a escola em forma de gráfico e explique o que a figura significa em palavras. Compare e contraste a sua escola, com uma escola média. A seu ver, em que medida os resultados são representativos para a sua escola? Será que seu diretor concordaria? Por fim, discuta os pontos fortes e fracos do seu clima. Em seguida, leia a próxima seção sobre como mudar o clima escolar e desenvolva um plano para melhorar o clima de sua escola, se você fosse nomeado diretor.

MUDANÇA NO CLIMA DAS ESCOLAS

Temos poucas informações sobre, e muito menos respostas, para o problema complexo de mudar o local de trabalho escolar. Duas coisas são claras, no entanto. Não existe uma receita rápida e simples para alterar a cultura ou o clima das escolas. O esforço sistêmico de longo prazo tem mais chances de gerar mudanças do que modismos de curto prazo.

A seguir são descritas duas estratégias gerais para a mudança. Alan Brown (1965) desenvolveu uma estratégia clínica, bem como uma abordagem centrada no crescimento. As duas estratégias não são mutuamente exclusivas; podem ser usadas simultaneamente porque se complementam. A estratégia centrada no crescimento preocupa-se com a natureza do desenvolvimento individual dentro da escola e incorpora um conjunto de pressupostos que norteiam todas as tentativas de mudar o clima da escola; a estratégia clínica, por sua vez, é uma abordagem orientada a ações específicas de mudança. Cada uma dessas mudanças estratégias oferece diretrizes potenciais para a prática do administrador, analisadas brevemente a seguir.

Estratégia clínica

A manipulação das interações intergrupais e interpessoais pode promover mudanças. Essa **estratégia clínica** para a mudança pode acontecer por meio das seguintes etapas.

1. *Obter conhecimento sobre a organização:* a abordagem começa com um conhecimento profundo sobre a dinâmica da organização escolar. Esse conhecimento, é claro, decorre de observação, análise e estudo cuidadosos. O diretor perceptivo talvez tenha adquirido grande parte desse conhecimento por meio da experiência; em geral, porém, uma análise mais sistemática é esclarecedora e valiosa. Como prelúdio para esse estudo, ele ou ela deve compreender os aspectos mais significativos da vida organizacional, inclusive as normas e os valores básicos do corpo docente. As perspectivas conceituais fornecidas por medições como OCDQ, OHI, OCI

e OHB podem contribuir muito para essa aprendizagem sobre a organização escolar.

2. *Diagnóstico:* a segunda etapa do processo é o diagnóstico. Aqui, de novo o capital conceitual, sob vários prismas, pode fornecer rótulos para diagnosticar potenciais áreas com problemas. Moral abalado, elevada alienação, cerceamento das liberdades, comunicação distorcida, tomada de decisões unilateral e baixas expectativas acadêmicas são exemplos desses rótulos conceituais. A extensão em que esses conceitos estão claramente definidos na mente do administrador e se encaixam em uma perspectiva mais ampla provavelmente regula a eficácia do diagnóstico.

3. *Prognóstico:* na terceira etapa, o "clínico" avalia a gravidade da situação e desenvolve um conjunto de prioridades operacionais para melhorar a situação.

4. *Prescrição:* o curso apropriado de ação muitas vezes está escondido. Suponha que se conclua que a atmosfera escolar é muito cerceadora da liberdade em termos de orientação do controle dos alunos. Como a situação pode ser remediada? Uma solução seria substituir alguns professores "cerceadores" por outros professores mais novos, "humanistas". A pesquisa sugere, no entanto, que a ideologia do controle de alunos de professores novatos torna-se significativamente mais cerceadora à medida que eles ficam socializados pela subcultura dos professores (HOY, 1967, 1968, 1969; HOY; WOOLFOLK, 1989), a qual, nesse caso, tende a equiparar controle rígido com bom ensino. Apenas substituir alguns professores cerceadores sem alterar as normas básicas do professor sobre o controle de alunos provavelmente terá pouco ou nenhum impacto. Alterar as normas básicas dos professores exige uma estratégia mais sofisticada (ver a seguir). Uma primeira etapa nessa estratégia é eliminar a ignorância dos professores e dos administradores sobre o OCI – ou seja, apagar os equívocos compartilhados dos educadores com respeito à ideologia do controle de alunos. Em geral, os professores pensam que os diretores são muito mais cerceadores em sua ideologia de controle de alunos do que eles próprios são, e, no entanto, os diretores normalmente acreditam que os professores são mais cerceadores na orientação de controle de alunos do que eles declaram ser (PACKARD; WILLOWER, 1972). Essas percepções errôneas, por mais corriqueiras, precisam ser banidas caso uma perspectiva mais humanista queira ser implantada. Em outras palavras, o desenvolvimento de prescrições à primeira vista parece fácil, mas a experiência mostra que soluções para vários problemas escolares são geralmente simplificadas demais e muitas vezes irrelevantes. Se os administradores quiserem ter sucesso em mudar o clima e a cultura escolares, então eles devem mudar as normas e os valores da subcultura dos professores, bem como os pressupostos básicos compartilhados pelo corpo docente e pela administração.

5. *Avaliação:* a última etapa na estratégia clínica é avaliar a extensão na qual as prescrições foram adotadas e são bem-sucedidas. Já que as mudanças planejadas nos sistemas sociais são geralmente vagarosas, o monitoramento e a avaliação contínuos são necessários.

Estratégia centrada no crescimento

A **estratégia centrada no crescimento** simplesmente envolve a aceitação de um conjunto de suposições sobre o desenvolvimento dos funcionários da escola e o uso dessas suposições como base para a tomada de decisão administrativa. As suposições são as seguintes:

1. *A mudança é uma propriedade das organizações escolares saudáveis.* O diretor deve encarar as escolas e, portanto, o clima escolar, em um estado constante de fluxo.
2. *A mudança tem direção.* A mudança pode ser positiva ou negativa, progressiva ou regressiva.
3. *A mudança deve conotar o progresso.* A mudança deve fornecer o movimento da organização rumo a seus objetivos. Certamente, nem todas as mudanças representam progressos; no entanto, a postura do diretor é orientada ao progresso.
4. *Os professores têm alto potencial para o desenvolvimento e a implementação de mudanças.* Diretores estão sempre prontos para fornecer aos professores maior liberdade e responsabilidade na operação da escola.

Essas suposições básicas, se postas em prática, permitiriam uma política de crescimento, que, por sua vez, conduz a maiores oportunidades de desenvolvimento profissional. Sob essa perspectiva, os administradores removeriam obstáculos do caminho de crescimento profissional e não manipulariam as pessoas. Por fim, a abordagem deve ajudar a facilitar um clima de confiança e respeito mútuos entre professores e administradores.

A abordagem clínica e a centrada no crescimento não são conflitantes em suas suposições, embora tenham focos diferentes – organizacional e individual. O administrador astuto aproveita as duas estratégias para alterar o clima da escola.

CASO SOBRE LIDERANÇA EDUCACIONAL

Desconfiança na Escola Albany de Ensino Fundamental

Você completou um ano no cargo de diretor da Escola Albany. A Albany é uma das três escolas de ensino fundamental em West Jersey, comunidade de classe média de 38 mil pessoas na região Centro-Oeste dos Estados Unidos. Sua escola (de 6º a 9º anos) tem 22 professores e pouco mais de 700 alunos. Você acredita que tem uma boa escola com bons professores, mas sem dúvida há margem para melhorias. Desde a sua chegada em Albany, você trabalhou arduamente para conhecer os professores. Esse é seu primeiro trabalho como diretor depois de lecionar durante 10 anos em uma escola em Greensburg, comunidade semelhante à da Albany, mas 75 km a oeste. Você se sente confortável em seu novo cargo e acredita que foi aceito como o novo líder em Albany.

Como você deseja uma avaliação sincera, decide pedir a um professor para aplicar o Índice de Saúde Organizacional (OHI) para seu corpo docente no final da próxima reunião de professores sem a sua presença. Os questionários anônimos devem levar apenas 10 minutos para serem preenchidos e podem ser computados rapidamente. Você também decide completar o questionário e depois comparar sua percepção sobre o clima escolar com as percepções dos professores.

Categorias	Percepções dos professores	Suas percepções
Integridade institucional	480 (média)	600 (alta)
Liderança colegial	509 (média)	700 (muito alta)
Influência do diretor	450 (abaixo da média)	600 (alta)
Apoio de recursos	500 (médio)	720 (muito alto)
Afiliação de professores	590 (alta)	660 (muito alta)
Ênfase acadêmica	600 (alta)	700 (muito alta)
Saúde escolar global	522 (média)	664 (muito alta)

(continua)

CASO SOBRE LIDERANÇA EDUCACIONAL *(continuação)*

Você tem razão: os professores parecem felizes em responder ao OHI; levou apenas cerca de 10 minutos e ninguém reclamou. Você ficou, no entanto, bastante surpreso com os resultados. Com efeito, "surpreso" é a palavra errada; "consternado" parece mais apropriado. Claramente, sua visão sobre o clima escolar é muito mais otimista do que a perspectiva dos professores. Os dados fornecem um choque de realidade.

- Existe um problema aqui? Em caso afirmativo, qual é?
- Como você deve compartilhar os dados com seus professores? Ou seria melhor não compartilhar?
- Qual o motivo das principais grandes discrepâncias entre as percepções de seus professores e as suas próprias percepções?
- Qual o próximo passo a ser dado?
- Você deve usar uma estratégia centrada no crescimento? Estratégia clínica?
- Você precisa de um plano, mas o que fazer?

GUIA PRÁTICO

1. Verifique periodicamente o clima organizacional de sua escola: os dados são dominantes.
2. Construa confiança e incentive a autenticidade no comportamento: a confiança é fundamental no trabalho em equipe bem-sucedido.
3. Use várias perspectivas e medições do clima escolar: múltiplas perspectivas enriquecem a análise.
4. Construa um clima de abertura, saúde e cidadania: isso aprimora tanto o desempenho acadêmico quanto o desenvolvimento socioemocional dos alunos.
5. Concentre-se na ênfase acadêmica, mas não à custa de relações interpessoais saudáveis: nas escolas, tanto as necessidades sociais quanto as de tarefas devem ser satisfeitas.
6. Utilize o clima e a cultura como parte de um programa sistemático de desenvolvimento profissional: o clima e a cultura são pontos de vista diferentes, mas complementares, sobre as escolas.
7. Incentive os professores a usar dados e evidências na sua tomada de decisão: a opinião e a experiência são insuficientes.
8. Use os dados a partir dos instrumentos de clima escolar para fazer autoavaliação e avaliar a sua escola: a análise e a reflexão críticas melhoram o desempenho.
9. Defina objetivos profissionais com base na avaliação de dados: depois monitore o progresso.
10. Use os dados negativos positivamente: aproveite as deficiências como oportunidades de aprendizagem.
11. Envolva seus professores no desenvolvimento dos planos de melhoria da escola: os professores devem ser parceiros integrais, pois, em última análise, apenas os próprios professores podem melhorar a instrução.

PRINCÍPIOS E PRESSUPOSTOS BÁSICOS

1. As escolas têm padrões de comportamento que as diferenciam umas das outras; ou seja, elas têm climas exclusivos, assim como os indivíduos têm personalidades diferentes.
2. O clima escolar emerge de práticas organizacionais rotineiras – de atividades formais e informais.
3. O clima organizacional de uma escola é o conjunto de percepções do corpo docente

sobre os comportamentos dominantes dos participantes organizacionais.

4. O clima escolar influencia as atitudes e o comportamento de alunos, professores e diretores.

5. O clima escolar pode ser concebido a partir de diversos pontos de vista, incluindo a abertura, a saúde e o comportamento de cidadania das escolas.

6. A abertura do clima escolar é um indicador da autenticidade das relações interpessoais.

7. A saúde do clima escolar é a solidez e o bem-estar das relações interpessoais.

8. A abertura do clima está positivamente relacionada com lealdade, confiança e comprometimento dos professores.

9. Um clima de cidadania refere-se a um padrão dominante de altruísmo e comportamento solidário dos professores nas escolas, o qual melhora o desempenho escolar.

10. A saúde do clima organizacional está relacionada positivamente com a abertura nas interações dos membros e também com a eficiência da escola.

11. A ênfase acadêmica promove o desempenho do aluno independentemente das condições socioeconômicas.

12. Um clima de cidadania influencia positivamente a eficiência da escola e o desempenho estudantil.

13. Mudar o clima de uma escola é um processo difícil, contínuo e de longo prazo; não existem ajustes rápidos.

TESTE OS SEUS CONHECIMENTOS: SABE O SIGNIFICADO DESTES TERMOS?

clima organizacional, *p. 190*
clima escolar, *p. 190*
clima aberto, *p. 190*
clima fechado, *p. 191*
saúde organizacional, *p. 193*
organização saudável, *p. 194*
escola saudável, *p. 194*

escola enferma, *p. 194*
Índice de Clima Organizacional, *p. 197*
cidadania organizacional, *p. 199*
clima de cidadania, *p. 200*
estratégia clínica, *p. 201*
estratégia centrada no crescimento, *p. 202*

LEITURAS SUGERIDAS

CAMERON, K. S.; QUINN, R. E. *Diagnosing and changing organizational culture*. San Francisco: Jossey-Bass, 2006.

Análise contemporânea de como avaliar e gerenciar a cultura.

FREIBERG, J. H. *School climate:* measuring, improving and sustaining healthy learning environments. Abingdon: Routledge Falmer, 2005.

Boa revisão de vários modelos para medir o clima da escola.

HOY, W. K.; SABO, D. *Quality middle schools*. Thousand Oaks: Corwin, 1998.

Análise teórica e empírica das relações entre clima escolar e qualidade escolar em escolas de ensino fundamental.

HOY, W. K.; TARTER, C. J.; KOTTKAMP, R. B. *Open schools/healthy schools:* measuring or ganizational climate. Newbury Park: Sage, 1991.

Discussão completa sobre o conceito de clima escolar, incluindo o desenvolvimento de várias medições do clima escolar e pesquisas correlacionando o clima com a eficiência escolar. O livro está *on-line* em www.coe.ohio-state.edu/whoy.

JAMES, L. R., et al. Organizational and psychological climate: a review of theory and research. *European Journal of Work and Organizational Psychology*, v. 17, p. 5-32, 2008.

Análise contemporânea da literatura sobre clima organizacional.

TAGIURI, R. The concept of organizational climate. In: TAGIURI, R.; LITWIN, G. W. (Eds.). *Organizational climate:* explorations of a concept. Boston: Harvard Business School, 1968.

Clássica investigação sobre a natureza do clima organizacional.

VAN HOUTTE, M.; VAN MAELE, D. The black box revelation: in search of conceptual clarity. *Oxford Review of Education,* v. 23, p. 505-524, 2011.

Interessante perspectiva sobre a natureza da cultura e do clima organizacionais.

EXERCÍCIO DE PORTFÓLIO

Selecione uma amostra representativa de cerca de 10 professores de sua escola e lhes administre o OCDQ ou o OHI. Então, faça o seguinte:

- Pontue os dados usando as instruções encontradas em www.waynekhoy.com.
- Siga as instruções para padronizar as pontuações; depois desenvolva um perfil climático para a sua escola, usando todas as dimensões climáticas.
- Use o perfil para escrever uma descrição do clima de sua escola. Mantenha a descrição clara, simples e abrangente. Você pode avaliar as reações de pais e professores.

- Analise as características positivas e negativas de sua escola.
- Identifique quaisquer áreas do clima que precisam ser melhoradas.
- Especule sobre como seu diretor descreveria o clima. De modo semelhante aos professores? Em outras palavras, desenvolva uma hipótese de trabalho sobre se o diretor descreveria o clima melhor ou pior do que professores ou aproximadamente da mesma forma. Por quê? Você pode testar sua hipótese?

Padrões de liderança 1, 2 e 3

NOTA

1. As especificações para o cálculo dos índices de abertura são encontradas em Hoy, Tarter e Kottkamp (1991). Discutimos apenas a versão elementar do OCDQ no texto, mas descrições completas das outras versões estão disponíveis em vários lugares. A versão para escolas de ensino médio pode ser consultada em Kottkamp, Mulhern e Hoy (1987); Hoy, Tarter e Kottkamp (1991); e Hoy e Tarter (1997b). Para a versão de escolas de ensino fundamental, consulte Hoy et al., (1994); Hoy e Tarter (1997a); e Hoy e Sabo (1998).

7

PODER E POLÍTICA NAS ESCOLAS

Realistas políticos enxergam o mundo como ele é: uma arena política de poder movida principalmente pelos interesses pessoais imediatos percebidos, onde a moralidade é uma justificativa retórica para a ação conveniente e o autointeresse. Não é um mundo de anjos, mas de ângulos, onde os homens falam em princípios morais, mas agem de acordo com os princípios do poder.

Saul Alinsky
Rules for Radicals

Já que a minha intenção é dizer algo que tenha uso prático para o indagador, achei melhor representar as coisas como elas realmente são e não como são imaginadas.

Nicolau Maquiavel
O príncipe

PONTOS PRINCIPAIS

1. O poder é uma ampla construção que inclui métodos legítimos e ilegítimos para garantir conformidade.

2. O poder se classifica não só como legítimo ou ilegítimo, mas também como formal ou informal; portanto, existem quatro tipos básicos de poder organizacional: duas formas de poder legítimo – autoridade formal e informal – e duas de poder ilegítimo – coercitivo e político.

3. O poder legítimo tem maior probabilidade de promover comprometimento e conformidade, ao passo que o poder ilegítimo produz conflitos e alienação.

4. As organizações são arenas políticas em que o poder e a política são fulcrais.

5. Coalizões de indivíduos e grupos negociam para determinar a distribuição de poder nas organizações.

6. Coalizões externas – que podem ser dominantes, divididas ou passivas – afetam a coalizão interna.

7. As coalizões internas – que podem ser personalizadas, burocráticas, ideológicas, profissionais ou politizadas – afetam a distribuição do poder.

8. O poder muitas vezes preocupa-se em definir e não em descobrir a realidade organizacional.

9. O poder e a política são realidades da vida organizacional e muitas vezes minam a racionalidade.

10. Embora os meios da política sejam ilegítimos, os fins não precisam ser; a política é cruel e destrutiva ou atenciosa e construtiva.

11. Clientelismo, criação de redes, gestão de informações, gestão de impressões, construção de coalizões e uso de bodes expia-

tórios são táticas políticas comuns que os membros organizacionais lançam mão para ganhar vantagem.

12. Os jogos políticos são praticados para: resistir à autoridade, combater a resistência à autoridade, construir bases de poder para derrotar rivais e produzir mudança organizacional.

13. O conflito é solucionado com êxito por meio de concorrência, colaboração, condescendência, transigência ou evitação – dependendo da situação.

Todas as organizações sociais controlam seus participantes, mas o problema do controle é especialmente importante nas organizações formais, e a essência do controle organizacional é o poder. A clássica definição de **poder** é a capacidade de convencer os outros a fazer o que você quer que eles façam, ou, como define Weber (1947, p. 152),

> [...] a probabilidade de que um agente no âmbito de uma relação social esteja na posição de executar sua vontade, apesar da resistência.

O poder para os nossos propósitos é um termo geral e abrangente. Inclui controle que é extremamente coercitivo, bem como controle que se baseia em persuasão e sugestão não ameaçadoras. A autoridade tem um escopo mais restrito do que o poder. Weber (1947, p. 324) define autoridade como

> [...] a probabilidade de que certas ordens específicas (ou todas as ordens) de determinada fonte serão obedecidas por um determinado grupo de pessoas.

Weber indica que a autoridade não inclui todos os modos de exercitar o poder de influência sobre as outras pessoas. Ele sugere que certo grau de conformidade voluntária está associado a ordens legítimas.

As organizações são criadas e controladas por autoridades legítimas, que definem objetivos, projetam estruturas, contratam e gerenciam funcionários e monitoram as atividades para garantir que o comportamento seja coerente com os objetivos e as metas da organização. Essas autoridades oficiais controlam o poder legítimo do setor ou do cargo, mas constituem apenas um dos muitos concorrentes pelas outras formas de poder nas organizações (BOLMAN; DEAL, 2008). Em primeiro lugar, vamos examinar as formas legítimas de poder e depois nos deter nas ilegítimas.

FONTES DE AUTORIDADE: PODER LEGÍTIMO

As relações de autoridade são parte integrante da vida nas escolas. A base de muitas relações aluno-professor, professor-administrador ou superior-subordinado é a autoridade. Infelizmente, muitos indivíduos consideram autoridade e autoritarismo sinônimos. Já que esse não é o caso, a autoridade como conceito teórico deve ser claramente definida.

Ao contrário de algumas crenças populares, o exercício da autoridade em uma escola geralmente não envolve coerção. Herbert A. Simon (1957a, p. 126-127) propõe que a **autoridade** se distingue de outros tipos de influência ou poder no sentido de que o subordinado

> [...] mantém em suspenso seu próprio espírito crítico para escolher entre alternativas e usa o critério formal do recebimento de uma ordem ou de um sinal como sua base de escolha.

Portanto, dois critérios de autoridade nas escolas são cruciais nas inter-relações superiores-subordinados: (1) conformidade voluntária com as ordens legítimas;

e (2) suspensão de seus próprios critérios para tomada de decisões e aceitação do comando organizacional.

Peter Blau e W. Richard Scott (1962, 2003) argumentam que um terceiro critério deve ser adicionado para distinguir autoridade de outras formas de controle social. Eles sustentam o surgimento de uma orientação de valor que define o uso do controle social como legitimado, e essa orientação surge apenas em um contexto de grupo. A autoridade é legitimada por um valor cultivado em comum pelo grupo (SUCHMAN, 1995). Blau e Scott concluem que uma característica básica da relação de autoridade é a disposição dos subordinados para suspender seus próprios critérios para a tomada de decisões e para entrar em conformidade com as diretivas superiores. Essa disposição resulta em grande parte das restrições sociais exercidas pelas normas da coletividade social (professores e alunos) e não principalmente a partir do poder exercido pelo superior (administrador). Essas restrições sociais não são típicas do poder coercitivo e outros tipos de influência social. As relações de autoridade nas escolas, assim, têm três características principais: (1) disposição dos subordinados para entrar em conformidade; (2) suspensão dos critérios dos subordinados para tomar uma decisão prévia a uma diretiva; e (3) relação de poder legitimada pelas normas de um grupo.

A autoridade existe quando um conjunto de crenças (normas) comum em uma escola legitima o uso do poder como "certo e apropriado". Weber (1947) distingue três autoridades – a carismática, a tradicional e a jurídica – de acordo com a legitimidade normalmente reivindicada por esses três tipos.

A **autoridade carismática** baseia-se na devoção a uma pessoa extraordinária que lidera em virtude da confiança pessoal ou de qualidades exemplares. A autoridade carismática tende a ser afetiva, emocional e não racional e se baseia fortemente nas ca-

racterísticas e qualidades pessoais do líder. A autoridade do líder carismático resulta principalmente do esmagador charme pessoal, e normalmente uma orientação de valor comum emerge no seio do grupo para produzir um intenso comprometimento normativo com uma pessoa e uma identificação com ela. Assim, os alunos podem obedecer às diretivas de sala de aula em razão da "mística" pessoal de um professor.

A **autoridade tradicional** está ancorada em uma crença estabelecida na santidade do *status* daqueles que exerceram a autoridade no passado. A obediência ocorre por conta do tradicional e sancionado *cargo* de autoridade, e a pessoa que ocupa o cargo herda a autoridade consagrada pelo uso. Em uma escola, por exemplo, os alunos podem aceitar a autoridade do cargo e obedecer ao professor porque seus pais e avós fizeram isso antes.

A **autoridade jurídica** baseia-se na legislação promulgada que pode ser alterada por procedimentos formalmente corretos. A obediência não é devida a uma pessoa ou cargo *per se*, mas às *leis* que especificam a quem e em que extensão as pessoas devem conformidade. Assim, a autoridade jurídica se estende apenas no âmbito da autoridade concedida ao cargo por lei. Nas escolas, a obediência é devida aos princípios impessoais que regem o funcionamento das organizações.

Outros estudiosos e teóricos organizacionais ampliaram esses conceitos básicos de autoridade. Robert Peabody (1962) diferencia as bases da autoridade formal (legitimidade e cargo) das bases da autoridade funcional (competências e habilidades de relações pessoais ou humanas), ao passo que Blau e Scott (1962, 2003) e Scott, (2003) simplesmente descrevem a relação de autoridade como formal ou informal, dependendo da fonte de legitimidade para o poder.

A **autoridade formal** é concedida pela organização e está juridicamente estabelecida em cargos, regras e regulamentos. Ao entrar na organização, os funcionários aceitam a relação de autoridade porque concordam, dentro de certos limites, a aceitar as diretivas de seus supervisores; a organização tem o direito de comandar, e os empregados têm o dever de obedecer (MARCH; SIMON, 1958). A base da autoridade formal, assim, reside no acordo juridicamente estabelecido entre a organização e os empregados.

A **autoridade funcional** tem várias fontes, incluindo a autoridade da competência e a autoridade da pessoa. Embora Weber trate da autoridade da competência como parte do padrão jurídico-racional das burocracias, a competência nem sempre se limita ao cargo. A competência técnica pode fornecer a fonte para o controle e as diretivas legítimas em uma organização formal, independentemente do cargo específico mantido. Esse fato impõe dilemas e conflitos para os profissionais.

A **autoridade informal** é outra fonte de controle legítimo que provém do comportamento pessoal e dos atributos dos indivíduos. Independentemente do cargo formal, alguns membros organizacionais desenvolvem normas de lealdade e apoio de seus colegas. Essas normas informais reforçam e legitimam seu poder e fornecem autoridade informal.

Autoridade e comportamento administrativo nas escolas

A autoridade é uma característica básica da vida nas escolas, pois fornece a base para o controle legítimo de administradores, professores e alunos. Uma fonte primordial de controle é a autoridade formal concedida ao setor ou cargo e não à pessoa específica que realiza o papel oficial (MERTON, 1957). Quando administradores, professores e alunos entram em uma organização escolar, eles aceitam a relação de autoridade formal. As partes concordam, dentro de certos limites, a seguir as diretivas que as autoridades oficiais determinam para a escola. Em suma, os membros da escola entram em acordos contratuais em que vendem suas promessas de obedecer às ordens (COMMONS, 1924).

A autoridade formal, ancorada e reforçada por sanções formais, tem um escopo um tanto limitado. A existência do que Chester Barnard (1938) chama de "zona de indiferença" burocrática – na qual os subordinados, incluindo administradores e professores, aceitam ordens sem questionar – pode ser satisfatória para suscitar certos níveis mínimos de desempenho, mas, ao que parece, isso não conduz a uma operação eficiente. A autoridade formal promove o mínimo de conformidade com as diretivas e com a disciplina, mas não incentiva os funcionários a dar o melhor de si, a aceitar responsabilidades nem a tomar iniciativas (BLAU; SCOTT, 1962, 2003; KOTTER, 1985). Portanto, um desafio básico encarado por todos os administradores, e um especialmente significativo para supervisores de primeiro nível, como diretores de escola, é encontrar métodos para ampliar sua influência sobre sua equipe de profissionais para além dos estreitos limites da autoridade formal ligada ao cargo.

Hoy e Williams (1971) e Hoy e Rees (1974) elaboraram e examinaram empiricamente essas ideias. Argumentaram que muitos administradores de escolas têm apenas o poder e a autoridade de seus cargos. Em certo sentido, eles são burocratas estéreis, não líderes. Barnard (1938) sugere que, apenas quando a autoridade da liderança for combinada com a autoridade do cargo, os superiores serão eficazes para induzir os subordinados a entrar em conformidade com as diretivas fora da zona de indiferença burocrática. Com efeito, é a posse das duas autoridades – a formal e a informal – que distingue os líderes formais de autoridades e líderes informais. A Figura 7.1 ilustra essas relações.

Como os administradores escolares podem ampliar as bases de sua autoridade e

		Autoridade formal	
		Sim	Não
Autoridade informal	Sim	Líder formal	Líder informal
	Não	Oficial	Seguidor

FIGURA 7.1   Tipos de cargos de autoridade.

aprimorar a sua posição de liderança? A organização informal é uma importante fonte de autoridade que muitas vezes permanece inexplorada. Onde contratos e cargos firmados pela lei legitimam a autoridade formal, os valores e os sentimentos compartilhados que emergem no grupo de trabalho legitimam a autoridade informal. Em particular, a autoridade informal decorre da lealdade que o superior inspira nos membros do grupo (BLAU; SCOTT, 1962, 2003). A importância da lealdade dos subordinados aos superiores é clara. Os administradores que inspiram lealdade parecem ter uma nítida vantagem em ampliar sua base de autoridade.

Embora o comportamento autoritário do diretor e a lealdade dos professores com os diretores sejam provavelmente incompatíveis, uma estratégia utilizada por alguns administradores para alargar o âmbito da autoridade formal sobre subordinados é a dominação (BLAU; SCOTT, 1962, 2003). Administradores autoritários, por exemplo, tentam aumentar o controle recorrendo a sanções formais ou a ameaças de usar essas sanções, no entanto, seu uso prolongado, provavelmente, tende a minar sua autoridade. Os subordinados, especialmente profissionais, ressentem-se de constantes lembretes de sua dependência do superior, ainda mais em culturas igualitárias. Com uma estratégia de dominação e de supervisão rígidas, é *improvável* que os administradores autoritários consigam inspirar lealdade e

receber apoio dos profissionais facilmente. Blau (1955) apropriadamente chama isso de *dilema da autoridade burocrática*. O dilema depende do poder da sanção, mas se enfraquece pelo frequente apelo a sanções. Na verdade, é provável que os supervisores não autoritários e solidários adotem uma estratégia contrastante – uma estratégia de liderança pela qual forneçam serviços e assistência aos subordinados. O uso da autoridade formal para executar apoios, serviços e favores especiais pode criar obrigações sociais e construir boa vontade entre os subordinados. O resultado deve ser o desenvolvimento aprimorado da lealdade dos subordinados e da autoridade informal.

A natureza da supervisão nas escolas deve centrar-se em ajudar, não em dirigir, os professores para melhorar o seu ensino, por uma série de razões. Os professores trabalham em ambientes fechados e não são facilmente observados. Além disso, os professores costumam fazer fortes reivindicações por autonomia profissional, e é provável que uma supervisão rígida seja vista como violação dessa autonomia. Por fim, os professores atribuem grande importância à autoridade com base na competência profissional – muito mais do que grupos profissionais semelhantes, tais como assistentes sociais (PEABODY, 1962). Portanto, não deve causar surpresa o fato de que as pesquisas demonstram consistentemente que os diretores autoritários nas escolas não são bem-sucedidos em gerar a confiança e a lealdade dos professores, ao passo que diretores solidários são altamente bem-sucedidos (HOY; REES, 1974; ISAACSON, 1983; MULLINS, 1983; HOFFMAN et al., 1994; REISS, 1994; REISS; HOY, 1998). O controle rigoroso e autoritário dos professores não gera autoridade informal; a supervisão solidária e prestativa gera.

O distanciamento emocional e a independência hierárquica são duas outras características importantes das relações professor-diretor. O distanciamento emocional é a capacidade dos administradores de se manterem calmos, tranquilos e controlados em situações difíceis; e a independência hierárquica é o quanto os administradores demonstram sua autonomia em relação aos superiores à medida que interagem com os professores. Os diretores ficam no entremeio – com a cúpula administrativa de um lado e o corpo docente profissional de outro. Sua eficiência depende do apoio que recebem de ambos, embora estejam propensos a receber pressões conflitantes dos dois grupos. Por conseguinte, o distanciamento emocional dos subordinados e a independência em relação aos superiores são importantes no estabelecimento do apoio social dos professores aos diretores. Com efeito, a pesquisa demonstrou a importância dessas duas características, mas especialmente do distanciamento emocional, para incutir lealdade nos professores em relação aos diretores (HOY; WILLIAMS, 1971; HOY; REES, 1974; ISAACSON, 1983; MULLINS, 1983).

Da mesma forma, a influência hierárquica é outro atributo dos administradores que têm a propensão de se conectar com os grupos de professores informais para obter autoridade de liderança. Os administradores capazes de (e dispostos a) exercer suas influências junto a seus superiores em prol dos professores são respeitados e valorizados pelos docentes, ganhando a sua confiança, o seu apoio e a sua lealdade (ISAACSON, 1983; MULLINS, 1983).

Por fim, a autenticidade do diretor em lidar com os professores é um fator crucial no processo administrativo, permitindo aos diretores gerar a lealdade dos professores e a autoridade informal. A autenticidade do líder é um conceito instável. As pessoas falam muito sobre comportamento genuíno, real e autêntico, mas uma definição clara é outra coisa. Com base no trabalho de Henderson e Hoy (1983) e Hoy e Henderson (1983), a autenticidade do diretor é definida como a extensão na qual os professores descrevem seus diretores como capazes de aceitarem a responsabilidade pelos seus próprios atos, de serem não manipulativos e de demonstrarem relevância da pessoa sobre o cargo. Em contraste, os diretores inautênticos são vistos como aqueles que se esquivam, culpam os outros e as circunstâncias por não serem bem-sucedidos, manipulam os professores e se escondem detrás de seu cargo formal. Como seria de esperar, a autenticidade do líder está muito relacionada com inspirar a confiança e a lealdade dos professores (HOFFMAN, 1993).

Em suma, as implicações da pesquisa são claras. Se o administrador quiser inspirar lealdade, ampliar sua influência e alcançar sucesso, então ele deve

- Ser atencioso e solidário com seus professores: ajudar os professores a serem bem-sucedidos.
- Ser autêntico: mostrar franqueza, compartilhar a culpa e evitar manipular os outros.
- Ser livre da burocracia: preferir o bom senso a regras rígidas.
- Demonstrar autonomia: ter sua própria personalidade.
- Demonstrar influência: defender seus professores junto aos superiores.
- Ficar calmo e frio, especialmente em situações críticas: não "perder as estribeiras".
- Evitar o uso de comportamento autoritário: é um comportamento fadado ao fracasso.

FONTES DE PODER

Embora a autoridade implique em legitimidade, nem todo poder é legítimo. Os indivíduos, os grupos ou as organizações utilizam o poder. Por exemplo, um departamento ou grupo detém o poder, o que sugere a capacidade de influenciar o comportamento de outros indivíduos ou grupos, talvez em decisões de pessoal ou de orçamento. Da mesma forma, um indivíduo detém o poder, indicando sucesso em obter a conformidade de outrem com as diretivas ou sugestões. Os líderes têm poder; eles convencem os outros a entrar em conformidade com as suas diretivas. Como já vimos, sendo líderes ou não, a maioria dos administradores tem poder simplesmente porque, na condição de representantes da organização, eles detêm o poder da organização. Mas os administradores conseguem obter o poder de fontes pessoais e organizacionais; aqueles que detêm o poder influenciam o comportamento dos outros. Uma das primeiras tentativas de analisar as fontes de poder foi o trabalho pioneiro de John R. P. French e Bertram H. Raven (1968). Concentrando suas atenções nas bases do poder interpessoal, eles identificaram cinco tipos de poder – recompensador, coercitivo, legítimo, referente e perito. Sua tipologia de poder interpessoal foi estendida para o nível organizacional.

O **poder recompensador** é a capacidade do administrador de influenciar subordinados recompensando o comportamento desejável. A força desse tipo de poder depende da atratividade das recompensas e do grau de certeza que uma pessoa pode controlar as recompensas. Por exemplo, o diretor que controla a alocação de tarefas de ensino ou de bolsas de incentivo para inovações de ensino, ou que consegue liberar os professores de tarefas domésticas rotineiras, tem o poder recompensador sobre professores naquela escola. Os professores podem agir em conformidade com as solicitações do diretor porque esperam ser recompensados pela conformidade. É importante, contudo, que as recompensas sejam vinculadas com a conformidade e que as tentativas de influência sejam adequadas e éticas. Philip Cusick (1981) descreve uma tentativa do diretor de usar o poder recompensador ao administrar a agenda, as atribuições adicionais e os recursos não alocados. O diretor controlava exatamente as coisas que muitos professores desejavam. O diretor poderia conceder a um chefe de departamento um período livre, uma aula predileta, um período de almoço duplo, um seminário avançado ou um apoio para uma nova atividade.

O **poder coercitivo** é a capacidade do administrador de influenciar subordinados punindo-os por comportamento indesejável. A força do poder coercitivo depende da gravidade da punição e da probabilidade de a punição não ser evitada. A punição assume muitas formas – reprimendas oficiais, atribuições de trabalho indesejáveis, supervisão mais rigorosa, aplicação mais rígida de regras e regulamentos, rejeição de pedidos de aumento salarial ou rescisão. A punição traz sempre efeitos negativos. Uma reprimenda oficial a um professor por sempre sair da escola mais cedo pode resultar em absenteísmo frequente, recusa a fornecer ajuda extra aos alunos além do especificado no contrato e uma tendência geral para evitar tudo que não seja aspecto essencial do trabalho. Curiosamente, a mesma relação pode ser vista como poder recompensador em uma situação, mas como poder coercitivo em outra. Por exemplo, se um professor obedece ao diretor devido ao medo da punição, isso é poder coercitivo; mas se outro professor obedece na expectativa de uma recompensa futura, é poder recompensador.

O **poder legítimo** é a capacidade do administrador de influenciar o comportamento dos subordinados simplesmente por causa do cargo formal. Os subordinados reconhecem que o administrador tem o direito de emitir diretivas e de que têm a obrigação de agir em conformidade. Cada administrador é empoderado pela organização a tomar decisões dentro de uma área específica de responsabilidade. Essa área de responsabilidade define as atividades sobre as quais o administrador tem poder legítimo. Quanto mais distante uma diretiva estiver da área de responsabilidade do administrador, mais fraco será o seu poder legítimo. Quando as diretivas de um administrador são aceitas sem questionamentos, elas recaem dentro da "zona de indiferença" do subordinado. Uma ordem dessas se enquadra em uma área antecipada na época em que o empregado assinou contrato com a organização e é vista pelo empregado como obrigação legítima. Por exemplo, os professores esperam computar e entregar as notas conforme o cronograma estabelecido. Fora da zona, no entanto, o poder legítimo se esvai rapidamente. Uma coisa é o diretor insistir que as notas sejam prontamente computadas e entregues a tempo; uma coisa bem diferente é mandar os professores modificar uma nota. A legitimidade do primeiro pedido é clara, mas nem tanto para o segundo; por isso, a conformidade com o segundo pedido é questionável.

O **poder referente** é a capacidade do administrador de influenciar o comportamento com base na simpatia e na identificação dos subordinados com o administrador. O indivíduo com poder referente é admirado e respeitado, e serve como modelo a ser imitado. A fonte do poder referente reside na personalidade extraordinária e nas hábeis relações interpessoais do indivíduo. Por exemplo, os professores jovens podem identificar-se com o diretor e procurar imitar a conduta pessoal e talvez o estilo de liderança do diretor mais experiente e benquisto. Não só indivíduos, mas também grupos têm poder referente. Membros de um grupo de referência positiva também

fornecem uma fonte de poder referente. O poder referente não reside simplesmente nos detentores oficiais do poder de uma organização. Os professores, como os diretores, também têm poder referente; na verdade, todo indivíduo altamente atraente que inspire respeito, confiança e lealdade nos colegas tem a probabilidade de desenvolver esse poder.

O **poder perito** é a capacidade do administrador de influenciar o comportamento dos subordinados com base na habilidade e no conhecimento especializado. Os subordinados são influenciados porque acreditam que as informações e a *expertise* do administrador são relevantes e úteis – qualidades que eles próprios não têm. Como o poder referente, o poder perito é uma característica pessoal e não depende de ocupar um cargo de poder formal. O poder perito é, no entanto, muito mais restrito em escopo do que o poder referente. O conhecimento útil define os limites do poder perito. Novos administradores podem demorar um tempo para adquirir o poder perito, até que a perícia (*expertise*) se torne conhecida e aceita pelos subordinados. Novos diretores devem demonstrar que sabem como realizar suas funções administrativas com habilidade antes de aceitarmos de bom grado suas tentativas de adotar novos procedimentos e práticas.

Esses cinco tipos de poder se agrupam em duas categorias amplas – organizacional e pessoal. Os poderes recompensador, coercitivo e legítimo são vinculados ao cargo organizacional. Quanto mais elevado o cargo, maior o potencial para o poder. Em contraste, os poderes referente e perito dependem muito mais dos atributos pessoais do administrador, como personalidade, estilo de liderança, conhecimento e habilidades interpessoais. Resumindo: algumas fontes de poder são mais receptivas ao controle organizacional, ao passo que outras são mais dependentes de características pessoais.

USOS ADMINISTRATIVOS DO PODER

Uma grande parte do tempo de qualquer administrador é dirigida ao comportamento "orientado ao poder" – isto é,

[...] comportamento dirigido principalmente ao desenvolvimento ou uso das relações em que outras pessoas estão até certo ponto dispostas a deferir os desejos de alguém. (KOTTER, 1978, p. 27).

Os administradores têm diferentes graus e combinações dos tipos de poder recém-discutidos. Além disso, a maneira como os administradores utilizam um tipo de poder facilita ou entrava a eficiência dos outros tipos (PFEFFER, 1992).

O poder recompensador produz sentimentos positivos e facilita o desenvolvimento do poder referente, mas o poder coercitivo tem o efeito oposto (HUBER, 1981). Além disso, os subordinados consideram que administradores com *expertise* têm mais poder legítimo. Na verdade, talvez o poder perito seja a forma mais estável de poder. Em um estudo, mudanças na estrutura de recompensas de uma organização aumentaram a utilização percebida do poder coercitivo e reduziram a utilização percebida dos poderes recompensador, legítimo e referente do administrador, mas o poder perito manteve-se estável (GREENE; PODSAKOFF, 1981).

Gary Yukl (2002) oferece algumas diretrizes para os administradores construírem e usarem cada um dos tipos de poder. As prováveis consequências dos usos de poder são considerações importantes para os administradores. A Tabela 7.1 resume os resultados prováveis de cada forma de poder em termos de comprometimento, simples conformidade ou resistência. Por exemplo, o uso do poder referente promove, na ordem de probabilidade: primeiro, o comprometimento; segundo, a simples conformidade; e é o menos provável de criar resistência e desenvolver alienação. O comprometimento é mais provável com o uso dos poderes referente e perito; os poderes legítimo e recompensador são mais suscetíveis de promover simples conformidade; e o poder coercitivo provavelmente produzirá resistência e, por fim, alienação. Amitai Etzioni (1975) tira conclusões semelhantes em sua análise sobre as consequências do uso de poder nas organizações.

O poder referente depende da lealdade pessoal ao administrador que cresce durante um período de tempo relativamente extenso. O desenvolvimento da lealdade para com o superior é um processo de intercâmbio social, que é melhorado quando os administradores demonstram preocupação,

TABELA 7.1 Prováveis respostas dos subordinados ao poder			
	Prováveis respostas dos subordinados ao poder		
Tipo de poder	Comprometimento	Simples conformidade	Resistência
Referente	XXX	XX	X
Perito	XXX	XX	X
Legítimo	XX	XXX	X
Recompensador	XX	XXX	X
Coercitivo	X	XX	XXX

XXX – Mais provável.
XX – Menos provável.
X – Muito menos provável.

confiança e afeição por seus subordinados. Essa aceitação e essa confiança promovem a boa vontade e a identificação com os superiores, fortalecendo, assim, a lealdade e o comprometimento. O poder referente é mais eficiente se os administradores escolhem subordinados com maior probabilidade de se identificar com eles, utilizam com frequência a simpatia pessoal e estabelecem exemplos de comportamento adequados a seu cargo – isto é, dão o exemplo.

A *expertise* em si geralmente não é suficiente para garantir o comprometimento dos subordinados. O uso bem-sucedido do poder perito exige que os subordinados reconheçam o conhecimento do administrador e considerem útil o exercício dessa *expertise*. Assim, os administradores devem demonstrar seus conhecimentos de modo convincente, mantendo a credibilidade, mantendo-se bem informados, atuando de forma decisiva, reconhecendo as preocupações dos subordinados e evitando as ameaças para a autoestima dos subordinados. Em suma, os administradores devem promover uma imagem de *expertise* e depois usar seu conhecimento para demonstrar sua utilidade.

A autoridade é exercida por meio do poder legítimo. As solicitações legítimas são expressas como ordens, comandos, diretivas ou instruções. O resultado da solicitação do administrador pode ser conformidade comprometida, simples conformidade, resistência ou alienação, dependendo da natureza e do jeito da solicitação. Há menos probabilidade de resistência e de alienação se o administrador fizer a solicitação de modo educado e claro, explicar as razões para a solicitação, for receptivo às preocupações dos subordinados e rotineiramente usar a autoridade legítima (YUKL, 1994, 2002).

O uso do poder recompensador é uma tática administrativa comum para alcançar conformidade com as regras organizacionais ou solicitações específicas do líder. As recompensas são tanto explícitas quanto implícitas, mas é importante que elas sejam dependentes da conformidade com as diretivas administrativas. A conformidade é mais provável quando a solicitação for viável, o incentivo for atraente, o administrador for uma fonte confiável de recompensa, a solicitação for correta e ética e a conformidade em relação ao pedido possa ser verificada. Existem alguns perigos na utilização de recompensas. Os subordinados talvez percebam o poder recompensador como manipulador, causa comum de resistência e hostilidade por parte dos subordinados. Além disso, o uso frequente do poder recompensador pode definir o relacionamento administrativo em termos puramente econômicos; assim, a resposta dos subordinados torna-se calculada com base em benefícios tangíveis. Porém, quando uma recompensa é dada para expressar o apreço pessoal do administrador por um trabalho bem feito, ela pode se tornar fonte de aumento do poder referente. As pessoas que repetidamente fornecem incentivos de forma aceitável, gradativamente tornam-se mais apreciadas pelos beneficiários das recompensas (FRENCH; RAVEN, 1968).

Os administradores mais eficientes tentam evitar o uso do poder coercitivo, pois isso normalmente corrói o uso do poder referente e cria hostilidade, alienação e agressão entre os subordinados. Absenteísmo, sabotagem, roubo, ações profissionais e greves são respostas comuns à coerção excessiva. Em geral, o uso da coerção é aventado quando o problema é de disciplina e é mais apropriado quando aplicado para desencorajar o comportamento prejudicial à organização – por exemplo, roubo, sabotagem, violação de regras, relutância e desobediência direta às diretivas legítimas (YUKL, 2002). Para aumentar a eficiência, os subordinados precisam ser informados sobre as regras e as penalidades pelas violações. A coerção nunca acontece sem potencial para alienar; assim, a disciplina deve ser administrada prontamente, de forma consistente e justa. O administrador precisa manter a credibilidade, transmitir calma, evitar demonstrar hostilidade e usar punições e medidas adequadas. Três parâmetros devem ser úteis para os administradores:

- Evite o uso de poder coercitivo: a coerção aliena.
- Utilize o poder organizacional para desenvolver o poder pessoal.
- Utilize o poder pessoal para motivar e criar comprometimento.

O poder não precisa ser considerado uma força restritiva sobre os subordinados. O **empoderamento** é o processo pelo qual os administradores compartilham poder e ajudam os outros a usá-lo de forma construtiva para tomar decisões que afetam a si e ao seu trabalho (SCHERMERHORN; HUNT; OSBORN, 1994; HARDY; LEIBA-O'SULLIVAN, 1998; LEACH; WALL; JACKSON, 2003). Hoje, mais do que nunca, os administradores e reformadores tentam empoderar os professores (CONLEY; BACHARACH, 1990; GAZIEL, 2002; PUGH; ZHAO, 2003; RICE; SCHNEIDER, 1994; MARKS; LOUIS, 1997, 1999; RINEHART; SHORT; JOHNSON, 1997; RINEHART et al., 1998). O empoderamento é traduzido em tomadas de decisão compartilhadas (HOY; TARTER, 2004a), delegação de autoridade, trabalho em equipe (DEE; HENKIN; DEUMER, 2003; LALLY; SCAIFE, 1995) e gestão com base no local. Em vez de encarar o poder como o domínio dos administradores, os adeptos do empoderamento cada vez mais o encaram como algo a ser compartilhado por todos em organizações mais colegiais (LUGG; BOYD, 1993). Quando os professores são empoderados, os diretores são menos propensos a mandar e coagir (usar poder coercitivo) e mais propensos a atuar como facilitadores que orientam as equipes de professores, usando seus conhecimentos e sua *expertise* (poder perito). Cada vez mais, os diretores serão menos capazes de confiar em seu cargo (poder legítimo) para dirigir os subordinados; na verdade, à medida que os professores são empoderados, a *expertise* se tornará o elemento mais significativo nas relações de poder entre professores e diretores. Por fim, começam a surgir evidências que mostram: empoderar professores em assuntos curriculares está relacionado com melhorar o desempenho estudantil (SWEETLAND; HOY, 2000a, 2001).*

PERSPECTIVA DE MINTZBERG SOBRE O PODER

Henry Mintzberg (1983a) propõe outro prisma para analisar o poder no âmbito das organizações. Na opinião dele, o poder nas organizações deriva do controle sobre *recursos, habilidades técnicas* ou *corpos de conhecimento*. Porém, para servir como base para o poder, em todo caso, o recurso, a habilidade ou o conhecimento tem de ser importante para o funcionamento da organização; deve estar em falta; e não deve ser facilmente substituível. Em outras palavras, a organização deve precisar de algo que apenas poucas pessoas podem fornecer. Por exemplo, o diretor, o principal responsável por determinar a estabilidade dos professores no emprego, tem poder de recursos. Tem poder o diretor assistente com habilidades interpessoais para lidar de maneira eficaz com pais, alunos e professores indignados, assim como tem poder o professor que é o único da escola a compreender os elementos de um novo currículo.

Uma quarta base geral de poder deriva das *prerrogativas legais*, que dão a alguns

---

* N. de R.T.: Empoderamento é também uma expressão definida pelo educador brasileiro Paulo Freire (1921-1997), e advém de sua idéia de "libertação do oprimido". Empoderamento, segundo Freire, envolve um processo que caminha do pensamento ingênuo do sujeito para a reflexão crítica sobre a sua realidade e sobre a realidade social.

indivíduos o direito exclusivo de impor escolhas. Os conselhos escolares têm o direito de contratar e despedir administradores e professores; o estatuto do Estado lhes concede esse poder. Os administradores escolares, por sua vez, muitas vezes são obrigados por lei a avaliar a competência de professores que ainda não adquiriram estabilidade no emprego. Além disso, a eles é delegado o direito de dar ordens aos funcionários, que são suavizadas por outras prerrogativas legais que concedem poder aos professores e suas associações.

Por fim, o poder muitas vezes cai nas mãos daqueles que têm *acesso* aos detentores do poder. As secretárias de muitos diretores têm poder devido ao seu acesso e influência junto àqueles que exercem o poder. Da mesma forma, os amigos do presidente do conselho ou superintendente ou diretor muitas vezes mudam o rumo da tomada de decisão organizacional.

Mintzberg propõe também um conjunto de quatro sistemas internos de poder que são as fontes básicas para controlar a vida organizacional: o sistema de autoridade, o sistema de ideologia (clima e cultura), o sistema de *expertise* e o sistema de política.

O **sistema de autoridade** é o fluxo formal do poder por meio dos canais legítimos que permitem que a organização atinja seus objetivos formais. Esse sistema inclui dois subsistemas de controle: burocrático e pessoal. O *controle pessoal* é exercido dando ordens, definindo premissas de decisão, revendo decisões e alocando recursos, e tudo isso oferece aos administradores um considerável poder para orientar as decisões e ações de seus corpos docentes. O *controle burocrático* reside na imposição de normas impessoais estabelecidas para guiar o comportamento geral dos professores em uma vasta gama de áreas – por exemplo, o horário em que deverão estar na escola diariamente, o cumprimento de deveres na cantina (monitorar os alunos, etc.) e o cumprimento de exigências referentes à avalia-

ção dos alunos e à administração de temas de casa.

O **sistema de ideologia** é o conjunto de acordos informais entre professores em relação à escola e suas relações com outros grupos que emergem à medida que a organização desenvolve sua cultura. O clima e a cultura são os termos que usamos neste texto (ver Caps. 5 e 6) para capturar a essência do sistema de ideologia. A abertura do clima e os valores básicos da cultura escolar fornecem poderosas fontes de poder e controle.

O **sistema de *expertise*** é a interação entre especialistas ou profissionais para resolver contingências críticas que a organização enfrenta. Confrontadas com as tarefas complexas de ensino e aprendizagem, as escolas contratam especialistas (p. ex., professores, conselheiros, psicólogos e administradores) para atingir seus objetivos básicos. A necessidade de autonomia para tomar decisões profissionais muitas vezes entra em conflito com o sistema de autoridade formal, talvez uma consequência inevitável de profissionais que atuam em estruturas burocráticas (ver Cap. 3). À medida que os professores continuam a se tornar cada vez mais profissionais, a demanda por maior autonomia e poder parece provável, e a concessão desse poder acontecerá provavelmente à custa do sistema de autoridade formal.

O **sistema de política** é a rede de políticas organizacionais, a qual não tem a legitimidade dos outros três sistemas de poder. A esse sistema também faltam o consenso e a ordem. Não há nenhum senso de unidade ou de trabalhar juntos em prol do bem comum. A política pode ser descrita como um conjunto de jogos exercidos pelos detentores do poder. Os jogos políticos podem coexistir com os sistemas legítimos, ser antagônicos aos sistemas ou substituir os sistemas legítimos de controle.

Os administradores escolares precisam entender esses sistemas de influência e saber como explorá-los. Claramente, o sistema de autoridade é o ponto de início para os administradores escolares, pois seus cargos são investidos de poder formal, mas o controle burocrático e pessoal do cargo geralmente não é suficiente para motivar os professores a investir esforço extra ou a ser criativo em seu serviço na escola e com os alunos. A dependência exclusiva do sistema de autoridade incorre no risco de resistência, alienação e hostilidade por parte dos professores. A excessiva dependência da autoridade formal é um grande perigo para os administradores educacionais.

A ideologia organizacional (cultura) pode produzir um senso de missão entre os membros. Os diretores são os principais agentes no desenvolvimento da ideologia e da cultura escolares. O objetivo é criar uma crença entre os professores e os alunos de que há algo especial em sua escola, que ela tem uma identidade distintiva. Já discutimos algumas das maneiras pelas quais os diretores se inserem na organização informal, desenvolvem a lealdade e a confiança e ampliam o escopo de sua autoridade. A autoridade informal, no entanto, também não é suficiente. Em última análise, o diretor deve ir além de inspirar lealdade pessoal: deve gerar um comprometimento organizacional com o qual os professores se identifiquem e que lhes façam sentir orgulho de sua escola. Uma importante consequência de uma ideologia forte é redistribuir o poder; ou seja, o poder torna-se mais uniformemente distribuído entre os educadores.

Embora os sistemas de autoridade e ideologia promovam a coordenação e a conformidade, eles raramente são suficientes. Quando o trabalho é complexo, especialistas ou profissionais são necessários, e com eles surgem as demandas por autonomia para tomar decisões com base em considerações profissionais e conhecimentos, não com base em autoridade ou ideologia. Para ter mais sucesso, os administradores necessitam compartilhar o poder com os profissionais (Cap. 11). À medida que o ofício do ensino se torna mais completamente profissionalizado, o empoderamento dos professores provavelmente se tornará uma realidade em vez de mero *slogan*, e muitas mais escolas se moverão rumo a estruturas organizacionais com características profissionais e capacitadoras (ver Cap. 3).

Nossa discussão sobre os sistemas de poder de Mintzberg deixa uma coisa bem clara para os administradores escolares: eles devem estar preparados para compartilhar o poder. Quem concentra o poder está propenso a despertar em professores e alunos insatisfação, alienação e hostilidade. Além disso, a inadequação de seus sistemas de controle talvez abra o caminho nas escolas para o jogo de poder informal com natureza mais clandestina – ou seja, o poder político, tópico ao qual retornaremos adiante neste capítulo. Resumimos esta seção com quatro recomendações para os administradores eficazes:

- Amplie seu sistema de autoridade; a autoridade formal não é suficiente para a liderança.
- Insira-se no sistema da ideologia; a cultura de organização e a organização informal são outras fontes de autoridade.
- Insira-se no sistema de *expertise*; empodere os professores para tirar proveito do conhecimento deles.
- Conheça e compreenda o sistema de política; limite o seu uso.

COMPARAÇÃO E SÍNTESE DAS PERSPECTIVAS SOBRE O PODER

Nossa análise sobre autoridade e poder abarcou uma série de perspectivas conceituais (ver Tab. 7.2). As perspectivas podem ser comparadas em termos da extensão na qual o poder é legítimo ou ilegítimo e formal ou informal. Por definição, as três formulações de autoridade consideram apenas o poder legítimo. Em contraste, as pers-

220 Hoy & Miskel

TABELA 7.2 Comparação entre fontes de poder e autoridade

	Peabody (1962)	Blau e Scott (1962)	Weber (1947)	French e Raven (1968)	Mintzberg (1983a)
Poder formal legítimo	Autoridade formal	Autoridade formal	Autoridade burocrática	Poder recompensador e poder legítimo	Sistema de autoridade
Poder informal legítimo	Autoridade funcional	Autoridade informal	Autoridade carismática e autoridade tradicional	Poder referente e poder perito	Sistema de ideologia e sistema de *expertise*
Poder formal ilegítimo				Poder coercitivo*	
Poder informal ilegítimo					Sistema de política

*Pode ser legítimo, mas normalmente não é.

pectivas sobre o poder lidam tanto com os controles legítimo e ilegítimo quanto com os poderes formal e informal, mas nenhum dos modelos é tão abrangente a ponto de considerar todas as quatro combinações de poder; assim, propomos uma síntese. A tipologia de French e Raven (1968) fornece uma análise clássica do poder interpessoal, ao passo que Mintzberg (1983a) focaliza sua análise no poder organizacional e desenvolve quatro sistemas de influência para explorar as configurações do poder nas organizações e em torno delas. Só a formulação de Mintzberg, no entanto, leva em conta o poder ao mesmo tempo ilegítimo e informal – o sistema de política interna. Propomos uma síntese das relações de poder para incluir as autoridades formal e informal (poder legítimo) e os poderes coercitivo e político (ilegítimo) (ver Fig. 7.2).

Ao analisar o poder, uma perspectiva estrutural chama a atenção para a autoridade – o poder legítimo e formal do setor ou cargo (ver Cap. 3). Uma perspectiva cultural ressalta o poder legítimo e informal da cultura organizacional (ver Cap. 5). Uma perspectiva individual enfatiza o papel legítimo e informal da *expertise* e dos conhe-

		Fonte de poder	
		Formal	Informal
Legitimidade do poder	Legítimo	Autoridade formal	Autoridade informal
	Ilegítimo	Poder coercitivo*	Poder político*

* Pode ser legítimo, mas normalmente não é.

FIGURA 7.2 Síntese das relações de poder.

cimentos na geração de poder (ver Cap. 4). Mas é a perspectiva política que chama a atenção para o poder ilegítimo e informal inerente às organizações.

PODER, RACIONALIDADE E RACIONALIZAÇÃO

O poder muitas vezes confunde a diferença entre racionalidade e racionalização:

- *Racionalidade* é a aplicação de evidências e de raciocínio na tomada de decisões.
- *Racionalização* é uma tentativa de fazer uma decisão parecer racional depois de ter sido tomada.

Disfarçar a racionalização como se ela fosse racionalidade é uma estratégia básica no exercício do poder. Kant (1794) foi o primeiro a observar que a posse do poder estraga o uso livre da razão. Muitos de nós já sentimos como o ponto de vista superior (do superintendente, reitor ou diretor) é interpretado como a "verdade". O poder tem um jeito de definir a realidade porque as pessoas no poder manipulam a verdade de acordo com seus próprios propósitos (SWEETLAND; HOY, 2000b). Com base em um profundo estudo de caso sobre política e poder, Bent Flyvbjerg (1998) propõe uma teoria crítica do poder que é instrutiva para a nossa análise.

O poder muitas vezes define a realidade porque os superiores especificam o que conta como conhecimento. Aqueles no poder interpretam e às vezes reinterpretam as evidências. Nietzsche (1968, p. 342) disse muito bem: "A interpretação é em si um meio de se tornar mestre de uma coisa, e subjugar e tornar-se mestre envolve uma interpretação original". Quando o diretor ou o superintendente explica, espera-se que os professores escutem e aceitem. O poder faz parte da racionalidade, porque ela está entremeada ao poder. Simplificando, a racionalização e o uso do poder são, muitas vezes, estratégias mais fortes do que o argumento racional. Não surpreendentemente, quando participantes poderosos precisam de apoio, é a racionalização e não a racionalidade que prevalece.

No mundo da prática, no entanto, é difícil distinguir entre racionalidade e racionalização, porque a racionalização se traveste de racionalidade. Embora a racionalidade seja mais legítima e aceitável, nos bastidores, escondidos do escrutínio público, o poder e a racionalização dominam. Uma fachada racionalizada não é necessariamente desonesta porque muitos indivíduos e organizações acreditam em suas próprias racionalizações. A autoilusão faz parte da ânsia de poder (NIETZSCHE, 1968). De modo não surpreendente, muitos administradores são verdadeiros crentes de suas próprias racionalizações; eles se convencem tanto do mérito quanto da racionalidade de suas racionalizações.

Maquiavel (1984, p. 51-52) adverte que

[...] devemos distinguir entre [...] aqueles que para alcançar seu objetivo usam a imposição e aqueles que usam a persuasão. No segundo caso, eles sempre acabam descontentes.

Essas palavras são fortes, mas o poder capacita os líderes a definir a situação. Quanto mais poder, menor a necessidade de descobrir os fatos, porque os líderes fortes conseguem usar seu poder com sucesso para criar a realidade que eles preferem; na verdade, a relutância de um líder em apresentar argumentos racionais ou documentação simplesmente é um indicador de seu poder para agir.

As relações de poder estáveis são mais comuns em política e administração do que confrontos antagônicos, principalmente devido à dor e ao esforço extras que o antagonismo exige. Os confrontos são ativamente evitados a maior parte do tempo e, quando ocorrem, são rapidamente transformados em relações de poder estável (FLYVBJERG,

1998). O conflito e os antagonismos recebem atenção porque são incomuns e causam tumulto organizacional, alimentando boatos e insinuações. A maioria dos administradores, no entanto, prefere a harmonia e a estabilidade ao antagonismo e à instabilidade, trabalhando para evitar os conflitos e alcançar um equilíbrio constante de relativa harmonia.

O uso do poder é forte e ativo em todas as organizações contemporâneas; o poder e a política são inevitáveis. Na verdade, o confronto aberto e antagônico envolve pouca competição. O conhecimento e a racionalidade carregam pouco peso; o poder supera o conhecimento. O provérbio de que "a verdade é a primeira vítima da guerra" se confirma nas organizações. Por exemplo, Flyvbjerg (1998, p. 232) constatou que o

> [...] uso de poder nu e cru tende a ser mais eficaz do que qualquer apelo à objetividade, aos fatos, ao conhecimento ou à racionalidade, mesmo que uma versão falsificada desta última (ou seja, a racionalização) possa ser usada para legitimar o poder nu e cru).

Onde considerações racionais desempenham um papel, elas o fazem no contexto das relações de poder estável. A estabilidade não garante a racionalidade; apesar disso, a racionalidade é mais comum em relações de poder estáveis, pois os administradores tendem a ser mais abertos à argumentação racional do que em relações antagônicas ou conflituosas. Os administradores escolares são mais propensos a ouvir a voz da razão quando as relações com seus professores e o sindicato não forem hostis; ou seja, o poder da racionalidade é mais eficaz e surge mais frequentemente na ausência de confronto.

Resumindo, não podemos fugir do fato de que boa parte do comportamento organizacional é irracional e de que o poder muitas vezes prejudica a racionalidade. Embora o famoso lema de Bacon (1597) "Conhecimento é poder" seja verdadeiro, também é inegável que "poder é conhecimento". A perspectiva de Flyvbjerg sobre poder e racionalidade suscita uma série de perguntas intrigantes, por exemplo:

- A racionalidade é uma forma tão fraca de poder que as organizações construídas com base na racionalidade estão fadadas ao fracasso?
- Será que a ênfase na racionalidade nos deixa ignorantes sobre como a política e o poder funcionam nas escolas?
- Será que uma ênfase democrática torna os participantes da escola mais vulneráveis à manipulação pelos detentores do poder?
- A democracia e a racionalidade são modos insuficientes de resolver os problemas nas escolas?

Voltemos ao aviso de Maquiavel (1984, p. 91) sobre os perigos e a realidade do poder:

> Um homem que prefere se lamentar pelo que devia ter sido feito em vez de levar em conta o que realmente foi feito conhece o caminho da autodestruição.

Precisamos ver e compreender a vida organizacional como ela é, para que tenhamos alguma chance de movê-la em direção ao que acreditamos que deveria ser; por isso, o poder e a política não devem ser desdenhados.

 TEORIA NA PRÁTICA

Descreva as pessoas em sua escola que detêm o poder. Qual é a fonte do poder delas? Quem são os indivíduos com poder informal? Por que eles têm esse poder? Como os detentores do poder se relacionam uns com os outros? Quanto confronto e hostilidade existem na sua escola? Avalie a extensão em que a racionalidade e a racionalização prevalecem em sua escola. Qual é dominante e por quê? Os professores em sua escola são irônicos ou otimistas sobre a distribuição do poder? Explique.

PODER E POLÍTICA ORGANIZACIONAIS

A **política organizacional** é

> [...] um comportamento individual ou grupal que é informal, ostensivamente paroquial, geralmente divisionista e, acima de tudo, no sentido técnico, ilegítimo – não é sancionado nem pela autoridade formal, nem pela ideologia aceita, tampouco pela *expertise* certificada. (MINTZBERG, 1983a, p. 172)

Essa política costuma ser ilegítima, porque os interesses organizacionais são substituídos por pessoais (TARTER; HOY, 2004). Embora existam indivíduos poderosos, as arenas políticas das organizações são compostas de **coalizões** de indivíduos – grupos que negociam entre si para determinar a distribuição de poder (CYERT; MARCH, 1963). Embora todas as tentativas de integrar as necessidades individuais a serviço dos objetivos da organização, os indivíduos têm suas próprias necessidades para satisfazer. Inevitavelmente, eles são apanhados em tentativas de satisfazer suas necessidades mais paroquiais e, no processo, formam coalizões com outros que têm aspirações semelhantes.

Esses grandes grupos de interesse são variados e diversos; por exemplo, representam grupos departamentais, profissionais, de gênero e étnicos, bem como interesses internos e externos. Ou seja, existem **coalizões internas** – participantes organizacionais que se unem por uma causa comum – bem como **coalizões externas** – influentes grupos de fora, que se organizam para influenciar a organização. Existem diferenças duradouras em valores, crenças, conhecimento e percepções entre coalizões. Essas diferenças mudam lentamente e são fontes de grandes tensões e conflitos. Por exemplo, muitas das mais importantes decisões organizacionais dizem respeito a alocar recursos escassos. Assim, uma questão crítica é como cada coalizão articula suas preferências e mobiliza seu poder para obter recursos (BOLMAN; DEAL, 2008).

Importantes influenciadores das escolas incluem uma infinidade de coalizões externas, como associações de professores, sindicatos, associações de pais e mestres, grupos de contribuintes, secretarias estaduais de educação, consórcios de universidades e faculdades, organizações profissionais, meios de comunicação e outros grupos organizados de interesse especial. A maioria desses grupos de influência externa tenta fazer valer seus próprios interesses e seu poder externo nas atividades da escola. O problema deles, claro, é vislumbrar uma forma de alcançar os resultados desejados quando estão atuando fora da estrutura oficial de tomada de decisões da escola.

Mintzberg (1983a) observa que o impacto dos grupos organizados varia drasticamente e identifica três tipos básicos de coalizões externas. Às vezes, uma coalizão externa é ativa e poderosa – a **coalizão externa dominante**. Nesses casos, nas escolas, a coalizão externa controla não só as internas, mas também o conselho de educação e o superintendente. Com efeito, o conselho e o superintendente são meras ferramentas da coalizão externa. Na ocasião, uma questão comunitária como a "volta ao básico" pode se tornar tão popular que um esforço orquestrado por uma coalizão externa organizada consegue dominar não só a mudança de currículo, mas, se mantida incontestável, a política e as atividades básicas da escola. Outras vezes, as coalizões externas entram em acentuada concorrência umas com as outras – as **coalizões externas divididas**. Aqui há um equilíbrio aproximado das influências entre os grupos conflitantes. Por exemplo, em comunidades escolares, o equilíbrio pode estar entre duas coalizões externas, uma conservadora e a outra progressista. Os programas curriculares e instrucionais são campos de batalha por controle, à medida que as coalizões competem. Por fim, as **coalizões externas passivas** existem quando o número dos grupos de influenciadores externos aumenta ao ponto de que o poder de cada um seja difuso e limitado. A maioria dos administradores prefere um ambiente externo relativamente estável, calmo, disperso e passivo.

Assim como a organização é influenciada por coalizões externas, também é afetada por outras internas. As coalizões externas moldam o tipo de coalizões internas que emergem. Uma coalizão externa dominante tende a enfraquecer as coalizões internas; uma coalizão externa dividida tende a politizá-los; e uma coalizão externa passiva permite que as coalizões internas floresçam. Mas, independentemente do tipo de coalizão externa, é por meio dos esforços das coalizões internas que a organização funciona.

TEORIA NA PRÁTICA

Descreva as coalizões de poder em sua escola. Quais grupos de professores têm poder? Por que esses grupos têm poder? O poder desses grupos advém da organização, do sindicato, da organização informal, da cultura ou da *expertise*? Como eles exercem o poder? Qual é dominante e por quê? Até que ponto as coalizões externas influenciam as internas? Quem são os líderes das coalizões internas na sua escola? As coalizões na escola melhoram ou pioram a vida organizacional? Explique.

O JOGO DO PODER

O poder importa; é um aspecto importante do que uma organização faz, e isso afeta o que os seus membros fazem. Hirschman (1970), em seu livro clássico, *Exit, Voice, and Loyalty*, observa que os participantes em qualquer sistema têm três opções básicas:

- Ir embora: encontrar outro lugar – saída.
- Ficar e atuar: tentar mudar o sistema – voz.
- Ficar e contribuir como esperado: ser um membro leal – lealdade.

Aqueles membros que abandonam a organização deixam de ser influenciadores; os leais optam não participar como influenciadores ativos; mas aqueles que optam por ficar e falar se tornam participantes no jogo do poder. O acesso ao poder em si, no entanto, não é suficiente. Os participantes do poder também devem ter a *vontade* de atuar, ou seja, devem estar dispostos a gastar energia para serem bem-sucedidos, assim como a *habilidade* para agir de forma estratégica e tática quando necessário. O poder é uma mescla indescritível de negociar vantagens e, depois, explorar de forma interessada e hábil essas vantagens de negociação (ALLISON, 1971).

A política é um fato da vida organizacional. Mintzberg (1983a, 1983b) argumenta que, em geral, a política interna é clandestina e ilegítima, pois é projetada para beneficiar o indivíduo ou grupo, à custa da organização; portanto, as consequências mais comuns da política são a desunião e os conflitos. Conflitos não são necessariamente ruins; na verdade, às vezes, chamam a atenção para problemas nos sistemas de controle legítimos. Lembre-se, no entanto, de que a política normalmente não é sancionada pela autoridade formal, ideologia ou *expertise* certificada; na verdade, ela surge devido ao padrão ou à fraqueza em outros sistemas de influência, ou é projetada para resistir ou explorar os outros no controle. Não obstante a sua falta de legitimidade, a política, como todas as formas de poder, resolve importantes problemas organizacionais (MINTZBERG, 1983a):

- A política assegura que os membros mais fortes da organização alcancem cargos de liderança.
- A política garante que todos os lados de um problema sejam debatidos; os sistemas de autoridade, de ideologia e, às

vezes, até mesmo de *expertise* tendem a promover apenas um lado.

- A política é muitas vezes necessária para promover a mudança bloqueada pela organização formal.
- A política facilita a execução das decisões; os administradores articulam jogos políticos para adotar suas decisões.

Ninguém garante que os detentores do poder o usem de modo racional ou justo, mas o poder e a política nem sempre são destrutivos e humilhantes. A política também é um veículo para a realização de propósitos nobres (BOLMAN; DEAL, 2008).

Onde o sistema formal é geralmente uma estrutura altamente organizada, George Strauss (1964) observa que o sistema político é uma massa de grupos competindo pelo poder, cada qual buscando influenciar a política organizacional para seus próprios interesses, ou, pelo menos, em termos de sua própria e distorcida imagem do interesse da organização. A política bem-sucedida exige que os membros organizacionais barganhem, negociem, concorram pelos cargos e se envolvam em uma miríade de estratégias, táticas e jogos políticos para influenciar os objetivos e as decisões de suas organizações. Como já observamos, essas políticas coexistem com outras formas de poder mais legítimas, arranjam-se em oposição ao poder legítimo ou substituem sistemas de controle legítimos, mas fracos. Com essa visão em mente, abordamos três tópicos importantes – tática política, jogos políticos e gestão de conflito.

Tática política

Todos os membros de uma organização podem se envolver na política organizacional. Na verdade, é bem provável que, independentemente do nível ou do cargo, todo mundo atua no jogo da política. Assim, focalizamos um conjunto de táticas políticas que os funcionários de todos os níveis comumente utilizam (VECCHIO, 1988).

O **clientelismo** é uma tática usada para obter a boa vontade dos outros por meio de prestar favores, ser atenciosos e fazer gentilezas. Baseia-se no que os sociólogos chamam de "norma da reciprocidade", norma generalizada na sociedade norte-americana. Ajude um colega ou superior e a pessoa sente-se na obrigação de retribuir o favor ou reembolsar a ação positiva. Os professores muitas vezes tentam obter a boa vontade e a obrigação de seus colegas e diretores, indo além do seu dever para ajudar os outros. Daniel Griffiths, Goldman e McFarland (1965), em um estudo de mobilidade dos professores na cidade de Nova York, descreveram como os professores usam essa tática para se tornar administradores. Um número considerável de professores voluntariou-se para tarefas que a maioria deles considera irritantes: professor encarregado do refeitório, administrador do dia de campo anual, coordenador escolar dos professores estagiários ou instrutor escolar da equipe de atletismo. Essas tarefas não eram remuneradas, mas demonstravam boa vontade e chamavam a atenção dos superiores, com frequência levando os professores a conquistar cargos mais importantes, como diretor-assistente ou diretor em exercício.

A **criação de redes** é o processo de formar relacionamentos com pessoas influentes. Essas pessoas exercem ou não cargos importantes, mas muitas vezes têm acesso a informações úteis. Os professores que têm relações de amizade cordiais e próximas com o representante do sindicato dos professores ou com o diretor geralmente têm acesso a informações importantes. Da mesma forma, as professoras que têm contatos com a esposa do presidente do conselho ou que tenham uma ligação indireta com o/a superintendente ou que conhecem o chefe do sindicato também são propensas a obter valiosas informações internas.

A **gestão de informações** é uma tática utilizada pelos indivíduos para controlar outros ou construir seu próprio *status*. Embora dispor de informações cruciais por si só seja útil, as técnicas utilizadas para divulgar a informação podem realçar o cargo de alguém tanto em organizações formais quanto informais. Liberar informações em momentos impactantes promove o autointeresse e derrota as ambições dos outros. A chave para a gestão das informações é primeiro obter informações cruciais (criação de rede) e depois usá-las com habilidade, transmiti-las aos outros de maneira a aumentar a dependência deles e construir uma reputação de alguém que "realmente sabe" o que está acontecendo. Os professores com redes que lhes fornecem informações importantes são grandes partícipes da vida política escolar. Cuidando e gerenciando esse conhecimento, os professores geralmente realçam seus cargos como importantes participantes nos jogos políticos da escola.

A **gestão de impressões** é uma tática simples que quase todo mundo usa de vez em quando para criar uma imagem favorável. A tática inclui vestir-se e comportar-se adequadamente, ressaltar as suas próprias realizações, reivindicar crédito sempre que possível e criar a impressão de ser importante ou até mesmo indispensável. A chave é construir uma imagem tal que os outros lhe enxerguem como conhecedor, articulado, sensato, sensível e socialmente desenvolto.

A **construção de coalizões** é o processo pelo qual os indivíduos se unem para atingir objetivos comuns. Muitas vezes, os professores unem forças para se opor a uma proposta política, para resistir a uma proposta de mudança ou para desencadear mudanças. Uma mudança no currículo é frequentemente bem-sucedida, dependendo de quais coalizões a apoiam ou são contra ela. Os indivíduos isoladamente são muito menos eficazes em influenciar do que grupos; e grupos relativamente impo-

tentes tornam-se mais fortes quando agem em coalizão. Em geral, os professores eficazes em organizar coalizões internas são os agentes do poder político em uma escola.

A **criação de bodes expiatórios** é culpar e atacar os outros quando tudo vai mal ou dá errado. Os diretores muitas vezes tentam culpar os professores quando as pontuações de sua escola nos testes oficiais deixam a desejar, e os professores também procuram alguém para culpar: a administração, o conselho escolar, os pais ou outro professor. Culpar os outros pelas deficiências é algo comum em todas as organizações, e as escolas não são exceção. Encontrar um bode expiatório permite a indivíduos politicamente astutos a oportunidade de deslocar a atenção e "tirar o corpo fora", encontrando alguém para levar a culpa.

Com a tática de **aumento da indispensabilidade**, indivíduos ou unidades tornam-se necessários à organização. Administradores engenhosos muitas vezes desenvolvem habilidades ou unidades especializadas que os tornam importantes e essenciais na operação da organização. Por exemplo, especializam-se em áreas críticas que exigem conhecimento especializado, como computadores e finanças. Assim, o objetivo deles é tornar a organização dependente de seus conhecimentos e habilidades. Além disso, eles não são especialmente receptivos quando se trata de explicar ou preparar os outros a fazer o que fazem. Esses indivíduos são cada vez mais solicitados a resolver problemas, e suas soluções de sucesso aprimoram ainda mais seu *status* e valor.

A **lisonja** é mais uma tática eficaz para ganhar poder e influência (CIALDINI, 2005; PFEFFER, 2010). A lisonja funciona por uma série de razões. Primeiro, as pessoas gostam de se sentir bem consigo mesmas e com o que fazem. E a lisonja vai nessa direção; dá aos indivíduos uma sensação de realização. Segundo, a lisonja funciona porque é construída sobre a norma da reciprocidade: quando alguém faz algo direito, você se sente obrigado a retribuir o favor. Se você elogia alguém, essa pessoa sente a necessidade de retribuir, talvez com favores. Por fim, a lisonja é eficaz porque envolve o motivo de autoaprimoramento que existe praticamente em todo o mundo. Pfeffer (2010) examina a pesquisa sobre o uso da lisonja e, surpreendentemente, conclui que o exercício da lisonja é difícil de exagerar; na verdade, não há nenhuma evidência de pesquisa de que lisonja em excesso seja ineficaz. Puxar saco funciona! Aparentemente, os indivíduos se sentem bem com a lisonja mesmo quando acham que alguém está exagerando.

Ganhar a atenção dos superiores (GAS) é outra tática bem-sucedida para obter influência, particularmente adequada para iniciantes em uma organização. Há muita concorrência para chegar à frente, e chamar a atenção é importante. Griffiths, Goldman e McFarland (1965) foram os primeiros a documentar a importância de GAS como tática a ser promovida nas escolas. A capacidade de se destacar e de ganhar atenção ainda é reconhecida como importante na maioria das organizações (PFEFFER, 2010). As estratégias para se destacar incluem voluntariar-se para tarefas impopulares, ser ousado, manifestar-se, violar regras insignificantes e fazer substancial-

mente mais do que requisitado. Por exemplo, na condição de estudante universitário em Harvard, Henry Kissinger escreveu um trabalho com 383 páginas. A extensão e a qualidade do artigo chamaram a atenção de todos; na verdade, sua ação resultou em uma regra informal, conhecida como a "regra de Kissinger": todas as monografias de graduação estão agora limitadas a 150 páginas (ISAACSON, 2005). Claro, após chamar a atenção, você precisa produzir. As táticas comuns estão resumidas na Tabela 7.3.

Algumas táticas são naturais e legítimas; outras são tortuosas e ilegítimas. Quando as táticas se baseiam em desonestidade, fraude e desinformação, dificilmente se justificam sob o ponto de vista moral. Robert Vecchio (1988) argumenta que, sob o ponto de vista da legítima defesa, a pessoa deve estar familiarizada com táticas políticas desonestas como criar bodes expiatórios, espalhar boatos para gerar conflitos, excluir rivais das reuniões importantes e fazer falsas promessas. Embora as táticas políticas sejam um fato da vida organizacional, nem todas são vistas como legítimas (COX, 1982). Além do mais, uma série de equívocos comuns custa caro em termos políticos:

- Violar a cadeia de comando.
- Perder a cabeça em público.

TABELA 7.3 Resumo de táticas políticas	
Tática política	**Finalidade**
Clientelismo	Ganhar favores fazendo favores
Criação de redes	Ganhar influência cortejando pessoas influentes
Gestão de informações	Manipular informações para obter vantagens
Gestão de impressões	Criar uma imagem positiva pela aparência
Construção de coalizões	Reunir-se com outros para alcançar objetivos
Criação de bode expiatório	Transferir a culpa para os outros pelos maus resultados
Aumento da indispensabilidade	Tornar-se indispensável para a organização
Lisonja	Obter influência fazendo os outros se sentirem bem
Ganhar atenção dos superiores	Destacar-se e ficar na ponta

- Dizer não com muita frequência aos superiores.
- Desafiar crenças acalentadas (VECCHIO, 1988).

Persuadir e influenciar: alguns princípios básicos

Persuadir e influenciar são importantes, se não essenciais, nas atividades políticas de assegurar o consenso, conquistar o comprometimento e ganhar concessões. Robert Cialdini (2001a) escreveu um artigo interessante sobre *Harnessing the power of persuasion* (Aproveitar o poder da persuasão), no qual destacou seis princípios da persuasão, todos inferidos a partir de pesquisas em ciências sociais. Hoy e Smith (2007) aprimoraram, acrescentaram e aplicaram os princípios às organizações e a administradores educacionais.

Vamos rever alguns dos princípios mais úteis.

Atratividade: *As pessoas gostam de, são atraídas por e seguem outras que elas acreditam serem espíritos afins.* As implicações para os administradores educacionais são claras: estabelecer laços com os alunos, professores e outros descobrindo genuínos interesses comuns e estabelecer a boa vontade e a confiança. Elogios, admiração, louvor e honra são essenciais nesses relacionamentos. Envolva-se em atos de bondade, respeite colegas e subordinados, trate todos com dignidade, celebre conquistas e incentive desempenho criativo e extraordinário. Essas ações constroem a atração, a qual promove a influência.

Reciprocidade: *As pessoas se sentem obrigadas a retribuir uma boa ação; os indivíduos ajudam aqueles que os ajudam.* Líderes escolares motivam comportamentos desejados de alunos, professores e pais primeiro modelando o comportamento – seja qual for o comportamento: con-

fiança (HOY; TSCHANNEN-MORAN, 1999), civilidade (SELZNICK, 1992) ou autoeficácia (BANDURA, 1997), para citar apenas alguns. Ajude os outros a resolver um problema, e você pode confiar na ajuda deles mais tarde.

Comprometimento público: *As pessoas são motivadas a agir com base em seus comprometimentos públicos.* A maioria dos indivíduos que firma um compromisso público mantém a sua promessa; na verdade, uma vez que o compromisso é falado em voz alta ou por escrito, ele se torna ativo e é muito mais improvável de ser revertido (CIOFFI; GARNER, 1996). Os compromissos concentram a atenção, mobilizam esforços e reforçam a persistência. Os administradores podem intensificar a motivação do professor se os compromissos forem voluntários, públicos, explícitos e por escrito.

Coleguismo: *Pessoas ouvem e seguem o exemplo dos colegas respeitados.* Muitos indivíduos dependem de dicas sobre como sentir, agir e pensar em um leque de assuntos. Os pontos de vista são considerados corretos se coincidem com os de pessoas respeitáveis. Cialdini (2001a) chama essa tendência de seguir a liderança de outros de princípio da "prova social". A implicação prática é clara: os administradores escolares devem identificar membros respeitados do corpo docente, solicitar seus conselhos e ganhar o seu apoio. Em poucas palavras, insira-se na rede de coleguismo informal e use o poder horizontal para desencadear ações.

Otimismo: *O otimismo aumenta o sucesso.* O otimismo é uma visão positiva da vida pela qual as pessoas se concentram nos aspectos construtivos de fatos e experiências; elas vislumbram possibilidades e enxergam o lado positivo. Seligman (1998) afirma cabalmente que o otimismo é tão relevante quanto o talento ou a motivação para alcançar o sucesso. O otimismo encara os indivíduos como capazes, dispostos e hábeis. Os administradores otimistas procuram oportunidades em problemas e se concentram nas possibilidades, não nos obstáculos. Os problemas são preenchidos com possibilidades: basta encontrá-las.

Equidade: *As pessoas acreditam que merecem um tratamento justo.* A influência está indissociavelmente relacionada à equidade. Os professores esperam ser tratados de forma justa no que diz respeito tanto à distribuição dos recursos, bem como aos procedimentos de distribuição (ver Cap. 4). Uma percepção de injustiça ou desigualdade inibe a influência e o poder; a ação injusta supera a influência. Os administradores devem guiar-se pela regra de ouro da equidade: tra-te os outros como você gostaria de ser tratado. Invista na equidade e granjeie influência.

Expertise: *As pessoas acatam ordens de líderes com expertise demonstrada.* É muito mais fácil persuadir e influenciar outros se sua *expertise* estiver ativa. Simplesmente ser diretor lhe empresta certa quantidade de influência, mas a chave para o poder aumentado é a *expertise* comprovada. Reuniões formais e informais são ótimos lugares para demonstrar seu conhecimento e sua capacidade de resolução de problemas. Não presuma que sua *expertise* é óbvia; exiba-a.

Em resumo, os administradores escolares podem aumentar seu poder e persuasão aplicando habilmente esses sete princípios de fazer amigos e influenciar. Os princípios estão condensados na Tabela 7.4.

TABELA 7.4 Sete princípios de influência que funcionam	
Princípio	**Aplicação na escola**
Atratividade As pessoas são atraídas por e seguem outras que são almas gêmeas.	Estabelecer laços com os outros por atos de bondade, louvor e celebração.
Reciprocidade As pessoas se sentem obrigadas a retribuir uma boa ação.	Ajude os outros a resolver um problema e conte com a ajuda deles mais tarde.
Comprometimento público As pessoas são motivadas a agir com base em seus compromissos públicos.	Torne públicos, voluntários e explícitos os compromissos do professor e registre-os por escrito.
Coleguismo As pessoas dão ouvidos a colegas respeitados e seguem sua liderança.	Use o poder horizontal para influenciar os professores; procure o apoio de professores líderes respeitados para mitigar a resistência à mudança.
Otimismo O otimismo aumenta o sucesso. Procure oportunidades nos problemas.	Concentre-se no lado positivo e nas possibilidades, não no lado negativo e nos obstáculos.
Equidade As pessoas acreditam que merecem equidade.	Invista na equidade e granjeie influência. Trate os outros como você gostaria de ser tratado.
Expertise As pessoas acatam o comando daqueles com comprovada *expertise*.	Não suponha que sua *expertise* seja óbvia. Demonstre-a.

Jogos políticos[1]

Um jeito de descrever a política organizacional mais plenamente é concebê-la como um conjunto de jogos políticos em que os participantes organizacionais atuam. Os jogos são complexos, com táticas intricadas e sutis, aplicadas de acordo com as regras. Algumas regras são explícitas; outras, implícitas. Algumas regras são bastante claras; outras, difusas. Algumas são muito estáveis; outras, sempre dinâmicas. Mas a coleção de regras, com efeito, define o jogo. Em primeiro lugar, as regras estabelecem a posição, os caminhos pelos quais as pessoas ganham acesso aos cargos, o poder de cada cargo e os canais de ação. Em segundo lugar, as regras restringem a gama de decisões e ações consideradas aceitáveis. Em terceiro lugar, as regras podem confirmar práticas como barganha, coalizões, persuasão, fingimento, blefes e ameaças, e, ao mesmo tempo, tornar outras práticas ilegais, imorais ou inadequadas (ALLISON, 1971).

Mintzberg (1983a) identifica cinco tipos de jogos gerais em que os membros organizacionais atuam: jogos para resistir à autoridade, jogos para combater essa resistência, jogos para construir bases de poder, jogos para derrotar os adversários e jogos para mudar a organização. Com base principalmente no trabalho de Mintzberg, vamos discutir cada um desses tipos.

Os **jogos de insurgência** geralmente servem para resistir à autoridade formal. Eles variam desde a resistência até a sabotagem e o motim. Quando uma ordem é emitida, normalmente existe um critério em executá-la. Não existe nenhuma garantia de que a ordem seja realizada ao pé da letra; por isso, o indivíduo que recebe a ordem pode manipular a ação para servir a seus próprios fins. Para as decisões apoiadas, cumpre-se o espírito da ordem com flexibilidade. Para aquelas não apoiadas, Graham Allison (1971, p. 173) observa que é possível "[...] manobrar, atrasar a adoção, adotar apenas ao pé da letra, mas não no espírito, e até mesmo para desobedecer à decisão".

Os participantes na parte inferior da estrutura têm pouco poder sobre a organização; assim, às vezes tentam controlar contornando, sabotando e manipulando a estrutura formal (MECHANIC, 1962). Profissionais docentes podem resistir, e realmente resistem, às ações formais da administração. Uma regra que exija a permanência diária dos professores por 15 minutos após o término das aulas para ajudar os alunos em seus trabalhos facilmente pode ser minada se todos os professores ficarem exatamente 15 minutos – ou seja, por cumprir a regra ao pé da letra sem levar em conta seu espírito. Se o clima escolar (ver Cap. 6) não é saudável, então provavelmente a insurgência seja sintomática de problemas mais endêmicos em vez do próprio assunto em questão. Os administradores, no entanto, costumam combater a resistência à autoridade com mais autoridade. Por exemplo, quando as regras são ignoradas ou minadas, uma típica resposta administrativa é desenvolver regras adicionais e apoiar sua aplicação com supervisão rigorosa e punição àqueles que não agirem em conformidade. A solução tentada geralmente fracassa, pois não lida com a causa do problema, só com o sintoma. Assim, se os administradores quiserem superar a insurgência, eles devem investir grande parte de sua própria habilidade política junto com o poder e a autoridade de seu cargo "[...] para convencer, persuadir e negociar com os operadores para conseguir o que querem" (MINTZBERG, 1983a, p. 193). Eles acabam negociando e fazendo acordos informais com participantes essenciais no sistema.

Jogos de construção de poder são utilizados pelos participantes para construir uma base de poder. Superiores, pares ou subordinados podem ser usados no processo. O *jogo de patrocínio* é simples: um subordinado anexa-se a um superior e em seguida professa lealdade absoluta em troca de uma parcela de ação. Por exemplo, o jovem professor que deseja ser diretor às vezes tenta angariar o patrocínio de um influente vice-diretor ou diretor. Rosabeth M. Kanter (1977) observa que esses patrocinadores fornecem três serviços importantes para seus protegidos. Lutam por eles e os defendem nas reuniões; viabilizam a obtenção de informações; ignoram os canais formais; e proporcionam um sinal para os outros, uma espécie de poder reflexivo. Claro, existem custos no jogo de patrocínio. Quando cai o patrocinador, o protegido também fica em perigo, e há grande perigo se o jovem professor for contra o patrocinador ou não mostrar deferência apropriada. O patrocínio é um meio vulnerável de poder, mas é um jogo de poder frequente, jogado por muitas pessoas, praticamente em todos os níveis da organização. Diretores, diretores-assistentes, professores e secretários: todos atuam se conseguirem encontrar um patrocinador e estiverem dispostos a fornecer um serviço em troca de um compartilhamento do poder.

O jogo da base de poder também é praticado entre colegas; nesse caso se torna um *jogo de formação de alianças*. Mintzberg (1983a) descreve o processo da seguinte forma: um indivíduo desenvolve uma preocupação e busca apoiadores, ou um grupo de indivíduos preocupados com um problema procura um líder informal que efetivamente represente seu cargo e em torno do qual eles se aglutinem. Assim, o núcleo de um grupo de interesse é formado. Alguns grupos de interesse desaparecem à medida que o problema é resolvido, mas outros persistem porque os jogadores têm vários problemas em comum; eles se tornam facções. Grupos de interesse e facções, muitas vezes, carecem do poder para superar um problema por conta própria. Por conseguinte, eles empregam a ajuda de outros grupos de interesse ou facções para ampliar sua base de poder. Assim, as alianças são formadas. Grupos são seduzidos, ameaçados e persuadidos a aderir à aliança. Kanter (1977, p. 185) observa:

Alianças de pares muitas vezes funcionam por meio da troca direta de favores. Em níveis mais baixos, as informações são negociadas; em níveis mais elevados, a barganha e o comércio muitas vezes acontecem em torno de bons desempenhos e vagas de emprego.

A aliança continua a crescer até que não haja mais jogadores dispostos a participar, ou até que ela se torne dominante ou tope com uma aliança rival. Ao longo do tempo, questões são ganhas e perdidas, e existe um deslocamento gradual dos componentes, mas há uma estabilidade básica nos membros de uma aliança.

O *jogo de construção de império* é a tentativa de um indivíduo, geralmente em função de gestão intermediária, de aumentar sua base de poder por meio da junção de subordinados e grupos. A construção de império é uma luta por território. Na maioria dos sistemas escolares, a construção de império acontece como se fosse um jogo de orçamentação. Os diretores querem uma fatia desproporcional do total do orçamento. Existem rivalidades e contendas entre os diretores à medida que disputam os recursos escassos; eles querem mais professores, mais pessoal de apoio, mais computadores, mais espaço, mais de tudo o que seus concorrentes têm. O objetivo do jogo é simples: obter a maior alocação possível para sua escola. As estratégias são bastante claras: sempre solicitar mais do que você precisa, porque o pedido será cortado; destacar todos os argumentos racionais que sustentam um grande orçamento e suprimir os que não o fazem; e sempre gastar todo o orçamento para o ano, mesmo se uma parte for desperdiçada. Na verdade, alguns administradores gostam de entrar um "pouco no vermelho" para demonstrar que suas alocações foram insuficientes, estratégia arriscada capaz de causar escrutínio das despesas.

A *expertise* é outra base sobre a qual construir o poder. Em geral, o *jogo da expertise* acontece entre profissionais que realmente desenvolveram habilidade e *expertise* necessárias à organização. Eles articulam o jogo de poder agressivamente explorando até o limite de seus conhecimentos. Enfatizam a singularidade e a importância de seus talentos, bem como a incapacidade da organização de substituí-los. Ao mesmo tempo, esforçam-se para manter a exclusividade de suas habilidades e de seus talentos, desencorajando qualquer tentativa de racionalizá-los. De vez em quando, um mestre desenvolverá no distrito a reputação de professor verdadeiramente notável. Esse professor leva vantagem no desenvolvimento de uma base de poder não só com base na *expertise*, mas também praticando os jogos de aliança e de patrocínio. Além disso, diretores que demonstrem raras habilidades administrativas e de liderança podem canalizar esse poder para se envolver na construção de alianças e de império, bem como na obtenção de patrocínio. Com efeito, os diretores bem-sucedidos na construção de uma sólida base de poder tornam-se excelentes candidatos para a superintendência.

O último dos jogos de articulação de poder é a *dominação,* em que aqueles que detêm o poder legítimo "dominam" seus subordinados, assim explorando-os de forma ilegítima. Indivíduos com poder limitado são tentados a exercer o jogo da dominação. Kanter (1977, p. 189) assevera:

> Quando uma pessoa tem seu exercício de poder frustrado ou bloqueado, quando a pessoa fica impotente na arena mais ampla, ela tende a concentrar sua ânsia de poder naqueles sobre quem tem um mínimo de autoridade.

Professores frustrados com o fardo do intenso controle burocrático e um diretor autoritário às vezes deslocam o controle para baixo, em direção aos alunos, demonstrando que também flexionam seu poder mandando nos alunos. Da mesma forma, o diretor governado com mão de ferro pelo superintendente talvez seja tentado a dominar os professores. Embora esse comportamento dê aos praticantes uma sensação de poder sobre alguém, de maneira alguma constrói uma substancial base de poder.

Os **jogos de rivais** são aqueles que derrotam concorrentes. O *jogo de gestores versus consultores* é o clássico confronto entre os gestores intermediários com autoridade formal e consultores com *expertise*. Muitas vezes, nas escolas, existem conflitos entre o diretor da escola e um coordenador de currículo distrital. O coordenador do currículo reporta-se diretamente ao superintendente e também ao diretor. Em certo sentido, os jogadores são colegas. O objetivo do jogo é controlar o comportamento na escola. O coordenador do currículo é o perito, mas o diretor é a autoridade formal. Tudo acaba se tornando um jogo entre a autoridade formal instituída contra a autoridade informal da *expertis*e. As batalhas envolvem questões de mudança. O pessoal está preocupado com mudanças e melhorias. O coordenador curricular quer mudanças no currículo. Mas mudanças muitas vezes geram turbulências e conflitos. Os diretores, na condição de administradores contratados, são responsáveis por administrar as organizações de modo suave; eles têm interesse pessoal em uma relativa estabilidade. A batalha está delineada. É provável que o superintendente se envolva, mas geralmente não há solução simples à medida que cada uma das partes no jogo desenvolve seus respectivos argumentos e mobiliza aliados políticos.

O *jogo de mano a mano* ocorre quando existem duas e apenas duas grandes alianças se enfrentando. Em geral, esse jogo é um cruel vale-tudo no qual há vencedores e perdedores. O jogo acontece entre duas personalidades, entre duas unidades ou entre forças a favor da estabilidade ou da mudança. Propostas de alterações, por exemplo, dividem a organização em duas facções – a velha guarda e a nova guarda. Normalmente, a batalha é resolvida com a vitória de um grupo, e a organização prosseguindo com seu trabalho.

Às vezes, porém, nenhum dos grupos ganha de modo contundente. As escolas muitas vezes precisam equilibrar os objetivos tradicionais de ensinar as habilidades básicas com os objetivos progressivos do desenvolvimento social e emocional. Assim, embora o equilíbrio às vezes se desloque para um lado ou outro, as batalhas continuam.

Os **jogos de mudança** destinam-se a alterar a organização ou suas práticas. O *jogo dos candidatos estratégicos* pode ser praticado por qualquer pessoa na organização. Nada mais é preciso além de um indivíduo ou grupo que procura uma mudança estratégica pelo uso do sistema de autoridade legítimo para promover propostas ou projetos – seu "candidato estratégico". Aqueles bem-sucedidos em iniciar uma mudança importante obtêm grande quantidade de poder na organização. Já que muitas decisões estratégicas são tomadas de maneiras fundamentalmente não estruturadas, elas incentivam jogos políticos à medida que diferentes alianças e facções defendem suas causas – isto é, seus candidatos para a mudança (MINTZBERG; RAISINGHANI; THÉORÊT, 1976). O jogo dos candidatos estratégicos combina os elementos da maioria dos outros jogos. Mintzberg (1983a, p. 206) descreve o processo da seguinte forma:

> [...] candidatos estratégicos são muitas vezes promovidos para construir impérios, e muitas vezes exigem alianças; durante o jogo, surgem as rivalidades de gestores *versus* consultores ou de mano a mano; a *expertise* é explorada nesse jogo, e a autoridade é usada para dominar aqueles que não a detêm; insurgências às vezes ocorrem como subprodutos [sic] e sao contrabalançadas; orçamentos de capital muitas vezes tornam-se os veículos pelos quais candidatos estratégicos são promovidos; e geralmente o patrocínio é a chave para o sucesso neste jogo.

O *jogo da boca no trombone* ou *delação* tornou-se cada vez mais comum em todas as organizações. É projetado para usar informação privilegiada sobre determinados comportamentos que, na opinião de um indivíduo, violam uma norma importante ou talvez a lei. O jogador "põe a boca no trombone", informando a autoridade externa sobre as falcatruas. Como o informador contorna os canais legítimos de controle e está sujeito a represálias, o jogador normalmente tenta manter o contato em segredo. Por exemplo, a história pode ser publicada no jornal e atribuída a uma fonte não identificada. A delação é muitas vezes um assunto drástico que provoca mudança na organização, mas é um jogo de alto risco. Os delatores normalmente não são admirados.

Talvez o mais intenso de todos os jogos seja o *jogo dos jovens turcos,* também chamado *jogo dos insurgentes*. As apostas são altas; o objetivo não é a simples mudança ou mudança para contrariar a autoridade, mas sim "[...] efetivar uma mudança tão fundamental a ponto de questionar o poder legítimo" (MINTZBERG, 1983a, p. 210). Os insurgentes desafiam o impulso básico da organização, buscando reverter sua missão, deslocar um segmento importante de sua *expertise*, substituir sua ideologia básica ou derrubar sua liderança. Isso é uma rebelião importante e as consequências são graves. A reforma curricular é uma área nas escolas onde o jogo dos insurgentes é praticado. As alianças se desenvolvem, e o confronto emerge em uma intensa luta em que professores, funcionários e administradores se posicionam em um dos dois campos rivais, seja "a favor" ou "contra" a mudança. Se o poder legítimo existente sucumbe aos insurgentes, a velha guarda nunca terá a mesma autoridade; na verdade, a organização nunca mais será a mesma, pois é muito provável que os insurgentes assumam a liderança. Entretanto, se os insurgentes perdem, eles ficam permanentemente enfraquecidos. Em geral deixam a organização, e às vezes acontece um cisma dentro da organização. Esse jogo costuma ser de tudo ou nada – ganhe tudo ou perca tudo.

Não há praticamente nenhuma literatura de pesquisa que examine as relações entre os jogos políticos, mas há uma série de estudos sobre organizações não educacionais que avaliam jogos políticos comumente praticados (KANTER, 1977; ZAND; BERGER, 1978). Sem dúvida, muitos jogos políticos são praticados nas organizações escolares; mas geralmente o sistema de política coexiste com os meios legítimos de autoridade sem dominá-los. Nas palavras de Mintzberg (1983a, p. 217)

> Aqui o sistema de política parece consistir em vários jogos políticos suaves, alguns dos quais exploram os sistemas mais legítimos de influência e, nesse processo, os acaba fortalecendo, ao passo que outros os enfraquecem, mas apenas até certo ponto, de modo que a política continue a ser uma força secundária.

O sistema de jogos de Mintzberg está preocupado com a contestação da autoridade, a construção de bases de poder, a derrota de rivais e a produção de mudanças; esses fatores estão resumidos na Tabela 7.5.

Gestão de conflitos

É inevitável: o poder e a política organizacionais geram conflitos. Por isso, concluímos nossa análise sobre poder com uma breve discussão sobre como administrar conflitos. Fazemos questão de frisar que todos os conflitos não são inerentemente maus ou destrutivos. Conflitos têm a capacidade de ser uma fonte de mudança positiva. Alguns estudiosos vão mais longe: afirmam que conflitos são necessários para o envolvimento, o empoderamento e a democracia autênticos (TJOSVOLD, 1997). Além disso, conflitos podem ser usados para equilibrar o poder, para melhorar a comunicação e para desenvolver uma base sólida para gerenciar as diferenças (PUTNAM, 1997). Uma distinção útil envolve o tipo de conflito: cognitivo ou afetivo (DEDREU, 1997; DIPAOLA; HOY, 2001; ULINE; TSCHANNEN-MORAN; PEREZ, 2003). Conflitos cognitivos giram em torno de assuntos relacionados com a tarefa em questão, as políticas e os recursos, ao passo que os conflitos afetivos centram-se em questões sociais e emocionais, valores e identidade do grupo. Pesquisas (DEDREU, 1997) mostram que tópicos cognitivos promovem mais resolução de problemas e menos comportamentos antagônicos do que os afetivos. Além disso, comportamentos antagônicos costumam envolver tópicos afetivos e diminuir a resolução de problemas. Claramente, os conflitos afetivos são repletos de consequências negativas em potencial e são mais difíceis de gerenciar

TABELA 7.5 Resumo de jogos políticos praticados por professores e administradores	
Jogos para contestar a autoridade	**Jogos para construir uma base de poder**
Insurgência	*Patrocínio*
Contrainsurgência	*Construção de alianças*
	Construção de império
	Orçamentação
	Dominação
Jogos para derrotar rivais	**Jogos para provocar mudanças**
Gestores versus *consultores*	*Candidatos estratégicos*
Mano a mano	*Boca no trombone*
	Insurgentes

do que os conflitos cognitivos. Uma chave para uma eficaz gestão de conflitos, no entanto, é promover conflitos construtivos e ao mesmo tempo evitar e amortecer a variedade destrutiva. Ou seja, a resolução de conflitos pode ser encarada como uma força criativa para mudanças positivas, em vez de um mal necessário a ser controlado. Vamos analisar agora um modelo útil para gerenciar conflitos de forma produtiva.

TEORIA NA PRÁTICA

Descreva e explique as táticas e os jogos políticos praticados em sua organização. Quais são as táticas políticas que você utilizou com sucesso em sua escola para obter uma vantagem ou se proteger? Quais são os principais jogos políticos que você viu se desenrolarem em sua escola? Você é observador ou jogador? Para fazer a diferença em sua escola, você pode participar de quais jogos ou táticas? No contexto de sua escola, discuta até que ponto a política tem sido boa ou ruim e explique por quê. Como o/a diretor/a encara a política em sua escola? Ele ou ela é vítima da política ou um(a) hábil articulador(a)? Explique.

Kenneth Thomas (1976) fornece uma tipologia útil para examinar cinco **estilos de gestão de conflitos**. Ele identifica duas dimensões básicas de comportamento capazes de gerar conflitos: tentar satisfazer as preocupações de alguém (exigências organizacionais no caso dos administradores) e a tentativa de satisfazer as preocupações dos outros (necessidades individuais dos membros). A tentativa de satisfazer as exigências organizacionais pode ser encarada ao longo de um *continuum* assertivo – não assertivo; a tentativa de satisfazer as necessidades individuais pode ser classificada desde não cooperativo até cooperativo. A Figura 7.3 mostra os cinco estilos de gestão de conflito resultantes.

Um *estilo evitador* é ao mesmo tempo não assertivo e não cooperativo. Aqui o administrador ignora os conflitos, esperando que eles se resolvam por si. Os problemas simplesmente são "empurrados com a barriga". Quando entram em pauta, procedimentos prolongados são usados para sufocar os conflitos, e o segredo é usado como ferramenta para evitar o confronto. Muitas vezes, o administrador recorre a regras burocráticas para resolver os conflitos.

Um *estilo transigente* é um equilíbrio entre as necessidades da organização e aquelas do indivíduo. O foco desse estilo

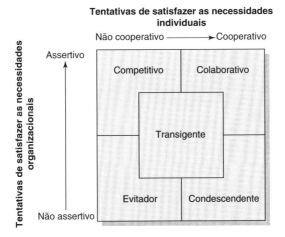

FIGURA 7.3 Estilos de gestão de conflitos.

é a negociação, a procura do meio-termo, o intercâmbio e a busca de soluções satisfatórias ou aceitáveis para ambas as partes.

O uso de um *estilo competitivo* cria situações perde-ganha. O administrador é assertivo e não cooperativo nas tentativas de resolução de conflitos. Invariavelmente, a concorrência produz a rivalidade, com a meta de alcançar os objetivos à custa dos outros. O poder é usado para alcançar a submissão – para vencer.

O *estilo condescendente* é não assertivo e cooperativo. O administrador cede às exigências dos subordinados; é uma abordagem submissa que procura acomodar a situação.

O *estilo colaborador* é assertivo e cooperativo. Essa é uma abordagem solucionadora de problemas. Os problemas e os conflitos são vistos como desafios. As diferenças são confrontadas, e as ideias e as informações são compartilhadas. Um esforço orquestrado encontra soluções integrativas, aquelas em que todos ganham.

Thomas (1977) propõe que cada um dos cinco estilos pode ser eficaz dependendo da situação; na verdade, usando os dados coletados com a ajuda de um conjunto de diretores executivos, ele combina os cinco estilos de gestão de conflito com as situações apropriadas:

Competitivo
- Quando ações rápidas e decisivas são essenciais – p. ex., emergências.
- Quando questões críticas exigem ações impopulares – p. ex., corte de verbas.
- Quando questões são vitais para o bem-estar da organização.
- Contra indivíduos que levam vantagem injusta em relação aos outros.

Colaborativo
- Quando os dois conjuntos de preocupações são tão importantes que só uma solução integrativa é aceitável; só aceitar é insatisfatório.

- Quando o objetivo é aprender.
- Para integrar percepções de indivíduos com diferentes perspectivas.
- Quando o consenso e o comprometimento são importantes.
- Para quebrar o gelo que tem prejudicado as relações.

Transigente
- Quando os objetivos são importantes, mas não compensam a potencial perturbação.
- Quando há um "confronto".
- Para obter acordos temporários para problemas complexos.
- Para acelerar a ação, quando o tempo for importante.
- Quando a colaboração ou a competição fracassa.

Evitador
- Quando o assunto é trivial.
- Quando os custos superam os benefícios da resolução.
- Para deixar a situação "se acalmar".
- Quando a obtenção de mais informações é imperativa.
- Quando os outros podem resolver o problema de forma mais eficaz.
- Quando o problema é sintoma, em vez de causa.

Condescendente
- Quando você descobre que cometeu um erro.
- Quando as questões são mais importantes para os outros.
- Para construir boa vontade para assuntos mais importantes.
- Para minimizar perdas quando a derrota é inevitável.
- Quando a harmonia e a estabilidade são particularmente importantes.
- Para dar aos subordinados a chance de aprender com seus erros.

Assim como acontece com tantas coisas, não existe um jeito ideal de gerenciar conflitos. Em vez disso, a bem-sucedida gestão de conflitos torna-se provável ao combinar-se cuidadosamente o estilo com a situação, tópico ao qual voltaremos em nossa discussão sobre liderança (ver Cap. 13).

CASO SOBRE LIDERANÇA EDUCACIONAL

Conflito na Washington High School*

A tradicional Washington High School (WHS), escola de ensino médio localizada em uma bucólica e suburbana comunidade do Centro-Oeste dos Estados Unidos, manteve-se pacífica por muitos anos. Os cidadãos tinham orgulho de sua escola, e seus alunos se destacavam academicamente. Isso foi antes de uma ordem judicial de transporte escolar trazer uma substancial população de alunos afro-americanos para a escola. Os cidadãos locais recordam de quando as coisas eram estáveis e idílicas nessa pacata comunidade agropastoril, mas isso foi há 15 anos. Agora a comunidade está rodeada pela expansão industrial, e o transporte escolar imposto alterou a composição do corpo discente de uma escola praticamente com todos os alunos brancos para uma com em torno de 25% de alunos afro-americanos. A mudança trouxe consigo tensões raciais.

As tensões raciais atingiram o auge na Washington High School na época em que os Estados Unidos estavam enviando tropas para a Guerra do Golfo. O cenário foi o *show* de talentos anual na WHS. Em meio aos sentimentos nobres de patriotismo e à ansiedade inspirados pelos "rapazes que iam ao Golfo", sete alunos afro-americanos fizeram o seu número no *show* de talentos com uma grande réplica da bandeira dos Estados Unidos feita de papel. Eles caminharam sobre a bandeira, rasgaram-na, amassaram os pedaços e os jogaram em direção ao público. Então os rapazes desfraldaram uma bandeira do partido político sul-africano Congresso Nacional Africano e desfilaram no palco, ao passo que apresentavam uma canção original de *rap*. A reação do público foi forte. Alguns abandonaram o local em protesto; outros começaram a discutir e gritar; alguns vaiaram enquanto outros aplaudiam; foi um pandemônio só.

À medida que a multidão ficava mais barulhenta, os *rappers* também ficavam. Rapidamente, as coisas saíram do controle; com efeito, o diretor-assistente, responsável no momento, achou que ia haver uma rebelião. Realmente abalado pela súbita reviravolta, o diretor-assistente pulou ao palco e anunciou que o *show* de talentos estava encerrado. Essa ação foi recebida com mais hostilidade e tumulto. Por fim, a ordem se restabeleceu, e os administradores no comando decidiram dar seguimento às apresentações, pois "nenhum dano real havia ocorrido".

Para o diretor da WHS, a apresentação dos alunos afro-americanos foi a ação de um grupo de alunos que violou as regras da escola e cujo comportamento era punível pela política da escola, que proibia terminantemente a realização de números não autorizados. Na verdade, todos os alunos receberam uma cópia das regras para o *show* de talentos antes que seus números fossem aprovados para a produção. Era óbvio que os alunos afro-americanos conscientemente tinham violado as regras para exibir seu protesto. Embora o diretor e seus três assistentes reconhecessem a existência de algumas tensões raciais entre alunos negros e brancos na escola de ensino médio, o ponto de vista deles era de que esse incidente era claramente um caso de alunos mal comportados que violaram a política da escola e mereciam punição. A política da escola declarava claramente que qualquer apresentação não autorizada em

---

* Este incidente baseia-se em um estudo de caso real (LARSON, 1997). Depois de analisar o que você faria como diretor neste caso, sugerimos que você leia a análise sociopolítica feita pelo professor Larson e o desenrolar do caso.

(continua)

CASO SOBRE LIDERANÇA EDUCACIONAL *(continuação)*

eventos patrocinados pela escola exigia "suspensão automática por três dias". Assim, a equipe administrativa (o diretor e os três assistentes), por unanimidade, concordou que os sete alunos deviam ser suspensos por três dias. Dito e feito.

Mas o fim do incidente estava longe. Os protestos estudantis e as tensões raciais rapidamente aumentaram. As suspensões tinham exacerbado as tensões raciais. Os alunos negros e brancos se segregaram em grupos e atormentavam uns aos outros. Os alunos brancos começaram a usar bandeiras dos Estados Unidos e os alunos negros, bandeiras do Congresso Nacional Africano. Cada vez mais, os alunos trocavam comentários raciais. O capitão do time de basquete, um aluno branco, começou a juntar dinheiro para "enviar os garotos negros de volta à África". Grupos de alunos andavam pelos corredores e não davam passagem aos alunos da facção oposta.

O diretor e sua equipe sabiam que estavam sentados em um barril de pólvora, mas se mantiveram inabaláveis em sua crença de ter tomado a decisão certa em relação ao protesto dos alunos no *show* de talentos. Ficou claro que os alunos tinham violado a política da escola e tinham recebido punição merecida; no entanto, as repercussões continuavam. Em geral, os professores da escola apoiavam a medida administrativa, mas um número crescente de professores estava apreensivo quanto aos fatos dos últimos dias. A questão tornou-se política. Professores e alunos tomavam partido. Agora, os líderes da comunidade afro-americana queriam discutir o protesto no *show* de talentos. Um pastor ativista afro-americano local exigiu uma reunião com o diretor para um "desagravo público" a favor dos alunos negros.

- Qual é o problema imediato? O problema no longo prazo?
- Esse problema é racial? Político? Social?
- Como o diretor deve lidar com essa situação?
- O diretor deve marcar uma reunião com o pastor afro-americano? Em caso afirmativo, qual é a estratégia?
- Desenvolva um plano de ação para as próximas semanas. E para o próximo ano.

GUIA PRÁTICO

1. Mantenha-se calmo em situações difíceis: não "perca as estribeiras" em público.
2. Demonstre sua autenticidade e autonomia: abertura e independência aumentam a influência.
3. Expanda seu poder cultivando relacionamentos informais: a organização informal é uma importante fonte de poder.
4. Use o poder coercitivo apenas como último recurso: o poder coercitivo aliena.
5. Torne-se politicamente esclarecido para a realidade da política organizacional: a política é um fato da vida organizacional.
6. Entenda que as organizações nem sempre são justas: às vezes elas são injustas.
7. Esgote a organização informal antes de recorrer à formal: a informal é muitas vezes mais poderosa do que a formal.
8. Em conflitos – evite, concorra, colabore, seja transigente e condescendente: a resolução depende de escolher a estratégia certa para a situação.
9. Use a racionalidade, não a racionalização, para tomar decisões: a racionalização muitas vezes se disfarça como racionalidade.
10. Seja notado para ganhar poder: destaque-se na multidão com boas ideias.

PRINCÍPIOS E PRESSUPOSTOS BÁSICOS

1. A autoridade é o poder legítimo que emerge da organização formal (autoridade formal), da organização informal (autoridade informal), da *expertise* (autoridade funcional) e dos atributos pessoais extraordinários (autoridade carismática).
2. O poder coercitivo tende a alienar subordinados e produz resistência e hostilidade.
3. O poder referente e o poder especialista normalmente criam comprometimento dos subordinados.
4. A política organizacional é geralmente disfuncional porque as decisões são feitas com base nas necessidades individuais em vez de organizacionais.
5. O poder invariavelmente confunde a distinção entre racionalidade e racionalização, e a racionalidade é a vítima.

6. A política da organização é influenciada tanto por coalizões internas como externas.
7. O poder e a política nas organizações são inevitáveis, e os membros da organização têm três opções básicas – ficar e jogar (expressar sua voz), ficar e contribuir como esperado (mostrar lealdade) ou abandonar (saída).
8. O sucesso no jogo da política organizacional exige que seus membros negociem, disputem cargos e se envolvam em uma miríade de jogos, estratégias e táticas.
9. Os conflitos organizacionais podem ser construtivos ou destrutivos.
10. Não existe maneira ideal de gerenciar conflitos; o sucesso depende de combinar a correta abordagem de resolução com a situação.

TESTE OS SEUS CONHECIMENTOS: SABE O SIGNIFICADO DESTES TERMOS?

poder, *p. 208*
autoridade, *p. 208*
autoridade carismática, *p. 209*
autoridade tradicional, *p. 209*
autoridade jurídica, *p. 209*
autoridade formal, *p. 209*
autoridade funcional, *p. 210*
autoridade informal, *p. 210*
poder recompensador, *p. 213*
poder coercitivo, *p. 213*
poder legítimo, *p. 213*
poder referente, *p. 214*
poder perito, *p. 214*
empoderamento, *p. 217*
sistema de autoridade, *p. 218*
sistema de ideologia, *p. 218*
sistema de *expertise*, *p. 218*
sistema de política, *p. 218*
política organizacional, *p. 223*
coalizões, *p. 223*
coalizões internas, *p. 223*
coalizões externas, *p. 223*
coalizão externa dominante, *p. 223*

coalizões externas divididas, *p. 223*
coalizões externas passivas, *p. 223*
clientelismo, *p. 225*
criação de redes, *p. 225*
gestão de informações, *p. 226*
gestão de impressões, *p. 226*
construção de coalizões, *p. 226*
criação de bodes expiatórios, *p. 226*
aumento da indispensabilidade, *p. 226*
lisonja, *p. 226*
ganhar a atenção dos superiores (GAS), *p. 227*
princípio da atratividade, *p. 228*
princípio da reciprocidade, *p. 228*
princípio do comprometimento público, *p. 228*
princípio do coleguismo, *p. 228*
princípio do otimismo, *p. 228*
princípio da equidade, *p. 229*
princípio da *expertise*, *p. 229*
jogos de insurgência, *p. 230*
jogos de construção de poder, *p. 230*
jogos de rivais, *p. 232*
jogos de mudança, *p. 233*
estilos de gestão de conflitos, p. 235

LEITURAS SUGERIDAS

BACHARACH, S. B.; LAWLER, E. J. *Organizational politics*. Stamford: JAI Press, 2000.

Exigente conjunto de ensaios sobre poder, influência e legitimidade nas organizações.

CIALDINI, R. E. *Influence*: science and practice. 4th ed. Boston: Allyn & Bacon, 2001.

Resumo de princípios e aplicações da influência obtida a partir das pesquisas das ciências sociais.

DELUCA, J. R. *Political Savvy*. Berwyn: EBG Publications, 1999.

Análise sobre como líderes politicamente esclarecidos gerenciam políticas organizacionais de modo ético e responsável.

GREENE, R. *The 48 laws of power*. New York: Penguin, 2000.

Análise dos princípios do poder incluindo estratégias espertas, astutas e amorais.

MACHIAVELLI, N. *The Prince*. Harmondsworth: Pinguim, 1984.

Análise clássica sobre o poder pelo próprio mestre.

MORGAN, G. *Images of organizations*. Thousand Oaks: Sage, 2006.

Perspicaz análise das organizações como sistemas políticos.

PFEFFER, J. *Power*: why some people have it and others don't. New York: HarperCollins, 2010.

Intrigante análise do poder nas organizações que se destaca por sua aplicação prática de pesquisas colhidas nas ciências sociais.

SWEETLAND, S. R.; HOY, W. K. Varnishing the truth: principals and teachers spinning reality. *Journal of Educational Administration*, v. 39, p. 282-293, 2001.

Estudo e análise empíricos sobre a manipulação da verdade e a política nas escolas.

EXERCÍCIO DE PORTFÓLIO

Faça uma análise escrita das políticas organizacionais em sua escola; em seguida, resuma as relações de poder de sua escola criando uma representação visual do poder e da política organizacionais no nível da escola, do bairro e da comunidade. Não se esqueça de incluir o seguinte:

- Descreva os grupos políticos informais de professores de sua escola.
- O que cada grupo defende e quem são os líderes? Quem tem mais poder?

- Descreva pelo menos dois ou três jogos políticos praticados em sua escola.
- Como esses grupos políticos interagem com a administração e uns com os outros?
- Identifique as forças políticas fora da escola que fazem a diferença dentro da escola.
- Use os conceitos de coalizões internas e externas como parte de sua apresentação visual.

Padrões de liderança 2, 5 e 6

NOTA

1. Esta seção inspira-se fortemente na análise do poder de Mintzberg (1983a).

8

AMBIENTES EXTERNOS E RESPONSABILIZAÇÃO DAS ESCOLAS

Torna-se evidente que as escolhas das organizações em expansão sobre quais unidades adicionar não têm nada de aleatório, mas são parcialmente determinadas pelas condições no ambiente institucional.

Brian Rowan
"Organizational Structure and the Institutional Environment: The Case of Public Schools"

PONTOS PRINCIPAIS

1. As escolas são sistemas abertos e dependem das trocas com o ambiente para sobreviver.
2. Múltiplas influências ambientais vêm de diferentes níveis da sociedade e afetam o que acontece nas escolas: o governo federal está se tornando uma força ambiental cada vez mais significativa.
3. Dois pontos de vista gerais do ambiente são o modelo de dependência de recursos e a perspectiva institucional.
4. A perspectiva de dependência de recursos encara o ambiente como um lugar para obter recursos escassos (p. ex., fiscais, pessoais, informações, conhecimentos e produtos e serviços) para apoiar os processos técnicos das escolas.
5. Em contraste com a perspectiva de dependência de recursos, a teoria institucional pressupõe que o ambiente incentive as escolas a se adaptar ao poderoso conjunto de regras e exigências impostas pelas instituições jurídicas, sociais, profissionais e políticas.

6. A teoria institucional afirma que as estruturas e os processos escolares espelham as normas, os valores e as ideologias institucionalizadas na sociedade. Os ambientes institucionais das escolas pressionam mais por forma do que por substância.
7. As escolas usam estratégias internas e externas para minimizar a influência do ambiente externo em suas operações.
8. As escolas estão enfrentando exigências mais fortes por desempenho técnico e por conformidade institucional.
9. Os padrões e os movimentos de responsabilização começados por iniciativas federais (No Child Left Behind [NCLB] e Race to the Top) são importantes forças externas que impulsionam a reforma escolar.
10. A responsabilização usando testes de alto impacto é potencialmente disfuncional.

O conceito de sistemas abertos (ver Cap. 1) destaca a vulnerabilidade e a interdependência das organizações e seus ambientes. Os produtos das organizações contribuem positivamente (p. ex., bens) e negativamente (p. ex., poluentes) com o ambiente externo. Os ambientes externos também têm um impacto – afetam entradas, estruturas e processos internos, bem como as saídas das organizações. Assim, é necessário olhar tanto para dentro quanto para fora da organização a fim de explicar o comportamento no âmbito das organizações escolares. Com efeito, as macrotendências sociais, culturais, econômicas, demográficas, políticas e tecnológicas influenciam as operações internas das escolas e distritos.

As escolas são conceitualizadas como parte de um universo ou ambiente maior; por isso, é possível defender a tese de que qualquer coisa que acontece no ambiente macro afeta as escolas e vice-versa. Por exemplo, os avanços revolucionários na computação e na tecnologia da informação criaram um turbilhão de atividades e mudanças nos distritos escolares, à medida que esses distritos tentaram encontrar maneiras de comprar e usar as tecnologias emergentes. Incidentes de violência extrema nas escolas, como o ataque na escola Columbine,* atraem a atenção da mídia, do público e dos líderes políticos, induzindo escolas afastadas dos episódios violentos a preparar planos de contingência, contratar seguranças e instalar detectores de armas. Até mesmo com esses exemplos vívidos e uma duradoura ênfase na importância dos ambientes externos, os educadores comumente subestimam a extensão em que suas organizações são afetadas pelo macroambiente (SCOTT; MEYER, 1991). Em contraste, W. Richard Scott (2003) salienta que todas as organizações são sistemas abertos e dependem de trocas com outras organizações no ambiente como condição para sua sobrevivência.

Múltiplas influências ambientais provêm de diferentes níveis da sociedade e afetam o que acontece nas escolas. Os avanços em tecnologia e informação, as estruturas políticas e os padrões das normas jurídicas, as condições sociais e os valores culturais, os fatores econômicos e de mercado, e as características populacionais e demográficas influenciam as estruturas e os processos escolares. No âmbito de uma localidade específica, muitos grupos de partes interessadas – por exemplo, pais individuais, associações de contribuintes, grupos empresariais, legislaturas e agências de acreditação – desempenham um papel fundamental na prática educativa. Não obstante todas essas influências ambientais, ações governamentais como as leis No Child Left Behind e Race to the Top exigem que as escolas adotem novos padrões curriculares, políticas de testes e, em alguns casos, até opções para tutores externos e escolha da escola; na verdade, entre todas as forças externas nas escolas norte-americanas contemporâneas, as forças governamentais estão entre as mais relevantes.

Com as crescentes exigências de responsabilização e os parcos recursos financeiros, a gestão eficiente do ambiente externo pode significar a diferença entre uma escola ou distrito com alto ou baixo desempenho. Os administradores precisam de ferramentas conceituais para ajudá-los a compreender e adaptar-se às condições externas. Este capítulo fornece essas ferramentas por meio da perspectiva da dependência de recursos e da perspectiva institucional. Essas perspec-

---

* N. de R.T.: Em abril de 1999, na escola de ensino médio Columbine, em Littleton, no estado norte-americano do Colorado, dois estudantes mataram colegas e um professor, feriram outras pessoas, e se suicidaram. Esse fato suscitou séria discussão, nos Estados Unidos, a respeito do controle de armas, maior segurança nas escolas e violência no trato a adolescentes. No Brasil, um ex-aluno do Colégio Tasso da Silveira, no bairro do Realengo (Rio de Janeiro), em 2011, matou alunos, feriu outros, e se suicidou. Da mesma forma, esse episódio provocou muitas discussões sobre desarmamento no Brasil, criação da ONG Os Anjos de Realengo para cobrar do governo maior segurança nas escolas, além de consultas a especialistas sobre segurança pública.

tivas são estruturas úteis para visualizar a interação entre o ambiente externo e as operações internas da escola.

PERSPECTIVA DE DEPENDÊNCIA DE RECURSOS

A **perspectiva de dependência de recursos** encara o ambiente como um lugar para obter recursos escassos para o funcionamento da organização. Quatro tipos gerais de recursos ambientais são normalmente identificados (ALDRICH, 1972; BENSON, 1975):

- Fiscais (impostos, subsídios, auxílios estaduais e federais).
- Pessoais (alunos, professores, administradores e membros do conselho).
- Informação e conhecimento (resultados de pesquisa e projetos de avaliação).
- Produtos e serviços (materiais instrucionais e serviços de pontuação de testes).

W. Norton Grubb (2009) argumenta que investimentos de fator único, semelhantes àqueles descritos anteriormente, são simples entradas nas escolas. Recursos simples – como novas ferramentas de avaliação dos professores, mais professores para reduzir o tamanho das turmas e despesas suplementares de apoio aos alunos – são necessários, mas insuficientes para uma significativa melhoria da escola. Por exemplo, o tamanho reduzido da turma não vai mudar a aprendizagem do aluno se as práticas instrucionais permanecerem as mesmas. O pagamento de bônus para a Certificação do Conselho Nacional não vai mudar a eficácia do professor se os professores forem alijados do processo ou se o ambiente instrucional padronizar o ensino.

Grubb estabelece a distinção entre recursos *simples* (número de professores), recursos *compostos* (relações aluno-professor), recursos *complexos* (abordagens de ensino) e recursos *abstratos* (cultura e coesão escola-

res). Esse modelo é uma maneira útil de pensar sobre a dependência de recursos, pois sugere que entradas simples do ambiente são insuficientes para a eficiência escolar. A importância de expandir o conceito dos recursos é ilustrada pelas pesquisas de Grubb (2006), as quais demonstraram que recursos complexos e abstratos foram melhores prognosticadores de desempenho estudantil do que as simples entradas das escolas. Suas conclusões corroboram outros indícios de que elementos intangíveis como eficácia coletiva, otimismo acadêmico, confiança e afiliações de bairros – recursos abstratos – são mecanismos poderosos por trás do aprimoramento escolar (BRYK et al., 2010; FORSYTH, ADAMS; HOY, 2011). Em poucas palavras, ambientes ricos em recursos abstratos tendem a apoiar as necessidades sociais e psicológicas dos alunos (COLEMAN, 1987; RYAN; DECI, 2000), reforçar a instrução inovadora e construtivista (WINDSCHITL, 2002) e preencher as necessidades profissionais dos professores (INGERSOLL, 2004; LEITHWOOD, 2007), fatores que apoiam níveis mais elevados de desempenho escolar.

Disponibilidade de recursos

Os recursos ambientais são comumente conceituados em um contínuo desde a **escassez** até a **abundância** – isto é, a extensão ou a capacidade do ambiente em fornecer recursos que possibilitem um crescimento sustentado da organização. A abundância relativa de recursos no ambiente é o determinante primordial de entradas suficientes para qualquer organização. Quando os recursos são abundantes, a sobrevivência é relativamente fácil, e a busca de objetivos e tarefas abrangentes torna-se possível (CASTROGIOVANNI, 1991). Muitos distritos ricos se beneficiam de um ambiente externo em que suposições e expectativas compartilhadas sobre educação facilitam a formação de recursos complexos e abstratos (BRYK; SCHNEIDER, 2002; GRUBB, 2006). Por exemplo, os recursos humanos e sociais nas comunidades abastadas muitas vezes ampliam as oportunidades de aprendizagem além das escolas e das salas de aula, oportunizando para as crianças experiências que apoiem o seu desenvolvimento e as socializem para valorizar a educação (LOUIS et al., 2010).

Sob condições de capacidade limitada, ou escassez, a competição por recursos entre os subgrupos pode assumir a forma de um jogo de soma zero, com cada subgrupo se importando mais com sua cota de recursos finitos do que no bem-estar global da organização. Por exemplo, os distritos escolares em ambientes carentes estariam limitados a um currículo acadêmico básico, e programas extracurriculares programas competiriam com o que porventura sobrasse. Nesse caso, os recursos para atender às necessidades sociais e emocionais teriam de vir de fontes externas de financiamento tradicionais.

Embora menos evidente, um ambiente externo com capacidade diminuída também afeta a formação de recursos complexos e abstratos (BENVENISTE; CARNOY; ROTHSTEIN, 2003; ROTHSTEIN, 2004). Louis et al. (2010) constataram que, à medida que aumentava a representação das pessoas carentes e das minorias nas escolas, a responsabilidade coletiva, a abertura aos pais e o apoio administrativo diminuíam. O estudo de Wilson (1987) sobre pobreza urbana em Chicago também descreveu como parcos recursos humanos e sociais nas comunidades (p. ex., modelos positivos, relacionamentos de orientação, experiências extracurriculares, apoio dos pais e afins) diminuíam o efeito das oportunidades educacionais. As escolas em ambientes com recursos escassos são frequentemente afetadas por objetivos políticos concorrentes (HONIG; HATCH, 2004), capacidade instrucional reduzida (CORCORAN; GOERTZ, 1995; NEWMAN; KING; RIGDON, 1997) e capital social limitado na comunidade (BRYK et al., 2010; COLEMAN, 1987). Alunos em escolas e distritos mais pobres estão em clara desvantagem.

Dependência

A **dependência** é definida tanto pela extensão da necessidade de um recurso e sua disponibilidade (ou seja, escassez/abundância) no ambiente. Em cenários educacionais, a dependência está diretamente relacionada à necessidade da escola por recursos que outras organizações controlam e inversamente relacionada à disponibilidade dos recursos. Ou seja, se as escolas não conseguem realizar seus objetivos sem os recursos controlados por outras organizações e são incapazes de assegurá-los de outro modo, elas se tornam dependentes do provedor do recurso. Essa descrição de dependência se enquadra no conceito de recursos simples de Grubb. Distritos e escolas dependem de organizações como empresas de livros didáticos, editoras de testes e governos estaduais para materiais instrucionais, avaliações de alunos e apoio financeiro.

A dependência não é limitada a simples entradas. As escolas também dependem do ambiente externo para converter as entradas simples em recursos complexos e abstratos. Por exemplo, as comunidades e as famílias que socializam os alunos para valorizar a escola e para se envolver no processo de aprendizagem permitem que as escolas utilizem controles sociais que promovam a aprendizagem autorregulada e autodeterminada, estados internos necessários ao desempenho de qualidade (RYAN; DECI, 2000). O desempenho escolar também depende de que faculdades de educação e outros programas de preparação (p. ex., Ensine para a América*) desenvolvam um conduto para que o talento de professores e lideranças resulte na melhoria do capital humano e social.

---

* N. de R.T.: Ensine para a América é um programa criado por Wendy Kopp, na década de 1990, que faz a seleção e o treinamento de estudantes recém formados nas melhores universidades americanas para que sejam professores, por dois anos, nas piores escolas de ensino fundamental dos Estados Unidos. Inspirado nesse programa, no Brasil, há o Ensina.

Observe nos exemplos anteriores que a dependência é um atributo da relação entre as escolas e as entidades do ambiente, não um atributo de organizações individuais isoladamente (ALDRICH; MINDLIN, 1978; SUTCLIFFE, 1994). Deduz-se que quanto maior a dependência de recursos, mais as organizações precisam se comunicar umas com as outras (VAN DE VEN; FERRY, 1980). Uma consequência natural da maior dependência é que os fornecedores ganham poder sobre as escolas. Com esse poder, os fornecedores controlam se as escolas obtêm os recursos necessários, se usam os recursos da maneira desejada (FROOMAN, 1999) e a natureza dos recursos fornecidos.

As finanças escolares e o controle da reforma educacional pelas agências governamentais ilustram o conceito de dependência. À medida que os recursos fiscais dos impostos de propriedade locais e dos subsídios federais declinam, aumenta a necessidade dos distritos de garantir dotações adicionais das legislaturas estaduais. Como a maior parte de seus orçamentos é fornecida pelo estado, a dependência dos distritos escolares dos governos estaduais cresce drasticamente. De modo paralelo, o poder do estado sobre os distritos escolares locais se expande, e as legislaturas e secretarias de educação estaduais são capazes de impor reformas educacionais aos distritos escolares – p. ex., padrões curriculares e programas de teste.

Todas as organizações dependem de seus ambientes; por isso, o controle externo do comportamento organizacional é possível e inevitavelmente restritivo. As organizações não prosperam nem sobrevivem sem adaptação ao ambiente. Em outras palavras, a sobrevivência organizacional depende da capacidade de adquirir recursos essenciais do ambiente externo (CASCIARO; PISKORSKI, 2005). Portanto, o modelo da dependência de recursos enfatiza que as organizações se adaptem a seus ambientes, atuando para melhorar suas chances de sobrevivência (SCOTT, 2003). Mas as exigências muitas vezes são conflitantes; assim, as organizações não florescem apenas respondendo a cada exigência ambiental. O desafio para os tomadores de decisão da escola é determinar a extensão em que suas escolas se adaptam às várias exigências ambientais e as implicações dessas respostas para suas organizações.

Em suma, a partir do modelo da dependência de recursos, as escolas encaram seus ambientes externos como fonte de uma série de recursos para suas operações em troca de produtos e serviços valorizados no ambiente externo. Os recursos assumem a forma de simples, compostos, complexos e abstratos, com recursos complexos e abstratos tendo o maior efeito sobre o desempenho escolar e sendo os mais difíceis de desenvolver e sustentar. À medida que as escolas se tornam mais dependentes de seus ambientes, o controle interno é reduzido e restrições externas são impostas.

TEORIA NA PRÁTICA

Aplicação da perspectiva de dependência de recursos nas escolas

Analise o distrito escolar ou a área de atendimento escolar em que você mora.

- Dê um exemplo de cada um dos seguintes recursos disponíveis para sua escola: recursos simples, compostos, complexos e abstratos.
- Como a competição por recursos afeta seu programa esportivo? Existem recursos suficientes para financiar tanto os programas acadêmicos quanto os esportivos? De que modo uma diminuição dos fundos estaduais afetaria os dois programas? O que os administradores podem fazer para se adaptar de maneira eficaz a essas restrições?
- Que recursos abstratos da cultura escolar têm maior probabilidade de melhorar o desempenho acadêmico? Como?
- Quais recursos abstratos do ambiente externo são mais importantes?

Administração de ambientes de recurso

Os fatores ambientais podem ameaçar ou restringir a autonomia do educador e provocar mudanças nas estruturas e operações internas das organizações da escola. Portanto, os administradores educacionais muitas vezes tentam minimizar efeitos externos e assumir papéis-chave na gestão dos ambientes externos de sua escola (PFEFFER, 1976). Empregando várias táticas, os educadores se esforçam para ganhar controle sobre os recursos, para não se tornarem dependentes, para que os outros dependam deles e para absorver incertezas. Tentativas para diminuir a incerteza e a dependência ambientais podem ser agrupadas em estratégias adaptativas internas e interorganizacionais. Os dois conjuntos de estratégias são projetados para proteger processos essenciais das influências ambientais pelo aumento da certeza e pela conquista de recursos adicionais. No entanto, antes de aprofundar algumas dessas táticas, frisamos duas advertências. Os ambientes externos para escolas permanecem altamente dinâmicos; e mesmo quando um mínimo de controle é conseguido por meio de estratégias bem concebidas e executadas, ele pode ser fácil e rapidamente perdido (GROSS; ETZIONI, 1985).

Estratégias adaptativas internas

O ambiente pode impor restrições técnicas e de recursos em organizações. Para combater essas restrições, as organizações comumente usam estratégias envolvendo operações internas de proteção e ajuste.

Proteção   Monty L. Lynn (2005, p. 38) definiu **proteção** como "[...] a regulação e/ou o isolamento de processos, funções, entidades ou indivíduos organizacionais dos efeitos da incerteza e da escassez ambientais". Essa é uma estratégia de isolamento com base no pressuposto de que a eficiência só pode ser maximizada quando o cerne técnico, por exemplo, o ensino nas escolas, não é perturbado por incertezas e dependências externas. Enunciado de forma simples, a proteção cria uma camada protetora entre a organização e seu ambiente (MINER; AMBURGEY; STEARNS, 1990; PENNINGS, 1992).

Com o uso de estruturas e processos que isolam ou circundam as atividades internas e absorvem as perturbações ambientais, os educadores protegem suas escolas de exigências externas direcionando, limitando e até mesmo suspendendo a interação ambiental (HONIG; HATCH, 2004). Por exemplo, escolas criam departamentos, cargos e processos específicos para lidar com a incerteza e a dependência. Os departamentos de compras, planejamento, recursos humanos, currículo e instalações são estabelecidos para proteger os professores do ambiente da escola. Esses departamentos transferem materiais, serviços, informações, dinheiro e outros recursos entre o ambiente e a escola. Além disso, os diretores exercem papéis essenciais de proteção ao lidar com as reclamações dos pais sobre os professores (FAUSKE; JOHNSON, 2002). Além disso, diretores e outros administradores criam regras e procedimentos formais que exigem que pessoas de fora, como representantes de grupos comunitários e agências de serviço social, façam seus contatos iniciais com eles e não com os professores (DIPAOLA; TSCHANNEN-MORAN, 2005). O objetivo da proteção é tornar o cerne técnico o mais perto possível de um sistema fechado e, assim, melhorar a eficiência (DAFT, 1989).

O **planejamento com previsão** protege as organizações por antecipar as mudanças ambientais e tomar ações para suavizar seus efeitos adversos sobre os indivíduos e sobre as estruturas e processos internos. Em situações incertas e dependentes, os distritos escolares costumam criar departamentos de planejamento separados ou atribuir funções de planejamento para um administrador específico. Espera-se que os planejadores educacionais identifiquem os elementos ambientais importantes e analisem as medidas em potencial, bem como as possíveis contramedidas por outras organizações. O planejamento deve ser amplo e prever uma variedade de cenários. Por exemplo, algumas escolas rotineiramente fazem projeções de matrículas para determinar o impacto das mudanças populacionais. Será preciso fechar escolas ou construir novas? À medida que as condições se modificam, os planos devem ser atualizados. Enquanto os educadores puderem prever com precisão as flutuações ambientais, eles têm a oportunidade de reduzir a incerteza, a dependência e as perturbações causadas pela mudança inesperada.

O **perpassar de fronteiras** cria funções internas para atravessar as fronteiras organizacionais e interligar as escolas aos elementos do ambiente externo. Duas funções são normalmente executadas por cargos que perpassam fronteiras: detectar informações sobre as mudanças no ambiente externo e representar a organização diante do ambiente (ALDRICH; HERKER, 1977).

Para a detecção, cargos de fronteiras concentram-se na transferência de informações entre o ambiente e as escolas. O pessoal de fronteira examina e monitora os fatos no ambiente capazes de criar mudanças abruptas e tendências de longo prazo, comunicando as informações aos tomadores de decisão (DAFT, 1989). À medida que identifica desenvolvimentos tecnológicos, inovações curriculares e padrões de financiamento, o pessoal de fronteira fornece dados que permitem aos educadores orquestrar a velocidade e o rumo da mudança. Quando as ondas de choque ambiental atingem a zona de estabilidade sensível do ensino e aprendizagem, por exemplo, elas podem se dispersar em modificações e inovações gerenciáveis (LYNN, 2005). Alguns indivíduos nas escolas – superintendentes, diretores e coordenadores curriculares – protegem o cerne técnico por meio de atividades que perpassam

fronteiras. Por exemplo, o coordenador curricular do distrito é responsável por alinhar o currículo com os testes estaduais. Não surpreende que o(a) diretor(a) se encontre rotineiramente com as autoridades estaduais, e talvez com os especialistas curriculares da universidade local; ele ou ela cria pontes com outras organizações para antecipar as rupturas – nesse caso, com a secretaria estadual de educação ou com uma faculdade.

Na função representativa, o pessoal responsável por perpassar fronteiras envia as informações da organização ao ambiente. A ideia é influenciar as percepções de outras pessoas da organização, reduzir a incerteza e, portanto, proteger seu cerne operacional. Muitas vezes, as escolas têm setores para as partes interessadas do público. Outros setores distritais também podem exercer essa função. Por exemplo, programas comunitários e de educação para adultos, que atraem principalmente clientes pagadores de impostos, podem exemplificar a qualidade de ensino disponível para os alunos. Os departamentos corporativos e jurídicos podem informar os legisladores sobre as necessidades escolares ou sobre os pontos de vista escolares em questões políticas. Conselhos de educação e comitês consultivos escolares tentam gerenciar seus ambientes, realçando o sucesso da escola. Da mesma forma, mulheres, membros de grupos minoritários e alunos são convidados aos comitês consultivos para se conectar com o público de maneiras importantes (ALDRICH; HERKER, 1977). Quando o público tiver uma imagem positiva da escola, a incerteza e a dependência podem ser reduzidas. Os perpassadores de fronteiras desempenham um papel fundamental nas relações interorganizacionais (FRIEDMAN; PODOLNY, 1992) e muitas vezes influenciam as decisões escolares (AT-TWAIJRI; MONTANARI, 1987).

Ajuste das operações internas A perspectiva da dependência de recursos sugere uma abordagem de contingência estrutural para o projeto organizacional (ALDRICH; MINDLIN, 1978; PENNINGS, 1992). O modo que uma organização deve ser projetada depende em parte do seu ambiente. Em outras palavras, não existe uma maneira ideal de organizar escolas. Em vez disso, a estrutura escolar mais eficiente é aquela que tira proveito de seu ambiente.

Os primeiros pesquisadores a indicar que diferentes tipos de estrutura organizacional podem ser eficazes em diferentes ambientes foram Tom Burns e G. M. Stalker (1961). Eles constataram que os tipos de estrutura que existiam em ambientes dinâmicos eram diferentes dos tipos que existiam em ambientes estáveis. Quando o ambiente externo era estável, a organização interna era altamente burocrática ou "mecanicista" – isto é, caracterizada por regras e regulamentos formais, procedimentos operacionais padronizados e tomadas de decisão centralizadas; as relações interpessoais eram formais, impessoais, rígidas e bem definidas. Dependendo muito de comportamentos programados, as organizações mecanicistas realizaram tarefas rotineiras com eficiência, mas responderam com relativa lentidão a fatos incomuns.

Em ambientes altamente instáveis, a organização interna era "orgânica" ou informal – ou seja, poucas regras, acordos informais sobre procedimentos operacionais e tomadas de decisões descentralizadas; as relações interpessoais eram informais, pessoais, flexíveis e um tanto ambíguas. Burns e Stalker não concluem que o modelo mecanicista era inferior ao modelo orgânico, mas sim que a estrutura mais eficaz é aquela que se ajusta às exigências do ambiente – concepção mecanicista em ambiente estável e forma orgânica em ambiente instável. Danny Miller (1992) verificou apoio considerável para o modelo de contingência ou ambiental.

Os dados de pesquisa sugerem um modelo de adaptação ambiental (MINTZBERG, 1983a). Se o ambiente for estável, uma estrutura mecanicista representa um acordo eficaz, mas, se o ambiente for instável, então uma estrutura orgânica é a melhor adaptação. No entanto, em ambientes estáveis com estrutura organizacional orgânica, emerge uma flexibilidade disfuncional. Em contraste, em ambientes instáveis com estrutura mecanicista, uma rigidez disfuncional é produzida. Para que a adaptação ao ambiente seja congruente, a estrutura deve mudar à medida que o ambiente se altera. A Figura 8.1 resume o modelo de adaptação ambiental.

A teoria da dependência de recursos destaca a importância de fatores ambientais na promoção e na restrição de decisões e ações organizacionais, mas, ao mesmo tempo, deixa espaço para a operação de escolhas estratégicas por parte dos administradores, à medida que eles manobram por meio de contextos desconhecidos. Em outras palavras, o modelo da dependência de recursos postula que embora as influências ambientais sejam importantes, as restrições ambientais não reduzem o conjunto viável de estruturas a um só formato. Em vez disso, várias estruturas e ações internas são consistentes com a sobrevivência da organização (ALDRICH; PFEFFER, 1976).

Estratégias adaptativas interorganizacionais

Até agora descrevemos as maneiras em que as organizações escolares se adaptam internamente ao ambiente externo. Os administradores não precisam simplesmente aceitar o ambiente como ele é; às vezes, podem moldar o ambiente para tirar proveito dele. James G. March (1981) chega a afirmar que, em parte, as organizações criam os seus ambientes. Duas estratégias são usadas para gerenciar o ambiente externo – estabelecer vínculos favoráveis e moldar elementos ambientais. Um ponto a ser lembrado sobre as tentativas de controlar o ambiente é que

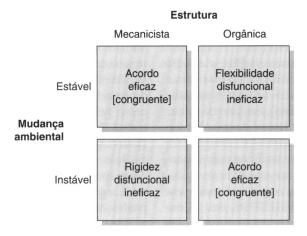

FIGURA 8.1 Modelo de adaptação ambiental: modelo de contingência de acomodação organizacional da estrutura às mudanças ambientais.

ele também tem caráter organizado e capacidade de reagir (KATZ, KAHN, 1978).

Estabelecimento de vínculos favoráveis
Como estratégia para ganhar controle adicional sobre seus ambientes de recursos, as organizações sem fins lucrativos, como as escolas públicas, têm aumentado ativamente o número de alianças, parcerias e colaborações com outras organizações. Esse crescimento em arranjos colaborativos mostra diferentes organizações trabalhando juntas para tratar de problemas por meio de esforços de cooperação e do compartilhamento da propriedade dos produtos e serviços finais (GUO; ACAR, 2005).

As ligações interorganizacionais são importantes porque aumentam o poder organizacional, reduzem a incerteza, melhoram o desempenho garantindo um fluxo estável de recursos críticos e protegem as organizações dos efeitos adversos da incerteza e da escassez ambientais (STEARNS; HOFFMAN; HEIDE, 1987). Além disso, fortes laços com outras organizações promovem a adaptação e a inovação aprimorando as comunicações, compartilhando as informações e usando estratégias flexíveis (GOES; PARK, 1997; KRAATZ,

1998). As conexões ocorrem muitas vezes em redes complexas que tentam regularizar o fluxo das informações e reduzir a incerteza. Acredita-se que o processo social primordial é uma forma de intercâmbio social e econômico. As organizações criam vínculos por meio da troca de informações, pessoal, fundos, equipamentos e outros itens necessários; ou seja, os recursos são trocados em um esforço para controlar o ambiente. Por exemplo, os arranjos colaborativos reduzem a incerteza das informações e ajudam as escolas a adquirir os recursos necessários (GUO; ACAR, 2005).

Em organizações empresariais, um mecanismo favorito para reduzir a concorrência e a dependência é a fusão. Se uma fonte de matéria-prima é incerta, comprar o fornecedor remove a dependência do elemento externo. Embora as organizações educacionais não possam depender de fusões, elas realmente estabelecem empreendimentos conjuntos (*joint-ventures*) com outras organizações. Os distritos escolares formam *parcerias, colaborações* ou *coalizões* com empresas, universidades, fundações e governos estaduais e federais para compartilhar os riscos e custos associados com resses educacionais procuram-se uns aos outros para consulta e aconselhamento no processo de formulação de políticas. Com efeito, Heclo (1978) afirma que pequenos círculos ou "triângulos de ferro" de participantes já não controlam a formulação de políticas. Em vez disso, com o crescimento nas burocracias do governo e nos sistemas de grupos de interesses, a formulação de políticas geralmente ocorre dentro de redes relativamente abertas de políticas ou temas, e é fácil ignorar muitas teias de influência que provocam e orientam a tomada de decisão.

Na prática, a implicação global é que as organizações escolares não precisam ser instrumentos simples e passivos do ambiente externo. Estratégias de proteção podem diminuir as influências ambientais sobre as operações internas da escola. A politicagem de indivíduos, grupos de interesses e alianças de rede podem realmente moldar os ambientes de política das escolas. Em suma, com o emprego de estratégias internas e externas, os administradores educacionais diminuem ou modificam as exigências externas, reduzem a incerteza e aumentam a aquisição de recursos.

TEORIA NA PRÁTICA

Administração de ambientes

Pense em uma recente controvérsia ou inovação de programas no distrito escolar ou na escola em que você reside ou trabalha. Quais foram os principais pontos de discórdia? Que estratégias os educadores usaram para obter informações e recursos do ambiente? Eles tentaram moldar os fatores ambientais? Quais táticas os indivíduos, os grupos e as organizações no ambiente utilizam para influenciar a controvérsia ou a inovação? As estratégias foram eficazes?

PERSPECTIVA INSTITUCIONAL

Embora os materiais e os recursos sejam elementos importantes nos ambientes de tarefa nas organizações, os principais fatores em ambientes institucionais têm natureza simbólica e cultural (SCOTT, 2003). Além disso, a **perspectiva institucional** tornou-se uma relevante abordagem para a compreensão das organizações e seus ambientes (MIZRUCHI; FEIN, 1999). Brian Rowan (1993) caracteriza-a como uma das formulações mais vitais na teoria organizacional de hoje. As raízes da teoria institucional encontram-se na obra de Philip Selznick (1949, 1957). Suas ideias foram revitalizadas e esmiuçadas por Meyer e Rowan (1977) para criar uma "nova" teoria institucional. Desde o final dos anos de 1970, a teoria institucional tem gerado amplo interesse entre os estudiosos e fornece valiosas percepções conceituais e práticas sobre as escolas.

De acordo com Rowan e Miskel (1999), o objetivo da teoria institucional é explicar como surgem ambientes socialmente organizados e como eles influenciam as ações sociais. Em essência, atores sociais de todos os tipos – indivíduos, administradores, professores, grupos de interesse e escolas – são vistos como incorporados em ambientes socialmente organizados. Esses ambientes geram regras, regulamentos, normas e definições da situação que restringem e moldam o comportamento. Arranjos institucionais são encontrados em praticamente todos os sistemas sociais (p. ex., sociedades, organizações e grupos pequenos); têm raízes reguladoras, normativas e cognitivas (SCOTT, 1995, 2001); e têm atividades e funções que ocorrem de forma estável e recorrente.

As instituições podem ser organizações formais, mas não precisam ser. Algumas instituições baseiam-se em códigos de conduta formais e escritos – isto é, leis, constituições, procedimentos operacionais padrão e assim por diante – impostos pelo poder coercitivo dos organismos sociais. Outras instituições resistem menos formalmente como normas e valores – ou seja, como obrigações fortemente sentidas que foram internalizadas pela socialização. Ainda outras persistem como esquemas cognitivos – isto é, como compreensões relativamente tácitas, tidas como certas e semelhantes a regras, sobre uma situação. Objetos comumente vistos como instituições, por exemplo, incluem: casamento, família, votação, aperto de mão, organizações formais, escolas, frequentar a escola, ensino, a profissão do magistério, estabilidade em empregos acadêmicos, o diretor da escola, sindicatos e escolaridade (ROWAN; MISKEL, 1999). Para capturar essa diversidade de estruturas institucionais, Peter Abell (1995) define a **instituição** como um conjunto de regras mais ou menos consensuais que influenciam e determinam as ações de uma população de agentes. Mais explicitamente, Scott (2001, p. 48) declara que

> [...] as instituições são compostas de elementos culturais-cognitivos, normativos e reguladores que, junto com as atividades e os recursos associados, fornecem estabilidade e significado à vida social.

Jepperson (1991) ainda observa que todas as instituições simultaneamente empoderam e controlam; elas são veículos para a atividade dentro de certos limites. Todas as instituições são modelos de programas e regras que estabelecem identidades e esquemas de atividade. Por exemplo, uma escola é considerada uma instituição formatada com tecnologia social, com as normas e instruções que a acompanham para sua incorporação e emprego em cenários sociais. As instituições, então, incorporam ações comuns ou atividades padronizadas em situações que se tornam subestimadas. Escolas como instituições são subestimadas no sentido de que são tratadas como peças fixas em um ambiente social e explicadas como executoras de uma função naquele ambiente.

O **ambiente institucional**, portanto, caracteriza-se por regras e requisitos elaborados com os quais as organizações individuais precisam entrar em conformidade se quiserem receber apoio e legitimidade. Nas sociedades modernas, os requisitos ambientais (p. ex., regras, normas, valores e ideologias) são racionais no formato, com as principais fontes de racionalização sendo governos e profissões. Organismos executivos e legislativos nos níveis estadual e federal que lidam com a educação gostam de criar políticas e arranjos burocráticos que centralizam a habilidade de decidir e limitar a autonomia dos profissionais locais. Os profissionais e suas associações preferem estruturas mais fracas e mais descentralizadas que colocam o máximo poder decisório nas mãos dos educadores locais. Seja qual for a fonte, porém, as organizações são recompensadas por entrar em conformidade com essas regras, crenças e ideologias institucionais (MEYER; ROWAN, 1977; DIMAGGIO; POWELL, 1991; SCOTT, 1995; SCOTT; MEYER, 1991).

Na verdade, o mito racionalizado é comumente usado nas discussões sobre instituições e seus ambientes. Os mitos são crenças amplamente defendidas que não podem ser objetivamente testadas. São verdadeiros, porque as pessoas acreditam neles. Os mitos tornam-se racionalizados quando assumem a forma de regras burocráticas ou profissionais especificando os procedimentos necessários para realizar uma meta determinada (SCOTT, 1992). Assim, os **mitos racionalizados** são regras que especificam os procedimentos para realizar um resultado com base em crenças consideradas verdadeiras. Por exemplo, um mito racionalizado é a utilização de testes psicológicos e sistemas de classificação para dispor os alunos em classes de educação especial. Essas abordagens de diagnósticos são racionais, pois fornecem procedimentos para avaliar os processos intelectuais e emocionais. São mitos, pois seu uso depende muito de aprovações por associações

254 Hoy & Miskel

profissionais, organismos de acreditação e agências de financiamento (D'AUNNO; SUTTON; PRICE, 1991).

Conformidade e ambientes institucionais

A teoria institucional enfatiza que as organizações são sistemas abertos, fortemente influenciados por seus ambientes. Além disso, muitas das forças mais decisivas não são pressões racionais por desempenho mais eficaz, mas pressões sociais para entrar em conformidade com as crenças convencionais (SCOTT, 1992). Portanto, uma premissa básica da teoria institucional é que estruturas e processos organizacionais espelham normas, ideologias e valores institucionalizados na sociedade. Da mesma forma, as organizações entram em conformidade com as regras e os procedimentos institucionalizados para ganhar legitimidade – isto é, para garantir apoio cultural para a organização. Em outras palavras, a conformidade institucional promove o aparente sucesso e a sobrevivência da organização no longo prazo, independentemente de quaisquer efeitos que a conformidade possa ter sobre a produtividade técnica. Por meio da concepção de uma estrutura formal que esteja em conformidade com as prescrições do ambiente institucional, uma organização demonstra que está agindo sobre fins coletivamente valorizados de forma correta e adequada (MEYER; ROWAN, 1977; ROWAN, 1993). Essa tese é particularmente saliente para educadores, porque organizações sem tecnologias claras e que não operam em mercados competitivos – ou seja, os sistemas de escolas públicas – são especialmente propensas a adotar elementos institucionalizados e a entrar em conformidade com o ambiente institucional (DIMAGGIO, 1988).

Da mesma forma, Paul J. DiMaggio e Walter W. Powell (1983, 1991) sustentam que a mudança organizacional em ambientes institucionais torna as organizações mais parecidas sem torná-las mais eficientes. Organizações dentro dos mesmos ambientes institucionais tendem a se tornar homogeneizadas. As escolas públicas dentro de certo país, por exemplo, se assemelham umas às outras. Edifícios e pedagogias são semelhantes, com salas de aula projetadas para um professor, um conjunto de alunos e modos similares de abordar os processos de ensino e aprendizagem. DiMaggio e Powell identificam três mecanismos que promovem a conformidade institucional.

A **conformidade coercitiva** decorre da influência política e de problemas de legitimidade. A conformidade coercitiva surge quando as organizações seguem as regras e os regulamentos promulgados por agências governamentais e, assim, produzem estruturas ou processos semelhantes (ROWAN; MISKEL, 1999). Pressões coercitivas comuns para a mudança escolar incluem ordens e incentivos governamentais. Com base nos regulamentos federais e estaduais, por exemplo, hoje as escolas contratam professores para educação especial, com vistas a atender crianças portadoras de necessidades especiais; desenvolvem materiais curriculares para atender padrões ou modelos e aplicam aos alunos testes de desempenho que estejam de acordo com os padrões do governo. As forças coercitivas também podem ser invisíveis, informais e sutis, como quando um membro do conselho escolar acredita que a fonética é a única maneira de ensinar a ler (HANSON, 2001). Um grande problema com os instrumentos da política coercitiva é que eles muitas vezes aumentam o cumprimento das normas sem produzir os ganhos previstos em termos de eficiência.

A **conformidade imitativa** resulta da adoção de respostas padrão a partir de outras fontes para reduzir a incerteza. Esse processo é semelhante ao conceito de Meyer e Rowan (1977) sobre os mitos racionalizados, onde as organizações imitam organizações de prestígio ou bem-sucedidas. Em outras palavras, quando as organizações como as escolas têm tecnologias fracas e objetivos ambíguos, elas podem se espelhar em outras organizações que entendem ser mais legítimas e bem-sucedidas. Mark Hanson (2001) observa que o mimetismo é estimulado e apoiado por consultores educacionais, conferências profissionais e administradores que se movem de uma posição a outra. Casos recentes de conformidade imitativa envolveram a gestão pela qualidade total, cronograma escolar por módulos, instrução fônica, movimento de escolas eficientes e reforma sistêmica.

Rodney T. Ogawa (1992) oferece o seguinte exemplo de processo imitativo: uma escola adota uma nova estrutura para melhorar a eficiência. Se a nova estrutura for considerada capaz de melhorar o desempenho, outras podem copiá-la. Ao longo do tempo, as escolas podem adotar a nova estrutura, não com o propósito técnico de melhorar a eficiência, mas com a finalidade institucional de ganhar legitimidade com os constituintes imitando uma organização bem-sucedida. Um exemplo específico é a adoção da gestão com base na escola por alguns distritos escolares urbanos, ideia projetada para lidar com uma infinidade de problemas, como baixo desempenho acadêmico e orçamentos apertados. À medida que correu o boato sobre os êxitos conquistados por esses distritos "inovadores", outros distritos acriticamente implementaram a inovação, embora não compartilhassem dos problemas encontrados pelos primeiros que a adotaram. Da mesma forma, Betty Malen (1994) conclui que a gestão com base na escola está ligada a uma crença que conecta a virtude à inovação, auxiliando os distritos escolares a reter suas reputações como sistemas progressivos.

A **conformidade normativa** surge quando o pessoal que tem sido socializado para seguir padrões profissionais dissemi-na códigos profissionais nas organizações (ROWAN; MISKEL, 1999). Dois aspectos de profissionalismo são particularmente importantes na produção de conformidade nas organizações escolares. O primeiro repousa na educação formal e no conhecimento cognitivo. Os profissionais aprendem métodos padrão de práticas e regras normativas sobre o comportamento apropriado. O segundo vem do crescimento de redes profissionais e associações que abrangem as organizações e permitem que novos modelos se difundam rapidamente. Associações ou sindicatos de professores e administradores, por exemplo, facilitam o intercâmbio de informações entre os profissionais e fornecem as políticas e as práticas que podem ser copiadas em toda a educação.

A pesquisa de Rowan (1982) rastreando a incorporação de três funções nas estruturas do distrito escolar de Califórnia ilustra como a conformidade normativa é capaz de produzir novos programas educacionais. Ele delineou como serviços e cargos de saúde, psicológicos e curriculares foram criados e institucionalizados pelas normas e ideologias de agências estaduais, legislaturas e grupos profissionais e, em seguida, foram incorporados à estrutura dos distritos escolares locais. Por exemplo, já em 1909, foi aprovada uma legislação que permitia ao pessoal da escola fazer inspeções médicas nas crianças. O propósito original das inspeções era combater a propagação de doenças infecciosas. Depois de a lei ser aprovada, houve empenho de ativistas para construir a instituição. Disso resultou que, em 1935, o *Código Escolar* ordenava inspeções médicas anuais.

Por meio dessas forças de conformidade, as escolas produzem estruturas e serviços semelhantes e começam a ficar parecidas umas com as outras. As escolas tendem a ficar muito parecidas (OGAWA, 1992). Na verdade, as pressões para conformidade provavelmente produzem um surpreendente nível de homogeneidade no sistema de escolas públicas norte-americano. Meyer, Scott e Deal (1992) constataram que as escolas se esforçam ao máximo para manter seu *status* legítimo como escolas. Elas procuram a acreditação entrando em conformidade com um conjunto de regras profissionalmente especificadas ou juridicamente determinadas. Contratam professores licenciados e os atribuem a alunos cuidadosamente definidos. Os alunos recebem notas com significados padronizados em todo o país. Por fim, os professores e os alunos adotam um currículo que, por sua vez, é organizado em categorias razoavelmente padronizadas de ciências, inglês e matemática. Em outras palavras, as escolas individuais respeitam e são restringidas por regras institucionais definidas pela sociedade, ou seja, pelo modo que a sociedade imagina que a escola deva ser; espera-se que as escolas reflitam os objetivos, os valores e a cultura da sociedade como um todo (BACHARACH; MUNDELL, 1993).

Adaptação a ambientes externos

Muitos sistemas escolares ficam à deriva, esperando que a próxima onda de reforma as arraste, ou surfam em uma onda de reforma após a outra. Escolas eficientes respondem de forma diferente ao contexto externo; elas antecipam a mudança e se adaptam às incertezas usando estrategicamente os requisitos e recursos externos para melhorar o desempenho escolar. Para criar escolas eficientes, os administradores enfrentam o desafio de desenvolver a coerência e a previsibilidade no cerne técnico e ao mesmo tempo se adaptar às incertezas externas (LYNN, 2005). É claro que os crescentes requisitos externos por reforma educacional exigem que os administradores assumam papéis-chave na gestão de ambientes de suas escolas (PFEFFER, 1976). As ações dos administradores influenciam até que ponto o contexto externo restringe ou aprimora as operações internas (HONIG;

HATCH, 2004). Atividades de proteção e de perpassar as fronteiras são estratégias em que as escolas confiam para lidar com seus ambientes.

Estratégias de proteção

Lembre-se de nossa discussão anterior que proteções são estruturas e processos que isolam ou envolvem atividades internas e absorvem as perturbações ambientais. A proteção essencialmente cria uma camada protetora entre a organização e o seu ambiente. Um grande problema para resolver por mecanismos de proteção consiste em conflitos entre as pressões por eficiência técnica e por regras institucionais. De uma perspectiva institucional, a desacoplagem e a gestão da imagem são duas formas de proteger as organizações escolares de seus ambientes.

Desacoplagem Meyer e Rowan (1977) asseveram que as organizações projetadas para a eficiência idealmente tentam manter um rigoroso alinhamento entre suas estruturas e suas atividades técnicas. O rigoroso alinhamento em organizações institucionalizadas torna públicos os registros de ineficiência e inconsistência. Em razão disso, as organizações que funcionam em ambientes institucionalizados tentam desacoplar suas estruturas institucionais de suas estruturas e atividades técnicas. **Desacoplagem** é intencionalmente deixar de fazer o controle adequado dos processos de trabalho (INGERSOLL, 1993). A desacoplagem desconecta as organizações em duas partes: uma principalmente faz a ligação com o ambiente institucional e a outra produz as atividades técnicas. Assim, a parte técnica fica voltada para o seu cerne técnico e vira as costas ao ambiente, enquanto a parte institucional vira as costas para o cerne técnico e se concentra na conformidade com seu ambiente institucional (MEYER; SCOTT; DEAL, 1992).

Organizações escolares desacopladas apresentam uma série de características.

Por exemplo, as atividades são realizadas além do alcance dos administradores e o profissionalismo é ativamente encorajado. Os objetivos se tornam ambíguos e os fins técnicos são substituídos por fins categorizados – isto é, escolas produzem alunos, não aprendizagem acadêmica (MEYER; ROWAN, 1977). As organizações se desacoplam por várias razões. A desacoplagem mascara ou protege as inconsistências, as irracionalidades e o fraco desempenho nas tarefas que podem prejudicar a credibilidade da organização. Além disso, as organizações desacopladas podem incorporar e exibir elementos estruturais em conformidade com as convenções institucionalizadas e ainda preservam alguma autonomia de ação. Em ambientes inconsistentes ou conflitantes, a desacoplagem se revela uma estratégia particularmente útil (SCOTT, 1992).

Gestão de imagem Esta estratégia envolve a **gestão de impressões** para retratar estruturas e ações de forma a granjear aprovação (ELSBACH; SUTTON, 1992). A gestão de impressões faz amplo uso de categorias simbólicas e regras de codificação, apresenta sucessos e racionaliza as falhas. As categorias simbólicas são criadas para selecionar, identificar, classificar e rotular as coisas ou pessoas que participam dos processos da organização. Com ações simbólicas, os administradores da escola dão a impressão de atender os requisitos externos, mas não aderem completamente às práticas ou atividades prescritas. Meyer e Rowan (1977), por exemplo, afirmam que usar a análise de custos para justificar projetos escolares é uma norma institucional que pode fornecer uma base racional, mesmo se um projeto fracassa. Os administradores cujos planos fracassaram podem demonstrar aos outros que os procedimentos foram prudentes e que suas decisões foram feitas racionalmente. Suponha, por exemplo, que um programa especial seja desenvolvido. Se o projeto fracassa, os administra-

dores podem demonstrar que a prudência e a compaixão guiaram suas ações apesar da intratabilidade do problema. Práticas institucionalizadas e gestão de impressões, portanto, ajudam a justificar as ações dos administradores e a retratar uma imagem positiva. Um grau de proteção parece necessário para limitar os efeitos dos constrangimentos ambientais no desempenho escolar (MEIR; O'TOOLE JR, 2008).

Estratégias de perpassar fronteiras

No início deste capítulo, o perpassar de fronteiras, ou estabelecimento de pontes, foi definido como atividades que criam funções internas para atravessar as fronteiras organizacionais e conectar a organização escolar com elementos do ambiente externo. Meyer e Rowan (1977), DiMaggio e Powell (1991) e Scott (1992) propõem a conformidade como a principal estratégia de perpassar de fronteiras nos ambientes institucionais. Incorporando regras, crenças e ideologias institucionais em suas próprias estruturas, as organizações tornam-se mais homogêneas e ganham legitimidade. Scott propõe três tipos de estratégias de estabelecimento de pontes que podem ser usadas para gerenciar ambientes institucionais.

Conformidade categorizada De acordo com Scott (1992), a **conformidade categorizada** é um processo no qual as regras fornecem às organizações uma maneira de padronizar suas estruturas, chamadas categorias rituais (MEYER; ROWAN, 1978). Essas distinções são exemplos de um sistema cognitivo amplamente compartilhado que tem regras elaboradas para classificar os professores – por exemplo, a escola de ensino fundamental ou médio –, e cada categoria tem suas próprias qualificações e credenciais. Alunos, da mesma forma, são categorizados por nível de notas, nível de habilidade e cursos concluídos. As categorias padrão e os procedimentos de classificação ritual envolvem não só educadores e alunos, mas também tópicos curriculares e escolas (p. ex., alternativa e tradicional). Escolas que incorporam esses sistemas de crenças cognitivas compartilhadas – ou seja, exibem conformidade categorizada – aprimoram a sua legitimidade e realçam as suas capacidades de recursos.

Conformidade estrutural Às vezes, os ambientes institucionais impõem requisitos estruturais muito específicos em escolas, como uma condição de aceitação e apoio (SCOTT, 1992). Ordens externas obrigam as escolas a adotar novos programas. Nas últimas três décadas, muitos programas de educação especial – por exemplo, programas para alunos com leves deficiências de aprendizagem até aqueles com severas deficiências, bem como para portadores de problemas de audição, visão e outros tipos de deficiências – foram incorporados nas organizações educacionais para satisfazer várias leis, normas administrativas e crenças dos pais. Usando vários arranjos, as escolas desenvolveram estruturas para entrar em conformidade com as categorias de necessidades especiais projetadas nos ambientes institucionais. Os administradores sabem o caminho das pedras – o sucesso vem com o cumprimento das exigências por conformidade institucional em vez de com a eficiência instrucional (ROWAN, 1981). As escolas frequentemente emprestam ou imitam formas estruturais bem-sucedidas ao se depararem com incertezas. Assim, por escolha e coerção, as escolas usam frequentemente a **conformidade estrutural** como mecanismo de adaptação ao meio ambiente (SCOTT, 1992).

Conformidade processual De acordo com Meyer e Rowan (1977), apesar da falta de coordenação e controle das atividades técnicas, as escolas não são anárquicas. As atividades do dia a dia ocorrem de forma ordenada. Na verdade, os ambientes institucionais pressionam as escolas rumo à **conformidade processual**, executando as atividades nas maneiras especificadas. As organizações escolares podem responder com mitos racionais que detalham as etapas a serem seguidas na execução de certos tipos de procedimentos. Por exemplo, as escolas controlam rigorosamente processos como contratação de professores com credenciais adequadas, atribuição dos alunos às turmas e agendamento de eventos (MEYER; ROWAN, 1978). A adesão às especificações processuais é um método pelo qual formatos escolares estáveis podem ser criados e legitimados para funcionar em ambientes institucionais. Usando procedimentos socialmente aceitáveis para executar atividades controversas, as escolas podem manter a impressão de que são racionais e legítimas (SCOTT, 1992).

TEORIA NA PRÁTICA

Adaptando-se ao ambiente

Pense em uma recente controvérsia ou inovação de programas no distrito escolar ou na escola em que você reside ou trabalha. Quais foram os principais pontos de discórdia? Os educadores usaram estratégias institucionais, por exemplo, conformidade e desacoplagem, para cumprir as exigências do ambiente? As estratégias foram eficientes?

RESPONSABILIZAÇÃO E REFORMA EDUCACIONAL

Reconhecendo que a onda de reformas da década de 1980 estava tendo efeitos limitados nos resultados de desempenho, Smith e O'Day (1991) denunciaram os recursos fragmentados, complexos e de múltiplas camadas do sistema político que impediam o desenvolvimento e a manutenção de escolas bem-sucedidas. Para afrouxar as restrições e melhorar a eficiência escolar, eles preconizaram uma abordagem sistêmica coerente para a reforma educacional. Em seu influente artigo, *Systemic School Reform*, eles fazem uma defesa bem fundamentada do estabelecimento de sistemas de responsabilização das escolas usando um relevante conjunto de variáveis ambientais, de entradas, transformacionais e de resultados de desempenho. Os componentes cruciais do modelo incluem uma visão unificadora com objetivos de apoio e um esquema de orientação instrucional consistindo em arcabouços e padrões curriculares alinhados com instrumentos de avaliação de alta qualidade. Fortes lideranças estaduais e robustas estruturas de governança para flexibilidade local promovem o alinhamento dos padrões e sistemas de responsabilização com os materiais curriculares e instrucionais, o desenvolvimento profissional e a formação de professores. Escolas *charter* e *vouchers*** também fomentam a responsabilização. Em essência, o impulso para a responsabilização baseia-se em três princípios subjacentes:

- As escolas devem ser responsabilizadas para alcançar padrões mais elevados de desempenho.
- As escolas devem receber assistência para construir suas capacidades de transmitir educação melhorada.
- As escolas devem aumentar a qualidade e a quantidade de seus resultados de desempenho, especialmente o desempenho estudantil.

---

* N. de R.T.: A ideia de escolas *vouchers* advém de Milton Friedman (1912-2006), economista norte-americano, ganhador do Nobel de Economia, em 1976. Segundo Friedman, os pais devem ter liberdade de escolha de escolas para seus filhos. O estado subsidia as famílias para que paguem a escola escolhida, através de carta de crédito (*voucher*). Vários países aderiram a essa ideia, especialmente o Chile. No Brasil, não há escolas *vouchers*.

Responsabilização

Responsabilização na educação é o reconhecimento da responsabilidade das escolas pela educação completa e eficaz de seus alunos. Nos Estados Unidos, tradicionalmente, a responsabilização tem raízes no controle comunitário e parental por meio dos conselhos escolares locais (CARNOY; LOEB, 2002). Com praticamente todos os 50 estados desenvolvendo sistemas de responsabilização com base em padrões para as escolas e os distritos, no entanto, o lócus da responsabilização foi deslocado drasticamente dos conselhos escolares locais para organismos estaduais e federais.

Evoluindo principalmente no âmbito estadual durante a década de 1990, os sistemas de responsabilização se concentram em resultados de desempenho com dados recolhidos e relatados de escola em escola (FUHRMAN, 1999). Os planos de responsabilização geralmente incluem três componentes:

- *Padrões para identificar o conhecimento das matérias e as habilidades a serem aprendidas*. Como forma específica de declaração de objetivos, os **padrões** detalham o que é esperado. Os padrões de resultados especificam o que os alunos devem saber e ser capazes de fazer e são usados para medir o desempenho estudantil. Em outras palavras, os padrões descrevem o conhecimento, as habilidades e outras aprendizagens que as escolas devem ensinar e definem os níveis de competência que os alunos devem atingir. Os defensores afirmam que os padrões fornecem às escolas uma sequência comum de objetivos e dão a alunos, professores e diretores um guia consistente e coerente para selecionar conteúdos, desenvolver estratégias de ensino e aprendizagem e avaliar se os objetivos foram alcançados. No entanto, a criação de padrões é repleta de dificuldades (HANUSHEK; RAYMOND,

2002). Terry Moe (2003) afirma que a criação de padrões dificilmente é um processo objetivo, mesmo para disciplinas relativamente bem definidas como matemática e ciências.

- *Testes alinhados com os padrões.* O uso de testes em sistemas de responsabilização para determinar se os padrões foram respeitados e para avaliar as iniciativas de melhoria escolar gera considerável controvérsia. Surgem conflitos sobre os procedimentos e a adequação dos programas de testes. Discussões intensas são provocadas quando as partes interessadas começam a responder perguntas como as seguintes:

- Quem deve ser testado?
- Que conteúdo deve ser avaliado?
- Que tipos de medidas devem ser usados?
- Com que frequência os testes devem ser administrados?
- As avaliações são válidas?
- Que nível ou ponto de corte indica que o padrão foi alcançado?

Preocupações também ocorrem sobre quanta importância atribuir aos testes. Paul E. Barton (2001) afirma que a reforma com base em padrões está perigosamente perto de se tornar apenas um movimento de aplicação de testes. Da mesma forma, Elmore (2002a) tece duras críticas à lei No Child Left Behind, por enfatizar excessivamente a aplicação de testes, chamando-a de "intromissão injustificada".

- *Consequências de diferentes níveis de realização de objetivos.* A hipótese por trás desse componente é a de que, recompensando as escolas bem-sucedidas, os educadores e os alunos vão reforçar o bom desempenho e aumentar a motivação. Em contrapartida, penalizar aquelas que ficam aquém das expectativas vai alterar o seu comportamento e posteriormente melhorar

o fraco desempenho. No entanto, os estados estão encontrando dificuldades para impor sanções como obrigar as crianças a repetir o mesmo ano, negar diplomas ou retirar professores e diretores (FINN, 2003a). A fixação de incentivos e punições pelo desempenho estudantil suscita a questão de equidade, porque os sistemas de responsabilização geralmente não são projetados para motivar os alunos (FUHRMAN, 1999; GOERTZ; DUFFY, 2001). Já que o desempenho acadêmico é coproduzido por professores e alunos, o sucesso do professor depende do esforço estudantil na escola e nos testes.

Embora um sistema de responsabilização de três itens seja relativamente fácil de descrever, muitas tarefas complexas e controversas devem ser concluídas para que as abordagens com base em padrões influenciem substancialmente a instrução de sala de aula e a aprendizagem do aluno. Por exemplo, as agências estaduais, as secretarias distritais e as escolas devem criar novos modelos instrucionais, currículos e avaliações e insistir para que os educadores tornem o ensino mais exigente e coerente (COHEN, 1996; COGGSHALL, 2004).

Iniciativas de reformas federais

O início do novo milênio foi acompanhado por uma grande interferência federal no ensino público. Historicamente, os estados individuais, por meio dos conselhos escolares locais, eram responsáveis por e controlavam as escolas públicas dos Estados Unidos. A reautorização da lei Elementary and Secondary School Act (Lei das Escolas de Ensino Fundamental e Médio) em 2001 na forma do programa No Child Left Behind (NCLB) introduziu pela primeira vez um sistema de responsabilização federal para todas as escolas públicas do país.* Com base em uma análise histórica dos programas de educação federal, Lorraine M. McDonnell (2005) concluiu que o NCLB representa uma etapa evolutiva com raízes profundas em políticas anteriores.

No Child Left Behind A lei No Child Left Behind aumentou as expectativas e as exigências por sistemas de escolas públicas do país por meio da criação de medidas destinadas a assegurar que todos os alunos sejam proficientes em leitura e matemática. Os estados foram obrigados a estabelecer padrões de aprendizagem e avaliar o progresso dos alunos no cumprimento desses padrões. Especial atenção foi dedicada a alunos com deficiência, alunos economicamente desfavorecidos, alunos com limitada proficiência na língua inglesa e alunos com diferentes origens étnicas e raciais. A lei NCLB exige testes anuais a partir do $4^{\underline{o}}$ até o $9^{\underline{o}}$ ano, e a lei determina que as escolas, os distritos escolares e os estados alcancem crescentes critérios de referência anuais para reivindicar o Adequate Yearly Progress (Progresso Anual Adequado; AYP, na sigla em inglês), nos testes estaduais em leitura e matemática. A cada ano, as notas para aprovação em leitura e matemática aumentam com o resultado pretendido de que 100% dos alunos em cada subgrupo sejam aprovados em 2013-2014. Quando as escolas e os distritos não cumprem os critérios de referência anuais, devem ser desenvolvidos e adotados planos de ação corretiva para auxiliar as escolas não aprovadas (UNITED STATES, 2002). As sanções para essas escolas que não cumprem o AYP são severas e incluem medidas que variam desde disponibilizar serviços adicionais aos alunos por meio de fornecedores privados até oferecer escolha de escola aos pais e alunos, substituir o diretor da escola, recompor o corpo docente ou inclusive fechar a escola. Como resultado dessas crescentes demandas acadêmicas em toda a nação, as escolas têm buscado a combinação certa de estratégias instrucionais e condições ambientais para aumentar o desempenho estudantil.

Políticas federais em defesa da prática com base em evidências (PBE) exigem que os distritos escolares usem evidências de pesquisas para embasar a melhoria educacional. O primeiro impulso na política educacional dos Estados Unidos para usar evidências ou conclusões coletadas por meio de rigorosas pesquisas e avaliações para embasar as práticas educacionais surgiu durante os debates sobre política federal de instrução de leitura na década de 1990 (MANNA; PETRILLI, 2009). A lei No Child Left Behind de 2001 (UNITED STATES, 2002) enfatizou o uso de pesquisas científicas para embasar as práticas e exigiu que os distritos escolares usassem evidências de pesquisa na política e na prática educacionais (DATNOW; PARK; WOHLSTETTER, 2007). O caminho para evidências com bases científicas envolve pesquisas com aplicação de procedimentos rigorosos, sistemáticos e objetivos para obter conhecimentos confiáveis, válidos e relevantes para as atividades e os programas de educação (UNITED STATES, 2002).

Esse modelo do Ministério da Educação dos Estados Unidos defende o uso racional de evidências com bases científicas na tomada de decisão. Pressupõe que os praticantes educacionais usarão evidências diretamente para tomar decisões relacionadas com políticas ou práticas, mas as evidências serão mediadas e interpretadas pela sabedoria profissional dos administradores (MARSH; PANE; HAMILTON, 2006; REL-SOUTHEAST, 2007). O modelo parece ser consistente

---

* N. de R.T.: Tramita no congresso nacional brasileiro, desde 2006, o Projeto de Lei de Responsabilidade Educacional (PL 74/2006), que "[...] dispõe sobre a qualidade da educação básica e a responsabilidade dos gestores públicos na sua promoção". BRASIL. Projeto de Lei n. 7420, de 9 de agosto de 2006. Brasília: Câmara dos Deputados, 2006. Disponível em <http://www.camara.gov.br/proposicoesWeb/fichadetramitacao?idproposicao=332457>. Acesso em: 12 nov. 2014.

com modelos de tomada de decisão de satisfazimento, por reconhecer que a tomada de decisão no mundo real deve satisfazer critérios de adequação, levando em conta restrições contextuais (HOY; TARTER, 2008). No entanto, o modelo fracassa em se alinhar com as realidades de tomada de decisão na maioria dos distritos escolares. O corpo de pesquisa sobre implementação sustenta as observações de que as evidências de pesquisa raramente são utilizadas na prática para embasar diretamente a tomada de decisão. Em vez disso, as evidências de pesquisa parecem ser usadas para fortalecer o conhecimento de trabalho individual e coletivo dos administradores de distrito e estrategicamente apoiar políticas predeterminadas ou praticar decisões (KENNEDY, 1982). A política federal atual não reconhece essa realidade. Além disso, ela pressupõe que a evidência baseada em pesquisa seja neutra e que seus significados e implicações sejam óbvios. No complexo contexto de uma secretaria de distrito escolar, podem existir várias interpretações legítimas sobre o significado e as implicações de certa evidência (COBURN; TOURE; YAMASHITA, 2009). Interpretar e usar as evidências na tomada de decisão é muitas vezes um processo social no qual os indivíduos ou grupos no âmbito dos principais gabinetes distritais adaptam novos conhecimentos em entendimentos ou modelos cognitivos preexistentes (HONIG; COBURN, 2008).

Race to the Top Em 2009, o presidente Obama assinou a Lei American Recovery and Reinvestment Act (Lei Norte-americana de Recuperação e Reinvestimento; ARRA, na sigla em inglês), histórica legislação concebida para estimular a economia, apoiar a criação de empregos e investir em setores cruciais, inclusive a educação. A lei estabelece as bases para a reforma da educação financiando investimentos em estratégias inovadoras com chances de conduzir a melhores resultados para os alunos, ganhos de longo prazo nas escolas e na capacidade do sistema escolar e o aumento da produtividade e da eficiência. A lei de recuperação forneceu US$ 4,35 bilhões para o Fundo Race to the Top, competitivo programa de subsídios projetado para incentivar e recompensar os estados que estiverem: criando as condições para a inovação e a reforma da educação; obtendo melhorias significativas nos resultados dos alunos, inclusive ganhos substanciais no desempenho estudantil; preenchendo as lacunas de desempenho; aprimorando taxas de formatura do ensino médio; assegurando a preparação do aluno para o sucesso na faculdade e em suas carreiras profissionais; e, por fim, adotando planos ambiciosos em quatro áreas essenciais de reforma educacional. O Race to the Top não só provocou muita polêmica entre os formuladores de políticas estaduais e os educadores do ensino fundamental e médio, mas claramente adicionou um considerável impulso ao movimento de responsabilização. Por exemplo, o Race to the Top requer a adoção de quatro áreas essenciais de reforma educacional:

- *Adotar normas e avaliações* que preparem os alunos para obter sucesso na faculdade e no local de trabalho e para competir na economia global, ou seja, geração de um conjunto compartilhado de Padrões e Avaliações de Conteúdo Essencial.

- *Construir sistemas de dados que meçam o sucesso e o crescimento estudantis*, que informem os professores e diretores sobre como eles podem melhorar a instrução, ou seja: criar a capacidade de acompanhar o progresso de alunos individuais em todo o país.

- *Recrutar, desenvolver, recompensar e reter professores e diretores eficazes*, especialmente onde eles sejam mais necessários; isto é, vincular o desempenho estudantil diretamente à avaliação dos professores.

- *Dedicar atenção especial às escolas com pior desempenho*, ou seja, fornecer a essas escolas professores e diretores habilidosos.

A lei Race to the Top e os incentivos monetários que a acompanham forneceram forte estímulo para os estados que abraçaram essas quatro reformas educacionais. A consequência foi que praticamente todos os estados estão competindo por fundos federais, mas ao fazê-lo são obrigados a adotar os Core Content Standards (Padrões de Conteúdo Essencial) e outros elementos dessas reformas. Os Common Core State Standards (Padrões de Conteúdo Essencial Estaduais Compartilhados) foram construídos a partir dos melhores e mais altos padrões estaduais, baseiam-se em evidências de pesquisas, alinham-se com as expectativas das faculdades e do mercado de trabalho, têm conteúdos e habilidades rigorosos e levam em conta informações de outros países de excelente desempenho. Os padrões foram desenvolvidos em colaboração com professores e pais de toda a nação para que eles também fossem realistas e práticos. Longe de procurar o "menor denominador comum", esses padrões foram projetados para garantir que todos os alunos, independentemente do local onde vivem, estejam aprendendo o que precisam saber para concluírem o ensino médio prontos para a faculdade ou uma carreira. Se as quatro reformas educacionais se tornarem uma realidade, então as consequências lógicas dessas ações serão avaliações nacionais padronizadas, avaliação dos professores com base no desempenho e o surgimento de um currículo nacional. Mas essas consequências vão ou não se tornar realidade? Isso vai depender de fatos econômicos e políticos imprevisíveis. O tempo dirá.

Adaptação eficiente às políticas de responsabilização

Os resultados de responsabilização exigidos pelas agências estaduais e federais são voltados a melhorar o desempenho estudantil, cujo principal indicador é a pontuação em testes. Esses resultados na forma de pontuação crescente nos testes ou evolução no desempenho estudantil ao longo do tempo são fins de responsabilização, mas os meios para alcançar esses fins não são especificados tão claramente quanto os padrões. As escolas locais sabem que a pontuação nos testes precisa subir, e as escolas têm de apostar alto. Portanto, algumas escolas enveredam por um caminho austero para aumentar a pontuação, por meio de ensino direcionado ao teste e outras práticas duvidosas. Outras escolas escolhem um caminho mais tortuoso, por meio de uma série de inovações instrucionais ancoradas em pesquisas sólidas. O primeiro caminho é tentador porque os resultados aparecem rapidamente. O segundo, por outro lado, é mais custoso e problemático, pois conectar a pesquisa com a prática é complexo. Não existem soluções simples nem consertos rápidos. Escolas diferentes enfrentam problemas diferentes que exigem práticas diferentes. Não existe tamanho único (GLASS, 2008).

Por que o uso de testes de alto impacto e ensinar para o teste são práticas míopes? Elas aumentam a probabilidade de trapaça entre alunos, professores, administradores e distritos escolares; esse fenômeno é uma ilustração de **Lei de Campbell** (CAMPBELL, 1976; NICHOLS; BERLINER, 2007): *Quanto mais qualquer indicativo social quantitativo for usado para tomada de decisão social, mais esse indicativo vai distorcer e corromper os próprios processos sociais que pretende monitorar*. Além disso, os testes padronizados têm dificuldade de capturar problemas da vida real, como selecionar a "melhor" taxa de hipoteca, usar uma estratégia de "compra comparativa" ou entender as cláusulas em letras pequenas dos contratos. Ser capaz de identificar vocabulário em um teste não se traduz em seu uso adequado na leitura e na escrita ou na capacidade de usar esse vocabulário de formas criativas. Em geral, o ensino direcionado ao teste e os testes de alto impacto forçam os administradores a querer ter uma boa aparência no curto prazo e a negligenciar as consequências de longo prazo. Um grande perigo é ser vítima da "mentalidade de lucro imediato". As escolas, como os bancos, devem evitar coisas que promovam um balanço positivo no curto prazo, mas tenham efeitos deletérios no longo prazo.

Para que as práticas de responsabilização sejam eficazes, elas devem se esquivar de sucessos de curto prazo em favor de rigorosas mudanças sistêmicas que realmente melhorem as escolas. Por exemplo, testes de alerta precoce em escolas de ensino fundamental podem causar a desistência de alunos propensos a fracassar no teste, pois tanto a escola quanto os alunos acreditam que esses alunos têm poucas chances de concluir o ensino médio (MCNEIL; VALENZUELA, 2001). Esse é um bom exemplo de *ter boa aparência, mas fracassar*. Os alunos fracos são descartados, os resultados dos testes sobem, mas as escolas fracassaram em relação a seus alunos. As escolas devem resolver o problema mais complexo da identificação de práticas com base em evidências que se adaptem a sua situação local. A medição do desempenho, como adaptação para a responsabilização, precisa ser um processo em que os meios de realização do objetivo sejam tão importantes quanto os próprios fins. Em outras palavras, o meio como se alcança o fim muitas vezes é tão importante quanto o próprio fim.

CASO SOBRE LIDERANÇA EDUCACIONAL

Rito de passagem

Os alunos da Middletown High School (MHS), uma das mais destacadas escolas estaduais de ensino médio, estão constantemente no topo dos *rankings* dos finalistas do Mérito Nacional, nas aceitações pelas universidades da Ivy League* e na porcentagem de alunos que passam ao ensino superior. Quase todas as pessoas reconhecem que a MHS é indiscutivelmente a mais renomada escola de ensino médio do estado. Embora os alunos sejam diligentes e até mesmo acadêmicos, eles são propensos a trotes adolescentes, um dos quais passou despercebido por uma década. Infelizmente, o trote anual agora veio à tona. De fato, ganhou as manchetes da imprensa em todo o país. Há 10 anos, as veteranas do 2º ano criam uma "lista de vagabundas" entre as calouras para o primeiro dia de aula. Cerca de 12 nomes são enumerados em um *e-mail* secreto com descrições grosseiras e enviados a um seleto grupo de meninas da turma de veteranas, com o aviso para manter a fonte secreta, mas passar a lista adiante.

A diretora tomou conhecimento sobre a lista e outras atividades de iniciação que ocorrem na MHS, mas as práticas se integraram à cultura escolar. Ninguém parecia ficar muito preocupado quanto ao ritual. Até recentemente, os pais achavam engraçado e os alunos pareciam pouco afetados pela história toda. Quando entrevistada pela imprensa, a diretora declarou: "É um dilema interessante para a escola, porque muitas das meninas querem fazer a lista e ficam decepcionadas se não a fizerem, enquanto um número igual de moças que faz a lista fica constrangido e horrorizado". Pressionada, a diretora admitiu se tratar basicamente de uma "prática rude e ofensiva". Na

(continua)

---

* N. de R.T.: A Ivy League reúne as oito universidades mais antigas dos Estados Unidos, consideradas de alta excelência acadêmica, como a universidade de Harvard.

CASO SOBRE LIDERANÇA EDUCACIONAL *(continuação)*

verdade, este ano, pela primeira vez, um pequeno grupo de pais se queixou a autoridades das escolas públicas.

Nas escolas vizinhas, alunas que foram responsabilizadas por essas práticas de trote foram suspensas por três a cinco dias, mas na MHS as práticas sempre têm sido toleradas e ao mesmo tempo sutilmente desencorajadas: ocasionais conversas com o conselho estudantil sobre a prática e pedidos aos professores para deixar claro que os trotes são vistos como falta de civilidade e respeito pelos colegas. Até este ano, a estratégia de sutil desaprovação parecia estar funcionando; a prática estava em declínio.

Este ano, no entanto, o trote se exacerbou; a lista foi compilada em uma festa das meninas veteranas envolvidas no atletismo, as quais escolheram como alvo moças atraentes e populares que entravam no ensino médio. A diretora e sua equipe tinham conversado com várias dezenas de calouros e pelo menos a mesma quantidade de veteranos, e nem um indivíduo sequer estava disposto a dar nome aos bois. Frustrada, a diretora afirmou: "Não há muito que fazer se os alunos não vêm até nós e nos contam o que realmente aconteceu". Ela acrescentou que nenhum dos 86 membros do corpo docente nesta escola de 1.112 alunos relatou ter presenciado quaisquer incidentes de trote este ano. Das moças entrevistadas, nenhuma declarou já ter sofrido trote. Algumas não sabiam do problema, e as poucas que admitiram conhecer o problema disseram que "não era grande coisa e encarado na maior curtição".

Este ano foi diferente, no entanto, porque claramente algumas calouras estavam nervosas e reclamaram aos pais sobre o que elas classificavam de tratamento injusto e *bullying*. Alguns pais relataram que suas filhas estavam relutantes em ir para a escola em determinados dias. Alguns pais começaram a ficar cada vez mais preocupados e irritados com a escola e sua administração. Um pai explicou: "A administração tem a obrigação de proteger todos os novos alunos, mas especialmente os mais vulneráveis. A administração não pode fugir às suas responsabilidades, culpando os alunos". O pai, entretanto, insistiu no anonimato, dizendo: "Minha filha nunca se sentiria segura nesta escola outra vez".

Porém, uma influência emergente na comunidade era a organização Citizens for the Restoration of Decency (Cidadãos pela Restauração da Decência; CRD, na sigla em inglês). Combinação de igreja e líderes cívicos, a CRD entendia que a escola devia ser uma cidadela de civilidade e moralidade. O grupo estava chocado com os boatos descrevendo *bullying* e trotes na MHS. O organismo exigiu que o conselho e a superintendente melhorassem o ambiente social da escola. A CRD tinha sido um parceiro leal da MHS em atividades como reconhecer membros da Sociedade de Honra Nacional e financiar bolsas de estudo para alunos da MHS entrarem na faculdade, e tinha sido um aliado recente na aprovação da última taxa escolar. A CRD encarava os boatos que corriam na MHS como graves desvios das normas e valores básicos da comunidade. Como consequência, estava mobilizando outras organizações na comunidade, como a Associação de Contribuintes de Middletown, a Mesa-Redonda Corporativa e o Rotary Club para intervir e restabelecer os valores fundamentais da comunidade.

A maioria dos alunos, especialmente os mais abastados, não considerava o caso uma grave violação de respeito. A resposta comum é: "Gostamos de nossa escola, e o trote é apenas uma divertida da vida escolar. Supere isso; é só diversão inofensiva". Uma aluna veterana, enquanto dava partida em sua BMW último modelo no estacionamento da escola, comentou: "O trote este ano não foi pior do que sempre foi. Alguns pais estão fora de controle".

A superintendente e o conselho escolar estavam começando a sentir a pressão não só de pais isolados, mas também da CRD e seus aliados. Até mesmo a mídia em um recente editorial questionou o clima de civilidade na MHS. A superintendente prometeu uma completa investigação do problema e o término dos trotes. A superintendente disse que "as culpadas por esse comportamento desprezível serão punidas". Em um local menos público, a superintendente revelou seu descontentamento para a diretora e exigiu a imediata resolução desse problema.

(continua)

CASO SOBRE LIDERANÇA EDUCACIONAL *(continuação)*

- Qual é o problema? De curto prazo ou de longo prazo?
- Como a escola deve lidar com a CRD? A CRD é uma potente força ambiental?
- Até que ponto o conflito é um problema da comunidade?
- Qual é o problema sob a perspectiva do modelo da dependência de recursos? E do modelo institucional?
- Existem estratégias úteis de proteção ou construção de pontes a serem usadas?
- Os grupos comunitários devem se envolver neste problema? Em caso afirmativo, como?
- Até que ponto a escola é responsável?
- Elabore um plano sensato para resolver e acabar com essa prática.
- Primeiro analise o caso do ponto de vista da superintendente.
- Em seguida, analise o caso do ponto de vista da diretora.

GUIA PRÁTICO

1. Mantenha as estruturas organizacionais flexíveis: é imperativo responder rapidamente aos obstáculos ambientais.
2. Cultive relações saudáveis com grupos e organismos locais: grupos de pais e organizações locais são aspectos importantes do ambiente imediato.
3. Envolva o ambiente: ele apresenta ao mesmo tempo obstáculos e oportunidades.
4. Desenvolva estratégias adaptativas internas e externas: a proteção e a construção de pontes são duas estratégias gerais para lidar positivamente com o ambiente externo.
5. Reconheça que as escolas são instituições: as escolas espelham as normas, os valores e a ideologia da sociedade como um todo.
6. Desenvolva sistemas de responsabilização justos para os professores: a responsabilização é uma realidade organizacional.
7. Certifique-se de que os testes estejam alinhados com os padrões: alinhamento claro e racional limita conflitos e melhora o sucesso.
8. Seja aberto a mudanças construtivas: a mudança e a reforma são partes integrantes da escola contemporânea.
9. Tome cuidado com as consequências disfuncionais dos testes de alto impacto: a ênfase em resultados de testes padronizados pode encorajar a trapaça e limitar as perspectivas de sucesso dos alunos mais pobres.
10. Procure recursos abstratos como afiliações de bairros ou cultura escolar: para melhorar a escola, os recursos abstratos são mais potentes do que os recursos simples.

PRINCÍPIOS E PRESSUPOSTOS BÁSICOS

1. Como sistemas abertos, as escolas estão inseridas em um ambiente mais amplo, que influencia muitas de suas práticas.
2. Como as escolas são incapazes de gerar os recursos necessários para manter-se, elas devem estabelecer intercâmbios com o ambiente para adquirir os recursos necessários.
3. Os administradores precisam gerenciar os ambientes externos, bem como as operações internas de suas escolas.
4. Nos ambientes institucionais, as escolas são recompensadas principalmente por sua conformidade com padrões profissionais e requisitos jurídicos em vez de pela qualidade do seu desempenho.

Administração Educacional **267**

5. As escolas enfrentam o paradoxo desconcertante de fomentar intercâmbios com o ambiente, mas limitar o efeito negativo desses intercâmbios sobre o ensino e a aprendizagem.
6. Modelos de dependência de recursos são mais dominantes do que os institucionais para explicar a influência do ambiente nas escolas.
7. Recursos abstratos como afiliações de bairro e cultura de otimismo acadêmico são poderosos impulsionadores de melhorias na escola.
8. Cada vez mais, o governo federal está se tornando uma importante força ambiental que afeta as escolas.
9. Os procedimentos de responsabilização que surgem dos programas No Child Left Behind e Race to the Top são aspectos cruciais da educação norte-americana contemporânea.
10. A Lei de Campbell é uma nota de advertência sobre a confiança demasiada em testes de alto impacto: quanto mais se depende de medidas quantitativas para tomar importantes decisões sociais, mais essas decisões ficam sujeitas à corrupção.

TESTE OS SEUS CONHECIMENTOS: SABE O SIGNIFICADO DESTES TERMOS?

perspectiva da dependência de recursos, *p. 243*
escassez, *p. 243*
abundância, *p. 243*
dependência, *p. 244*
proteção, *p. 246*
planejamento com previsão, *p. 246*
perpassar de fronteiras, *p. 247*
grupos de interesse, *p. 250*
táticas de influência, *p. 251*
perspectiva institucional, *p. 252*
instituição, *p. 253*
ambiente institucional, *p. 253*
mitos racionalizados, *p. 253*

conformidade coercitiva, *p. 254*
conformidade imitativa, *p. 254*
conformidade normativa, *p. 255*
desacoplagem, *p. 256*
gestão de impressões, *p. 257*
conformidade categorizada, *p. 257*
conformidade estrutural, *p. 258*
conformidade processual, *p. 258*
responsabilização, *p. 259*
padrões, *p. 259*
No Child Left Behind, *p. 261*
Race to the Top, *p. 262*
Lei de Campbell, *p. 263*

LEITURAS SUGERIDAS

BAUMGARTNER, F. R.; LEECH, B. L. *Basic interests*: the importance of groups in politics and in political science. Princeton: Princeton University Press, 1998.

Resume uma vasta gama de modelos e pesquisa lidando com grupos de interesse e processos de influência.

CHUBB, J. E.; MOE, T. M. *Politics, markets, and America's schools*. Washington: Brookings Institution, 1990.

Defende o caso conceitual para mercados competitivos e escolas charter.

GLASS, G. V. *Fertilizers, pills, and magnetic strips*: the fate of public education in America. Charlotte: Information Age, 2008.

Analisa como a economia e a mudança demográfica têm influenciado a reforma educacional.

LUBIENSKI, C. Innovation in education markets: theory and evidence on the impact of competition and choice in charter schools. *American Educational Research Association*, v. 40, n. 2, p. 395-443, 2003.

Fornece uma abrangente revisão da literatura concernente a mercados competitivos e escolas charter e representa um excelente recurso.

LYNN, M. L. Organizational buffering: managing boundaries and cores. *Organization Studies*, v. 26, n. 1, p. 37-61, 2005.

Detalha amplas análises históricas, teóricas e empíricas do conceito de proteção.

NICHOLS, S. L.; BERLINER, D. C. *Collateral damage*: how high-stakes testing corrupts America's schools. Cambridge: Harvard Education Press, 2007.

Análise crítica dos testes de alto impacto.

OGAWA, R. T. The institutional sources of educational reform: the case of school-based management. *American Educational Research Journal*, v. 31, n. 3, p. 519-548, 1994.

Analisa a gestão com base na escola usando a teoria institucional.

POWELL, W. W.; DIMAGGIO, P. J. (Eds.). *The new institutionalism in organizational analysis.* Chicago: University of Chicago Press, 1991.

Contém uma coleção de capítulos sobre teoria institucional, incluindo os clássicos por Meyer e Rowan (1977) e DiMaggio e Powell (1983).

SCOTT, W. R. *Institutions and organizations.* 3rd ed. Upper Saddle River: Prentice Hall, 2008.

Fornece uma consideração abrangente do ponto de vista institucional.

EXERCÍCIO DE PORTFÓLIO

O Race to the Top é o mais recente esforço de reforma nacional. De certa forma, muda a direção do programa No Child Left Behind (NCLB), mas também o complementa. Compare essas iniciativas federais e faça uma análise contrastiva entre elas.

- Quais são os pontos fortes e fracos de cada uma?
- Em que aspectos o seu Estado e sua escola apresentam conformidade com cada lei?

- O seu Estado é bem-sucedido na obtenção de fundos do Race to the Top?
- Até que ponto a NCLB afeta seu distrito?
- Como o seu distrito escolar se beneficiou da NCLB?
- Descreva quaisquer alterações administrativas no seu distrito que são consequências de legislações federais.

Padrões 1, 2, 3, 4, 5 e 6

9

EFICIÊNCIA ESCOLAR[1]

Por definição, escolas eficientes devem produzir, ao longo do tempo, resultados consistentes e estáveis que se apliquem a todos os alunos dentro da escola [...]. Subjacente à noção de responsabilização da escola, está a crença de que o pessoal da escola deve ser responsável por melhorar a aprendizagem do aluno.

Ronald H. Heck
Examining School Achievement over Time

Mas as habilidades e os conhecimentos – as coisas que você pode medir com testes – são apenas os componentes mais superficiais do capital humano. Em geral, as reformas de educação dos Estados Unidos têm fracassado porque tentam melhorar as habilidades dos alunos sem abordar os componentes ocultos do capital humano.

David Brooks
Colunista, Psst! 'Human Capital'

PONTOS PRINCIPAIS

1. Um modelo de sistemas sociais abertos fornece um arcabouço orientador para avaliar o conceito multidimensional da eficiência escolar.

2. Para maximizar a eficiência escolar, os sistemas internos de ensino e aprendizagem, a estrutura da escola, a cultura e o clima escolares, o poder e a política, bem como a motivação devem trabalhar harmoniosamente para produzir resultados de desempenho desejados.

3. Durante as últimas três décadas, reivindicações por níveis mais elevados de eficiência escolar (especialmente em termos de desempenho estudantil) têm se intensificado, e as leis No Child Left Behind e Race to the Top enfatizaram a melhoria e a e responsabilização das escolas.

4. O envolvimento dos alunos, as estratégias de aprendizagem para os alunos, o clima positivo da escola, as influências solidárias parentais e sociais, bem como o apoio dos pares são fundamentais para o alto desempenho acadêmico.

5. Uma cultura de otimismo acadêmico leva professores e alunos a definir e abraçar objetivos específicos e desafiadores que sejam alcançáveis, o que, por sua vez, aprimora a motivação do aluno e melhora o desempenho acadêmico.

6. Os professores são a força mais direta e poderosa na aprendizagem do aluno.

7. Os líderes da escola eficiente cooperam com seus professores para criar culturas escolares e climas de sala de aula propícios à aprendizagem. Erros devem ser vistos como

oportunidades para o aluno aprender, reaprender e explorar sem o medo do fracasso.
8. Em geral, organizações eficientes têm produtos de qualidade superior e se adaptam com mais eficiência aos problemas ambientais e internos do que as menos eficientes.
9. A eficiência escolar é um conceito complexo, que não se presta a soluções simples; por isso, múltiplas medidas da eficiência escolar devem ser usadas para avaliar o desempenho das escolas: é imprescindível medir o desempenho dos alunos tanto em níveis cognitivos quanto afetivos.
10. Os diretores também são uma importante força para melhorar as escolas em geral e o desempenho acadêmico em particular, mas sua influência, na maior parte do tempo, é *indireta* e mediada pelo contexto escolar e pelo corpo docente. Assim, os diretores melhoram a eficiência escolar trabalhando com os professores para ampliar a capacidade instrucional e para desenvolver uma cultura escolar que alimente o sucesso acadêmico.

No Capítulo 1, propusemos um modelo de sistema social aberto de organização escolar utilizando componentes de entradas, transformação e saídas. O modelo orientador apresentado pela primeira vez na Figura 1.6 é usado amplamente neste capítulo e reproduzido na Figura 9.1. Nos Capítulos 2 a 7, fazemos análises detalhadas sobre os elementos de transformação – ensino e aprendizagem, estrutura escolar, indivíduos, cultura e clima escolares, e poder e política. Além disso, os produtos escolares constituem os resultados de desempenho de alunos, professores e administradores

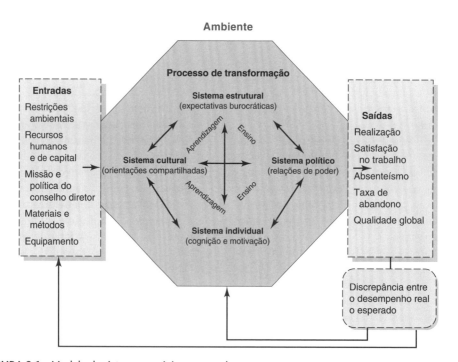

FIGURA 9.1 Modelo de sistemas sociais para escolas.

e podem ser avaliados tanto em termos de quantidade como de qualidade. No Capítulo 8, postulamos que constituintes importantes no ambiente externo das escolas exigem ênfase extra no cumprimento das tarefas. Como generalização global da teoria dos sistemas abertos, os produtos escolares dependem da interação de cinco elementos de transformação internos conforme moldados e restringidos pelas forças ambientais. Especificamos ainda mais essa generalização com uma hipótese de congruência que, *ceteris paribus*, quanto maior a harmonia entre os elementos de transformação, maior a eficiência do sistema. Claramente, a eficiência organizacional constitui um conceito-chave e integrativo na teoria de sistemas abertos e impõe testes práticos cada vez mais difíceis aos líderes escolares.

EFICIÊNCIA ESCOLAR – DESAFIO ÀS PRÁTICAS ADMINISTRATIVAS

Tópicos de **eficiência escolar** representam um desafio fundamental e duradouro à prática administrativa. Primeiro: não existe uma definição amplamente aceita de eficiência escolar; diferentes constituintes exigem diferentes resultados de aprendizagem. Alguns pais estão convencidos de que escolas eficientes enfatizam habilidades básicas para o sucesso na vida. Outros acreditam em cultivar o desejo de aprender. Com base em informações de variadas precisao e completude, os pais decidem, por exemplo, radicar-se em determinada área, porque sabem que a Escola de Ensino Fundamental Lynn Cheney enfatiza as habilidades básicas e tem altas expectativas e padrões acadêmicos, ao passo que a Escola de Ensino Fundamental John Dewey usa alta qualidade motivacional, ensino prático e técnicas de aprendizagem com descoberta.

Com suas diferentes percepções e escolhas, os constituintes muitas vezes questionam os educadores sobre a eficiência de suas escolas. Os administradores devem responder a esse desafio com o desenvolvimento de perspectivas sobre eficiência coerentes e sustentáveis. As autoridades escolares relatam ao público resultados que os educadores acreditam representar suas práticas inovadoras e seu desempenho. Para ilustrar a qualidade e a produtividade, elas promovem os resultados dos testes padronizados de desempenho e as admissões pelas faculdades, bem como demonstram eficiência em espetáculos artísticos, apresentações musicais, feiras de ciências e eventos esportivos.

Um segundo desafio importante é que definições sobre a eficiência organizacional continuamente mudam, pois são influenciadas pelas preferências dos círculos eleitorais, que por sua vez refletem as mudanças sociais. Durante a década de 1970, por exemplo, as escolas enfatizaram o crescimento emocional e social e a equidade para todos os alunos, mas com os relatórios da reforma do início dos anos de 1980, o público começou a exigir uma ênfase na eficiência, no desempenho acadêmico e nas habilidades para o mercado de trabalho (CUBAN, 1990; WIMPELBERG; TEDDLIE; STRINGFIELD, 1989). Durante a década de 1990, bem como no novo século, o foco continua no desempenho acadêmico com forte impulso para maneiras de assegurar a responsabilização. Assim, à medida que preferências, práticas e teorias mudam, o desempenho que hoje é julgado eficiente pode ser considerado menos importante amanhã (CAMERON, 1984, 2005). Para os administradores escolares, então, o objetivo de criar escolas eficientes é dinâmico, não estático; o alvo de eficiência continua se movendo.

Um terceiro desafio emerge de várias partes interessadas, tais como pais, administradores, alunos, professores, membros do conselho escolar, empresários, formuladores de políticas, mídia e os contribuintes, com cada grupo muitas vezes oferecendo preferências distintas e, muitas vezes, conflitantes. Os administradores e os membros do conselho de educação, por exemplo, gostam de salientar como o dinheiro é alocado e como os professores são avaliados. Em contraste, os professores preferem enfatizar o ensino e a aprendizagem, argumentando que a eficiência está enraizada em métodos instrucionais, climas de sala de aula positivos e relações com e entre os alunos. Contribuintes e membros do conselho podem preferir medidas de resultados e eficiência como desempenho acadêmico e custo por aluno. Cameron (2005, p. 312) está provavelmente correto ao observar com certo pessimismo: "O consenso sobre o melhor, ou suficiente, conjunto de indicadores da eficiência é impossível de se obter".

Em suma, administradores escolares enfrentam três desafios básicos:

- Como desenvolver uma definição prática do que é eficiência.
- Como lidar com definições sobre eficiência que estejam em constante movimento.
- Como responder às várias partes interessadas que detêm múltiplas definições de eficiência.

UMA BREVE HISTÓRIA DA REFORMA

Para o desespero dos administradores escolares, o relatório *Uma nação em risco* (UNITED STATES DEPARTMENT OF EDUCATION, 1983) constatou que os níveis de desempenho acadêmico nas escolas norte-americanas não eram competitivos internacionalmente. Jacob E. Adams e Michael W. Kirst (1999) afirmam que a National Commission on Excellence in Education expandiu a definição de excelência para as escolas e o público. Para reduzir o risco da nação, o público deve apoiar os alunos e ajudá-los a alcançar grandes expectativas e elevados desempenhos acadêmicos. Em outras palavras, a comissão fez um apelo por níveis mais elevados de eficiência, em especial o desempenho estudantil, e por responsabilização mais forte.

Uma nação em risco provocaria uma explosão de atividade de reformas em nível estadual. Na tentativa de seguir as recomendações da comissão, por exemplo, muitos estados alteraram seus requisitos para a formatura no ensino médio, ampliaram o dia escolar e o ano letivo, estabeleceram novos caminhos de carreira para professores, criaram testes de competência para formatura e instituíram diversos tipos de diplomas para reconhecer diferentes níveis de desempenho estudantil. Essa explosão de atividade durante a década de 1980 tornou-se conhecida como a "primeira onda" de reforma educacional. Durante o final da década de 1980, a substância do movimento de reforma mudou (VINOVSKIS, 1999) e uma segunda onda de atividade de reformas começou. A National Governors' Association e o então presidente George H. Bush fizeram uma reunião na Cúpula Educacional de Charlottesville, em 1989. O foco da reforma deles foi o estabelecimento de objetivos educacionais de âmbito nacional, com o objetivo de melhorar o desempenho estudantil por meio de ensino exemplar em escolas seguras e ordeiras. A participação dos pais e a aprendizagem duradoura também se tornaram objetivos básicos.

Embora a lei No Child Left Behind fosse supostamente reautorizada em 2007, os planos de reforma escolar se modificaram com a eleição do Presidente Barack Obama. Em março de 2010, a administração de Obama lançou *Um plano de reforma: a reautorização da lei dos ensinos fundamental e médio* (*A blueprint for reform: the reauthorization of the elementary and secondary education act*), para descrever uma visão sobre a reautorização da NCLB, que muitas vezes é chamada de lei Race to the Top. Uma mudança importante foi partir de um assim chamado sistema com base em punição para um que premia um excelente crescimento de ensino e dos alunos. O plano descrevia cinco prioridades (UNITED STATES DEPARTMENT OF EDUCATION, 2010).

1. *Alunos prontos para a faculdade e para a carreira:* independentemente de renda, raça, etnia ou linguagem de origem, ou da situação de deficiência, cada aluno deve se graduar no ensino médio pronto para a faculdade ou uma carreira. Para cumprir esse objetivo, o plano recomendava *avaliações* e *subvenções de recuperação* para melhorar as escolas. O Ministro da Educação abriu mão da exigência de 100% de proficiência se os estados adotassem seus próprios programas de avaliação e responsabilização e estivessem fazendo progressos na preparação de formandos prontos para a faculdade ou para a carreira (DILLON, 2011).

2. *Grandes professores e líderes em todas as escolas:* a pesquisa é clara; professores com elevado desempenho fazem uma diferença drástica no desempenho acadêmico. De fato, ter um professor excelente ano após ano reduz de modo significativo as lacunas de desempenho (UNITED STATES DEPARTMENT OF EDUCATION, 2010, p. 13). Para desenvolver excelentes professores e líderes em todas as escolas, o plano propunha um Fundo para o Aperfeiçoamento de Professores e Líderes, com subsídios competitivos e novos caminhos para a preparação dos educadores.

3. *Equidade e oportunidade para todos os alunos:* todos os alunos devem ser incluídos em um sistema de responsabilização que ofereça apoio aos padrões de prontos para a faculdade e para a carreira, forneça recompensas ao progresso e ao sucesso e imponha rigo-

rosas intervenções nas escolas de pior desempenho.

4. *Aumentar os padrões de exigência e premiar a excelência:* a lei Race to the Top é uma série de subsídios competitivos para escolas que fornece incentivos para a excelência por meio de encorajar os líderes locais e estaduais a cooperar em reformas, fazer escolhas difíceis e desenvolver planos globais para melhorar os resultados estudantis.

5. *Promover a melhoria contínua e a inovação:* além dos subsídios da Race to the Top, um Fundo de Investimento na Inovação fornece aos líderes locais e sem fins lucrativos apoio para desenvolver e ampliar programas que têm demonstrado sucesso, bem como para descobrir a próxima geração de soluções inovadoras.

Os esforços de reforma da década de 1980 realmente concentraram a atenção do público na aprendizagem acadêmica, mas as novas políticas receberam fortes críticas por serem fragmentadas e incoerentes, por fazerem pouca coisa para alterar o conteúdo e os métodos de instrução, por deixarem de envolver os professores e por ignorarem fatores diretamente relacionados com a aprendizagem e o desempenho (FUHRMAN; ELMORE; MASSELL, 1993; SMITH; O'DAY, 1991; VINOVSKIS, 1999). Em reação a essas deficiências, uma chamada terceira onda de reforma escolar tornou-se firmemente estabelecida durante a década de 1990. Conhecida como "reforma sistêmica", essa abordagem tentou unir as ondas de atividade anteriores com dois temas dominantes: mudança abrangente de muitos elementos da escola simultaneamente e integrações de políticas e coerência em torno de um conjunto de resultados claros (FUHRMAN; ELMORE; MASSELL, 1993). Sob o impulso da terceira onda de reforma escolar, a concentração no desempenho escolar aumentou substancialmente, e a preocupação acentuada continua hoje. Termos como "responsabilização", "desempenho acadêmico", "padrões de desempenho", "avaliações", "testes de alto impacto", "qualidade do professor" e "taxas de abandono estudantil" impregnaram as conversas entre educadores, formuladores de políticas, líderes empresariais e o público em geral. Além disso, a reforma sistêmica e integral das escolas passou a dominar o idioma sobre a melhoria escolar. O Race to the Top pode ser considerada uma quarta onda da reforma, ampliando a NCLB e se concentrando na excelência e na contínua melhoria. Todas essas ideias são compatíveis com um modelo de sistema social, que usaremos para apresentar as principais concepções e a pesquisa sobre eficiência organizacional e escolar.*

 TEORIA NA PRÁTICA

Com base na discussão anterior, considere o sistema de escola em que você trabalha atualmente ou o distrito escolar em que você mora. Como a eficiência de seu sistema é determinada? O quão dinâmica é a noção de eficiência escolar; ou seja, até que ponto a definição de eficiência escolar mudou durante os últimos 10 anos? Como o seu sistema de ensino convence o público de que está fazendo um bom trabalho? Qual é o desempenho de seu distrito em comparação com outros distritos? Quais são os indícios?

---

* N. de R.T.: As reformas educacionais modernas, no Brasil, surgiram em 1930, no governo Getúlio Vargas. Na década de 1990, nasce a nova LDB – Lei das Diretrizes Básicas, que fundou a Política Educacional Brasileira. É nesse período que o Estado estabelece a descentralização da educação, exercendo coordenação e controle sobre ela, através do SAEB (Sistema de Avaliação da Educação Básica), do ENEM (Exame Nacional do Ensino Médio) e do ENADE (Exame Nacional de Desempenho dos Estudantes). Da mesma forma que, nos Estados Unidos, termos como eficácia, eficiência, competência, avaliação do professor, qualidade escolar, entre outros, passam a aparecer no discurso de educadores, gestores educacionais, formuladores de políticas públicas e pais.

SISTEMAS SOCIAIS E EFICIÊNCIA ESCOLAR

Fazer perguntas globais sobre se uma escola é eficiente ou ineficiente tem valor limitado. A eficiência não é uma coisa só. Por exemplo, indicadores de eficiência podem ser derivados para cada fase do ciclo de sistemas abertos – entradas (o quão eficiente é a escola na aquisição de recursos abstratos e fiscais?), transformações (o quão eficiente é a escola em suas operações internas?) e saídas (o quão eficiente é a escola na realização de seus objetivos acadêmicos e sociais?). Em um momento ou outro, praticamente toda e qualquer entrada, transformação ou saída já foi utilizada como indicador da eficiência organizacional. Em decorrência disso, um modelo de sistema social pode ser usado como guia teórico para aprimorar a nossa compreensão sobre eficiência escolar e avaliar as ações necessárias para promover a eficiência escolar. Esse ponto é ilustrado considerando cada fase do ciclo de sistemas abertos como uma categoria de indicadores de eficiência.

Critérios de entradas

Entradas (ver Fig. 9.1) para as escolas incluem componentes ambientais que influenciam a eficiência organizacional. Entradas podem ser fiscais e abstratas. Recursos fiscais comumente se referem a riquezas tributáveis, dinheiro ou coisas que o dinheiro compra (COHEN; RAUDENBUSH; BALL, 2003). Exemplos incluem qualificações formais do corpo docente e da administração, livros, bibliotecas, tecnologias instrucionais e instalações físicas. Entradas abstratas são elementos como políticas e padrões educacionais estaduais e locais, arranjos organizacionais, apoio parental e habilidades dos alunos. Os critérios de entradas não indicam a quantidade nem a qualidade do trabalho realizado, mas em vez disso definem os limites ou a capacidade para os processos de transformação e os resultados de desempenho do sistema. Em outras palavras, os critérios de entradas têm forte influência na capacidade inicial da escola e em seu potencial para desempenho eficiente. Até recentemente, os modelos de acreditação escolar depositavam muita ênfase em indicadores de entradas; ou seja, boas escolas tinham altas porcentagens de professores experientes com títulos avançados, pessoal de apoio abundante, salas de aula com menos alunos, grandes bibliotecas com muitos livros e lindos prédios modernos e bem equipados. Em resumo, a eficiência das escolas era julgada com base nesses indicadores.

Resultados de desempenho

A eficiência organizacional tem sido definida em termos de grau de obtenção de objetivos. A exemplo da definição de objetivos individuais no Capítulo 4, **objetivos organizacionais** podem ser definidos simplesmente como os estados desejados que a organização procura alcançar. Os objetivos fornecem direção e motivação, além de reduzir a incerteza para os participantes e representar padrões para avaliar a organização. Como Scott (2003, p. 352) postula: "Objetivos são usados para avaliar as atividades organizacionais, bem como para motivá-las e encaminhá-las". Objetivos e sua realização relativa são essenciais na definição de critérios para a eficiência organizacional.

No atual ambiente de política de educação, os objetivos são refletidos nos padrões para julgar a qualidade e a quantidade dos resultados de desempenho que as escolas produzem. Os resultados de desempenho constituem a quantidade dos serviços e produtos para alunos, educadores e outros constituintes da escola, bem como a qualidade de cada produto. De uma perspectiva de sistema social, saídas importantes incluem, para alunos: desempenho acadêmico, criatividade, autoconfiança, aspirações, expectativas, formatura e taxas de abandono; para professores: satisfação no trabalho, absenteísmo e rotatividade; para administradores, satisfação no trabalho, orçamentos equilibrados e comprometimento com a escola; e para a sociedade, as percepções de eficiência escolar. De uma perspectiva de resultados de desempenhos ou objetivos, uma escola é eficiente se os resultados de suas atividades atenderem ou excederem os seus objetivos.

Porém, um fator muitas vezes negligenciado nos modelos de objetivos ou resultados é que organizações complexas como as escolas têm objetivos múltiplos e conflitantes (HALL, 2002). Na superfície, o objetivo de almejar que os educadores mantenham ambientes seguros e ordeiros nas escolas é incompatível com o objetivo de desenvolver os valores de confiança, lealdade grupal e respeito entre os alunos. Da mesma forma, a crescente ênfase em padrões de desempenho e testes de alto impacto entra em confronto com manter a satisfação de trabalho do educador, resultado que continua a atrair substancial interesse. As lógicas de eficiência utilitária, humanitária e organizacional apoiam a importância da satisfação no trabalho como um componente da eficiência organizacional (SPECTOR, 1997). Pelo menos parcialmente, a satisfação no trabalho é um indicador de bom tratamento e pode refletir até que ponto a organização escolar está funcionando bem.

As escolas contribuem com muito mais do que apenas o desempenho acadêmico dos alunos, e o foco em um resultado tão estreito deixa de levar em conta a vasta gama de coisas que compõem o desempenho positivo da escola. Não obstante, cada vez mais, muitos pais e outros cidadãos, formuladores de políticas e estudiosos definem os resultados de desempenho desejados para as escolas de modo estreito; eles igualam a eficiência escolar com o nível de desempenho acadêmico, conforme medido pelos testes padronizados. Esses importantes círculos educacionais consideram que as notas de testes têm valor intrínseco. As escolas com notas altas são consideradas eficientes. Além disso, o crescimento do desempenho como um resultado de **valor agregado** está sendo adicionado à definição de eficiência escolar (HECK, 2000). Usando uma linha de raciocínio de valor agregado, Peter Mortimore (1998) sustenta que escolas eficientes são aquelas em que os alunos obtêm pontuações mais altas em testes de desempenho do que podia ser esperado com base em suas características. Por conseguinte, uma definição emergente de eficiência escolar inclui tanto o nível quanto a mudança no desempenho acadêmico. Em outras palavras, para as escolas serem julgadas eficientes, precisam mostrar altas notas em testes de desempenho e revelar ganhos substanciais para todos os seus alunos. Como prova de sua popularidade, os formuladores de políticas estão incluindo o critério do valor agregado em suas iniciativas de políticas. Por exemplo, escolas que recebem fundos da Lei No Child Left Behind de 2001 (UNITED STATES, 2002) devem mostrar que seus alunos estão fazendo "PAA ou progresso anual adequado", ou seja, fazendo ganhos específicos no desempenho acadêmico a cada ano letivo. Além disso, os formuladores de políticas aparentemente confiam em abordagens de entradas-saídas para prever e comparar os resultados de desempenho das escolas.

Pesquisas sobre entradas e saídas

A **pesquisa sobre entradas e saídas**, ou estudos de função de produção, examinam como recursos ou entradas educacionais são transformados em resultados educacionais (RICE, 2002). Pesquisas sobre função de produção pressupõem que os resultados de desempenho das escolas estão relacionados diretamente a entradas como despesas por aluno, características do professor, razão professor-aluno e características de alunos e famílias, ao passo que os resultados são as pontuações nos testes de desempenho (MONK; PLECKI, 1999). Em outras palavras, o objetivo da pesquisa de função de produção é de prever resultados como pontuação nos testes, em vez de explicar como o resultado foi produzido. Em consequência disso, a pesquisa de função de produção ignora os processos transformacionais internos do sistema e utiliza apenas as entradas para prever as saídas.

A pesquisa de função de produção ganhou popularidade em meados da década de 1960 quando James S. Coleman e colaboradores (1966) conduziram um estudo altamente influente refletindo essa abordagem, *Equality of educational opportunity*. Popularmente conhecido como o Relatório Coleman, continua a ser o maior levantamento do sistema público educacional dos Estados Unidos já realizado. A conclusão mais surpreendente foi a de que quando as variáveis de *background* doméstico eram controladas, as entradas escolares ou indicadores de capacidade revelaram relações limitadas com os resultados dos testes. As diferenças entre as bibliotecas escolares, a educação e a experiência dos professores, os níveis de despesa, os laboratórios, os ginásios e outros recursos convencionais tiveram fraca relação com as diferenças no desempenho estudantil (COHEN; RAUDENBUSH; BALL, 2003). Em contraste, o *background* doméstico dos alunos antes de entrar na escola importava mais do que as características de capacidade das escolas. Com base nas conclusões mais recentes de Brian Rowan, Richard Correnti e Robert J. Miller (2002), essa conclusão precisa ser moderada. Eles constataram que quando os alunos entram no jardim de infância, seus níveis de desempenho estão moderadamente correlacionados com fatores do ambiente doméstico, como tamanho da família, estrutura familiar e *status* socioeconômico. Essas condições familiares, evidentemente, produzem oportunidades diferenciais para aprender antes de frequentar a escola. Tão logo os alunos entram nos anos iniciais do ensino fundamental, porém, os efeitos de *background* doméstico aparentemente se desvanecem, e o crescimento de desempenho em grande parte pode ser explicado pelos efeitos de diferenças instrucionais entre escolas e salas de aula. Em outras palavras, as diferenças nas origens familiares são mais fortemente correlacionadas com os níveis iniciais de desempenho estudantil do ensino fundamental do que com seus ganhos anuais de desempenho. No entanto, a aprendizagem em casa é extremamente importante.

Desde o Relatório Coleman, um grande número de estudos adicionais sobre a função de produção tem sido realizado. Um forte defensor da abordagem, Eric A. Hanushek (1981, 1989, 1997), conclui que a pesquisa sobre função de produção na educação produziu resultados surpreendentemente consistentes – variações nas despesas escolares não estão sistematicamente relacionadas com as variações no desempenho dos alunos. Além disso, as escolas são organizações ineficientes porque não há nenhuma relação forte ou consistente entre as variações nos recursos escolares e no desempenho dos alunos. Recentemente, Hanushek (2003, p. F67) tornou-se ainda mais inflexível ao afirmar:

> O tamanho das turmas diminuiu, a qualificação dos professores melhorou e as despesas aumentaram. Infelizmente, existe pouca evidência para sugerir que quaisquer mudanças significativas nos resultados estudantis têm acompanhado esse crescimento em recursos dedicados às escolas.

Em suma, Hanushek mantém que a pesquisa sobre função de produção geralmente detecta poucos indícios para apoiar a ideia de que gastar dinheiro adicional nas atuais escolas vai melhorar a aprendizagem do aluno.

Estudiosos como David H. Monk e Margaret L. Plecki (1999) criticam a pesquisa sobre função de produção pela falta de um arcabouço teórico motriz que preveja, descreva e explique as conclusões. Outros como Alan B. Krueger (2003) e Larry V. Hedges, Richard Laine e Rob Greenwald (1994) contestam fortemente os métodos, as conclusões e as implicações dessa abordagem. Após reavaliar os dados de Hanushek et al. (1994) constataram que a influência das entradas escolares nos resultados de desempenho estudantil é consideravelmente mais consistente e positiva do que alegava Hanushek. Em um estudo de acompanhamento, Greenwald, Hedges e Laine (1996) avaliaram os efeitos de três conjuntos de entradas no desempenho estudantil – despesas (custos por aluno, salários dos professores), características de *background* dos professores ou indicadores de qualidade (capacidade, educação, experiência) e tamanho (da classe, da escola, do bairro). Eles concluíram que, em geral, entradas escolares estão sistematicamente relacionadas ao desempenho acadêmico e que as magnitudes dessas relações são grandes o suficiente para serem importantes. Em particular, a maior conquista está associada com gastos por aluno mais elevados, turmas e escolas menores e qualidade dos professores. J. D. Finn e Charles M. Achilles (1999) fornecem um apoio substancial para a conclusão sobre o tamanho da turma. Suas conclusões obtidas no Projeto STAR (do inglês Student/Teacher Achievement Ratio) revelam que os alunos, especialmente crianças de minoria e do centro da cidade, em turmas pequenas desde o jardim de infância até o 4º ano tiveram melhor desempenho do que aqueles em turmas habituais. Nye, Hedges e Konstantopoulos (2000), em sua análise dos dados do Tennessee, constataram que os efeitos do tamanho da turma eram consistentes e grandes o suficiente para serem importantes para a política educacional. Hanushek (2003) discordou com a implicação política; ele argumentou que os ganhos reais eram pequenos e que um estudo experimental com falhas era insuficiente para uma reforma tão cara.

Até mesmo os defensores das pesquisas sobre função de produção como Hanushek (2003) reconhecem que as diferenças entre escolas e professores produzem mudanças diferenciais e importantes no desempenho acadêmico. As escolas não são homogêneas em seus efeitos sobre os alunos; as escolas diferem na eficiência dos seus esforços para influenciar os resultados de desempenho. Steven T. Bossert (1988) assevera que estudos de entradas-saídas normalmente não consideram como os alunos realmente usam os recursos disponíveis da escola ou como as escolas proporcionam serviços instrucionais para seus alunos. Com base em raciocínio semelhante ao de Bossert, surgiu uma nova linha de pesquisa, projetada para explicar como fatores domésticos, escolares e de sistema interno influenciam os resultados de desempenho das escolas.

Critérios transformacionais

Os critérios transformacionais são a quantidade, a qualidade e a consistência das estruturas e dos processos internos que transformam as entradas em resultados (ver Fig. 9.1). Exemplos de critérios transformacionais são a estrutura e o conteúdo do currículo, a saúde do clima interpessoal, os níveis de motivação de alunos e professores, a liderança dos professores e administradores, a qualidade e quantidade da instrução, e a confiança, eficácia coletiva e otimismo acadêmico.

Para maximizar a eficiência escolar, os elementos internos – ensino e aprendizagem, estrutura escolar, cultura e clima escolares, poder e política e motivação – devem funcionar harmoniosamente para produzir os objetivos de desempenho desejados.

A congruência entre esses elementos internos aumenta a habilidade do sistema de assegurar os recursos necessários do ambiente (YUCHTMAN; SEASHORE, 1967), de construir a capacidade do sistema transformacional, e, finalmente, de melhorar a eficácia. Em um teste empírico dessa hipótese de congruência nas escolas, John Tarter e Wayne Hoy (2004) verificaram apoio para essa relação. O desempenho estudantil e a eficiência global da escola revelaram relação positiva com os elementos do sistema social (estruturais, individuais, culturais e políticos) à medida que esses elementos eram consistentes uns com os outros. De modo não surpreendente, os administradores educacionais dão grande importância à manutenção da harmonia, porque conflitos impedem a habilidade do sistema de atingir níveis elevados.

Modelos de eficiência escolar: melhoria do desempenho acadêmico

Usando uma perspectiva de sistemas, a pesquisa contemporânea não só considera entradas como também relaciona os processos transformacionais de escolas e salas de aula com os resultados educacionais. Não obstante as entradas, as práticas de ensino e aprendizagem e outras práticas de sala de aula (métodos instrucionais, organização da sala de aula, oportunidades de aprender, tempo de aprender), bem como as propriedades escolares (cultura escolar, motivação, estrutura da escola e política) influenciam saídas como satisfação no trabalho, taxas de formatura e desempenho estudantil.

Essa abordagem geral é mais comumente chamada de **pesquisa sobre escolas eficientes,** embora às vezes seja chamada de pesquisa sobre processos-produtos ou pesquisa sobre efeitos escolares. A maior parte dessa pesquisa usa procedimentos transversais que se concentram no desempenho estudantil em um único ponto no tempo. Para avaliar os esforços de melhoria e o crescimento do aluno, Heck (2005) adverte que métodos transversais são insensíveis às mudanças que ocorrem dentro das escolas ao longo do tempo e recomenda o uso de estudos longitudinais que atendam às experiências do aluno em uma escola ao longo de um ano com um professor específico.

Para ilustrar a pesquisa de escolas eficientes, agora vamos nos deter em exemplos recentes de modelos que explicam o desempenho acadêmico. Embora as escolas usem muitos resultados desejáveis para avaliar a sua eficiência, a maioria concorda que o desempenho acadêmico é um recurso fundamental da eficiência escolar. Outros defendem que descrições mais subjetivas e globais do desempenho escolar fornecem úteis indicadores de sucesso. Nossa posição é a de que há muito a ser ganho de medições de eficiência tanto específicas e objetivas quanto gerais e subjetivas. Primeiro, vamos examinar três exemplos da pesquisa de Lee e Shute (2010), Bryk et al. (2010) e Hoy, Tarter e Woolfolk Hoy (2006a, 2006b). Cada um desses grupos desenvolve um modelo bastante completo para explicar a eficiência escolar em termos de desempenho estudantil. Assim, consideramos modelos mais globais e abrangentes de eficiência escolar, que estejam preocupados não só com a quantidade e a qualidade do desempenho escolar, mas também com a capacidade da escola para se adaptar ao seu ambiente e inovar com estratégias que melhoram o desempenho escolar. Por fim, também exploramos o papel dos valores na concepção de organizações eficientes.

Modelo de desempenho acadêmico de Lee e Shute

Jihyun Lee e Valerie Shute (2010) fizeram uma ampla revisão da pesquisa sobre desempenho, com o objetivo de desenvol-

ver um modelo para explicar o desempenho acadêmico em escolas de ensino fundamental e médio. Identificaram quatro conjuntos de fatores que respondem pelo desempenho em leitura e matemática – envolvimento do aluno, estratégias de aprendizagem do aluno, clima escolar e influências parentais e sociais –, fatores que, por sua vez, integram um arcabouço geral para explicar o desempenho acadêmico escolar. Detalhe especialmente interessante é a ênfase dessas autoras nas atitudes e no comportamento do aluno individual. Alunos bem-sucedidos usam uma mescla de estratégias para se envolver no trabalho de aprendizagem, à medida que monitoram e gerenciam seus próprios progressos. Esses fatores não funcionam isolados de fatores escolares como ênfase acadêmica, eficácia coletiva e a participação ativa do diretor. Além disso, o apoio dos pais aos objetivos acadêmicos e a influência dos colegas alunos que valorizam o desempenho acadêmico também são fatores cruciais para o sucesso.

Agora vamos nos debruçar sobre uma explicação dos elementos do modelo delas (ver Tab. 9.1). Dois fatores pessoais ou estudantis são fulcrais no desempenho: o envolvimento estudantil e as estratégias de aprendizagem dos alunos. O **envolvimento estudantil** caracteriza-se por comportamentos como assistir às aulas, seguir as regras e participar nas atividades escolares, bem como envolvimento motivacional cognitivo, ou seja, a disposição por aprender e a crença de que é possível aprender. O envolvimento emocional, a atitude afetiva positiva em relação à aprendizagem, completa a definição de envolvimento estudantil. Um conjunto de estratégias de aprendizagem do aluno complementa o envolvimento estudantil. As estratégias de aprendizagem comportamental se concentram na gestão do tempo, na realização de testes, na busca de ajuda, na gestão dos trabalhos de casa e no ato de fazer anotações. As **estratégias cognitivas** são os conhecimentos e

TABELA 9. 1   Fatores estudantis, escolares e ambientais que afetam o desempenho acadêmico

Fatores estudantis (pessoais)	
Envolvimento estudantil	Exemplos
• Envolvimento comportamental	Frequentar as aulas, seguir as regras e procedimentos
• Envolvimento cognitivo	Investimento cognitivo – disposição para aprender e crença de que é possível aprender
• Envolvimento emocional	Interesse e estados afetivos positivos
Estratégias de aprendizagem do aluno	
• Estratégias comportamentais	Estratégias de gestão do tempo, realização de testes, busca de ajuda, temas de casa, anotações
• Estratégias cognitivas	Estratégias de processamento de informações: resumir, inferir, aplicar e raciocinar
• Estratégias metacognitivas	Autorregulação – monitorar e gerir a própria aprendizagem
Fatores sociocontextuais (ambientais)	
Clima escolar	Exemplos
• Ênfase acadêmica	Altas expectativas acadêmicas
• Interações de professores	Eficácia coletiva, empoderamento dos professores, moral
• Liderança do diretor	Colegialidade, consideração, estrutura de iniciação
Influências sociais e parentais	
• Envolvimento dos pais	Apoio e participação dos pais nas atividades escolares, bem como atitude positiva em relação à educação e às aspirações de seu filho
• Influência dos pares	Pares apoiam o alto desempenho acadêmico

FONTE: Adaptado de Lee e Shute (2010).

as habilidades para processar informações como resumir, inferir, aplicar e raciocinar. Por fim, as **estratégias metacognitivas** são processos de autorregulação que os alunos utilizam para monitorar e gerenciar sua própria aprendizagem. Esses dois fatores estudantis, o envolvimento do aluno e as estratégias de aprendizagem do aluno, relacionam-se mutuamente, ou seja, o envolvimento estudantil influencia as estratégias de aprendizagem, que, por sua vez, reforçam o envolvimento estudantil.

Dois fatores ambientais ou sociocontextuais também afetam o desempenho acadêmico: o clima escolar e as influências parentais e sociais. O clima escolar é definido pela ênfase acadêmica, as interações com os professores e a liderança do diretor. A ênfase acadêmica é o quanto a escola mantém altas expectativas para seus alunos e o grau em que a comunidade escolar apoia essas expectativas. A interação dos professores é um conceito mais amplo que inclui a eficácia coletiva do corpo docente, as percepções do corpo docente sobre seu empoderamento, e o senso de afiliação dos professores. A liderança do diretor é a influência que o diretor exerce em moldar e esclarecer o currículo e a missão escolares, e, ao mesmo tempo, manter a confiança dos professores; aqui, liderança é a combinação de comportamentos caracterizados por colegialidade, consideração e estrutura de iniciação a fim de melhorar o desempenho do aluno.

As influências parentais e sociais compõem as forças ambientais em ação na escola. O envolvimento parental se traduz em participação nas atividades escolares e apoio a elas, por exemplo, associações de pais e mestres e outros empreendimentos entre escola e comunidade. Além disso, as expectativas e as aspirações positivas que os pais têm para a educação de seus filhos influenciam o desempenho acadêmico. A influência dos pares é captada na frase "Os meus amigos caçoam de quem se esforça para tirar boas notas na escola" (LEE; SHUTE, 2010, p. 198). À medida que os alunos cada vez mais concordam com essa declaração, a influência dos pares sobre o aluno terá efeito negativo sobre o desempenho acadêmico. Lee e Shute argumentam que esse reforço dos pares é uma força substancial no desempenho estudantil. Quando os alunos respeitam os outros que são academicamente produtivos, a força da pressão dos pares se torna positiva em termos de desempenho acadêmico. Os dois fatores sociocontextuais, clima escolar e influências parentais e sociais têm uma relação de reciprocidade um com o outro. O clima escolar realça o envolvimento parental e a influência dos pares, o que, por sua vez, reforça um clima escolar positivo, um clima eficaz, colegial e de altas expectativas acadêmicas.

Os fatores pessoais do aluno (envolvimento e estratégias de aprendizagem) afetam e são afetados pelos fatores sociais e contextuais do clima escolar e das influências parentais e sociais. Quanto mais os alunos se envolvem em termos comportamentais, cognitivos e afetivos, maior a probabilidade de que eles sejam bem-sucedidos e desenvolvam estratégias de aprendizagem que contribuam para o desempenho. Um clima escolar que reforce expectativas elevadas para os alunos desenvolve um senso coletivo de eficácia, e o empoderamento do corpo docente também facilita o alto desempenho estudantil. Quando os pais participam ativamente dos assuntos de escola e apoiam as aspirações educacionais, e quando os pares valorizam o desempenho acadêmico, então os níveis de sucesso dos alunos aumentam. Em re-

sumo, o modelo de Lee-Shute pode ser sintetizado assim: *O envolvimento estudantil e as estratégias de aprendizagem que atuam em um clima escolar propício à aprendizagem e que são fortalecidos por pais e pares produzem alto desempenho acadêmico.*

Bryk e colaboradores: modelo de suportes essenciais para o desempenho acadêmico

Anthony Bryk et al. (Bryk et al., 2010), da Universidade de Chicago, realizaram um estudo longitudinal nas escolas públicas de Chicago (1990-1996), que forneceu a base para outro modelo de desempenho acadêmico. Os pesquisadores identificaram um conjunto de conceitos que chamaram de suportes essenciais para o desempenho, junto com motrizes e condições ambientais que facilitam o desempenho acadêmico (ver Tab. 9.2).

A liderança escolar foi conceitualizada em termos de dois aspectos importantes: liderança instrucional e liderança compartilhada. A liderança instrucional consiste no diretor acompanhar o progresso do aluno, fornecer *feedback* construtivo, manter elevados padrões acadêmicos e realizar observação ativa dos professores. A liderança compartilhada complementa o ímpeto instrucional por meio do envolvimento de professores e pais em decisões escolares como selecionar textos, influenciar a instrução, alocar os recursos da escola e aderir a planos de melhoria escolar desenvolvidos localmente. Essa liderança fornece a força motriz para o desenvolvimento de quatro suportes essenciais no âmbito da escola: *capacidade profissional, clima de aprendizagem escolar, vínculos entre pais, escola e comunidade e orientação instrucional.*

A **capacidade profissional** tem a ver com a qualidade, o envolvimento, a criatividade e o comprometimento do corpo docente, fatores que permitem a avaliação formativa entre professores e promovem o

TABELA 9. 2 Conceitos de um modelo de suportes essenciais ao desempenho acadêmico

Liderança instrucional é rastrear e monitorar o progresso do aluno, manter altos padrões acadêmicos, realizar observações práticas do ensino, dar *feedback* construtivo aos professores, monitorar o desenvolvimento e implementar um plano de melhoria escolar desenvolvido localmente.

Liderança compartilhada é o quanto professores e pais, por meio de conselhos escolares locais, estão envolvidos em decisões importantes da escola, como selecionar textos, influenciar instrução e alocar os recursos escolares.

Capacidade profissional é um aglomerado de comportamentos que inclui a aferição da qualidade do corpo docente, o envolvimento do corpo docente, a criatividade do corpo docente, a avaliação formativa e o diálogo reflexivo entre os professores, o comprometimento dos professores para a escola e a responsabilidade coletiva pelo desempenho escolar.

Clima de aprendizagem centrado no aluno é a sensação dos alunos de que sua sala de aula é um lugar seguro e ordeiro em que os professores mantêm altas expectativas e demonstram interesse pessoal no progresso do aluno, e em que os alunos respeitam os colegas que trabalham arduamente e são bem-sucedidos na escola.

Vínculos entre pais, comunidade e escola é o quanto os professores conhecem sobre a comunidade, têm laços estreitos com os pais sobre as atividades escolares, os quais são correspondidos, e os professores utilizam os recursos da comunidade.

Orientação instrucional é o grau de alinhamento e mapeamento de currículo que se concentra no domínio e na aplicação de habilidades básicas pelos alunos.

Confiança relacional é um sentimento generalizado de confiança entre alunos, professores e pais com base no respeito social, respeito pessoal, competência de papel e integridade pessoal.

Capital social é uma rede complexa de relações sociais que fornece apoio e recursos para ações intencionais.

Capital social de ligação é a densidade e a força dos vínculos políticos, religiosos e organizacionais que fornecem proteção e acolhimento de crianças e é mobilizada para resolver problemas locais.

Capital social de conexão é a extensão das interações entre moradores das comunidades e organizações e indivíduos externos, que são mobilizadas para resolver os problemas da comunidade.

FONTE: Bryk et al. (2010).

desenvolvimento da responsabilidade coletiva pelo sucesso. A capacidade profissional afeta diretamente o clima de aprendizagem escolar e também é afetada diretamente por ele. O **clima de aprendizagem escolar** é centrado no aluno; os alunos têm a sensação de que suas salas de aula são seguras e livres de perturbação, seus professores têm interesse pessoal na sua aprendizagem, e seus pares não se mostram antagônicos em relação ao sucesso acadêmico. O clima de aprendizagem escolar também influencia fortes **vínculos entre pais, escola e comunidade**, que, por sua vez, reforçam um clima de aprendizagem centrado no aluno, ou seja, à medida que os professores revelam interesse pessoal em seus alunos, eles passam a conhecer melhor os pais, a comunidade e seus recursos.

A **orientação instrucional** é o grau de alinhamento e mapeamento de currículo que facilita o domínio e a aplicação das habilidades básicas. Teoriza-se que essa orientação, bem como a capacidade profissional, o clima de aprendizagem escolar, e os vínculos entre pais, escola e comunidade todos têm um impacto positivo sobre o funcionamento do sistema social das salas de aula. Bryk et al. (2010, p. 203) comparam as interações desses quatro suportes centrais com os ingredientes de um bolo. Se qualquer um estiver faltando, "[...] simplesmente não é um bolo".

O sistema social das salas de aula não funciona isoladamente; como todos os sistemas sociais, é afetado pelo ambiente mais amplo. Dois elementos penetrantes são fundamentais para o funcionamento dinâmico do modelo: confiança relacional e capital social de ligação e conexão. A **confiança relacional** é um sentimento geral de confiança e dependência entre alunos, professores e pais com base no respeito social, respeito pessoal, competência de papel e integridade pessoal. Essa confiança também é um ingrediente necessário das escolas eficientes; em poucas palavras, a confiança relacional é essencial para as operações organizacionais eficientes.

O capital social é uma complexa rede de relações sociais que fornece suporte e recursos para ações intencionais. Duas formas de capital social se destacaram na pesquisa de Bryk e colaboradores: ligação e conexão. O **capital social de ligação** é a densidade e a força das instituições que aglutinam a comunidade e a ajudam a alcançar as intenções compartilhadas. O **capital social de conexão** é a extensão da interação entre a comunidade e as organizações e os indivíduos externos à comunidade. Em geral, o capital social de ligação estabelece o capital social de conexão, e os dois são necessários para as instituições locais trabalharem em prol da escola e da comunidade (BRYK et al., 2010). A dinâmica de como os suportes essenciais e suas forças motrizes (liderança instrucional e compartilhada) e as condições (confiança relacional e capital social de ligação e conexão) que os acompanham facilitam o desempenho dos alunos está ilustrada na Figura 9.2. Uma coisa que falta no modelo é detalhar como o sistema social escolar é afetado pelos suportes essenciais da escola; com efeito, a dinâmica interna permanece uma caixa preta.

Hoy e Woolfolk Hoy: modelo organizacional para o desempenho estudantil

No Capítulo 5, definimos otimismo acadêmico como um conjunto coletivo de crenças e comportamentos compartilhados sobre os pontos fortes e as capacidades de uma escola que a impregnam com a capacidade de alcançar o sucesso acadêmico. Lembre-se de que o otimismo acadêmico refere-se à interação de três conceitos que foram consistentemente vinculados à excelência do

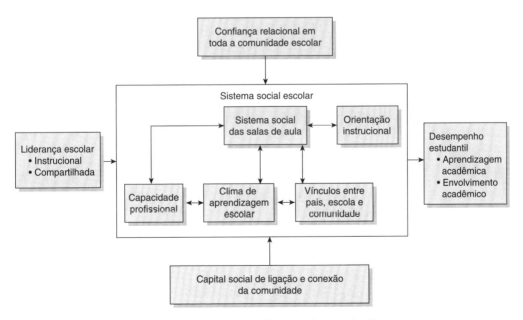

FIGURA 9.2 Modelo de suportes essenciais para o desempenho estudantil.
FONTE: Adaptado de Bryk et al. (2010).

desempenho: a eficácia coletiva, a confiança do corpo docente em pais e alunos e a ênfase acadêmica (ver Fig. 5.3). Uma cultura escolar imbuída com essas características tem um sentido do possível. A eficácia coletiva sinaliza que os professores acreditam em si mesmos e em sua capacidade de fazer a diferença. A confiança do corpo docente em pais e alunos reflete a crença de que professores, pais e alunos podem cooperar para melhorar a aprendizagem estudantil. A ênfase acadêmica é o comportamento em vigor instigado pela eficácia coletiva e pela confiança do corpo docente – uma ênfase nas atividades intelectuais e no sucesso acadêmico. Resumindo, uma escola com alto otimismo acadêmico define uma cultura em que o corpo docente acredita que pode fazer a diferença, que todos os alunos podem aprender e que o desempenho acadêmico pode ser alcançado (HOY; TARTER; WOOLFOLK HOY, 2006b). Embora o otimismo acadêmico tenha sido consistentemente relacionado com o desempenho acadêmico, independentemente do *status* socioeconômico (FORSYTH; ADAMS; HOY, 2011; WAGNER; DIPAOLA, 2011; HOY; TARTER; WOOLFOLK HOY, 2006a; KIRBY; DIPAOLA, 2009; MCGUIGAN; HOY, 2006; SMITH; HOY, 2007), a maneira como o otimismo acadêmico explica o desempenho do aluno recebeu menos atenção. Vamos abordar um modelo organizacional para o desempenho estudantil que sintetiza a pesquisa e a teoria, bem como propõe uma explicação sobre a dinâmica do desempenho escolar.

Primeiro, vamos examinar os resultados de duas correntes de pesquisa distintas, mas relacionadas, que originaram algumas conclusões semelhantes. O estudo longitudinal de Anthony Bryk e Barbara Schneider (2002, p. 111) nas escolas públicas de Chicago foi projetado para estudar a eficiência escolar, mas no decorrer de suas pesquisas, de modo bastante acidental, eles descobriram a forte influência da confiança nas escolas. Eles constataram que:

Escolas relatando fortes níveis de confiança positiva em 1994 apresentaram mais do que o triplo de chances de serem futuramente categorizadas como melhorando em leitura e matemática do que aquelas que relataram baixos níveis de confiança.

Eles argumentaram, no entanto, que a confiança promovia a eficiência escolar indiretamente, fomentando quatro condições organizacionais que explicavam o desempenho de modo mais direto: a atitude positiva de "é possível fazer" dos professores, envolvimento e cooperação com os pais, comunidade profissional e comprometimento com a comunidade escolar.

Nessas condições escolares que promovem a aprendizagem, é notável a sua extraordinária semelhança com o conceito de Hoy e colaboradores sobre otimismo acadêmico. As condições organizacionais identificadas por Bryk e Schneider mapeiam os elementos fundamentais que compõem o otimismo acadêmico. A "atitude de que é possível fazer" é definida pela eficácia coletiva. O envolvimento e a colaboração com os pais são incorporados pela confiança coletiva em pais e alunos. Por fim, a comunidade profissional (em termos de práticas de trabalho colaborativo, comprometimento com a melhoria do ensino e da aprendizagem e alto nível de padrões acadêmicos e expectativas) está focada na ênfase acadêmica. Esse mapeamento aparece na Figura 5.4. Em suma, uma cultura de otimismo acadêmico abarca as principais facetas das organizações que impulsionam o desempenho estudantil para todos os alunos.

De que modo essa constelação de propriedades escolares produz alto desempenho estudantil? Hoy e Woolfolk Hoy (2011) e Hoy (2012) fornecem um guia teórico a esse respeito. Primeiro, uma cultura de otimismo acadêmico leva professores e alunos a definir e abraçar objetivos específicos e desafiadores que sejam alcançáveis, o que, por sua vez, promove a motivação do aluno. Segundo, o otimismo acadêmico e a confiança relacional (trabalhando por meio do otimismo acadêmico) promovem um ambiente de aprendizagem em que alunos e professores aceitam a responsabilidade pela aprendizagem, tem motivação para se esforçar, persistem em tarefas difíceis e são resilientes perante problemas e fracassos. Terceiro, o otimismo acadêmico incentiva a cooperação entre alunos, professores e pais em assuntos de aprendizagem do aluno, aprimorando a motivação escolar. Além disso, a confiança relacional entre pais e professores sustenta o otimismo acadêmico, além de promover a cooperação. Tanto objetivos desafiadores quanto a cooperação entre alunos, professores e pais levam à forte motivação, que por sua vez leva a altos níveis de desempenho, que por sua vez reforça a confiança relacional e o otimismo acadêmico. Essas inter-relações que produzem desempenho estudantil são resumidas e ilustradas na Figura 9.3.

Análise do desempenho acadêmico de Hattie

Na mais abrangente análise de desempenho acadêmico, John Hattie (2009) examina e resume 800 meta-análises de desempenho estudantil ao longo de 15 anos. De modo não surpreendente, ele constatou que a qualidade dos professores e sua pedagogia são os fatores mais importantes a influenciar o desempenho acadêmico – afinal de contas, os professores estão mais diretamente relacionados com o ensino e a aprendizagem nas salas de aula. A conclusão de sua avaliação pode ser resumida em seis tópicos principais:

1. Os professores importam; eles são as forças mais poderosas para ajudar os alunos a aprender.

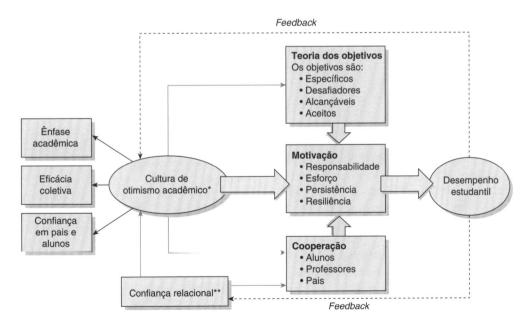

FIGURA 9.3 Modelo da dinâmica do desempenho estudantil.
FONTE: Hoy (2010).
* Hoy, Tarter e Woolfolk Hoy (2006b).
** Bryk e Schneider (2002).

2. Professores eficientes se envolvem de modo diretivo, atencioso e apaixonado no processo de ensino e aprendizagem.
3. Professores eficientes prestam atenção no que cada aluno está pensando, o que lhes permite construir significado e relevantes experiências para seus alunos. Isso exige uma compreensão proficiente e profunda de sua matéria ou disciplina, de modo a fornecer *feedback* útil à medida que conduzem os alunos ao longo do currículo.
4. Professores eficientes sabem o que querem ensinar, como fazer isso com sucesso, quando cada aluno entende e o que fazer quando a compreensão é insuficiente.
5. Professores eficientes usam múltiplas perspectivas para transmitir ideias de modo que os alunos consigam construir e reconstruir os conhecimentos – a construção do conhecimento pelo aluno é fundamental.
6. Líderes escolares eficientes cooperam com seus professores para criar uma cultura escolar e climas de sala de aula propícios à aprendizagem. Erros devem ser vistos como oportunidades para os alunos aprenderem, reaprenderem e explorarem sem o medo do fracasso.

Esses seis tópicos fornecem um ambiente seguro onde os professores aprendem a discutir, avaliar e planejar seu ensino usando *feedback* sobre o seu sucesso e falhas. A chave não é apenas reflexão crítica, mas reflexão crítica à luz de evidências sobre o seu ensino e a aprendizagem do aluno. *O objetivo final do ensino eficiente é conseguir que os professores vejam a aprendizagem por meio dos olhos de seus alunos e conseguir que os alunos também se considerem professores de si mesmos* (HATTIE, 2009).

Embora o foco de Hattie seja os professores, o trabalho dele é consistente com a pesquisa organizacional que promove desempenho acadêmico nas escolas. Já vimos que alguns fatores críticos do contexto escolar facilitam o desempenho: a confiança coletiva, a eficácia coletiva, a ênfase acadêmica e o otimismo acadêmico. O otimismo acadêmico reduz a sensação de vulnerabilidade que alunos e professores experimentam à medida que assumem as tarefas incertas de novas aprendizagens. Esse otimismo torna a escola aberta, e os erros tendem a não ser escondidos ou temidos; alunos e professores aceitam a responsabilidade pela aprendizagem; e o otimismo acadêmico cria esforço, resiliência e persistência (HOY; TARTER; WOOLFOLK HOY, 2006b). Qual a aparência de uma escola de alto desempenho? Com base nas pesquisas existentes, a Tabela 9.3 resume algumas das principais propriedades organizacionais que prometem desempenho acadêmico.

Modelos de eficiência escolar: além do desempenho acadêmico

Como já vimos, as exigências por responsabilização e leis como No Child Left Behind e Race to the Top se concentram nos resultados escolares, particularmente quanto à utilização de testes objetivos e padronizados para avaliar a eficiência escolar. Parece haver pouca dúvida de que a eficiência escolar seja um conceito complexo, que não se presta a soluções simples. Nossa visão é a de que várias medidas de eficácia escolar devem ser usadas para avaliar o desempenho das escolas e é imperativo medir o desempenho estudantil nos níveis cognitivos e afetivos. Não obstante o fato de que as decisões sobre como medir a eficiência da escola sejam impulsionadas por políticas estaduais e nacionais, avaliações e valores subjetivos também influenciam os julgamentos sobre eficiência escolar. Assim, vamos nos deter em dois outros modelos que têm uma perspectiva mais ampla para definir e medir a eficiência escolar. Em primeiro lugar, examinamos uma perspectiva geral

TABELA 9.3 Características escolares que melhoram o desempenho acadêmico

Característica escolar	Estudos de apoio
Confiança organizacional	(BRYK; SCHNEIDER, 2002; GODDARD et al., 2001; HOY, 2002; TSCHANNEN-MORAN, 2004)
Eficácia coletiva	(GODDARD et al., 2000; GODDARD et al., 2001; GODDARD et al., 2003; HOY et al., 2002)
Otimismo acadêmico	(DIPAOLA; WAGNER, 2011; HOY et al., 2006; SMITH; HOY, 2007; WAGNER; DIPAOLA, 2009)
Cidadania organizacional	(DIPAOLA; HOY, 2005)
Capacidade instrucional	(BRYK et al., 2010; HECK, 2010; PRINTY, 2010)
Liderança instrucional	(ALIG-MIELCAREK; HOY, 2005: HATTIE, 2009; HECK, 2010; HECK; HALLINGER, 2010; PRINTY, 2011)
Comunidade profissional de aprendizagem	(BRYK; SCHNEIDER, 2002; BRYK et al., 2010)
Ênfase acadêmica	(ALIG-MIELCAREK; HOY, 2005; HOY et al., 1991; HOY; SABO, 1998)
Envolvimento dos pais	(BRYK; SCHNEIDER, 2002; BRYK et al., 2010; LEE; SHUTE, 2010)

com múltiplas dimensões para avaliar a eficiência, que é uma abordagem mais subjetiva, com uma forte base de pesquisa – o modelo geral de eficiência organizacional de Mott (1972). Em seguida, examinamos o modelo de eficiência dos valores concorrentes de Quinn e Quinn (2009).

Modelo geral de eficiência organizacional de Mott

Paul Mott (1972) desenvolveu uma perspectiva multifacetada para medir a eficiência organizacional. Ele argumentou que as organizações eficientes

> [...] geram mais saídas de maior qualidade e se adaptam com mais eficiência aos problemas ambientais e internos do que outras organizações semelhantes. (MOTT, 1972, p. 17).

Ele define um conjunto de critérios para a eficiência organizacional que inclui:

- Quantidade e qualidade das saídas.
- Eficiência da produção.
- Adaptabilidade e flexibilidade da organização.

Mott argumentou que esses atributos organizacionais definem a capacidade da organização para mobilizar seus centros de poder em prol de ações para alcançar seus objetivos, para preencher as necessidades dos trabalhadores e para se adaptar ao ambiente. O estudo dele sobre hospitais e outro sobre a NASA (National Aeronautics and Space Administration) (MOTT, 1972) forneceram fortes indícios empíricos para apoiar a validade e a confiabilidade da sua medição da eficiência – o índice de eficiência organizacional percebida.

Miskel e colaboradores (MISKEL; FEVURLY; STEWART, 1979; MISKEL; MCDONALD; BLOOM, 1983) foram os primeiros a adaptar a medição de Mott e usá-la com sucesso para estudar a eficiência escolar. Hoy e Ferguson (1985) demonstraram que o índice se correlacionava com muitas outras medições da eficiência escolar, incluindo coesividade, comprometimento do corpo docente e desempenho estudantil, validando assim o uso da escala nos colégios. Além disso, Hoy e seus colegas (HOY; SABO, 1998; HOY; TARTER; WISKOSKIE, 1992) demonstraram a validade do índice ao examinarem a relação entre confiança do corpo docente e eficiência escolar e escolas de ensino fundamental. A versão mais recente do Índice de Eficiência Escolar Percebida chama-se Índice SE (do inglês School Effectiveness) e é mostrada na Tabela 9.4.

Para administradores em formação que desejam uma rápida visão sobre a eficiência de suas escolas, recomendamos a administração do índice para o corpo docente para aferir as percepções de eficiência. Normalmente, o resultado é estável e confiável. Você também pode considerar a administração do índice SE a uma amostra representativa de pais para ter uma ideia de suas percepções. É útil e interessante comparar as percepções do corpo docente, dos pais e dos próprios diretores sobre a eficiência escolar.

Modelo dos valores concorrentes de Quinn e Quinn

A maioria das pessoas, incluindo pesquisadores que estudaram a eficiência organizacional, aplica valores negativos aos aspectos da eficiência com os quais não simpatizam e valores positivos aos recursos de que gostam. Por exemplo, indivíduos que favorecem valores competitivos tendem a rotular valores colaborativos como "moles" ou "flocosos", ao passo que aqueles com valores colaborativos chamam os valores competitivos de "agressivos" ou "insensíveis".

Quinn e Quinn (2009) elaboram essa distinção por meio do desenvolvimento de uma tipologia de pontos de vista alternativos sobre eficiência organizacional, construídos com base na preferência por *estruturas estáveis ou flexíveis* e na tendência de se

---

TABELA 9.4   Índice de Eficiência Escolar Percebida

Índice SE

Instruções: Os professores geram uma variedade de produtos, como planos de aula, novos currículos, aprendizagem do aluno, além de numerosos serviços incluindo ensino, aconselhamento, consultoria e colóquios com os pais. Pense nesses produtos e serviços à medida que você responde a cada item e indica o grau em que concorda com as seguintes afirmações sobre a sua escola.	Concordo plenamente	Concordo	Concordo um pouco	Discordo um pouco	Discordo	Discordo plenamente
1. A *qualidade* dos produtos e serviços gerados nesta escola é excelente.	1	2	3	4	5	6
2. A *quantidade* dos produtos e serviços gerados nesta escola é alta.	1	2	3	4	5	6
3. Os professores da minha escola fazem um bom trabalho ao *lidar* com emergências e perturbações.	1	2	3	4	5	6
4. A maioria das pessoas na escola *aceita* e se *ajusta* às mudanças.	1	2	3	4	5	6
5. Quando alterações são feitas na escola, os professores aceitam e se ajustam *com rapidez*.	1	2	3	4	5	6
6. Os professores desta escola estão *bem informados* sobre as inovações que poderiam afetá-los.	1	2	3	4	5	6
7. Os professores nesta escola *se antecipam* aos problemas e os evitam.	1	2	3	4	5	6
8. Os professores nesta escola utilizam os recursos disponíveis com *eficiência*.	1	2	3	4	5	6

concentrar em *questões internas ou externas*. Estruturas, como vimos no Capítulo 3, podem ser firmemente vinculadas, burocráticas, previsíveis e estáveis, ou frouxamente vinculadas, informais, orgânicas e flexíveis. As questões internas estão preocupadas com a operação suave e eficiente da organização por meio de procedimentos formais e informais. As questões externas estão preocupadas principalmente com o intercâmbio da organização com seu ambiente no que tange a alcançar inovações e objetivos. Quatro perspectivas emergem para escolas:

1. A *visão competitiva* (estrutura estável e foco externo) define a eficiência em termos do quão produtiva a escola é comparada com outras escolas semelhantes usando medidas como pontuação dos alunos em testes e pontuações de valor agregado.

2. A *visão colaborativa* (estrutura flexível e foco interno) define a eficiência em termos de características colaborativas e desenvolvimentistas da escola usando indicadores como: moral do corpo docente, desenvolvimento socioemocional dos alunos, coesão e abertura e saúde do clima escolar.

3. A *visão controladora* (estrutura estável e foco interno) define a eficiência em termos do quão estável e confiável a escola está se concentrando em critérios como eficiência, vinculação firme e gestão das relações com a comunidade escolar.

4. A *visão criativa* (estrutura flexível e foco externo) define a eficiência em termos do quão adaptáveis e inovadores são os métodos da escola para medir características como reforma bem-sucedida, criatividade e singularidade.

Resumimos as quatro visões na Figura 9.4. Cabe aos administradores analisar sua escola de todas as quatro perspectivas para obter uma avaliação abrangente sobre a eficiência de suas escolas. Além disso, Quinn e Quinn (2009) sugerem que cada uma dessas perspectivas tem consequências individuais e organizacionais positivas. A visão colaborativa enfatiza uma *perspectiva centrada nos outros*; considera-se que os outros têm necessidades e desejos legítimos. A visão criativa enfatiza *abertura ao ambiente* e *feedback* para monitorar o progresso. A visão controladora é *internamente direcionada* para detectar lacunas e reagir a elas para melhorar a previsibilidade. Por fim, a visão competitiva é *centrada em objetivos* – alcançar resultados extraordinários. Qual é a visão dominante sobre eficiência em sua escola? Em outras palavras, usando as dimensões de foco e estrutura, qual é a visão predominante de sua escola sobre a eficiência organizacional?

Efeitos dos administradores e professores

Uma alegação comumente ouvida é a de que os diretores são a chave para a eficiência escolar. No entanto, não existem ligações tão claras assim entre os administradores da escola e o desempenho estudantil como defendem alguns proponentes dos programas de escolas eficientes. Por exemplo, Good e Brophy (1986) concluem que quase todos os estudos sobre escolas eficientes sustentam a importância da liderança do diretor, mas existe limitado acordo sobre os comportamentos e as práticas que caracterizam a liderança para maior desempenho acadêmico. Em uma declaração ainda mais forte, Bossert (1988) assevera que estudos sobre escolas eficientes tentaram ressuscitar o ideal burocrático ao afirmar que a forte liderança do diretor é necessária para estruturar as escolas rumo à eficiência. No entanto, a pesquisa é silenciosa sobre quais processos devem ser estruturados e quais estruturas precisam ser criadas para produzir sucesso. Na verdade, Bossert identificou quatro características normalmente associadas com diretores que administram escolas eficientes: ênfase nos objetivos e na

290 Hoy & Miskel

		FOCO EM	
		Questões internas	**Questões externas**

E S T R U T U R A	**Flexível**	***Visão colaborativa*** **[interna e flexível]**
		
		 Valores:
		   Relações humanas
		   Desenvolvimentistas
		   Colaboração
		 Resultados almejados:
		   Moral
		   Abertura e saúde
		   Coesividade
			Visão criativa **[externa e flexível]**
			
			 Valores:
			   Adaptabilidade
			   Criatividade
			   Flexibilidade
			 Resultados almejados:
			   Crescimento
			   Inovação
			   Prontidão

	Estável	***Visão controladora*** **[interna e estável]**
		
		 Valores:
		   Previsibilidade
		   Controle
		   Estabilidade
		 Resultados almejados:
		   Gerenciar o ambiente
		   Eficiência interna
		   Vinculações firmes
			Visão competitiva **[externa e estável]**
			
			 Valores:
			   Planejamento e execução
			   Concorrência
			   Estabilidade
			 Resultados almejados:
			   Eficiência
			   Produtividade
			   Realização de objetivos

FIGURA 9.4 Visões alternativas sobre eficiência organizacional.

produção, poder e forte tomada de decisão, gestão eficiente e fortes habilidades de relações humanas.

Outros estudiosos concordam com Bossert e adicionam especificidade a suas conclusões. Philip Hallinger e Heck (1996, 1998), Heck e Hallinger (2010) e Heck (2000, 2005, 2010) constataram que a liderança do diretor exerce mensuráveis influências no desempenho estudantil, mas que os efeitos são *indiretos* e ocorrem quando os diretores manipulam estruturas, visões e processos escolares internos diretamente conectados à aprendizagem do aluno (LEITHWOOD; JANTZI, 1999; WITZIERS; BOSKER; KRUGER, 2003). Em uma ampla revisão e análise da literatura, Kenneth Leithwood et al. (2004) concluem que a liderança vem logo após o ensino em sala de aula em termos de contribuição à aprendizagem dos alunos nas escolas. De modo semelhante aos trabalhos anteriores por Bossert, Heck e Hallinger,

eles citam três maneiras, também indiretas, de a liderança educacional fazer uma diferença na melhoria da aprendizagem dos alunos:

• Definir rumos pela concepção de cursos de ação e objetivos claros, compartilhados e de fácil compreensão. Práticas de liderança que facilitam a definição de objetivos incluem articular uma visão, gerar expectativas de alto desempenho, monitorar o desempenho escolar e fornecer *feedback* sobre o desempenho às demais pessoas envolvidas.

• Desenvolver pessoas, fornecendo a educadores e outros o apoio e o treinamento necessário. Ações de liderança que ajudam a fazer as transformações incluem oferecer estímulo intelectual, dar apoio individualizado e fornecer modelos de melhores práticas e crenças.

- Remodelar a organização escolar para garantir o apoio de uma ampla gama de condições e incentivos ao ensino e à aprendizagem. Atos de liderança que promovem a mudança organizacional incluem o fortalecimento das culturas escolares e a construção de processos colaborativos.

Pesquisas recentes também mostraram apoio à influência indireta do diretor sobre o desempenho dos alunos (HECK, 2010; LEITHWOOD; PATTEN; JANTZI, 2010; ROBINSON; LLOYD; ROWE, 2008). Por exemplo, Viviane Robinson, Loyd e Rowe (2008) realizaram um questionário meta-analítico de dois estágios e constataram relações especialmente fortes entre o envolvimento dos diretores na aprendizagem e no desenvolvimento dos professores com o desempenho estudantil positivo. Eles concluíram que quanto mais perto os líderes educacionais chegavam ao cerne técnico (processo de ensino e aprendizagem), maior a probabilidade de exercerem um impacto positivo sobre o desempenho do aluno. Em outras palavras, a liderança do diretor precisa estar diretamente relacionada à melhoria do ensino e da aprendizagem em sala de aula se pretende ter efeitos positivos sobre comportamentos do professor que vão melhorar a aprendizagem do aluno.

Contudo, as conclusões supracitadas devem ser interpretadas e aplicadas com cautela. Como observam Leithwood e Ben Levin (2005), a liderança não tem efeitos amplos e independentes na aprendizagem do aluno, e encontrar efeitos pequenos e significativos continua a ser um desafio persistente para os pesquisadores educacionais e avaliadores de programas. Além disso, só porque os efeitos dos diretores são mediados por outros fatores escolares, isso não diminui a importância de suas contribuições para a eficiência escolar.

Em contraste com os diretores, os professores influenciam diretamente a aprendizagem do aluno por meio de uma varie-

dade de comportamentos da sala de aula e atividades. William L. Sanders (1998, p. 27) afirma que "[...] o maior fator que afeta o crescimento acadêmico [...] dos alunos é a diferença na eficiência dos professores individuais nas salas de aula". Jennifer King Rice (2003) concorda com a alegação de Sanders. Com base em sua revisão da literatura, Rice (2003, p. v) declara que

> [...] a qualidade do professor é importante. Na realidade, é o mais importante fator relacionado com a escola a influenciar o desempenho estudantil.

Apoio empírico, por exemplo, é fornecido por Heck (2000) e Hattie (2009). Heck verificou que escolas com desempenho estudantil superior ao esperado têm professores com pontuação alta na criação de ambientes de sala de aula com ênfase acadêmica e no quesito de ter fortes expectativas para a aprendizagem dos alunos. Steven G. Rivkin, Hanushek e John F. Kain (2005) concluíram recentemente que os professores têm um poderoso impacto no desempenho em leitura e matemática. Essas observações e conclusões sugerem que o caminho mais direto para que distritos escolares, Estados ou nações obtenham ganhos substanciais no desempenho dos alunos é adotar políticas e práticas que melhorem a sua força de ensino (HANUSHEK, 2005a).

Com base nos comentários prévios sobre muitas abordagens conceituais e de pesquisa em relação à eficiência organizacional, parece claro que estudiosos, práticos e formuladores de políticas do setor educacional têm um corpo de conhecimentos que eles podem usar para projetar métodos com vistas a melhorar a eficiência da escola. Concordamos com Rowan, Correnti e Miller (2002) que um caminho promissor para a melhoria da escola é por meio de intervenções instrucionais que diminuam as diferenças entre salas de aula e criem contextos instrucionais positivos. Em resumo, os diretores são uma força importante para melhorar as escolas em geral e o desempenho acadêmico em particular; no entanto, a maior parte de sua influência é indireta e mediada pelo contexto escolar e pelo corpo docente. Para melhorar o desempenho acadêmico, o diretor deve trabalhar com os professores para construir capacidade instrucional (p. ex., projeto curricular, aplicação instrucional e avaliação, juntamente com relações sociais positivas entre professores e alunos) e para desenvolver uma cultura escolar que alimente o sucesso acadêmico (p. ex., cultura de otimismo acadêmico ancorada em confiança, eficácia e ênfase acadêmica).

TEORIA NA PRÁTICA

Você acaba de ser nomeado diretor de sua escola. Como você iria determinar a eficiência da sua escola? Que critérios você usaria? Considere pelo menos três conjuntos de critérios: entradas, transformação e desempenho. Qual conjunto de critérios você salientaria e por quê? Depois de você decidir sobre seus critérios de eficiência, prepare uma breve apresentação de PowerPoint® na qual você discute a eficiência escolar, os critérios selecionados para demonstrar o nível de eficiência de sua escola e de que modo cada critério será medido. Você vai fazer a apresentação na sua reunião de professores com a presença da superintendente.

CASO SOBRE LIDERANÇA EDUCACIONAL

Reviravolta escolar

Você recentemente foi nomeado diretor da Escola New Central High School (NCHS), que vai abrir no próximo ano letivo. Esta nova escola está localizada no corredor interno de uma grande cidade urbana da região nordeste dos Estados Unidos. O novo edifício recebeu um prêmio por seu *design* arquitetônico e está equipado com as mais modernas tecnologias de segurança e instrucionais. A escola é projetada para receber 2.500 alunos que têm frequentado duas escolas de ensino médio das proximidades – a East High School e a West High School. As duas vão ser fechadas no fim do ano letivo. Os alunos vêm principalmente de famílias de baixa renda, pertencentes a minorias étnicas. As duas escolas vêm mostrando declínio nas matrículas, altas taxas de evasão e baixa pontuação em testes estipulados pelo Estado. A NCHS será aberta com um quadro profissional de 150 funcionários. Você conseguiu participar da seleção de seu pessoal administrativo e influenciar a seleção dos professores. No entanto, o contrato com o sindicato dos professores especifica que muitos dos professores seriam atribuídos à NCHS com base na antiguidade. As notas baixas e as altas taxas de evasão escolar nas escolas East e West as colocam na categoria de baixo desempenho no *ranking* estadual. Considerando o grande investimento em novas instalações com equipamentos de última geração, os pais e outras partes interessadas esperam que a NCHS supere o problema de desempenho de suas antecessoras. Você sente a pressão para mostrar melhorias e tornar esta escola muito mais eficiente do que as escolas que foram fechadas: a NCHS deve protagonizar uma reviravolta escolar.

- Que critérios você vai propor para determinar a eficiência da nova escola? Como você vai selecionar os critérios de eficiência?
- Quem deve ser envolvido no estabelecimento da importância dos resultados de eficiência?
- Quais fatores contextuais provavelmente terão a maioria dos efeitos sobre os resultados de desempenho? Quais deles você pode influenciar?
- Levando em conta a sua análise dos resultados e os fatores contextuais, que características transformacionais devem receber prioridade? Que ações de sua parte podem promover a eficiência desses processos?
- Escolha um dos modelos para melhorar o desempenho acadêmico, desenvolva um plano para adotar e monitore o sucesso desse plano.

GUIA PRÁTICO

1. Olhe para fora: o ambiente externo é um recurso valioso.
2. Olhe para dentro: a dinâmica interna impulsiona o sistema.
3. Concentre-se nos alunos: a aprendizagem é o fim, e os alunos envolvidos são os meios.
4. Concentre-se nos professores: os professores são a ajuda mais direta e poderosa para a aprendizagem estudantil.
5. Concentre-se na instrução: a qualidade de ensino é o fator mais importante na aprendizagem estudantil.
6. Valorize uma cultura de otimismo acadêmico: eficácia, confiança e ênfase acadêmica fortalecem a motivação.
7. Desenvolva a capacidade profissional: ela cria climas de aprendizagem escolar positivos.
8. Envolva os pais: a cooperação entre pais e professores é um poderoso catalisador da aprendizagem.
9. Monitore a eficiência da sua escola: use vários indicadores do sucesso cognitivo e afetivo.
10. Use estrutura, cultura, política e motivação para apoiar o ensino e a aprendizagem: esses são os blocos para construir a eficiência.

PRINCÍPIOS E PRESSUPOSTOS BÁSICOS

1. Uma perspectiva de sistemas sociais sobre a eficiência escolar tem três dimensões importantes: aquisição de recursos do ambiente (entradas), funcionamento harmonioso dos componentes internos da escola (transformação) e realização dos objetivos (desempenho das saídas).
2. A congruência entre os elementos internos aumenta a capacidade do sistema para garantir os recursos necessários do ambiente, para construir a capacidade do sistema transformacional e para efetivamente alcançar seus objetivos.
3. A eficiência escolar é um conceito dinâmico que tem várias dimensões, múltiplas partes interessadas e várias restrições ambientais.
4. A aprendizagem do aluno em casa é extremamente importante. As diferenças no *background* socioeconômico estão altamente relacionadas com o desempenho do aluno.
5. O *status* socioeconômico não é um fator que os líderes escolares podem controlar, mas eles podem influenciar diretamente o processo de transformação dentro da escola.
6. O diretor é uma importante força para melhorar as escolas em geral e o desempenho acadêmico em particular; no entanto, a maior parte dessa influência é *indireta e mediada* por meio do contexto escolar e do corpo docente.
7. O envolvimento do estudante e as estratégias de aprendizagem operando em um clima escolar positivo e propício à aprendizagem e reforçado por pais e pares produzem alto desempenho acadêmico.
8. Três elementos dominantes são fundamentais para o funcionamento dinâmico do sistema social da escola: liderança escolar, confiança relacional e capital social de ligação e conexão.
9. O otimismo acadêmico e a confiança relacional promovem um ambiente de aprendizagem em que alunos e professores aceitam a responsabilidade pela aprendizagem, são motivados para realizar intensos esforços, persistem em tarefas difíceis e demonstram resiliência diante de problemas e falhas.
10. O objetivo final do ensino eficiente é conseguir que os professores encarem a aprendizagem pelo ponto de vista de seus alunos e conseguir que os alunos se considerem professores de si mesmos.
11. As organizações eficientes mobilizam seus centros de poder para ações que alcancem seus objetivos, satisfaçam as necessidades dos trabalhadores, desenvolvam um grupo de trabalho coeso e se adaptem ao ambiente.
12. Os valores relativos à estabilidade e à flexibilidade da estrutura e os focos interno e externo determinam o tipo de visão sobre a eficiência organizacional.

TESTE OS SEUS CONHECIMENTOS: SABE O SIGNIFICADO DESTES TERMOS?

eficiência escolar, *p. 271*
objetivos organizacionais, *p. 276*
valor agregado, *p. 276*
pesquisa sobre entradas e saídas, *p. 276*
pesquisa sobre escolas eficientes, *p. 278*
envolvimento estudantil, *p. 279*
estratégias cognitivas, *p. 279*
estratégias metacognitivas, *p. 280*

capacidade profissional, *p. 281*
clima de aprendizagem escolar, *p. 282*
vínculos entre pais, escola e comunidade, *p. 282*
orientação instrucional, *p. 282*
confiança relacional, *p. 282*
capital social de ligação, *p. 283*
capital social de conexão, *p. 283*

LEITURAS SUGERIDAS

BRYK, A. S., et al. *Organizing schools for improvement*: lessons from Chicago. Chicago: University of Chicago Press, 2010.

Exame cuidadoso da teoria e da pesquisa que conduz a um modelo abrangente de eficiência escolar.

CAMERON, K. Organizational effectiveness: its demise and reemergence through positive organizational scholarship. In: SMITH, K. G.; HITT, M. A. (Eds.). *Great minds in management*: the process of theory development. New York: Oxford University Press, 2005. p. 394-429.

Rastreia o surgimento, o ocaso e a ressurgência do conceito de eficiência da organização na literatura acadêmica.

HATTIE, J. *Visible learning*: a synthesis of meta-analyses relating to achievement. New York: Routledge, 2009.

Recente revisão de 800 metanálises relativas ao desempenho escolar.

LEE, J.; SHUTE, V. Personal and social-contextual factors in k–12 performance: an integrative perspective on student learning. *Educational Psychologist*, v. 45, p. 185-202, 2010.

O desenvolvimento de um modelo de desempenho acadêmico, usando variáveis de escola, professor, aluno e comunidade para explicar o excelente desempenho estudantil.

MORTIMORE, P. *The road to improvement*: reflections on school effectiveness. Lisse: Swets and Zeitlinger, 1998.

Contém informações abrangentes sobre eficiência escolar.

QUINN, R. W.; QUINN, R. E. *Lift*: becoming a positive force in any situation. San Francisco: Berrett-Koehler, 2009.

Visão dos valores de eficiência sob uma perspectiva da psicologia positiva.

SCHEERENS, J.; BOSKER, R. *The foundations of educational effectiveness*. Oxford: Permagon, 1997.

Contém informações abrangentes sobre eficiência escolar.

SMITH, M. S.; O'DAY, J. A. Systemic school reform. In: FUHRMAN, S. H.; MALEN, B. (Eds.). *The politics of curriculum and testing*. London: Falmer, 1991. p. 233-67.

Continua a ser uma fonte fundamental para compreender as raízes da reforma sistêmica.

EXERCÍCIO DE PORTFÓLIO

Suponha que você seja o diretor de uma escola. Delineie um plano para monitorar a eficiência de sua escola. Use múltiplas dimensões de eficiência e descreva não só quais indicadores de eficiência você usaria, mas também como você os mediria.

Padrões de liderança 1, 2, 4, 5 e 6

NOTA

1. C. John Tarter é o coautor deste capítulo.

10

TOMADA DE DECISÃO NAS ESCOLAS

A tarefa de "decidir" permeia toda a organização administrativa [...]. Uma teoria geral da administração deve incluir princípios de organização que assegurem a correta tomada de decisões, assim como deve incluir princípios que assegurem ações efetivas.

Herbert A. Simon
Administrative Behavior

PONTOS PRINCIPAIS

1. A tomada de decisão administrativa é um processo dinâmico que resolve alguns problemas de organização e, no processo, muitas vezes cria outros.
2. A tomada de decisão é um padrão geral de ações encontrado na administração racional de todas as áreas funcionais e de tarefas nas organizações.
3. Os valores são partes integrais da tomada de decisão.
4. O modelo clássico de tomada de decisão usa uma estratégia de otimização para maximizar a realização dos objetivos, mas o modelo é uma idealização, em vez de uma descrição real da prática.
5. O satisfazimento é uma estratégia de tomada de decisão pragmática que alguns administradores usam para resolver os problemas da prática.
6. A maioria dos administradores provavelmente usa um modelo incremental para decidir; eles fazem sucessivas comparações limitadas.
7. Uma estratégia adaptativa de decidir une o racionalismo e a abrangência do satisfazimento com a flexibilidade e a utilidade do modelo incremental.
8. Como na maioria dos processos, no entanto, não existe uma única maneira ideal de decidir; a melhor abordagem é aquela que melhor se adapta às circunstâncias. Assim, propõe-se uma abordagem de contingência.
9. Nem todas as decisões organizacionais são racionais; o modelo da lata de lixo* ajuda a explicar a tomada de decisão não racional.
10. A irracionalidade na tomada de decisão muitas vezes é produzida pelo estresse; o modelo de conflito de Janis-Mann descreve as armadilhas da tomada de decisão defeituosa.

A tomada de decisão é uma responsabilidade primordial de todos os administradores, mas até que as decisões sejam convertidas em ações, elas não passam de boas intenções. Decidir é uma condição *sine qua non* da administração educacional, pois a esco-

---

* N. de R.T.: O modelo chamado da lata de lixo refere-se ao modelo anárquico de tomada de decisões. Problemas e soluções são jogados na lata pelos envolvidos nas decisões, sem nenhuma racionalidade. A decisão é tomada independentemente da coerência entre os problemas e suas soluções.

la, como todas as organizações formais, é basicamente uma estrutura de tomada de decisão. Nossa análise começa com uma análise da tomada de decisões clássica.

O MODELO CLÁSSICO: ESTRATÉGIA DE OTIMIZAÇÃO

A teoria clássica de decisão pressupõe que as decisões devam ser completamente racionais; ela emprega uma estratégia de **otimização**, buscando a melhor alternativa possível para maximizar a realização dos objetivos. De acordo com o modelo clássico, o processo de tomada de decisão é uma série de etapas sequenciais:

1. Um problema é identificado.
2. Objetivos são estabelecidos.
3. *Todas* as alternativas possíveis são aventadas.
4. Consideram-se as consequências de cada alternativa.
5. Todas as alternativas são avaliadas em termos dos objetivos.
6. A *melhor* alternativa é selecionada – ou seja, aquela que maximiza os objetivos.
7. Por fim, a decisão é implementada e avaliada.

O **modelo clássico** é um ideal (modelo normativo) e não uma descrição de como funciona a maioria dos tomadores de decisão (modelo descritivo). A maioria dos estudiosos, na verdade, considera o modelo clássico um ideal irrealista, se não ingênuo. Os tomadores de decisão praticamente nunca têm acesso a todas as informações relevantes. Além disso, a geração de todas as alternativas possíveis e suas consequências é impossível. Infelizmente, o modelo pressupõe capacidades de processamento de informações, racionalidade e conhecimentos que os tomadores de decisão na realidade

não têm; por conseguinte, não é muito útil na prática administrativa.

O MODELO ADMINISTRATIVO: ESTRATÉGIA DE SATISFAZIMENTO

Considerando as graves limitações do modelo clássico, não deveria ser surpreendente que tenham evoluído abordagens conceptuais mais realistas para a tomada de decisão nas organizações. A complexidade da maioria dos problemas organizacionais e a limitada capacidade da mente humana tornam praticamente impossível usar a estratégia de otimização em todos os problemas, à exceção dos mais simples. Herbert Simon (1957) foi o primeiro a introduzir o **modelo administrativo** de tomada de decisão para fornecer uma descrição mais precisa da maneira que os administradores tomam e deviam tomar as decisões organizacionais.[1] A abordagem básica é o **satisfazimento** – isto é, encontrar uma solução satisfatória e não a melhor. Antes de detalhar essa estratégia, vamos examinar as suposições básicas do modelo.

Processo de tomada de decisão: ciclo de ações

O ciclo de tomada de decisão inevitavelmente começa com a definição de um problema e rende frutos com a implementação e a avaliação de ações. Embora o processo possa ser concebido como uma sequência de passos, na realidade o processo é dinâmico e melhor descrito como um ciclo de ações (ver Fig. 10.1). Além disso, muitos ciclos de tomada de decisão ocorrem simultaneamente nas escolas. Um ciclo elaborado, relativo a objetivos fundamentais (planeja-

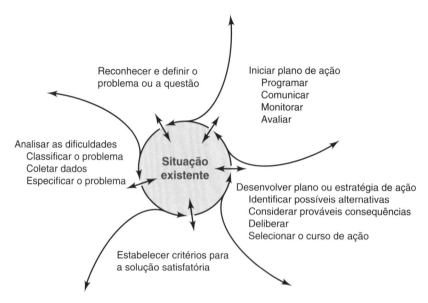

FIGURA 10.1 Ciclo de ação da tomada de decisões.

mento estratégico), pode estar acontecendo no nível do conselho de educação, ao passo que ciclos sequenciais menores e afins, sobre currículo e instrução, serviços de aconselhamento de alunos, gestão financeira e empresarial e planejamento das instalações, podem estar progredindo nos níveis da escola e do distrito. Antes de descrevermos o ciclo em detalhes, vamos analisar algumas suposições sobre a tomada de decisões administrativa.

Primeiro, *o processo é ativo, no sentido de que alguns problemas são resolvidos enquanto outros emergem*. Não existem soluções definitivas, apenas respostas satisfatórias para o momento.

Em segundo lugar, *os administradores atuam em um mundo de **racionalidade limitada***; isto é, eles limitam o escopo das suas decisões para que a racionalidade possa ser abordada (GIGERENZER, 2004; SIMON, 1955, 1956, 1957). Eles reconhecem que suas percepções de mundo são drasticamente simplificadas e se concentram apenas naqueles fatores que consideram mais relevantes e importantes (SIMON, 1991).

Terceiro, *valores são parte integral do processo decisório; as decisões não são isentas de valor*. Por exemplo, quando os administradores seguem ações que, em seu ponto de vista, alcançarão um resultado valorizado, eles estão fazendo julgamentos de valor entre bens concorrentes ou dos males, o menor.[2] Juízos de valor estão inextricavelmente relacionados com juízos de fato.

Quarto, *a tomada de decisão é um padrão geral de ação encontrado em todas as organizações e na administração racional de todas as principais tarefas e funções*. A estrutura e o processo de tomada de decisão são os mesmos, independentemente do tipo de organização – empresarial, militar, educacional ou industrial – e da tarefa em questão, seja ela formulação de políticas, alocação de recursos, desenvolvimento de currículo ou tomar decisões financeiras (LITCHFIELD, 1956). As escolas são diferentes de organizações industriais e empresariais em aspectos importantes, mas o processo de tomada de decisão é o mesmo.

Agora vamos detalhar cada etapa do ciclo de ação.[3]

Etapa 1. Reconhecer e definir o problema ou assunto

O reconhecimento de uma dificuldade ou desarmonia no sistema é a primeira etapa no processo de tomada de decisão. Os administradores eficientes são sensíveis a ações e atitudes organizacionais que não estão à altura dos padrões prescritos. A resposta comum "Não temos problemas; temos soluções" é sintomática de administradores insensíveis que estão no mau caminho. Embora seja possível para eles manter o equilíbrio na organização no curto prazo, a probabilidade de caos organizacional no longo prazo parece grande.

O reconhecimento e a definição de um problema são cruciais para decidir e muitas vezes não recebem atenção adequada. A maneira como um problema é concebido é importante para a solução e a análise posteriores. O administrador precisa não só de sensibilidade e percepção aguçadas, mas de um rico *background* conceitual e de uma compreensão completa sobre as organizações formais e informais para enquadrar o problema. Muitas vezes, os administradores definem problemas de modo açodado e restritivo e, ao fazê-lo, restringem suas opções. Eles tratam apenas os sintomas dos problemas, não o problema em si. Por exemplo, um diretor pode encarar o pedido de um grupo de professores por mais autonomia na escolha de materiais curriculares como uma tentativa de minar a autoridade administrativa. O problema então concebido produz um conjunto de alternativas que provavelmente será excessivamente estreito e restritivo. Esse pedido dos professores, no entanto, pode abrir uma série de possibilidades criativas e positivas para o desenvolvimento do currículo de longo alcance. Esse exemplo, coincidentemente, ressalta a importância da segurança e da confiança; é improvável que o administrador seguro e confiante encare um pedido desses como ameaça à sua autoridade.

Durante esse primeiro estágio no processo, é importante colocar o problema em perspectiva. Se o problema for complexo, sua definição da mesma forma será complicada, talvez multidimensional. Talvez o problema necessite ser decomposto em subproblemas, com cada subproblema inserido no ciclo do processo de tomada de decisão. Além disso, o problema pode exigir várias soluções. Por exemplo, o problema de alocar as matrículas em um distrito escolar onde um grande número de pais quer seus filhos na escola X em vez de na Y pode ser resolvido no curto prazo por uma declaração política que determine que as crianças sejam atribuídas a uma escola exclusivamente com base na localização geográfica. A solução de longo prazo, no entanto, também pode envolver equalizar as oportunidades educacionais e melhorar o programa de instrução em uma ou mais escolas.[4] Existem dois guias para definir o problema:

- Primeiro, defina o problema imediato.
- Em seguida, defina o problema no longo prazo.

Etapa 2. Analisar as dificuldades na situação existente

Esta fase do processo de tomada de decisão está diretamente relacionada com o primeiro estágio; na verdade, alguns escritores preferem combinar a análise e a definição. No entanto, a análise exige a classificação do problema. O problema é original? Ou é uma nova manifestação de uma típica dificuldade para a qual um padrão de ação já foi desenvolvido?

Peter F. Drucker (1966) propôs dois tipos básicos de decisões – genéricas e exclusivas. **Decisões genéricas** surgem a partir de políticas, regras ou princípios estabelecidos. De fato, problemas recorrentes são rotineiramente resolvidos por regras e regulamentos estereotipados. Muitas decisões que os diretores têm pela frente são genéricas. Ou seja, a organização estabeleceu mecanismos e procedimentos para lidar com os problemas. Isso não significa, no entanto, que eles são irrelevantes; significa apenas que pertencem a um grupo geral de problemas organizacionais que ocorrem com frequência e que a organização quer estar preparada para lidar. Essas decisões são necessárias quando o diretor implementa políticas determinadas pelo conselho, monitora a assiduidade dos professores, faz a mediação de conflitos entres professores e alunos e interpreta procedimentos disciplinares. Todas essas decisões genéricas podem ser decisões intermediárias ou de apelação (originárias acima ou abaixo da hierarquia do diretor). Na maior parte dos casos, o diretor deve ser capaz de lidar com a situação, aplicando a regra, a política ou o princípio apropriados às circunstâncias concretas do caso.

Decisões exclusivas, no entanto, são decisões provavelmente criativas que exigem ir além dos procedimentos estabelecidos para encontrar uma solução; na verdade, elas podem exigir uma modificação na estrutura organizacional. Aqui o tomador de decisões lida com um problema excepcional, não adequadamente respondido por uma regra ou princípio geral. Decisões criativas muitas vezes mudam o rumo ou o impulso básico de uma organização. A fim de buscar uma solução criativa, os tomadores de decisão exploram todas as ideias pertinentes ao problema.

Uma decisão exclusiva pode surgir quando o diretor e os funcionários trabalham para resolver uma questão curricular em que não existem normas estabelecidas. O superintendente pode solicitar especificamente uma solução inovadora. Fatos completamente exclusivos são raros; no entanto, a distinção entre problemas rotineiros e exclusivos é importante na hora de tomar uma decisão. Os administradores devem precaver-se contra dois erros comuns:

- Tratar uma situação de rotina como se fosse uma série de eventos exclusivos.

- Tratar um fato novo como se fosse apenas mais um velho problema em que velhos procedimentos devem ser aplicados.

Tão logo o problema seja classificado como genérico ou exclusivo, o administrador está na posição de abordar uma série de outras perguntas. Qual é a importância do problema? O problema pode ser mais plenamente especificado? Quais informações são necessárias para especificar o problema? A definição original de um problema é geralmente global e geral. Depois de classificar e determinar a importância do problema, o tomador de decisão começa a definir mais precisamente o problema e as questões envolvidas. Isso acarreta na necessidade de informações. A quantidade de informações que devem ser coletadas depende de uma série de fatores, incluindo a importância do problema, as restrições de tempo e os procedimentos e as estruturas existentes para a coleta de dados. Quanto mais importante o problema, mais informações o tomador de decisão reúne. O tempo, é claro, quase sempre é uma restrição. Por fim, os procedimentos existentes para a coleta de dados podem facilitar ou vedar a busca de informações relevantes.

Em poucas palavras, os tomadores de decisão precisam dos fatos relevantes. O que está envolvido? Por que está envolvido? Onde está envolvido? Quando? Em que medida? Respostas para essas perguntas fornecem informações para mapear os parâmetros do problema. Essas informações podem ser coletadas de modos sofisticados e formais, fazendo uso de pesquisas operacionais e instalações de computador, bem como informalmente, por meio de contatos pessoais, por telefone, ou em conversas.

Etapa 3. Estabelecer critérios para uma solução satisfatória

Depois que o problema foi analisado e especificado, o tomador de decisão deve decidir o que constitui uma solução aceitável. Quais objetivos mínimos devem ser atingidos? Quais são as obrigações em comparação com os desejos? Não é incomum que a solução perfeita em termos de resultados seja inviável. O que é bom o suficiente? Respostas a essas perguntas ajudam o tomador de decisão a estabelecer o seu nível de aspiração. Ou seja, quais são os critérios para uma decisão satisfatória? Neste momento, às vezes o tomador de decisão vai classificar possíveis resultados ao longo de um *continuum* desde minimamente satisfatório até maximamente satisfatório; um resultado totalmente satisfatório geralmente não permanece após a transigência, a adaptação e a concessão. Também é útil considerar o que é satisfatório tanto no curto quanto no longo prazo.

Os critérios de adequação precisam ser especificados com antecedência, para que o tomador de decisão saiba que uma decisão "certa" está sendo tomada e não apenas uma que será aceita. Em geral, os critérios usados para julgar a decisão devem ser consistentes com a missão da organização. O que temos chamado de critérios de adequação, os cientistas geralmente chamam de **condições fronteiriças** – os limites que o tomador de decisão deve atender a fim de que a decisão seja julgada satisfatória.

Etapa 4. Desenvolver um plano ou estratégia de ação

Esta é a etapa central do processo. Depois de reconhecer o problema, coletar dados e especificar o problema e suas condições fronteiriças, os tomadores de decisão desenvolvem um plano de ação sistemático e reflexivo. O processo envolve ao menos as seguintes etapas:

- Especificar alternativas.
- Prever as consequências de cada alternativa.
- Deliberar.
- Selecionar um plano de ação.

Antes de continuar a analisar cada uma dessas etapas, várias limitações precisam ser reiteradas. Os administradores baseiam seus planos de ação em imagens simplificadas da realidade; eles escolhem os fatores que consideram mais relevantes e cruciais; assim, são capazes de chegar a algumas conclusões gerais e tomar ações sem ficar paralisados pelos fatos que "poderiam estar" indiretamente relacionados aos problemas imediatos. Ao descrever a arte da tomada de decisões administrativa, Barnard (1938) adverte:

- Não decida questões que não sejam pertinentes.
- Não decida prematuramente.
- Não tome decisões que talvez não sejam eficientes.
- Não tome decisões que os outros devem tomar.

A busca de alternativas para resolver um problema organizacional particular é chamada de **busca problemística.** Distingue-se da curiosidade aleatória e da busca por compreensão propriamente dita (CYERT; MARCH, 1963; BASS, 1985a). A busca problemística é direta, geralmente refletindo noções simplificadas de causalidade, e se baseia em duas regras singelas:

- Buscar na área do(s) sintoma(s) dos problemas.
- Buscar na área da(s) alternativa(s) atual(is).

Quando essas duas regras não produzem suficientes alternativas razoáveis, expanda a busca. A busca problemística é provavelmente o estilo dominante dos administradores; portanto, a maior parte da tomada de decisões é reativa.

Mas decidir não precisa ser reativo. James D. Thompson (1967) sugeriu que é possível desenvolver procedimentos de monitoramento de comportamento para buscar no ambiente as oportunidades não ativadas pelo problema. Ele chama esse processo de

vigilância oportunista; é o correspondente organizacional da curiosidade no indivíduo. Obviamente, uma estrutura de tomada de decisão que incentive a vigilância oportunista é mais desejável do que uma que permite apenas a busca problemística.

Especificação das alternativas Uma etapa preliminar na formulação de uma intenção de agir é listar as possíveis alternativas. Na realidade, apenas algumas das opções são especificadas porque, como já observamos anteriormente, as pessoas não têm a capacidade de processamento de informações para pensar em todas as alternativas. Com poucas exceções, apresentar um número maior de escolhas aumenta a probabilidade de encontrar alternativas satisfatórias que atendam as condições já especificadas. Uma dessas exceções é o especialista com muita experiência no contexto da decisão (KLEIN, 1997, 2003; SALAS; KLEIN, 2001; GLADWELL, 2005). Por exemplo, jogadores de xadrez peritos (KLEIN et al., 1995) tomam decisões de alta qualidade com base na primeira opção que consideram, assim como experientes pilotos de caça (KLEIN, 1997). Por isso, especialistas em uma situação muitas vezes limitam a busca de opções sem comprometer a qualidade de decisão.

Os tomadores de decisão criativos são capazes de desenvolver alternativas viáveis e exclusivas, tarefa muitas vezes demorada. Infelizmente, muitos administradores não dedicam um tempo para desenvolver um conjunto abrangente de opções possíveis; eles encaram a solução como simples dicotomia – isso ou aquilo. Não fique excessivamente impressionado com a velocidade em decidir; muitas vezes é um sintoma de pensamento desleixado. O impacto de uma solução é muito mais importante do que a técnica. As organizações educacionais precisam de decisões sólidas, não de técnicas inteligentes.

É necessário tempo para desenvolver um conjunto abrangente de alternativas, embora o tempo seja limitado. Considere que sua primeira alternativa é não fazer nada. Lá de vez em quando, essa alternativa resolve o problema; as coisas se resolvem por si só. Infelizmente, a maioria dos problemas não só resolve sozinha, mas a decisão de não decidir sempre deve ser atentamente considerada. Mesmo que "fazer nada" não resolva o problema, às vezes dá tempo para pensar mais e juntar mais informações; ou seja, torna-se uma estratégia de curto prazo. Na verdade, é útil considerar alternativas temporárias que não resolvem realmente o problema, mas fornecem mais tempo para deliberação. Muitas vezes, alternativas temporárias consistem, depois de aprimoradas e esmiuçadas, na base para propostas mais elaboradas. A chave no desenvolvimento de alternativas preliminares e temporárias é que, se bem-sucedidas, elas ganham tempo sem criar hostilidade. Existe sempre o perigo de que as opções que ganham tempo sejam vistas como procrastinadoras; portanto, a estratégia de ganhar tempo deve ser usada com moderação e sutileza.

Decisões de rotina muitas vezes podem ser tratadas com rapidez e eficiência. Decisões exclusivas exigem mais atenção e criatividade na tomada de decisão. O pensamento criativo é de particular valor na geração de opções. Para pensar criativamente, indivíduos devem ser capazes de reduzir as inibições externas sobre o processo de pensamento; fazer distinções relativistas e não dogmáticas, estar dispostos não só a considerar, mas também a expressar impulsos irracionais; e ser receptivos ao *brainstorming*. Claro, o clima e a cultura (ver Caps. 5 e 6) da organização podem inibir ou facilitar o pensamento criativo.

Em resumo, o desenvolvimento de soluções eficientes normalmente requer o seguinte:

- Vontade de fazer menos distinções maniqueístas.

- Uso de padrões de pensamento divergentes e criativos.
- Tempo para desenvolver alternativas razoáveis.

Em geral, o tempo é um fator limitante, e ocasionalmente a decisão não é tão importante que justifique uma aplicação ampla do modelo de satisfazimento. Sob essas condições, o **satisfazimento truncado** pode ser mais apropriado; apenas algumas seletas alternativas são consideradas antes de desenvolver uma estratégia de ação.

Previsão das consequências Para cada alternativa desenvolvida, devem ser propostas prováveis consequências. Embora para fins analíticos estejamos tratando a especificação das alternativas e a previsão das consequências como operações distintas, elas costumam ocorrer simultaneamente. A formulação de alternativas e prováveis consequências é uma boa ocasião para usar grupos – reunir os recursos intelectuais e a experiência para fazer previsões o mais fielmente possível. Em linhas gerais, prever consequências às alternativas propostas alternativas é algo perigoso. Em certos assuntos – por exemplo, os que envolvem custos financeiros –, previsões exatas das consequências podem ser feitas; no entanto, ao tentar antecipar as reações de indivíduos ou grupos, os resultados são geralmente muito mais problemáticos.

Prever consequências realça a necessidade de um bom sistema de gestão de informações, e aquelas estruturas escolares que tenham a capacidade interna de coletar, codificar, armazenar e recuperar informações têm uma nítida vantagem no processo de tomada de decisão. Além disso, a consultoria com um leque de indivíduos credenciados a ter os conhecimentos melhora a capacidade de previsão. Para cada alternativa de decisão, as consequências podem ser previstas apenas em termos de resultados prováveis em vez de garantidos.

Deliberação e escolha do curso de ação
A fase final no desenvolvimento de uma estratégia de ação envolve uma análise atenta e reflexiva das alternativas e das consequências. Às vezes, é útil listar todas as alternativas com suas prováveis consequências de acompanhamento. Antes de selecionar as alternativas apropriadas, os tomadores de decisão sopesam cuidadosamente as prováveis consequências de cada alternativa à luz dos critérios disponíveis, com vistas a uma solução satisfatória. Depois dessa reflexão, eles escolhem a "melhor" alternativa ou selecionam uma série de alternativas ligadas em ordem sequencial, que fornece uma estratégia e um plano de ação; quanto mais problemático o assunto, mais provável é um curso complexo de ação.

Para ilustrar o planejamento da estratégia, vamos simplificar o procedimento. É possível definir uma estratégia com vários movimentos de antecedência, exatamente como faz um bom jogador de xadrez. A alternativa A pode resultar em uma solução aceitável e positiva; no entanto, se isso não acontecer, o tomador de decisão pula para a alternativa B e, se necessário, para a alternativa C, e assim por diante, desde que as prováveis consequências continuem satisfatórias. Claro, consequências imprevistas podem exigir uma reavaliação das alternativas viáveis. Às vezes, os tomadores de decisão não encontram uma alternativa aceitável. Talvez seja necessária uma redução no nível de aspiração; ou seja, uma reconsideração nos critérios para uma solução satisfatória (retorno à etapa 3). Talvez seja necessário formular um novo conjunto de objetivos, novas alternativas, novos dados e uma estratégia nova e mais viável.

No processo de busca de alternativas satisfatórias, os tomadores de decisão procuram manter a atividade sob controle usando um conjunto de regras de decisão simplificadas denominado **heurística** – regras práticas e simples que orientam a tomada de decisão e nos permitem tomar decisões de forma rápida e eficaz.[5] Por exemplo, regras sobre quando rejeitar ou pedir mais cartas no *blackjack* ou como jogar xadrez (dominar o centro do tabuleiro) são alvos da heurística. A heurística gera algumas regras úteis, mas outras podem ser enganosas (GIGERENZER, 2000; GIGERENZER; TODD, 1999). Considere as quatro regras heurísticas a seguir:

- A **heurística do reconhecimento** é a tendência de inferir um valor mais alto (p. ex., mais forte, mais rápido, mais alto) àquele que nos é familiar. A heurística pode ser enganosa, mas nem sempre. Por exemplo, se um dos dois objetos é reconhecido e o outro não, a regra prática do reconhecimento é deveras poderosa (GIGERENZER; TODD, 1999).
- A **heurística da disponibilidade** é a tendência de os tomadores de decisão basearem suas decisões em informações já disponíveis a eles (ABELSON; LEVI, 1985). Embora essa estratégia seja rápida e eficiente, é limitada pelo que é conhecido e o que primeiro vem à mente. Além disso, essa heurística pode induzir as pessoas a cometer erros (TVERSKY; KAHNEMAN, 1974) e a superestimar a frequência dos acontecimentos. O que está disponível na memória do tomador de decisão costuma ser inadequado e, às vezes, enganoso.
- A **heurística representativa** é a tendência de ver os outros de acordo com o típico estereótipo que eles representam; por exemplo, um contador é visto como inteligente, bem-educado e preciso (TVERSKY; KAHNEMAN, 1974; GREENBERG; BARON, 1997). A heurística representativa se aplica a eventos e objetos, bem como a pessoas. Embora esses julgamentos rápidos sejam incompletos e propensos a erros, eles são bastante comuns na tomada de decisão (TVERSKY; KAHNEMAN, 1974, 1981).

- A **heurística de ancoragem e ajuste** é uma regra prática e mental na qual as informações existentes são aceitas como ponto de referência para a tomada de decisão, mas são ajustadas à medida que novas informações tornam-se disponíveis (BARON, 1998).

A influência da heurística na tomada de decisão é forte e costuma ocorrer de modo inconsciente; na verdade, indícios recentes sugerem que números arbitrários podem ancorar os julgamentos das pessoas, mesmo quando os números são irrelevantes à decisão (WILSON et al., 1996). A má notícia é que as fontes potenciais de erros de algumas regras heurísticas são fortes; mas a boa notícia é que esses erros podem ser reduzidos pela experiência e pela *expertise* (FREDERICK; LIBBY, 1986; NORTHCRAFT; NEALE, 1987; SMITH; KIDA, 1991). A Figura 10.2 resume algumas armadilhas escondidas na heurística de decisão e estratégias para escapar delas, obtidas a partir das pesquisas e da literatura (BAZERMAN; CHUGH, 2006; CHARAN, 2006; HAMMOND; KEENEY; RAIFFA, 2006; PFEFFER; SUTTON, 2006).

Etapa 5. Iniciar o plano de ação

Tão logo a decisão tenha sido tomada e um plano de ação formulado, a decisão precisa ser implementada – último elemento no ciclo da tomada de decisão. A iniciação do plano de ação exige pelo menos quatro etapas: programação, comunicação, monitoramento e avaliação. As decisões devem ser traduzidas em um plano de ação racional, específico e realista. Os indivíduos envolvidos precisam estar conscientes de seus papéis e responsabilidades, e o plano deve ser coordenado e monitorado à medida que for executado. Por fim, o sucesso do plano implementado é avaliado em termos dos critérios para uma solução satisfatória, que foram definidos anteriormente no processo.

As decisões são feitas geralmente em situações em que probabilidades, não certe-

Armadilha da ancoragem *Escapatória*	Dar peso desproporcional às informações iniciais. • *Tenha a mente aberta; procure inúmeras opções; seja cético em relação às informações.*
Armadilha do conforto *Escapatória*	Um viés em direção a alternativas que sustentam o *status quo*. • *Sempre considere a mudança e não exagere os custos da mudança.*
Armadilha do excesso de confiança *Escapatórias*	Tendência a ser muito confiante sobre a nossa capacidade de estimar e prever. • *Sempre considere os extremos e ouça a opinião de especialistas.* • *Procure indícios que não se enquadram; obrigue-se a ser cético.*
Armadilha do reconhecimento *Escapatória*	Tendência de valorizar mais o que é familiar. • *Procure o desconhecido; concentre-se na criatividade e na novidade.*
Armadilha representativa *Escapatória*	Tendência de ver os outros como representantes do estereótipo típico. • *Procure contraexemplos específicos ao estereótipo; preste atenção.*
Armadilha dos custos irrecuperáveis *Escapatórias*	Tendência de tomar decisões que justificam decisões antigas até mesmo quando as decisões anteriores não funcionam bem. • *Lembre-se de que mesmo boas escolhas podem ter consequências ruins.* • *"Quando perceber que está em um buraco, pare de cavar." (Warren Buffett)*
Armadilha do enquadramento *Escapatórias*	O modo de enquadrar o problema afeta tanto as opções quanto as consequências. • *Posicione o problema em termos neutros e repetitivos; obtenha perspectivas externas.* • *Force-se a reformular o problema ao menos mais uma vez.*
Armadilha da prudência *Escapatória*	Tendência a ser cauteloso demais quando confrontado com decisões de alto risco. • *Aumente os limites e ajuste suas ações de acordo com as novas informações.*
Armadilha da memória *Escapatórias*	Tendência de basear as previsões em nossa lembrança sobre fatos passados, as quais são excessivamente influenciadas por fatos recentes e dramáticos. • *Parta do pressuposto de que os dados existem e encontre-os; use estatísticas; solicite indícios.* • *Evite ser guiado por impressões.*

FIGURA 10.2 Armadilhas escondidas na tomada de decisão e escapatórias.

FONTE: Com base no trabalho de Hammond, Keeney e Raiffa (1998, 2006).

zas, são analisadas. Até mesmo as decisões mais cuidadosamente concebidas e executadas podem falhar ou se tornar obsoletas. As decisões organizacionais são feitas em um contexto de mudança – fatos, valores e circunstâncias mudam. Portanto, uma decisão plenamente articulada – que tenha sido reflexiva, programada, comunicada e monitorada – traz em si mudanças suficientes para necessitar sua própria apreciação e reavaliação adicionais (LITCHFIELD, 1956). Portanto, a avaliação do sucesso do plano é tanto um fim e um novo começo no ciclo de ações da tomada de decisão. Claramente,

não existem soluções definitivas – apenas decisões satisfatórias e soluções para o momento.

O MODELO INCREMENTAL: ESTRATÉGIA DE SUCESSIVAS COMPARAÇÕES LIMITADAS

Embora a estratégia de satisfazimento recém-detalhada seja bem adaptada para lidar com muitos problemas em administração educacional, certas ocasiões exigem uma estratégia incremental. Quando alternativas relevantes são difíceis de discernir ou as consequências de cada alternativa são tão complicadas a ponto de atrapalhar a previsão, até o satisfazimento não funciona bem (GRANDORI, 1984). Por exemplo, para quais novas atividades um administrador escolar deve alocar mais recursos? A resposta a essa pergunta é provavelmente abordada de modo mais adequado considerando apenas as alternativas que diferem marginalmente das condições existentes. O pressuposto subjacente da estratégia é que pequenas mudanças incrementais não produzirão grandes imprevistos negativos para a organização.

Charles Lindblom (1959, 1965, 1980), Braybrook (1963) e Lindblom e Cohen (1979) foi o primeiro a introduzir e formalizar a estratégia incremental. Ele caracteriza esse método de decidir como a ciência das **sucessivas comparações limitadas** e argumenta que pode se tratar da única abordagem viável para a sistemática tomada de decisão quando os assuntos são complexos, incertos e repletos de conflitos. O processo também é descrito como avanço desarticulado ou ramescência. Decidir não exige objetivos, análise exaustiva de alternativas e consequências, ou determinação apriorística tanto dos resultados satisfatórios quanto dos ideais. Em vez disso, apenas um conjunto pequeno e limitado de alternativas, semelhantes à situação existente, é considerado pela comparação sucessiva de suas consequências até que os tomadores de decisão cheguem a um acordo sobre um curso de ação.

Essa abordagem incremental, ou gradual, tem várias características importantes. Primeiro, a definição de objetivos e a geração de alternativas não são atividades separadas. Os objetivos não são estabelecidos antes da análise de decisão. Em vez disso, um curso viável de ação emerge à medida que as alternativas e as consequências de ação são exploradas. Quanto mais

complexos os problemas, maior a probabilidade de que os objetivos mudem à medida que evolui a decisão. Assim, as diferenças marginais em valor entre cursos alternativos de ação, em vez de quaisquer objetivos prévios, servem de base decisória.

O **modelo incremental** também reduz muito o número de alternativas. A estratégia considera apenas alternativas muito semelhantes à situação existente, analisa apenas as diferenças entre o estado atual e os resultados propostos e ignora todos os resultados que estão fora do limitado campo de interesse do tomador de decisão. Nessa abordagem, a complexidade da tomada de decisão é drasticamente reduzida e tornada gerenciável. Lindblom (1959) argumenta que essa simplificação da análise, alcançada por meio da concentração em alternativas que difiram apenas um pouco, não é caprichosa; simplificar limitando o foco a pequenas variações das situações existentes apenas valoriza ao máximo os conhecimentos disponíveis. Os administradores que se limitam a um conjunto razoável de alternativas com base nas suas experiências conseguem fazer previsões das consequências com precisão e confiança. Além disso, enfatizar apenas as diferenças entre as alternativas economiza tempo e energia. O foco estreito em resultados evita a possível paralisia causada pelas tentativas de prever e analisar todos os resultados possíveis de um curso específico de ação.

Por fim, a comparação sucessiva é muitas vezes uma alternativa à teoria. Tanto no modelo clássico quanto no modelo administrativo, a teoria é vista como uma maneira útil de aplicar os conhecimentos relevantes a problemas específicos. À medida que os problemas se tornam cada vez mais complexos, no entanto, as insuficiências de nossas teorias para orientar as decisões tornam-se mais prevalentes. A estratégia das sucessivas comparações limitadas sugere que, nessas situações complexas, os tomadores de decisão progridem mais quando sucessivamente comparam alternativas práticas concretas, em vez de enfatizar análises mais abstratas e teóricas.

Em poucas palavras, a abordagem incremental tem as seguintes características distintivas:

- A análise de meio e fim é inadequada, porque a definição de objetivos e a geração de alternativas ocorrem simultaneamente.
- Boas soluções são aquelas com as quais os tomadores de decisão concordam independentemente dos objetivos.
- As alternativas e os resultados são drasticamente reduzidos, considerando somente opções semelhantes à situação atual.
- A análise está restrita às diferenças entre a situação existente e as alternativas propostas.
- O método incremental rechaça teorias e prioriza sucessivas comparações de alternativas concretas e práticas.

TEORIA NA PRÁTICA

Descreva um problema administrativo recente em sua escola. Como a administração respondeu? Que estratégia de decisão foi usada? A administração escolheu um modelo de satisfazimento ou um modelo incremental? O quão aberto foi o processo de tomada de decisão? Quais foram as consequências da ação administrativa? Avalie o sucesso da ação.

O MODELO DE VARREDURA MISTA: ESTRATÉGIA ADAPTATIVA

Embora amplamente utilizado, o método das sucessivas comparações limitadas tem suas desvantagens: é conservador e sem direção (HOY; TARTER, 2003). No entanto, a maioria dos administradores toma decisões com base apenas em informações parciais e pressionados pelo tempo. Amitai Etzioni (1967, 1986, 1989) oferece um modelo de tomada de decisões que é uma abordagem pragmática para cenários complexos e incertos. Seu modelo adaptativo, ou **modelo de varredura mista**, é uma síntese dos modelos administrativo e incremental recém-descritos (THOMAS, 1984; WISEMAN, 1978, 1979).

A varredura mista envolve duas questões:

- Qual é a política e a missão da organização?
- Que decisões vão mover a organização rumo a sua missão e política?

O modelo de varredura mista procura usar informações parciais para tomar decisões satisfatórias sem ficar atolado examinando todas as informações nem prosseguir cegamente com pouca ou nenhuma informação.[6] Esse **satisfazimento adaptativo** é

> [...] uma mescla do exame superficial e profundo dos dados – consideração generalizada de uma ampla gama de fatos e escolhas seguida pelo exame detalhado de um subconjunto concentrado de fatos e escolhas. (ETZIONI, 1989, p. 124).

Tomadas de decisões de ordem superior e fundamental (decisões envolvendo a missão ou a política da empresa) combinam-se com as decisões de ordem inferior e incrementais, as quais operacionalizam as de ordem superior (ETZIONI, 1986; GOLDBERG, 1975; HAYNES, 1974). O modelo de varredura mista une o racionalismo e a abrangência do modelo administrativo com a flexibilidade e a utilidade do modelo incremental.

Como sugerimos, em certas ocasiões, é difícil discernir as alternativas e prever as consequências. Nessas situações, os administradores muitas vezes utilizam o método das sucessivas comparações limitadas. Suas decisões incrementais são contingenciais ou curativas – pequenos passos dados a direções não muito longe da situação existente. Porém, essa tomada de decisão tem seu lado negativo: é patentemente conservadora e, muitas vezes, sem direção. Ou seja, a menos que os tomadores de decisão avaliem essas decisões incrementais em termos de uma política ampla e fundamental, é provável que ocorra deriva. Diretrizes amplas, no entanto, não são incrementalmente formuladas; na realidade, eles têm toda a aparência de decisões grandiosas e aprioristicas, que o incrementalismo busca evitar (ETZIONI, 1989).

O modelo de varredura mista tem suas raízes na medicina. É o modo pelo qual médicos eficientes tomam decisões. Ao contrário dos incrementalistas, os médicos sabem o que estão tentando atingir e em quais partes do organismo concentrar a atenção. Além disso, ao contrário dos tomadores de decisão que procuram otimizar, eles não envolvem todos os seus recursos com base em um diagnóstico inicial, nem esperam todo e qualquer dado científico e da história pessoal do paciente antes de começar o tratamento. Os médicos pesquisam os sintomas de um paciente, analisam a dificuldade, iniciam um tratamento contingencial e, se não der certo, tentam outra coisa (ETZIONI, 1989).

Os princípios da varredura mista são simples; na verdade, Etzioni (1989) propõe sete regras básicas para uma estratégia de varredura mista, que Wayne Hoy e John Tarter (2003) resumiram da seguinte forma:

1. *Use o método de tentativa e erro de modo focado.* Em primeiro lugar, procure alternativas razoáveis; depois, selecione-as, adote-as e teste-as; por fim, ajuste-as e altere-as à medida que os resultados se tornam claros. O uso focado do método de tentativa e erro supõe que, embora importantes informações estejam ausentes, o administrador deve agir. Assim, as decisões são tomadas com informações parciais e em seguida cuidadosamente monitoradas e modificadas à luz de novos dados.

2. *Seja contingencial; proceda com cautela.* Esteja pronto para modificar um curso de ação se for necessário. É importante que os administradores encarem cada decisão como experimental, à espera de ser revisada.

3. *Em caso de incerteza, postergue.* Esperar nem sempre é ruim. Quando a situação é ambígua, retarde o máximo possível para que mais informações possam ser coletadas e analisadas antes de agir. A complexidade e a incerteza muitas vezes justificam o atraso.

4. *Escalone suas decisões.* Comprometa-se com uma decisão em etapas, avaliando os resultados de cada fase antes de prosseguir para a próxima fase.

5. *Em caso de incerteza, fracione as decisões.* Decisões escalonadas podem ser testadas em partes. Não invista todos os seus recursos para implementar uma decisão, mas, em vez disso, use recursos parciais até que as consequências sejam satisfatórias.

6. *Proteja suas apostas.* Implemente várias alternativas concorrentes, desde que cada uma tenha resultados satisfatórios. Em seguida, faça ajustes com base nos resultados.

7. *Esteja preparado para reverter sua decisão.* Tente manter as decisões contingenciais e experimentais. Decisões reversíveis evitam o comprometimento excessivo com um curso de ação, quando apenas informações parciais estão disponíveis.

Os administradores educacionais habilmente empregam todas essas técnicas adaptativas; todas ilustram flexibilidade, cuidado e capacidade de prosseguir com conhecimentos parciais. Quando o tempo é limitado, ou a decisão não é tão importante, o **satisfazimento truncado adaptativo** pode ser adequado; nesse caso, tanto a variedade quanto o número de fatos e escolhas são limitados e as análises não são tão profundas ou penetrantes.

Em suma, o modelo de varredura mista tem as seguintes características distintivas:

- Política organizacional e ampla orienta decisões incrementais contingenciais.
- Boas decisões têm resultados satisfatórios consistentes com a política e a missão organizacionais.
- A busca de alternativas limita-se àquelas perto do problema.
- A análise baseia-se no pressuposto de que informações importantes estejam faltando, mas a ação seja inadiável.
- Teoria, experiência e comparações sucessivas são usadas em conjunto.

As principais diferenças nos quatro modelos de tomada de decisão – clássico, administrativo, incremental e varredura mista – são comparadas na Tabela 10.1.

O MODELO DE CONTINGÊNCIA: ADAPTAR A ESTRATÉGIA À SITUAÇÃO

Até agora examinamos quatro modelos de tomada de decisão. Qual é a melhor forma de decidir? *Não existe melhor maneira de*

TABELA 10.1 Comparação dos modelos de tomada de decisão clássico, administrativo, incremental e varredura mista

Clássico	Administrativo	Incremental	Varredura mista
Objetivos definidos antes de gerar alternativas.	Objetivos geralmente definidos antes de gerar alternativas.	Definição de objetivos e geração de alternativas são entrelaçadas.	Amplas diretrizes políticas são definidas antes de gerar alternativas.
A tomada de decisão é uma análise de meios e fins: primeiro, os fins são determinados, depois procuram-se os meios para obtê-los.	A tomada de decisão é normalmente uma análise de meios e fins; no entanto, ocasionalmente os fins se modificam em decorrência da análise.	Meios e fins são inseparáveis; por isso, a análise de meios e fins é inadequada.	A tomada de decisão centra-se em fins amplos e meios contingenciais.
O teste de uma boa decisão é mostrar que gerou os melhores meios para atingir o fim.	O teste de uma boa decisão é mostrar que resultou em meios satisfatórios para atingir o fim; recai nas condições fronteiriças estabelecidas.	O teste de uma boa decisão é os tomadores de decisão chegarem ao consenso de que uma alternativa está na direção "certa" quando o curso existente se revela errado.	O teste de uma boa decisão é mostrar que resultou em uma decisão satisfatória consistente com a política da organização.
(Otimização)	(Satisfazimento)	(Sucessivas comparações limitadas)	(Satisfazimento adaptativo)
Envolve análise abrangente; todas as alternativas e todas as consequências são consideradas.	Envolve "busca problemística" até um conjunto de alternativas razoáveis ser identificado.	Limita drasticamente a busca e a análise: concentra-se em alternativas semelhantes à situação existente. Muitas alternativas e resultados importantes são ignorados.	Limita a busca e a análise de alternativas às proximidades do problema, mas avalia alternativas contingenciais em termos de políticas amplas. Mais abrangente do que o incrementalismo.
Forte dependência da teoria.	Confiança tanto na teoria quanto na experiência.	Comparações sucessivas reduzem ou eliminam a necessidade de teoria.	Teoria, experiência e sucessivas comparações usadas em conjunto.

decidir, assim como não existe melhor maneira de organizar, ensinar, fazer pesquisas ou realizar uma miríade de outras tarefas. Como sói acontecer nas tarefas mais complexas, a abordagem correta é aquela que melhor se adapta às circunstâncias – um **modelo de contingência**.

As estratégias de decisão podem ser ordenadas de acordo com sua capacidade de lidar com a complexidade e as condições de crescentes incertezas e conflitos (GRANDORI, 1984). Quando as decisões são simples, há disponibilidade de informações completas e exatas e há uma preferência coletiva (sem conflitos), então uma estratégia de otimização é mais apropriada. Como já observamos, no entanto, os problemas organizacionais quase nunca são simples, certos e sem conflitos nas preferências; assim, a otimização não chegar a ser uma escolha.

Quando a incerteza e os conflitos prevalecem, como é normalmente o caso na tomada de decisão administrativa, uma estratégia de satisfazimento torna-se apropriada. O modelo administrativo é heurístico e flexível. As decisões baseiam-se em comparações entre as consequências das alternativas e o nível de aspiração do tomador de decisão. Só uma exploração parcial das alternativas é executada até ser descoberto um curso de ação satisfatório. Se não forem encontradas soluções satisfatórias, então o nível de aspiração é reduzido. A falta de tempo, é claro, pode truncar o processo, forçando a consideração de menos opções.

Quando as alternativas são difíceis ou impossíveis de discernir, ou as consequências são tão complicadas a ponto de evitar previsões, até mesmo uma estratégia de satisfazimento tem os seus limites. Nessas situações, uma estratégia incremental ou de sucessivas comparações limitadas pode ser apropriada, pois essa abordagem lida com as incertezas e com os conflitos de interesse partindo do pressuposto de que pequenas mudanças não produzirão grandes consequências negativas para a organização (GRANDORI, 1984). Assim, quando a organização estiver em crise e sem direção, o modelo incremental pode ser a adequada estratégia de *curto prazo*.

Alguns estudantes da organização (STARKIE, 1984; ETZIONI, 1989), no entanto, argumentam que, mesmo quando as decisões são complexas e os resultados são difíceis de prever, o incrementalismo é muito conservador e derrotista. Decisões pequenas e incrementais tomadas sem diretrizes levam à deriva – a ação sem direção. Em vez disso, a decisão de varredura mista ou adaptativa é recomendada para lidar com decisões extremamente complexas. A varredura mista combina o melhor dos modelos de satisfazimento e incremental; uma estratégia de satisfazimento é combinada com decisões incrementais guiadas por políticas amplas. A varredura completa é substituída pela varredura parcial de um conjunto de opções satisfatórias, e decisões contingenciais e reversíveis são enfatizadas em um processo incremental que demanda cautela e um claro senso de destino. De novo, o tempo pode limitar o número de possibilidades consideradas antes da ação. Em resumo, a estratégia de decisão apropriada depende da informação, da complexidade da situação, do tempo e da importância da decisão.

Propomos um modelo de contingência simplificado para selecionar o modelo de decisão apropriado com base em três questões:

- *Informações:* existem informações suficientes para definir um resultado satisfatório?
- *Tempo:* existe tempo para realizar uma busca abrangente?
- *Importância:* quão importante é a decisão?

Se existem informações suficientes para definir um resultado satisfatório, então o satisfazimento é o modelo ideal. Mas dependendo do tempo e da importância da decisão, a estratégia de satisfazimento pode ser truncada e adaptada. Por exemplo, se houver tempo suficiente para realizar uma busca abrangente, mas a decisão não for tão importante assim, então o satisfazimento truncado é a estratégia adequada.

Se, no entanto, houver informações insuficientes, o satisfazimento adaptativo é a estratégia preferencial. Mas, novamente, dependendo do tempo e da importância da decisão, o satisfazimento adaptativo pode ser truncado ou moderado pelo modelo das sucessivas comparações limitadas. Por exemplo, se houver tempo e informações insuficientes, e a decisão não for tão importante, então o modelo de sucessivas comparações limitadas parece ser uma estratégia de decisão adequada.

As três perguntas orientam o tomador de decisão ao longo de oito caminhos possíveis – cada qual com uma estratégia de decisão adequada. O satisfazimento, o satisfazimento adaptativo e as versões truncadas de ambos, bem como o modelo das sucessivas comparações limitadas são adequados dependendo da situação, e as situações são definidas pelas informações, pelo tempo e pela importância. A árvore de decisão na Figura 10.3 resume nosso modelo de contingência de tomada de decisão.

PRINCÍPIOS DE TOMADA DE DECISÃO RÁPIDA E INTELIGENTE

Como sugerimos, o tempo é uma das mais sérias restrições que recai sobre os tomadores de decisão. O tempo é um bem escasso que restringe o número de opções que o tomador de decisão pode gerar e avaliar; portanto, não é surpresa alguma que rápidas estratégias de satisfazimento sejam ferramentas valiosas, especialmente quando houver

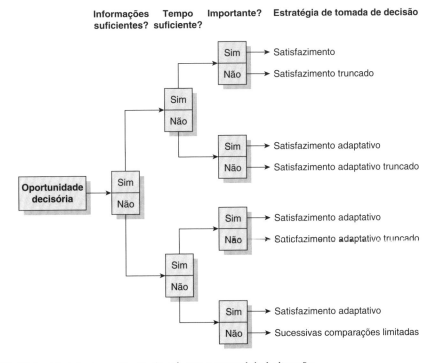

FIGURA 10.3 Modelo de contingência: adaptar a estratégia à situação.

pouco tempo para tomar a decisão. Como os administradores podem tomar decisões rápidas e se manter confiantes quanto a seu sucesso? Hoy e Tarter (2010) pinçaram da literatura nove regras básicas para orientar a tomada de decisão rápida e inteligente. O trabalho de Gerd Gigerenzer e Todd (1999). Instituto Max Planck foi especialmente útil. (GRIGERENZER, 2000, 2002, 2004, 2007).

I. Regra do satisfazimento: *A otimização é impossível na administração escolar; aprenda a se contentar com o satisfazimento.* O satisfazimento consiste em tomar decisões satisfatórias – aquelas decisões que são "boas o suficiente". Já discutimos em detalhes o processo preconizado por Simon de deixar de lado a otimização em prol do satisfazimento. Diga-se de passagem, os modelos de satisfazimento são bastante úteis para administradores escolares. Defina seus critérios de decisão satisfatória *antes* de gerar e selecionar opções. Depois, use esses critérios para julgar a solução. Os tomadores de decisões rápidas e inteligentes inevitavelmente usam um dos vários modos de satisfazimento.

II. Regra do enquadramento: *Enquadre os problemas em termos positivos para obter resultados positivos.* Enquadrar ou definir o problema de forma positiva praticamente garante que as opções iniciais sejam ações construtivas, em vez de reações defensivas. Simplificando, palavreado negativo limita o pensamento positivo, ao passo que o enquadramento positivo aumenta o otimismo, a eficácia e o sucesso (BANDURA, 1997; TVERSKY; KAHNEMAN, 1981). Por exemplo, analise o problema de uma cirurgia para uma condição séria. Se a opção de cirurgia for representada como "75% de chances de sobrevivência", em vez de por "25% de chances de morte", a maioria seleciona a opção de sobrevivência, apesar do fato de que as duas opções sejam logicamente equivalentes. O enquadramento faz a diferença, e o enquadramento positivo tem a capacidade de aumentar o sucesso.

III. Regra padrão: *Considere como primeira opção "não fazer nada".* A opção padrão na tomada de decisão rápida é não fazer nada. Na pior das hipóteses, o padrão será rejeitado e o tomador de decisão é forçado a agir. Na melhor das hipóteses, o problema vai desaparecer sem ação adicional. O tempo tem a sua maneira de resolver alguns problemas, mas isso não é confiável.

Gigerenzer (2007) apresenta uma versão ligeiramente diferente da regra padrão. Algumas decisões têm um padrão construído em um sistema de resposta. Não fazer nada nesses casos é uma decisão, não uma opção. Gigerenzer (2007) ilustra sua versão da regra padrão com o caso de doadores de órgãos. Embora a maioria dos cidadãos dos Estados Unidos afirme que aprova a doação de órgãos, poucos realmente formalizam o registro; na verdade, apenas 28% dos norte-americanos em comparação com impressionantes 99,9% dos cidadãos franceses são potenciais doadores (GIGERENZER, 2007). Por quê? O sistema padrão norte-americano exige que os cidadãos escolham ser doadores, caso contrário são considerados não doadores. O inverso é verdadeiro na França; os cidadãos devem optar por não participar, caso contrário, são considerados doadores. Nesse exemplo, o padrão de não fazer nada é, na verdade, uma decisão. Observe que o enquadramento da regra do padrão (opção de entrar no programa ou de sair dele) pode ter consequências significativas para a provável escolha.

IV. Regra da simplicidade: *A simplicidade supera a complexidade; comece pelo simples.* Muitos problemas escolares são complexos e parecem convidar soluções complexas. Os administradores muitas vezes acreditam que as soluções devem corresponder aos problemas em termos de complexidade, mas isso não é obrigatório. Informação demasiada é pior do que pouca informação; de fato, esquecer é funcional porque é um antídoto para a paralisia provocada por uma onda de informações que confunde o tomador de decisão (PINKER, 2002). Ou, como asseverou o psicólogo William James (1981, p. 680): "Se nos lembrarmos de tudo, devemos, na maioria das ocasiões, estar tão perdidos como quando não nos lembramos de nada".

Dirigentes escolares que seguem a regra da simplicidade são mais inclinados a decisões incrementais (satisfazimento adaptativo) com a ideia de começar pequeno e evoluir para opções complexas somente quando necessário e sempre com cuidado. O lema é: "Quanto mais simples, melhor". Soluções mais simples são mais propensas a ter sucesso, a ser aceitas, a ser entendidas e causar menos consequências imprevistas; portanto, comece simples e evolua para a complexidade apenas se necessário.

V. Regra da incerteza: *Ambientes incertos exigem muitas vezes que se ignorem as informações; confie em sua intuição a esse respeito.* Essa regra pode ser vista como um corolário da regra da simplicidade. A simplicidade é uma adaptação à incerteza. Em ambientes imprevisíveis e incertos, regras simples de ação podem prever fenômenos complexos tão bem quanto as regras mais complexas, ou ainda melhor do que elas (GIGERENZER, 2007). Experientes tomadores de decisão sabem ou percebem apenas os elementos-chave no passado e ignoram o resto. Simon (1987) tem argumentado que a intuição vem da experiência de ver padrões no comportamento. A tomada de decisão intuitiva é saber o que ignorar e o que valorizar. Alguns chamam de intuição a capacidade de

ignorar informações; outros chamam de *expertise*. Em geral, o excesso de informações é tão disfuncional quanto a falta de informações. Confie em sua intuição quando as informações forem incertas.

VI. Regra pegue a melhor: *Escolha a primeira opção satisfatória.* Essa regra aplica-se ao satisfazimento, ou seja, selecionar uma opção que atenda ao critério da satisfação – o que é bom o suficiente. Depois de o problema ser definido e enquadrado, e as informações coletadas, o tomador de decisão busca opções satisfatórias. A regra *pegue a melhor* exige que a busca seja interrompida tão logo o tomador de decisão se depare com uma opção satisfatória. Por exemplo, suponha que o problema fosse encontrar um imóvel para alugar em Manhattan, busca particularmente difícil. A estratégia exige estipular critérios mínimos para a satisfação – custo, localização, conveniência, tamanho e comodidades. A busca termina com o primeiro imóvel que atender os critérios de satisfação pré-estabelecidos. O primeiro quase sempre é o melhor (GIGERENZER; TODD, 1999; GIGERENZER, 2000, 2007).

VII. Regra da transparência: *Torne a transparência na tomada de decisões um hábito de pensamento e ação.* É óbvio que a transparência nas interações pessoais é um catalisador da confiança. O sigilo, em contraste, promove a desconfiança. Os tomadores de decisão devem ser abertos e autênticos em suas interações com subordinados (HENDERSON; HOY, 1983; HOY; HENDERSON, 1983) porque a autenticidade e a abertura promovem confiança, e a confiança, por sua vez, aumenta a aceitação da decisão e a cooperação com o tomador de decisão (VROOM; JAGO, 1988). A cooperação em um ambiente imprevisível requer confiança – a força vital do instinto de comunidade (GIGERENZER, 2007).

A transparência não é meramente uma questão de dar visibilidade a certos dados e práticas. Em vez disso, é uma abordagem geral para a tomada de decisões. Alguns acreditam que o fascínio cultiva seguidores. É muito mais provável, no entanto, que a transparência obtenha cooperação e confiança – dois ingredientes essenciais da bem-sucedida tomada de decisão. No final, os subordinados têm tanto a ver com o sucesso quanto os líderes, porque eles são os agentes de execução.

VIII. Regra da contingência: *Reflita sobre seus sucessos e fracassos; pense condicionalmente.* Não existe um modo ideal de tomar decisões. Os tomadores de decisão eficientes usam o pensamento reflexivo e reconhecem que várias situações (contingências) muitas vezes exigem diferentes modos de ação. Christensen, Horn e Johnson (2008) sugerem que as ferramentas eficazes de cooperação e mudança devem corresponder à situação organizacional. Tomar decisões e implementá-las requer pensamento condicional. Em vez de buscar a melhor solução, procura-se uma solução satisfatória, que funcione razoavelmente bem nessa situação específica.

Esse pensamento condicional exige flexibilidade, compreensão da situação, reconhecimento de que há vários caminhos para o sucesso e criação de opções adequadas à situação. O que funcionou no passado talvez não funcione no futuro, porque as organizações são dinâmicas. Por exemplo, se as circunstâncias são incertas e os objetivos são vagos, então o satisfazimento adaptativo é uma estratégia rápida e inteligente, que adapta alternativas específicas a uma situação particular.

IX. Regra da participação: *Envolva outras pessoas nas decisões quando você considera que elas têm conhecimentos relevantes e interesses pessoais, além de serem confiáveis.* Essa regra é um modo rápido de determinar

se os professores devem ser envolvidos em uma decisão. A regra sugere que os professores devem ser plenamente envolvidos na tomada de decisões apenas se três condições prevalecerem – *expertise*, relevância e confiança.

- Os professores têm realmente *expertise* para contribuir?
- Os professores têm um interesse pessoal no resultado?
- Os professores estão dispostos a pôr de lado suas próprias preferências pessoais pelo bem da escola?

Faça as perguntas, reflita e aja – de modo rápido e fácil para decidir empoderar ou não os professores em determinado assunto. Esse procedimento rápido e inteligente melhora a qualidade e a aceitação das decisões. No próximo capítulo, vamos desenvolver um modelo mais abrangente para a tomada de decisão compartilhada.

Como a maioria dos bons princípios, essas regras são orientações e não substituem o pensamento reflexivo. Em vez disso, o conjunto de regras fornece um ferramental de respostas rápidas e inteligentes para os problemas do dia a dia.

TEORIA DO CONFLITO DE JANIS-MANN: ESTRESSE E IRRACIONALIDADE NA TOMADA DE DECISÃO

Independentemente de qual estratégia de tomada de decisão é empregada, as pressões da situação e do próprio processo de tomada de decisão muitas vezes geram estresse. Irving Janis e Leon Mann (1977) desenvolveram um modelo perspicaz de conflitos que responde às duas perguntas seguintes:

- Sob quais condições o estresse exerce efeitos desfavoráveis sobre a qualidade da tomada de decisão?

- Sob quais condições os indivíduos vão usar procedimentos sensatos de tomada de decisão para evitar escolhas das quais eles rapidamente se arrependeriam?[7]

As pessoas lidam com o estresse psicológico de maneiras diferentes, à medida que tomam decisões vitais. As principais fontes desse estresse são medo do fracasso, preocupações com consequências desconhecidas, preocupação com fazer papel de bobo em público e com perder a autoestima se a decisão for desastrosa (JANIS, 1985). Em geral, decisões críticas também envolvem valores conflitantes. As pessoas enfrentam o dilema inquietante de que a escolha exigirá o sacrifício de outros objetivos valorizados; assim, crescem a ansiedade, a vergonha e a culpa dos tomadores de decisão, aumentando o nível de estresse (JANIS, 1985).

Não há dúvida de que erros na tomada de decisão resultam de uma miríade de causas, incluindo análise fraca, preconceito, ignorância, impulsividade, limitações de tempo e políticas organizacionais. Mas outra grande razão para muitas decisões mal concebidas e implementadas está relacionada com as consequências motivacionais dos conflitos – em particular, as tentativas para superar o estresse gerado por escolhas extremamente difíceis sobre decisões vitais. Assim, as pessoas empregam uma série de mecanismos de defesa. Algumas pessoas ignoram a informação sobre riscos e vão em frente (aderência não conflituosa). Outras simplesmente aceitam o curso de ação mais popular (mudança não conflituosa) e outros ainda procrastinam e evitam a ação (evitação defensiva). No outro extremo, alguns tomadores de decisão entram em pânico e tornam-se hipervigilantes enquanto buscam freneticamente uma solução, rapidamente vacilando entre as alternativas e então impulsivamente agarrando uma solução inventada às pressas que prometa alívio imediato. Todas essas ações são disfuncionais e geralmente levam a decisões defeituosas.

As melhores decisões são mais prováveis se os tomadores de decisão estiverem vigilantes; ou seja, eles buscam cuidadosamente as informações pertinentes, assimilam as informações de modo não tendencioso e, em seguida, avaliam as alternativas antes de fazer uma escolha reflexiva. O tomador de decisão vigilante é mais eficaz, porque evita muitas das armadilhas dos outros quatro padrões (JANIS; MANN, 1977). Mas mesmo quando os tomadores de decisão estão vigilantes, às vezes cometem erros, ao adotarem atalhos cognitivos. Todos os tipos de pessoas, incluindo cientistas e estatísticos, cometem erros cognitivos como superestimar a probabilidade de que os eventos possam ser facilmente imaginados, dar muito peso às informações sobre representatividade, confiar demais em pequenas amostras e não conseguir contrabalançar informações tendenciosas (TVERSKY; KAHNEMAN, 1973; NISBETT; ROSS, 1980; JANIS, 1985). Além disso, esses tipos de erros provavelmente aumentam quando os tomadores de decisão estão sob estresse psicológico. O ponto principal é que o estresse costuma ter consequências negativas na tomada de decisão.

Quais são as condições que promovem e entravam a vigilância? Quando confrontados com uma decisão, em geral os tomadores de decisão analisam, de modo consciente ou inconsciente, quatro questões (JANIS; MANN, 1977):

Questão 1: *Os riscos são graves se eu não mudar?* Se a resposta for não, então a mudança é improvável. Mas se a resposta for sim, então uma segunda questão é suscitada.

Questão 2: *Os riscos são graves se eu realmente mudar?* Se os prejuízos previstos com a mudança são mínimos, logo os riscos não são graves e prevê-se que o tomador de decisão venha a aceitar acriticamente a primeira alternativa razoável. Se a resposta à segunda questão for sim, então o estresse se instala, porque há sérios riscos tanto em mudar quanto em não mudar. A ansiedade normalmente gera outra questão.

Questão 3: *É realista esperar encontrar uma solução melhor?* Se o tomador de decisão acredita que não há nenhuma esperança realista de encontrar uma solução melhor, então o resultado é um estado de evitação defensiva. A fim de escapar dos conflitos e de reduzir o estresse, o indivíduo evita tomar a decisão de duas maneiras: passando a batata quente ou racionalizando a situação atual. No entanto, se houver esperança para uma solução melhor, outra questão emerge.

Questão 4: *Há tempo suficiente para empreender as buscas e fazer as deliberações?* Caso negativo, um estado de hipervigilância pode ocorrer. O pânico se instala e o indivíduo se agarra a uma solução inventada às pressas que promete alívio imediato. Se houver tempo de sobra, então o tomador de decisão é muito mais propenso a se envolver no processamento de informações vigilantes, processo que aumenta a eficácia da tomada de decisão por meio de buscas, apreciações e planejamentos de contingência cuidadosos. O caminho para a vigilância é esboçado na Figura 10.4.

Claramente, os administradores devem procurar a vigilância na tomada de decisão; no entanto, as forças de trabalho, tempo e estresse muitas vezes atuam contra a vigilância. Conhecer os perigos e quando eles são mais prováveis de ocorrer deve ajudar a evitar as armadilhas. Em geral, tomadas de decisão vigilantes exigem correr riscos, determinação e encontrar ou criar tempo para se envolver na reflexão e no planejamento de contingência.

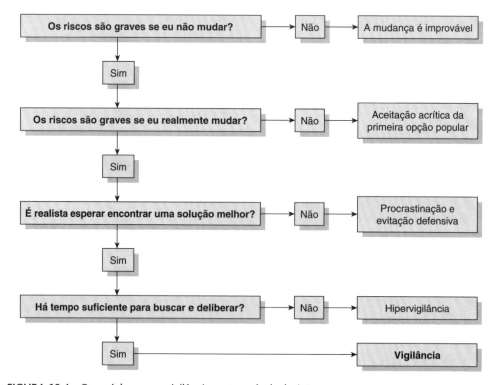

FIGURA 10.4 O caminho para a vigilância na tomada de decisão.

CASO SOBRE LIDERANÇA EDUCACIONAL

O conselho dos professores[8]

Poucos duvidariam de que a superintendente Beverly Edison tinha as melhores intenções ao criar um Conselho dos Professores eleito por representantes dos professores do corpo docente de cada escola pública desta grande cidade industrial. Amplamente reconhecida como educadora da mais alta competência profissional, a Dra. Edison era uma mulher de integridade impecável. Muitas vezes, a grandes grupos de professores, ela garantia desejar que eles a considerassem sua "colega com responsabilidades especiais". Sua sala estava aberta a professores com problemas de qualquer natureza. Ela consultava rotineiramente os professores sobre políticas propostas e alterações de regras antes de apresentar suas recomendações a serem adotadas pelo conselho de educação. É verdade que nem sempre as sugestões dos professores eram aprovadas, mas era aceito um número suficiente para dar aos professores a sensação individual e coletiva de que sua superintendente falava sério quando se referia ao desejo de implantar um sistema escolar democrático.

Em 1992, após seis anos de serviço em Metro City, a superintendente Edison anunciou um plano para configurar o Conselho dos Professores de modo a fornecer à superintendente um veículo para conhecer os professores e se comunicar com eles. Ela queria uma conexão direta com os professores para avaliar a sua reação a ela e às políticas e condições nas escolas. A Federação Norte-Americana dos Professores (AFT, do inglês American Federation of Teachers), a agente exclusiva de negociação dos professores, com 8 mil membros, escreveu à superintendente, após as devidas análises e votações pelo comitê executivo do sindicato, que o conselho proposto simplesmente duplicaria funções agora realizadas pelo sindicato e outras existentes nas organizações. A Dra. Edison respondeu que os planos dela para o Conselho dos Professores não envolviam votações nem aconselhamentos sobre assuntos relativos aos benefícios e à previdência social dos professores. Ela prometeu ao sindicato que não tinha a intenção de que o conselho usurpasse as funções do sindicato. "Só quero", escreveu ela, "ter a oportunidade de me reunir com os professores para eu conseguir interpretar nossas políticas e consultar a opinião deles sobre questões educacionais em nossas escolas. O conselho não vai lidar com questões de previdência social e benefícios dos professores". Apesar de alguns protestos do sindicato, a Dra. Edison prosseguiu com a ideia de instaurar o conselho.

Já que aproximadamente 80% dos professores eram membros do sindicato, o sindicato aprovou uma estratégia circunspecta para lidar com a ameaça do conselho. Os membros do sindicato seriam eleitos para atuar no conselho e manter as deliberações sob controle. O sindicato, trabalhando silenciosamente por meio de seus membros e no âmbito dos procedimentos instituídos pela Dra. Edison, foi bem-sucedido em eleger os membros do sindicato a 90% dos assentos do conselho para a gestão inicial de um ano.

Logo os problemas começaram. Minutas escritas sobre as reuniões mensais do conselho com a superintendente revelaram relatos detalhados das deliberações, e o sindicato encarou com sobressalto o fato de que assuntos de previdência social dos professores eram levantados e discutidos nas reuniões. Será que o conselho já começava a usurpar a autoridade do sindicato?

Vincent Riley, líder sindical há longa data, sentiu-se indignado com o rumo dos acontecimentos. Ele se sentiu traído e desdenhado pela Dra. Edison. Após consultar a diretoria do sindicato, ele oficialmente notificou a superintendente Edison de que o sindicato considerava o Conselho dos Professores impróprio, contraproducente e ilegítimo; Riley queria abolir o conselho. Ele lembrou à superintendente que o sindicato era o exclusivo agente de negociação para os professores e que discutir assuntos de bem-estar dos professores violava o contrato.

A Dra. Edison ficou surpresa com o rumo da situação. Ela respondeu que as reuniões do conselho eram informais e que não resultavam em votações nem em atos formais. O conselho era meramente uma fonte informal de comunicação e aconselhamento. Isso lhe permitia avaliar as aspirações dos professores desse amplo distrito. No entanto, ela se rendeu ao sindicato. Diante da

(continua)

CASO SOBRE LIDERANÇA EDUCACIONAL *(continuação)*

oposição do sindicato, ela iria submeter ao conselho a proposta do sindicato para a dissolução do conselho. O conselho respondeu prontamente, com uma votação por unanimidade, decidindo continuar sua existência. Os dirigentes sindicais foram pegos de surpresa pela demonstração de independência de seus membros.

O sindicato representava apenas 80% dos professores. Ganhara destaque na época em que os professores de Metro City não estavam sendo pagos muito bem e as associações locais e estaduais de professores eram consideradas inativas e controladas pela administração. O salário dos professores e as condições de trabalho deterioraram-se progressivamente até Vincent Riley e um punhado de professores do sindicato travarem uma "guerra" para romper o domínio tirânico do superintendente e do conselho de educação anteriores sobre o sistema escolar e seus colaboradores. O sindicato arrebatou o poder e obteve, em primeira mão, o direito de ser o agente exclusivo de negociação dos professores e, em seguida, negociar "o melhor contrato para os professores em mais de uma década". Muitos na comunidade, incluindo a maioria dos professores, acreditavam que o sindicato havia libertado o sistema escolar de uma administração despótica. Agora, as decisões eram tomadas com base no mérito em vez de influência política, e o sindicato era visto como um agente de mudança responsável. Infelizmente a desonestidade e a repressão da antiga administração deixaram cicatrizes que não tinham sarado. Provavelmente, foi essa história de desconfiança e de manipulação que desenhou a reação do sindicato à proposta da Dra. Edison de criar o Conselho dos Professores. Embora durante o seu mandato de seis anos, a Dra. Edison tenha demonstrado um estilo de liderança democrática e imparcial, o sindicato não confiava inteiramente em nenhum administrador.

Metro City é uma cidade da classe operária. Problemas com um sindicato poderiam resultar em problemas com todos os sindicatos da cidade. O sistema escolar poderia ser paralisado completamente por uma greve de seus trabalhadores não profissionais assim como de seus professores. Os membros do sindicato em toda a cidade fariam piquetes ao redor das escolas. Caminhoneiros sindicalizados não fariam entregas.

Muitos professores, no entanto, sentiam-se estranhos por serem considerados membros do sindicato em vez de profissionais, e a Dra. Edison sentiu a necessidade de ir além de rótulos simplistas. Ela havia discutido muitas vezes com Vincent Riley sobre a afirmação do sindicato de que representava a todos. Na verdade, 2 mil professores não eram representados pelo sindicato. Muitos desses professores tinham fortes laços com a associação estadual educacional afiliada à Associação Nacional da Educação (NEA, do inglês National Education Association). A Dra. Edison sustentava que, por meio do Conselho dos Professores, poderia se encontrar com os representantes de todos os professores.

O sindicato, embora simpático em relação à Dra. Edison, estava preocupado que uma futura administração pudesse recorrer aos "velhos tempos" e usar o conselho para destruir o sindicato. Como o sindicato representava a maioria dos professores, não compartilhava com ela a preocupação pela minoria que o sindicato não representava; na verdade, considerava esse grupo como "aproveitadores". A Dra. Edison estava preocupada que a maioria pudesse ignorar completamente os desejos da minoria.

Uma superintendente enfrenta muitas pressões conflitantes. Existe uma constante dinâmica de forças tracionando para lados opostos. Sem dúvida, as pressões estavam operando para que a Dra. Edison reduzisse o poder do sindicato ou até o eliminasse. Representantes de grandes estabelecimentos industriais e empresariais, bem como grupos de contribuintes, não desejavam que grupos com viés trabalhista dominassem as escolas. No entanto, os dirigentes sindicais não acreditavam que a Dra. Edison apaziguaria esses grupos destruindo o sindicato, devido ao progresso ocorrido e ao bom relacionamento desenvolvido durante os últimos seis anos. A Dra. Edison era uma profissional de grande dignidade

(continua)

CASO SOBRE LIDERANÇA EDUCACIONAL (continuação)

e não sucumbiria a essas pressões. Na verdade, ela já havia declarado formalmente que o Sindicato dos Professores de Metro City era uma das organizações mais altamente profissionais e responsáveis com a qual ela já havia lidado. Ela, por sua vez, era tida em alta consideração. Ela recebeu com alegria o generoso apoio financeiro do sindicato para a Aliança Escolar de Autoajuda, uma federação de associações comunitárias que proporcionava oportunidades para as crianças desfavorecidas no sistema escolar. Ela aprovou o *lobby* do sindicato para induzir o poder legislativo a aumentar o apoio do estado para as escolas urbanas. Apesar de contar com o forte apoio do sindicato, ela não estava disposta a ceder à sua demanda para abolir o Conselho dos Professores. Ela acreditava ter o direito – ou melhor, o dever – de consultar todos os professores, não apenas os sindicalizados.

Em sua última reunião com Vincent Riley, ele dissera:

– A mais recente auditoria de nossas finanças mostra que, de um total de 10 mil professores, temos 7.953 membros contribuintes.

– Vocês não representam todos os professores – retorquiu a Dra. Edison. – Quero saber como todos os professores sob minha jurisdição se sentem em relação a nossos programas e políticas. Preciso de informações sobre questões educacionais, não assuntos sindicais. São os quesitos curriculares e instrucionais que fornecem os tópicos relevantes para o Conselho dos Professores. Preciso de aconselhamento profissional de todos os professores para que nosso distrito escolar prospere e se desenvolva.

Riley fez uma pausa momentânea; depois respondeu:

– Talvez a senhora devesse passar menos tempo em seu gabinete. Sei que é difícil para alguém do sexo feminino entrar em uma dessas escolas mais barra pesada. Mas estou nas escolas todos os dias, e posso lhe dizer que os profissionais são professores sindicalizados. Além disso, se a senhora fizesse uma votação com todos os professores sobre a permanência do Conselho dos Professores, não tenho dúvidas de que a maioria votaria na abolição do conselho.

A Dra. Edison sentiu seu rosto ruborizar e tentou aplacar o ímpeto de responder esse comentário insensível, quase sexista. Por fim, ela disse:

– Não foi essa a decisão do conselho, e muitos membros do sindicato pertencem ao conselho.

Quando Vincent Riley relatou o resultado dessa reunião à diretoria do sindicato, eles concordaram que a Dra. Edison deveria receber uma chance de explicar suas ações ao comitê antes de ser encaminhada alguma reclamação formal. A diretoria esperava que o comitê de reclamações convencesse a Dra. Edison de que a existência do conselho era uma ameaça às boas relações trabalhistas entre os profissionais e a administração.

A diretoria do sindicato deu um voto de confiança nas boas intenções da superintendente, reconhecendo o desejo da Dra. Edison de democratizar o sistema escolar. Apesar das boas intenções, no entanto, o sindicato estava preocupado com o rumo dos acontecimentos. O sindicato se considerava o guardião dos interesses dos professores e das escolas. Precisava atuar de forma decisiva.

A Dra. Edison recebeu uma carta no papel timbrado da Federação dos Professores de Metro City, assinada por Donald Strickland, o direto do comitê executivo (Strickland é funcionário em tempo integral do sindicato; não é professor), solicitando uma visita ao comitê para, na presença de Vincent Riley, discutir a conveniência de dar continuidade ao Conselho dos Professores.

- Coloque-se no lugar da Dra. Edison. Quais são seus próximos passos?
- Quais são os problemas no longo prazo e no curto prazo?
- Será que o conselho vale o incômodo? Qual a real importância do conselho?
- Se você ceder ao sindicato, quais serão as consequências?
- Se você resistir ao sindicato, quais serão as consequências?
- Selecione o modelo de decisão apropriado e formule um plano de ação.

GUIA PRÁTICO

1. Use modelos de tomada de decisão de satisfazimento: a otimização é impossível.
2. Enquadre os problemas de modo a aprimorar soluções positivas e produtivas: sim, o enquadramento afeta as soluções.
3. Encare a tomada de decisão como um processo contínuo: não existem soluções definitivas.
4. Encare os problemas em termos de objetivos tanto de curto quando de longo prazo: as ações imediatas devem coadunar-se com os objetivos de longo prazo.
5. Empregue com cuidado a heurística na tomada de decisão: evite as armadilhas nela escondidas.
6. Use o satisfazimento adaptativo quando as informações forem vagas ou esmagadoras ou quando o tempo é essencial: adapte a tomada de decisões para essas restrições decisórias.
7. Empregue os objetivos, a missão ou a política para orientar sua tomada de decisões: o satisfazimento adaptativo precisa de direção.
8. Decida qual é estratégia de tomada de decisão adequada: avalie se a quantidade de informações é suficiente, se existe tempo disponível e qual a importância da decisão antes de decidir.
9. Use vigilância suave para resolver problemas sob pressão: a hipervigilância gera pânico.
10. Lembre-se de que não existem soluções definitivas, mas apenas soluções satisfatórias para o presente.

PRINCÍPIOS E PRESSUPOSTOS BÁSICOS

1. Os administradores usam um modelo de tomada de decisão de satisfazimento, porque eles não têm a capacidade nem a habilidade de otimizar o processo decisório.
2. A tomada de decisões é um processo contínuo que resolve alguns problemas e cria outros.
3. Os valores são parte integrante da tomada de decisões.
4. A tomada de decisão é um padrão geral de ação encontrada na administração racional de tarefas e funções em todas as organizações.
5. Um modelo incremental de tomada de decisão (sucessivas comparações limitadas) é um arcabouço popular, mas limitado, para a tomada de decisão organizacional.
6. Uma perspectiva de varredura mista para a tomada de decisão (satisfazimento adaptativo) combina o melhor do modelo incremental com o melhor do modelo de satisfazimento.
7. Não existe um único modelo ou estratégia ideal para a tomada de decisão.
8. A estratégia de decisão apropriada depende de informações suficientes, de tempo suficiente e da importância da decisão.
9. Use princípios de tomada de decisão rápidos e inteligentes para melhorar a qualidade das decisões.
10. O estresse psicológico aumenta decisões mal concebidas e implementadas.

TESTE OS SEUS CONHECIMENTOS: SABE O SIGNIFICADO DESTES TERMOS?

otimização, *p. 297*
modelo clássico, *p. 297*
modelo administrativo, *p. 297*
satisfazimento, *p. 297*
racionalidade limitada, *p. 298*

decisões genéricas, *p. 299*
decisões exclusivas, *p. 300*
condições fronteiriças, *p. 301*
busca problemística, *p. 301*
vigilância oportunista, *p. 302*

satisfazimento truncado, *p. 303*
heurística, *p. 303*
heurística do reconhecimento, *p. 304*
heurística da disponibilidade, *p. 304*
heurística representativa, *p. 304*
heurística de ancoragem e ajuste, *p. 304*
sucessivas comparações limitadas, *p. 306*
modelo incremental, *p. 306*
modelo de varredura mista, *p. 307*
satisfazimento adaptativo, *p. 307*
satisfazimento truncado adaptativo, *p. 308*

modelo de contingência, *p. 310*
regra do satisfazimento, *p. 312*
regra do enquadramento, *p. 312*
regra padrão, *p. 312*
regra da simplicidade, *p. 312*
regra da incerteza, *p. 312*
regra pegue a melhor, *p. 313*
regra da transparência, *p. 313*
regra da contingência, *p. 314*
regra da participação, *p. 314*

LEITURAS SUGERIDAS

BUCHANAN, L.; O'CONNELL, A. A brief history of decision making. *Harvard Business Review*, v. 84, p. 33-41, 2006.

História breve, mas intrigante, da tomada de decisões desde antes do século VI até a tomada de decisão no século XXI.

GILBOA, I. *Making better decisions:* decision practice and theory. Walden: Wiley-Blackwell, 2011.

Tratado acessível sobre a intuição e os hábitos de tomar decisões visando à melhoria de nossa tomada de decisões e à melhor compreensão das decisões dos outros.

GILBOA, I. *Theory of decision under uncertainty.* New York: Cambridge University Press, 2009.

Análise acadêmica, rigorosa e instigante da teoria da escolha em condições de incerteza.

GLADWELL, M. *Blink:* the power of thinking without thinking. New York: Little, Brown and Company, 2005.

Análise contemporânea sobre intuição e tomada de decisão.

HERBERT, W. *On second thought:* outsmarting your mind's hard-wired habits. New York: Crown, 2010.

Análise ponderada do uso de heurísticas no processo decisório, saber quando confiar nelas e como evitar suas armadilhas.

HODGKINSON, G. P.; STARBUCK, W. H. *The Oxford handbook of organizational decision making.* Oxford: Oxford University Press, 2008.

Conjunto abrangente de análises dedicadas ao pensamento contemporâneo e à pesquisa sobre os vários aspectos da tomada de decisão.

KAHNEMAN, D. *Thinking, fast and slow.* New York: Farrar, Straus and Giroux, 2011.

Análise provocativa dos dois sistemas que orientam o modo pelo qual pensamos e tomamos as decisões.

KLEIN, G. *Streetlights and shadows:* searching for the keys to adaptive decision making. Cambridge: MIT Press, 2009.

Análise envolvente sobre tomada de decisões em situações complexas e ambíguas.

EXERCÍCIO DE PORTFÓLIO – UM ESTUDO DE CASO

Escolha um problema ou assunto administrativo em pauta em sua escola nos últimos dois anos. Descreva o caso em algum detalhe; seu caso deve ter de 4 a 6 páginas datilografadas. Em seguida, desenvolva uma estratégia de solução para lidar com o problema. Não se esqueça de fazer o seguinte:

- Forneça informações básicas sobre a escola: tamanho, nível, tipo (urbana, suburbana ou rural); a comunidade e quaisquer outros fatores que possam dar ao leitor uma boa percepção sobre a escola e o corpo docente.
- Descreva as circunstâncias que antecederam o problema.
- Descrever os fatos e pontos essenciais do caso.
- Quem foram as principais pessoas envolvidas, por quê e como?

- Finalize o caso exatamente na hora da decisão.
- Em seguida, assuma o papel de administrador.
- Selecione um modelo apropriado de tomada de decisão e o aplique ao caso.
- Desenvolva uma estratégia de decisão para lidar com o problema.

Padrões de liderança 2, 5 e 6

NOTAS

1. A pesquisa sugere que muitos administradores ignoram métodos normativos prescritos pelos estudiosos para tomada de decisão eficaz e persistem em questionáveis táticas de decisão. Ver Nutt (1984).
2. Consulte uma excelente discussão e aplicação de valores e valorização na prática de administração educativa em Willower e Licata (1997).
3. Muitas vezes, repetições deste ciclo ocorrem na literatura organizacional. Por exemplo, consulte Griffiths (1959), Daft (1989) e Hoy e Tarter (2004a, 2004b).
4. O problema é muito mais complexo, no entanto, quando envolve também a integração das minorias de alunos em escolas segregadas.
5. Um grupo de psicólogos cognitivos chamado *prospect school* realizou uma análise crítica e interessante da heurística. Sua tese principal é a de que os indivíduos lidam

com suas limitadas habilidades cognitivas usando dispositivos de heurística para resolver problemas complexos. Embora a heurística ajude, às vezes, ela mesma introduz preconceitos sistemáticos que subvertem a tomada de decisão. Encontre exemplos em Nisbett e Ross (1980), Kahneman, Solvic e Tversky (1982); Kahneman e Tversky (1996), e Gigerenzer (2004).
6. Etzioni (1967) relata que foram escritos 50 artigos e teses de doutorado sobre varredura mista desde seu artigo original. Consulte a síntese feita por Etzioni em 1986.
7. Esta seção inspira-se fortemente no trabalho de Janis (1985) e Janis e Mann (1977).
8. Com base em Wayne K. Hoy e C. J. Tarter (1995), *Administrators solving the problems of practice*. Publicado por Allyn & Bacon, Boston, MA. Direitos autorais © 1995 pertencentes à Pearson Education. Reimpresso com permissão da editora.

11

TOMADA DE DECISÃO COMPARTILHADA: EMPODERAMENTO DOS PROFESSORES

O século XXI está destinado a ser diferente. Em vez de sempre consultar os líderes, os seguidores terão mais a dizer, e com mais frequência, do que jamais fizeram.

Barbara Kellerman

PONTOS PRINCIPAIS

1. Às vezes, a participação dos professores melhora a qualidade das decisões e, às vezes, não; portanto, não se trata de empoderar ou não os professores, mas quando e como.
2. Dois modelos de tomada de decisão compartilhada são propostos para orientar os tomadores de decisão.
3. Na tomada de decisões, tanto a qualidade das decisões quanto a aceitação das decisões são essenciais.
4. Existem pelo menos três limitações principais na tomada de decisão grupal: o talento dos participantes, as motivações dos participantes e o tempo disponível para as decisões.
5. Existem muitos estilos de tomada de decisão; cinco estilos são sugeridos para cada um dos modelos de tomada de decisao compartilhada.
6. O modelo Vroom de tomada de decisão compartilhada baseia-se em 10 critérios, que determinam múltiplos caminhos para a participação nas decisões.
7. O simplificado modelo Hoy-Tarter de tomada de decisão compartilhada baseia-se em três questões importantes, que orientam o comportamento.
8. A relevância, a *expertise* e a confiança são aspectos críticos da tomada de decisão compartilhada.
9. Um dos perigos da tomada de decisão grupal é o pensamento grupal, ou seja, as ilusões compartilhadas em relação à correção e à invulnerabilidade do grupo.
10. O pensamento grupal pode ser evitado pela compreensão de suas causas e por estruturar adequadamente a tomada de decisão grupal.

Lemas de empoderamento são insuficientes. Claramente, existem circunstâncias em que o empoderamento dos professores é adequado, mas em outras vezes é imprudente. Existem momentos em que a participação do professor melhora a qualidade da decisão, bem como momentos em que essa participação impede decisões eficazes. A questão crítica é: "Sob quais condições os subordinados devem estar envolvidos na tomada de decisão?". Em outras palavras, quando e como os professores devem ser empoderados?

CICLO DE TOMADA DE DECISÃO: AMPLIAÇÃO E SUGESTÕES

Os focos neste capítulo são a tomada de decisão compartilhada, o empoderamento e a participação dos professores na liderança. É essencial, porém, não perdermos de vista que o processo de tomada de decisão racional é o mesmo se executado por um único indivíduo, grupos ou equipes. Por isso, fazemos uma sucinta revisão do padrão geral de ação que compreende o modelo de satisfazimento na tomada de decisões e adicionamos outra etapa no processo, uma etapa inclusiva para determinar se outras pessoas devem ser envolvidas.

- Reconhecer e definir o problema ou questão.
- Analisar as dificuldades na situação.
- Estabelecer critérios para uma solução satisfatória.
- *Envolver outras pessoas na decisão?*
- Desenvolver uma estratégia de ação.
- Iniciar um plano de ação.
- Avaliar os resultados.

Os tomadores de decisão racionais primeiro reconhecem e identificam um problema, depois coletam e analisam os fatos essenciais do caso, à medida que especificam o problema. Em seguida, decidem os parâmetros de satisfação em termos de resultados (critérios de satisfação). Antes de se envolver no desenvolvimento de um conjunto abrangente de alternativas e consequências prováveis, sugerimos que os líderes pruden-

tes determinem se outras pessoas devem ser envolvidas na decisão, e em caso afirmativo, quem, como e em que medida? Por sua vez, a análise das alternativas e das consequências leva à formulação de um plano viável de ação. Então o plano é iniciado e o processo e os resultados são avaliados.

No capítulo anterior, focalizamos o processo geral de tomada de decisões, assim como algumas diretrizes para tomar decisões rápidas e inteligentes. Aqui desenvolvemos essas ideias realçando algumas proposições obtidas a partir de pesquisas, as quais ajudam a melhorar e facilitar boas decisões (HOY; TARTER, 2011).

O poder da percepção

A percepção define como um problema é enquadrado, e enquadrar um problema tem muito a ver com a sua solução; na verdade, às vezes, problemas aparentemente insolúveis tornam-se resolvidos apenas por meio de reenquadramento. Por exemplo, considere um caso sobre inquilinos que estavam bravos porque os elevadores do seu prédio eram muito lentos (Woolfolk, 2010). Os inquilinos se queixaram, e especialistas foram contratados para "consertar o problema". Os consultores, no entanto, informaram que os elevadores não eram piores do que a média, e que a melhoria seria muito cara. Então, quando um supervisor observou as pessoas esperando impacientemente o elevador, ele especulou que o problema não era a lentidão dos elevadores, mas sim o tédio; as pessoas não tinham nada para fazer enquanto esperavam.

Quando o problema foi reenquadrado como tédio em vez de elevadores lentos, o desafio mudava para apenas melhorar a experiência de "espera". A simples medida de instalar um espelho perto do elevador em cada pavimento deu às pessoas algo a fazer enquanto esperavam (verificar sua aparência) e eliminou as queixas. O problema foi resolvido com eficiência e rapidez pelo reenquadramento. O reenquadramento é enganosamente simples. Afinal de contas, como alguém conscientemente passa de uma restrição pessimista para uma oportunidade otimista? Este é o desafio: encarar os problemas em seu potencial para melhorar a organização; quanto mais grave o problema, maior a oportunidade de mudança.

O poder da simplificação

A simplificação é genial, mas o desafio aqui é simplificar sem se tornar simplista. A complexidade excessiva sobrecarrega os tomadores de decisão, mas o excesso de simplificação também mina a profunda compreensão – dilema que todos os líderes reflexivos devem enfrentar. Os tomadores de decisão devem ser relutantes a simplificar demais a fim de que distinções importantes não sejam perdidas, mas o insucesso em reduzir as ideias a seu significado principal atola a capacidade cognitiva, paralisa a análise e promove a inação.

Por exemplo, programadores de *software* de computador debatem o assunto de *software* fácil de usar. O desafio é desenvolver *software* fácil de usar e, ao mesmo tempo, poderoso; com efeito, os mais populares dispositivos de computador e programas de *software* normalmente são aqueles fáceis de usar e poderosos; são elegantes e simplificam as tarefas complexas. Avalie o *smartphone* com sua miríade de aplicativos fáceis de usar. Para encontrar o melhor restaurante na área é só dar um clique ou dois; não exige uma busca metódica nas páginas amarelas. Para encontrar o melhor preço de um item que você está comprando também é só dar um ou dois cliques. Encontrar o melhor itinerário em uma cidade estranha é outro clique. Tarefas relativamente complexas são alcançadas de modo simples e fácil. Alguns argumentariam que a vantagem que empresas como a Apple trazem ao mundo sem fio é a simplicidade. Não surpreende a conclamação que Henry David

Thoreau fez há mais de um século: "Simplifiquem! Simplifiquem!". A crescente complexidade exige simplificação, fato que não deve ser perdido de vista pelos tomadores de decisão. A simplicidade governa.

O poder da determinação

Assim como a simplicidade é essencial para navegar na complexidade, assim também é a determinação. O tomador de decisão indeciso é uma contradição em termos; as decisões devem ser tomadas, se não a organização entra em pane. Uma das tarefas mais difíceis é parar de procurar opções. É natural querer manter suas opções abertas, especialmente quando a decisão é importante, complicada e envolve outras pessoas. Ariely (2008) argumenta que manter as opções abertas muitas vezes nos distrai de nosso objetivo principal. Na democracia moderna, os indivíduos são bombardeados com uma abundância de oportunidades, e nisso reside um grande dilema – escolher a partir de uma miríade de oportunidades garante menos possibilidades. Quando uma estrada se bifurca, tomar um caminho exclui o outro. Não é natural abrir mão de suas opções, porque há um anseio natural por liberdade (FROMM, 1969) e autonomia (DECI; RYAN, 2000).

Grupos e líderes devem libertar-se do "[...] impulso irracional de perseguir opções inúteis" (ARIELY, 2008, p. 148). Há sempre um preço para manter suas opções abertas. O tempo gasto na busca é tempo roubado de outra coisa (SHIN; ARIELY, 2004). Claro, a procura de opções é fundamental na tomada de decisão racional, mas interromper a busca também é crucial. O equilíbrio entre uma decisão oportuna e o tempo gasto em manter as opções abertas é atingido somente se os líderes e o grupo tiverem em mente que a falta de decisão tem alto custo. A determinação é especialmente importante no satisfazimento; na verdade, vale a pena trabalhar com a primeira opção satisfatória, ou seja, usar a regra "pegue a melhor" (ver Cap. 10).

O poder dos prazos

Prazos promovem determinação, especificando o ponto final de um evento. A exortação para "terminar em tempo hábil" tem quase o mesmo poder motivador que o incentivo para "dar o melhor de si". Objetivos específicos, alcançáveis e desafiadores obtêm forte motivação; o incentivo geral, não (LOCKE; LATHAM, 1990). Tanto para alunos do Massachusetts Institute of Technology (MIT) (ARIELY, 2008) quanto para alunos do ensino fundamental ou médio (EVERTSON; EMMER, 1982; EMMER, EVERTSON, 2009; EMMER, EVERTSON; ANDERSON, 1980), a pesquisa é clara – a estrutura e os prazos promovem determinação. Assim, a tomada de decisão grupal deve ter estrutura, cronogramas realistas e prazos específicos para tomar uma decisão e entrar em ação.

O poder da propriedade

A propriedade cria valor; na verdade, quando temos algo, quer se trate de carro, ideia ou mesmo problema, o item ganha em importância e valor (KAHNEMAN; KNETSCH; THALER, 1990, 1991). A aplicação dessa proposição é simples para os líderes que desejam envolver outras pessoas na tomada de decisão. O desafio é conseguir que os outros abracem o problema, ou seja, aceitem o assunto como seu e não simplesmente um problema do líder ou da organização.

Existem vários temas para a criação de valor por meio da propriedade. Primeiro, o líder cria ideias consideradas úteis pelos professores. O valor dessas ideias, no entanto, será consideravelmente reforçado quando os professores encararem as ideias como suas. Segundo, embora a geração de ideias seja importante para os líderes, eles também devem ser hábeis em convencer os grupos ou equipes de professores ou equipes a "abraçar" o problema, ou seja, assumir o problema ou assunto como se fosse seu. Em suma, um líder que deseja envolver professores efetivamente na tomada de decisão tem três objetivos importantes: convencer os professores a abraçar o problema como seu, criar novas ideias com as quais os professores se identifiquem e moldar um ambiente em que os professores iniciem novas abordagens para problemas compartilhados. Nesses exemplos, a propriedade intensifica o valor das ideias e garante a sua utilização.

O poder da autorregulação emocional

Uma das coisas mais difíceis para os administradores é manter a calma diante de crises, emergências ou calamidades. A maioria dos líderes concorda que não é vantagem alguma se tornar emotivo em meio a uma crise; no entanto, saber algo não é o mesmo que fazê-lo. Uma coisa é reconhecer a vantagem de manter a calma, a frieza e a racionalidade nas situações difíceis, mas seguir esse conselho é uma coisa bem diferente. Esse ditado vale para grupos, bem como para indivíduos; na verdade, pode ser mais difícil para grupos com múltiplas personalidades manter a serenidade em situações críticas.

À medida que a paixão inflama uma situação, as pessoas subitamente passam a se comportar de modo imprevisível e irracional. Como vamos lidar com os outros e com nós mesmos sob intenso estresse emocional? *Não faça nada sob forte pressão*. Por mais singela que pareça essa resposta, muitas vezes não fazer nada não é uma opção. Que fatores dificultam tanto a tomada de decisões em situações com alta carga emocional? O estudo de Weick (1990) sobre um desastre aéreo fornece algumas pistas. A pressão severa produz perda de eficiência cognitiva devido a um incontrolável pico de adrenalina, perda de precisão na comunicação e aumento da probabilidade de cometer pequenos erros por causa da pressão de tomar decisões rápidas.

Não existe maneira ideal de controlar completamente essa tendência natural ao comportamento irracional em circunstâncias difíceis, mas algumas salvaguardas podem ser tomadas. Considere as seguintes diretrizes ao se confrontar com situações emocionais e exigentes:

- Obrigue-se a ter um período de reflexão antes de decidir ou agir; desacelere o processo.
- Delegue a ação a colegas confiáveis que não estejam envolvidos com o afã do momento.
- Resista a escrever respostas formais até que a razão retorne – rascunhe, mas não envie.
- Abstenha-se de mostrar raiva ou pânico em público.

Decisões mais eficientes são prováveis se os tomadores de decisão praticarem a **vigilância suave** – um tipo de atenção que monitora a situação e cria explicações competitivas sobre os acontecimentos (LANGER, 1989). Nesse processo, deve-se tomar cuidado com a rotina e com generalizações sem sentido. A atenção aumenta a distância emocional entre o problema e a resposta e cria uma ponte para uma compreensão do estado emocional do outro lado da experiência estressante. A atenção é um hábito mental que serve de salvaguarda contra a irracionalidade. Reveja no Capítulo 3 uma discussão mais abrangente sobre a atenção.

Proposições gerais para a tomada de decisão

A discussão anterior pode ser resumida em seis proposições gerais, relevantes para a tomada de decisão participativa.

- O *poder da percepção* define como um problema é enquadrado: amplie o contexto, use múltiplas perspectivas e reenquadre em novos contextos.
- O *poder da simplificação* dá aos tomadores de decisão um caminho para a resolução

de problemas complexos: simplifique a complexidade, identificando as ideias principais de eventos complexos.
- O *poder da determinação* é a capacidade de agir: direcione o equilíbrio entre ação decisiva e análise reflexiva para o lado da ação.
- O *poder dos prazos* promove determinação pela estruturação do ponto final de um evento: imponha estrutura e prazos para os professores e os administradores à medida que eles se envolvem na tomada de decisões.
- O *poder da propriedade* cria valor em problemas e ideias: promova a propriedade grupal; convença o grupo a abraçar os problemas e as ideias como suas.
- O *poder da autorregulação emocional* ajuda os líderes a lidar com situações de crises com alta carga emotiva: a *vigilância suave* é um hábito cuidadoso que serve de salvaguarda contra a irracionalidade.

Retornamos à pergunta inicial deste capítulo: "Sob quais condições os administradores devem empoderar os professores, envolvendo-os nas decisões?". Abordamos essa indagação com dois modelos de tomada de decisão compartilhada: um com base em um conjunto abrangente de regras de decisão (VROOM; YETTON, 1973) e o outro em um simples conjunto de três critérios – *expertise*, relevância e confiança nos subordinados. Os dois modelos são projetados para empoderar os professores, melhorar a aceitação das decisões e melhorar a qualidade das decisões (BRIDGES, 1967; HOY; TARTER, 1992, 1993a, 1993b).

O MODELO VROOM DE TOMADA DE DECISÃO COMPARTILHADA

Victor Vroom e Yetton (1973) e Vroom e Jago (1978) propuseram um modelo de tomada de decisão compartilhada que desenvolve dois conjuntos de regras a partir da evidência empírica existente. Claramente, é o modelo mais conhecido de gestão da participação em organizações; na verdade, depois de analisar resultados de pesquisa sobre teorias de liderança normativa, Miner (1980, 1988, 2005) conclui que nenhuma teoria de liderança ultrapassa o modelo de Vroom em termos de validade e utilidade. Em sua versão mais recente, Vroom e Jago (1978) identificam um conjunto de propriedades dos problemas que devem influenciar a participação dos subordinados na tomada de decisão em várias situações. Essas propriedades são definidas por um conjunto de regras de decisão e suas questões operacionais.

Melhoria da qualidade e da aceitação das decisões

O modelo Vroom adapta a participação na tomada de decisões à natureza do problema e da situação. Com base em suas pesquisas, os autores postulam quatro regras para melhorar a qualidade das decisões.

1. Regra da qualidade. *Use uma abordagem unilateral para a tomada de decisão, apenas se –*
   - a exigência por qualidade for baixa e o assunto não tenha importância para os subordinados, ou
   - a exigência por qualidade for baixa, e a decisão tiver importância e for prontamente aceita pelos subordinados.
2. Regra de informação do líder. *Não tome uma decisão unilateral, se –*
   - a qualidade da decisão for importante e você não tenha informações suficientes e a *expertise* necessária para resolver o problema sozinho.
3. Regra da confiança (congruência de objetivos). *Tome uma decisão unilateral quando –*

- a qualidade da decisão for importante e você não pode confiar nos subordinados para decidir com base nos objetivos organizacionais.
4. Regra de estrutura do problema. *Envolva subordinados capacitados para coletar informações relevantes quando –*
   - a qualidade da decisão for importante, o problema não for estruturado e você não disponha de informações ou conhecimentos suficientes.

Embora seja importante melhorar a qualidade decisória, também é importante convencer os subordinados a abraçar e aceitar as decisões. Quatro regras realçam a aceitação das decisões.

1. A regra da aceitação. *Envolva os subordinados se –*
   - a aceitação da decisão por parte deles seja fundamental para a efetiva implementação e você não tem certeza se eles vão aceitar uma decisão autocrática.
2. A regra de conflito dos subordinados. *Envolva subordinados quando –*
   - existir conflito entre os subordinados, a aceitação da decisão for crucial e uma decisão autocrática for improvável de ser aceita.
3. Regra do comprometimento dos subordinados. *Uma decisão grupal deve ser feita –*
   - mesmo quando a qualidade da decisão não for importante, mas a sua aceitação for crucial e problemática. Uma decisão de grupo tem maior probabilidade de gerar aceitação e comprometimento do que uma hierárquica.
4. A regra das informações dos subordinados. *Os subordinados não devem ser chamados –*
   - para tomar uma decisão para a qual eles tenham informações ou *expertise* insuficientes.

Restrições na tomada de decisão

Além dessas regras para melhorar a qualidade e acentuar a aceitação das decisões, existem duas fortes restrições na tomada de decisão:

1. A restrição de tempo (motivação temporal). Geralmente o tempo é crucial.
   - O tempo não sai de graça. A quantidade de tempo utilizada no processo de decisão é um custo expressado em termos de perda de atenção para outras atividades.
2. A restrição de desenvolvimento (motivação desenvolvimentista). Os subordinados, muitas vezes, não têm o conhecimento e as habilidades para contribuir.
   - A tomada de decisão é uma habilidade aprendida e desenvolvida com a prática. Empoderar os professores significa lhes dar as habilidades e as oportunidades para tomar decisões importantes.

O tempo limita o grau de participação na tomada de decisão, mas se o tempo permitir, o líder pode desenvolver os conhecimentos e as habilidades que permitam aos professores participar efetivamente das decisões.

Estilos de tomada de decisão

Vroom e Yetton (1973) fazem uma distinção entre problemas "individuais" e problemas "grupais". Um problema individual tem o potencial de afetar só uma pessoa, e apenas essa pessoa. Estamos preocupados com os problemas grupais nesta formulação, isto é, os assuntos que afetam outras pessoas. Vroom e Yetton (1973) sugerem cinco estilos de decisão que podem ser dispostos ao longo de um *continuum desde autocrático até participação grupal*:

- *Autocrático:* o líder lança mão das informações existentes e resolve o problema unilateralmente.
- *Autocrático informado:* o líder resolve o problema unilateralmente depois de receber as informações necessárias dos subordinados. Os subordinados podem ou não saber da finalidade das perguntas, mas não exercem um papel na definição do problema nem na geração e avaliação de soluções alternativas.
- *Consultivo individual*: o líder compartilha o problema com os subordinados, solicitando suas ideias individualmente e toma uma decisão que talvez não reflita a influência dos subordinados.
- *Consultivo grupal*: o líder compartilha o problema com os membros do grupo, solicita suas ideias e toma a decisão, que pode ou não refletir a influência dos subordinados.
- *Conciliador grupal*: o líder compartilha o problema com os subordinados em conformação de grupo e, em conjunto, geram e avaliam alternativas em uma tentativa de chegar a um consenso. Essa é uma decisão grupal em que o líder está disposto a aceitar a decisão do grupo.

Para ilustrar esses estilos de decisão no contexto escolar, considere o exemplo a seguir. Suponha que você seja o diretor de uma escola de ensino médio. Você quer ampliar o currículo por meio do desenvolvimento de um novo programa instrucional sobre a prevenção da aids; na verdade, você foi instruído a adicionar prevenção de aids pela superintendente e pelo conselho de educação.

Usando o **estilo autocrático**, você simplesmente desenvolve um plano com base no conhecimento disponível. Por exemplo, você pode simplesmente indicar que o programa de educação física e saúde inclua uma unidade sobre o assunto.

Se você sentir que precisa de mais informações antes de agir, pode solicitar informações aos professores de saúde sobre as dificuldades de implementar esse plano antes de emitir a sua diretiva – **estilo autocrático informado**.

Se quiser mais consultas, pode empregar duas estratégias consultivas. No **estilo consultivo individual**, você, individualmente, pede a opinião de uma ou duas pessoas importantes antes de escolher uma linha de ação.

Como alternativa, você pode reunir um grupo de professores de saúde para a mesma finalidade – **estilo consultivo grupal**.

Por fim, se você quisesse maximizar a participação dos professores, compartilharia o problema com todo o corpo docente, buscaria pontos de vista dos professores, os incentivaria a gerar e avaliar alternativas e, em seguida, deixaria o corpo docente tomar uma decisão democrática. O diretor atua como moderador do grupo e aceita, apoia e implementa a decisão grupal, usando o **estilo conciliador grupal**.

TEORIA NA PRÁTICA

Analise os estilos de tomada de decisão de seu diretor usando os cinco estilos de tomada de decisão de Vroom. O seu diretor usa os cinco estilos? Qual é o estilo predominante de seu diretor? Que estilo de decisão seu diretor usa menos frequentemente? Com que facilidade o seu diretor muda de estilo à medida que a situação se modifica? O seu diretor consegue combinar o estilo com a situação? Quais são as forças e fraquezas básicas dos estilos de tomada de decisão do seu diretor?

Árvores de tomada de decisão

A eficiência de uma decisão depende de sua qualidade, sua aceitação e sua capacidade de ser oportuna (VROOM; JAGO, 1978). A chave para a tomada de decisão eficiente é adaptar, em tempo oportuno, o estilo de líder adequado às regras de decisão. As oito regras e as duas restrições definem situações que exigem um dos cinco estilos de decisão no modelo, mas não é simples combinar situações, regras e restrições. As oito regras e as duas restrições tomadas ao mesmo tempo produzem mais de 1 mil situações diferentes e múltiplos conjuntos de caminhos. Assim, a análise pode ser um pouco opressiva e intimidante.

O uso de árvores de decisão, no entanto, é útil. Uma **árvore de decisão** é um esquema pictórico que rastreia as decisões possíveis, seguindo um conjunto de regras de decisão, que nesse caso é o resultado da solução para uma série de equações simultâneas que se baseiam nos resultados das conclusões empíricas de Vroom e colaboradores. A árvore simplifica os caminhos para envolver os professores nas decisões e define o papel do diretor e dos professores. Na Figura 11.1, ilustramos como as oito regras de decisão são usadas para plotar o estilo de decisão adequado dependendo da situação quando se deseja o desenvolvimento das habilidades e dos conhecimentos do professor.

Na figura, as regras foram formuladas como perguntas. Primeiro, considere a questão da qualidade, que tem dois ramos: se a importância da qualidade decisória é alta ou baixa. Cada um desses ramos leva à próxima pergunta (é necessário o comprometimento dos subordinados?), que define dois novos ramos e assim por diante. Respondendo às perguntas e seguindo os ramos da árvore de decisão, por fim, conduz ao estilo de tomada de decisões adequado.

Quando uma decisão autocrática é apropriada? De acordo com o modelo na Figura 11.1, se a exigência de qualidade for baixa e a questão não for importante para os professores, uma decisão autocrática é desejável. Ou se a exigência de qualidade da decisão não for alta, mas a questão for importante para os professores, então uma abordagem autocrática somente é apropriada se for provável a aceitação pelos professores de uma decisão autocrática. Lembre-se de que o estilo de decisão e as propriedades do problema são combinados por meio de uma série de equações complexas (VROOM; YETTON, 1973; VROOM; JAGO, 1978) para determinar a combinação apropriada, e as árvores de decisão nas Figuras 11.1 e 11.2 são soluções para essas equações. A Figura 11.1 é a solução tendo em vista o desenvolvimento dos professores e a Figura 11.2 é a solução tendo em vista a condição de pressão temporal.

Familiarize-se com o modelo e o caminho da decisão "percorrendo" as árvores de decisão. Por exemplo, observe quando é apropriado usar um *estilo consultivo individual*, ou seja, de compartilhar o problema com os professores, solicitando suas ideias individualmente sem formar um grupo e depois tomar a decisão, que pode ou não refletir a influência dos professores. Comece com o estilo de decisão, *consultivo individual*, e faça o caminho de volta pelo modelo. Existem dois caminhos para o primeiro estilo consultivo individual encontrado na Figura 11.1.

PRIMEIRO: Rastreando o caminho de volta de um estilo consultivo individual, observe que os *conflitos são altos, os subordinados não compartilham os objetivos* e há alta probabilidade de aceitação, informações suficientes, alto comprometimento dos subordinados e *alta exigência de qualidade*.

SEGUNDO: Outro caminho para um estilo consultivo individual é encontrado quando os *conflitos forem altos, os professores não compartilharem os objetivos*, houver alta probabilidade de aceitação, um problema estruturado, informações insuficientes ao líder, alto comprometimento dos subordinados e *alta exigência de qualidade*.

Existem dois outros caminhos (conjuntos de condições) que levam ao segundo estilo consultivo individual na Figura 11.1.

TERCEIRO: Rastreando o caminho de volta, vemos que os *conflitos são altos, os subordinados não compartilham os objetivos*, o problema é estruturado, o líder dispõe de informações insuficientes, há baixo comprometimento dos subordinados e *exigência por alta qualidade*.

QUARTO: O caminho final retrata uma situação em que os *conflitos são altos, os subordinados não compartilham objetivos*, o líder dispõe de informações suficientes, mas existe baixo comprometimento dos subordinados e *exigência por alta qualidade*.

Em resumo, *um estilo consultivo individual* é a opção para quando houver a necessidade de uma decisão de alta qualidade, os subordinados não compartilharem objetivos e houver alto nível de conflitos.

Não há dúvidas de que o modelo é complexo, mas a tomada de decisão também é. Talvez não pareça à primeira vista, mas o modelo na verdade simplifica o processo. Pesquisas sugerem que as questões propostas por Vroom e colaboradores são questões críticas que influenciam a eficiência da liderança e da tomada de decisão. No modelo ilustrado na Figura 11.1, há mais de 30 caminhos adequados para os cinco estilos de decisão, mas esse número é pouco em comparação com a miríade de caminhos possíveis usando todos os oito critérios por meio das seguintes perguntas:

1. *Qual é a importância da qualidade técnica desta decisão?*
2. *Qual é a importância do comprometimento dos professores com a decisão?*
3. *Existem informações suficientes para uma decisão de qualidade?*
4. *O problema está bem estruturado?*
5. *Uma decisão autocrática seria aceita?*
6. *Os professores compartilham dos objetivos organizacionais?*
7. *É provável que surjam conflitos entre professores em relação às soluções?*
8. *Os professores dispõem de informações suficientes para tomar uma decisão de alta qualidade?*

332 Hoy & Miskel

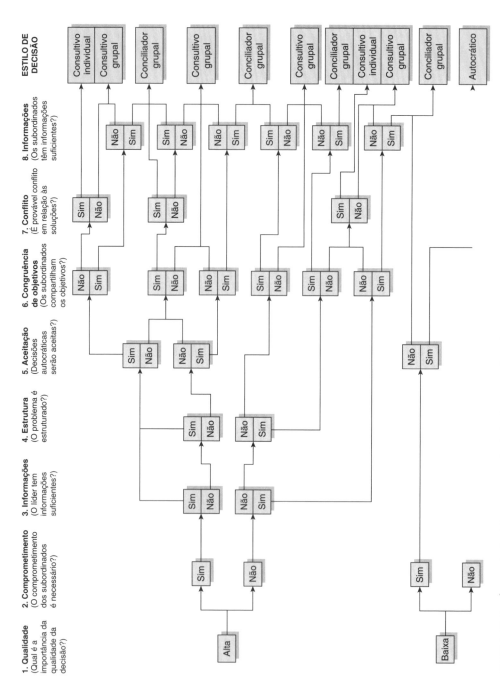

FIGURA 11.1 Árvore de decisão para tomada de decisão grupal tendo em vista o desenvolvimento dos professores.

Administração Educacional 333

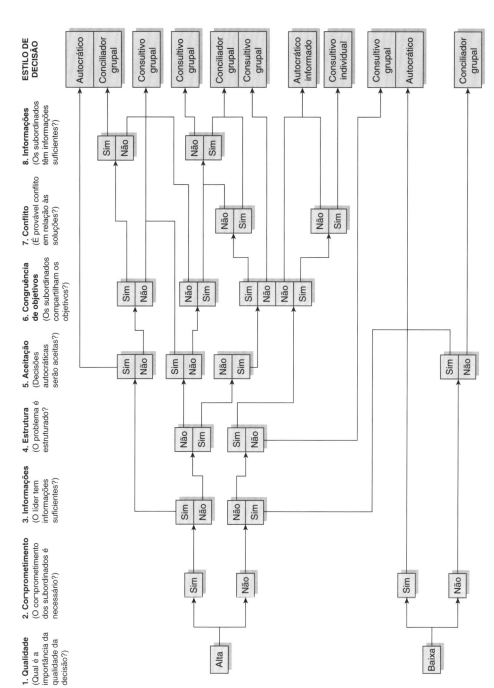

FIGURA 11.2 Árvore de decisão para tomada de decisão grupal tendo em vista a pressão de tempo.

Lembre-se de que a árvore de decisão na Figura 11.1 opera sob a restrição do desenvolvimento dos professores. Suponha que a maior restrição seja tempo em vez de desenvolvimento. A Figura 11.2 retrata os caminhos para um estilo apropriado de decisão. As questões de decisão são as mesmas, mas os caminhos são diferentes. Compare as Figuras 11.1 e 11.2. Quando o tempo é uma restrição, é mais provável que decisões autocráticas e unilaterais sejam tomadas; mas, quando o desenvolvimento dos subordinados é a restrição, o estilo conciliador grupal é mais provável. Em outras palavras, quando o tempo se intromete, uma abordagem mais unilateral é necessária, mas quando o tempo não é problema e o objetivo é desenvolver as habilidades e conhecimentos que permitam aos professores contribuir com a tomada de decisão, então a colaboração não somente é mais provável, mas também necessária. Recomendamos um modelo desenvolvimentista quando o tempo permite, pois, em última análise, queremos que os professores iniciem seus próprios atos de liderança e aceitem a responsabilidade; ou seja, queremos empoderar os professores.

Algumas precauções

O modelo Vroom é uma poderosa ferramenta que orienta a participação de subordinados na tomada de decisão. As respostas para cada pergunta foram dicotomizadas para tornar o modelo utilizável sem um computador. Mesmo com essa simplificação, no entanto, a análise é tão complexa que, sem o uso das árvores de decisão, a maioria dos líderes simplesmente ignora o procedimento. Aí que reside o problema. O modelo é útil, mas um pouco complexo demais para uso rotineiro. O modelo, no entanto, nos obriga a considerar os requisitos importantes da qualidade e da aceitação das decisões, além se suscitar questões críticas que devem ser abordadas antes de resultarem em qualquer decisão. Os líderes precisam de modelos úteis, que eles possam usar logo em vez de armazenar em computadores ou em fichas. Mantendo essa conclusão em mente, vamos abordar um modelo simplificado de tomada de decisão compartilhada – um modelo que os líderes consigam manter em suas cabeças enquanto lidam com os problemas da prática.

O MODELO HOY-TARTER: MODELO SIMPLIFICADO PARA A TOMADA DE DECISÃO COMPARTILHADA

Em geral, as pesquisas sobre a participação dos professores na tomada de decisão apoiam a conveniência de empoderar os professores no processo, mas essas pesquisas também sugerem que a participação não é sempre vantajosa; isto é, a eficiência da participação dos professores depende do

TEORIA NA PRÁTICA

Avalie até que ponto o corpo docente de sua escola está basicamente pronto para o empoderamento. Com que frequência seu corpo docente aceita uma decisão autocrática? A maioria dos membros do corpo docente compartilha os objetivos da organização? Ou seja, eles estão dispostos a subordinar os objetivos pessoais aos objetivos organizacionais? Qual o nível de conflito existente entre os professores? Qual o nível de conflito existente entre o diretor e os professores? Qual o nível de *expertise* existente no corpo docente? Em que decisões o corpo docente não deve ser envolvido? Com que abertura a administração comunica as informações para o corpo docente? O quanto o diretor é aberto e solidário? O diretor consegue tolerar dissidências? Em suma, quais são os maiores obstáculos para a tomada de decisão compartilhada em sua escola?

problema e da situação. Um exame minucioso da teoria e das pesquisas sobre a participação na tomada de decisão em organizações empresariais e educacionais revela as seguintes conclusões:[1]

- A oportunidade de compartilhar na formulação de políticas é um importante fator no moral dos professores e em seu entusiasmo para a escola.
- A participação na tomada de decisão está positivamente relacionada com a satisfação individual do professor com a profissão da docência.
- Os professores preferem diretores que os envolva na tomada de decisão.
- As decisões fracassam por causa da má qualidade ou porque os subordinados não as aceitam.
- Os professores nem esperam nem querem ser envolvidos em todas as decisões; na verdade, o excesso de envolvimento pode ser tão prejudicial quanto a falta.
- Os papéis e as funções de professores e administradores na tomada de decisão precisam ser variados de acordo com a natureza do problema.

Novamente ressaltamos que a pergunta apropriada *não* é "Os professores devem ser envolvidos nas decisões?". Ao contrário, as questões críticas são mais complexas:

- Sob quais condições os professores devem ser envolvidos nas decisões?
- Até que ponto os professores devem se envolver?
- De que maneira os professores devem se envolver?
- Qual é o papel do administrador no processo?

Vroom propôs uma resposta às perguntas, embora complicada. Agora vamos abordar um modelo simplificado de participação – modelo que os administradores educacionais podem facilmente dominar, lembrar-se e usar prontamente para guiar

sua prática. O modelo Hoy-Tarter (HOY; TARTER, 1992, 1993a, 1993b, 2003, 2004a, 2004b) evoluiu e se tornou um modelo fácil de usar que os administradores conseguem manter em suas cabeças e facilmente aplicar quando a situação for apropriada. Em nosso teste dos modelos, verificamos que soluções usando os dois modelos diferentes de soluções eram congruentes entre si por mais de 90% do tempo; naqueles raros casos em que foram observadas diferenças, eles eram de estilo em vez de substância.

O modelo Hoy-Tarter para a tomada de decisão compartilhada

Os subordinados aceitam algumas decisões sem questioná-las porque são indiferentes a elas. Como Barnard (1938, p. 167) explica, existe uma **zona de indiferença** "[...] no âmago de cada indivíduo que aceita ordens sem conscientemente questionar a autoridade dessas ordens". Simon prefere o termo mais positivo **zona de aceitação**, mas os termos são usados de modo intercambiável na literatura. A zona de aceitação dos subordinados é fundamental para decidir sob quais condições envolver ou não envolver os subordinados na tomada de decisão.

Zona de aceitação: importância e determinação

Com base no trabalho de Barnard (1938), Simon (1957) e Chase (1951), Edwin M. Bridges (1967) apresenta duas proposições sobre a tomada de decisão compartilhada:

1. À medida que os subordinados estejam envolvidos em tomar decisões localizadas dentro de sua zona de aceitação, a participação será menos eficaz.
2. À medida que os subordinados estejam envolvidos em tomar decisões localizadas fora de sua zona de aceitação, a participação será mais eficaz.

O problema para o administrador é determinar quais decisões caem dentro e fora da zona. Para obter a resposta, Bridges sugere dois testes:

- **O teste da relevância**: Os subordinados têm interesse pessoal nos resultados da decisão?
- **O teste da *expertise***: Os subordinados têm a *expertise* para contribuir de modo útil com a decisão?

As respostas a essas duas perguntas definem as quatro situações ilustradas na Figura 11.3. Quando os subordinados têm tanto a *expertise* quanto o interesse pessoal nos resultados, então a decisão está claramente fora da zona de aceitação deles. Mas se os subordinados não têm a *expertise* nem o interesse pessoal, então a decisão está dentro da zona. Há, no entanto, duas condições marginais, cada qual com diferentes restrições decisórias. Quando os subordinados têm *expertise*, mas não interesse pessoal, ou tem interesse pessoal, mas nenhuma *expertise* específica, as condições são mais problemáticas. Hoy e Tarter (1993a) sugerem duas proposições teóricas adicionais para orientação:

3. À medida que os subordinados estejam envolvidos em tomar decisões para as quais eles tenham *expertise* marginal, sua participação será marginalmente eficaz.

4. À medida que os subordinados estejam envolvidos em tomar decisões para as quais eles tenham interesse marginal, sua participação será marginalmente eficaz.

Confiança e situações

Outra consideração é útil se quisermos ser bem-sucedidos na aplicação do modelo aos problemas reais. A confiança dos subordinados às vezes deveria moderar seu grau de envolvimento.[2] Quando os objetivos pessoais dos subordinados entram em conflito com os organizacionais, é um equívoco delegar decisões aos subordinados, devido ao elevado risco que as decisões sejam tomadas com base nos interesses pessoais em detrimento do bem-estar geral da escola.[3] Assim, a confiança nos subordinados é importante, e, para medir a confiança, propomos um teste final.

- **O teste da confiança**: Os subordinados estão comprometidos com a missão da organização? E é possível confiar que eles tomarão decisões no melhor interesse da organização?

A aplicação dos três testes produz as seguintes cinco situações viáveis, cada qual com uma estratégia diferente para participação:

Situação democrática: amplo envolvimento. Se a decisão estiver fora da zona

		Os subordinados têm interesse pessoal?	
		Sim	Não
Os subordinados têm *expertise*?	Sim	Fora da zona de aceitação (Inclusão provável)	Marginal com *expertise* (Inclusão ocasional)
	Não	Marginal com relevância (Inclusão ocasional)	Dentro da zona de aceitação (Exclusão definitiva)

FIGURA 11.3 A zona de aceitação e envolvimento.

de aceitação e se os subordinados forem confiáveis no sentido de tomar as decisões no melhor interesse da organização, então a participação deve ser ampla. Quanto mais cedo os indivíduos puderem se envolver na decisão, melhor. O diretor pode chegar ao ponto de solicitar ao grupo reenquadrar o problema e examinar os dados relevantes antes de desenvolver as opções, prever as consequências de cada opção e formular uma estratégia de decisão. Chamamos isso de *situação democrática*, porque normalmente a decisão será tomada pela regra da maioria. Existem, no entanto, situações extraordinárias que exigem total consenso – quando a lei assim exigir ou quando o sucesso na execução da decisão assim exigir.

Situação conflituosa: envolvimento limitado. Se a decisão estiver fora da zona e houver pouca confiança nos subordinados, então temos uma *situação conflituosa*, e a participação deve ser restrita. Fazer o contrário suscita movimentos em direções incompatíveis com o bem-estar geral da organização. Essa é uma situação que exige a construção da confiança, e até que a confiança seja desenvolvida, a participação é restrita.

Situação não colaborativa: sem envolvimento. Se o problema da decisão não for relevante aos subordinados (eles não tiverem interesse pessoal no resultado) e eles não tiverem *expertise* nenhuma, então a decisão se enquadra claramente dentro de sua zona de aceitação e o envolvimento deve ser evitado; esse é uma *situação não colaborativa*. Com efeito, a participação nesses casos provavelmente produzirá ressentimento, pois os subordinados normalmente não estão interessados e não têm qualquer participação no resultado.

Situação das partes interessadas: envolvimento limitado. Quando os subordinados têm interesse pessoal no assunto, mas pouco *expertise*, temos a *situação das partes interessadas*, e a participação dos subordinados deve ser limitada e apenas ocasional. Fazer o contrário é flertar com problemas. Se os subordinados não têm nada substancial para contribuir, no fim das contas a decisão vai ser tomada por aqueles com *expertise* (não subordinados), gerando um sentimento de frustração e de hostilidade. Os subordinados, na verdade, podem perceber a experiência como um exercício vazio em que as decisões "já foram tomadas". Daniel L. Duke, Beverly K. Showers e Michael Imber (1980) concluem em suas pesquisas que a tomada de decisão compartilhada é, muitas vezes, encarada pelos professores como mera formalidade ou tentativa de criar a ilusão de influência dos professores. Em contrapartida, ocasionalmente pode ser útil envolver os professores de forma limitada. Quando o envolvimento é desejado sob essas circunstâncias, deve ser articulado com habilidade. Seus principais objetivos devem ser expandir a comunicação com os subordinados, educá-los e obter suporte para a decisão.

Situação do especialista: envolvimento limitado. Finalmente, há a *situação do especialista* – quando os subordinados não têm interesse pessoal no resultado, mas têm o conhecimento para fazer contribuições úteis. Os subordinados devem se envolver? Apenas ocasionalmente e com moderação! Envolver os subordinados indiscriminadamente em decisões desse tipo é aumentar a probabilidade de alienação. Envolva seletivamente apenas indivíduos e grupos com *expertise*. Embora o envolvimento sob essas circunstâncias aumente as chances do administrador de alcançar uma decisão de maior qualidade, o envolvimento frequente pode se tornar oneroso e levar os subordinados a se perguntar em voz alta "por que cargas d'água o administrador é pago". Afinal de contas, nessa situação os subordinados têm pouco ou nenhum interesse pessoal no resultado.

Essas **cinco situações de tomada de decisão** e respostas adequadas são resumidas na Figura 11.4.

Estruturas de tomada de decisão

Tão logo o administrador tenha determinado que os subordinados sejam envolvidos na decisão, a pergunta seguinte torna-se como o processo deve ser conduzido. Hoy e Tarter (2003) sugerem **cinco estruturas de tomada de decisão**:

1. *Consenso grupal*: O administrador envolve os participantes na tomada de decisão e, em seguida, o grupo decide. Todos os membros do grupo compartilham igualmente à medida que geram e avaliam uma decisão, mas o consenso total é necessário antes que uma decisão seja tomada.
2. *Maioria do grupo*: O administrador envolve participantes na tomada de decisão, e, em seguida, o grupo decide pela regra da maioria.
3. *Consultoria grupal*: o administrador solicita as opiniões de todo o grupo, discute as implicações das sugestões do grupo e depois toma a decisão que pode ou não refletir os desejos dos subordinados.
4. *Consultoria individual*: O administrador consulta os subordinados individualmente, que têm experiência para orientar a decisão, e então toma uma decisão que pode ou não refletir as opiniões deles.
5. *Decisão unilateral*: O administrador toma a decisão sem consultar nem envolver os subordinados na decisão.

Funções do líder

Até agora focalizamos o papel dos subordinados na tomada de decisão compartilhada. Agora vamos nos deter no administrador e

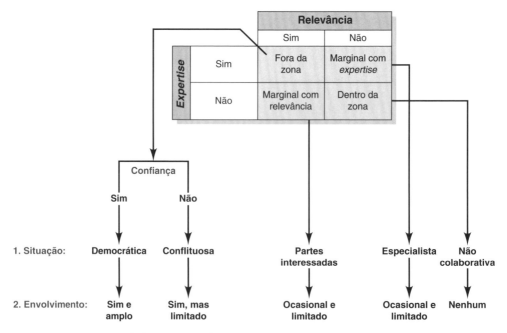

FIGURA 11.4 Situação de decisão e envolvimento dos subordinados.

definir os **cinco papéis de liderança**: integrador, parlamentar, educador, procurador e gerenciador. O integrador reúne os subordinados para a tomada de decisão consensual. Aqui a tarefa é conciliar as opiniões e posições divergentes. O parlamentar facilita a comunicação aberta, protegendo as opiniões da minoria e conduzindo os participantes em um processo de decisão grupal. O educador reduz a resistência à mudança, explicando e discutindo com os membros do grupo as oportunidades e as restrições das questões decisórias. O procurador busca conselhos de subordinados especialistas. A qualidade das decisões é melhorada à medida que o administrador orienta a geração de informações relevantes. O gerenciador toma decisões unilaterais naqueles exemplos em que os subordinados não têm *expertise* nem interesse pessoal. Aqui, o objetivo é a eficiência. A função e o objetivo de cada papel estão resumidos na Tabela 11.1.

TABELA 11.1 Papéis administrativos para a tomada de decisão compartilhada

Papel	Função	Objetivo
Integrador	Integra posições divergentes	Obter consenso
Parlamentar	Promove discussão aberta	Apoiar deliberação grupal reflexiva
Educador	Explica e discute os assuntos	Buscar a aceitação da decisão
Procurador	Procura aconselhamento	Melhorar a qualidade da decisão
Gerenciador	Toma decisões unilaterais	Alcançar eficiência

TEORIA NA PRÁTICA

Analise seus estilos de tomada de decisão usando os cinco papéis de liderança preconizados por Hoy e Tarter. Você usa ou pode usar todos os cinco papéis? Qual é seu estilo predominante? Qual é o seu papel mais forte? Que papel de líder você usa com menos frequência? Por quê? Com que facilidade você muda de papel à medida que a situação se altera? Quais são os principais pontos fortes e fracos de sua liderança? Você pode ser flexível na sua utilização de diferentes papéis de líder e ainda ser razoavelmente coerente? Por quê e como?

Montando o quebra-cabeça: modelo sintético para a tomada de decisão compartilhada

Os administradores muitas vezes são exortados a envolver os professores em todas as decisões. A postura mais adequada é a de refletir sobre a questão: quando outras pessoas devem ser envolvidas no processo decisório e como? Propusemos um modelo que responde a essa pergunta.

O conceito fundamental do modelo, extraído de Barnard (1938) e Simon (1947), é a zona de aceitação. Existem algumas decisões que os subordinados simplesmente aceitam e, portanto, nas quais não precisam ser envolvidos. O administrador identifica essas situações tecendo duas perguntas:

1. *Pergunta da relevância:* os subordinados têm interesse pessoal no resultado?
2. *Pergunta da expertise:* os subordinados podem contribuir com *expertise* para a solução?

Se a resposta a essas duas perguntas for sim, os subordinados têm tanto um interesse pessoal no resultado quanto a *expertise* para contribuir, então a situação está fora da zona de aceitação. Os subordinados vão desejar se envolver e participar para aprimorar a decisão. Em seguida, porém, é necessário avaliar o comprometimento deles com a organização fazendo a seguinte pergunta:

3. *Pergunta da confiança:* Os subordinados merecem confiança para tomar uma decisão tendo em vista os melhores interesses da organização?

Se os subordinados merecem confiança, o envolvimento deles deve ser amplo, à medida que o grupo tenta desenvolver a "melhor" decisão. O administrador deve considerar reiniciar o processo desde o começo e pedir aos professores reenquadrarem o problema antes de uma estratégia de ação ser moldada. No processo, o papel do administrador é agir como integrador (se o consenso for essencial) ou como parlamentar (se a maioria do grupo for suficiente). Se os subordinados não forem confiáveis (situação conflituosa), o envolvimento deles deve ser limitado. Nessa situação, o administrador atua como educador e o grupo serve para aconselhar e identificar focos de resistência.

Se, no entanto, os subordinados têm apenas interesse pessoal na decisão, mas nenhuma *expertise* (situação das partes interessadas), o envolvimento deles deve ser ocasional e limitado. Os subordinados estão interessados no resultado, mas têm pouco conhecimento para contribuir com a decisão. A razão para o envolvimento ocasional nessa situação é baixar a resistência e educar os participantes. Se o envolvimento for mais do que ocasional, há perigo de alienação quando os professores se sentirem manipulados, porque seus desejos não foram atendidos. Para começo de conversa, todas as partes devem saber que o grupo claramente fornece consultoria ao líder. O papel do administrador é decidir e educar.

Se os subordinados têm *expertise*, mas não interesse pessoal (situação do especialista), o envolvimento deles também deve ser ocasional e limitado, à medida que o administrador tenta melhorar a decisão aproveitando a *expertise* de indivíduos importantes que normalmente não se envolvem nesse tipo de ação. À primeira vista, pode-se pensar que a *expertise* sempre deve ser consultada em uma decisão, mas se os trabalhadores não tiverem interesse pessoal nos resultados, o seu entusiasmo logo esvanecerá. É bem provável que eles reclamem: "Não sou pago para isso".

Em situações não colaborativas, os professores não têm interesse nem *expertise* para contribuir com a decisão. No entanto, ainda existe uma norma tão forte quanto ao envolvimento dos professores em todos os tipos de decisões que os administradores escolares muitas vezes se sentem obrigados a envolver os professores, independentemente de seu conhecimento ou interesse. Esse ritual é disfuncional e ilógico. Por que você envolveria alguém em uma decisão se essa pessoa não se importa e não pode ajudar? O modelo sugere que os administradores tomem decisões unilaterais diretas quando o assunto recai dentro da zona de aceitação dos subordinados. O modelo na íntegra encontra-se resumido na Figura 11.5.

Esse modelo para tomada de decisão compartilhada não é uma panaceia. Não substitui pensamentos e ações administrativas sensíveis e reflexivas; apenas fornece algumas orientações para determinar quando e como os professores e diretores devem se envolver em tomada de decisão conjunta. A eficiência das decisões é determinada pela qualidade da decisão e também pelo comprometimento e pela aceitação dos subordinados para implementar a decisão.

Desenvolvimento da capacidade de tomada de decisão dos professores

Nem todos os professores querem ser envolvidos nas decisões; na verdade, alguns professores sentem-se muito confortáveis deixando todas as decisões importantes para os administradores. Outros querem ser envolvidos em cada decisão. A maioria dos professores está em algum lugar entre esses extremos. Uma perspectiva saudável é aquela em que os professores queiram ser envolvidos nas decisões em que podem fazer uma contribuição.

Há muito talento na maioria dos corpos docentes, e um desafio para todos os administradores é descobrir maneiras para liberar e usar esse talento. Para serem efica-

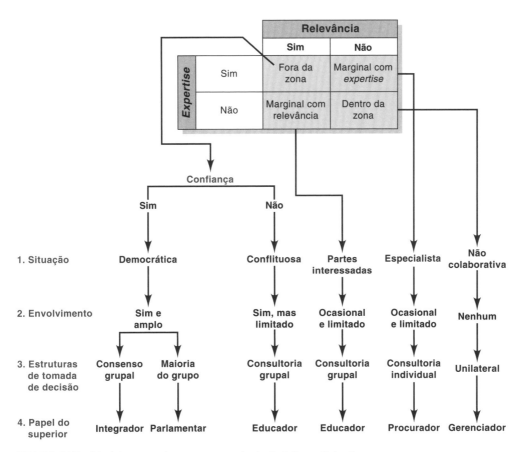

FIGURA 11.5 Modelo normativo para a tomada de decisão participativa.

zes no empoderamento dos professores, os diretores têm um papel de educação, bem como de compartilhamento. Em primeiro lugar, os professores têm de aprender e então mostrar que o bem-estar dos alunos e da escola tem precedência sobre agendas pessoais. Os diretores também devem demonstrar a autenticidade com professores – conversa franca, abertura, consistência e nenhum jogo de empurra. A seguir, quando os professores não tiverem o conhecimento para participar efetivamente, os diretores devem cultivar a *expertise* antes de envolver os professores. No entanto, há uma série de decisões com as quais os professores simplesmente não se importam – não os sobrecarregue, apenas tome as decisões. Da mesma forma, às vezes os diretores não têm a autoridade para tomar certas decisões; eles não devem fingir dar o que não têm. Por fim, a falta de tempo às vezes torna a participação praticamente impossível; os diretores devem decidir.

Eis algumas diretrizes para preparar os professores para a tomada de decisão compartilhada:

- Desenvolva uma cultura concentrada nos objetivos da escola: os alunos vêm em primeiro lugar.
- Seja autêntico com professores; abra o jogo com eles.
- Desenvolva uma cultura de confiança; diretores e professores precisam confiar uns nos outros.

- Desenvolva o conhecimento do professor e a *expertise* nas áreas de decisão.
- Envolva os professores em decisões significativas: não os sobrecarregue com decisões sem importância.
- Envolva os professores apenas nas decisões para as quais você é responsável; não finja ter mais autoridade do que tem.
- Envolva os professores na tomada de decisões compartilhadas apenas quando estiverem prontos; eles precisam quebrar antigas tradições e aprender novas formas de decidir.
- Em última análise, para serem bem-sucedidos, os professores devem ter *conhecimento útil,* estar *motivados a participar* e estar *dispostos a subordinar suas agendas pessoais* ao bem da escola.

TEORIA NA PRÁTICA

Na análise final, o diretor determina se a situação de decisão é relevante para os professores, se os professores têm os conhecimentos necessários para fazer uma contribuição bem informada e se os professores podem subordinar seus próprios desejos em prol do que é melhor para a escola. Alguns diretores não têm a segurança nem a disposição para fazer avaliações precisas sobre essas três questões. Avalie a capacidade e a percepção do seu diretor para usar esses três critérios. O diretor é seguro o suficiente para compartilhar o poder com os professores? Seu diretor é conhecedor, mas aberto? Até que ponto seu diretor confia no corpo docente? Você acredita que seu diretor pode usar esse modelo com eficiência para empoderar os professores? Por quê? Qual a sua avaliação pessoal do modelo? Você é capaz de usá-lo com eficiência? Por quê?

Precaução na tomada de decisão em grupo: pensamento grupal

Há pouca dúvida de que a tomada de decisão grupal possa ser um processo eficaz, mas existem alguns perigos mesmo quando as condições exigem uma decisão grupal. O tempo é sempre uma restrição potencial na tomada de decisão, e as decisões de grupo geralmente requerem mais tempo do que as individuais. A participação envolve discussão, debate e, em geral, conflitos; na verdade, à medida que aumenta o número de atores no processo, a coordenação torna-se mais importante e difícil. A velocidade e a eficiência não são vantagens básicas da tomada de decisão grupal.

Embora a participação na tomada de decisão possa produzir conflitos desenfreados no grupo, o sucesso na resolução de problemas grupal muitas vezes produz uma forte coesividade, especialmente entre os membros de pequenos grupos "internos". Muita coesão pode ser tão perigosa quanto a existência de conflitos. Os conflitos impedem a ação; a forte coesão promove uniformidade dentro do grupo. O problema com a uniformidade é que ela pode produzir uma mesmice de raciocínio que é acrítica. Janis (1985) destaca essa tendência de buscar a concordância entre grupos altamente coesos. Quando a tendência é predominante, os membros usam seus recursos cognitivos coletivos para desenvolver racionalizações consistentes com a ilusão compartilhada sobre a invulnerabilidade de sua organização; ou seja, eles apresentam a síndrome de **pensamento grupal**.

Janis (1985) fornece uma análise detalhada das condições que incentivam o pensamento grupal. Uma das condições mais potentes para o pensamento grupal é o isolamento de contato com outras pessoas na mesma organização que não compõem o "grupo interno" dos decisores políticos. A falta de liderança imparcial também incentiva a busca de concordância, especialmente quando o líder é carismático e os seguidores procuram agradar. Saber as preferências iniciais do líder colore e canaliza seu pensamento. Além disso, a falta de normas que exigem análise sistemática, bem como a homogeneidade da origem social e da ideologia dos membros contribuem com a mesmice de raciocínio.

Da mesma forma, o contexto situacional pode nutrir o pensamento grupal. Estresse elevado de ameaças externas combinadas com pouca esperança de que o líder vai apresentar uma solução melhor direciona o grupo ao consenso acrítico. Além disso, a baixa autoestima do grupo, temporariamente induzida por recentes fracassos, excessivas dificuldades e dilemas morais, promove o pensamento grupal. Todas essas condições prévias promovem uma tendência ao pensamento grupal, que por sua vez produz as consequências do pensamento grupal – superestimação, raciocínio tacanho e pressão por unanimidade. Esse comportamento prejudica a vigilância e, em última análise, produz a tomada de decisão defeituosa e provável fracasso. Consulte na Figura 11.6 um resumo do processo de pensamento grupal.

De modo sucinto, quando pessoas inteligentes pensam em uníssono, existem grandes chances de as decisões serem malfadadas. O pensamento grupal continua a ser um problema contemporâneo que existe há muito tempo; considere apenas as decisões sobre a invasão da Baía dos Porcos, a escalada da guerra do Vietnã, a tragédia do Challenger da NASA e a invasão do Iraque. É fácil para grupos coesos sob pressão escolher a unanimidade em detrimento de sua motivação para avaliar cursos de ação realistas e alternativos. Por exemplo, quando certo membro do corpo docente levanta-se para falar, quase sempre se ouve um zum-zum-zum, porque os professores e o diretor sabem que vai ser uma reclamação. Esses membros do corpo docente são valiosos para a escola porque servem como antagonistas e fiscais potenciais de erros administrativos. Pode parecer estranho alimentar o queixoso membro do corpo docente, mas é um antídoto ao pensamento grupal. Dar maior influência às vozes dissidentes na tomada de decisão é complicado quando as pressões de tempo são grandes e as apostas são altas, mas proteger-se contra o pensamento grupal, impedindo a pressa prematura do consenso, é essencial para evitar decisões defeituosas.

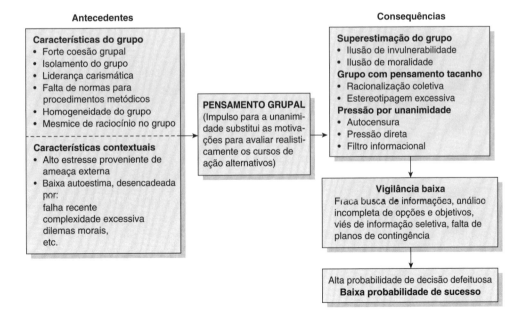

FIGURA 11.6 Modelo Janis de pensamento grupal.

CASO SOBRE LIDERANÇA EDUCACIONAL

Tratamento especial?

Você é o/a diretor/a de uma escola de ensino médio, e sua escola recentemente ganhou o campeonato estadual de futebol americano. Embora o treinador de basquete também prometa uma temporada de sucesso, ele não se anima a prever outro título estadual. A comunidade e os alunos estão empolgados com o sucesso, e seus professores também estão justamente orgulhosos com as conquistas esportivas da escola. Mas não se engane: alunos e professores geralmente respeitam as conquistas acadêmicas tanto quanto as esportivas. Sua escola consegue que boa parte de seus graduados seja aprovada em excelentes faculdades e universidades. Há um bom equilíbrio entre as atividades curriculares e extracurriculares, mas as realizações acadêmicas são claramente valorizadas pela escola e pela comunidade. Você tem se incomodado com as queixas de vários professores de ciências, alegando que estão cansados de dispensar os atletas antes de terminar as aulas. Aparentemente, a solicitação ocasional da equipe técnica para liberar os atletas 5 minutos antes nos dias de jogo acabou precipitando alguns conflitos entre o corpo docente. A maioria dos professores não se importava com uma dispensa precoce ocasional, mas alguns professores de ciências e de matemática têm se posicionado contra esses pedidos, e tensões e conflitos entre professores e treinadores estão em ascensão. Dois professores de ciências exigiram que você cancelasse a política de dispensas precoces dos jogadores em dia de jogo; estão cansados de serem os "vilões da história".

Claramente, você tem a autoridade para estabelecer uma política que acabaria com a prática de liberar os atletas mais cedo. Mas você também ganhou a reputação de envolver seus professores em decisões importantes e eles responderam bem. Use um ou os dois modelos de tomada de decisão compartilhada para analisar este caso e para desenvolver uma estratégia de ação. É um assunto para tomada de decisão compartilhada ou uma ação unilateral rápida é mais apropriada? Por quê?

GUIA PRÁTICO

1. Empodere os professores: envolva-os em decisões-chave quando apropriado.
2. Simplifique a complexidade: identifique as ideias principais de fatos complexos.
3. Alcance o equilíbrio entre a ação decisiva e a análise reflexiva: incline-se rumo à ação.
4. Imponha estrutura e prazos aos grupos envolvidos na decisão: prazos aprimoram o processo.
5. Maximize a participação do professor quando os professores têm *expertise*, interesse e merecem confiança: empodere os professores e delegue autoridade a eles.
6. Porém, limite o envolvimento de outros aos domínios sobre os quais você tem a autoridade: você não pode dar o que não tem, então não finja uma falsa tomada de decisão compartilhada.
7. Fomente a propriedade grupal de problemas e ideias: a propriedade melhora o valor e a motivação.
8. Esteja preparado para tomar decisões unilaterais: às vezes, elas são necessárias.
9. Desenvolva confiança, interesse e *expertise* do professor: alimente a tomada de decisão compartilhada.
10. Varie o seu papel (de diretor) na tomada de decisões entre gerenciador, procurador, educador, parlamentar e integrador, conforme a situação exija: não existe nenhum papel ideal para os diretores na tomada de decisão – depende da situação.
11. Varie o processo de tomada de decisão grupal desde consensual até regra da maioria, passando por consultoria grupal e consultoria individual conforme a situação exija: não existe maneira ideal de tomar decisões – depende da situação.
12. Evite o pensamento grupal: apoie pontos de vista divergentes na tomada de decisão compartilhada.

Administração Educacional **345**

13. Lembre-se: a participação bem-sucedida nas decisões requer *conhecimento útil*, *interesse* e *disposição para subordinar* agendas pessoais em prol do bem do grupo: certifique-se de que esses três itens sejam levados em conta.

PRINCÍPIOS E PRESSUPOSTOS BÁSICOS

1. Envolver subordinados em todas as decisões é ineficaz e imprudente.
2. A eficácia de envolver professores na tomada de decisão depende de adaptar adequadamente o estilo de liderança à situação de decisão.
3. A tomada de decisão participativa eficiente depende tanto da aceitação quanto da qualidade da decisão.
4. Tempo, talento e motivação são três restrições na tomada de decisão compartilhada.
5. Uma decisão administrativa autocrática é apropriada se a exigência de qualidade para a decisão for baixa *e* o assunto não tiver importância para os subordinados.
6. Envolva os subordinados na decisão se a aceitação da decisão for crucial para a implementação eficaz *e* houver incerteza quanto a se uma decisão autocrática será aceita.
7. Existem vários caminhos para a eficiente tomada de decisão grupal, mas alguns caminhos são superiores a outros.
8. Se os professores não tiverem qualquer *expertise* e nenhum interesse pessoal no resultado, não os envolva na decisão.
9. Se os professores tiverem interesse pessoal no resultado da decisão, *expertise* para dar uma contribuição conhecedora e merecerem confiança quanto a tomar uma decisão nos melhores interesses da escola, então sua participação no processo decisório deve ser maximizada.
10. O pensamento grupal é prejudicial para a tomada de decisão do grupo, porque a pressa para chegar ao consenso provoca um curto-circuito na avaliação sistemática das opções.

TESTE OS SEUS CONHECIMENTOS: SABE O SIGNIFICADO DESTES TERMOS?

vigilância suave, *p. 327*
estilo autocrático, *p. 329*
estilo autocrático informado, *p. 330*
estilo consultivo individual, *p. 330*
estilo consultivo grupal, *p. 330*
estilo conciliador grupal, *p. 330*
árvore de decisão, *p. 330*
zona de indiferença, *p. 335*

zona de aceitação, *p. 335*
teste da relevância, *p. 336*
teste da *expertise*, *p. 336*
teste da confiança, *p. 336*
cinco estruturas de tomada de decisão, *p. 338*
cinco papéis de liderança, *p. 339*
pensamento grupal, *p. 342*

LEITURAS SUGERIDAS

ADITYA, R. M.; HOUSE, R. J.; KERR, S. The theory and practice of leadership: into the new millennium. In: COOPER, G.; LOCKE, E. A. (Eds.). *Industrial and organizational psychology:* linking theory to practice. Oxford: Blackwell, 2000.

Análise da prática de tomada de decisão compartilhada com ressalvas e sugestões para gestores.

BLANCHARD, K. H.; CARLOS, J. P.; RANDOLPH, W. A. *Empowerment takes more than a minute.* 2nd ed. San Francisco: Berrett-Koehler Publishers, 2001.

Análise contemporânea do empoderamento por meio de liberar o conhecimento, a experiência e a motivação que os funcionários já têm dentro deles.

HELLER, F. A., et al. *Organizational participation:* myth and reality. Oxford: Oxford University Press, 1998.

Análise ponderada da pesquisa e da teoria na tomada de decisão participativa.

HOY, W. K.; TARTER, C. J. (1993). Crafting strategies, not contriving solutions: a response to downey and knight's observations on shared decision Making. *Canadian Administrator*, v. 32, p. 1-6, 1993.

Intercâmbio entre dois teóricos e dois gestores sobre a utilidade prática do modelo Hoy--Tarter.

HOY, W. K.; TARTER, C. J. Power principles for educational leaders: research into practice. *International Journal of Educational Administration*, v. 26, p. 124-133, 2011.

Conjunto de princípios básicos de tomada de decisão, extraídos da literatura de pesquisa para orientar a prática diária.

MINER, J. B. *Organizational behavior 1:* essential theories of motivation and leadership. Amonke: M. E. Sharpe, 2005. Em especial o Capítulo 12.

Análise crítica do modelo Vroom-Yetton-Jago de tomada de decisão compartilhada.

VROOM, V. H.; JAGO, A. G. *The new leadership:* managing participation in organizations. Englewood Cliffs: Prentice-Hall, 1988.

Aprimoramento do modelo normativo de Vroom e outro olhar sobre a pesquisa usando o modelo Vroom de tomada de decisão compartilhada.

VROOM, V. H.; YETTON, P. W. *Leadership and decision making.* Pittsburgh: University of Pittsburgh Press, 1973.

Desenvolvimento inicial do modelo normativo de Vroom e Yetton de tomada de decisão.

EXERCÍCIO DE PORTFÓLIO

Imagine que você acaba de ser nomeado diretor de uma nova escola semelhante àquela em você está trabalhando agora. Desenvolva uma apresentação de PowerPoint® que resuma um discurso de 20 a 30 minutos sobre como *você planeja envolver seus professores* na tomada de decisões importantes. Não faça promessas vãs; não use clichês; apenas resuma sua posição sobre empoderamento dos professores e tomada de decisão compartilhada. Em sua apresentação em PowerPoint®, certifique-se de abordar os seguintes tópicos:

- Sua visão sobre tomada de decisão compartilhada e trabalho em equipe.
- As áreas em que você envolverá os professores e aquelas em que não vai envolvê-los.
- Como você vai preparar os professores para suas responsabilidades de tomada de decisão, incluindo uma linha do tempo.
- A importância do comprometimento dos professores com os alunos e com a escola.
- Seu estilo básico de liderança e o que você espera de si mesmo e de seus professores.
- Como você vai desenvolver um clima de abertura e confiança.
- Como você vai cultivar a autenticidade.
- Como você vai liberar o conhecimento e o poder do corpo docente.
- Considere resumir o seu modelo de tomada de decisão compartilhada.

Não se restrinja a esses tópicos; inclua qualquer coisa que você considere importante para definir o cenário de uma produtiva parceria com os professores.*

Padrões de liderança 1, 2 e 3

---

* N. de R.T.: Seria interessante o diretor de escola brasileira realizar, também, o exercício de portfólio sugerido pelo autor, considerando como faz acontecer a participação dos seus profissionais, principalmente dos professores, na construção/reconstrução do Projeto Político Pedagógico (PPP) da sua escola. O PPP é um dos instrumentos fundamentais da regulamentação da gestão democrática vigente na Lei das Diretrizes e Bases.

NOTAS

1. Consulte estudos que sustentam a conveniência da participação na tomada de decisão: Sharma (1955); Guest (1960); Vroom (1960, 1976); Belasco e Allutto (1972); Allutto e Belasco (1973); Conway (1976); Hoy, Newland e Blazovsky (1977); Driscoll (1978); Mohrman, Cooke e Mohrman (1978); Moon (1983). Consulte a revisão abrangente e crítica sobre a participação na tomada de decisão feita por Locke e Schweiger (1979). Da mesma forma, consulte a revisão sobre tomada de decisão participativa no contexto educacional coligida por Conway (1984). Porém, os efeitos da participação dos subordinados na tomada de decisão não são simples nem sem ambiguidades; por exemplo, consulte Imber (1983); Conway (1984); Imber e Duke (1984); Vroom e Jago (1978); Conley, Bower e Bacharach (1989); Bacharach et al. (1990); Conley (1990).

2. Nas versões anteriores deste modelo, esse terceiro teste chamava-se comprometimento; acreditamos que "confiança" é uma palavra melhor para capturar o significado do teste.

3. Encontre uma distinção útil entre a tomada de decisão compartilhada e delegação de tomada de decisão em Hoy e Sousa (1984) e uma análise crítica sobre a participação nas escolas em Keith (1996).

12

COMUNICAÇÃO NAS ESCOLAS

Os humanos vivem pela comunicação e muitas das práticas que pensamos nos definirem como humanos são uma consequência direta das formas pelas quais nos comunicamos: nosso idioma, nosso raciocínio, nossa moral e nossa organização social.

Nicholas C. Burbules
Dialogue in Teaching

PONTOS PRINCIPAIS

1. A comunicação permeia praticamente todos os aspectos da vida escolar. Porém, ela não fornece todas as respostas aos problemas enfrentados pelos administradores educacionais.
2. Sendo um processo relacional, a comunicação envolve iniciar mensagens com o uso de símbolos, sinais e pistas contextuais para expressar significados, criar entendimentos semelhantes e influenciar ações.
3. A comunicação unidirecional é unilateral, iniciada por um falante e concluída por um ouvinte.
4. A comunicação bidirecional é um processo interativo e recíproco, com todos os participantes no processo de iniciar e receber mensagens; não tem necessariamente começo ou fim.
5. A conversa, a indagação, o debate e a instrução são quatro tipos de comunicação bidirecional.
6. A competência comunicativa pode ser acentuada por meio do aprimoramento das habilidades individuais de envio, escuta e *feedback*.
7. Os humanos usam dois grandes sistemas de símbolos em seus esforços para se comunicar – verbal e não verbal.
8. Cada nova tecnologia de comunicação impõe seus próprios requisitos especiais sobre como as mensagens são compostas. A tecnologia também rege a velocidade e a conveniência de enviar mensagens e influencia as formas que os receptores reconstroem o significado.
9. Canais formais são redes de comunicação sancionadas pela organização e dirigidas aos objetivos organizacionais.
10. Os indivíduos contornam os canais formais de comunicação pelo uso de redes informais ou de "bate-papo".

A comunicação é complexa, sutil, onipresente e importante; permeia a todos os aspectos da vida escolar. Os professores instruem usando a linguagem oral e escrita, além de outras mídias como DVDs, computadores, *e-mail* e formas artísticas. Os alunos demonstram o que aprenderam por meios similares. E superintendentes e diretores gastam a maioria de seu tempo se comunicando. Por exemplo, Kyung Ae Chung e Cecil Miskel (1989) concluíram que a atividade primordial dos administradores escolares é falar com os outros. Peter C. Gronn (1983) foi mais longe, afirmando que os administradores usam a fala para apertar e afrouxar seu controle na organização e na alocação de recursos da escola. Com efeito, a comunicação nas escolas tem diversas finalidades, como alcançar os objetivos organizacionais e manter os relacionamentos positivos (TE'ENI, 2001). Com a crescente concorrência das escolas *charter* e *vouchers*, com os formuladores de políticas insistindo em mudanças fundamentais nas escolas e com as exigências para os novos estilos de liderança se intensificando, a importância das habilidades de comunicação interpessoal dos administradores só aumentará (PAYNE, 2005). Consequentemente, os papéis cada vez mais cruciais que a comunicação desempenha nas escolas e a quantidade de esforço dedicado a essa atividade significam que a comunicação eficiente é não apenas um processo fundamental, mas também muito caro, envolvendo boa parte dos recursos humanos e técnicos da escola.

Essa importância sugere que os administradores educacionais simplesmente devem compreender a comunicação, porque ela impregna ou permeia as estruturas e os processos instrucionais, interpessoais, organizacionais e administrativos das escolas. Contudo, comunicar-se com os outros implica riscos, porque uma pessoa precisa arriscar palpites sobre quais informações devem ser compartilhadas e como elas vão repercutir com as outras pessoas. Para reduzir o risco, a comunicação exige formas sutis de imaginação com capacidade de ouvir, interpretar e imaginar e, ao mesmo tempo, estar atento às diferentes perspectivas de outrem (ROTHSTEIN, 2006). As habilidades de comunicação, portanto, são ferra-

mentas essenciais para um administrador eficaz. No entanto, antes de concluir que a comunicação fornece todas as respostas aos problemas enfrentados pelos administradores educacionais, quatro advertências devem ser observadas:

- É difícil isolar a comunicação de outros processos administrativos como decidir, motivar e liderar.
- Nem todos os problemas da escola envolvem comunicação malsucedida. Os problemas comumente atribuídos a interações fracas podem refletir colapso em outros componentes fundamentais da vida escolar.
- A comunicação revela, esconde e também elimina problemas (KATZ; KAHN, 1978). Pode trazer à tona conflitos de valores entre professores, alunos e administradores que, caso contrário, passariam despercebidos, e também pode obscurecer os problemas existentes envernizando os assuntos com retórica vazia ou "manipulando" a verdade.
- A comunicação é um processo que evoca ação, mas está longe de ser a substância da boa administração. Ela não compensa ideias defeituosas e programas educacionais equivocados.

Embora essas advertências sejam limitações, a comunicação realmente exerce várias funções universais e integrativas nas escolas. No mínimo, por exemplo, a comunicação deve fornecer informações precisas, em tom afetivo adequado, a todos os participantes que precisam do conteúdo (HALL, 2002). Declarar que a comunicação é o problema universal ou a solução de todos os problemas simplifica demais e limita tanto a análise quanto a solução dos problemas educacionais. Neste capítulo, vamos discutir diversas abordagens conceituais e ao mesmo tempo tentar manter as funções importantes e as orientações de advertência em perspectiva adequada.

DEFINIÇÃO E MODELO GERAL DE COMUNICAÇÃO

Na condição de fenômeno onipresente, a comunicação é o processo que as pessoas usam para trocar mensagens significativas e compartilhar significado sobre suas ideias e seus sentimentos umas com as outras (PORTER; ROBERTS, 1976; MANNING, 1992). A comunicação, em outras palavras, é o compartilhamento de informações, ideias e atitudes de modo a produzir um grau de compreensão entre duas ou mais pessoas (LEWIS, 1975). Cara a cara ou com mídia tecnológica, os indivíduos interagem e influenciam os outros por meio da comunicação (CRAIG, 1999). Essas e praticamente todas as outras concepções sobre a comunicação humana contêm noções explícitas ou implícitas que envolvem interações significativas entre pelo menos duas pessoas. Por exemplo, os educadores não se comunicam no vácuo, mas com outros educadores, cidadãos e alunos; e o intercâmbio bem-sucedido não acontece a menos que ambas as partes desenvolvam interpretações compartilhadas sobre as informações. Em suma, a **comunicação** é um processo relacional durante o qual fontes transmitem mensagens usando símbolos, sinais e pistas contextuais para expressar significado, conseguir que os receptores construam entendimentos semelhantes e influenciar o comportamento.

Em geral, os modelos conceituais empregam conceitos semelhantes para tentar descrever e explicar os processos comunicativos. Embora as formulações variem um pouco, utilizamos principalmente conceitos e ideias resumidas por Dov Te'eni (2001) e Kathleen J. Krone, Fredric M. Jablin e Linda L. Putnam (1987) para construir o modelo geral mostrado na Figura 12.1. Agora vamos apresentar definições e breves discussões relativas aos componentes do modelo.

Remetentes são muitas vezes chamados de fontes, falantes e sinalizadores. De modo mais concreto, são indivíduos, grupos e unidades organizacionais (p. ex., gabinete da superintendência, sindicato dos professores, conselho estudantil) distribuindo mensagens a outros indivíduos, grupos e organizações. **Mensagens** são normalmente dicas ou símbolos verbais ou não verbais que representam ideias e informações que os remetentes esperam comunicar ou transferir para os outros.

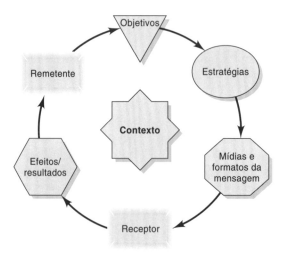

FIGURA 12.1 Modelo geral dos processos de comunicação.

Os remetentes de modo explícito e implícito formulam **objetivos** e **estratégias** para suas mensagens antes de convertê-las em formas simbólicas. Objetivos de comunicação comuns incluem instruir o receptor para agir de um modo particular, gerir tanto as interações quanto as relações entre receptores e influenciar seus comportamentos e atitudes. Para alcançar esses objetivos, os remetentes empregam uma variedade de estratégias de comunicação, que incluem: fornecer contexto e especificidade em suas mensagens, estabelecer um tom afetivo adequado, ajustar as mensagens usando *feedback* prévio dos receptores, controlar a mensagem pela coordenação do processo de comunicação, levar em conta as perspectivas dos receptores e direcionar ou manipular o processamento das informações pelos receptores (TE'ENI, 2001).

Converter mensagens em símbolos envolve decidir sobre quais as mídias e os formatos adequados. **Mídias** ou canais simplesmente são os veículos que transportam as mensagens. Esses canais vão desde ondas de luz de pistas e sinais não verbais até ondas sonoras (falar cara a cara), sinais eletrônicos (telefones, *e-mail* e videoconferência) e redação de cartas e memorandos. Os critérios para escolher um meio específico consistem em sua interatividade, capacidade e adaptabilidade. **Formatos** referem-se à configuração e ao estilo de uma mensagem. O formato da mensagem inclui o seu tamanho, o quão amplamente ela será distribuída, a boa organização das ideias e o grau de formalidade (TE'ENI, 2001). A transmissão é o real envio e recebimento de mensagens por mcio da mídia ou canais designados.

Receptores marcam o destino da mensagem dos indivíduos que a decifram. Lendo, ouvindo e assistindo, os indivíduos constroem significados por meio da interpretação ou compreensão das mensagens que eles aceitam. Um importante cuidado a se observar é que as palavras, os comportamentos não verbais e os símbolos não têm significado inerente. Ao contrário: o significado ocorre quando o receptor dá significado às palavras e aos sinais não verbais. Estereotipagem, fraca construção da mensagem, experiências passadas, solicitude e percepções seletivas, por exemplo, influenciam como um receptor constrói o significado de mensagens verbais e não verbais. Por conseguinte, um remetente precisa usar palavras e outros símbolos que provavelmente tenham o mesmo significado ao receptor e ao remetente (CATT; MILLER; HINDI, 2005).

Os **efeitos de comunicação** são os resultados gerais da mensagem. Exemplos de resultados incluem novos conhecimentos, entendimento mútuo, atitudes diferentes, mudança na cultura escolar, níveis de satisfação no trabalho modificados, relações novas ou aprimoradas entre o remetente e o receptor e várias outras ações. Os entendimentos e as relações resultantes da comunicação servem de *feedback*, fornecendo ao remetente original conhecimento sobre os efeitos da mensagem. Usar o *feedback* permite que o remetente faça correções e melhore o entendimento mútuo.

O **contexto** assume um papel central no modelo porque influencia todos os outros componentes no modelo. A abertura do clima escolar, o nível de burocratização e os níveis de confiança entre educadores e alunos, por exemplo, afetarão drasticamente a eficiência dos esforços comunicativos. Se esses e outros fatores contextuais forem positivos, eles facilitam a eficácia das comunicações (p. ex., compreensão mútua e relações interpessoais). Inversamente, climas negativos, alta burocratização, baixa confiança e outros fatores contextuais adversos aumentam o custo de se comunicar e distorcem, impedem ou até mesmo bloqueiam a comunicação nas escolas.

Para ilustrar a aplicação do modelo de comunicação mostrado na Figura 12.1 no âmbito escolar, suponhamos que a secretaria estadual de educação recentemente lançou regulamentos que ampliarão bastante o programa de avaliação anual e que você, no cargo de diretor de ensino fundamental, deve adotar as mudanças em sua escola para atender as novas regras. Os regulamentos expandem a realização de testes apenas para o 5º ano para testes nos 3º, 4º, 5º e 6º anos, incluindo, além de leitura e matemática, novos testes em ciências e estudos sociais. Na condição de diretor, você (remetente) deve informar ou comunicar esses recentes desenvolvimentos aos professores da escola (receptores). Como parte do desenvolvimento de uma mensagem, você precisa considerar quais efeitos ou objetivos você deseja e precisa alcançar. Seu objetivo pode se limitar a fornecer informações factuais sobre os regulamentos, mas talvez você tenha outros e mais amplos objetivos. Por exemplo, é provável que você queira: influenciar as atitudes dos professores em relação ao novo programa de testes, começar um processo de planejamento compartilhado para lidar com exigências maiores e motivar os professores a desenvolver novos currículos alinhados com os testes. A realização desses objetivos exigirá a formulação de um extenso leque de estratégias de comunicação. No mínimo, você precisará transmitir extensas informações contextuais sobre a nova regulamentação, explicar como ela se relaciona com o que está sendo feito agora na escola e quais seriam as alterações necessárias, definir um tom afetivo positivo para o trabalho a ser feito e chamar a atenção dos professores, enfatizando a importância dos testes no sistema de responsabilização. Dada a natureza das informações e as prováveis reações negativas dos professores às novas exigências, você reconhece que a mídia para transmitir as informações precisará ter capacidade, interatividade e adaptabilidade altas. Em outras palavras, sua mensagem para os professores terá de ser grande, amplamente distribuída, bem organizada e conter aspectos formais e informais. Comunicar esse formato de mensagem requer mais de um tipo de mídia. Na condição de diretor, você decide usar vários tipos de mídia, tais como: um memorando logicamente estruturado e detalhado, distribuído aos professores pouco antes de uma reunião com o corpo docente; discussões presenciais em duas ou mais reuniões formais com os professores; encontros informais individuais ou em pequenos grupos; além de meios eletrônicos como o *e-mail*. À medida que os professores decodificam a mensagem, os efeitos ou resultados da comunicação incluem novas compreensões e relações entre os professores e você. Então eles lhe fornecem *feedback*. Agora, você e os professores são comunicadores, e o processo tornou-se interativo e transacional (ADLER; RODMAN, 1991) com mensagens sobre os regulamentos que fluem nos dois sentidos, muitas vezes simultaneamente, à medida que os dois falam ou um fala e o outro escuta e dá *feedback* por meio de pistas não verbais. Até mesmo classificar participantes como remetentes e receptores é uma decisão subjetiva, mas às vezes útil. Assim, a partir do modelo relativamente simples mostrado na Figura 12.1 e desta ilustração, vemos que o processo de comunicação é altamente complexo, dinâmico e sem começo ou fim definido.

Componentes, variações e elaborações do modelo geral de comunicação

Michele Tolela Myers e Gail E. Myers (1982) pressupõem que a comunicação pode ser vista como um processo transacional, em que as pessoas constroem significado e desenvolvem expectativas sobre o que está acontecendo ao seu redor por meio do intercâmbio de símbolos. Na construção de significados, as pessoas usam **símbolos** (i.e., objetos ou palavras que representam ideias, sentimentos, intenções e outros objetos) para descrever suas experiências e desenvolver um sistema comum de símbolos ou idioma para compartilhar suas experiências com os outros. Para aprender símbolos ou um idioma e associar esses a aprendizagem de símbolos com experiências, é preciso interagir com as pessoas e observar o que elas fazem quando usam símbolos. Como resultado dessas interações e observações, os indivíduos não somente aprendem a construção de significados razoavelmente semelhantes aos das pessoas ao seu redor, mas também desenvolvem expectativas ou fazem previsões sobre o que as pessoas vão fazer e pensar. Todos os dias, os indivíduos nas escolas trocam símbolos usando vários diferentes meios verbais e não verbais (p. ex., palestrar, incitar, explicar, visitar, argumentar, negociar, discutir, vestir-se, fazer demonstrações visuais). Essas transações para ganhar significados compartilhados podem ser conceitualizadas como um *continuum* de comunicação unidirecional a bidirecional.

Comunicação unidirecional

Conforme mostrado na Figura 12.2, a **comunicação unidirecional** ocorre quando uma pessoa conta algo a outra pessoa. Esse tipo de comunicação é unilateral; é iniciada por um falante e concluída por um ouvinte (SCHMUCK; RUNKEL, 1985). Palestras nas salas de aula sobre a matéria ou exortações no gabinete do diretor sobre o comportamento apropriado representam aplicações generalizadas da comunicação unidirecional nas escolas. Outros exemplos incluem anúncios no sistema de som público da escola ou durante as reuniões. Uma metáfora para a comunicação unidirecional mostrada na Figura 12.2 é a abordagem da agulha hipodérmica injetando informações em outra pessoa (BROMS; GAHMBERG, 1983). Como uma enfermeira, o falante está tentando injetar uma mensagem no receptor (CLAMPITT, 2001).

As vantagens da comunicação unidirecional são duplas (CLAMPITT, 2001). Primeiro, ela enfatiza as habilidades do remetente da mensagem e incentiva administradores e professores a pensar e repensar suas ideias, articulá-las com precisão e fornecer especificidade em suas instruções, explicações e descrições. Segundo, estratégias unidirecionais normalmente implicam fortes vínculos entre o comportamento de comunicação e a ação. Professores e administradores que utilizam a comunicação unidirecional desencorajam conversas inúteis, discussões sobre problemas pessoais e compartilhamento de informações desnecessárias. Em outras palavras, transmite uma forte ênfase na eficiência e na realização dos objetivos.

Levando em conta a necessidade de entendimentos compartilhados nas escolas, a comunicação unidirecional muitas vezes é inadequada. Por exemplo, Philip G. Clampitt (2001) assevera que a falha básica na comunicação unidirecional reside na crença de que a expressão eficiente equivale à comunicação eficiente. Mesmo se o remetente da mensagem articular uma ideia com eficiência, isso não garante necessariamente que ela será entendida conforme o pretendido. Clampitt acredita que duas hipóteses defeituosas explicam a contínua confiança na comunicação unidirecional. Primeiro, os receptores são vistos como meros e passivos processadores de informações. Em

FIGURA 12.2 Modelo de comunicação unidirecional.

vez de serem máquinas de processamento passivas, no entanto, as pessoas ativamente reconstroem as mensagens e criam seus próprios significados. Em segundo lugar, as palavras são vistas como recipientes de significado. A linguagem trabalha para desmentir essa hipótese. Por exemplo, o significado depende de como as palavras são usadas, do contexto em que a declaração é feita e das pessoas envolvidas. As palavras servem menos como recipientes de significado e mais como estimuladoras de significado. Portanto, a necessidade por altos níveis de compreensão nas escolas sugere que formatos adicionais ou alternativos de comunicação sejam necessários para alcançar os objetivos e realizar as mudanças sociais.

Comunicação bidirecional

Por **comunicação bidirecional** queremos dizer um processo interativo e recíproco; todos os participantes no processo iniciam e recebem mensagens. Em contraste com a abordagem unidirecional, a comunicação bidirecional requer transações e intercâmbios contínuos. Como mostrado na Figura 12.3, isso significa que cada participante inicia as mensagens e que cada mensagem afeta a outra. Esses intercâmbios interativos podem melhorar o processo de comunicação por meio de reduzir a chance de grandes disparidades entre as informações ou ideias recebidas e aquelas pretendidas.

A comunicação bidirecional adota várias formas. Por exemplo, Nicholas C. Burbules (1993) descreve quatro tipos de diálogo individual – conversa, indagação, debate e instrução. Com alterações relativamente modestas, essas formas de diálogo podem ser vistas como métodos de comunicação bidirecional nas organizações escolares. A comunicação deve ser bidirecional com igualdade de acesso à informação oferecida a partir de múltiplas perspectivas.

Conversa distingue-se por duas qualidades: o espírito geralmente cooperativo e tolerante e a tendência rumo à compreensão mútua. Essa forma é usada quando os indivíduos estão interessados na compreensão das perspectivas e experiências uns dos outros. Stephen Miller (2006) acrescenta que a conversa normalmente não tem um fim específico. Um exemplo seria dois alunos falando sobre como eles passaram suas férias de verão e o que eles aprenderam como resultado.

Indagação envolve duas ou mais pessoas cooperando para responder a uma pergunta, resolver um desentendimento ou

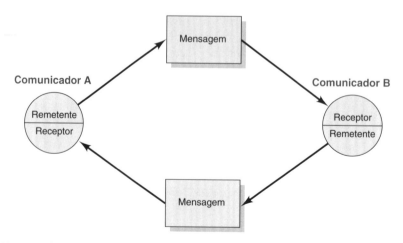

FIGURA 12.3 Modelo de comunicação bidirecional.

formular um acordo bom para todos. Em geral, diálogos dessa natureza investigam as alternativas e examinam as possíveis respostas dentro de uma estrutura que incentiva várias perspectivas e abordagens para o problema. Um exemplo seria um grupo de professores de ciências explorando o motivo pelo qual alguns alunos estão prosperando nas aulas usando um novo currículo com base em projetos, enquanto outros estão com baixo aproveitamento.

Debate exibe questionamento arguto, espírito cético e acordo desnecessário entre os participantes. O benefício potencial do debate é que os participantes percebem que suas ideias e opiniões alternativas recebem o desafio mais intenso possível. O objetivo é esclarecer e reforçar as perspectivas alternativas. Exemplos seriam os membros conservadores e liberais do conselho escolar discutindo os méritos relativos de fornecer *vouchers* para apoiar escolas particulares, suplementar a teoria de Darwin da evolução com o criacionismo e permitir a oração nas escolas públicas.

Instrução, como comunicação bidirecional, envolve um processo intencional em que um professor leva os alunos a determinadas respostas ou entendimentos. Geralmente usa perguntas críticas e outras instruções para provocar uma discussão e conduzi-la a uma conclusão definitiva. O exemplo clássico desse tipo de comunicação bidirecional é o *método socrático*. Um bom exemplo da instrução em forma de diálogo é o ensino recíproco. No ensino recíproco, professores e alunos se envolvem em um processo altamente interativo, no qual os participantes se revezam assumindo o papel do professor (PALINCSAR, 1986).

Feedback

Em todos os tipos de ambientes de comunicação, há uma probabilidade significativa de que o que dizemos seja ambíguo e mal interpretado. Por exemplo: "Daqui um mi-nutinho vou aí" e "Me liga mais tarde, que a gente conversa" fazem vagas referências temporais. O tempo a que se refere "um minutinho" ou "mais tarde" varia muito conforme os indivíduos e as culturas. Pelo uso de *feedback* (ver Fig. 12.1), no entanto, até mesmo instruções obscuras podem tornar--se parte de comunicações eficazes específicas (ALESSANDRA; HUNSAKER, 1993).

O *feedback* é a resposta de uma pessoa que recebeu uma mensagem. Fornece conhecimento sobre o significado e o impacto da mensagem ao receptor e uma oportunidade para o remetente corrigir quaisquer problemas. Portanto, se um diálogo quiser continuar por algum tempo e ainda ter significado, o *feedback* é importante. Esse processo fornece pelo menos dois benefícios. Primeiro, fornece pistas sobre o sucesso da comunicação e melhora a exatidão e a clareza das mensagens. Em segundo lugar, o conhecimento dos resultados constitui uma base para corrigir ou modificar futuras comunicações (ASHFORD, 1986). A questão é clara – o *feedback* aumenta a exatidão e a clareza da comunicação.

Em cenários de trabalho, pensamos geralmente que o *feedback* envolve informações sobre o desempenho da tarefa ou como os outros percebem e avaliam o comportamento de um indivíduo (ASHFORD, 1986; CUSELLA, 1987). Dois tipos de *feedback* são possíveis. Quando o *feedback* reforça, enfatiza ou incentiva o rumo que a pessoa ou a escola está tomando, ele é positivo. O *feedback* é negativo quando corrige um desvio (HARRIS, 1993). Pode ser comunicado por meio verbal ou não verbal, consciente ou inconscientemente. Por exemplo, o aluno que cai no sono durante a aula fornece *feedback* ao professor tanto quanto o aluno que responde às perguntas do exame.

Empregando uma variedade de estratégias de comunicação, os administradores escolares devem ser capazes de promover entendimento mútuo, significados compartilhados e nova aprendizagem entre seus colegas, alunos e outros constituintes. Embora os indivíduos variem em sua capacidade de usar de maneira eficiente diferentes tipos de comunicação uni e bidirecional, todo mundo pode melhorar sua própria competência comunicativa.

Melhoria da competência comunicativa

A competência comunicativa é um conjunto de habilidades ou recursos que um comunicador tem disponível para uso. Recursos individuais incluem tanto conhecimentos estratégicos sobre coisas como normas e regras de comunicação quanto capacidades ou habilidades comunicativas (JABLIN; SIAS, 2001). Mais especificamente, Holly J. Payne (2005) apresenta um conjunto de competências sobrepostas determinantes para definir um comunicador competente. Essas competências incluem capacidade de ouvir, empatia, interesse pelos outros, solicitude, uso e articulação das palavras, fluência, habilidade verbal e gramática correta. Portanto, os indivíduos podem construir seus recursos de comunicação obtendo conhecimentos a partir das teorias e pesquisas sobre comunicação e desenvolvendo e reforçando as suas competências. Vamos nos concentrar em três habilidades – envio, escuta e *feedback*.

Habilidades de envio são as habilidades de se fazer compreender. Sendo fundamentais para a comunicação efetiva, as habilidades de envio dos educadores podem ser reforçadas por meio dos cinco métodos seguintes. Em primeiro lugar, os educadores devem usar linguagem apropriada e direta, evitar o jargão educacional e conceitos complexos quando palavras mais simples cumprem a função. No entanto, para estabelecer credibilidade, a linguagem deve demonstrar que o remetente é conhecedor de assuntos educacionais. Em segundo lugar, eles devem fornecer informações claras e completas ao ouvinte, o que é necessário

para construir ou reorganizar os esquemas cognitivos do ouvinte. Em terceiro lugar, os educadores devem minimizar o barulho nos ambientes físicos e psicológicos. Durante conferências com os pais, por exemplo, eles devem tomar medidas para eliminar interrupções telefônicas e para reduzir os estereótipos que tanto eles quanto os pais podem carregar. Em quarto lugar, eles devem empregar meios de comunicação múltiplos e adequados. Por exemplo, um discurso unidirecional pode ser melhorado por apresentações audiovisuais e oportunidades sistemáticas para intercâmbios bidirecionais. Ser hábil em combinar a riqueza das mídias com as necessidades situacionais e comunicativas pode ser um fator essencial no desempenho do administrador (ALEXANDER 3RD; PENLEY; JERNIGAN, 1991). Em quinto lugar, os educadores devem usar a comunicação cara a cara e a redundância ao comunicar mensagens complexas ou que podem abrir margem para mal-entendidos. A riqueza de recursos, a repetição e o *feedback* acentuam a probabilidade de se obter o efeito pretendido, ou seja, alcançar um significado compartilhado para a mensagem.

Habilidades de escuta são as habilidades de os indivíduos entenderem os outros. Sendo um fator essencial na comunicação competente, ouvir é uma forma de comportamento em que os indivíduos tentam compreender o que os outros lhes estão comunicando pelo uso de palavras, ações e coisas (DEFLEUR; KEARNEY; PLAX, 1993). Em escuta ativa, um ouvinte reflete de volta ao orador o que ele ou ela ouviu – conteúdo, sentimento e significado – a partir da perspectiva do falante (ELMES; COSTELLO, 1992). As habilidades de escuta são necessárias para intercâmbios bidirecionais relativamente exatos. Ouvir uma pessoa mostra respeito, interesse e preocupação com o colega interlocutor. Quando é um esforço ativo, a escuta pode encorajar os outros a desenvolver e a expressar seus próprios pontos de vista (BURBULES, 1993).

Porém, desenvolver importantes habilidades de escuta é frequentemente negligenciado. Quantas vezes você foi indagado por alguém só para obter perturbadoras pistas não verbais de que o indagador não está realmente interessado ou, pior, nem ouviu a sua resposta? Com que frequência suas respostas deixam de ser realmente ouvidas ou são mal interpretadas? Allen Ivey e Mary Ivey (1999) descrevem uma série de elementos críticos em se tratando de habilidades de escuta eficientes: participar, questionar, incentivar, parafrasear, sentir reflexivo e resumir.

Participar é o processo de estar atento à conversa. Envolve apropriado contato visual, linguagem corporal receptiva e manter a concentração e a atenção. Olhar nos olhos e para a pessoa que está com a palavra comunica interesse e solicitude, da mesma forma que desviar o olhar comunica desinteresse. Inclinar-se à frente, manter uma postura aberta, sorrir, fazer que sim com a cabeça e olhar de modo prazeroso são os tipos de pistas não verbais que comunicam interesse. Por fim, o ouvinte eficiente permanece com a outra pessoa; ou seja, o ouvinte presta atenção e não se dispersa. A escuta eficiente exige atenção.

Questionar muitas vezes é essencial para a compreensão da mensagem. A mensagem talvez não seja tão clara quanto o comunicador pensa; algumas mensagens são vagas. Elas exigem perguntas de esclarecimento. Algumas perguntas factuais são diretas, claras e simples e são respondidas por um sim ou não. Outras perguntas são mais abertas e abrem margem à especulação e ao desenvolvimento, por exemplo, "por que você acha que o conflito ocorreu?". O hábil questionamento clarifica e elabora a situação, constituindo parte natural da escuta cuidadosa.

Incentivar também faz parte da escuta hábil. Alguns mínimos "sinais de incentivo" facilitam a comunicação (MORSE; IVEY, 1996). O silêncio é uma mensagem poderosa não verbal. Não dizer nada e permanecer interessado sugere ao comunicador que você quer ouvir mais. O reconhecimento empático também beneficia a comunicação. Pistas verbais como "sim", "a-ham" e "sei" incentivam, especialmente quando acompanhadas de pistas não verbais como acenar positivamente e sorrir. Várias frases curtas também servem de sinais de incentivo e estimulam a comunicação, como "Me conta mais", "Me dá um exemplo" e "Me explica melhor isso aí".

Parafrasear é outra maneira de mostrar que você está prestando atenção e compreendendo o que está sendo dito. Ajuda o ouvinte a responder de forma eficiente às pessoas e fornece *feedback* para o falante de que você entende a essência da mensagem. Parafrasear também fornece *feedback* e serve como mecanismo de correção. Hábeis ouvintes parafraseiam e se certificam de ter obtido a mensagem correta.

Sentir reflexivo é abraçar o falante de maneira positiva. O ouvinte deve estar atento aos sentimentos e às emoções do comunicador. Reconhecer os sentimentos é um bom lugar para começar o processo reflexivo, porque avalia o estado emocional do outro indivíduo, mas não deixa o ouvinte excessivamente envolvido (MORSE; IVEY, 1996). Reconhecer os sentimentos centra-se em rotular o sentimento e em comunicá-lo de volta ao falante e, muitas vezes, controla os ânimos e as emoções. Ponderações como "Você se sente assim porque..." e "Sinto que você está decepcionado" refletem emoções e criam empatia. Além disso, usar o nome da pessoa de vez em quando é útil. Ouvintes hábeis separam os fatos das emoções e reconhecem e refletem sentimentos.

Resumir é bastante semelhante a parafrasear, exceto que o resumo abrange um período mais longo de tempo e normalmente vem no final da conversa. O objetivo do resumo é organizar os fatos e sentimentos em uma sinopse breve, precisa e coerente.

Habilidades de feedback são habilidades de envio e recepção que transmitem o conhecimento dos resultados ou os efeitos de comunicações e comportamentos prévios. Fazer perguntas, descrever o comportamento e parafrasear o que o orador disse são formas de feedback verbal. Fornecer feedback consiste em dar mensagens verbais e não verbais, que às vezes são enviadas inadvertidamente. Por exemplo, as pessoas às vezes falam mais alto com os pés (ou seja, apertam o passo para evitar o contato). No planejamento para dar feedback, as informações devem ser úteis ao destinatário, específicas em vez de gerais, recentes em vez de velhas, direcionadas ao comportamento que a pessoa pode mudar e oportunas – quanto mais imediatas, melhor (ANDERSON, 1976; HARRIS, 1993).

Mesmo com essas orientações, o feedback neutro ou positivo é mais fácil de dar do que avaliações negativas; as pessoas relutam tanto em dar quanto em receber feedback negativo. A maioria de nós é bastante hábil em enviar mensagens de volta que não representam realmente nossas reações verdadeiras. Algumas pessoas racionalizam esse comportamento como tato, relações humanas ou sobrevivência. Consequentemente, tanto as habilidades pessoais quanto a preparação são fundamentais para dar e receber feedback útil (ROCKEY, 1984). A aceitação de feedback tanto positivo quanto negativo pode ser aumentada por expressar um objetivo de ser útil, usar informações descritivas, em vez de avaliativas, cronometrar a sessão adequadamente (ANDERSON, 1976) e construir a confiança dentro do grupo por meio de comunicações frequentes (BECERRA; GUPTA, 2003).

Da mesma forma, o comportamento de busca de feedback envolve o esforço consciente para determinar a exatidão e a adequação da comunicação e do comportamento. Indivíduos devem desenvolver habilidades de procura de feedback, porque essas ações os ajudarão a se adaptar e ser

bem-sucedidos (ASHFORD, 1986). Duas estratégias para a busca de feedback podem ser sugeridas. A primeira é monitorar o ambiente observando sinais informativos de ocorrência natural, outros indivíduos e a maneira como os outros respondem. Em outras palavras, o monitoramento envolve receber feedback vicariamente pela observação de como as pessoas respondem e reforçam as outras. A segunda estratégia é indagar diretamente sobre como os outros percebem e avaliam seu comportamento. O feedback deve ser buscado com vigor, porque as pessoas nem sempre o fornecem de modo voluntário. Uma precaução, no entanto: ações de busca de feedback podem ser prejudiciais à autoestima do indivíduo, pois potencialmente aumentam as chances de ouvir informações que a pessoa preferiria não saber nem confrontar. Na verdade, indivíduos que suspeitam ter fraco desempenho tendem a usar estratégias de busca de feedback que minimizem a quantidade de informações negativas que recebem (LARSON, 1989). Em muitas situações, os indivíduos preferem arriscar fazer a tarefa incorretamente a pedir esclarecimentos.

Quando se considera a comunicação de uma perspectiva individual (ver Figs. 12.1, 12.2 e 12.3), a comunicação unidirecional e a bidirecional podem assumir muitas formas e empregar um leque de competências e meios de comunicação. Na condição de processo interativo, a comunicação eficaz envolve ouvir, bem como falar. São práticas essenciais para a comunicação eficiente: bloquear distrações externas; ficar atento às pistas verbais e não verbais; sondar e incentivar; diferenciar o conteúdo intelectual do conteúdo emocional da mensagem; resumir; além de fazer inferências sobre os significados e os sentimentos do falante (WOOLFOLK, 2000). Administradores que são comunicadores competentes têm um repertório de estratégias e habilidades de comunicação para lançar mão e são criativos e flexíveis em se mover de uma abordagem a outra, à medida que pessoas, situações e conteúdos mudam (BURBULES; BRUCE, 2000).

Falar em público: alguns princípios básicos

Indivíduos em posições de autoridade podem usar seu estilo de fala para o seu benefício e o benefício dos outros. Susan Fiske (2010) e Thomas Holtgraves (2010) revisaram a literatura de pesquisa e identificaram um conjunto de princípios práticos para falantes. Considere as seguintes regras básicas:

1. **Seja confiante:** evite discurso hesitante e incerto que transmite dúvidas (FISKE, 2010).
2. **Seja direto:** vá direto ao ponto, sem desculpas. Prefácio excessivo distrai e prejudica a mensagem (BLANKENSHIP; HOLTGRAVES, 2005).
3. **Fale rapidamente:** um ritmo rápido de discurso é funcional. Claro, é preciso cuidado para não falar rápido demais, mas em geral um ritmo rápido e articulado sugere credibilidade e persuasão (SMITH; SCHAFFER, 1995).
4. **Pronuncie consoantes:** a pronúncia é importante na transmissão de *status*, respeito e confiança (HOLTGRAVES, 2010). Por exemplo, não omita o "d" em gerúndios.
5. **Use discurso sofisticado:** vocabulário requintado comunica *status* (BRADIC; WISEGRAVER, 1984), e a escolha variada de palavras transmite segurança e competência (HÖWELER, 1972).
6. **Respeite a gramática:** gírias e linguagem popular minam o respeito, o *status*, bem como a mensagem (HOLTGRAVES, 2010; RYAN; SEBASTIAN, 1980; FISKE; CUDDY; GLICK, 2007).
7. **Fale:** é o que se espera de pessoas em cargos de autoridade; na verdade, é uma condição necessária a esse *status* (JONES; KELLY, 2007). Não se preocupe em falar demais; sua conversa é esperada.
8. **Domine:** seja agressivo em seu discurso; seu objetivo deve ser comunicar-se. Não fique excessivamente preocupado com decoro e cortesia (HOLTGRAVES, 2010; NG; BRADAC, 1993).

Resumindo, os falantes devem ser confiantes, diretos, rápidos, articulados, sofisticados, dominadores e usar a língua padrão. Tomados em conjunto com as pistas não verbais de *status* e *expertise*, esses atributos de orador transmitem competência e influência (FISKE, 2010).

TEORIA NA PRÁTICA

Encontre um colega e entabule as seguintes atividades de comunicação. Os dois devem preparar uma apresentação de 2 a 3 minutos sobre uma questão atualmente enfrentada pelos administradores escolares, como padrões curriculares, testes, privatização, satisfação do educador no trabalho, comportamento escolar, inovação no ensino, criacionismo, racismo, sexismo, taxa de abandono, ensino de leitura ou matemática e quejandos. Um indivíduo faz a apresentação inicial, baseando-se principalmente na comunicação unidirecional e usando ao menos dois tipos de mídia. A outra pessoa deve prestar atenção e dar incentivos durante a apresentação. Quando a apresentação terminar, o ouvinte deve resumir o que foi apresentado.

O ouvinte original agora se torna o remetente e deve fazer uma apresentação com base principalmente nos métodos de comunicação bidirecional. O novo ouvinte deve não só prestar atenção e dar incentivos, mas também parafrasear trechos, fazer perguntas e, por fim, oferecer um resumo do que foi apresentado.

Ao cabo das apresentações, os dois devem compartilhar seus sentimentos sobre o conteúdo e a eficiência das apresentações. Em seguida, cada participante deve fornecer *feedback* ao outro participante, descrevendo o comportamento do outro durante as sessões. Tanto informações positivas quanto negativas devem ser fornecidas sobre como melhorar as apresentações.

Que habilidades comunicativas pessoais você precisa desenvolver mais?

Mídias comunicativas: métodos de troca de símbolos

Em seus esforços para se comunicar, os humanos usam dois sistemas principais de símbolos – verbal e não verbal (DAHNKE; CLATTERBUCK, 1990). Os símbolos verbais incluem

- A fala humana direta: conversa presencial, individualmente ou em grupos.
- A fala humana por meio de mídia eletrônica: telefone, rádio, televisão e videoconferência.
- A mídia escrita: memorandos, cartas, faxes, boletins informativos, murais de avisos e jornais.
- A mídia escrita via meios eletrônicos: *e-mail*, murais com boletins eletrônicos, *blogs*, *sites* e bancos de dados (YAZICI, 2002; FLANAGIN; WALDECK, 2004).

Símbolos não verbais incluem

- Linguagem corporal ou gestos: expressões faciais, postura e movimentos de mãos e braços.
- Itens físicos ou artefatos com valor simbólico: mobiliário de escritório, obras de arte, roupas e joias.
- Espaço: territorialidade e espaço pessoal ou proximidade.
- Toque: abraços, tapinhas no ombro ou nas nádegas.
- Tempo: prontidão, atraso e quantidade.
- Outros símbolos não verbais: entonação, acentos, altura do som, intensidade da voz e ritmo da fala.

Assim, as mensagens podem ser transmitidas por meio de uma variedade de canais ou meios de comunicação.

Mídia verbal Richard L. Daft e Robert H. Lengel (1984, 1986) levantaram a hipótese de que a mídia determina a riqueza da comunicação, onde **riqueza** é o potencial do meio para transportar informações e resolver a ambiguidade. Quatro critérios definem a riqueza de mídia: velocidade de *feedback*, variedade de canais de comunicação, personalização da fonte e a riqueza da linguagem. Mídias ricas combinam dicas múltiplas, *feedback* rápido ou oportuno, personalizar as mensagens às circunstâncias específicas e uma diversidade de linguagem (HUBER; DAFT, 1987). Mídias ricas caracterizam-se por contato pessoal e dados qualitativos; são as melhores alternativas para diminuir a ambiguidade. Mídias enxutas são adequadas para intercâmbio de dados de alto volume, com base em tecnologia, e são melhores para a transmissão de dados quantitativos com precisão e exatidão para grandes audiências (DAFT; BETTENHAUSEN; TYLER, 1993). Usando esses quatro critérios, Daft e seus colegas posicionam a mídia e a riqueza de comunicação na escala contínua mostrada na Figura 12.4.

A comunicação cara a cara tem a maior capacidade de carga e o melhor potencial para transmitir informações ricas (BARRY; CRANT, 2000). É a forma mais rica porque o meio presencial fornece *feedback* imediato por meio de pistas verbais e visuais. Embora o *feedback* verbal seja rápido, o meio telefônico é menos rico do que o presen-

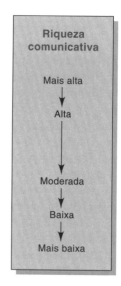

FIGURA 12.4 Escala para mídias e riqueza comunicativas.

cial, pois as pistas visuais estão ausentes. A comunicação escrita é classificada como moderada ou baixa em riqueza, pois o *feedback* é lento e só uma informação escrita é veiculada. Correspondência endereçada tem caráter pessoal e é um pouco mais rica do que memorandos e boletins gerais, que são anônimos e impessoais. Documentos numéricos formais (p. ex., material impresso a partir de computador contendo dados quantitativos, como a pontuação de testes de desempenho) transmitem as informações menos ricas, pois os números não têm a capacidade de carregar informações que a linguagem natural tem. Mensagens eletrônicas podem ser colocadas entre o telefone e mídia pessoal escrita no *continuum* da riqueza (STEINFIELD; FULK, 1986).

A hipótese básica é a de que, à medida que o conteúdo da comunicação torna-se mais ambíguo ou incerto, mídias mais ricas serão selecionadas para melhorar o desempenho comunicativo. Diversos estudos testaram a hipótese e, aproximadamente, metade dos estudos a confirmou, ao passo que a outra metade não a confirmou (SCHMITZ; FULK, 1991; KOCK, 2005). Estudos por Daft e colaboradores (TREVINO; LENGEL; DAFT, 1987; RUSS; DAFT; LENGEL, 1990) basicamente sustentam a hipótese da riqueza. Outros estudos (STEINFIELD; FULK, 1986; RICE, 1992; DENNIS; KINNEY; HUNG, 1999) constataram apoio fraco ou dúbio. Em geral, os resultados mostram mais apoio à hipótese da riqueza de mídia quando se aplicam a mídias tradicionais (p. ex., conversa presencial), em vez de mídias inovadoras (p. ex., *e-mail*) (FULK; BOYD, 1991).

Como seria de esperar na discussão de riqueza, quando os efeitos das mídias escrita e oral são comparados, o comunicador enfrenta um problema (PORTER; ROBERTS, 1976). A compreensão é maior quando a informação é apresentada na forma escrita. No entanto, a mudança de opinião ou a persuasão é maior em interações cara a cara. Portanto, o meio adequado depende da finalidade – ou seja, compreensão ou persuasão.

A redundância na mídia aumenta tanto a riqueza das informações quanto a precisão na transmissão das mensagens (REDDING, 1972). Geralmente, os mais precisos e eficientes esforços de comunicação usam uma combinação das mídias escrita e oral; a próxima mais eficiente é apenas oral; e a menos poderosa é a escrita (LEVEL, 1972). A combinação das mídias escrita e oral raramente é inadequada. A comunicação escrita isoladamente pode ser eficiente em duas situações – quando as informações exigem ação futura ou quando elas forem gerais. Por si só, o meio oral também pode ser eficaz em duas situações que exigem *feedback* imediato: administrar reprimendas e acomodar disputas.

Mídia não verbal Embora a redundância na mídia geralmente conduza à melhor compreensão, as mídias vocal e escrita carregam apenas parte das informações que os administradores transmitem quando interagem com os outros. Pelo menos tão importantes quanto os sinais verbais são os símbolos verbais, menos totalmente compreendidos. **Comunicação não verbal** é todo o comportamento de valor comunicativo feito na presença de outrem sem usar palavras. Até dois terços da comunicação total são não verbais (BEALL, 2004). O erguer de sobrancelhas, o firme aperto de mão e o tamborilar impaciente dos dedos são ações bem conhecidas de comunicação não verbal que transmitem significado. Até mesmo o silêncio e a rigorosa inatividade podem sinalizar raiva, aborrecimento, depressão ou medo. Embora essa definição de comunicação não verbal sugira um domínio bastante abrangente, existe uma área nebulosa entre formas verbais e não verbais. A paralinguagem é vocal, mas não estritamente oral. Inclui ênfase, inflexão e velocidade da fala, além de vocalizações não lexicais, como grunhidos, risos, suspiros e tosses (KNAPP, 1972;

WIETZ, 1974). A voz muitas vezes revela informações sobre sexo, idade, área de origem e classe social (BEALL, 2004).

A pesquisa sobre comunicação não verbal muitas vezes explora os significados da paralinguagem, movimento corporal e pistas espaciais. Por exemplo, uma combinação de cinco tipos de comportamentos não verbais consistentemente exerce mais influência positiva nas tentativas de um indivíduo construir relacionamento profissional com outra pessoa: sorrir, tocar, acenos de cabeça afirmativos, comportamento de imediatismo (p. ex., inclinar-se à frente) e comportamento dos olhos. Esses comportamentos são essenciais para comunicar uma sensação de cordialidade, entusiasmo e interesse (HEINTZMAN et al., 1993).

O rosto é o mais óbvio transportador não verbal de sentimentos (MCCASKEY, 1979). A maior parte dos sentimentos é comunicada por meio da expressão facial. Sem treinamento formal, observadores da expressão facial podem distinguir uma variedade de emoções humanas, como empolgação, humilhação e medo (HARRIS, 1993). Seis expressões aparecem universalmente nas culturas – felicidade, tristeza, raiva, medo, surpresa e asco (Beall, 2004). O contato olho no olho é um dos modos mais diretos e poderosos de as pessoas se comunicarem não verbalmente. Na cultura ocidental dominante, as regras sociais indicam que, na maioria das situações, é apropriado o contato com os olhos por um curto período. O contato ocular direto também é visto como indicação de honestidade e credibilidade. Contato prolongado com os olhos é geralmente traduzido como ameaçador, ou, em outro contexto, sinal de interesse romântico. Os falantes sabem que um modo de reforçar o impacto de suas apresentações é olhar diretamente a membros individuais do público e estabelecer contato visual.

Em relação ao local de trabalho, Michael B. McCaskey (1979) observa que um escritório representa o território pessoal, o qual separa o que pertence a uma pessoa do que pertence às outras. O local de realização de uma reunião pode insinuar o objetivo da reunião. Para realizar um debate contraditório, para enfatizar hierarquia e autoridade ou para dar instruções, McCaskey aconselha o supervisor a realizar a reunião em seu próprio escritório. A própria disposição do escritório pode comunicar a natureza pretendida das interações. Por exemplo, muitos administradores organizam seus escritórios com duas áreas diferentes. Em uma delas, o administrador fala detrás da mesa com a pessoa sentada do outro lado. Essa conformação enfatiza a autoridade e a posição do administrador. Na segunda área, cadeiras estão ao redor de uma mesa redonda. Esse arranjo sinaliza uma disposição de minimizar diferenças hierárquicas e incentiva intercâmbios mais livres. Portanto, um arranjo de escritório com um centro para conversas informais, uma exibição de recordações e decorações pessoais e uma distância relativamente próxima entre cadeiras e mesa representam símbolos não verbais que transmitem poderosas mensagens de boas-vindas aos visitantes. James M. Lipham e Donald C. Francke (1966) confirmaram essas proposições nas escolas.

Congruência de mensagens verbais e não verbais Mensagens verbais e não verbais devem ser consistentes para a compreensão eficiente. Uma ilustração dessa generalização geralmente ocorre quando um novo administrador reúne-se com a equipe de funcionários. Uma tradicional declaração verbal é: "Se você tiver dúvidas ou problemas, por favor, venha ao meu escritório, e vamos discutir a situação. Minha porta está sempre aberta". Quando um membro da equipe interpreta as palavras literalmente e visita o diretor, as mensagens não verbais provavelmente vão determinar o significado da mensagem verbal. Se a pessoa for recebida na porta, convidada a sentar e disso resultar uma conversa produtiva, a mensagem verbal é reforçada, e o significado, compreendido. Se, no entanto, o administrador permanece sentado atrás da mesa, deixa o membro da equipe de pé ou o faz sentar do outro lado da sala e continua a escrever, a mensagem verbal é contrariada. Quando mensagens verbais e não verbais entram em conflito, surge um problema de significado.

TEORIA NA PRÁTICA

Observe uma reunião conduzida por um diretor de escola ou de departamento. Tome notas ou grave e transcreva o que disse o líder durante a sessão. Em sua opinião, quais foram os significados das principais mensagens do líder? As mensagens verbais e não verbais se complementam? Reúna-se com o líder e confira se você interpretou com precisão os significados pretendidos. Depois se reúna com pelo menos dois dos outros participantes da reunião e lhes pergunte quais foram as principais mensagens do líder. Por fim, avalie se você acredita que o líder comunicou-se com os participantes de modo claro. De que maneiras as tentativas de comunicação do líder podem ser melhoradas?

Fontes no processo de comunicação: remetentes e receptores

Como observado anteriormente, uma variedade de fontes gera mensagens, incluindo grupos, organizações, supervisores, colegas de trabalho e a tarefa em si (NORTHCRAFT; EARLEY, 1989; BANTZ, 1993). Ao considerar a fonte, importantes fatores são a credibilidade e as capacidades cognitivas.

Credibilidade A credibilidade ou plausibilidade (ADLER; RODMAN, 1991) do remetente influencia a eficiência de uma mensagem. Duas características que influenciam a credibilidade são a destreza e a confiabilidade (SHELBY, 1986; BECKER; KLIMOSKI, 1989). A credibilidade consiste na confiança que o receptor deposita nas palavras e nas ações do remetente. O nível de credibilidade, por sua vez, influencia as reações do receptor às palavras e às ações do comunicador (GIBSON; IVANCEVICH; DONNELLY, 1976). Em alguns casos, a identidade e a reputação do remetente, longe de autenticar a mensagem, em vez disso, leva o receptor a distorcer as informações ou ignorar a mensagem completamente (BOWERS, 1976). Por exemplo, membros do corpo docente que encaram o/a diretor/a como incompetente e desonesto provavelmente vão distorcer todas as comunicações dele ou dela.

Estar preparado para falar pode mostrar *expertise*. Começa por organizar a ideia em uma série de símbolos, como palavras ou imagens que vão comunicar o significado pretendido. Esses símbolos são arranjados em termos de racionalidade, coerência e compatibilidade com os métodos de entrega, ou mídias. Uma mensagem de *e-mail*, por exemplo, geralmente é redigida de forma diferente do que uma carta formal de repreensão, e as duas são diferentes de uma conversa presencial. Em outras palavras, uma mensagem bem pesquisada, organizada, escrita ou apresentada aumentará significativamente a avaliação do receptor sobre a competência do remetente e, portanto, sobre sua credibilidade.

Capacidades cognitivas Características psicológicas limitam a capacidade comunicativa dos indivíduos. A capacidade de processamento de informações (p. ex., habilidades comunicativas e domínio do assunto) e os fatores de personalidade e motivação (p. ex., atitudes, valores, interesses e expectativas) combinam-se para limitar e filtrar o conteúdo e a qualidade da mensagem (BERLO, 1970). Por exemplo, o superintendente assistente para assuntos instrucionais, ao se comunicar com diretores, descarta informações que ele considera não pertinentes; os diretores, por sua vez, ao interagir com o superintendente assistente, filtram as informações que possam refletir negativamente em seus desempenhos.

Estruturas e processos cognitivos também influenciam a capacidade do destinatário de entender ou decifrar a mensagem. Se o ouvinte for cooperativo e conhecedor, tenta interpretar a mensagem conforme pretendido pelo remetente. No entanto, o receptor, como acontece com o remetente, tem capacidades de comunicação, conhecimento do assunto, interesses, valores e características motivacionais que se combinam para limitar, qualitativamente, o que é decodificado. Assim, o significado que o receptor aplica não é exatamente o pretendido pelo remetente. Claro, os significados podem ser relativamente comparáveis, mas nunca são idênticos. Com base na experiência, representada por estruturas e processos cognitivos, o receptor seleciona como agir ou responder à mensagem. As ações servem de *feedback* para o remetente (ver Figs. 12.1 e 12.3).

Comunicando-se em contexto

A comunicação entre as pessoas também depende de uma combinação de fatores contextuais, culturais ou ambientais. O processo é obscurecido por fatores contextuais normalmente chamados de *ruídos* ou *barreiras*. **Ruídos** são quaisquer distrações que interfiram no processo de comunicação. O ruído pode ser tão intenso que se torna mais importante do que o conteúdo da mensagem em si (REILLY; DIANGELO JR, 1990).

Nas escolas, ruídos resultantes de fatores sociais e pessoais podem gerar problemas mais incômodos do que interferências físicas. Por exemplo, climas organizacionais fechados, estruturas burocráticas centradas na punição, diferenças culturais e de gênero e líderes autoritários criam distorções no processo de comunicação. Nesses casos, a participação em grupos torna-se importante. Professores militantes não conseguem ouvir administradores arbitrários e vice-versa; educadores burocráticos não prestam atenção a pais exigentes.

Preconceitos contra idade, sexo, raça, classe social, orientação sexual e diferenças de grupo étnico constituem barreiras no processo de comunicação que distorcem as mensagens. Em uma sociedade multicultural, atributos demográficos, como raça, gênero e ocupação, fornecem indicadores substitutos para as experiências comuns e atributos de *background* que moldam o desenvolvimento da linguagem e as habilidades de comunicação (ZENGER; LAWRENCE, 1989). Por exemplo, um homem que acredita que seu trabalho em particular pode ser feito com eficiência somente por alguém do sexo masculino está predisposto a negar fatos, informações e mensagens que sugiram que uma mulher possa fazer o trabalho igualmente bem, ou ainda melhor. Cada mensagem é filtrada por meio de barreiras, predisposições ou esquemas cognitivos (REILLY; DIANGELO JR, 1990).

Assim, os ruídos contextuais de todos os tipos – por exemplo, físicos, sociais e pessoais – podem produzir disparidades de linguagem que restrinjam ainda mais a comunicação no âmbito escolar. Dada a crescente diversidade e outras alterações no contexto escolar (p. ex., em riqueza econômica, etnia, gênero nas posições administrativas e com crianças em situação de risco), o desafio de se comunicar com precisão e clareza certamente aumentará. Como mostrado na Figura 12.1, criar significados compartilhados por meio do processo de comunicação depende das habilidades e da motivação do indivíduo (MACGEORGE et al., 2003), conteúdo da mensagem, estratégias e mídias utilizadas e contexto. De modo sucinto, a relação é mostrada com a seguinte fórmula:

$$Significado = informações + comunicadores + mídias + contexto$$

A essência da fórmula e da abordagem pode ser entendida considerando as seguintes perguntas:

- Quem está falando com quem e que cargos eles ocupam? Administradores? Administrador e professor? Professores? Homens e mulheres? Professor e aluno? Administrador e pai?
- A linguagem ou o conjunto de símbolos é capaz de transmitir as informações de modo que tanto o remetente quanto o receptor consigam entendê-las?
- Quais são os conteúdos e os efeitos da comunicação? Positivos ou negativos? Relevantes ou irrelevantes?
- Que mídias estão sendo usadas?
- Em que contexto a comunicação está ocorrendo?
- Que fatores contextuais criam ruídos capazes de bloquear ou distorcer a mensagem? Em contrapartida, quais fatores contextuais facilitam uma comunicação eficaz?

Como conclusão geral, a falta de comunicação bidirecional, o uso de mídias e mensagens conflitantes, bem como a existência de ruído situacional constituem sérios problemas para a compreensão nas organizações educacionais.

PERSPECTIVAS ORGANIZACIONAIS DA COMUNICAÇÃO

As organizações são sistemas de processamento de informações (HALL, 2002). As informações fluem pelas organizações e influenciam praticamente todos os processos e todas as estruturas. Além disso, as organizações processam um volume crescente de dados, e a mídia preferencial está se tornando a discussão presencial e a participação grupal (DAFT; BETTENHAUSEN; TYLER, 1993). Em decorrência disso, o crescente volume e a mudança para mídias mais ricas tornam o entendimento da comunicação organizacional nas escolas ainda mais importante do que se pensava. Em suma, a comunicação oferece uma maneira adicional de conceituar, descrever e explicar organizações como escolas (DEETZ, 2001).

Comunicação organizacional

A definição geral anterior pode ser adaptada para definir **comunicação organizacional** como o envio de mensagens por meio de redes formais e informais que resulte na construção de significado e influencie tanto os indivíduos quanto os grupos (DEFLEUR; KEARNEY; PLAX, 1993). Em outras palavras, a comunicação organizacional é um processo coletivo e interativo que cria e interpreta as mensagens. Atividades e relações coordenadas entre os participantes dentro e fora da organização produzem redes de entendimento (STOHL, 1995). Por exemplo, os distritos escolares realizam oficinas de desenvolvimento para professores e administradores, a fim de comunicar conhecimentos sobre novos padrões curriculares e procedimentos de testes.

Propósitos da comunicação nas organizações escolares

A comunicação em organizações como escolas exerce vários propósitos fundamentais – por exemplo, produção e regulação, inovação, além de socialização e manutenção individuais (MYERS; MYERS, 1982). Propósitos de produção e regulação incluem as atividades destinadas a fazer o trabalho primordial da organização, como o ensino e a aprendizagem nas escolas. Eles incluem definir metas e padrões, transmitir fatos e informações, tomar decisões, liderar e influenciar os outros e avaliar os resultados. Os propósitos de inovação incluem mensagens sobre gerar novas ideias e mudar programas, estruturas e procedimentos na escola. Por fim, os propósitos de socialização e manutenção da comunicação afetam a autoestima dos participantes, as relações interpessoais e a motivação para integrar seus objetivos individuais com os objetivos da escola. A capacidade de uma escola manter esses padrões complexos e altamente interdependentes de atividade é limitada por sua capacidade de lidar com a comunicação para esses propósitos.

Para exercer os diversos propósitos de produção, regulação, inovação, socialização e manutenção nas escolas, a comunicação deve promover altos níveis de entendimentos compartilhados. Ações humanas são necessárias para cumprir objetivos nas escolas. O comportamento direcionado aos objetivos é alcançado por meio da comunicação; assim, quanto maior a clareza e a compreensão da mensagem, maior a probabilidade de que as ações dos administradores, professores e alunos aconteçam em direções profícuas e direcionadas aos objetivos. No âmbito de uma escola efetivamente operacional, por exemplo, administradores, professores e alunos querem compreender e aceitar as ideias dos outros e agir com base nelas. Os objetivos da escola e as diretrizes para alcançá-los são desenvolvidos por meio de um abrangente diálogo. Um objetivo inovador talvez seja adotar uma abordagem de instrução com base em projetos. As diretrizes acompanhantes para alcançar o objetivo incluiriam o desenvolvimento de novos currículos, novas estratégias instrucionais interativas, socialização e formação para professores, procedimentos de avaliação de portfólio e planos para a manutenção dos programas. Na condição de líderes de grupo, o diretor, os professores, os pais e os alunos enfatizam a validade do objetivo, realçam a utilidade dos novos procedimentos, promovem entendimentos compartilhados, incentivam ações coletivas para implementar o programa e auxiliam na implementação e na continuidade. A extensão e o sucesso das ações dependem principalmente da eficiência com que a comunicação relativa ao objetivo e aos procedimentos de acompanhamento é iniciada e mantida pelas redes na organização escolar.

Redes de comunicação

Redes de comunicação são padrões de contatos formais e informais estabelecidos entre comunicadores e criados pelo envio e troca de mensagens no tempo e no espaço (MONGE; CONTRACTOR, 2001). **Canais formais** são métodos sancionados pela organização e estão relacionados com objetivos organizacionais como regulação e inovação. Quando os indivíduos se comunicam por meio de **canais informais** e redes, eles estão usando o **bate-papo** (HARRIS, 1993). Essas formas de comunicação fazem parte da estrutura organizacional das escolas, mesmo que não sejam mostradas no gráfico hierárquico (LEWIS, 1975). A direção dos canais formais e informais pode ser vertical (para cima e para baixo) e horizontal, bem como uni ou bidirecional. Assim, redes e canais são apenas métodos, veículos ou formatos pelos quais uma mensagem percorre organizações como as escolas; são linhas de comunicação.

As noções gerais de redes e canais são conhecidas porque todos já tivemos ampla experiência com redes físicas e canais, como rios, ruas e rodovias, linhas telefônicas e tubulações de esgoto (MONGE, 1987). Em contraste, as redes de comunicação nas organizações são mais difíceis de identificar, pois compreendem comportamentos humanos abstratos ao longo do tempo, em vez de materiais físicos como pavimento, córregos e tubos. No entanto, as redes de comunicação são padrões regulares de contatos pessoais que podem ser identificados à medida que as pessoas trocam informações nas escolas. Ao observar o comportamento de comunicação ao longo do tempo, inferências podem ser feitas sobre quais indivíduos estão ligados a outros indivíduos por meio do intercâmbio de informações.

Como mostrado na Figura 12.5, os membros dentro das redes de comunicação as-

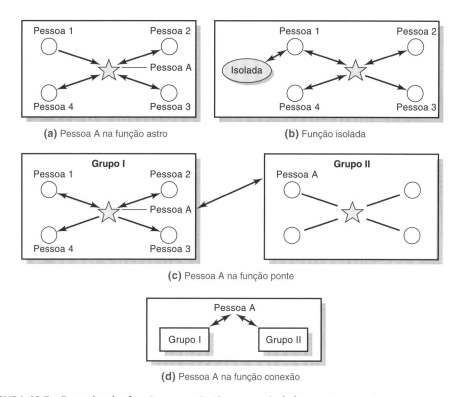

FIGURA 12.5 Exemplos das funções comunicativas: astro, isolada, ponte e conexão.

sumem diversas funções. A função comunicativa que uma pessoa exerce em uma rede de comunicação é importante porque pode influenciar as atitudes e os comportamentos da pessoa. A **função astro** ocorre quando um grande número de pessoas se comunica com um indivíduo (ver Fig. 12.5 [a]). O astro é um elo dentro da rede. Tendo um papel central, o astro é potencialmente poderoso porque tem maior acesso a recursos de grupos e possível controle sobre eles (MCELROY; SHRADER, 1986; YAMAGISHI; GILLMORE; COOK, 1988). Portanto, o astro pode ser considerado um líder na rede.

Em contraste, uma **função isolada** é aquela na qual os indivíduos são envolvidos em comunicação com outros apenas raramente (ver Fig. 12.5 [b]). Isolados são frouxamente vinculados ou até mesmo desvinculados da rede – ou seja, alijados do fluxo regular de comunicação e fora de contato com o resto da rede. Isolados são uma preocupação, porque a falta de atividade de comunicação é muitas vezes acompanhada por sentimentos de alienação, baixa satisfação no trabalho, pouco comprometimento com a organização de trabalho e baixo desempenho. A participação ativa nas redes de comunicação parece produzir resultados positivos, ao passo que o isolamento é associado com desafeto (HARRIS, 1993). No entanto, programas projetados para diminuir o isolamento do educador nas escolas podem produzir uma situação de resistência entre os indivíduos que mais deveriam se beneficiar (BAKKENES; DE BRABANDER; IMANTS, 1999).

Patrick Forsyth e Wayne Hoy (1978) constataram que, sem exceção, estar isolado em uma instância se extrapola a outras instâncias. Os resultados de um estudo subsequente foram semelhantes, exceto que o isolamento dos amigos não mostrou relação com o isolamento da autoridade formal (ZIELINSKI; HOY, 1983). Em outras palavras, os isolados da comunicação nas escolas tendem a ser alijados do controle percebido, de colegas respeitados, da estrutura de controle da escola e, às vezes, dos amigos. O aspecto potencialmente destrutivo desse isolamento é a alienação. Para neutralizar esse efeito negativo, os administradores devem planejar processos de comunicação alternativos, porque os isolados não são alcançáveis pelos canais existentes.

Os intercâmbios ocorrem nas redes por meio de indivíduos que preenchem funções especiais como pontes e conexões. Por exemplo, pessoas que pertencem a mais de um grupo são chamadas de **pontes**. Pertencendo a uma comissão curricular distrital e ao departamento dentro da escola, um professor de inglês exerce a função de ponte entre os dois grupos e provavelmente transmite informações entre eles (ver Fig. 12.5 [c]). **Conexões** são indivíduos que se ligam a grupos aos quais eles não pertencem (ver Fig. 12.5 [d]). Conexões atuam como intermediários entre vários grupos dentro das escolas. Em outras palavras, eles executam a função vital de manter os grupos informados sobre as atividades dos outros grupos. As interações entre as conexões e os membros do grupo não ocorrem com grande frequência nem formalidade, mas quando a comunicação ocorre rotineiramente, os membros costumam saber o que os outros estão fazendo. Conforme descrito no Capítulo 3, essas ligações importantes são laços fracos ou vínculos frouxos. As conexões muitas vezes são formalmente atribuídas pela organização para ligar diferentes departamentos ou comissões e garantir a comunicação exata entre eles. Ao supervisionar os comitês curriculares de língua inglesa em duas escolas, por exemplo, o superintendente assistente para assuntos de currículos e instrução faz a conexão entre os dois grupos. Existem conexões formais e informais. Cynthia Stohl (1995) conclui que os grupos altamente eficientes têm mais ligações com outros grupos da organização ou do ambiente externo do que grupos menos eficientes. No entanto, os grupos mais coesos e altamente satisfeitos raramente interagem com componentes externos.

Redes de comunicação formal nas escolas

De acordo com Scott (2003), as organizações se desenvolvem porque têm capacidade superior para gerenciar fluxos de informação. A estrutura hierárquica das escolas (ver Cap. 3) incorpora várias características, como o *status* e as diferenças de poder entre os cargos, mas entre as mais importantes está um sistema de comunicação centralizado. A comunicação é incorporada em todas as estruturas escolares. Richard H. Hall (2002, p. 164) é enfático ao declarar: "A própria criação de uma estrutura organizacional é um sinal de que as comunicações supostamente seguem um caminho específico".

Os canais de comunicação formal, ou redes, atravessam a organização por meio da hierarquia de autoridade. Barnard (1938) chama essas redes formais de "o sistema de comunicação". De acordo com Barnard, vários fatores devem ser considerados ao desenvolver e utilizar o sistema de comunicação formal:

- Os canais de comunicação devem ser conhecidos.
- Os canais devem conectar cada membro da organização.
- Linhas de comunicação devem ser tão diretas e tão curtas quanto possível.
- Normalmente, a rede de comunicação completa deve ser utilizada.
- Toda e qualquer comunicação deve ser autenticada como proveniente da pessoa correta, investida da autoridade necessária para emitir a mensagem.

A Figura 12.6 ilustra a rede de comunicação formal de um distrito escolar usando as afirmações descritivas de Barnard. Observe que o gráfico delineia os canais de comunicação formal e que cada membro se reporta a alguém. Os diretores se reportam ao superintendente assistente para assuntos de instrução, que se reporta, junto com o superintendente assistente para assuntos financeiros, ao superintendente. A linha de comunicação entre superintendente e professores passa cinco níveis hierárquicos. Isso é razoavelmente curto e direto para um grande distrito escolar. Adicionando os nomes específicos e as regras e regulamentos burocráticos que definem os cargos, esse sistema se coaduna com as sugestões de Barnard.

No âmbito de todas as organizações, as restrições formais no processo de comunicação são aparentes. A maioria das organizações mantém padrões de comunicação hierárquica. Ou seja, a comunicação é geralmente restrita à interação direta entre superiores e subordinados e, mesmo sem regras formais, a maior parte da comunicação deverá seguir a estrutura da hierarquia (FRIE-

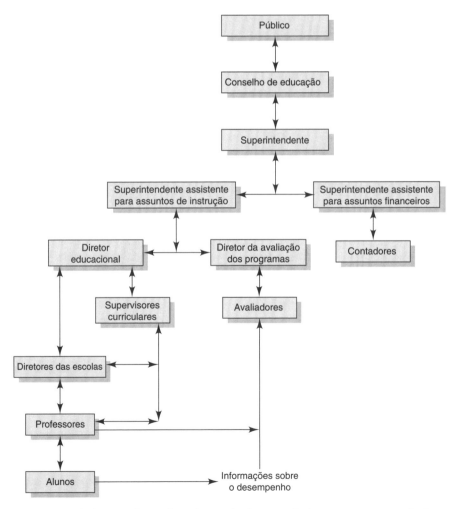

FIGURA 12.6 Canais de comunicação formal para a implementação de programas em um distrito escolar.

BEL; RAITH, 2004). "Assegure-se de utilizar os canais adequados" e "siga a cadeia de comando" são duas expressões comuns que refletem a exigência de controlar e estruturar a comunicação nas organizações (HARRIS, 1993). Três características das burocracias escolares são particularmente críticas ao sistema formal de comunicação. Elas são a centralização na hierarquia, o formato ou a configuração da organização e o nível da tecnologia de informação.

Centralização – o grau no qual a autoridade não é delegada, mas concentrada em uma única fonte na organização – é importante para a eficiência dos sistemas de comunicação (PORTER; ROBERTS, 1976; JOHNSON; CHRISPEELS, 2010). Em escolas centralizadas, poucos cargos na estrutura têm a maior parte da capacidade de obtenção de informações. Por exemplo, o superintendente e os dois superintendentes assistentes mencionados na Figura 12.6 juntariam a maioria das informações pelo sistema formal de comunicação. Porém, se o distrito for descentralizado ou com vinculação frouxa (ver Cap. 3), o potencial de obtenção de informações é mais ou menos distribuído por todos os cargos. Pesquisas examinando as diferentes habilidades de obtenção de informações apoiam a constatação de que estruturas centralizadas são comunicadoras mais eficientes quando os problemas e as tarefas são relativamente simples e diretas. Quando os problemas e as tarefas tornam-se mais complexos, as hierarquias descentralizadas aparentam ser mais eficientes (ARGOTE; TURNER; FICHMAN, 1989). Da mesma forma, escolas centralizadas tendem a confiar em mídias menos ricas, tais como memorandos e manuais dos funcionários, do que escolas descentralizadas (JABLIN; SIAS, 2001).

Formato – o número de níveis hierárquicos ou verticalidade *versus* nivelamento da organização escolar – também afeta os processos de comunicação. Os níveis e os tamanhos hierárquicos são características estruturais comumente associadas ao formato. Um distrito escolar com cinco níveis, como o representado na Figura 12.6, difere de sistemas com mais ou menos níveis em sua capacidade de se comunicar de um nível a outro e de cima para baixo. O número de níveis pode ser visto como a distância que a mensagem deve percorrer. À medida que aumenta a distância, a chance de a mensagem ser distorcida também aumenta, e a satisfação com a qualidade e a quantidade de comunicação diminui (CLAMPITT, 2001; ZAHN, 1991). Os professores geralmente vão expressar menos satisfação com mensagens dos superintendentes do que dos diretores. Além disso, o tamanho organizacional está negativamente relacionado com qualidade de comunicação; à medida que o distrito torna-se maior, a comunicação torna-se mais impessoal ou formal e a qualidade declina (JABLIN, 1987).

A *tecnologia* também parece ter efeitos significativos na comunicação organizacional, embora os efeitos *exatos* permaneçam alvo de especulação. Como observamos no Capítulo 3, autores que defendem a posição de que escolas são sistemas de vinculação frouxa argumentam que as organizações educacionais têm um nível de tecnologia relativamente baixo. No entanto, à medida que a tecnologia de comunicação torna-se mais sofisticada nas escolas, seu uso vai alterar drasticamente a comunicação que ocorre tanto em redes formais quanto informais (JABLIN; SIAS, 2001).

Vivemos em uma era criativa e dinâmica que está produzindo mudanças fundamentais, como demonstram avanços como redes de computadores, internet, *e-mail*, conferências por computador, satélites de comunicação e dispositivos de manipulação de dados. Sendo um fenômeno relativamente recente, o intercâmbio de informações eletrônicas tem sido largamente adaptado para transmitir voz, visão, textos e gráficos como tipos distintos e separados de comunicação. Hoje, está se tornando comum a transmissão simultânea e instantânea de voz, visão, textos e gráficos para muitos locais. Mesmo ainda imaginando as tremendas mudanças vindouras, as descrições habituais do potencial das tecnologias eletrônicas junto com a distribuição geográfica dos participantes não captam adequadamente as diferenças entre essas mídias e a mídia tradicional. Por conseguinte, a influência potencial dessas tecnologias em todos os aspectos da comunicação nas escolas – administrativos, instrucionais e sociais – é provavelmente subestimada.

TEORIA NA PRÁTICA

Avaliação e melhoria da comunicação em organizações formais

Melhorar a comunicação escolar requer um programa planejado que avalie as condições existentes e planeje novos mecanismos. Considere um distrito escolar, uma secretaria ou uma escola e complete as seguintes tarefas:

- Avalie o *design* organizacional do sistema de comunicação de acordo com os critérios sugeridos no início deste capítulo por Barnard.
- Se implementados, que mecanismos provavelmente facilitariam o processo para melhorar o sistema formal? As possibilidades incluem modificar a estrutura organizacional, criar *sites* convenientes para a interação formal e informal, usar novas tecnologias, formar um sistema de comissão para realizar tarefas e tomar decisões, estabelecer armazenamento de informações e sistemas de recuperação, selecionar pessoal com boa capacidade de comunicação e criar programas de desenvolvimento profissional para melhorar as habilidades de comunicação.

Redes de comunicação informal nas escolas

Redes informais ou bate-papo existem em todas as organizações, independentemente de quão elaborado for o sistema de comunicação formal. Uma generalização repetidamente observada por pesquisadores e participantes das organizações é que as pessoas que estão em grupos, panelinhas ou gangues tendem a chegar a um entendimento sobre as coisas ou problemas com muita rapidez. Elas se comunicam entre si com facilidade e eficiência. Fatos, opiniões, atitudes, suspeitas, fofocas, boatos e até mesmo diretivas fluem livremente e rapidamente por meio do bate-papo. Construídos em torno das relações sociais entre os membros da escola, os canais informais desenvolvem-se por motivos simples, como áreas comuns de escritório, funções semelhantes, intervalos compartilhados, caronas e amizades. Canais de comunicação e relações sociais surgem em todos os níveis organizacionais da escola. Retornando à Figura 12.6, existem padrões de comunicação informal no escritório central. Um grupo do escritório central pode incluir alguns diretores, um superintendente assistente, alguns supervisores, um avaliador e um contador. Certamente, os canais de comunicação informal prosperam entre diretores de escola e no âmbito de grupos docentes e discentes.

Os padrões de comunicação entre diretores de escolas de ensino fundamental e médio são muito diferentes (LICATA; HACK, 1980). Diretores de escola de ensino médio formam grupos informais com padrões de comunicação embasados nos interesses profissionais comuns e na necessidade por proteção e ajuda mútuas. Em contraste, os diretores de escolas de ensino fundamental aglomeram-se em grupos cujas comunicações giram em torno de laços sociais com mentores, amigos, vizinhos e parentes. Em resumo, diretores do ensino médio estruturam o bate-papo em torno da sobrevivência e do desenvolvimento profissionais, ao passo que diretores do ensino fundamental comunicam-se informalmente sobre assuntos sociais.

Embora uma grande desvantagem do bate-papo seja a propagação de boatos, as redes informais exercem várias funções na organização escolar formal. Primeiro, elas refletem a qualidade das atividades da escola. A comunicação por meio de fontes informais fornece *feedback* crucial para os administradores e outros líderes escolares. Além disso, as redes informais ativas são indicativas de uma cultura escolar, e os líderes podem aprender muita coisa ouvindo-as. Em segundo lugar, os canais informais podem satisfazer as necessidades sociais ou de afiliação não atendidas pelos canais formais. Por exemplo, as pessoas podem participar de conversas aleatórias em que trocam ideias pessoais, opiniões e conselhos de forma recíproca e muitas vezes obtêm significativo prazer e recompensas emocionais nessas interações (MILLER, 2006). Em terceiro lugar, o bate-papo preenche um vazio de informação carregando uma grande quantidade de informações. Por mais elaboradas que sejam as redes de comunicação formal, elas simplesmente não conseguem carregar todas as informações exigidas nas escolas contemporâneas. As redes informais fornecem alternativas quando os canais formais estão obstruídos. Os canais informais são particularmente úteis durante períodos de mudança, quando as informações são novas e quando a comunicação cara a cara ou eletrônica é relativamente fácil. Em quarto lugar, as redes informais fornecem significado para atividades dentro da escola. À medida que percorrem as redes informais, as mensagens são traduzidas com precisão surpreendente em termos que fazem sentido aos participantes. A precisão é de 75 a 90% para informações não controversas. Distorções geralmente refletem uma ênfase incorreta que se baseia em informações incompletas. O problema é que mesmo pequenos erros ou distorções podem ter consequências drásticas (CLAMPITT, 1991; HARRIS, 1993).

TEORIA NA PRÁTICA

Grupos de comunicação informal

Pense em uma escola da qual você participou ou em que você trabalhou. Concentre-se nos alunos e professores e responda as questões a seguir:

- Sucintamente identifique os grupos ou redes informais de alunos e professores que você observou. Eles têm nomes particulares?
- Para os grupos informais que você identificou, quais são alguns típicos valores e normas que orientam o seu comportamento?
- Que aspectos formais da escola podem contribuir com o desenvolvimento dos grupos?
- Existem estruturas de *status* dentro dos grupos? Elas existem entre os grupos? Caso positivo, descreva-as.
- Existem indivíduos isolados que não pertencem a qualquer grupo?
- O diretor pertence a algum desses grupos? Em caso negativo, qual é a relação do diretor com esses grupos?
- Forneça quaisquer outras observações.

Redes complementares: comunicação formal e informal

Como já observamos, redes de comunicação formal e informal existem em todas as organizações educacionais. Os resultados de pesquisa estudando redes em diversas configurações indicam que os padrões de comunicação nas organizações são extraordinariamente complexos. Dentro das escolas, não existe uma única rede, mas, em vez disso, uma série de redes interligadas e sobrepostas (JABLIN, 1980). A grande maioria de todos os participantes interage consistentemente com muitos outros indivíduos e em números muito maiores do que os gráficos organizacionais formais sugerem. Embora a rede de tarefa seja maior e mais bem desenvolvida do que a rede social, as duas são intimamente relacionadas entre si e cruciais à organização (O'REILLY; PONDY, 1979). Em geral, os grupos de comunicação se formam ao longo de linhas centradas na tarefa. As estruturas de tarefa dos grupos de trabalho atuam para melhorar ou desvirtuar a precisão e a abertura da mensagem transmitida. Grupos com habilidades especializadas e de alto *status* são mais abertos no intercâmbio de informações do que outros grupos (O'REILLY; ROBERTS, 1977). Além disso, a exatidão e a abertura têm um impacto positivo no desempenho, mas a frequência de comunicação entre os educadores não é alta (MISKEL; MCDONALD; BLOOM, 1983). Em suma, tanto a substância quanto a direção de comunicação podem tornar os dois sistemas complementares.

Substância

Em termos de conteúdo, a comunicação pode ser pensada como instrumental ou expressiva (ETZIONI, 1960). A comunicação instrumental distribui informações e conhecimentos que afetam estruturas e processos cognitivos. Diretivas administrativas, políticas, objetivos e materiais curriculares, bem como dados das folhas de chamada, são exemplos típicos. A finalidade da comunicação instrumental é desenvolver o consenso sobre métodos e procedimentos. A comunicação expressiva, em contrapartida, tenta alterar ou reforçar atitudes, normas e valores. Orientações afetivas adequadas em relação a estudantes, militância, disciplina e recompensas organizacionais são exemplos típicos da substância da comunicação expressiva.

Os canais de comunicação formal carregam conteúdo tanto instrumental quanto expressivo. A rede informal pode melhorar ambos. Por exemplo, o bate-papo serve como termômetro de opiniões e sentimentos. Administradores escolares muitas vezes conseguem acessar o fluxo informal para obter informações sobre o moral de alunos, professores e outros administradores. Também podem circular testes de opinião pública para avaliar a receptividade a novos procedimentos ou programas. Por exemplo, um administrador pode querer introduzir um novo programa de desenvolvimento profissional para a preparação de professores. Antes de tomar uma decisão final, as possibilidades hipotéticas são discutidas informalmente com alguns membros da equipe. À medida que as informações fluem pelo bate-papo, o sentimento pode ser monitorado. Dependendo da reação, o administrador usa o sistema de comunicação formal para anunciar planos para o novo programa, permite que o programa permaneça hipotético ou formalmente suprime o boato. Barnard (1938) sugere que esse tipo de comunicação flui sem interrupções nas redes informais, mas seria inconveniente levantar questões que exijam decisões prematuras nos canais formais. Portanto, o informal pode complementar a comunicação instrumental formal, servindo como campo de testes para possíveis cursos de ação. Em termos de comunicação expressiva, a rede informal pode ser um veículo positivo para a expressão pessoal, permitindo que os participantes se comuniquem e interajam socialmente. Redes informais, assim, satisfazem as necessidades sociais de muitos membros da escola com pouco custo financeiro para o distrito.

Direção

As mensagens não esperam para serem descobertas, nem flutuam ao redor aleatoriamente para serem captadas por uma casualidade fortuita (MYERS; MYERS, 1982). A comunicação nas organizações flui direcionalmente por meio das redes formais e informais. A direção do fluxo de informações também demonstra a possível natureza complementar das redes de comunicação formal e informal. A informação flui vertical e horizontalmente em ambas as redes.

O fluxo vertical refere-se à direção ascendente e descendente da comunicação pelos diferentes níveis hierárquicos da escola. A informação é transmitida para baixo ou para cima na linha de autoridade por meio de memorandos, instruções, políticas e programas de ação. Um ponto importante sobre o fluxo vertical da comunicação organizacional é que as mensagens em movimento na rede formal são extremamente importantes para as pessoas que as enviam e aquelas que as recebem. Os trabalhos de indivíduos podem depender das mensagens que eles recebem sobre tópicos como diretivas, avaliações, solicitações e instruções (DEFLEUR; KEARNEY; PLAX, 1993).

Na comunicação formal descendente, a informação passa por uma cadeia de comando – ou seja, pela estrutura de *status* hierárquico. Essas mensagens normalmente reafirmam a cadeia de comando e reforçam o controle (HARRIS, 1993). Existem cinco tipos de comunicações de superiores a subordinados (KATZ; KAHN, 1978):

- Instruções sobre tarefas específicas.
- Justificativa sobre por que a tarefa precisa ser feita e como ela se relaciona com outras tarefas.
- Informações sobre práticas e procedimentos organizacionais.
- *Feedback* sobre os níveis de desempenho dos indivíduos.
- Informações sobre os objetivos da organização.

A comunicação descendente é relativamente fácil de enviar, mas subordinados frequentemente entendem mal a mensagem. Para garantir que os significados pretendidos sejam compreendidos, os administradores devem desenvolver canais de comunicação bidirecional e utilizar amplos processos de *feedback* em toda a hierarquia.

A comunicação a partir de níveis inferiores da hierarquia aos níveis superiores é a comunicação ascendente. A comunicação ascendente fornece quatro tipos de mensagens (KATZ; KAHN, 1978; DEFLEUR; KEARNEY; PLAX, 1993):

- Mensagens operacionais de rotina.
- Relatórios sobre problemas.
- Sugestões de melhoria.
- Informações sobre como os subordinados se sentem em relação aos outros e ao trabalho.

A comunicação ascendente é um dos meios pelos quais os subordinados demonstram responsabilização aos superiores. Essa comunicação é muitas vezes vista como instrumento de controle administrativo. Em consequência disso, os subordinados têm a tendência de enfatizar informações positivas, reter dados negativos, comunicar o que eles acham que o "chefe quer ouvir" ou simplesmente ficar em silêncio (MILLIKEN; MORRISON, 2003). Já que muitas decisões são tomadas no topo da hierarquia, a qualidade das decisões dependerá da precisão e da atualidade da comunicação que se move pelo sistema formal. Em geral, quanto mais tangível e mais objetiva a informação, maior a probabilidade de que os subordinados a comuniquem com precisão aos seus superiores. Intercâmbios bidirecionais frequentes também melhoram a precisão (PORTER; ROBERTS, 1976).

Uma rede informal bem desenvolvida pode ajudar os administradores a obter informações oportunas e avaliar a precisão da comunicação formal ascendente. Na troca de informações, no entanto, os professores influenciam o comportamento do administrador. Alguns professores ganham influência e poder, pois têm informações sobre como realizar as coisas ou sobre quem pode resolver problemas específicos. Da mesma forma, chefes de departamento, membros de comissões e professores com habilidades especializadas têm informações valorizadas. Como resultado de seus conhecimentos e cargos na rede de comunicação, eles podem exercer considerável influência sobre as decisões do administrador (BARNETT, 1984).

O fluxo horizontal indica que a comunicação se move em meio aos membros organizacionais do mesmo nível hierárquico. Um diretor, por exemplo, pode fornecer informações para outro diretor, que, por sua vez, as transmite a outros diretores. Essa comunicação é a mais forte e a mais fácil de entender (LEWIS, 1975). A comunicação horizontal pode ser formal ou informal. Na Figura 12.6, o elo de comunicação lateral entre os dois superintendentes assistentes seria formal quando eles estivessem trabalhando maneiras de financiar a introdução de um novo currículo. Outro exemplo comum são os professores falando uns com os outros na sala dos professores nos intervalos ou nos períodos em que não estão dando aula. Os principais propósitos da comunicação horizontal são coordenar tarefas, resolver problemas, compartilhar informações com colegas, resolver conflitos e construir relacionamento profissional (HARRIS, 1993). Por exemplo, os diretores se comunicam de modo que suas atividades ou ênfases do currículo sejam semelhantes em diferentes escolas, bem como para compartilhar informações sobre conteúdo, evitar conflitos potenciais e cultivar relações amigáveis com seus pares. A direção afeta a facilidade, o conteúdo e a precisão da comunicação organizacional.

Ao estudar a comunicação horizontal, W. W. Charters Jr. (1967) encontrou diferenças substanciais entre escolas de ensino fundamental e escolas de ensino médio. No ensino fundamental, as escolas exibiram um volume muito maior de comunicação horizontal, com a maioria dos professores em contato direto uns com os outros. Em contraste, no ensino médio, apenas 15% dos funcionários da escola interagiam de modo rotineiro. Essa diferença no volume de comunicação é parcialmente explicada pelo tamanho da equipe. O número médio de contatos por membro do pessoal diminuiu com o aumento do tamanho do corpo docente. As instalações maiores e a dispersão física, juntamente com pessoal especializado (orientadores ou professores especiais) que estão fora do fluxo principal de instrução em sala de aula, ajudam a explicar o impacto do tamanho no volume de comunicação. Charters observou, no entanto, que só o tamanho não responde por toda a diferença. As equipes de funcionários comunicam-se mais no ensino fundamental do que no ensino médio. Por fim, Charters verificou que a estabilidade nos padrões de comunicação está relacionada com a divisão do trabalho e a proximidade física. Professores da mesma matéria e, em menor medida, aqueles com maior proximidade física, formam duradouras redes de comunicação. Assim, três fatores – nível e tamanho da escola, especialização e proximidade – afetam os padrões de comunicação horizontal nas escolas.

Em suma, a comunicação desempenha um papel tão central nas escolas que a questão-chave não é envolver administradores, professores e alunos na comunicação, mas a eficiência com que eles se comunicam. As pessoas devem trocar informações nas escolas, mas para desenvolver significados compartilhados é necessária competência comunicativa nos níveis individual e organizacional.

CASO SOBRE LIDERANÇA EDUCACIONAL

A carta

Jack Landis é diretor da Lincoln Elementary School. A escola Lincoln é uma das cinco escolas de ensino fundamental de Pleasantville, uma comunidade de 30 mil habitantes em um estado da região Centro-Oeste dos Estados Unidos. Pleasantville é um interessante retrato do país. É uma comunidade da classe trabalhadora em transição com um tipo diferente de força de trabalho. O velho trabalho das fazendas, fábricas e minas deu lugar a novas ocupações em uma pequena indústria aeronáutica e à criação da faculdade estadual (recentemente rebatizada de State University Pleasantville). Uma indústria de celulose, uma fábrica de tapetes, uma fábrica de produtos químicos e uma mina de carvão anteriormente eram os principais empregadores da comunidade. Porém, recentemente, para o desespero do povo trabalhador de Pleasantville, a maioria das fábricas e das indústrias entrou em declínio. O desemprego subiu para 13% com tendência a piorar. O povo culpava o governo. Nos velhos tempos, não existiam agências de proteção ambiental, nem ambientalistas, tampouco interferência dos burocratas estaduais e federais. Naquela época, as pessoas trabalhavam arduamente e tinham uma vida decente.

Com o advento dos regulamentos de proteção ambiental e mudanças no mercado, a fábrica de tapetes agora empregava apenas metade do número de funcionários de 15 anos atrás. O mesmo acontecia na indústria de celulose e na mina de carvão. A fábrica de produtos químicos estava à beira da falência, por conta da concorrência com corantes mais modernos e importados e de projetos ambientais caros, que haviam minado a fábrica nos últimos três anos. Com efeito, parecia existir só uma grande indústria que prosperava em Pleasantville – a Universidade Estadual. A instituição cresceu de 2 mil alunos matriculados há 10 anos para quase 10 mil alunos hoje. Embora a construção do *campus* em expansão tenha gerado muitos postos de trabalho durante os últimos cinco anos, isso não compensava o declínio das antigas indústrias. Além disso, muitos dos trabalhos gerados pela Universidade Estadual eram cargos profissionais que exigiam a contratação de forasteiros em vez de pessoas da cidade.

Algumas pessoas se ressentiam da intromissão de pessoas de fora e olhavam com saudosismo para os dias felizes de antanho. Outros membros da comunidade, especialmente empresários, viam com bons olhos a expansão da universidade e tinham orgulho pelo fato de Pleasantville estar se tornando sofisticada.

Jack Landis não era um estranho em Pleasantville. Aos 35 anos de idade, passou toda a sua vida em Pleasantville ou perto dela. Ele havia frequentado a escola desde o começo do ensino fundamental até o fim do ensino médio na cidade. Ao término do ensino médio, ele foi para a faculdade estadual local e se formou em educação. Seu primeiro emprego foi como professor de ciências na Pleasantville High. Durante seu primeiro ano na docência, Jack Landis decidiu que queria expandir seu papel no setor da educação. Ele começou a frequentar aulas sobre formação de currículo nos verões no *campus* principal da universidade estadual, a 105 km de Pleasantville.

Estudar no *campus* principal foi a primeira exposição real de Landis à vida fora de Pleasantville. Um problema crônico no joelho o manteve fora do serviço, e há males que vêm para bem. Pensando em retrospectiva, Landis avaliava que a experiência no *campus* principal havia aberto os olhos de um rapaz interiorano, como ele às vezes se referia a si mesmo. Dez anos mais tarde, ele já havia completado seu doutorado em currículo educacional, atuado como coordenador do currículo de ciências do ensino fundamental em âmbito distrital e, como resultado de seu sucesso no trabalho com as pessoas e seu genuíno bom senso, ele foi promovido a diretor da nova Lincoln Elementary School. A escola Lincoln não era um lugar propenso a mudanças. Os alunos tinham crescido no sistema e enviado seus filhos para a Lincoln. Eles queriam a mesma boa educação que haviam recebido – sem frescuras, sem ajuste de vida, sem multiculturalismo, sem debates sobre direito à vida ou sobre a natureza das famílias, só a aprendizagem básica em leitura, matemática, ciências, redação e história.

Não havia dúvidas de que o bairro da Lincoln era conservador, mas mudava paulatinamente, à

(continua)

CASO SOBRE LIDERANÇA EDUCACIONAL *(continuação)*

medida que mais e mais professores universitários compravam casas em Lincoln Heights. Com efeito, o bairro da Lincoln estava se tornando a área residencial preferida por jovens profissionais na comunidade.

Como profissional especializado em currículos educacionais e hábil administrador, Landis conseguiu introduzir um forte currículo de ensino fundamental. Combinou muitos elementos da aprendizagem cooperativa e da aprendizagem de mestria para envolver os alunos individual e coletivamente na busca de conhecimentos em matemática, ciências e leitura. Sua abordagem de linguagem integral para o ensino de inglês e redação era um modelo frequentemente observado por estudantes da faculdade local. (Landis demorou para se acostumar com a ideia de ver a faculdade local se tornar uma universidade estadual; ele ainda pensava no estabelecimento como sua faculdade.) Cinco anos como coordenador curricular e cinco anos como diretor tinham produzido uma escola da qual ele estava orgulhoso. O desempenho dos alunos da escola de ensino fundamental continuava bom, e os pais geralmente apoiavam as suas iniciativas, embora alguns se queixassem de que ele estava se afastando do básico.

Manhã de segunda-feira. Enquanto Jack conferia sua correspondência, ficou paralisado com a terceira carta que ele abriu e leu.

7 de fevereiro

Caro Dr. Landis:

Você precisa saber que seu supervisor curricular de ciências é gay. Ele mora com outro homem, e eu flagrei os dois se acariciando num boteco em Greenville. Não me importo com o que as pessoas fazem em suas vidas particulares, mas professores são diferentes. Não quero meu filho correndo perigo por causa desse sujeito. Claro, existe sempre a questão da aids, e eu não quero que ele assedie o meu filho. Corre um boato de que o Jenkins anda mal de saúde. Francamente, estamos preocupados com a segurança das nossas crianças.

Sabemos que você está conosco nessa questão. Afinal de contas, você é um de nós. Por que não faz algo em relação a isso? Todo mundo está falando no assunto. E se você não fizer nada, não me responsabilizo pelo que alguns exaltados podem fazer. Jenkins corre certo perigo.

Não vou assinar esta carta porque não quero me envolver nisso, mas acho que você devia tomar conhecimento desta situação. Alguém ainda vai se machucar. Faça algo antes que se torne um caso de polícia.

Atenciosamente,

Um pai preocupado

Matt Jenkins estava no cargo de supervisor de ciências no ensino fundamental há três anos. Embora Landis não tivesse contratado Jenkins diretamente, o antigo superintendente, que tinha Jenkins em alta conta, lhe consultara. Landis pedira a opinião de um de seus antigos professores da Universidade Estadual, e o professor dissera: "Ele é um pouco esquisito, mas sem dúvida é um dos alunos mais brilhantes e criativos que conheço. Será um trunfo para seu programa". Sem mais delongas, Jenkins foi contratado, embora fosse um forasteiro, e um segmento da comunidade fosse contra a contratação de gente de fora.

Na mente de Landis, Jenkins tinha mostrado forte liderança em melhorar o currículo de ciências na Lincoln. Outros professores gostavam dele porque ele era discreto, solidário, sensível e dócil. Ele tinha alguns maneirismos estranhos, mas isso não parecia incomodar ninguém. Ele ficava na sua e morava a 16 km fora da cidade em uma pequena localidade de Pleasantville chamada Greenville. Ninguém parecia saber muito sobre Jenkins e a vida pessoal dele. Corria o boato de que Jenkins passava boa parte de seu tempo livre na Estação Universitária, o *campus* principal da universidade estadual. Muitas das pessoas da cidade viam com maus olhos as tendências liberais da Estação Universitária, mas era um mundo à parte. Só em uma ocasião Landis recordava ter ouvido comentários negativos sobre Jenkins. Um dos pais tinha se queixado de que ele estava sempre tocando no filho dela. Landis tinha discretamente investigado o assunto e não descobriu nada de concreto. Em vez disso, ele cons-

(continua)

CASO SOBRE LIDERANÇA EDUCACIONAL *(continuação)*

tatou que Jenkins havia segurado o aluno pelo braço algumas vezes para corrigir seu comportamento agressivo com as outras crianças. O aluno em questão era meio violento.

Landis ficou um tanto surpreso ao descobrir que Jenkins morava com o novo professor de inglês do ensino médio, Brad Korbus. Landis tivera papel fundamental no recrutamento e na seleção de Korbus, que agora morava junto com Jenkins em Greenville. Landis estava inclinado a sentir que tudo o que as pessoas fazem em particular só diz respeito a elas próprias. Sua política para lidar com cartas anônimas era colocá-las no lixo. No entanto, a ameaça implícita dessa carta o deixou preocupado.

Ele se sentiu obrigado a fazer algo, mas o quê? Por onde começar? Eis a questão. Landis decidiu consultar a superintendente e informá-la sobre a situação. Sua secretária conseguiu marcar uma reunião de 30 minutos com a superintendente no dia seguinte para discutir o problema. Coloque-se no papel do diretor. Planeje fazer uma apresentação de 15 minutos à superintendente sobre o caso e depois envolva a superintendente em alguma resolução de problemas colaborativa.

- Como você resumiria os principais fatos do caso? Faça um esboço deles.
- Uma apresentação de PowerPoint® seria útil ou formal demais?
- Como você enquadraria o problema?
- Até que ponto você e a superintendente compartilham esse problema?
- Quem deve assumir o papel de liderança nesse caso?
- Como você vai obter *feedback* construtivo da superintendente?
- Qual é o seu objetivo em falar com a superintendente?
- Como você vai avaliar o sucesso de sua reunião?

GUIA PRÁTICO

1. Use várias estratégias de comunicação para melhorar a compreensão: nem todo mundo aprende da mesma maneira.
2. Certifique-se de que as comunicações verbais e não verbais sejam consistentes: limite a confusão comunicativa.
3. Desenvolva maneiras de verificar a compreensão das comunicações: comunicar não é o mesmo que entender.
4. Use o bate-papo para avaliar potenciais reações às comunicações: a comunicação informal é geralmente mais autêntica do que a comunicação formal.
5. Incentive perguntas e paráfrases das mensagens para reduzir ambiguidade: a clareza vem com a persistência e a redundância.
6. Confira a compreensão: utilize técnicas de *feedback* para garantir que todas as partes tenham o mesmo entendimento.
7. Siga comunicações orais com resumos escritos sobre a compreensão: a clareza e a redundância evitam mal-entendidos.
8. Complemente a rede de comunicação formal com a informal: redes informais são mais autênticas.
9. Use mídias mais ricas (p. ex., interações "tête-a-tête") à medida que o conteúdo se torna mais complexo e ambíguo: a complexidade requer clareza.
10. Esclareça a sua comunicação a fim de reduzir o ruído (p. ex., informações extrínsecas): clareza é fundamental para a compreensão.
11. Melhore seu repertório de habilidades e estratégias comunicativas: pessoas e situações diferentes exigem uma diversidade de estratégias de comunicação.

PRINCÍPIOS E PRESSUPOSTOS BÁSICOS

1. Usar várias estratégias de comunicação aumenta a probabilidade de entendimentos compartilhados e novas aprendizagens.
2. Os administradores que são comunicadores competentes têm maior repertório de estratégias de comunicação que comunicadores menos competentes.
3. Ao comunicar informações ambíguas, o uso de mídias mais ricas e de redundância melhora o desempenho da comunicação.
4. Para a compreensão efetiva, as mensagens verbais e não verbais devem transmitir o mesmo significado.
5. O significado de uma mensagem depende das informações a serem transmitidas, das habilidades e características dos comunicadores, do tipo de mídia utilizada e do nível de ruído no contexto da comunicação.
6. Os sistemas de comunicação de organizações escolares altamente centralizados (com muitas camadas hierárquicas) caracterizam-se pelo uso de mídias menos ricas, ao passo que organizações menos centralizadas, mais planas, normalmente empregam mídias mais ricas.
7. Redes de comunicação formal são geralmente maiores e mais bem desenvolvidas do que as redes informais, mas estão intimamente relacionadas, podem ser complementares e são fundamentais para a organização da escola.

TESTE OS SEUS CONHECIMENTOS: SABE O SIGNIFICADO DESTES TERMOS?

comunicação, *p. 350*
remetentes, *p. 350*
mensagens, *p. 350*
objetivos, *p. 351*
estratégias, *p. 351*
mídia, *p. 351*
formatos, *p. 351*
receptores, *p. 351*
efeitos de comunicação, *p. 351*
feedback, *p. 351*
contexto, *p. 351*
símbolos, *p. 352*
comunicação unidirecional, *p. 353*
comunicação bidirecional, *p. 354*
conversa, *p. 354*
indagação, *p. 354*

debate, *p. 355*
instrução, *p. 355*
habilidades de envio, *p. 356*
habilidades de escuta, *p. 356*
habilidades de *feedback*, *p. 358*
riqueza, *p. 360*
comunicação não verbal, *p. 361*
ruídos, *p. 364*
comunicação organizacional, *p. 365*
canais formais, *p. 366*
canais informais, *p. 366*
bate-papo, *p. 366*
função astro, *p. 367*
função isolada, *p. 367*
pontes, *p. 368*
conexões, *p. 368*

LEITURAS SUGERIDAS

BARNARD, C. I. *Functions of an executive*. Cambridge: Harvard University Press, 1938.

Apresenta um pioneiro e ainda importante conjunto de ideias sobre comunicação individual e organizacional. Excelente fonte para consultar sobre comunicação e outros conceitos.

CATT, S. E.; MILLER, D. S.; HINDI, N. M. Don't misconstrue communication cues: understanding MISCUES can help reduce widespread and expensive communication. *Strategic Finance*, v. 86, n. 12, p. 51-55, 2005.

Oferece dicas úteis sobre como interpretar comportamentos de comunicação.

CLAMPITT, P. G. *Communicating for managerial effectiveness*. 2nd ed. Newbury Park: Sage, 2001.

Apresentação útil dos modelos de comunicação em um contexto de aplicações, mitos e táticas administrativas.

JABLIN, F. M.; PUTNAM, L. L. (Eds.). *The new handbook of organizational communication*. Thousand Oaks: Sage, 2001.

Contém comentários amplos da literatura e sugestões para futuras pesquisas sobre comunicação.

MCKAY, M.; MARTHA, D.; FANNING, P. *Messages*: the communication skills book. 3rd ed. Oakland: New Harbinger Publications, 2009.

Resumo de conselhos práticos úteis para melhorar a sua comunicação.

TE'ENI, D. A cognitive-affective model of organizational communication for designing IT. *MIS Quarterly*, v. 25, n. 2, p. 251-312, 2001.

Propõe uma versão relativamente recente e elaborada de um modelo de comunicação organizacional.

EXERCÍCIO DE PORTFÓLIO

Como diretor de ensino fundamental, você foi instruído pelas autoridades do gabinete central a implementar um novo programa de ciências na sua escola. Nos preparativos para o programa de aplicação, você deve concluir as seguintes atividades:

- Criar um plano para comunicar essa iniciativa aos professores e aos pais. Considere fatores como: quais informações devem ser comunicadas, a sua credibilidade e a de outros remetentes, como melhorar a credibilidade dos remetentes, os canais e as mídias para enviar as mensagens e o contexto da sua escola.

- Prepare exemplos de memorandos e apresentações que você pode usar para comunicar as alterações para os professores, pais e administradores do gabinete central.
- Desenvolva métodos para avaliar os efeitos da comunicação solicitando *feedback* (comunicação bidirecional) sobre o novo programa e seu desenvolvimento, utilizando tanto canais verbais e não verbais quanto redes formais e informais.

Padrões 1, 2, 3 e 4

13

LIDERANÇA NAS ESCOLAS

Durante a Revolução, um homem em roupas civis passou por uma casamata sendo reconstruída. O comandante gritava ordens, mas não ajudava. Quando o cavaleiro perguntou o porquê, o supervisor do trabalho retorquiu: "Senhor, eu sou cabo". O estranho se desculpou, desmontou e ajudou na reconstrução da casamata. Quando o serviço ficou pronto, ele se virou para o supervisor e disse: "Sr. Cabo, da próxima vez que você tiver um trabalho como este e um número insuficiente de homens para fazê-lo, vá até seu superior, e eu virei ajudá-lo novamente". Tarde demais, o cabo reconheceu George Washington.

Robert M. Gates
Discurso de boas-vindas a West Point

PONTOS PRINCIPAIS

1. Líderes e liderança são importantes porque servem como âncoras, fornecem orientações em tempos de mudança e melhoram a eficiência das organizações.
2. A liderança é um processo de influência social com elementos racionais, sociais e emocionais.
3. O trabalho dos líderes exibe padrões semelhantes em diferentes países e cenários organizacionais.
4. Personalidade, motivação e habilidades parecem estar sistematicamente relacionadas com a eficiência da liderança nas escolas.
5. Fatores situacionais que restringem a liderança educacional incluem características dos subordinados e das organizações, bem como dos ambientes internos e externos.
6. Comportamentos orientados para a tarefa, orientados para as relações e orientados

para a mudança são características fundamentais do comportamento dos líderes.
7. Modelos de liderança de contingência especificam as condições que moderam a relação entre liderança e desempenho eficiente.
8. Teorias de liderança visionárias e orientadas para a mudança surgiram na década de 1990 e continuam a conduzir grande parte da pesquisa contemporânea sobre liderança.
9. Os líderes transformacionais utilizam influência idealizada, inspiração motivacional, incentivo intelectual e individualização na consideração (os quatro I) para mudar suas escolas.
10. A liderança servidora é estreitamente aparentada com a liderança transformacional, mas a primeira centra-se em liderar servindo.
11. A teoria evolucionista da liderança é o mais recente arcabouço para compreender e explicar a conexão entre líderes e seguidores.

A liderança evoca imagens altamente romantizadas, emocionais e corajosas para

muitos de nós. Quando pensamos em líderes específicos, nomes como Gandhi,

Churchill, Kennedy, King, Mandela, Meir, Napoleão, Reagan, Roosevelt e Thatcher vêm à mente. De acordo com Gary Yukl (2002), o próprio termo projeta imagens de indivíduos poderosos, dinâmicos, que comandam exércitos vitoriosos, constroem impérios ricos e influentes ou alteram o curso das nações. Posto de forma sucinta, as pessoas comumente acreditam que os líderes fazem a diferença e querem entender o porquê disso. De fato, a liderança é frequentemente considerada como o fator isolado mais importante para o sucesso ou o fracasso das instituições (BASS, 2008).

Os pontos de vista recém-mencionados também valem para organizações educacionais. Na verdade, um conjunto de partes interessadas amplo, diversificado e crescente supõe que os líderes fazem a diferença e são os principais responsáveis pelo desempenho escolar (OGAWA; SCRIBNER, 2002). Embora alguns aleguem que os líderes escolares sejam os culpados pelo desempenho acadêmico inadequado, a principal preocupação é a de que os líderes atuais não estejam à altura da tarefa de provocar as mudanças necessárias. Os críticos afirmam que os líderes escolares, por exemplo, não respondem adequadamente à responsabilização com base em padrões, não orientam e direcionam melhorias instrucionais, não incorporam novas e revolucionárias tecnologias da informação nas suas escolas, não modernizam as estruturas administrativas ultrapassadas e não prestam os serviços necessários para todas as crianças (ELMORE, 2000; FINN, 2003; HESS, 2003). Vamos partir da premissa de que os líderes são essenciais para organizações educacionais e apresentar perspectivas teóricas úteis a partir de uma crescente base de conhecimento sobre liderança.

DEFINIÇÃO DE LIDERANÇA

Sendo uma palavra da nossa linguagem cotidiana, a liderança foi incorporada no vocabulário técnico de estudos organizacionais sem ser precisamente definida (YUKL, 2010). Portanto, não é surpreendente que as definições do conceito sejam quase tão numerosas quanto os estudiosos envolvidos em seu estudo. Bennis (1989), por exemplo, opinou que a liderança é como a beleza – é difícil de definir, mas você sabe quando a vê. Martin M. Chemers (1997, p. 1) oferece a seguinte definição básica:

> Liderança é um processo de influência social pelo qual uma pessoa é capaz de empregar a ajuda e o apoio de outros na realização de uma tarefa comum.

O pressuposto compartilhado por essa e a maioria das definições é que a liderança envolve um processo de influência social em que um indivíduo exerce influência intencional sobre outras pessoas para estruturar atividades e relações em um grupo ou organização. Porém, controvérsias sobre as definições permanecem quanto ao tipo, à base e à finalidade das tentativas de influência; e também quanto à liderança *versus* gestão (YUKL, 2002). Embora existam muitas definições de liderança, é bem aceito que a liderança é um processo de influência, ocorre em grupos e envolve objetivos comuns (NORTHOUSE, 2010). Independentemente de debates teóricos, em linhas gerais, definimos **liderança** como *um processo social em que um indivíduo ou um grupo influencia o comportamento em direção a um objetivo compartilhado*; a liderança é distribuída amplamente em organizações de modo tanto formal quanto informal e apresenta bases racionais, sociais e emocionais.

A NATUREZA DO TRABALHO ADMINISTRATIVO

Levando em conta o intenso e duradouro interesse em líderes e liderança, o que há de tão intrigante no que os líderes fazem? Será que descrever a natureza do trabalho dos líderes pode melhorar nossa compreensão sobre liderança? Com certeza, respostas parciais a essas perguntas podem ser obtidas com a observação de como os líderes administram e comandam suas organizações. Vários estudos têm utilizado uma abordagem de observação estruturada para descrever o que gerentes, administradores e líderes fazem em seus trabalhos rotineiros.[1] Esses estudos fornecem quadros detalhados e vívidos do que os gerentes de negócios e administradores escolares fazem em seus cargos e com quem e onde eles passam seu tempo. Considerando as regularidades na pesquisa, Kyung Ae Chung e Cecil Miskel (1989) resumem as principais conclusões.

- Administrar escolas é uma atividade febril e absorvente; os administradores escolares trabalham longas horas em ritmo incessante, fisicamente exaustivo.
- Líderes escolares dependem de meios de comunicação verbais; eles gastam uma grande parte do tempo andando pelas dependências da escola e falando com indivíduos e grupos.
- As atividades do administrador variam amplamente; portanto, os administradores constantemente trocam de marcha e de tarefas.
- O trabalho gerencial é fragmentado; para administradores escolares, o ritmo é rápido e frenético, a descontinuidade prevalece e o intervalo de concentração é abreviado.

Em geral, as descrições do trabalho administrativo são semelhantes em todos os países diferentes e cenários organizacionais. Os administradores escolares trabalham principalmente em sua sala. O trabalho deles envolve longos expedientes e breves conversas sobre uma vasta gama de assuntos com diversos indivíduos e grupos. Além disso, os avanços tecnológicos, as exigências por desempenho melhorado, a responsabilização com base em padrões e a competição ambiental estão mudando a natureza do trabalho para os administradores escolares. A questão permanece: "Como passamos a compreender a natureza da liderança nas escolas?". As abordagens teóricas dominantes na literatura de pesquisa fornecem um bom ponto de partida.

Abordagem dos traços de liderança

Muita gente ainda acredita (como Aristóteles apregoava há séculos) que desde a hora do nascimento algumas pessoas são destinadas a serem governadas e outras a governar. Aristóteles pensava que os indivíduos nascem com características que os tornavam líderes. A concepção de que os fatores-chave na determinação de liderança são hereditários produziu a assim chamada **abordagem dos traços de liderança**. Bass (2008) observa que no início do século XX os líderes eram geralmente considerados indivíduos superiores que, por causa de herança afortunada ou circunstância social, tinham qualidades e habilidades que os diferenciava das pessoas em geral. Até a década de 1950, as investigações para encontrar os traços que determinam quem serão os líderes dominavam o estudo sobre liderança. Os pesquisadores tentavam isolar características ou traços únicos que diferenciassem os líderes de seus seguidores. Traços frequentemente estudados incluem características físicas (altura, peso), um leque de fatores de personalidade, necessidades, valores, níveis de energia e de atividade, competência de tarefas e interpessoal, inteligência e carisma. Ao longo do tempo, cresceu o reconhecimento de que os traços geralmente podem ser afetados por hereditariedade, aprendizagem e fatores ambientais.

Primeiras pesquisas sobre traços

As abordagens de traço puras – ou seja, a visão de que apenas os traços determinam a capacidade de liderança – foram quase deixadas de lado com a publicação das revisões de literatura durante as décadas de 1940 e 1950. Em particular, Ralph M. Stogdill (1948) revisou 124 estudos sobre a abordagem dos traços na liderança, concluídos entre 1904 e 1947. Ele classificou os fatores pessoais associados com a liderança em cinco categorias gerais:

- *Capacidade* – inteligência, agilidade, facilidade verbal, originalidade e juízo.
- *Desempenho* – títulos acadêmicos, conhecimentos, realizações atléticas.
- *Responsabilidade* – confiabilidade, persistência, iniciativa, agressividade, autoconfiança e desejo por excelência.
- *Participação* – atividade, sociabilidade, cooperação, capacidade de adaptação, humor.
- *Status* – posição socioeconômica, popularidade.

Embora Stogdill tenha encontrado vários traços (p. ex., inteligência acima da média, confiabilidade, participação e *status*) que consistentemente diferenciavam os líderes dos não líderes, ele concluiu que a abordagem dos traços *por si só* havia gerado resultados insignificantes e confusos. Ele afirmou que uma pessoa não se torna um líder em virtude da posse de alguma combinação de traços, porque o impacto dos traços varia amplamente de situação em situação. Como consequência, Stogdill acrescentou um sexto fator associado com liderança – componentes situacionais (p. ex., características dos seguidores e objetivos a serem alcançadas). A revisão posterior de R. D. Mann (1959) chegou a conclusões semelhantes.

Perspectivas recentes sobre traços e habilidades de liderança

Não obstante a falta de sucesso na identificação de traços de liderança gerais, as pesquisas persistiram. Estudos mais recentes sobre traços, no entanto, usam uma ampla variedade de procedimentos de medição melhorados, incluindo testes projetivos e centros de avaliação, e enfocam os gerentes e administradores, em vez de outros tipos de líderes. Yukl (1971, 2002, 2010) explica que, embora a revisão de literatura feita por Stogdill, em 1948, tenha encorajado extremamente muitos pesquisadores a estudar traços de liderança, os psicólogos industriais interessados em melhorar a seleção de gestores continuaram a conduzir pesquisas sobre traços. Sua ênfase na seleção focalizou a pesquisa de traços na relação entre as características do líder e a eficiência do líder, em vez de na comparação dos líderes e não líderes. Essa distinção é significativa. Prever quem se tornará líder e prever quem será mais eficiente são tarefas muito diferentes. Portanto, os assim chamados estudos sobre traços continuam, mas agora tendem a explorar a relação entre traços e a eficiência da liderança dos administradores em tipos especiais de organizações e cenários.

Essa segunda geração de estudos produziu um conjunto mais consistente de conclusões; na verdade, em 1970, depois de analisar outros 163 novos estudos sobre traços, Stogdill (1981) concluiu que um líder se caracteriza pelos seguintes traços: ímpeto para assumir responsabilidade e completar as tarefas; vigor e persistência para alcançar os objetivos; capacidade de correr riscos e de ser original na resolução de problemas; ímpeto para tomar a iniciativa em situações sociais; autoconfiança e senso de identidade pessoal; disposição para aceitar as consequências de decisões e atos; prontidão para absorver o estresse interpessoal; disposição para tolerar frustrações e atrasos; capacidade de influenciar o comportamento das outras pessoas e capacidade de estruturar sistemas de interação para a finalidade em questão. Da mesma forma, Glenn L. Immegart (1988) concluiu que os traços de inteligência, dominância, autoconfiança e alto nível de energia ou atividade estão comumente associados com os líderes.

Em suma, a evidência sustenta a conclusão de que a posse de certos traços aumenta a probabilidade de que um líder seja eficiente (YUKL, 2002), mas não representa um retorno à suposição original dos traços de que "líderes já nascem líderes, não se tornam líderes". Em vez disso, é uma visão mais sensata e equilibrada, que reconhece a influência de traços e situações.

Dada a multiplicidade de conceitos e para facilitar a discussão, classificaremos as variáveis de traços e habilidades que hoje estão associadas com liderança eficiente em um de três grupos (JUDGE; PICCOLO; KOSALKA, 2009; ZACCARO, 2007). As categorias são personalidade, motivação e habilidades (ver Tabela 13.1). Discutiremos traços selecionados dentro de cada grupo.[2]

Traços de personalidade De acordo com Yukl (2002), **traços de personalidade** são disposições relativamente estáveis para se comportar de um modo particular. A lista de fatores de personalidade associados com a liderança eficiente é bastante longa. Cinco parecem particularmente importantes.

- Líderes autoconfiantes são mais propensos a definir objetivos elevados para si mesmos e seus seguidores, tentar tarefas difíceis e persistir diante de problemas e derrotas.

- Líderes tolerantes ao estresse são propensos a tomar boas decisões, a permanecer calmos e a fornecer direção decisiva aos subordinados em situações difíceis.
- Líderes emocionalmente maduros tendem a ter uma consciência exata de seus pontos fortes e fracos e a ser orientados em direção ao automelhoramento; eles não negam suas falhas nem fantasiam sobre o sucesso.
- Integridade significa que os comportamentos dos líderes sejam consistentes com seus valores declarados e que eles sejam honestos, éticos, responsáveis e dignos de confiança.
- Extroversão (ou ser comunicativo, sociável, desinibido e ficar à vontade em grupos) relaciona-se com a probabilidade de que um indivíduo vai emergir como líder do grupo (BASS; RIGGIO, 2006).

Portanto, autoconfiança, maturidade emocional, tolerância ao estresse, integridade e extroversão são traços de personalidade associados com a eficiência do líder.

Traços motivacionais A motivação é um conjunto de forças energéticas que se originam tanto dentro de um indivíduo quanto além deles para iniciar comportamentos relacionados com o trabalho e para determinar a sua forma, direção, intensidade e duração (ver Cap. 4). Um postulado básico é o de que fatores motivacionais desempenham papéis-chave na explicação tanto da escolha da ação quanto do seu grau de sucesso. Em geral, líderes altamente motivados têm maior probabilidade de serem mais eficientes do que indivíduos com baixas expectativas, objetivos modestos e autoeficácia limitada. Com base nos trabalhos de vários estudiosos (FIEDLER, 1967; MCCLELLAND, 1985; YUKL, 2010), cinco **traços motivacionais** são especialmente críticos para os líderes:

- Tarefas e necessidades interpessoais são duas disposições subjacentes que motivam líderes eficientes. Líderes efi-

TABELA 13.1 Traços e habilidades associados com liderança eficiente

Personalidade	Motivação	Habilidades
Autoconfiança	Necessidades interpessoais e ligadas às tarefas	Técnicas
Tolerância ao estresse	Foco no desempenho	Interpessoais
Maturidade emocional	Necessidades de poder	Conceituais
Integridade	Expectativas	
Extroversão	Autoeficácia	

cientes caracterizam-se por seu ímpeto para a tarefa e sua preocupação com as pessoas.

- O poder precisa se referir aos motivos dos indivíduos para buscar posições de autoridade e exercer influência sobre os outros.
- O foco no desempenho inclui a necessidade de alcançar, o desejo de se sobressair, o ímpeto para ter sucesso, a vontade de assumir responsabilidades e a preocupação com os objetivos da tarefa.
- Altas expectativas para o sucesso dos administradores escolares referem-se a sua crença de que eles podem fazer o trabalho e se sentirão gratificados pelos seus esforços.
- A autoeficácia (a crença em nossa própria capacidade de organizar e executar um curso de ação) está relacionada com o desempenho de líder e a liderança transformacional (BASS; RIGGIO, 2006).

Além dessas características de motivação, os traços físicos de energia e atividade permitem que indivíduos exibam competência pelo envolvimento ativo com os outros.

Em suma, abordar a liderança sob uma perspectiva de traços tem um histórico longo e produtivo. Alguns traços mostraram relações claras e consistentes com a eficiência do líder. A lógica básica para os estudos de traço é que alguns traços de personalidade e motivacionais aumentam a probabilidade de que os indivíduos se envolvam em esforços para influenciar os outros na definição de resultados escolares apropriados, organizar atividades de ensino e aprendizagem e construir uma cultura cooperativista. Do ponto de vista prático, Northouse (2004, 2010) mostra como indivíduos e organizações podem usar a perspectiva dos traços. Os indivíduos avaliam seus pontos fortes e fracos e, em seguida, tomam ações para desenvolver suas habilidades de liderança. Organizações escolares procuram identificar indivíduos

com traços e habilidades particulares que vão se adaptar às organizações e ajudar a conduzi-las.

Habilidades Componente importante (mas muitas vezes negligenciado) da liderança educacional é a habilidade necessária para completar um trabalho. Se alguém compilasse uma lista das habilidades que os líderes necessitam para resolver problemas e fazer suas organizações progredirem, essa lista seria bem extensa. No entanto, uma variedade de esquemas classifica a cornucópia de habilidades em um pequeno número de grupos. Um modelo recente postula que as habilidades de resolução de problemas, as habilidades de julgamento social e os conhecimentos tornam possível uma liderança eficiente (MUMFORD et al., 2000). Da mesma forma, tanto Yukl (2002) quanto Northouse (2004) discutem três categorias particularmente importantes das competências associadas à eficiência do líder: técnicas, interpessoais e conceituais.

- As habilidades técnicas envolvem a aplicação de conhecimentos especializados nas tarefas administrativas. Para os líderes educacionais, exemplos de habilidades técnicas incluem gestão de orçamentos, implementação de responsabilização com base em padrões, interpretação de resultados de testes e supervisão e coordenação de melhorias no ensino e na aprendizagem.
- Habilidades interpessoais englobam uma compreensão dos sentimentos e das atitudes dos outros e saber como trabalhar com pessoas em relações de trabalho individual e cooperativo. Provas de habilidades interpessoais incluem comunicação clara, relações colaborativas, sociabilidade e tato.
- Competências conceituais ou cognitivas envolvem as habilidades para formar e trabalhar com conceitos, pensar logicamente e raciocinar de modo analítico, dedutivo e indutivo. Em outras

palavras, as habilidades conceituais ajudam os líderes a desenvolver e usar ideias para analisar, organizar e resolver problemas complexos.

O princípio subjacente de uma abordagem de habilidades é que a liderança exige o domínio de conhecimentos e habilidades relevantes para a tarefa, possibilitando assim a resolução de complexos problemas sociais e técnicos e o alcance de objetivos de forma eficiente (MUMFORD et al., 2000). Em outras palavras, a eficiência de comportamentos do líder depende de o líder ter as habilidades necessárias para selecionar e executar os comportamentos necessários em formas consistentes com a situação organizacional (MARTA; LERITZ; MUMFORD, 2005).

As três habilidades são exigidas dos líderes eficientes, mas é provável que a prioridade relativa de cada uma dependa do nível de administração (YUKL, 2002). A habilidade interpessoal é fundamental independentemente do nível, mas a habilidade técnica é especialmente importante para os gestores nos níveis hierárquicos inferiores, tais como diretores assistentes em assuntos de instrução ou coordenadores curriculares, porque trabalham com professores altamente qualificados. Quando os líderes são promovidos a cargos de nível médio como diretor, eles precisam de elevados graus de *expertise* em todas as três habilidades. Para os administradores de nível superior em nível de superintendência, as habilidades conceituais são particularmente importantes na definição e resolução de problemas.

Conforme resumido na Tabela 13.1, identificamos três conjuntos de características relacionadas com a eficiência da liderança. Embora os traços sejam relativamente mais estáveis ou fixos que as habilidades, ambos podem ser avaliados, aprendidos e reforçados por meio de uma variedade de métodos. Se você for um administrador potencial ou já em exercício, é importante conhecer seus pontos fortes e fracos, aprender novas habilidades e continuar a desenvolver as antigas, contornar as deficiências e compensar as fraquezas (YUKL, 2002).

TEORIA NA PRÁTICA

Projete uma carreira em administração educacional para si mesmo – por exemplo, de diretor assistente, depois diretor e, por fim, superintendente. Que traços e habilidades são necessários para cada cargo? Os traços e as habilidades para os cargos se complementam ou entrar em conflito uns com os outros? Como você se proporia a explorar os aspectos complementares? Como você se proporia a resolver os conflitos?

Situações e liderança

A reação, ou talvez mais adequadamente a reação exagerada, à abordagem dos traços foi tão intensa durante o final da década de 1940 e o decorrer da década de 1950, que, por um tempo, parecia que os estudiosos tinham substituído uma análise estritamente situacional para a então questionável abordagem de traços. A visão de que os líderes já nascem líderes foi rejeitada (Bass, 2008). Os pesquisadores procuravam identificar as características distintivas do cenário ao qual o sucesso do líder poderia ser atribuído; eles tentavam isolar as propriedades específicas da situação de liderança que tiveram relevância para o comportamento e o desempenho do líder (CAMPBELL et al., 1970; LAWLER 3RD, 1985; VECCHIO, 1993). Conforme demonstrado ao longo deste livro e resumido na Tabela 13.2, postula-se que algumas variáveis influenciam o comportamento nas escolas e, assim, podem ser vistas como determinantes situacionais da liderança. Surgem alguns exemplos gerais (ver Tab. 13.2):

TABELA 13.2 Fatores situacionais de liderança educacional

Subordinados	Organizacionais	De ambiente interno	De ambiente externo
Personalidade	Tamanho	Clima	Sociais
Motivação	Hierarquia	Cultura	Econômicos
Habilidades	Formalização		
	Papel de líder		

- Propriedades organizacionais da organização – tamanho, estrutura hierárquica, formalização e tecnologia.
- Características do cargo – tipo e dificuldade da tarefa, normas processuais, expectativas de desempenho e conteúdo, poder.
- Características subordinadas – educação, idade, conhecimento e experiência, tolerância à ambiguidade, responsabilidade, poder.
- Ambiente interno – clima, cultura, transparência, níveis de participação, atmosfera de grupo, valores e normas.
- Ambiente externo – complexidade, incerteza, estabilidade, dependência de recursos, institucionalização.

John P. Campbell et al. (1970) chegaram a uma conclusão interessante sobre a fase situacional dos estudos sobre liderança. Todo mundo acreditava que era grande a necessidade de pesquisas, mas havia escassez de atividades empíricas reais. Consequentemente, o salto de "líderes já nascem líderes, não se tornam líderes" para "os líderes são moldados pelas situações, não nascem líderes" teve curta duração. Bass (2008) sustenta que a visão situacional superestimava a natureza situacional e subestimava a natureza pessoal da liderança. Os fatores pessoais e situacionais têm fortes associações recíprocas. Os líderes exercem influência por meio da situação; a situação sustenta e limita a influência do líder. Restringir o estudo da liderança a apenas traços ou situações, portanto, é excessivamente estreito e contraproducente.

Comportamentos e liderança

As primeiras conceituações de liderança normalmente se baseiam em duas categorias distintas de **comportamento de líder** – uma categoria preocupada com as pessoas, as relações interpessoais e a manutenção do grupo, e a outra com a produção, a conclusão de tarefas e realização dos objetivos (CARTWRIGHT; ZANDER, 1953). Conclusões semelhantes foram refletidas em outros estudos iniciais sobre liderança. Agora vamos fazer uma descrição dos primeiros programas de pesquisa e de uma perspectiva mais recente sobre o comportamento dos líderes.

Os estudos do Estado de Ohio sobre liderança e afins

Para os alunos de administração educacional, provavelmente as pesquisas sobre liderança mais bem conhecidas sejam os estudos sobre o questionário descritivo do comportamento de líder (LBDQ, do inglês *leader behavior description questionnaire*) iniciados na Ohio State University, na década de 1940. Originalmente desenvolvido por John K. Hemphill e Alvin Coons (1950), o LBDQ foi mais tarde aprimorado por Andrew Halpin e B. J. Winer (1952). O questionário mede duas dimensões básicas do comportamento de líder – estrutura de iniciação e consideração.

A **estrutura de iniciação** inclui qualquer comportamento de liderança que delineia a relação entre o líder e os subordinados e, ao mesmo tempo, estabelece padrões definidos de organização, canais de comunicação e métodos de procedimento. A **consideração** inclui comportamentos de liderança que indiquem amizade, confiança, calor, interesse e respeito nas relações entre o líder e os membros do grupo de trabalho (HALPIN, 1966). Usando o LBDQ, subordinados, superiores ou os próprios indivíduos podem descrever o comportamento de líder de si mesmos e dos outros.

Quatro conclusões importantes surgiram a partir dos estudos de LBDQ da Ohio State University (HALPIN, 1966).

- Estrutura de iniciação e consideração são dimensões fundamentais do comportamento de líder.
- Os líderes mais eficientes são aqueles com alta estrutura de iniciação e alta consideração.
- Os superiores e os subordinados tendem a avaliar as contribuições das dimensões do comportamento de líder de modo oposto ao avaliar a eficiência. Os superiores tendem a enfatizar a estrutura de iniciação; os subordinados são mais preocupados com a consideração.
- Existe apenas uma ligeira relação entre como eles, os líderes, dizem que devem se comportar e como os subordinados descrevem que eles se comportam.

As conclusões de Kunz e Hoy (1976) e Leverette (1984) sustentam as conclusões feitas por outros estudiosos (VROOM, 1976; HOUSE; BAETZ, 1979; MITCHELL, 1979). A consideração está normalmente relacionada à satisfação do subordinado com o trabalho e com o líder. Embora os resultados de pesquisa sejam um tanto ambíguos, a estrutura de iniciação foi identificada como uma fonte de desempenho dos subordinados. No entanto, as variáveis situacionais aparentemente afetam a relação entre consideração e estrutura de iniciação e também afetam os critérios de eficiência organizacional. A consideração tem seu efeito mais positivo sobre a satisfação dos subordinados que trabalham em situações estruturadas ou cujas tarefas são estressantes, frustrantes ou desagradáveis. Em contraste, a estrutura de iniciação tem o maior impacto sobre o desempenho do grupo quando as tarefas dos subordinados são mal definidas (KELLER, 2006).

As conclusões desses estudos são bastante claras para nós. Existem duas dimensões básicas de liderança: estrutura de iniciação e consideração. Negligenciar a estrutura de iniciação limita o impacto do líder na escola. Ignorar a consideração reduz a satisfação e o trabalho em equipe dos subordinados. Com certeza, o comportamento de líder que integra a estrutura de iniciação e consideração de modo consistente é frequentemente desejável. Mas há momentos em que a liderança claramente orientada para a tarefa é mais apropriada e outras situações quando a consideração é mais importante. Às vezes, situações até exigem a delegação de liderança ao grupo. Adequar o estilo de comportamento de líder à situação apropriada para maximizar a eficiência é um intricado problema ao qual retornaremos ao longo deste capítulo.

A estrutura de iniciação e a consideração receberam nomes diferentes por vários estudiosos. Por exemplo, Etzioni (1975) as chama de atividades instrumentais e expressivas. Preferimos os termos "comportamento de tarefa" (estrutura de iniciação) e "comportamento de relações" (consideração) para especificar as dimensões básicas do comportamento de liderança. Uma dicotomia simples das duas dimensões leva a quatro estilos de liderança – estilo de relações (alto apenas no comportamento das relações), estilo de tarefa (alto apenas no comportamento de tarefa), estilo dinâmico (alto tanto no comportamento das relações quanto no comportamento de tarefa) e um estilo delegado (baixo em relações e tarefas). A Figura 13.1 ilustra os quatro estilos. Qual é o seu estilo de liderança dominante? É fácil para você mudar o estilo? Que estilo você acha mais difícil usar?

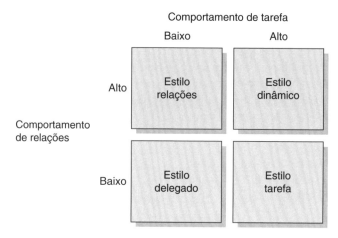

FIGURA 13.1 Tipologia de estilos de comportamento de líder.

TEORIA NA PRÁTICA

A Figura 13.1 define quatro estilos de comportamento do líder. Qual é o seu estilo de liderança dominante? Quais são seus estilos secundários? O quão flexível é sua liderança? Consegue mudar seu comportamento de líder à medida que a situação muda? Responda essas perguntas no *site* www.waynekhoy.com. Na seção "Recursos do aluno" (*Student Resources*), baixe o formulário "Diagnóstico de Estilo de Líder" (*Leader Style Diagnosis*); complete-o e pontue a escala. Avalie seus estilos de liderança dominantes e secundários. Ficou surpreso? É adequadamente flexível no seu estilo? O que você aprendeu sobre seu estilo de liderança?

Perspectiva recente sobre o comportamento do líder

Yukl (2002, 2010) também adverte para não interpretar os resultados dos primeiros estudos como teorias universais de comportamento de líder eficiente. Em outras palavras, não se justifica concluir que o mesmo estilo de comportamento do líder seja ideal em todas as situações. A grade gerencial de Blake e Mouton (1985) é uma bem conhecida teoria universal. Sua hipótese básica é que os líderes mais eficientes têm altos níveis de preocupação tanto com a produção quanto com as pessoas. Preocupações com a produção e com as pessoas são semelhantes aos termos "tarefa" ou "estrutura de iniciação" e "relacionamento" ou "consideração" dos modelos anteriores. Yukl observa que Blake e Mouton sugerem um aspecto situacional com a ideia de que os comportamentos devem ser pertinentes com a situação para serem eficientes. No entanto, eles nunca realmente asseveram generalizações específicas vinculando comportamentos para diferentes situações. Como mostramos em nossa discussão sobre os primeiros estudos, os fatores situacionais realmente afetam a eficiência do comportamento de líder, mesmo quando um indivíduo é evoluído nas duas dimensões de pessoas e tarefas.

Embora tenhamos limitado nossa discussão a observações estruturadas e aos estudos da Ohio State, muitas listas de comportamento de líder são encontradas na literatura. Para integrar as várias tipologias e taxonomias, Yukl (2002, 2010) desenvolveu um modelo de comportamento de líder com as três categorias a seguir.

- Comportamentos orientados para as tarefas englobam funções esclarecedoras, operações de planejamento e organização, além de monitoramento das funções organizacionais. Essas ações enfatizam: executar tarefas, utilizar pessoal e recursos de maneira eficiente, manter processos estáveis e confiáveis, bem como fazer melhorias incrementais.

- Os comportamentos orientados para relações incluem suporte, desenvolvimento, reconhecimento, consultoria e gestão de conflitos. Essas atividades concentram-se em melhorar os relacionamentos e ajudar as pessoas, aumentar a cooperação e o trabalho em equipe e construir o compromisso com a organização.

- Comportamentos orientados para a mudança consistem em escrutinar e interpretar eventos externos, articular uma visão atraente, propor programas inovadores, apelar para a mudança e criar uma coalizão para apoiar e implementar mudanças. Esses atos concentram-se em adaptar-se a mudanças no ambiente; fazer mudanças importantes em objetivos, políticas, procedimentos e programas; e obter o compromisso com as mudanças.

Comportamentos orientados para a tarefa e orientados para as relações são semelhantes à estrutura de iniciação e à consideração, respectivamente, mas são definidos de forma mais ampla.

Os líderes geralmente se envolvem nos três tipos de comportamentos. Yukl (2010) acredita, no entanto, que o ambiente externo desempenha um importante papel em determinar a combinação adequada para a eficiência do líder. Em ambientes estáveis, o comportamento orientado para a tarefa deve ser usado com mais frequência do que o comportamento orientado para a mudança. Por exemplo, quando os programas de uma escola são apropriados para sua comunidade estável, a ênfase deve estar em comportamentos orientados à tarefa como

aumentar a eficiência e manter operações estáveis. Alguns comportamentos orientados para a mudança são necessários no monitoramento do ambiente e na difusão de novos conhecimentos. Da mesma forma, comportamentos orientados para as relações são mais viáveis em ambientes simples e estáveis do que em ambientes complexos e instáveis. Em ambientes incertos, é provável que o comportamento orientado para a mudança seja o mais eficiente. Em suma, aplicar adequadamente ou equilibrar diferentes tipos de comportamentos de acordo com as diferentes situações é fundamental para melhorar o desempenho da liderança.

Eficiência da liderança

O conjunto final de conceitos em um modelo de contingência é o critério usado para julgar a eficiência da liderança. Tanto para acadêmicos quanto para administradores praticantes, a eficiência é um tema complicado, multifacetado e sutil. Três tipos de resultados de eficiência são sugeridos na Tabela 13.3:

- Pessoal – outras percepções de reputação e autoavaliações.
- Satisfação de membros individuais.
- Realização de objetivo organizacional.

Avaliações de desempenho percebidas são importantes: julgamentos subjetivos do líder por si mesmo/a, subordinados, pares e superiores dentro da escola e por membros do público fora da escola resultam em medidas de eficiência. Nas escolas, as opiniões – por exemplo, respeito, admiração e comprometimento – defendidas por alunos, professores, administradores e patrocinadores são altamente significativas. No entanto, esses grupos podem encarar os níveis de desempenho de forma bastante diferente. Um segundo indicador da eficiência da liderança é a satisfação dos participantes organizacionais. Por fim, os níveis relativos de realização do objetivo escolar também

TABELA 13.3	Indicadores de eficiência para líderes educacionais	
Pessoais	Organizacionais	Individuais
Reputação percebida	Realização de objetivos	Satisfação
Autoavaliação		Desempenho

definem a eficiência dos líderes educacionais (consulte o Cap. 9). Assim, a **eficiência da liderança** pode ser definida em termos de uma dimensão mais objetiva – realização de objetivos organizacionais – e duas dimensões subjetivas – avaliações perceptivas de importantes grupos de referência e satisfação geral no trabalho dos subordinados.

Modelos de contingência para a liderança

Atingindo seu auge na década de 1970, as abordagens de contingência como o modelo geral mostrado na Figura 13.2 foram os mais influentes modelos de liderança na década de 1980. As abordagens de contingência incluem os quatro conjuntos de conceitos recém-considerados – traços dos líderes, características da situação, comportamentos dos líderes e eficiência dos líderes. Duas hipóteses básicas são mostradas na Figura 13.2. Primeiro: os traços e habilidades dos líderes e as características da situação se combinam para produzir comportamento e eficiência de líder. Segundo: fatores situacionais afetam diretamente a eficiência. Por exemplo, os níveis de motivação e a capacidade de professores e alunos estão relacionados com a realização do objetivo das escolas. Além disso, o *status* socioeconômico dos indivíduos que frequentam uma escola está fortemente relacionado com o desempenho estudantil em testes padronizados. Sob uma perspectiva de curto alcance, ao menos, as características situacionais da escola podem exercer maior influência na eficiência do líder do que o próprio comportamento do líder. As **abordagens de contingência** procuram especificar as condições ou variáveis situacionais que moderam a relação dos traços e comportamentos do líder com o desempenho (BRYMAN, 1996). A evidência indica que, em determinado conjunto de circunstâncias, um tipo de líder é eficiente; sob outro conjunto de circunstâncias, um tipo diferente de líder é eficiente.

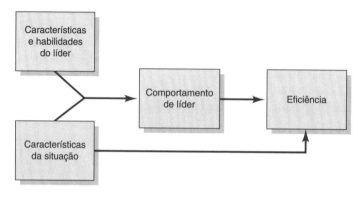

FIGURA 13.2 Esquema de contingência para compreender a liderança.

Vamos analisar vários modelos de contingência para a liderança – liderança instrucional, modelo de contingência de Fiedler, substitutos para a liderança e liderança distribuída.

Liderança instrucional

A liderança instrucional enfatiza a melhoria do ensino e da aprendizagem no cerne técnico da escola (ver Cap. 2). Líderes instrucionais tentam alterar fatores como conteúdo curricular, métodos de ensino, estratégias de avaliação e normas culturais com vistas ao desempenho acadêmico. Essa liderança pode vir de uma variedade de fontes, incluindo diretores e outros administradores, professores, pais e os próprios alunos. Desde o início da década de 1980, no entanto, o foco principal tem sido no diretor como líder instrucional (HALLINGER, 2003, 2005, 2011; HOFMAN; HOFMAN, 2011). Com base nas pesquisas feitas nos anos de 1970 sobre escolas eficientes, as descrições iniciais de diretores cujas escolas mostraram melhora acentuada muitas vezes enfatizavam uma visão heroica de suas capacidades e atribuíam as mudanças aos diretores. Os líderes instrucionais eram comumente vistos como fortes e diretivos, construtores de cultura, orientados aos objetivos, líderes e gestores que combinam *expertise* com carisma. Os formuladores de políticas encantaram-se com a ideia de que o caminho para a melhoria da escola passava pela liderança instrucional do diretor. Eles orientaram as universidades a preparar líderes instrucionais e os distritos escolares a contratá-los. No entanto, as exigências em grande parte permaneceram não atendidas porque, como Hallinger esclarece, o campo da administração educacional carecia de modelos teóricos ancorados em pesquisas e práticas que descrevessem e explicassem como os diretores influenciavam a aprendizagem dos alunos. A partir do início dos anos de 1980, os estudiosos desenvolveram várias abordagens úteis de contingência para compreender a liderança instrucional.

O modelo de contingência proposto por Steven Bossert et al. (1982) parte do pressuposto que características ambientais pessoais, distritais e externas influenciam os comportamentos de gestão dos diretores. O diretor influencia o clima escolar e a organização instrucional, que juntos afetam o desempenho do aluno. Ronald Heck, Terry J. Larsen e George A. Marcoulides (1990) testaram empiricamente o modelo e constataram apoio substancial para sua hipótese básica: *os diretores influenciam o desempenho estudantil indiretamente por meio da criação de organizações instrucionais nas suas escolas com ações participativas e da construção de culturas e climas escolares caracterizados por objetivos claros e altas expectativas para o desempenho acadêmico e o comportamento social.*

Hallinger e Murphy (1985) propuseram um modelo de liderança instrucional usando três dimensões.

- *Definir a missão da escola* enfoca o papel do diretor no trabalho com os outros para garantir que a escola use objetivos claros, mensuráveis e balizados no tempo para o progresso acadêmico dos alunos. Os diretores devem comunicar os objetivos, de modo que eles sejam amplamente conhecidos, apoiados por toda a comunidade escolar e incorporados nas práticas diárias.
- *Gerenciar o programa instrucional* significa coordenar e controlar o currículo e instrução da escola estimulando, supervisionando e monitorando o ensino e a aprendizagem.
- *Promover um clima positivo de aprendizagem escolar* baseia-se na ideia de que escolas eficientes criam uma pressão acadêmica por meio de elevados padrões e expectativas por parte dos alunos e professores (HALLINGER, 2005).

Na sua formulação inicial, o modelo de Hallinger e Murphy não era uma abordagem de contingência para a liderança. O modelo lidava com comportamentos de diretor específicos e suas relações com o desempenho e a eficiência da escola. De modo um tanto implícito e ao longo do tempo, o modelo assumiu as características de uma perspectiva de contingência. Hallinger (2005) apregoa, por exemplo, que uma abordagem de contingência seja explicitamente incorporada em modelos teóricos de liderança instrucional. Ele afirma que a liderança é um processo de influência mútua com muitos fatores situacionais pressionando os diretores a pôr em vigor sua liderança instrucional em várias maneiras. Fatores específicos incluem *background* do aluno, tipo de comunidade, clima e organização escolares e competência e experiência do professor. Os diretores devem ter certa flexibilidade em suas personalidades para adaptar seus comportamentos às dinâmicas necessidades da situação.

Jana M. Alig-Mielcarek e Hoy (2005) ampliaram e especificaram o trabalho de Hallinger e Murphy, sintetizando a literatura sobre liderança instrucional. Após examinar vários modelos (Hallinger e Murphy, 1985; Weber, 1996), Alig-Mielcarek e Hoy forneceram um modelo simplificado de liderança instrucional, que englobava três funções de liderança:

- Definir e comunicar objetivos.
- Monitorar e fornecer *feedback* construtivo sobre o ensino.
- Promover e enfatizar o desenvolvimento profissional.

Esses três elementos altamente inter-relacionados formam um único conceito de segunda ordem chamada liderança instrucional, que produziu uma medição confiável e válida chamada *Escala de Liderança Instrucional*. Exemplos de itens incluem: o diretor "incentiva os professores a participar de atividades de desenvolvimento pro-

fissional", "incentiva os professores a usar a análise de dados sobre o progresso acadêmico estudantil" e "visita a sala de aula para garantir que a instrução alinha-se com os objetivos da escola".

Corroborando os resultados de Hallinger (2005), Alig-Mielcarek e Hoy (2005) constataram que a *eficiência da liderança instrucional estava subordinada à pressão acadêmica do clima escolar*. Usando a modelagem e o controle de equações estruturais para o *status* socioeconômico, a liderança instrucional esteve significativamente relacionada com desempenho acadêmico *apenas* quando havia um clima forte de pressão acadêmica; a liderança instrucional eficiente estava subordinada à pressão acadêmica da escola pelo desempenho. Em suma, o foco da liderança instrucional evoluiu de uma simples concepção heroica para um modelo de contingência de liderança instrucional. Ver Figura 13.3.

Modelo de contingência para a liderança de Fiedler

Fiedler (1967) construiu a primeira importante teoria a propor relações de contingência específicas no estudo da liderança. Sem um componente de comportamento, o modelo de **colega de trabalho menos preferido** usa o estilo de líder como traço, três indicadores de controle situacional e eficiência.

O **estilo de liderança** é determinado pelo sistema motivacional do líder, ou seja, a estrutura de necessidades subjacentes que motiva o comportamento em várias situações interpessoais. A escala de colega de trabalho menos preferido (LPC, do inglês *least preferred co-worker*) é usada para medir essa característica. Usando a LPC, um entrevistado seleciona a pessoa com quem ele menos gosta de trabalhar (colega de trabalho menos preferido) e depois descreve esse indivíduo na escala. Uma pessoa com

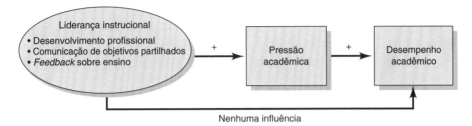

FIGURA 13.3 Modelo de contingência de liderança instrucional.
FONTE: Adaptado de Alig-Mielcarek e Hoy (2005).

alta pontuação na LPC descreve o colega de trabalho menos preferido com características positivas como agradável, leal, cordial, gentil, eficiente, e assim por diante. Em contraste, o indivíduo com baixa pontuação na LPC descreve o colega de trabalho menos preferido com características negativas, como desagradável, calunioso, frio, cruel, ineficiente e assim por diante. A pontuação da LPC indica a extensão em que o indivíduo dá mais prioridade ou valor à realização das tarefas (motivado por tarefas) ou à manutenção de boas relações interpessoais (motivado por relações) (FIEDLER; GARCIA, 1987).

O **controle situacional** é o grau de poder e influência que os líderes têm para implementar planos, decisões e estratégias de ação (FIEDLER; GARCIA, 1987). O controle situacional é determinado por três fatores. Primeiro, o *poder do cargo* é o poder que a organização confere ao líder com o objetivo de levar a cabo o trabalho. Exemplos incluem até que ponto um líder pode recompensar e punir membros e se o grupo pode destituir o líder. Segundo, a *estrutura de tarefas* define até que ponto a tarefa tem objetivos, métodos e padrões de desempenho claramente especificados. Quanto mais estruturada a tarefa, mais controle o líder tem ao dirigir o grupo. Terceiro, as *relações entre líder e membros* resumem até que ponto o líder é aceito e respeitado pelos membros do grupo. Dois fatores são importantes no que diz respeito às relações entre líder e membros: a qualidade das relações interpessoais entre o líder e os subordinados, e o nível de autoridade informal concedida ao líder. A qualidade das relações líder-membros é o fator mais importante na determinação da influência do líder sobre os membros do grupo, seguida por estrutura da tarefa e poder do cargo. Fiedler formou oito situações ao dicotomizar os três fatores – isto é, boas ou más relações líder-membros, tarefas estruturadas ou não estruturadas e poder do cargo intenso ou fraco. As oito combinações ou octantes mapeiam a gama de situações desde alto controle até baixo controle. A alegação básica é a de que o líder tem mais controle e influência quando o grupo é solidário, o líder sabe exatamente o que fazer e como fazê-lo, e a organização dá ao líder os meios de premiar e punir os membros do grupo.

Fiedler, Chemers e Mahar (1976) propuseram que os administradores como diretores podem ser treinados para modificar os aspectos da sua situação. Eles desenvolveram um programa para ensinar os líderes a analisar suas situações em termos de relações líder-membros, estrutura de tarefa e posição de poder. Com base nessa análise, o programa pode mudar as condições para melhorar o desempenho do grupo.

A **eficiência** na teoria do colega de trabalho menos preferido é simples – ou seja, até que ponto o grupo realiza sua tarefa principal. Em muitos dos estudos de Fiedler, medidas objetivas de eficiência de grupo são usadas – lucro líquido, custo por unidade, porcentagem de vitórias, número de problemas resolvidos. Se uma medida confiável e objetiva do desempenho do grupo não estiver disponível, então as avaliações de desempenho pelo supervisor do líder ou do grupo são usadas. Em todos os casos, porém, a eficiência do líder é determinada pelo grau em que a tarefa é julgada para ser alcançada.

A partir de dados coletados antes de 1962, Fiedler desenvolveu três proposições para sua teoria de contingência:

- Em situações de alto controle, os líderes orientados para a tarefa são mais eficientes do que os líderes orientados para o relacionamento.
- Em situações de controle moderado, líderes orientados às relações são mais eficientes do que os líderes orientados às tarefas.
- Em situações de baixo controle, os líderes orientados às tarefas são mais eficientes do que os líderes orientados às relações.

Assim, a *eficiência da liderança depende de adequar o estilo de liderança apropriado à situação*.

Dois estudos fornecem testes rigorosos e completos para o modelo – isto é, investigações que atendem os critérios de Fiedler e incluem líderes das oito situações. Um estudo sustentou a hipótese (CHEMERS; SKRZYPEK, 1972); o outro, não (VECCHIO, 1977). Além disso, três metanálises (STRUBE; GARCIA, 1981; PETERS; HARTKE; POHLMAN, 1985; CREHAN, 1985) de pesquisas testando o modelo de contingência fornecem algum apoio, mas não para todos os octantes e não com tanta consistência em estudos de campo quanto em estudos de laboratório. Em cenários escolares, as conclusões de vários estudos também testam e apoiam parcialmente a teoria de Fiedler (MCNAMARA; ENNS, 1966; WILLIAMS; HOY, 1971; MARTIN; ISHERWOOD; LAVERY, 1976).

A teoria do LPC foi submetida a diversas críticas. Provavelmente, a objeção mais persistente é a de que, ao longo dos anos, vem mudando a definição sobre o que afinal a LPC mede. No início, a LPC media simplesmente a reação emocional aos indivíduos com quem o líder encontrava dificuldade para trabalhar; depois passou a ser considerada uma forma de diferenciar indivíduos orientados à tarefa de indivíduos orientados às relações interpessoais; mais tarde, a pontuação da escala LPC foi interpretada como indicadora da hierarquia motivacional do líder. Em geral, a teoria de Fiedler representa um esforço ambicioso e louvável para construir uma poderosa teoria de contingência da liderança. Embora o interesse tenha diminuído, o modelo demonstra que uma combinação de características individuais e situacionais explica, em parte, o fenômeno da liderança. Como a maioria dos esforços pioneiros, sem dúvida, esse modelo é incorreto nos detalhes, se não em substância. Contudo, a teoria de contingência de Fiedler foi a primeira e, até hoje, a mais duradoura tentativa de responder a pergunta: "Qual estilo particular em qual situação especial?".

Substitutos para o modelo de liderança

O modelo de contingência e outros modelos de liderança supõem que algum tipo de liderança hierárquica formal seja necessário nas organizações como as escolas. Steven Kerr e John M. Jermier (1978) questionaram essa hipótese e verificaram que a liderança fez a diferença em menos de 50% dos casos estudados. Eles acreditavam que vários fatores substitutos diminuíram o exercício eficiente da liderança. Como salienta Peter Gronn (2003), Kerr e Jermier alegaram que, em muitas situações, os atos de liderança de um indivíduo são cancelados, substituídos ou inutilizados. Para explicar as suas descobertas e ideias, Kerr e Jermier criaram os *substitutos para o modelo de liderança*.

Substitutos são elementos que tornam desnecessários e redundantes os comportamentos orientados a pessoas e a tarefas. Em outras palavras, os substitutos são aspectos situacionais que substituem ou reduzem a capacidade do líder de influenciar atitudes, percepções ou comportamentos dos seguidores. Três fatores têm o potencial de atuar como substitutos de líder (KERR; JERMIER, 1978; KELLER, 2006):

- *Características dos subordinados* – suas habilidades, formação, experiência e conhecimento, orientação profissional e indiferença em relação a recompensas.
- *Características da tarefa* – trabalho rotineiro estruturado, tarefas intrinsecamente satisfatórias e *feedback* fornecido pela tarefa.
- *Características da organização* – formalização das funções e dos procedimentos, flexibilidade das regras e políticas, coesividade e autonomia do grupo de trabalho e distância espacial entre o administrador e os seguidores.

Um segundo conceito importante consiste nos *neutralizadores*. Esses não substituem os comportamentos do líder, mas são fatores situacionais que impeçam o líder de agir de determinada maneira ou anulem os efeitos das ações do líder. Por exemplo, a falta de autoridade do diretor para premiar o desempenho eficiente de um professor é uma restrição situacional em relação ao comportamento do líder, ao passo que a falta de interesse do professor por um incentivo oferecido pelo diretor é uma condição que torna inútil o comportamento (YUKL, 2010).

Dois conceitos adicionais são *potenciadores* e *suplementos*. Potenciadores impulsionam a relação líder-resultados e incluem, por exemplo, modelos de grupos de trabalho coesos e solidários. Os suplementos contribuem para o desempenho do subordinado sem alterar os efeitos diretos do líder. Um exemplo pode ser um novo programa instrucional com base na *web* (GRONN, 1999).

Basicamente, esse modelo supõe que a ligação entre *comportamento de líder e desempenho eficiente seja moderada por características dos subordinados, das tarefas e organizacionais.* Por exemplo, quando os subordinados tiverem alta capacidade e são experientes e conhecedores, ou a tarefa for inequívoca e rotineira, a liderança orientada para a tarefa será significativamente diminuída ou talvez nem seja necessária. Da mesma forma, quando a tarefa for intrinsecamente satisfatória ou o grupo de trabalho estiver intimamente unido e coeso, a liderança solidária terá utilidade limitada. Uma implicação significativa é que "[...] em muitos casos, o escopo para o exercício eficiente da liderança tem grandes chances de ser minimizado por forças compensatórias" (GRONN, 1999, p. 42). Em outras palavras, os substitutos podem causar a ineficiência parcial de alguns comportamentos de liderança, mas não resultam na total ineficiência de um comportamento específico (DIONNE et al., 2005).

A teoria tem gerado interesse substancial, pois ajuda a explicar por que os comportamentos de líder têm efeitos significativos em algumas situações e talvez não tenham efeitos em outros. No entanto, pesquisas testando o modelo produziram pouco suporte empírico para o modelo dos substitutos para a liderança (PODSAKOFF; MACKENZIE, 1997). No entanto, persiste um interesse significativo no desenvolvimento posterior (DIONNE et al., 2005), e o modelo provavelmente mereça atenção adicional.

Liderança distribuída

Outro modelo de contingência emerge em nível organizacional, ou seja, a liderança é uma qualidade organizacional. Embora compartilhe de pressupostos semelhantes com a teoria de substitutos, a **liderança distribuída** abraça a liderança em termos de equipes e grupos. Na prática, as abordagens distribuídas desafiam o pressuposto comum de que uma pessoa tem de estar encarregada de fazer a mudança acontecer

(HELLER; FIRESTONE, 1995). Em vez disso, vários indivíduos e grupos substituem ou dividem as responsabilidades de liderança que tradicionalmente têm sido atribuídas a um único indivíduo. A liderança, assim, é distribuída em toda a organização conforme a necessidade.

A ideia básica da liderança distribuída é simples (ELMORE, 2000) – significa confiar em fontes múltiplas de liderança na organização para orientar e completar várias tarefas que variam em tamanho, complexidade e escopo. Essas incluem tarefas recorrentes e rotineiras (audiências de orçamento, reuniões de pessoal e avaliações anuais) e tarefas imprevistas (emergências e problemas altamente salientes) (GRONN, 2002), além de funções de mudança como sustentar uma visão de mudança, incentivar outras pessoas, modificar procedimentos existentes, acompanhar o progresso e lidar com perturbações (HELLER; FIRESTONE, 1995). Os proponentes afirmam que a liderança distribuída é necessária porque as organizações de escola são tão complexas e as tarefas tão amplas que nenhuma pessoa tem a energia e a habilidade para lidar com todas as funções de liderança. Em decorrência disso, a responsabilidade por conduzir essas tarefas é distribuída entre vários indivíduos e cargos, por exemplo, gestores do gabinete central, diretores, diretores assistentes, professores, outros membros do quadro funcional, consultores externos, pais e alunos. Em essência, distribuir liderança significa distribuir poder (GRONN; HAMILTON, 2004).

Parece bastante óbvio que a liderança distribuída ou organizacional não é um fenômeno novo. As escolas e outras organizações sempre praticaram uma divisão do trabalho com base nas responsabilidades de liderança (GRONN, 2002), mas ideias de liderança individual, heroica ou solitária têm dominado as literaturas popular e erudita. Reformadores educacionais e formuladores de políticas, de acordo com Camburn, Rowan e Taylor (2003), expan-

diram seu foco durante a década de 1980 para reconhecer a importância tanto da liderança individual quanto da distribuída. Por exemplo, a gestão com base no local e patamares de carreira para professores representam iniciativas políticas que tentam incorporar papéis de liderança adicionais nas escolas. Estudiosos educacionais intensificaram seus esforços para desenvolver arcabouços e conduzir pesquisas sobre liderança distribuída durante a década de 1990, embora Gronn (2002, p. 424) conclua que "[...] há uma escassez de discussões amplas e analíticas sobre o conceito". Mantendo em mente a ressalva de Gronn, três formulações iniciais serão consideradas.

Ogawa e Bossert (1995) concebem a liderança como qualidade organizacional. Eles argumentam que todos os membros da organização podem liderar e que a liderança vai além de distribuir as funções entre os indivíduos na organização. A liderança também flui pela rede de cargos que compõem as organizações escolares e influenciam indivíduos, estruturas, culturas e como o trabalho é produzido e coordenado. Além disso, a quantidade de liderança varia ao longo do tempo e de escola para escola. Ampliando essas ideias, Pounder, Ogawa e Adams (1995) hipotetizaram que vários grupos contribuem com a liderança escolar e a quantidade total de liderança está positivamente relacionada com o desempenho escolar. Eles encontraram apoio geral para a hipótese e especularam que os esforços para implementar a tomada de decisões compartilhada (ver Cap. 11) e outras formas de liderança distribuída têm o potencial de melhorar a eficiência da escola.

March (2005) também minimiza modelos de liderança heroica. Para ele, esses modelos exageram o controle que um líder exerce quando uma organização faz uma reviravolta drástica ou implementa uma inovação importante. Apresentando o que essencialmente consiste em uma concepção organizacional da liderança, March defende que a eficiência nas organizações ocorre quando as dificuldades são manejadas rápida e rotineiramente pelas pessoas perto do problema. Na perspectiva dele, quatro fatores essenciais de liderança promovem a eficiência organizacional nas escolas.

- *Competência* – educadores sabem o que fazem e são especialistas nisso.
- *Iniciativa* – indivíduos (p. ex., professores, consultores, administradores) ou grupos de educadores perto do problema agem de modo local, rápido, voluntário e autônomo para resolver o problema.
- *Identificação* – educadores têm orgulho de seu trabalho e sua escola e compartilham uma cultura de confiança e identidade coletiva.
- *Coordenação discreta* – ações individuais são coordenadas de modo eficiente, rápido e barato por meio de rotinas e procedimentos operacionais padronizados e sistemas de comunicação aberta.

Portanto, os níveis de eficiência das escolas tendem a ser mais altos quando as funções de liderança são realizadas por pessoas competentes, empreendedoras, comprometidas com a organização e com autonomia para fazer o seu trabalho. Como March (2005, p. 116) assevera:

> Competência, iniciativa, identificação e coordenação discreta, bem como as decisões sobre elas, estão no âmago da liderança eficiente. Não são grandiosas; não são heroicas; e a maioria nem sequer é interessante.

James Spillane (2006) propõe um modelo de liderança distribuída que se concentra em práticas destinadas a melhorar o ensino e a aprendizagem, especialmente em leitura, matemática e ciências. De acordo com Spillane, a liderança refere-se a atividades ligadas ao cerne técnico da escola e projetadas por membros organizacionais para influenciar a motivação, o conhecimento, o afeto ou as práticas de outros educadores. Nesse modelo, vários líderes como professores, administradores e pais identificam, adquirem, alocam, coordenam e usam recursos sociais, materiais e culturais para promover o ensino e aprendizagem (SPILLANE, HALVERSON; DIAMOND, 2001). Raciocinando que diretores e superintendentes não podem ter sucesso sozinhos, Spillane observa que vários líderes formais e informais e seus seguidores mobilizam-se para comandar e executar as tarefas necessárias, a fim de transformar ou fazer grandes mudanças em suas escolas. Em outras palavras, as atividades de liderança são distribuídas em uma rede interativa de líderes, seguidores e situações (SPILLANE, SHERER; COLDREN, 2005). Para Spillane (2006), a situação é um elemento definidor, pois, à medida que as tarefas são realizadas, a prática de liderança surge pela interação de líderes, seguidores e situação. Além disso, a distribuição e a quantidade de liderança variam conforme vários fatores situacionais – por assunto (instrução matemática tem menos líderes do que as artes da linguagem, e ciências ainda menos), por tamanho da escola (maiores mais do que menores) e por tipo da escola (pública menos do que particulares ou empresariais).

TEORIA NA PRÁTICA

Análise da liderança distribuída

De acordo com os modelos de liderança distribuída, as escolas dependem de uma variedade de indivíduos e funções para executar as tarefas de liderança. Considere uma escola em que você trabalhou ou da qual você tem conhecimento e liste os líderes individuais por nome e cargo organizacional. Quais funções de liderança eles exercem? Outros líderes agiram como substitutos para os líderes escolares formais? Até que ponto a equipe de liderança foi harmoniosa e eficiente? Por quê? Os modelos de liderança distribuída são aplicáveis na prática? Até que ponto?

LIDERANÇA TRANSFORMACIONAL

James MacGregor Burns (1978) geralmente recebe o crédito por formular as ideias de liderança transacional e transformacional e aplicá-las na arena política. Com base nas ideias de Burns, Bass (1985b) construiu um modelo amplo e altamente influente para líderes em organizações sociais. O arcabouço básico da liderança transformacional pode ser conceituado usando uma escala chamada por Bass (1998) de "modelo de liderança de gama completa". Conforme mostrado na Tabela 13.4, Bass identifica três tipos principais de liderança: passiva, transacional e transformacional. Embora os três tipos de liderança tenham permanecido constantes, o número de fatores ou componentes que compreende os três tipos tem variado (AVOLIO; BASS; JUNG, 1999). A formulação mostrada na Tabela 13.4 usa nove fatores – um para passiva ou *laissez-faire*, três para transacional e cinco para transformacional (BASS; RIGGIO, 2006).

Três tipos de liderança

Liderança passiva ou laissez-faire

Bass (1998) caracteriza este tipo de liderança como a ausência de transações com seguidores. Por exemplo, os líderes *laissez-faire* evitam expressar seus pontos de vista ou tomar medidas em questões importantes, não conseguem tomar decisões ou pelo menos as protelam, ignoram as responsabilidades, não fornecem nenhum *feedback* e permitem que a autoridade permaneça dormente. Em essência, consiste na evitação ou na ausência de liderança e, consequentemente, é a mais passiva e menos eficiente. Um exemplo seria um diretor que fica no escritório, envolve o corpo docente e alunos o mínimo possível, mostra só a mínima preocupação com a aprendizagem e o desenvolvimento dos alunos ou com as necessidades dos professores e permite que as estruturas e os processos escolares continuem da mesma forma.

Liderança transacional

Os **líderes transacionais** motivam seguidores por meio da troca de recompensas por serviços prestados – por exemplo, um diretor fornece novos materiais instrucionais ou tempo de planejamento aumentado aos professores para que eles consigam instituir um novo programa curricular. Quando os subordinados estão fazendo seu trabalho em organizações como as escolas, os líderes transacionais reconhecem o que os seguidores querem do trabalho e tentam lhes proporcionar o que eles querem. Eles trocam recompensas e promessas de recompensas pelo esforço e respondem aos autointeresses imediatos dos seguidores. Os líderes transacionais buscam um intercâmbio econômico vantajoso para satisfazer as necessidades atuais dos seguidores em ter-

TABELA 13.4 Escala de liderança de gama completa		
Escala de liderança de gama completa		
Liderança *laissez-faire*	**Liderança transacional**	**Liderança transformacional**
1. Não transacional ou passiva	2. Liderança subordinada à recompensa 3. Gestão por exceção ativa 4. Gestão por exceção passiva	5. Influência idealizada: atribuída ou carisma 6. Influência idealizada: comportamento ou ações carismáticas. 7. Inspiração motivacional 8. Incentivo intelectual 9. Individualização na consideração

mos materiais e psicológicos por serviços contratuais prestados pelos subordinados (BASS, 1985b).

Como mostrado na Tabela 13.4, postula-se que a liderança transacional tenha três componentes (ANTONAKIS; AVOLIO; SIVASUBRAMANIAM, 2003). A **liderança de recompensa contingencial** refere-se a comportamentos de líder que se concentram na clarificação dos requisitos do cargo e de tarefas e fornecem recompensas dependentes do desempenho eficiente. Em outras palavras, esse subtipo de comportamento de liderança dá aos seguidores itens que eles querem em troca de itens que os líderes querem (KUHNERT; LEWIS, 1987). A **gestão por exceção ativa** significa que os líderes mantêm altos níveis de vigilância para garantir que os padrões sejam atendidos. Ou seja, os líderes monitoram ativamente o desempenho e tomam medidas corretivas, à medida que os problemas tornam-se aparentes. A **gestão por exceção passiva** significa que os líderes não conseguem intervir até que os problemas se agravarem. Esses líderes esperam para agir depois de erros serem cometidos ou que outros problemas de desempenho tenham acontecido e chamado a sua atenção.

Bass e Riggio (2006) afirmam que, na maioria das situações, a liderança transacional pode ser muito eficiente. Em especial, comportamentos de recompensa contingencial fornecem sólidas fundações para uma liderança eficiente. No entanto, observam-se aumentos nos esforços, na eficiência e na satisfação no trabalho quando a liderança transacional é incrementada com a liderança transformacional.

Liderança transformacional

A liderança transformacional é uma expansão da liderança transacional que vai além de singelos acordos e trocas. Os líderes transformacionais são proativos, elevam os níveis de consciência dos seguidores sobre

os interesses coletivos inspiradores e ajudam os seguidores a alcançar resultados de desempenho excepcionalmente altos. A teoria postula que a liderança transformacional é composta pelos quatro I: *i*nfluência idealizada, *i*nspiração motivacional, *i*ncentivo intelectual e *i*ndividualização na consideração (BASS; RIGGIO, 2006).

A **influência idealizada** constrói a confiança e o respeito nos seguidores e fornece a base para a aceitação de mudanças radicais e fundamentais nos métodos que indivíduos e organizações fazem o seu trabalho. Esses líderes mostram convicção sobre questões importantes; apresentam elevados padrões de conduta ética e moral, compartilhando riscos com seguidores em definir e atingir objetivos; consideram as necessidades dos outros antes das suas próprias; e, por fim, exercem o poder para direcionar os indivíduos ou grupos à execução de sua missão, visão e causa, mas nunca para ganhos pessoais. Por isso, os líderes transformacionais são admirados, respeitados e confiados. Os seguidores se identificam com seus líderes e querem imitá-los. Sem essa confiança e esse comprometimento com os líderes, é provável que as tentativas de alterar e redirecionar a missão da organização fossem recebidas com extrema resistência (AVOLIO, 1994). A influência idealizada resulta de líderes transformacionais comportando-se como modelos para seus seguidores.

Em formulações recentes, a influência idealizada (ou carisma) foi dividida em dois subtipos. A **influência idealizada atribuída** é a medida na qual os seguidores *percebem* no líder qualidades como carismático, confiante, poderoso e centrado em ideais de ordem superior e na ética. Em contraste, a **influência idealizada como comportamento** consiste em ações carismáticas de líderes que se concentram em valores, crenças e um senso de missão (ANTONAKIS; AVOLIO; SIVASUBRAMANIAM, 2003).

A **inspiração motivacional** altera as expectativas dos membros do grupo para acreditar que os problemas da organização podem ser resolvidos (ATWATER; BASS, 1994). Também desempenha um papel central no desenvolvimento de uma visão atraente que orienta o desenvolvimento de objetivos organizacionais e procedimentos operacionais (AVOLIO, 1994). A inspiração motivacional vem principalmente de comportamentos de líder que fornecem significado e desafio para os seguidores. Líderes transformacionais energizam as pessoas, projetando um futuro atraente e otimista, enfatizando objetivos ambiciosos, criando visões idealizadas para a organização e comunicando claramente aos seguidores que a visão é atingível. Assim, espírito de equipe, entusiasmo, otimismo, comprometimento com os objetivos e uma visão compartilhada surgem e se aglutinam no grupo de trabalho ou na organização (BASS; AVOLIO, 1994).

O **incentivo intelectual** aborda o problema da criatividade (ATWATER; BASS, 1994). Os líderes transformacionais estimulam seguidores a serem inovadores e criativos, questionando suposições, tradições e crenças antigas; reenquadrando problemas; e abordando situações antigas de novas maneiras. Os líderes transformacionais desafiam os seguidores a pensar de forma criativa, projetar novos procedimentos e programas e resolver problemas difíceis; fomentam a desaprendizagem organizacional e descartam a fixação em velhas rotinas; e evitam criticar publicamente os erros de membros individuais (BASS; AVOLIO, 1994). Os líderes insistem no constante e aberto escrutínio de tudo e na completa receptividade para a mudança (AVOLIO, 1994). Por sua vez, seguidores estimulam seus líderes a reconsiderar suas próprias perspectivas e premissas. Nada é bom demais, fixo demais, político demais ou burocrático demais que não possa ser contestado, alterado ou descartado (AVOLIO, 1999).

A **individualização na consideração** significa que os líderes transformacionais prestam especial atenção à necessidade que cada indivíduo tem de se realizar e evoluir. O propósito da consideração individualizada é determinar as necessidades e os pontos fortes dos outros (ATWATER; BASS, 1994). Usando esse conhecimento e agindo como mentores, os líderes transformacionais ajudam seguidores e colegas a se desenvolver para níveis sucessivamente mais altos de potencial e a assumir a responsabilidade por seu próprio desenvolvimento (AVOLIO, 1994). A criação de novas oportunidades de aprendizagem em um clima favorável, reconhecendo e aceitando as diferenças individuais em necessidades e valores, usando a comunicação bidirecional e interagindo com os outros de uma forma personalizada são comportamentos necessários para alcançar a consideração individualizada. O líder adepto da consideração individualizada ouve de modo ativo e eficiente.

Os líderes exibem todos os aspectos da escala de liderança mostrada na Tabela 13.4. Um líder de alto desempenho raramente exibe comportamentos *laissez-faire*, mas mostra níveis sucessivamente mais altos de gestão por exceção ativa, gestão por exceção passiva e recompensa contingencial e, com mais frequência, demonstra comportamentos transformacionais. Em contraste, os líderes de baixo desempenho tendem a exibir comportamentos *laissez-faire* com mais frequência e comportamentos transformacionais com menos frequência (BASS; RIGGIO, 2006).

A maioria dos estudos de pesquisa que medem os fatores primordiais e testam a teoria da liderança transformacional tem utilizado o questionário de liderança multifatorial (MLQ, do inglês *multifactor leadership questionnaire*). As primeiras versões do MLQ foram severamente criticadas (SASHKIN; BURKE, 1990). Desde a sua introdução, o conteúdo do MLQ mudou e foi aprimorado para aumentar os itens que descrevem os comportamentos de líder observáveis. Uma avaliação recente do MLQ verificou apoio para o modelo de nove fatores mostrado na Tabela 13.4 (ANTONAKIS; AVOLIO; SIVASUBRAMANIAM, 2003).

Teoria e pesquisa sobre liderança transformacional

Bass (1998) e Avolio (1999) afirmam que a liderança transacional constitui a base de um sistema de liderança sustentável. Por exemplo, se os líderes cumprem suas muitas transações com os seguidores, ao longo do tempo as pessoas começam a confiar em seus líderes. É esse nível mais alto de confiança e identificação que os líderes transformacionais usam como base para atingir o desempenho exemplar. A liderança transformacional não substitui a liderança transacional, mas aumenta ou expande seus efeitos sobre a motivação, a satisfação e o desempenho dos seguidores. Portanto, esses tipos de liderança podem ser representados como pontos na mesma escala de liderança, conforme mostrado na Tabela 13.4.

No entanto, a liderança transformacional vai bem além da troca de incentivos para o desempenho desejado (BENNIS; NANUS, 1985; HOWELL; FROST, 1989; HOWELL; AVOLIO, 1993). Os líderes transformacionais constroem comprometimento com os objetivos da organização e capacitam os seguidores para alcançar esses objetivos (YUKL, 2010; GEIJSEL et al., 2003). Como ilustrado nas descrições dos quatro I, espera-se que os líderes transformacionais definam a necessidade de mudança, criem novas visões e mostrem comprometimento com essas visões, concentrem-se em metas de longo prazo, inspirem os seguidores a transcender seus próprios interesses para perseguir objetivos de ordem superior, alterem a organização para acomodar sua visão em vez de trabalhar na rotina existente e orientem os seguidores a assumir maior responsabilidade pelo desenvolvimento

próprio e alheio. Os seguidores tornam-se líderes; os líderes tornam-se agentes de mudança e, por fim, transformam a organização.

A fonte da liderança transformacional está nos valores pessoais e nas crenças dos líderes. Expressando seus padrões pessoais, os líderes transformacionais são capazes de unir seguidores e ao mesmo tempo mudar seus objetivos e crenças no intuito de produzir níveis de desempenho mais altos do que se imaginava possível (KUHNERT; LEWIS, 1987). Com efeito, Thomas J. Sergiovanni (1994) argumenta que o âmago da conversa sobre liderança consiste em concepções, valores e ideias. House (1988) ainda mantém que a liderança transformacional depende que os líderes expressem com eficiência sua necessidade de poder, usando metáforas e outras imagens para representar exemplos de mudança e resultados socialmente desejáveis.

Da mesma forma, Bass (1985b, 1998) observa que essa liderança transformacional é vista quando os líderes: estimulam os outros a ver os seus trabalhos sob novas perspectivas; geram consciência sobre a missão ou a visão da organização; alçam os colegas e seguidores a níveis mais elevados de capacidade e potencial; e os motivam a olhar além de seus próprios interesses e abraçar aqueles que beneficiarão o grupo. Os líderes transformacionais definem metas mais desafiadoras e normalmente atingem desempenhos mais elevados do que os líderes transacionais.

Em uma avaliação global da teoria, Yukl (1999) conclui que a liderança transformacional parece fazer contribuições importantes para a explicação dos processos e resultados de liderança. Em particular, baseia-se em importantes aspectos simbólicos e consiste em mais do que apenas os aspectos técnicos e interpessoais da gestão eficiente. Tem a ver com os significados e com as ações, e os líderes fazem significados. Contudo, Yukl afirma que é necessária uma ênfase adicional nas variáveis situacionais que limitam e facilitam a liderança transformacional, embora o modelo tenha ampla aplicabilidade.

Fatores situacionais

Bass (1997) minimizou a importância dos efeitos situacionais quando ele alegou que o modelo de liderança transformacional é válido em múltiplas situações e culturas. Mais recentemente, Bass e Riggio (2006) explicitamente reconhecem que não existe maneira ideal de liderar e que os fatores situacionais podem influenciar a eficiência dos líderes. Em particular, situações de crise são altamente importantes. Para líderes serem eficientes em condições de crise, eles devem ser transformacionais e se erguer acima do que seus seguidores enxergam como suas imediatas necessidades e respostas adequadas. Apenas os líderes transformacionais podem despertar seus seguidores para ver as ameaças e sua falta de preparação, fornecer objetivos para transcender interesses pessoais e oferecer comando sólido. Condições situacionais que provavelmente influenciam o surgimento e sucesso das lideranças transacional e transformacional incluem a estabilidade do ambiente externo, a estrutura e a cultura da organização, setor público ou privado, tarefas e objetivos e a distribuição de poder entre os líderes e seguidores. Na análise final, no entanto, Bass e Riggio (2006) apregoam que a liderança transformacional exerce um impacto independentemente das circunstâncias situacionais.

Pesquisas

Desde a introdução da liderança transformacional em meados dos anos de 1980, uma vasta literatura de pesquisa se desenvolveu sobre o assunto. De acordo com Avolio (1999), os resultados de pesquisa sustentam várias generalizações concernentes aos fatores que formam a liderança transacional.

Por exemplo, a influência idealizada e a inspiração motivacional são as mais eficientes e satisfatórias; o incentivo intelectual e a individualização na consideração têm efeitos um pouco menores. Todas são mais eficientes do que a liderança transacional. No geral, então, a liderança transformacional aproxima-se do que as pessoas têm em mente quando descrevem o líder ideal. Praticamente, isso significa que os líderes incutem em seus seguidores uma expectativa de alto desempenho, em vez de simplesmente gastar o tempo em atividades transacionais. Em outras palavras, o líder deve ser um desenvolvedor de pessoas e um construtor de equipes (BASS, 2008).

No que tange à teoria geral, as conclusões dos estudos usando o MLQ indicam que os líderes transformacionais recebem pontuações mais altas, dão a impressão de liderar organizações mais eficientes e têm subordinados que exercem esforço maior do que os líderes transacionais (YUKL, 1999). Da mesma forma, Bass (1998) conclui que evidências de pesquisa demonstram claramente que a liderança transformacional pode conduzir seguidores a exceder o desempenho esperado. Em comparação com a liderança transacional, ele acredita que a liderança transformacional gera maiores níveis de esforço, comprometimento e satisfação dos subordinados. Outros estudiosos também tendem a ser positivos em relação ao modelo.

Ambientes educacionais

O mais abrangente trabalho sobre liderança transformacional em organizações educacionais foi realizado por Leithwood (1994) e Leithwood, Jantzi e Steinbach (1998). Com base nas ideias de Burns e Bass, Leithwood (1994) usa os conceitos de liderança transformacional e transacional para formular um modelo octadimensional para cenários educacionais – construir a visão da escola, estabelecer objetivos escolares, fornecer incentivo intelectual, oferecer apoio individualizado, modelar melhores práticas e valores organizacionais importantes, demonstrar expectativas de alto desempenho, criar uma cultura de escola produtiva e desenvolver estruturas para fomentar a participação nas decisões da escola. O modelo dele baseia-se em duas generalizações. Em primeiro lugar, a liderança transformacional nas escolas afeta diretamente os resultados escolares, como as percepções do professor sobre o cumprimento dos objetivos pelos alunos e as notas dos alunos. Segundo, a liderança transformacional afeta indiretamente esses resultados influenciando três características psicológicas cruciais dos funcionários: percepções das características da escola, comprometimento do professor com a mudança e aprendizagem organizacional – o que, por sua vez, afeta os resultados. Com base nos resultados de um estudo de quatro anos de escolas que implementavam várias mudanças estruturais, Leithwood (1994) concluiu que a liderança transformacional depende de prestar atenção em todos os aspectos do modelo, exige formulações exclusivas em escolas com sua base sendo a individualização na consideração e representa uma abordagem de contingência.

Recentemente, Leithwood e colaboradores (LEITHWOOD, AITKEN; JANTZI, 2006; LEITHWOOD et al., 2004, 2006) expandiram seu modelo e se referem a ele como *principais práticas da liderança bem-sucedida*. Em essência, eles criaram um modelo de sistemas sociais abertos que inclui variáveis de entradas, rendimento e resultados, com a liderança transformacional exercendo um processo fundamental.

Vários outros pesquisadores educacionais realizaram estudos notáveis sobre liderança transformacional. Por exemplo, H. C. Silins (1992) e Kyung Ae Son e Miskel (2006) constataram que os líderes transformacionais alcançam mais efeitos positivos em suas organizações educacionais do que os líderes transacionais. Helen M. Marks

e Susan M. Printy (2003) descobriram que o acoplamento das lideranças de transformação e instrução nas escolas está positivamente relacionado à pedagogia de alta qualidade, e também são evidentes os altos níveis de desempenho dos alunos. Moolenaar, Daly e Sleegars (2010) verificaram que a centralidade do diretor na rede social da escola possibilitou que a liderança transformacional desenvolvesse positivamente um clima inovado. Em termos mais gerais, Leithwood e Doris Jantzi (2005) revisaram a pesquisa nos cenários educacionais e tiraram quatro conclusões sobre os efeitos da liderança transformacional:

- Seus efeitos sobre a eficiência organizacional percebida são significativos e amplos.
- Seus efeitos sobre indicadores objetivos e independentes da eficiência organizacional são positivos e significativos, mas modestos em tamanho.
- Seus efeitos sobre os resultados dos alunos medidos independentemente são promissores, mas limitados em quantidade.
- Seus efeitos sobre o envolvimento do aluno na escola são modestos, mas uniformemente positivos.

Em um estudo mais recente sobre os efeitos da liderança transformacional nas escolas, Leithwood e Jing-Ping Sun (2009) concluíram que novos estudos devem expandir o alcance de mediar e moderar as variáveis estudadas e incitou os pesquisadores qualitativos a aprimorar as formas de liderança transacional mais produtivas nas escolas.

No geral, a teoria da liderança transformacional vem sendo amplamente usada e é apoiada por numerosos estudos. Por conseguinte, um modelo de liderança transformacional pode fornecer o capital intelectual para os líderes educacionais, à medida que enfrentam os desafios de modernizar suas organizações escolares. Como tem sido deixado claro ao longo deste livro, a implementação de mudanças fundamentais em qualquer um dos principais componentes das escolas normalmente é vista com ambiguidade e resistência. A liderança transformacional oferece algumas promessas para a superação dessas dificuldades. Comandar iniciativas transformacionais, no entanto, requer uma gama de habilidades, competências e comportamentos que, de acordo com Bass (1998), pode ser desenvolvida, ensinada e aprendida. Algumas evidências sustentam a hipótese de que a liderança transformacional pode ser reforçada por meio de treinamento formal (DVIR et al., 2002). Assim, líderes atuais e futuros devem considerar se um programa de treinamento elevaria sua capacidade de transformar as escolas.

TEORIA NA PRÁTICA

Análise de liderança transformacional

Estude os nove fatores de liderança transformacional mostrados na Tabela 13.4, a narrativa deste capítulo e, se possível, a medição de liderança pelo MLQ. Fontes para a obtenção do MLQ incluem Northouse (2004, p. 194-197) e Mind Garden (c2005-2013).

- Individualmente ou em um pequeno grupo, pense em um diretor ou em outro líder com quem você trabalhou. Descreva o indivíduo usando os nove fatores na Tabela 13.4. A descrição deve ser tão explícita quanto possível, incluindo exemplos de comportamento que o indivíduo mostrou e como os seguidores reagiram.
- Pense em si mesmo em uma situação real ou imaginária de liderança e repita a análise precedente.

Liderança servidora

Como você pode ver, existem inúmeras maneiras de conceituar liderança; a liderança transformacional é um dos arcabouços mais recentes. Alma gêmea da liderança transformacional é a noção de **liderança servidora** – comportamento que nutre o desenvolvimento individual na organização por meio de escuta, empatia, acompanhamento e tomada de consciência para desenvolver seguidores que pensem eticamente e fomentem relações interpessoais sólidas com seus colegas (WALUMBWA; HARTNELL; OKE, 2010). O líder servidor se preocupa com o crescimento individual, com a realização dos objetivos da organização e com os efeitos morais e éticos sobre a comunidade em geral (SENDJAYA; SARROS; SANTORA, 2008; TAYLOR et al., 2007).

O conceito de liderança servidora foi primeiramente formulado por Greenleaf (1977). De acordo com Greenleaf, o ego induz à realização, mas os líderes precisam regular seus próprios egos, transformar seus seguidores em líderes e se tornar o primeiro entre os pares (BASS, 2008). A ênfase da liderança servidora está em empoderar os seguidores (ver Cap. 11). Os líderes precisam pensar em si mesmos como servidores construindo relacionamentos e forjando uma comunidade ética. A liderança servidora tem muito em comum com a liderança transformacional: visão, influência, credibilidade e confiança (BASS, 2008; FARLING; STONE; WINSTON, 1999). Embora as visões tradicionais de organizações usem uma pirâmide para mostrar a posição relativa dos líderes na parte superior e dos seguidores na base, a liderança servidora inverte a pirâmide, de modo que o líder sustente a organização, e a responsabilidade pela ação se disperse por toda a organização. Em resumo, a liderança servidora se ergue sobre "sete pilares": caráter pessoal, pessoas em primeiro lugar, comunicação hábil, colaboração compassiva, clarividência, pensamento sistêmico e autoridade moral (SIPE; FRICK, 2009).

A pesquisa sobre liderança servidora é incipiente, mas cada vez mais pesquisadores estão voltando sua atenção para o tópico. Em um dos poucos estudos sobre administradores escolares, Tim Taylor et al. (2007) constataram que diretores com alta pontuação em liderança servidora superaram seus colegas com baixa pontuação em práticas de liderança (KOUZES; POSNER, 2001), como inspirar, capacitar e incentivar os professores, além de modelar comportamento solidário e desafiar o *status quo*. Em um cenário de negócios, Fred Walumbwa, Hartnell e Oke (2010) demonstraram as conexões positivas da liderança servidora para a autoeficácia dos funcionários, justiça processual e comportamento de cidadania organizacional.

Por fim, Mitchell Neubert et al. (2008) descobriram que a estrutura de iniciação define diretamente as expectativas e comunica indiretamente o valor de conformidade. Ou seja, os membros organizacionais são sensíveis a comportamentos que merecem recompensa ou punição e, nesse sentido, a estrutura de iniciação é semelhante à liderança transacional, pois o comportamento de estruturação esclarece o que fazer para realizar a tarefa e as consequências disso (KARK; VAN DIJK, 2007). Em contraste, a liderança servidora concentra energia direta no crescimento e na realização das aspirações do trabalhador. É provável que essa mentalidade se revele em comportamentos cooperativos e criativos que excedam as expectativas mínimas (NEUBERT et al., 2008).

Em suma, a liderança servidora representa um novo e inexplorado arcabouço para estudar o comportamento de liderança nas escolas. Combinado com a liderança transformacional, ela oferece um aspecto potencialmente útil do comportamento de líder, pois as escolas são organizações de serviços que têm um efeito além da própria organização. Existem medidas confiáveis e válidas para a liderança servidora, que fornecem as ferramentas necessárias para ampliar esse fluxo de investigação (SENDJAYA; SARROS; SANTORA, 2008).

TEORIA EVOLUCIONISTA DA LIDERANÇA (TEL)

Um recente desenvolvimento na literatura de liderança é uma análise intrigante das raízes da liderança: a **teoria evolucionista da liderança** (VAN VUGT; AHUJA, 2011). A premissa básica dessa teoria descritiva é que *a liderança e a seguidança surgiram no curso da evolução humana*. Os fundamentos da teoria remontam há 2 milhões de anos, na savana africana. Sob esse prisma, nossa psicologia tem sido moldada para prosperar nas comunidades pequenas e planas da savana, e fazemos o mesmo tipo de julgamentos instintivos que nossos antepassados faziam. Seguimos as pessoas com carisma porque usamos isso como substituto para competência, apesar de muitas vezes não ser. Todos nós sabemos que muitos líderes são carismáticos, mas incompetentes. Votamos em homens altos, fortes e em boa forma física porque nossos ancestrais procuravam a proteção nesses perfis. Tendemos a excluir as mulheres porque elas ficaram confinadas aos papéis tradicionais na vida tribal. Não há nenhuma razão convincente para selecionar líderes com base na altura, idade, cor ou gênero, no entanto, esses critérios são poderosos latentes que implicitamente guiam nossos julgamentos e talvez expliquem a substancial taxa de fracasso dos gestores nas corporações norte-americanas.

Algumas definições

O *líder* é alguém capaz de exercer influência social sobre os outros para alcançar um objetivo comum; os líderes conseguem a cooperação dos outros na busca de um objetivo comum. O *seguidor* é aquele que coordena as ações dele ou dela com outro ou que abandona a autonomia individual por alguém ou algo (p. ex., uma causa ou ideia). A **tríade escura** é um conjunto de traços indesejáveis – narcisismo, maquiavelismo e psicopatia – que, no entanto, são encontrados com frequência no topo da pirâmide do poder. Líderes dotados com essas características são ardilosos, enganadores e capazes de mascarar seus sinistros motivos à medida que controlam os outros; são desagradáveis e ainda assim bem-sucedidos. Os *líderes naturais* são aqueles que comandam suas organizações de forma consistente com os preconceitos da psicologia ancestral. Esses líderes cultivam relações sociais informais com os seguidores; têm *expertise* comprovada; reconhecem que a *expertise* é amplamente distribuída; evitam a tríade escura da liderança; evitam o impulso de dominar e, em vez disso, adotam táticas de persuasão. A *adaptação* é uma característica ou comportamento que tem evoluído ao longo de milhões de anos por causa de sua imensa vantagem reprodutiva (VAN VUGT; AHUJA, 2011).

Suposições

A teoria assume que a psicologia da liderança e da seguidança emergiu em nossa espécie como resposta aos desafios de sobrevivência e reprodução. No processo de evolução, nossa espécie adaptou-se à sobrevivência pela organização em grupos compostos de líderes e seguidores em oposição a multidões descoordenadas ou grupos acéfalos. Os grupos precisam de cooperação e ação coordenadas para sobreviver; grupos sem liderança simplesmente desapareceram.

Liderança e seguidança são adaptações psicológicas que foram entalhadas em nosso cérebro; são instintivas e universais e se tornaram a ordem natural das coisas. Estamos programados para viver em grupos, para ser conduzidos e ser obedientes a maior parte do tempo. Ansiamos por um senso de pertencimento; queremos ser vistos como jogadores da equipe e parte integrante do grupo. Estamos programados para seguir e também para liderar, porque as duas coisas eram necessárias para sobreviver e para resolver problemas como migração coletiva e defesa do grupo, essenciais à vida em grupo. Assim, os seres humanos têm a capacidade natural de se subordinar bem como de liderar.

Comportamentos que produzem bons resultados gradualmente disseminam-se e tornam-se fixados nas populações ao longo do tempo evolutivo. Aqueles que lideram são bem-sucedidos em obter cargos de liderança, mas liderar não garante eficiência nem moralidade. A teoria evolucionista da liderança (TEL) também postula que os traços particulares associados com a tomada de iniciativas e inteligência são, em grande parte, herdados e impulsionam as pessoas a posições de poder. Embora certos indivíduos tenham mais forte propensão a conduzir do que outros, no entanto, a maioria das pessoas pode assumir a liderança quando a situação exige; portanto, a teoria reconhece um lado situacional à liderança. A TEL também postula que os líderes são motivados por alto *status* social, particularmente os três S – salário, *status* e sexo.

A liderança tem três funções importantes: aglutina os grupos; ajuda o grupo a aprender coisas novas; e ensina os outros a liderar. Portanto, os benefícios da seguidança são claros: coesão de grupo, conhecimento em tempos de incerteza e oportunidades para ser preparados para a liderança. Evoluímos para acompanhar a autoridade e desenvolvemos uma regra inata de "seguir a maioria"; de fato, o desejo de estar em conformidade supera o desejo de ser correto. Por fim, os instintos de reciprocidade, equidade e hierarquia estão inculcados em nossas psiques.

Hipóteses

Nossos cérebros relativamente primitivos, que nos aprontam para a adesão em pequenas tribos igualitárias, encontram dificuldade em lidar com as organizações grandes e complexas do século XXI; assim, as incompatibilidades são criadas entre nossas exigências inculcadas e as atuais. Considere como nossa psicologia de liderança evoluída está em desacordo com o mundo moderno, como exemplificado a seguir:

- Recrutamento de gestão de cima para baixo entra em conflito com estilos especializados de liderança de baixo para cima.
- Forçar várias responsabilidades a pessoas que comprovaram competência em uma área as sobrecarrega, à medida que elas tentam liderar em diversas situações.
- Confiar e selecionar pessoas que se parecem conosco e evitar aquelas que não se parecem é inadequado às exigências de liderança contemporâneas.
- Viés de gênero é, em parte, uma função do tempo que nossa espécie passou na savana: homens lideram, mulheres, não. Mas na sociedade contemporânea as mulheres estão bem adaptadas a cargos de liderança.
- Homens militares muitas vezes se tornam líderes políticos e empresariais: a necessidade por guerreiros na savana era indiscutível, mas as organizações do século XXI precisam de menos guerreiros – outra incompatibilidade.
- Os traços da savana influenciam a percepção do potencial de liderança: líderes escolhidos com base nos traços desejáveis na savana (saúde geral, altura, idade, masculinidade, gênero, reputação e carisma) são disfuncionais nas Américas contemporâneas.

Em suma, ao longo do tempo, os indivíduos foram inculcados com protótipos cognitivos de líder ancestral (PCLA) para várias tarefas de liderança; infelizmente, usamos esses protótipos para avaliar os líderes contemporâneos, o que resulta em práticas incompatíveis com as exigências das organizações modernas.

Algumas outras hipóteses devem ser suficientes. A teoria evolucionista da liderança também prevê que os indivíduos são mais propensos a seguir os líderes (1) quando a unidade do grupo está sob ameaça, (2) quando os subordinados não sabem o que fazer ou pensar e (3) quando os subordinados aspiram à liderança. Além disso, a teoria sugere que os seguidores querem ser liderados, não dominados, mas, para a maioria dos líderes, é mais fácil dominar do que persuadir.

Análise

A teoria evolucionista da liderança (TEL) é um acréscimo recente à paisagem das teorias da liderança. É sustentada por algumas pesquisas, mas é nova e merece avaliação crítica e escrutínio minucioso. No entanto, ela fornece outra lente pela qual observar a liderança e a seguidança, e tem certo apelo ao mesclar muitos elementos das teorias de liderança contemporâneas, incluindo as teorias de traços, comportamental, transacional, transformacional (carismática), contingência (situacional), servidora e de liderança distribuída. A TEL sugere que traços relacionados à liderança são provavelmente universais e incluem extroversão, abertura, inteligência, ambição, integridade, competência, generosidade e visão. A TEL enfatiza seguidores como componentes vitais da liderança. Cada vez mais, os líderes precisam aprender a mudar seu padrão de liderança à medida que interagem com os seguidores até o patamar de comprometimento de *subordinados* a *sectários* a *legalistas* a *aprendizes* a *discípulos*. Diferentes tipos de seguidores exigem diferentes tipos de líderes; por exemplo, os líderes precisam ser uma fonte de inspiração para os discípulos, um professor para os aprendizes, um defensor para legalistas, uma figura de proa para sectários e um provedor para subordinados.

Nas Américas contemporâneas, os seguidores, desconfortáveis com as enormes diferenças de poder entre os líderes e si próprios, formam coalizões para manter as coisas em equilíbrio. Além disso, os seguidores estão muito mais inclinados a atribuir mais *status* àqueles que colocam o bem-estar de seu grupo acima dos interesses próprios. Na verdade, os seguidores desenvolveram várias estratégias potentes para superar os poderosos: eles fofocam e espalham boatos negativos; eles insistem em debates públicos de problemas críticos e, às vezes, exigem votações secretas; fazem *lobby* por transparência na tomada de decisão; usam a crítica temperada com humor (sátira); e, de vez em quando, desobedecem intencionalmente aos líderes e até mesmo abandonam a organização quando as coisas ficam muito desequilibradas. A inclinação geral para favorecer o bem-estar do grupo em detrimento dos interesses próprios funciona razoavelmente bem com essas outras estratégias para restringir o poder dos líderes.

A TEL coloca teorias contemporâneas de liderança no contexto de nossa história humana e fornece explicações plausíveis para a evolução da liderança contemporânea. A teoria fornece uma perspectiva intrigante que realça a seguidança, um conceito que tem recebido muito menos atenção do que a liderança, à medida que tentamos compreender a dinâmica da vida organizacional. A teoria evolucionista da liderança é provocante e merece mais consideração e pesquisa.

Recomendações da teoria evolucionista da liderança

Se ajustássemos a nossa mentalidade à sociedade contemporânea, a TEL tem o potencial de melhorar a liderança e a seguidança. Considere as seguintes recomendações de Mark van Vugt e Anjana Ahuja (2011):

1. **Evite romantizar a liderança**. Em ambientes ancestrais, não havia nenhuma função de liderança formal; a liderança tinha de ser conquistada e mostrada.

Hoje, uma visão romântica da liderança é generalizada; é simbolizada pelas onipresentes biografias dos grandes líderes empresariais. A verdade nua e crua é que os líderes modernos merecem menos crédito e culpa do que seus antecessores primitivos.

2. **Ancore-se em funções nas quais você tenha *expertise***. Encontre um nicho na organização que será bom para você e bom para o grupo: desenvolva suas habilidades especializadas e conquiste o respeito de seus colegas.

3. **Transforme a informalidade em uma virtude**. Líderes naturais exibem as qualidades dos líderes informais: confiabilidade, persistência, humildade, competência, determinação e visão.

4. **Favoreça e honre os seguidores**. Os líderes devem extrair sua influência da legitimidade conferida pelos subordinados, que são os detentores da autêntica autoridade. A ameaça de crítica, desobediência e até mesmo agressão quando seguidores se aglutinam contra o líder é a base para uma saudável dinâmica de grupo.

5. **Exerça a liderança distribuída**. Poucos líderes têm a capacidade de ser bons em todas as funções necessárias nas organizações de hoje; por isso, a liderança deve ser delegada e compartilhada.

6. **Cuidado com a diferença de salário**. Os salários desproporcionais dos executivos nos enervam porque estão em desacordo com nossa psicologia evoluída. Salários enormes são guias para líderes da tríade escura.

7. **Selecione líderes com competência demonstrada**. A liderança deve ser merecida, não concedida. Afaste-se dos que bajulam os superiores e desdenham os subordinados.

8. **Evite o nepotismo**. O nepotismo tem suas raízes na teoria evolucionista; muitas decisões iniciais foram baseadas em parentesco. Manter a liderança na

família é uma espada de dois gumes; por um lado, parentes e amigos chegados podem ser mais leais e confiáveis, mas, em contrapartida, organizações complexas exigem pessoas com uma vasta gama de talentos.
9. **Cuidado com o lado negro.** A dominação é parte de nossa herança primata; é a maneira mais rápida para obter conformidade. No entanto, os subordinados não gostam de dominação; na verdade, a liderança construída em consenso tem mais chances de conseguir conformidade e comprometimento. No entanto, existem líderes com altos níveis de narcisismo, maquiavelismo e psicopatia, que mascaram seu verdadeiro caráter e são hábeis na manipulação e na dominação. Cuidado com a tríade escura!
10. **Não julgue os líderes pela sua aparência.** Nossos protótipos cognitivos de líder ancestral fazem parte de nossa herança evolutiva. Alguns aspectos dos protótipos são funcionais hoje e outros não. Por exemplo, os traços de liderança de confiabilidade, humildade, integridade e competência ainda são relevantes, mas cor, gênero e conformação física não são. O importante é que devemos ser capazes de separar aspectos funcionais dos traços cognitivos do líder ancestral dos disfuncionais. Pesquisas contemporâneas sobre liderança são relevantes nesse sentido.

A teoria evolucionista é útil para entender a evolução da liderança humana bem como para analisar e melhorar as práticas atuais de liderança. Compare suas próprias inclinações de liderança com esses filtros de protótipo de liderança ancestral. Qual é o seu perfil?

TEORIA NA PRÁTICA

De acordo com a teoria evolucionista da liderança (TEL), os traços universais positivos incluem integridade, generosidade, justiça, diplomacia, determinação, inteligência, competência e visão. Faça uma análise dos traços do seu diretor ou superintendente usando esses traços. À medida que você caracteriza seu líder em cada traço, dê um exemplo para demonstrar a sua base para a sua avaliação. Acha que seus colegas concordariam com o perfil que você fez? Por que não consultar alguns deles e conferir?

CASO SOBRE LIDERANÇA EDUCACIONAL

Dilema no Facebook

Abbey Schaeffer é uma popular professora de latim na Hamilton High School, no norte da Califórnia. A Hamilton High School é a única escola de ensino médio em Sherman, comunidade suburbana não muito longe da capital do estado. Muitos dos moradores trabalham em torno da capital e se radicaram em Sherman por conta de suas boas escolas. Abbey está em seu terceiro ano de prática docente. Ela descobriu que os alunos de latim sentem prazer em assistir às aulas. Ela quase se sente como fosse um deles, e os alunos a aceitam como um deles, embora na sala de aula ela conte com a atenção e o respeito dos alunos.

Michael Ingraham, Mike para os amigos, está no segundo ano como diretor da Hamilton. Ingraham foi contratado de um distrito urbano nas proximidades para trazer um novo olhar sobre como as coisas eram feitas na Hamilton. Ingraham está terminando seu doutorado em liderança educacional em uma grande universidade estadual, onde está escrevendo sua tese sobre culturas escolares. Abbey e Mike tornaram-se bons colegas profissionais, ou seja, um respeita o

(continua)

CASO SOBRE LIDERANÇA EDUCACIONAL *(continuação)*

talento e o entusiasmo do outro. Os dois têm um relacionamento extraordinário com os alunos na Hamilton.

A segunda década do século XXI tem trazido rápidas mudanças na escola sob a forma de conectividade instantânea. A maioria dos alunos não usa relógios de pulso antiquados, preferindo seus *smartphones*. Na verdade, todos os dispositivos eletrônicos que eles têm mostram o horário para eles. Mike e Abbey encaixam-se facilmente neste novo meio. Eles se sentem confortáveis no mundo sem fios.

A Hamilton High School tem um perfil organizacional no *site* do Facebook. A escola envia vídeos, fotos e comunicados aos alunos e pais em suas páginas do Facebook. Não é de estranhar que a maioria dos alunos na Hamilton não só interaja com o *site* da escola, mas também tenha contas individuais no Facebook, onde a conversa é mais informal e menos reservada. Como a maioria dos alunos do ensino médio, os alunos da Hamilton não se importam com a vida quase eterna das publicações no Facebook, parecendo não entender que no longo prazo eles podem ficar mortificados pelas publicações de sua juventude.

Abbey formou uma amizade com sua aluna destaque em latim, Stella McGuire; na verdade, Stella e Abbey adicionaram-se no Facebook e uma acompanha os *posts* da outra. Abbey, muitas vezes, conta sobre as façanhas recentes dos gatos dela, com direito a fotos e tudo o mais. Stella, por sua vez, encara Abbey como uma amiga chegada e não esconde nada dela. Nos dois primeiros meses de sua amizade no Facebook, os *posts* e os comentários foram interessantes e divertidos. Abbey, no entanto, ficou assustada ao ler o mais recente *post* de Stella, que mostrava uma sessão de menores de idade ingerindo bebida alcoólica com a presença de vários alunos de latim. Havia, para piorar as coisas, fotos vívidas da festa e aparente uso recreacional de drogas ilícitas.

Abbey se viu em um dilema. O que devia fazer? Por um lado, ela sentia a necessidade de intervir e impedir que os alunos se metessem em encrenca. Por outro lado, ela apreciava as relações chegadas, realmente especiais, com muitos dos seus alunos de latim, que ela valorizava. Se ela interviesse, talvez essa relação mudasse. Se não interviesse, talvez muitos dos seus alunos corressem risco. Depois de se digladiar com o dilema, ela decidiu falar com o diretor. Mas mesmo nesse ponto ela se sentia dividida sobre seus papéis de amiga e professora.

Abbey decidiu que seria melhor falar com o diretor Ingraham de modo informal e extraoficial. Assim, ela sugeriu que os dois se encontrassem depois da escola para tomar um café na Forest Perk, uma cafeteria local. Ela estava ansiosa ao encontrar Ingraham sexta à tarde. Depois de uns minutos jogando conversa fora, ela mudou para o tópico dos alunos na Hamilton. Por fim, ela disse:

— Tenho um caso hipotético para você, Mike. Se você fosse professor na Hamilton e tivesse um aluno como amigo em seu perfil no Facebook e assim descobrisse comportamento comprometedor, o que faria? Você se sentiria compelido a relatar o assunto para a escola, aos pais ou a outras autoridades? Só estou perguntando, pois a gente não tem nenhuma política para lidar com esses problemas contemporâneos. O que você acha?

— Bem, já que estamos no campo das hipóteses, posso lembrá-la de que, se um professor ficasse sabendo de um crime, ele ou *ela* — frisou ele — seria obrigado a deixar alguém saber do assunto, a bem do interesse dos alunos e da comunidade como um todo.

Abbey atalhou:

— Ah, concordo completamente. Mas estou falando de uma indiscrição juvenil que realmente não ofende ninguém nem viola a lei.

— Então você não está se referindo a pessoas violando a lei, apenas a pessoas violando as regras da escola ou certas regras de decoro. Como diretor, não sou inflexível em relação às regras da escola, mas se elas não forem aplicadas, os

(continua)

CASO SOBRE LIDERANÇA EDUCACIONAL (continuação)

alunos não arcam com as consequências. Se os alunos colam, por exemplo, isso deveria refletir em suas notas. Parte da educação é aprender a diferenciar o certo do errado. Se você ficar sabendo que alguém colou, gostaria de saber sobre isso.

— Entendo o que você está dizendo — redarguiu Abbey —, mas a relação do professor com os alunos é um pouco diferente da do diretor. Os alunos depositam confiança nos professores, e quebrar essa confiança é destruir o relacionamento.

— Sabe, Abbey, uma das piores coisas que um professor pode fazer é abandonar o papel de professor e tornar-se amigo dos alunos. Não somos realmente "camaradas", mas sim amigos que sirvam de modelos. Somos guias e exemplos de como as pessoas devem agir. Se você está ciente do mau comportamento do aluno, acho que você tem a obrigação de deixar ciente a escola para que as medidas adequadas sejam tomadas.

— Não concordo completamente — respondeu Abbey. — Encaro o papel do professor como educador e não policial. Espero que o professor possa aproveitar o momento e utilizar essas informações como oportunidade de ensino e aprendizagem. É provável que o papel do diretor seja diferente. Na verdade, é por isso que prefiro ser professora em vez de administradora. Não gosto de punir as crianças, particularmente quando se trata apenas de simples peraltices.

— Entendo o seu ponto de vista — obtemperou o diretor — mas se você ou qualquer um dos seus colegas tiver qualquer informação sobre cola ou outra infração dos alunos, eu deveria saber. Acredito que o professor tem a obrigação de relatar esses assuntos à direção. O diretor é o responsável pela escola.

— Obrigada, Mike, por expor suas ideias sobre esse assunto. Vai ser útil para mim quando eu escrever um artigo para o meu curso de Administração Educacional na próxima semana.

Naquela noite, Abbey meditou sobre sua conversa com Ingraham. Ela queria continuar amiga de seus alunos e também do diretor. Decidiu aproveitar essa oportunidade e transmitir algo com duradoura importância para sua aluna, Stella, em vez de desperdiçar a chance e trair a confiança dela. Afinal de contas, o papel básico dela era de professora; ela não pertencia à polícia. Estritamente falando, quando os alunos dão acesso a suas páginas do Facebook, renunciam ao seu direito de privacidade. Talvez não fosse assim que os alunos encaravam, mas era inquestionável. Uma foto com palhaçadas bêbadas e comportamento lascivo poderia frustrar uma oportunidade de emprego ou uma bolsa de estudos no futuro, e isso é o que os jovens deviam considerar ao postarem assuntos pessoais em suas páginas. Ela devia usar essa oportunidade de ensino.

O diretor, também, meditou sobre a conversa durante o café com uma de suas melhores professoras. O que ela estava escondendo? Algo estava prestes a vir à tona? Ele devia pressioná-la para obter mais informações? Ainda que o assunto tenha sido discutido hipoteticamente, ele ficou com a inquietante sensação de que ela estava falando sobre si mesma. Bem, talvez não. Talvez fosse apenas uma conversa acadêmica. Talvez ele devesse obter mais informações e ver o que está acontecendo na escola.

- Como o diretor Ingraham deve proceder?
- Qual é a resposta apropriada da liderança?
- Tomar alguma medida? Qual medida?
- Ele deve deixar de interferir? "Deixar como está para ver como é que fica"?
- Como o diretor pode apoiar a professora e manter a confiança dela?
- Até que ponto o diretor deve tomar alguma medida e apoiar a professora? Como pode fazer as duas coisas?
- Professores e diretores têm realmente papéis diferentes nesses casos?
- A escola precisa de uma política sobre comunicação na internet? Caso positivo, qual é o papel do diretor? A política da escola é o problema no longo prazo?
- Qual é o problema imediato para o diretor?

GUIA PRÁTICO

1. Conheça seu estilo de liderança e seja flexível: não existe estilo ideal.
2. Combine o seu estilo de liderança à situação: a eficiência depende da correspondência adequada.
3. "Missão em primeiro lugar, as pessoas sempre": a realização de tarefas e as relações sociais solidárias são essenciais para o sucesso.
4. Esforce-se para alcançar uma eficiência ampla: sua reputação, a satisfação de subordinados e a realização dos objetivos são todos aspectos muito importantes da eficiência.
5. Seja um líder tanto instrucional quanto organizacional: a liderança instrucional eficiente depende de um clima escolar com ênfase acadêmica.
6. Delegue e distribua a liderança amplamente: a *expertise* impulsiona o sucesso.
7. Seja inspirador, intelectual, idealista e adapte a sua liderança a seus subordinados: a mudança transformativa assim o exige.
8. Lidere servindo: a liderança servidora cria autoridade moral.
9. Faça da informalidade uma virtude: as estruturas formais muitas vezes interferem com as ações autênticas.
10. Seja justo: o favoritismo e o nepotismo corroem a equidade.
11. Evite a tríade escura: narcisismo, maquiavelismo e falta de compaixão minam a conformidade e o comprometimento.

PRINCÍPIOS E PRESSUPOSTOS BÁSICOS

1. Traços de personalidade e motivacionais influenciam a prática da liderança.
2. As habilidades de liderança podem ser aprendidas e usadas para resolver problemas complexos.
3. Não há modo ideal de liderar: os comportamentos e as situações se influenciam entre si.
4. Negligenciar comportamentos de tarefa limita a influência sobre a realização do objetivo, ao passo que desdenhar as relações interpessoais inibe a harmonia e a coesão do grupo.
5. Uma abordagem de contingência para a liderança assume que a eficiência da liderança depende de adequar o comportamento (ou os traços) de líder à situação.
6. Os líderes transformacionais ampliam comportamentos transacionais usando os quatro I da liderança: inspiração motivacional, incentivo intelectual, influência idealizada e individualização na consideração.
7. A teoria da liderança distribuída postula que os conhecimentos e as habilidades são distribuídos vastamente pela organização e que a liderança exige acessar esses domínios de competência.
8. A liderança servidora enfatiza o empoderamento dos seguidores para construir relacionamentos úteis à medida que uma comunidade ética é forjada; a pirâmide do poder é virada de cabeça para baixo.
9. A teoria evolucionista da liderança postula que liderança e seguidança surgiram no curso da evolução humana.
10. A teoria evolucionista da liderança prediz o surgimento de um líder (1) quando o grupo está ameaçado, (2) quando os subordinados estão em dúvida e (3) quando subordinados aspiram a uma posição de poder.

TESTE OS SEUS CONHECIMENTOS: SABE O SIGNIFICADO DESTES TERMOS?

liderança, *p. 382*
abordagem dos traços de liderança, *p. 383*
traços de personalidade, *p. 385*
traços motivacionais, *p. 385*
comportamento de líder, *p. 388*
estrutura de iniciação, *p. 388*
consideração, *p. 389*
eficiência da liderança, *p. 392*
abordagens de contingência, *p. 392*
colega de trabalho menos preferido, *p. 394*
estilo de liderança, *p. 394*
controle situacional, *p. 395*
eficiência, *p. 395*
liderança distribuída, *p. 397*

líderes transacionais, *p. 400*
liderança de recompensa contingencial, *p. 401*
gestão por exceção ativa, *p. 401*
gestão por exceção passiva, *p. 401*
influência idealizada, *p. 401*
influência idealizada atribuída, *p. 401*
influência idealizada como comportamento, *p. 401*
inspiração motivacional, *p. 401*
incentivo intelectual, *p. 402*
individualização na consideração, *p. 402*
liderança servidora, *p. 406*
teoria evolucionista da liderança, *p. 407*
tríade escura, *p. 407*

LEITURAS SUGERIDAS

BASS, B. M. *The bass handbook of leadership*. 4th ed. New York: Free Press, 2008.

Fornece uma revisão abrangente da literatura sobre liderança.

BASS, B. M.; RIGGIO, R. E. *Transformational leadership*. 2nd ed. Mahwah: Erlbaum, 2006.

Atualiza e resume teorias, pesquisas e medições para a liderança transformacional.

LEITHWOOD, K.; JANTZI, D. A review of transformational school leadership research 1996-2005. *Leadership and Policy in Schools*, v. 4, n. 3, p. 177-199, 2005.

Analisa 32 estudos e aborda questões sobre a natureza da liderança transformacional, seus precursores e variáveis de moderação e mediando os seus efeitos.

LOUIS, K. S., et al. *Investigating links to improved student learning*. Minneapolis: University of Minnesota Press, 2010.

Resume o *Relatório Final da Fundação Wallace* (*Wallace Foundation Final Report*) sobre como melhorar a aprendizagem em escolas por meio de liderança ativa.*

MARCH, J. G.; WEIL, T. *On leadership*. Malden: Blackwell, 2005.

Desafia crenças tradicionais sobre liderança heroica e eficiente, explorando várias ideias divergentes.

NORTHOUSE, P. G. *Leadership:* theory and practice. 4th ed. Thousand Oaks: Sage, 2010.

Fornece excelentes resumos e análises, além de muitos instrumentos de avaliação e outras aplicações.

YUKL, G. A. *Leadership in organizations*. 7th ed. Upper Saddle River: Prentice Hall, 2010.

Resume e critica teorias e pesquisas sobre liderança e fornece aplicações práticas.

---

* N. de R.T.: A Fundação Wallace é uma organização filantrópica que promove ações para melhorar a aprendizagem de crianças carentes, além de financiar projetos inovadores para questões sociais. No Brasil, há a Fundação Lemann (c2014), acesso em <www.fundacaolemann.org.br>, que promove ações voltadas à educação pública brasileira. Uma delas é dirigida a líderes educacionais, na figura dos Dirigentes Municipais de Educação de São Paulo.

EXERCÍCIO DE PORTFÓLIO

Avalie seu potencial de liderança

Organizações escolares tentam selecionar pessoas com características e habilidades associadas a uma liderança eficiente e depois tentam fornecer atividades de desenvolvimento profissional necessárias ao crescimento pessoal adicional. Indivíduos também devem ser agentes ativos na avaliação consciente de seus pontos fortes e fracos para assumir cargos de liderança. Para iniciar o processo, recomendamos usar os traços e habilidades listados na Tabela 13.1 e se envolver nas seguintes atividades:

- Tão objetivamente quanto possível, pense em qual intensidade você gosta de influenciar outras pessoas e eventos, em especial quando isso exige revelar os traços e as habilidades mostrados na Tabela 13.1.
- Encontre e complete uma série de instrumentos de avaliação. Northouse (2004), por exemplo, fornece guias de autoavaliação relativamente simples para traços e habilidades. O livro de Northouse também é uma fonte de outras medidas, incluindo vários instrumentos de perso-

nalidade, habilidade e comportamento, como a escala de colega de trabalho menos preferido (LPC) e o questionário de liderança multifatorial (MLQ). Muitos outros dispositivos de avaliação de liderança podem ser encontrados em buscas na internet.

- Converse com cerca de cinco pessoas que você conhece. Faça questões específicas sobre como elas lhe classificam em variáveis como autoconfiança, tolerância ao estresse, relacionamento interpessoal e orientação para desempenho. Você também deve solicitar que eles descrevam você usando um ou mais dos instrumentos de avaliação de liderança.
- Usando as informações obtidas nas etapas anteriores, desenvolva uma lista de seus pontos fortes e fracos.
- Delineie um plano para conquistar uma posição de liderança que aproveite seus pontos fortes; mude ou compense seus traços deficientes; melhore as habilidades existentes; e desenvolva novas.

Padrões 3, 5 e 6

NOTAS

1. Técnicas de observação estruturada normalmente observam e questionam os líderes intensamente à medida que eles realizam seu trabalho. Mintzberg (1973) e Kotter (1982) conduziram duas das investigações mais bem conhecidas sobre organizações empresariais. Algumas investigações utilizando procedimentos de observação estruturada também foram conduzidas em cenários escolares de diversos países sobre superintendentes (O'DEMPSEY, 1976; FRIESEN; DUIGNAN, 1980; DUIGNAN, 1980; PITNER; OGAWA, 1981); sobre diretores (PETERSON, 1977-1978; WILLIS, 1980; MARTIN; WILLOWER, 1981; KMETZ; WILLOWER, 1982; PHILLIPS; THOMAS, 1982; CHUNG, 1987; CHUNG; MISKEL, 1989); e sobre inovadores educa-

cionais (SPROULL, 1981). Além de fornecer um fascinante vislumbre do seu trabalho, as conclusões são importantes porque os comportamentos de administradores escolares, descritos de forma sistemática, se revelaram consistentes em vários tipos organizacionais (empresas e escolas), em vários cargos organizacionais (superintendentes, supervisores e diretores) e em vários países (Austrália, Canadá e Estados Unidos).

2. Para os leitores interessados em uma consideração detalhada dos traços associados à liderança eficiente, um tratamento abrangente pode ser encontrado em Bass (2008). Outra discussão perspicaz, embora mais sucinta, sobre traços e a eficiência do líder, é encontrada em Yukl (2010).

14

RECAPITULANDO: ANÁLISE DA ESCOLA COMO SISTEMA SOCIAL

*O pensamento sistêmico é a quinta disciplina. É a disciplina que integra
as disciplinas, fundindo-as em um corpo coerente de teoria e prática [...].
Continuamente nos lembra de que o todo pode exceder a soma das suas partes.*

Peter M. Senge
The Fifth Discipline

Os capítulos anteriores apresentaram um volume substancial de conhecimentos que constitui um argumento forte para o valor de uma abordagem de sistemas sociais abertos à administração educacional. Neste capítulo, analisamos o modelo de sistemas sociais que serve como guia teórico para as ideias desenvolvidas em nosso trabalho. Então, os dilemas intrínsecos do modelo serão considerados.

MODELO DE SÍNTESE

A teoria de sistemas abertos é orgânica, em vez de mecânica. Como linguagem conceitual, a teoria de sistemas é útil para descrever as estruturas recorrentes e os processos dinâmicos em organizações educacionais. De acordo com o modelo de sistemas sociais para as escolas, o desempenho organizacional é determinado por pelo menos quatro conjuntos de elementos-chave internos – a estrutura, o indivíduo, a cultura e o clima, e o poder e a política – à medida que eles interagem com o processo de ensi-

no-aprendizagem. Esses elementos obtêm entradas do ambiente e os transformam. Os elementos e suas interações formam o sistema de transformação, que é restringido pelas oportunidades e demandas do ambiente. Além disso, os mecanismos de *feedback* interno e externo permitem que o sistema avalie a qualidade de todos os seus sistemas e entradas. Quando discrepâncias entre o desempenho real e o esperado são detectadas, o *feedback* permite que o sistema se ajuste.

Em poucas palavras, o modelo na Figura 14.1 (desenvolvido pela primeira vez no Cap. 1) resume os principais recursos internos e externos das organizações concebidas como sistemas sociais abertos. Claro, a figura não consegue capturar o movimento dinâmico de um sistema à medida que ele responde ao seu ambiente por meio de processos e à medida que ele gera produtos como a aprendizagem do aluno ou a satisfação do funcionário. Embora nossa análise envolva as partes do sistema, não perca de vista o fato de que o sistema é um todo funcional.

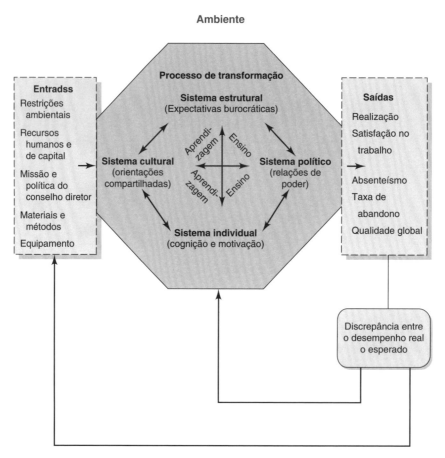

FIGURA 14.1 Modelo de sistemas sociais para escolas.

Estrutura nas escolas

A estrutura burocrática (ver Cap. 3) é a organização formal especificamente estabelecida para alcançar objetivos explícitos e realizar tarefas administrativas. Sejam quais forem os objetivos organizacionais, essas propriedades estruturais como regras, regulamentos, hierarquia e divisão do trabalho são conscientemente projetadas para alcançar esses objetivos. Na análise de Weber sobre os tipos ideais, a burocracia emprega a autoridade por esses meios para alcançar a tomada de decisão racional e maximizar a eficiência. A divisão do trabalho e os procedimentos de especialização produzem especialistas impessoais que tomam decisões tecnicamente corretas e racionais, com base em fatos. Uma vez que essas decisões tenham sido tomadas, a hierarquia de autoridade implementa uma conformidade disciplinada e coordenada com as diretivas por meio de regras e regulamentos. Funcionários orientados para a carreira têm um incentivo para serem leais e produtivos.

Embora seja provavelmente a mais conhecida, a de Weber não é a única teoria sobre estrutura organizacional. Henry Mintzberg fornece outro arcabouço para examinar a estrutura burocrática. Ele descreve a estrutura simplesmente como as maneiras em que uma organização divide seu trabalho em tarefas e em seguida alcança coordenação entre elas. O ajuste mútuo, a supervisão direta e a padronização são mecanismos de coordenação básicos – a substância que aglutina a organização. A análise dele produz cinco tipos ideais. Mintzberg descreve as organizações como estruturas que são influenciadas por seus ambientes – ou seja, sistemas abertos.

A pesquisa contemporânea sobre estruturas de escola sugere que não é tanto o montante da estrutura, mas o *tipo* de estrutura (capacitadora ou entravadora) que determina se as consequências serão positivas ou negativas para a eficiência da escola.

Indivíduos nas escolas

O fato de que uma organização foi formalmente estabelecida não significa que todas as suas atividades e interações estejam em conformidade com os requisitos estruturais. O indivíduo também é um elemento-chave de todos os sistemas sociais. Alunos, professores e administradores trazem consigo necessidades, objetivos e crenças individuais (Cap. 4), bem como desenvolvem suas próprias orientações pessoais e compreensão intelectual sobre suas funções. Exatamente como a estrutura ajuda a moldar o comportamento nas escolas, isso também acontece com as necessidades, os objetivos e as crenças dos indivíduos.

Maslow descreve uma hierarquia de necessidades básicas que motivam o comportamento, variando desde biológicas até necessidades de realização pessoal, e Herzberg distingue entre as necessidades que produzem satisfação do trabalhador e aquelas que causam insatisfação. A necessidade de realização e a necessidade de autonomia são duas outras poderosas forças motivadoras no âmbito individual, que moderam o comportamento de professores e administradores nas escolas.

A motivação no trabalho é um conjunto de forças energéticas que se originam tanto dentro quanto além do indivíduo. Os objetivos individuais e a definição de objetivos são ingredientes essenciais da motivação pessoal, especialmente quando os objetivos forem abraçados pelo indivíduo e forem específicos, desafiadores e alcançáveis. Essas forças iniciam comportamentos relacionados com o trabalho e determinam a forma, a direção, a intensidade e a duração da motivação. Da mesma forma, as crenças são importantes forças motivacionais. Administradores, professores e alunos têm maior probabilidade de trabalhar arduamente se acreditarem: que o sucesso deve-se principalmente à sua capacidade e ao seu esforço; que as causas de resultados estão sob seu controle; que o esforço adicional melhorará o desempenho; que o bom desempenho será notado e recompensado; que as recompensas são valorizadas; e que eles foram tratados com justiça e respeito por seus superiores. Além disso, o desempenho eficiente está intimamente relacionado com a autoeficácia, a crença de que se tem a capacidade de organizar e executar um curso de ação necessário para alcançar o nível desejado de desempenho. Por fim, a motivação que vem do interesse e do desafio da atividade é intrínseca, ao passo que a motivação extrínseca baseia-se em recompensas e punição. As duas motivações podem funcionar, mas em geral a motivação intrínseca é mais eficiente.

Cultura e clima nas escolas

Nossa análise sobre a atmosfera interna das escolas se concentrou em dois conceitos relacionados – cultura (Cap. 5) e clima (Cap. 6). Cada uma dessas noções ultrapassa os aspectos formais e individuais da vida organizacional. Cada uma sugere um lado natural, espontâneo e humano da organização; cada uma sugere que o todo é maior do que a soma das suas partes; e cada qual lida com significados compartilhados e regras não escritas que orientam o comportamento organizacional.

A cultura organizacional é o conjunto de orientações compartilhadas que mantém a coesão de unidade e lhe dá uma identidade distinta. Embora o clima tenda a se concentrar nas percepções compartilhadas, a cultura é definida em termos de suposições, normas e valores compartilhados. Esses três níveis da cultura – suposições, valores e normas – são explorados como formas alternativas de descrever e analisar as escolas. A pesquisa sobre as organizações empresariais sugere que sistemas eficientes têm culturas corporativas fortes: culturas caracterizadas pela intimidade, confiança, cooperação, igualitarismo, um viés para a ação e orientações que realcem a qualidade, a inovação e as pessoas. Contudo, em muitos aspectos, a cultura é como a estrutura; as duas podem melhorar ou impedir o funcionamento eficiente da escola dependendo da missão e das condições ambientais. A pesquisa atual, no entanto, sugere que uma cultura de otimismo acadêmico com sua ênfase de confiança, eficácia e visão acadêmica oferece um ambiente que facilite o desempenho acadêmico dos alunos e uma cultura de controle de aluno humanista promove o desenvolvimento socioemocional positivo dos alunos.

O clima organizacional é uma qualidade relativamente duradoura do ambiente escolar que é experimentada por professores, afeta seu comportamento e se baseia em suas percepções coletivas sobre o comportamento nas escolas. Um clima emerge por meio da interação dos membros e da troca de sentimentos entre eles. O clima de uma escola é a sua "personalidade". Duas diferentes conceituações de clima foram descritas e analisadas.

Quando as escolas têm um clima aberto, verificamos que diretores e professores estão agindo autenticamente, mas, quando o clima é fechado, todos simplesmente cumprem suas obrigações na engrenagem educacional sem dedicação e comprometimento. Como seria de esperar, a pesquisa mostrou que características afetivas como atitudes positivas de alunos e professores estão relacionadas com a abertura do clima.

O clima das escolas também pode ser examinado em termos de saúde organizacional. Uma escola saudável é aquela que satisfaz tanto suas necessidades instrumentais quanto expressivas e, ao mesmo tempo, lida de forma bem-sucedida com forças externas perturbadoras, à medida que direciona suas energias rumo à missão. Quanto mais saudável a dinâmica organizacional de uma escola, maiores são a confiança e a transparência nas relações dos membros e maior o desempenho do aluno. Mudar o clima ou a cultura de uma escola é um objetivo de longo prazo; não existem soluções simples e rápidas.

Poder e política nas escolas

Mesmo antes de se juntar a uma organização, os indivíduos concedem o uso de autoridade formal para o sistema quando eles voluntariamente concordam em agir em conformidade com ordens legítimas. Uma vez na organização, no entanto, as relações de poder se expandem; de fato, o poder torna-se um aspecto central das relações dentro do sistema.

O poder é uma construção ampla que inclui tanto métodos legítimos e ilegítimos quanto formais e informais para garantir conformidade (ver Cap. 7). Portanto, existem quatro tipos básicos de poder organizacional: dois legítimos – autoridade formal e informal – e dois ilegítimos – poder político e coercitivo.

O sistema legítimo de autoridade promove a coordenação e conformidade e contribui para a realização dos objetivos formais. O poder legítimo vem da organização formal, em virtude do cargo, dos valores e das normas informais da cultura e da *expertise* dos indivíduos no sistema. Esses três sistemas de controle normalmente contribuem com as necessidades da organização;

ou seja, eles são legítimos. Mas aqueles com poder também têm necessidades pessoais. Ao se esforçar para realizar as necessidades organizacionais mais amplas, as pessoas descobrem que elas têm discernimento, e o discernimento abre caminho ao poder político. Assim, surge um sistema de poder político não sancionado pela autoridade formal, cultura ou *expertise* certificada; na verdade, normalmente é divisionista, paroquial e ilegítimo. A política é ilegítima porque é um meio para atender finalidades pessoais em detrimento de toda a organização. Isso não significa que a política nunca produz resultados positivos. Ao contrário, a política tem a capacidade de promover mudanças bloqueadas pela organização formal, de garantir que os membros fortes adquiram papéis de liderança, de incentivar o debate entre as diversas posições e de ajudar na execução das decisões.

A política é um fato da vida organizacional. Embora existam indivíduos poderosos, as arenas políticas das organizações são compostas por coalizões de indivíduos e grupos, que negociam entre si para determinar a distribuição dos recursos. Coalizões externas bem como internas influenciam a política organizacional. As táticas políticas são as bases de um sistema de jogos políticos disputados para resistir à autoridade, contrapor a resistência, construir bases de poder, derrotar os adversários e mudar a organização. O sistema de política normalmente coexiste com os sistemas mais legítimos de influência sem dominá-los, mas o poder e a política geram conflitos. Assim, a gestão de conflitos é uma útil ferramenta administrativa.

Ensino e aprendizagem nas escolas

O processo de ensino-aprendizagem é o cerne técnico da escola (Cap. 2). Outras atividades são secundárias à missão básica de ensino e aprendizagem; na verdade, o processo molda muitas das decisões administrativas que devem ser tomadas nas escolas. Com efeito, o ensino e a aprendizagem fornecem um conjunto fundamental de oportunidades e restrições internas.

Tanto o ensino quanto a aprendizagem são processos elaborados que precisam de atenção cuidadosa. A aprendizagem ocorre quando há uma mudança estável no conhecimento ou no comportamento de um indivíduo. Embora a maioria dos especialistas em aprendizagem concorde com essa definição geral de aprendizagem, alguns enfatizam o comportamento e outros, o conhecimento. A aprendizagem é um processo cognitivo complexo e não há explicação ideal sobre aprendizagem. Diferentes teorias de aprendizagem oferecem explicações mais ou menos úteis, dependendo do que vai ser explicado. Examinamos três teorias gerais da aprendizagem – comportamental, cognitiva e construtivista – cada qual com um foco diferente.

As teorias comportamentais da aprendizagem realçam alterações observáveis em comportamentos, habilidades e hábitos. O foco dessa perspectiva centra-se claramente no comportamento. A aprendizagem é definida como uma mudança de comportamento provocada pela experiência, com praticamente nenhuma preocupação com os processos mentais ou internos do pensamento. O comportamento é apenas o que uma pessoa faz em determinada situação. As bases intelectuais dessa perspectiva se coadunam com o condicionamento operante de Skinner (1950). Objetivos de aprendizagem, aprendizagem de mestria, instrução direta e habilidades básicas são estratégias de ensino que evoluíram a partir dessa perspectiva. Quando habilidades e comportamentos específicos precisam ser aprendidos, abordagens de ensino consistentes com a teoria de aprendizagem comportamental são bastante eficientes.

As teorias cognitivas da aprendizagem se concentram em resolver problemas, pensar, lembrar e criar. Como as informações são lembradas e processadas e também como os indivíduos usam seus próprios conhecimentos para monitorar e regular seus processos cognitivos são fundamentais nessa perspectiva. Algumas das mais importantes aplicações das teorias cognitivas no ensino capacitam alunos a aprender e lembrar, usando táticas de aprendizagem como anotações, mnemônicos e uso de recursos visuais. Estratégias de ensino com base em pontos de vista cognitivos, especialmente o processamento de informações, destacam a importância da atenção, da organização, da prática e da elaboração na aprendizagem e fornecem maneiras de dar aos alunos mais controle sobre sua própria aprendizagem pelo desenvolvimento e pela melhoria de suas próprias estratégias de aprendizagem autorregulada. A ênfase da abordagem cognitiva é no que está acontecendo "dentro da cabeça" do aprendiz.

As teorias construtivistas da aprendizagem estão preocupadas com a forma como os indivíduos apreendem o significado de fatos e atividades; portanto, a aprendizagem é vista como a construção do conhecimento. Em geral, o construtivismo pressupõe que as pessoas criam e constroem o conhecimento, em vez de o internalizarem a partir do meio externo, mas há várias diferentes abordagens ao construtivismo. Alguns pontos de vista construtivistas enfatizam a construção do conhecimento compartilhada e social, ao passo que outros dão menos importância às forças sociais. As perspectivas construtivistas de ensino e aprendizagem, cada vez mais influentes hoje, baseiam-se nas pesquisas de Piaget, Bruner, Dewey e Vygotsky. A aprendizagem com base em indagações e problemas, a aprendizagem cooperativa e as oficinas cognitivas são típicas estratégias de ensino que se baseiam na abordagem construtivista. A essência da abordagem construtivista é colocar os próprios esforços dos alunos no centro do processo educacional.

Ambientes externos e responsabilização das escolas

As escolas são sistemas abertos que devem se adaptar a mudanças nas condições ambientais para serem eficientes e, no longo prazo, para sobreviver. Os ambientes das escolas (ver Cap. 8) afetam suas estruturas e processos internos. Tendências sociais, econômicas, políticas e tecnológicas influenciam as operações internas das escolas, como também aspectos mais específicos, como sindicatos, associações de contribuintes e legislaturas estaduais.

Os ambientes são complexos e difíceis de analisar, mas duas perspectivas gerais são úteis: os modelos de dependência de recursos e os modelos institucionais. A abordagem da dependência de recursos pressupõe que as organizações não conseguem gerar internamente os recursos necessários; os recursos devem ser provenientes do ambiente. Assim, as escolas devem estabelecer trocas e concorrência com as unidades ambientais para obter os produtos e serviços necessários. A escassez produz competição com outras organizações por recursos.

A incerteza ambiental e a escassez de recursos ameaçam a autonomia e a eficiência organizacionais; por isso, os administradores muitas vezes tentam desenvolver estratégias para obter mais controle sobre o ambiente. Estratégias de enfrentamento interno incluem proteger o cerne técnico, planejar ou prever, ajustar as operações internas com base na teoria de contingência e perpassar os limites organizacionais. As estratégias de enfrentamento interorganizacional incluem estabelecer vínculos favoráveis com importantes círculos externos e moldar elementos ambientais por meio de ações políticas. A questão crítica é: "Como a incerteza ambiental pode ser reduzida sem aumentar a dependência?".

Em contraste com a abordagem da dependência de recursos, a teoria institucional pressupõe que o ambiente incentiva escolas em conformidade com os poderosos conjuntos de regras e requisitos impostos pelas instituições jurídicas, sociais, profissionais e políticas. A teoria afirma que as estruturas e os processos escolares espelham normas, ideologias e valores institucionalizados na sociedade. A essência da teoria é que o ambiente das escolas pressiona mais por forma do que por substância. Pouco se questiona o fato de que as restrições ambientais – tanto de recursos quanto institucionais – influenciam o funcionamento das escolas.

A responsabilização na educação é o reconhecimento da responsabilidade da escola por uma educação completa e eficiente para seus alunos. Tradicionalmente, nos Estados Unidos, a responsabilidade tem sido enraizada no controle da comunidade e parental por meio de conselhos locais de escolares; no entanto, praticamente todos os estados hoje contam com evoluídos sistemas de responsabilização com base em padrões, à medida que o lócus do controle migrou de conselhos escolares locais para agências estaduais e federais. Sistemas de responsabilização contemporâneos incluem três componentes básicos: padrões de conteúdo essencial, testes para esses padrões e consequências para quem não atende aos padrões. Cada vez mais, as iniciativas da reforma federal No Child Left Behind e Race to the Top estão responsabilizando as escolas públicas para alcançar altos padrões educacionais, ou seja, formar alunos prontos para a faculdade ou uma carreira. Em resumo, o movimento de responsabilização na educação é uma potente força ambiental que muda as escolas.

Eficiência escolar

As saídas das escolas são uma função da interação de ensino e aprendizagem, estrutura, indivíduos, cultura e política conforme restritos pelas forças ambientais. Questões de eficiência organizacional representam desafios fundamentais à administração escolar (Cap. 9). Em nosso modelo de sistemas abertos, as saídas da escola são os desempenhos de alunos, professores e administradores. Todos podem ser usados como indicadores da eficiência organizacional e podem ser avaliados por sua qualidade. Como uma generalização global da teoria de sistemas abertos, as saídas escolares são uma função da interação de cinco elementos de transformação interna conforme moldados e restritos pelas forças ambientais. Especificamos ainda mais essa generalização com uma hipótese de congruência pela qual, mantidos os outros fatores iguais, quanto maior a harmonia entre os elementos de transformação, mais eficiente será o sistema.

Propusemos um modelo de sistema social para o desempenho escolar. A perspectiva ressalta a importância de todos os aspectos de um sistema social, especialmente a qualidade de entradas, processos de transformação e resultados. Cada fase desse sistema precisa ser avaliada no curto e no longo prazos, usando uma variedade de círculos como alunos, professores e administradores. A qualidade dos professores, a harmonia interna, o esforço, a realização dos alunos, a satisfação no trabalho e o desempenho geral são exemplos de indicadores da eficiência organizacional.

Ciclos de feedback

O conhecimento dos resultados entra em dois diferentes tipos de ciclos de *feedback*. Internamente, o nível relativo de realização de objetivos serve como indicador da necessidade de ajustar um ou mais dos elementos do processo de transformação. Externamente, diferentes círculos na comunidade avaliam os produtos da escola. Essa avaliação fornece informações que também influenciam os subsistemas estruturais, culturais, individuais e políticos.

Em resumo, os administradores são responsáveis pela eficiência da escola e a qualidade do ensino e da aprendizagem. Por um lado, eles devem responder às expectativas e às informações transportadas nos ciclos de *feedback*; por outro lado, eles devem manter ou aumentar o comportamento dirigido aos objetivos por parte de professores, alunos e outros funcionários. Um dos principais problemas administrativos – o controle do desempenho – requer não só a alocação de recursos, mas também a integração das dimensões organizacionais básicas (estrutura, cultura, indivíduos e política). O cumprimento das funções administrativas exige decidir, motivar, comunicar e liderar.

Tomada de decisão nas escolas

Decidir significa selecionar uma alternativa e implementar um curso de ação (ver Caps. 10 e 11). Esse comportamento afeta a organização total, incluindo as fases de sistema de entradas, processos e saídas.

Embora seja impossível a tomada de decisões completamente racional, os administradores precisam de formas sistemáticas para melhorar a seleção de soluções satisfatórias; portanto, uma estratégia de satisfazimento é central para a tomada de decisão administrativa. O processo é conceituado como cíclico e com fases distintas: reconhecimento e definição de um problema, análise das dificuldades, estabelecimento dos critérios de sucesso, desenvolvimento de um plano de ação e iniciação e avaliação do plano. Devido à sua natureza cíclica, os administradores passam pelas etapas repetidamente.

Essa estratégia administrativa é adequada para lidar com a maioria dos problemas. Às vezes, no entanto, o conjunto de alternativas é indefinível ou as consequências de cada alternativa são imprevisíveis em relação a determinado nível de aspiração; aqui uma estratégia incremental é mais

apropriada. Esse processo é um método de sucessivas comparações limitadas; somente um conjunto limitado de alternativas, semelhantes à situação existente, é considerado pela sucessiva comparação de suas consequências até chegar ao acordo sobre um curso de ação. O incrementalismo, no entanto, pode ser muito conservador e derrotista. As decisões incrementais feitas sem orientações fundamentais podem levar a ações sem rumo. Assim, o modelo de varredura mista para a tomada de decisão é proposto para decisões complexas. A varredura mista une o melhor dos modelos administrativo e incremental. Utiliza uma estratégia de satisfazimento combinada com a tomada de decisão incremental guiada por ampla política. A estratégia de decisão adequada depende da situação. A situação pode ser definida pelas informações e pelo tempo disponíveis, bem como pela importância da decisão. No Capítulo 10, propomos um modelo de tomada de decisão com base na contingência, combinando várias estratégias de tomada de decisão com situações diferentes.

Pesquisas sugerem que a qualidade da ação administrativa pode ser julgada pela quantidade de preparativos para implementar um curso de ação e pela quantidade de trabalho feito na tomada de decisão. Tomadores de decisão eficientes se envolvem em um trabalho preliminar substancial; procuram obter mais informações, diferenciar entre fato e opinião e muitas vezes incentivam a participação dos subordinados no processo.

Às vezes, a participação melhora a qualidade da decisão; outras vezes, não. Embora empoderar professores na tomada de decisão possa melhorar algumas decisões, a chave para a participação eficiente dos professores nas decisões é saber quando, como e em que medida envolvê-los em participação autêntica. No Capítulo 11, propomos dois modelos para a tomada de decisão compartilhada. O primeiro é o bem conhe-

Administração Educacional   425

cido modelo Vroom de participação, que é abrangente, mas difícil de usar. O segundo é o modelo Hoy-Tarter de tomada de decisão compartilhada, que é menos complexo e de utilização mais fácil. Os dois modelos fornecem guias para envolver os subordinados na tomada de decisão de forma a melhorar a eficiência.

Comunicação nas escolas

A comunicação é um processo relacional durante o qual fontes transmitem mensagens usando símbolos, sinais e pistas contextuais para expressar o significado, para que os receptores construam entendimentos semelhantes e para influenciar o comportamento. Em geral, os modelos conceituais que tentam descrever e explicar os processos de comunicação empregam conceitos semelhantes. Remetentes são chamados de fontes, falantes e sinalizadores. Eles são indivíduos, grupos e unidades organizacionais (p. ex., gabinete do superintendente, sindicato dos professores, conselho estudantil) que distribuem mensagens para outros indivíduos, grupos e organizações.

Normalmente, as mensagens são sinais verbais ou não verbais ou símbolos que representam ideias e informações que os remetentes desejam comunicar ou transferir para os outros. Interações verbais e não verbais permeiam praticamente todos os aspectos da vida escolar. Porém, a boa comunicação não fornece todas as respostas aos problemas enfrentados pelos administradores educacionais. Em geral, concepções sobre intercâmbio de informações baselam-se na noção de que a comunicação envolve significativo intercâmbio de símbolos entre pelo menos duas pessoas (ver Cap. 12). O processo é dinâmico e influencia continuamente a transformação e os elementos ambientais do sistema social.

A comunicação unidirecional é unilateral, iniciada por falante e concluída por um ouvinte. Em contraste, a comunicação bidi-recional é recíproca e interativa, com todos os participantes iniciando e recebendo mensagens. Necessariamente não apresenta começo nem fim. As mensagens fluem pelos canais formais e informais da escola. Embora a rede formal seja geralmente maior e melhor desenvolvida do que a informal, ambas estão intimamente relacionadas, podem ser complementares e são cruciais para a organização.

A competência de comunicação é um conjunto de habilidades ou recursos que um comunicador dispõe para uso. Os recursos individuais para a competência comunicativa incluem um conjunto de competências sobrepostas, como talento para ouvir, empatia, interesse pelos outros, atenção, uso da palavra e articulação, fluência, habilidade verbal e gramática correta. Por conseguinte, os indivíduos podem melhorar a sua competência, obtendo o conhecimento a partir de teorias e pesquisas sobre comunicação e desenvolvendo e melhorando suas habilidades.

Liderança nas escolas

Os líderes são importantes porque servem como âncoras, fornecem orientações em tempos de mudança e são responsáveis pela eficiência das organizações (ver Cap. 13). Há um consenso de que a liderança envolve um processo de influência social. O líder exerce influência intencional sobre os outros para estruturar atividades e relações em um grupo ou uma organização. Algumas características de personalidade, motivação e habilidades aumentam a probabilidade de que os indivíduos possam e venham a se envolver nos esforços de uma liderança eficiente para influenciar os outros.

Durante a década de 1980, os modelos de contingência da liderança tornaram-se altamente influentes. Essas teorias tentaram explicar as inter-relações entre traços, situações, comportamentos e eficiência. No Capítulo 13, desenvolvemos um esquema para categorizar e conectar esses quatro conjuntos de conceitos. A teoria da contingência levanta duas hipóteses básicas. Primeiro, os traços dos líderes e as características da situação se combinam para produzir a eficiência e o comportamento dos líderes. Em segundo lugar, os fatores situacionais têm impacto direto sobre a eficiência. Analisamos brevemente vários modelos de contingência para a liderança: instrucional, distribuída, colega de trabalho menos preferido e de substitutos.

Uma abordagem relativamente nova, a liderança transformacional, hoje anda recebendo a atenção de estudiosos e praticantes. Tem quatro elementos críticos: influência idealizada, inspiração motivacional, incentivo intelectual e individualização na consideração. Os líderes transformacionais vão além das relações transacionais para gerenciar o significado, enfatizam a importância das respostas emocionais dos seguidores e alcançam resultados de desempenho excepcionalmente altos. Também exploramos a liderança servidora, bem como a influência da evolução no desenvolvimento e na implementação de liderança.

A liderança nas escolas é um processo complexo. Envolve mais do que o domínio de um conjunto de habilidades de liderança ou combinar o comportamento de líder adequado com uma situação específica. Métodos úteis para melhorar a liderança escolar são selecionar e educar líderes, assumir posições de liderança nova, arquitetar a situação e transformar as escolas. Liderança é não só uma atividade instrumental e comportamental, mas também simbólica e cultural.

Comportamento administrativo

Defendemos que o comportamento administrativo no contexto do ensino e da aprendizagem deve ser analisado em relação aos elementos primordiais do sistema social escolar. Estrutura, indivíduos, cultura e política representam "pontos de alavancagem" que podem ser usados para influenciar o desempenho de membros organizacionais. Várias observações são importantes e valem a pena ser repetidas. Em primeiro lugar, decidir, comunicar e liderar são processos-chave que modificam o desempenho escolar. Se um líder manipula conscientemente uma dimensão do sistema, um "efeito cascata" é criado; as outras dimensões são afetadas, resultando em uma nova combinação de expectativas e comportamentos. Em segundo lugar, vários meios estão disponíveis para alcançar objetivos desejados: não existe um modo ideal de organizar, conduzir, decidir, motivar ou ensinar. Em vez disso, os meios para atingir os objetivos dependem de muitos fatores, incluindo a comunidade, a complexidade e a cultura, bem como as oportunidades e as restrições da situação. A administração é um processo complexo que exige cuidadosa reflexão e vigilância contínua em relação às mudanças nas condições. Por fim, a complexidade e a conexão nas escolas exigem "pensamento sistêmico" – o reconhecimento da importância do todo, em vez de um foco nas partes; a escola é um sistema social em que o todo é sempre maior que a soma das suas partes. Concluímos nossa análise das escolas como sistemas sociais detendo-nos em alguns dos dilemas contínuos que professores e administradores devem enfrentar.

DILEMAS ORGANIZACIONAIS

Tanto as mudanças quanto os dilemas sempre estarão conosco, mas os dilemas, ao contrário das mudanças, não precisam ser acelerados. Peter M. Blau e W. Richard Scott (2003) defendem que o conceito de dilema contribui para a nossa compreensão das pressões internas por mudança. Um dilema surge quando uma pessoa é confrontada por alternativas decisórias onde qualquer escolha sacrifica alguns valiosos objetivos no interesse de outros objetivos. Daniel Katz e Robert L. Kahn (1978) sofisticaram essa definição distinguindo entre problemas e dilemas. Problemas são dificuldades que podem ser resolvidas pelos antecedentes ou pela aplicação da teoria ou política existente. Dilemas são insolúveis no arcabouço existente. Soluções e ajustes perfeitos são impossíveis. Como os dilemas são endêmicos às organizações, eles servem como fontes perpétuas de mudança.

O dilema fundamental enfrentado por organizações formais é o da ordem *versus* liberdade. Tanto a ordem quanto a liberdade são condições desejáveis e necessárias para altos níveis de eficiência, mas aumentar uma diminui a outra. A tensão entre a ordem e a liberdade se manifesta em pelo menos quatro dilemas operacionais nas escolas: coordenação e comunicação, disciplina burocrática e *expertise* profissional, planejamento administrativo e iniciativa individual, e aprendizagem como comportamento e cognição.

Coordenação e comunicação

Com base no trabalho de Blau e Scott (2003), a comunicação bidirecional (com intercâmbio irrestrito de ideias, críticas e conselhos) contribui para a eficiente resolução de problemas em pelo menos três maneiras: fornece apoio social para os participantes individuais; fornece um mecanismo de correção de erros; e promove uma saudável competição pelo respeito.

Muitas vezes, situações de resolução de problemas produzem estresse e ansiedade para os participantes individuais e levam a bloqueios mentais que interferem com o desenvolvimento eficiente do seu pensamento. No entanto, quando os indivíduos comunicam-se abertamente, é provável que boas ideias recebam a aprovação de outros (reduzindo assim a ansiedade) e promo-

vam ainda mais a participação, o desenvolvimento e o aprimoramento das ideias; portanto, o apoio social derivado de uma troca irrestrita de ideias ajuda na resolução de problemas.

Não é fácil para uma pessoa detectar erros em seu próprio pensamento. Um indivíduo lança mão de um arcabouço definido para a situação de resolução de problemas, e isso dificulta a análise do problema de uma perspectiva diferente. A comunicação aberta e com fluxo livre traz uma variedade de perspectivas, experiências e informações sobre a tarefa comum; por conseguinte, aumenta as chances de identificar um erro no pensamento. Outros membros do grupo são mais propensos a detectar inconsistências e pontos cegos do que o indivíduo; portanto, a comunicação bidirecional facilita a correção de erros. Por fim, a comunicação bidirecional e aberta motiva os membros de um grupo a fazer sugestões de especialistas com vistas a granjear o respeito e a estima dos colegas participantes.

Embora o livre fluxo de informações melhore a resolução de problemas, também dificulta a coordenação. A comunicação irrestrita pode naufragar ações eficazes em um mar de ideias conflitantes. É verdade: as informações ajudam na seleção de boas ideias, mas ideias demais também entravam o acordo, e a coordenação exige acordo em torno de um único plano principal.

A coordenação em organizações é realizada principalmente por meio da diferenciação hierárquica, mas essa estrutura dificulta a tomada de decisão, pois interfere no livre fluxo das informações (ver Cap. 3). Na verdade, a diferenciação, a direção centralizada e a comunicação restrita parecem essenciais para uma coordenação eficiente. Em poucas palavras, exatamente as mesmas coisas que melhoram o processo de coordenação também dificultam o livre fluxo de comunicação. Organizações requerem eficiência tanto na coordenação quanto na resolução de problemas. Mas a estrutura hierárquica em organizações que facilita a coordenação eficiente também dificulta a comunicação e a resolução de problemas. O dilema parece inerente nas exigências conflitantes da coordenação e da resolução de problemas, porque essas exigências têm necessidades simultâneas de comunicação restrita e irrestrita. O conflito, que provoca adaptação e mudança, não pode ser prontamente resolvido e precisa de atenção contínua.

Disciplina burocrática e *expertise* profissional

As semelhanças e as diferenças nas características das orientações profissionais e burocráticas (ver Cap. 3) levam a um segundo dilema. As duas orientações salientam a competência técnica, a objetividade, a impessoalidade e os serviços; porém, a estrutura exclusiva das profissões é uma fonte básica de conflito. Os profissionais tentam se controlar uns aos outros por meio de padrões autoimpostos e vigilância de grupo. Em contraste, espera-se que os funcionários burocráticos acatem regras e regulamentos e se subordinem à hierarquia. A base suprema para um ato profissional é o conhecimento do profissional; a suprema justificação de um ato burocrático é sua consistência com regras e regulamentos organizacionais e a aprovação por um superior. O conflito é entre, de um lado, *expertise* e autonomia profissionais e, do outro, disciplina e controle burocráticos. A importância da discórdia vem à tona quando examinamos os funcionários que estão sujeitos a duas formas de controle social: profissionais trabalhando em burocracias.

A tensão criada pela fusão desses dois meios institucionais de controle pode ser resolvida de diferentes maneiras. Em certas organizações, importantes mudanças estruturais têm sido instituídas pelo desenvolvimento de duas linhas de autoridade distintas – uma profissional e uma adminis-

trativa. No entanto, quando as considerações profissionais entram em conflito com as burocráticas, a divisão da autoridade parece ser uma solução parcial, na melhor das hipóteses. Sem a mudança organizacional, alguns indivíduos tentam se acomodar ao conflito desenvolvendo orientações de cargo compatíveis com a burocracia ou a profissão, ao passo que outros adotam orientações compatíveis com ambas. Embora a acomodação seja feita, o conflito permanece um dilema contínuo e, assim, uma questão fundamental.

A *expertise* profissional e a disciplina burocrática são modos alternativos de lidar com a incerteza. A disciplina restringe seu escopo, ao passo que a *expertise* fornece conhecimentos e apoios sociais para lidar com a incerteza. Blau e Scott defendem que a luta persistirá enquanto profissionais trabalhem como funcionários de organizações burocráticas. Parece provável que o dilema burocrático-profissional se torne um dilema interno cada vez mais relevante nas escolas, à medida que professores e administradores se tornam mais profissionalizados e continuam a funcionar em organizações escolares de natureza essencialmente burocrática.

Planejamento administrativo e iniciativa individual

Uma terceira manifestação da tensão entre ordem e liberdade é a necessidade tanto de planejamento administrativo quanto de iniciativa individual. A desarmonia entre essas duas necessidades cria uma grande dificuldade no processo administrativo, que inclui não só o desenvolvimento de planos para resolver problemas, mas sua implementação e avaliação. A tomada de decisão organizacional acontece no ambiente da organização como coletividade. O exercício de qualquer parecer independente deve ser compatível com o impulso da organização formal. A organização formal exerce uma pressão contínua por meio de sua sofisticada maquinaria burocrática, com o objetivo de subordinar a iniciativa individual às diretivas organizacionais. É claro, a organização tem interesse em esforços criativos e individuais, mas apenas quando eles não entram em conflito com os planos formais.

Como a organização pode incentivar a iniciativa individual sem atrapalhar o planejamento administrativo? Sugerimos algumas respostas organizacionais. Introduziu-se um modelo para tomada de decisão compartilhada que delineia sob que condições o indivíduo deve estar envolvido no processo de tomada de decisão (ver Cap. 11). A configuração envolve o empoderamento dos professores e o aproveitamento da iniciativa criativa dos indivíduos em uma forma construtiva, benéfica para a organização e a pessoa. Esboçamos as características de uma estrutura organizacional e profissional que enfatiza a tomada de decisão compartilhada em vez da burocracia autocrática (ver Cap. 3). Além disso, descrevemos os climas organizacionais – abertos e saudáveis – que tendem a diminuir o conflito entre a conformidade e a iniciativa (ver Cap. 6).

Em resumo, as organizações podem ser estruturadas, e os climas e as culturas organizacionais podem ser desenvolvidos para minimizar o conflito entre o planejamento administrativo e a iniciativa individual. Com isso não queremos sugerir que o dilema pode ser resolvido. Provavelmente, o melhor que se pode esperar é um equilíbrio saudável entre conformidade e iniciativa, um equilíbrio continuamente perturbado pelas necessidades conflitantes por ordem e liberdade.

Aprendizagem como comportamento e cognição

Por fim, a tensão entre abordagens comportamentais e cognitivas para o ensino

e a aprendizagem repercute em praticamente todas as decisões administrativas nas escolas. Por um lado, existem sólidos resultados de pesquisa sustentando a utilização de princípios de reforço na gestão do ensino e da sala de aula. Objetivos de aprendizagem, aprendizagem de mestria e instrução direta são exemplos de aplicações de ensino eficientes em determinadas situações. Por outro lado, as teorias cognitivas, especialmente o construtivismo, inserem o aluno no centro do ensino-aprendizagem e o professor no papel indireto de assistente e treinador. Aprendizagem baseada em problemas e questionários são aspectos críticos do ensino nessa abordagem. As abordagens construtivistas e a maioria das abordagens cognitivas evitam a pesquisa e a prática dos comportamentalistas. De fato, muitos dos conflitos contemporâneos sobre ensino são manifestações do dilema cognitivo-comportamental; por exemplo, "fonética" *versus* "leitura integral", "habilidades básicas" *versus* "pensamento crítico", "instrução direta" *versus* "descoberta", e "conhecimento principal" *versus* "conhecimento autêntico".

De que modo os administradores escolares podem incentivar a utilização de abordagens cognitivas e construtivistas sem depreciar ou eliminar as abordagens comportamentalistas? Defendemos que, em primeiro lugar, os administradores e os professores devem compreender as teorias e as pesquisas básicas que fortalecem cada abordagem (ver Cap. 2). O conhecimento é essencial se quisermos evitar as consequências negativas de tomar partido na mais recente controvérsia educacional. Por exemplo, quando o objetivo é aprender novos comportamentos ou informações explícitas, ou quando a aprendizagem é sequencial ou factual, uma abordagem comportamental ao ensino e à aprendizagem costuma ser bastante eficiente. Se, no entanto, o objetivo é a resolução de problemas ou o pensamento crítico, então uma abordagem cognitiva é uma estratégia de ensino-aprendizagem mais eficiente, uma estratégia que, por exemplo, usa a colocação de andaimes e *coaching* e salienta o significado em vez da memória. O detalhe é que o tipo de resultado está relacionado com o tipo de ensino que é mais eficiente. Não existe maneira ideal de ensinar, porque o ensino e a aprendizagem dependem do objetivo da instrução. Professores e administradores eficientes precisam incorporar sólidos princípios comportamentais e também cognitivos em sua prática.

O equilíbrio e o conhecimento são as chaves para abordar esse dilema com sucesso. Não sugerimos que o dilema de aprendizagem cognitiva e comportamental possa ser resolvido definitivamente, mas sim que o sucesso depende de quando e como usar cada abordagem. Uma abordagem "isso ou aquilo" em relação ao ensino e à aprendizagem está fadada a ser contraproducente. Um ambiente de aprendizagem que incentiva a liberdade e, ao mesmo tempo, a modera com ordem tem maiores chances de ser bem-sucedido nas escolas.

Dilemas de liderança

A liderança é um processo limitado por dilemas (MARCH; WEIL, 2005). É praticamente impossível liderar sem enfrentar o dilema inerente da ordem e da liberdade. Como sugerimos anteriormente, não existem soluções permanentes aos dilemas, mas sim uma acomodação dos desejos opostos. Mais precisamente, concebemos a liderança como uma luta para equilibrar os sete dilemas básicos da estrutura e da função.

Espera-se que os líderes orientem as ações de um grupo, mas simultaneamente cultivem a autonomia, delegando autoridade aos outros. Líderes buscam a consistência e a coerência para eliminar conflitos que impeçam a eficiência e, ao mesmo tempo, recebem de bom grado ambiguidades suficientes para promover inovações. Os líderes buscam resultados e harmonia a fim

de minimizar os problemas, e, no entanto, são responsáveis por cultivar a diversidade, pois a diversidade é uma fecunda origem de inovação. O planejamento evita problemas, ao passo que a espontaneidade traz uma dinâmica criativa para a resolução.

Os líderes são responsáveis pela coordenação das operações internas da escola, mas precisam de vias abertas de comunicação para auxiliar a inovação, bem como para monitorar a eficiência. Os líderes promovem a integração para o funcionamento eficiente e também buscam a especialização para desenvolver *expertise* para resolver problemas. Por fim, os líderes buscam estabilidade para mover a organização rumo ao desempenho e, ao mesmo tempo, perseguir as mudanças para estimular a inovação. Em poucas palavras, um líder deve integrar as faces da ordem – controle, consistência, unidade, planejamento, coordenação, integração e estabilidade – e simultaneamente encorajar as faces da liberdade – ambiguidade, autonomia, diversidade, espontaneidade, comunicação, especialização e mudança. A ordem cria um mundo de regras, planos, resultados e ação coordenada; a liberdade modela um mundo de imaginação, inovação, criatividade, visão, sonhos e esperança. Os líderes eficientes descobrem uma maneira de preservar os benefícios de cada um e evitar as armadilhas de ambos.

CONCLUSÃO

A posição que mantivemos ao longo deste livro incorpora duas perspectivas relacionadas: a que Peter F. Drucker (1968) chama de "realidade" e a que Peter M. Senge (1990) chama de "pensamento de sistemas". O conhecimento tornou-se um recurso central. A aquisição sistemática de conhecimentos – isto é, educação formal organizada – deve completar a experiência e se constituir nos alicerces para aumentar a capacidade pro-

Administração Educacional **431**

dutiva e a melhoria do desempenho. Mas só o conhecimento e a experiência são insuficientes. Os acontecimentos devem ser vistos como um padrão integrado de mudança, não como instantâneos isolados. Cada vez mais, o desempenho bem-sucedido dependerá da capacidade de usar conceitos e teorias, bem como das habilidades adquiridas por meio da experiência de tornar os padrões completos mais claros e nos ajudar a lidar com eles.

Os dilemas que exploramos exigem mudanças básicas por parte dos administradores. Eles necessitam de novos conhecimentos, treinamentos e políticas, além de uma disposição para alterar práticas profundamente arraigadas. A prática da administração pode aprofundar os dilemas ou priorizar as conquistas. Consideramos que um caminho para priorizar as conquistas envolve a liderança reflexiva ancorada em sólidas teorias e pesquisas sobre organizações educacionais. Recomendamos que os alunos continuem a aplicar os princípios administrativos desenvolvidos neste texto, analisando os casos reais encontrados em "Uma coletânea de casos sobre liderança educacional".

GUIA PRÁTICO: RECAPITULAÇÃO

1. Utilize múltiplas perspectivas para enquadrar os desafios escolares: o modo de enquadrar um problema muitas vezes é a chave para sua solução.
2. Direcione a administração ao ensino e à aprendizagem: o ensino e a aprendizagem são o cerne das escolas.
3. Aplique as perspectivas comportamentais, cognitivas e construtivistas adequadamente para combinar os objetivos de aprendizagem, as atividades e os resultados: não existe maneira ideal de aprender ou de ensinar.
4. Desenvolva estruturas escolares capacitadoras: elas facilitam em vez de entravar o ensino e a aprendizagem.
5. Mova-se do controle burocrático para o controle profissional: o parecer do professor deve acabar substituindo o controle administrativo.
6. A organização informal é a fonte de soluções engenhosas: esgote as opções informais na resolução de problemas antes de recorrer aos procedimentos formais.
7. Construa confiança e fomente a autenticidade e a abertura no comportamento: a confiança é crucial para o sucesso nas escolas.
8. Apoie a motivação do professor desenvolvendo autoeficácia do professor, objetivos realistas, persistência, resiliência e *feedback* construtivo: juntos eles fornecem potente motivação.

9. Torne-se politicamente esclarecido para a realidade da política organizacional: a política é um fato da vida organizacional – seja um jogador habilidoso.
10. Construa uma cultura de otimismo acadêmico ancorada na confiança, na eficácia e na ênfase acadêmica: esse otimismo melhora o desempenho de todos os alunos.
11. Use recursos ambientais em benefício da escola: há um filão de talentos no ambiente.
12. Monitore a eficiência escolar em termos de pontuações de teste padronizado, desempenho de valor agregado e desenvolvimento socioemocional dos alunos: todos são importantes indicadores da eficiência.
13. Use modelos de satisfazimento para tomar decisões: a otimização é impossível.
14. Obtenha um equilíbrio entre ação decisiva e análise reflexiva: incline-se rumo à ação.
15. Traga racionalidade, coerência e flexibilidade a suas decisões: as situações mudam e as decisões devem mudar de acordo com elas.
16. Empodere os professores para tomar decisões quando eles têm *expertise*, interesse e podem ser confiáveis para tomar uma decisão nos melhores interesses da escola: os professores fornecem uma fonte criativa para a resolução de problemas.
17. Além das comunicações orais, forneça resumos escritos para a compreensão: a clareza e a repetição evitam mal-entendidos.

18. Conheça seu estilo de liderança e seja flexível: não existe maneira ideal de liderar.
19. Seja inspirador, intelectual, idealista e adapte a sua liderança aos seus subordinados: a mudança transformativa o exige.
20. Encontre o equilíbrio adequado para os dilemas administrativos básicos de coordenação e comunicação, disciplina burocrática e *expertise* profissional, planejamento administrativo e iniciativa individual, e aprendizagem como comportamento e cognição: os dilemas não têm soluções definitivas, apenas ações equilibradas.

COLETÂNEA DE CASOS SOBRE LIDERANÇA EDUCACIONAL

Caso 1: Reação precipitada? p. 433
Caso 2: Desdenhando os criacionistas? p. 434
Caso 3: Passando dos limites ou apenas uma paixonite? p. 436
Caso 4: Liderando para mudar, mudando para liderar p. 439
Caso 5: Exigência dos pais p. 441
Caso 6: Dilema em Urban High p. 443

CASO 1

Reação precipitada?

Imagine que você é o superintendente do Distrito Escolar de Indianola. A cidade de Indianola é uma comunidade suburbana 16 km ao sul de uma grande cidade do Centro-oeste. A comunidade de 30 mil pessoas está se tornando cada vez mais profissional e diversa, à medida que jovens profissionais se transferem para a comunidade a fim de complementar os moradores antigos da comunidade, em sua maioria, operários ou burocratas. Ao abrir o jornal matinal, você fica espantado com o seguinte relato:

Uma aluna do 9º ano de Indianola foi suspensa por sete dias de aula pela acusação de agredir um professor com uma "arma": hera venenosa. Depois de ser delatada pelos colegas, Angela Kim, 14, admitiu a seus pais e aos funcionários de escola que havia esfregado a planta alérgena na cadeira de seu professor de ciências, Tom Jones, na Oak Street Middle School. Angela estava aborrecida com Jones; ela o acusa de tratá-la de forma diferente dos outros alunos por ser asiática, alegou a mãe dela, Angie Kim. A família é coreana.

Jones não desenvolveu uma reação cutânea, mas o diretor da escola, Chris Smith, afirmou que a política do distrito define arma como arma de fogo, faca, objeto perigoso ou produto quími-co. Os diretores podem suspender alunos por até sete dias sem consultar o gabinete central, e foi exatamente isso que ele fez na quinta-feira.

– Se você fizer alguma coisa para machucar outra pessoa e o fizer de propósito, está errado – ponderou o diretor.

O pai da Angela, Hop Kim, vai se encontrar hoje com o diretor para solicitar que a suspensão seja reconsiderada. O sr. Kim disse que sua filha queixou-se a ele sobre Jones no início do ano escolar.

– Ela disse que ele a xingava e a tratava de forma diferente do que tratava as outras crianças – frisou o sr. Kim. – Eu lhe disse que talvez ela o tivesse entendido mal. Tentei colocar a culpa nela. Disse-lhe para respeitar os seus professores e prestar mais atenção na aula e não prestar tanta atenção em conflitos pessoais. Mas agora não sei. Talvez a atmosfera da escola não seja saudável. Como o diretor pode suspender minha filha, uma aluna laureada que nunca se meteu em encrenca, sem falar com os pais dela antes de tomar essas medidas drásticas?

O sr. Kim enfatizou que não buscava atenção da mídia, observando que Fred Reiss, um amigo dele, chamou a imprensa. Reiss, morador e advogado de Indianola, declarou que o castigo da escola era excessivo e incentivou a família Kim a combater a decisão. Ele acredita que a pu-

434 Hoy & Miskel

nição é uma reação a incidentes em todo o país, incluindo o tiroteio com mortes na Columbine High School, no Colorado.

– Isso não vai dar credibilidade alguma ao grave assunto da posse de armas nas escolas – comentou Reiss. – Alguém vai ser punido só porque está carregando amendoins? Folhas? Precisamos que a punição seja compatível com a ofensa.

Os membros da família dizem que Angela coletou as folhas perto da escola, pois sofria *bullying* do professor e de seus colegas. A sra. Kim confirma isso:

– O professor não fazia nada para impedir que os outros alunos caçoassem dela. Ela é uma excelente garota. É campeã de ortografia nas escolas. Nunca causou nenhum problema.

Ela simplesmente saiu do sério porque pensou que o professor a havia insultado. Os pais reconhecem que ela agiu errado, mas afirmam estar preocupados com a segurança e a saúde emocional dela, porque o assunto extrapolou os limites.

– A gente se mudou para Indianola porque acreditávamos que seria um bom lugar para criar nossos filhos, e agora percebemos que a escola não apoia as pessoas que são de raça ou cor diferente.

O diretor Smith admitiu que Angela Kim não era uma aluna problemática, mas tem a certeza de que a ofensa foi grave e justifica uma suspensão de sete dias.

– Nesta escola, temos tolerância zero com a violência – enfatizou.

Quando pressionado sobre as acusações de racismos do professor e dos alunos, o diretor simplesmente descartou as acusações como "infundadas". Angela pode ter acesso a seus temas de casa e, de acordo com a política distrital, os trabalhos valerão 60% da nota. Por sua vez, o sr. Kim alega que as coisas estão fora de controle, culpando o diretor e o professor por não darem um bom exemplo.

– Esta é a América – afirma ele. – Todos devem ser tratados com justiça e respeito.

- Você, como superintendente, deve se envolver?
- Precisa entrar em acordo com o diretor antes do encontro ou "tirar o corpo fora"?
- Quais as implicações que esse caso tem para a estrutura e os procedimentos da escola? Para a política do distrito? Para a cultura da escola? Para as relações aluno-professor?
- Considere a relação entre a mídia e a escola. O tratamento da imprensa parece justo?
- Pode estar havendo racismo?
- A escola pode funcionar como uma organização de aprendizagem, ou seja, aprender com esse incidente? Como?

CASO 2

Desdenhando os criacionistas?

Você é o diretor da Canterbury High School, escola de ensino médio suburbana no Sudeste. A escola tem a reputação de ser uma das melhores do estado; seu lema, estampado na parede do salão de entrada, é: "Uma odisseia de excelência". As pessoas se mudam para a comunidade pelas escolas e, em sua maioria, não se decepcionam. O distrito tem apenas uma escola de ensino médio, com 1.500 alunos uniformemente divididos no 1º, 2º e 3º anos. A cada ano, 75% dos formandos prosseguem para a educação superior, e um número significativo se candidata às melhores faculdades e universidades do país. A admissão para a Ivy League* é o objetivo de

um número substancial de alunos, porque seus pais são profissionais bem-sucedidos, muitos dos quais se formaram em escolas de prestígio.

Os professores na sua escola são profissionais consumados. São bem educados, trabalhadores e se preocupam com seus alunos. Quatro professores têm doutorado em suas disciplinas e todos os professores têm pelo menos mestrado. Você tem orgulho de sua escola, dos alunos e professores e da comunidade. Em muitos aspectos, o cargo de diretor é prazeroso, mas também desafiador. Os pais são exigentes; esperam que seus filhos obtenham a melhor educação possível. Eles pagam impostos pesados para fazer parte desse distrito, o que muitas vezes significa que eles falam e questionam qualquer política ou fato escolar que possa ser um obstáculo para o sucesso de seus filhos.

_____
* N. de R.T.: Ver nota na página 264.

Neste exato momento, você está no meio de um problema envolvendo um dos seus professores de biologia e um grupo de pais. O Dr. Henry Washington é um professor de biologia veterano de 15 anos, que ensina o curso avançado de biologia na Canterbury High. Hank é um professor popular, e os alunos competem para entrar em sua turma avançada; só os mais brilhantes e os melhores conseguem. Há dois dias, você recebeu o telefonema de um advogado representando o Instituto Jurídico pela Liberdade, um grupo de advogados cristãos. O advogado estava preocupado em geral sobre a página do Dr. Washington na internet, onde ele postou a seguinte declaração:

O princípio unificador da biologia é a teoria da evolução. Os alunos deste curso deverão mostrar domínio da teoria e serem capaz de defendê-la contra explicações rivais sobre a origem das espécies.

Mas o problema específico que preocupava o advogado era a inabalável decisão do Dr. Washington de não escrever uma carta de recomendação para que Michael Hayes conseguisse vaga na faculdade. O motivo: o referido aluno do curso avançado em biologia, que se descreve como fervoroso cristão, não aceita a teoria da evolução; na verdade, o aluno era um crente ávido no criacionismo e no papel de Deus na ciência.

Essa era a primeira vez que Washington havia encontrado um aluno assim, e embora ele tolerasse outras ideias e explicações, ele não acreditava que poderia, em sã consciência, escrever cartas de recomendação para alunos que não aceitassem a teoria da evolução como explicação convincente da origem das espécies. Afinal de contas, ponderou Washington:

– Sou um biólogo ensinando Biologia. A evolução é a ferramenta que nos fez surgir. Negar a teoria da evolução é como negar a lei da gravidade. Na ciência, uma teoria é o mais próximo que podemos chegar de um fato. Minha posição não é discriminatória em relação a quaisquer outras crenças, mas sim visa a garantir que todas as pessoas para quem eu escrever uma carta de recomendação esteja no caminho de se tornar um cientista de primeira categoria. A ciência e a religião abordam questões diferentes, e elas não se sobrepõem.

Você tem mantido sua superintendente a par da evolução da situação, e ela é solidária e tem expressado confiança em sua liderança e capacidade de resolução de problemas. O distrito não tem uma política sobre cartas de recomendação, porque o conselho prefere deixar essas questões para os próprios professores. Você gostaria de cortar o problema pela raiz. Não quer ver a escola envolvida em um moroso processo judiciário, mas o instituto jurídico está pressionando na representação do aluno. O aluno, Michael Hayes, quer que seu professor, o Dr. Washington, lhe escreva duas cartas, uma para Stanford e a outra para Princeton, onde ele espera se graduar em biologia na preparação para sua eventual admissão à faculdade de medicina. O Dr. Washington insiste que ele não pode e não vai escrever carta nenhuma para este aluno, ou qualquer outro com crenças semelhantes. Ele defende que isso se trata de uma questão de liberdade acadêmica e liberdade pessoal. O aluno, seus pais e advogados consideram que se trata de uma questão de liberdade religiosa. Eles afirmam que o aluno está sendo punido por suas crenças religiosas. Além disso, insistem que uma carta do professor do curso avançado em biologia é especialmente importante, pois o aluno quer ser médico.

Você tem uma nova hora marcada para falar com o Dr. Washington hoje, depois da escola, e uma hora para falar com o advogado que representa o aluno, amanhã de manhã. Você se sente em um dilema. Você precisa de um plano. É possível um acordo? Ou uma ação jurídica é inevitável?

- Que tipo de modelo de tomada de decisão é apropriado? Satisfazimento? Varredura mista? Outro?
- Quem deve se envolver na tomada de decisão? A superintendente? O conselho? Os professores?
- Defina os problemas no longo e no curto prazos.
- A escola pode forçar um professor a escrever uma carta de recomendação? Em caso afirmativo, ela pode especificar o que o professor deve dizer?
- O professor tem a obrigação de escrever cartas de recomendação para os estudantes que tiram A no curso, a quem eles conhecem bem e que demonstram conhecimento sobre a teoria evolucionária?
- Como diretor, desenvolva uma estratégia para lidar com o problema de forma a buscar a resolução sem ação jurídica.

436 Hoy & Miskel

CASO 3

Passando dos limites ou apenas uma paixonite? [1]

O superintendente Henry Chalmers notou a luz piscando em seu telefone, sentou-se pesadamente em sua cadeira giratória e se afastou da mesa para mirar a amplidão dos campos de futebol e futebol americano janela afora. Normalmente, seu trabalho era gratificante. Superintendente de uma grande e prestigiada escola pública em um rico subúrbio de uma grande cidade do Centro-Oeste, Chalmers estava acostumado a estar no centro das atenções – a escola dele parecia ser um para-raios da mídia local. Quando os torcedores do Midtown Heights High School (MHHS) comportaram-se mal no torneio de basquete estadual, os repórteres estavam lá. Quando ex-alunos famosos do governo e do *show business* voltavam para falar na escola, os repórteres estavam lá. Quando as pontuações dos testes estaduais revelavam anualmente que a MHHS tinha mais uma vez dominado todas as áreas de estudo, o desempenho da escola era devidamente celebrado pelos dois principais jornais metropolitanos da região. Midtown Heights até mesmo já recebera atenção da imprensa nacional, quando duas revistas semanais de circulação nacional destacaram, nos últimos anos, a escola como modelo de excelência na educação pública. O contato com a mídia, mesmo quando o viés da notícia não era muito bom, era uma área de relativa *expertise* para Chalmers, e ele secretamente até apreciava. A luz em seu telefone, piscando sinistramente, sugeria que isso tudo estava prestes a mudar. Ele tinha quase certeza de que a chamada seria sobre um dos seus professores; na verdade, a única dúvida era quem estava ligando – a mídia, os pais, o professor, o sindicato ou um advogado.

Em setembro, os pais de uma aluna dos anos finais do ensino fundamental, Elizabeth Sanders, tinham demonstrado preocupação com a relação cada vez mais intensa de sua filha com o ex-professor dela, Hal Franklin. Como muitos alunos do curso de história mundial de Hal para calouros, Elizabeth admirava o carismático professor e falava com reverência sobre sua honestidade intelectual, profundidade e sinceridade. Ela e seus colegas de classe apreciavam o estilo informal do professor – ele os permitia chamar pelo prenome e sentava-se confortavelmente em sua mesa durante amplas e abertas discussões sobre sociedade, humanidade e existência. Nas aulas de Hal, os alunos gostavam de dizer, eles conversavam sobre tópicos significativos e não precisavam se preocupar com o desempenho. Um tanto iconoclasta, Hal havia se saturado com as restrições de avaliações regulares, planos de aula e testes, declarando em reuniões notavelmente calorosas que essas trivialidades interfeririam com um processo de aprendizagem "mais orgânico". Admitindo, após uma discussão acalorada com o diretor do departamento, a necessidade de notas trimestrais e semestrais, Hal, porém, representava a liberdade intelectual de seus jovens devotos, que apreciavam o fato de estar, pela primeira vez, "sendo tratados como adultos".

Com efeito, os pais de Elizabeth estavam alarmados exatamente por isto: o professor Hal tratava a sua filha como adulta. Ficavam felizes porque sua filha estivesse tendo uma boa experiência e recordavam que o seu filho mais velho também admirava o mesmo professor, embora se preocupassem com a falta de estrutura na disciplina ministrada por ele. Ao longo do 2º ano, Elizabeth mantivera um relacionamento com seu professor favorito e se envolveu intensamente na Anistia Internacional, que Hal patrocinava. À medida que a primavera passava e Elizabeth não falava de outra coisa, os Sanders ansiavam pelas férias de julho e que a distância os afastasse. Supunham que Elizabeth tivesse desenvolvido uma paixão muito normal e que as suas atividades e amigos no acampamento de férias (onde ela trabalharia como monitora) logo deixassem o professor dela em segundo plano. Sabendo que Hal declaradamente era feliz no casamento, com três filhos com idade parecida com a dos deles, os Sanders nunca imaginaram que os sentimentos da sua filha por seu professor fossem correspondidos, nem que os dois fossem trocar mensagens ao longo das férias via *e-mail*.

À medida que eles se tornaram cada vez menos confiantes que a fixação da filha pelo ex-professor era inofensiva, eles mostraram confiança no juízo do professor e decidiram torná-lo ciente de suas preocupações. Uma tarde, a mãe de Elizabeth fez uma ligação ao gabinete de estudos sociais e, um tanto nervosa, falou agradavelmente com Hal, explicando que eles estavam preocupados que Elizabeth estava dedicando atenção quase exclusiva para a Anistia Internacional, e que esperavam que ele pudesse ajudá-la a alcançar uma abordagem mais equilibrada. Ele a tranquilizou, dizendo que Elizabeth parecia lidar muito bem com todas as suas responsabilidades e que ele ficaria de olho nela por eles. Ele parecia entender o desejo dos pais de que ela se desligasse um pouco; por isso, o assunto da paixonite nunca veio à tona explicitamente. A sra. Sanders considerava que o sr. Franklin, na condição de professor experiente, já deveria ter lidado com situações como essa antes e soubesse como tratar do assunto delicadamente.

Mas Elizabeth não parecia dedicar sua atenção a nada além de Hal Franklin; ao contrário: cada vez mais, ela parecia passar tempo com ele, às vezes fora do *campus* em cafeterias da cidade vizinha, tudo sob o pretexto das atividades da Anistia Internacional. À medida que a reunião de pais se aproximava em novembro, os Sanders pensaram que podiam muito bem tentar novamente falar com o sr. Franklin, desta vez juntos, e abordar suas preocupações reais um pouco mais diretamente. Eles combinaram um horário para conversar com ele durante as conferências, embora Elizabeth já fosse aluna dele há dois anos.

O encontro não os deixou nem um pouco satisfeitos. Embora Hal recordasse da agradável conversa anterior, com certeza ele e a sra. Sanders não falavam a mesma língua. Assim, em vez de tranquilizá-los que pretendia estabelecer alguma distância da Elizabeth, ele a classificou como "amiga e pessoa muito importante" na sua vida e não deu nenhuma indicação de que ele iria se encontrar menos com ela ou reduzir a intimidade que ele e Elizabeth tão obviamente apreciavam. Sem esconder a frustração, o sr. Sanders decidiu ser franco.

– Olha só – intimou ele. – É óbvio que ela tem um fraco pelo senhor, e estamos preocupados com onde é que isso vai parar. Sabemos que o senhor não está fazendo nada para encorajá-la, e me desculpe se essa for uma situação constrangedora, mas certamente o senhor já lidou com coisas assim antes. A gente acha que se ela continuar a receber incentivo, isso só vai dificultar para que ela supere isso.

Para o espanto dos pais da moça, Hal se recusou a parar de se encontrar com Elizabeth ou reduzir seu nível de contato de algum modo. Cordialmente, ele comunicou que apreciava suas preocupações, mas sentia que a filha deles "tinha idade o suficiente para tomar esse tipo de decisão por conta própria". Ele sequer considerava conveniente que os pais dissessem à filha com quem ela poderia passar seu tempo, desde que ela estivesse fazendo atividades construtivas. Ele sentia que os pais deviam "dar espaço a ela" e deixar que ela fizesse suas próprias escolhas. É claro que, como pais, podiam ser rígidos, mas com certeza ele não iria cooperar com eles, caso eles decidissem "colocá-la em confinamento ou coisa parecida". Como a próxima família esperava sua vez, ele os levou até a porta, agradeceu-lhes por terem vindo e lhes desejou uma agradável noite.

Um tanto chocado, o casal ficou no corredor e tentou vislumbrar o que fazer a seguir. O casal decidiu que ficar irritado só pioraria as coisas, então tentou se acalmar e prosseguir de modo ponderado. No fim do corredor, o casal Sanders avistou a sala do departamento de estudos sociais e então rumou para lá na tentativa de se aconselhar com a diretora do setor. Não exatamente uma admiradora de Hal Franklin, ela escutou a história com raiva crescente. Claramente, ela pensava, ali estava um homem que se sentia completamente acima das regras. Ela já havia se atritado com ele devido ao currículo de sua turma, devido à necessidade de notas e de controle de presenças e devido ao rumo geral do curso de estudos do departamento. Ele havia fomentado certa quantidade de divergência no departamento dela, ela sentia, e ela acreditava que por trás de sua "honestidade intelectual" se escondia um sujeito na verdade muito preguiçoso. Ele acusava seus colegas de "marchar em sintonia", porque eles realmente planejavam as aulas e ministravam testes, mas ele conseguia, observou ela, deixar o gabinete todos os dias às 15h30 e se dirigir até o ginásio para jogar basquete com os alunos ou para se encontrar com suas "tietes" da Anistia Internacional fora do *campus*. Agradecendo aos Sanders por terem lhe procurado, ela lhes garantiu que examinaria o assunto e lhes daria uma posição o quanto antes. Sem mais delongas, ela se apressou para rastrear o diretor.

Ao longo das próximas semanas, o diretor acompanhou reuniões com os Sanders, a diretora do departamento, o presidente do sindicato e o próprio Hal Franklin. O superintendente Chalmers foi mantido informado, mas não viu necessidade de se envolver diretamente, já que a situação, embora difícil, parecia estar sendo bem conduzida. Hal foi instruído a parar imediatamente com sua prática de se encontrar fora do *campus* com os alunos. Todas as reuniões da Anistia Internacional deviam ser realizadas no *campus*, em conformidade com as regras do clube. Além disso, ele foi recomendado a honrar a solicitação dos pais para ele limitar seu contato com a filha deles somente a atividades oficiais do clube. Ele também deveria começar a apresentar planos de aula semanais à diretora do departamento, levando em conta avaliações planejadas e políticas de classificação. Com relutância, ele concordou em seguir essas diretivas, para a satisfação tanto da diretora do departamento quanto da família Sanders, que havia decidido, para manter a harmonia em casa, permitir que Elizabeth continuasse a trabalhar na Anistia Internacional, desde que fossem cumpridas as condições estipuladas.

Um dia após concordar com essas condições, Hal entrou em sua aula matinal e anunciou que estava sendo perseguido por uma administração que se sentia ameaçada pela sua popularidade.

– Eles não gostam do fato de eu desafiar o modo com que as coisas são feitas aqui – declarou ele. – Então vou ter que tomar cuidado.

Ele distribuiu cópias de seu plano de aula para a semana e marcou uma prova. Os alunos protestaram, mas ele os acalmou.

– Olha, eles iam adorar a chance de se livrar de mim, então não posso dar chance alguma a eles. Odeio dizer isso, vamos ter de dar o braço a torcer. Vou jogar conforme as regras deles. Estou de mãos atadas. Acho que ser libertário e intelectual é perigoso por aqui.

Enquanto os alunos protestavam ruidosamente contra o diretor, Hal murmurou:

– Eu sei, eu sei... pessoas no poder. Fazer o quê?

Os alunos continuaram a resmungar ao longo de toda a semana. Alguns amigos do corpo docente se juntaram a eles.

Mas Hal não seguiu as regras; pelo menos, não em relação a Elizabeth. Ele providenciou que outro membro do corpo docente, um professor de inglês com quem ele ministrara aulas em equipe para Elizabeth, entregasse bilhetes para a moça. Duas semanas e meia após ter recebido as garantias da escola de que o relacionamento estava sob controle, os Sanders descobriram *e-mails* na lixeira do computador da família, os quais Elizabeth obviamente havia tentado destruir. As mensagens, todas datadas após as reuniões na escola, continham uma ou duas queixas contra a administração e os próprios Sanders. Enfurecidos pelo modo flagrante com que Franklin ignorava as regras, os pais da moça ligaram para a casa do superintendente Chalmers, cujo filho havia jogado futebol com o filho deles.

Na manhã seguinte, Hal tinha sido colocado em licença administrativa por tempo indefinido, e um professor substituto apareceu em suas aulas. Instruídos pelos relatos de seu professor sobre o que a administração estava tentando fazer, os alunos organizaram uma militância em favor de Franklin e uma implacável perseguição ao substituto, que recentemente fizera o seu estágio e tentava se orientar em um curso sem livro-texto e sem planos para o semestre. Eles colaram cartazes no refeitório e enviaram uma petição para ter o seu professor reintegrado. Um grupo de alunos seniores da aula de sociologia do professor Hal solicitou uma reunião com o diretor, que se reuniu com eles, mas se recusou a fornecer quaisquer informações sobre circunstâncias específicas de Franklin. Nesse meio-tempo, após duas novas reuniões com Franklin e o presidente do sindicato, na qual ele recebeu um ultimato do superintendente (cessar inteiramente o contato ou perder o emprego), Hal voltou à escola, 10 dias depois de ter sido suspenso. Os alunos o receberam com ovação, e alguns professores o parabenizaram por sobreviver à perseguição. Ninguém desconfiava de que a suspensão envolvia outra coisa além de suas divergências filosóficas com a administração.

Demorou dois dias até que os Sanders novamente ligassem para o superintendente Chalmers, desta vez com a notícia de que eles tinham contratado um advogado. Eles suspeitavam de dois telefonemas recebidos por Elizabeth no celular dela, de um número dentro da escola. Quando eles a confrontaram, ela admitiu que as ligações eram de Franklin, que havia ligado duas vezes do vestiário de um treinador. Ela também admitiu ter se encontrado com ele em uma erma sala de equipamentos, anexa a um dos ginásios esportivos. Confusa e chateada, Elizabeth contou que ela e Franklin planejavam casar-se um dia, depois que ela terminasse o ensino médio e ele tivesse abandonado a esposa. Ela negou que eles tivessem tido qualquer contato físico, mas insistiu que seu apego romântico era duradouro, e ela acreditava em seus planos de longo prazo para ficar juntos. Naquela noite, os Sanders fizeram ligações para três pessoas: um advogado, o superintendente e um terapeuta para a filha deles.

Ao se depararem novamente com o substituto na sala de aula na manhã seguinte, os alunos foram à loucura. Alguns se recusaram a fazer qualquer trabalho ou a cooperar com o novo professor. Alguns saíram da sala. Eles repetiram o protocolo da petição e a sistemática perseguição ao substituto, que fotocopiou leituras e fez planos para o resto do semestre. Sob a ameaça de notas baixas, os calouros se acalmaram, mas os seniores continuaram a causar grandes perturbações até que o decano dos alunos se posicionasse no fundo da sala. O jornal estudantil foi inundado com missivas protestando contra o modo draconiano com que a direção tratava Franklin, e a secretária do diretor foi inundada por ligações de pais irados que exigiam o restabelecimento do professor predileto de seus filhos. Alguns dos colegas de Hal repreenderam o presidente do sindicato e a diretora do departamento por permitir que ele fosse "atropelado dessa forma", e o professor de inglês que havia ministrado aula em equipe com Hal escreveu uma fervorosa carta ao jornal local, defendendo o seu valor como educador. Só o diretor, a dire-

tora do departamento, o presidente do sindicato e o terapeuta de Elizabeth, a quem os Sanders tinham recorrido para ajudar a lidar com as frágeis emoções de sua filha, sabiam que outras questões além do estilo de ensino estavam em jogo.

Felizmente, o recesso de janeiro interrompeu o ressentimento em ebulição, e o superintendente Chalmers acreditava que, com o início de um novo semestre, as tensões logo se dissipariam. Essa previsão parecia estar correta, até ele receber a mais recente ligação telefônica do sr. Sanders, alegando que o professor continuava a entrar em contato com sua filha. O sr. Sanders estava à beira de perder o controle e concluiu a conversa telefônica com a ameaça: "Ou você se livra daquele desgraçado, ou eu mesmo dou um jeito nisso".

- O que você acha da decisão do superintendente Chalmers de deixar os diretores da escola lidar com a situação de Franklin desde o começo?
- Qual seria o nível apropriado de envolvimento para o superintendente em uma situação como essa?
- Coloque-se no papel do superintendente à medida que esse caso se aproxima de uma conclusão – o que fazer em seguida?
- Que obrigações, se houver, o superintendente tem em relação aos pais? E ao professor?
- A ameaça dos pais é motivo para preocupação?
- O que esse caso lhe diz sobre a cultura escolar da MHHS?
- Será que o caso lhe fornece alguma compreensão sobre as normas culturais que a liderança escolar pode querer abordar?

CASO 4

Liderando para mudar, mudando para liderar[2]

Ao se preparar para outra reunião com sua equipe, você remeteu seu pensamento ao dia em que tudo começou. O superintendente convocara uma reunião entre os administradores escolares e dirigentes do sindicato dos professores para analisar os dados de desempenho escolar do

distrito. Em razão da legislação No Child Left Behind, os dados de desempenho tinham sido decupados pela primeira vez. Analisá-los havia sido um choque; páginas após páginas provavam que os alunos em sua escola e seu distrito estavam soçobrando junto com as mazelas acadêmicas. Existiam grandes diferenças entre alunos brancos, afro-americanos, hispânicos e não falantes de inglês; as diferenças socioeconômicas causaram diferenças equivalentes no desempenho de alunos das classes econômicas menos favorecidas, não conseguindo mostrar melhoras nos testes oficiais aplicados pelo estado; quase um quarto dos alunos da 1ª série do ensino médio não obtinha créditos suficientes para chegar a 2ª série; e a aclamada taxa de formatura de sua escola aparentava ser mais ilusão do que a realidade – embora a taxa de graduação nas últimas turmas de alunos da 3ª série tivesse subido, mais e mais alunos abandonavam a escola em idades precoces. Você sempre teve orgulho do excelente desempenho acadêmico do distrito, mas agora parecia que o excelente desempenho só valia para o grupo dominante – adolescentes brancos de famílias economicamente confortáveis. O superintendente, os administradores e os dirigentes do sindicato dos professores concordavam de modo unânime que os dados serviram de toque de clarim para a mudança educacional. Afinal de contas, quem pode argumentar contra mudanças diante de evidências tão claras?

Vários meses de discussão se seguiram após aquela reunião inicial. Comitês se formaram para debater sobre a mudança dos horários de aulas, a entrega instrucional e o currículo. Outros grupos se reuniram para discutir melhores formas de satisfazer as necessidades emocionais dos alunos. Os professores de todos os prédios foram envolvidos e, com o tempo, as recomendações foram apresentadas: sua escola deve se mover para cronograma escolar por módulos bloquear e desenvolver comunidades de aprendizagem menores. Foi quando as coisas começaram a dar errado.

Alguns professores militantes em sua escola montaram uma campanha "corpo a corpo" entre os professores, com o objetivo de escapar das recomendações. Alguns baseavam suas preocupações em princípios educacionais, como se escutou nos comentários de um professor de matemática aos colegas do departamento de inglês.

– É preciso levar em conta a pedagogia da matemática. Os alunos em cursos de matemática precisam de cursos consistentes, de um ano de duração. O cronograma escolar por módulos é um fracasso quando se trata de ensinar matemática.

Outros, em especial os professores de música, arte e línguas estrangeiras, alegavam, preocupados:

– Essas recomendações vão destruir nossas disciplinas eletivas. Os professores perderão seus empregos e os alunos que se destacam perderão oportunidades.

Horrorizado, você viu a rede de apoio desenvolvida ao longo de meses de trabalho nos comitês começar a se dissipar.

Não demorou muito para que alguns pais ficassem em pé de guerra, reclamando que as alterações propostas iriam prejudicar a educação de seus filhos. O grupo de pais, embora pequeno, era composta de moradores brancos, bem relacionados e de alta renda. Eles não queriam que quaisquer mudanças fossem feitas no programa de educação tradicional – e eles sabiam como aplicar pressão e gerar apoio para seus pontos de vista. Como um pai disse:

– A escola funcionou para mim e está funcionando perfeitamente para meu filho. Por que fazer mudanças em uma escola que funciona bem?

Outros proclamaram em alto e bom som que as mudanças sugeridas eram um "elefante branco" sem qualquer "prova de necessidade nem oportunidade de sucesso". A maioria dos pais das crianças que tinham mais a ganhar ficou em silêncio. Os poucos que se manifestaram foram ridicularizados e acusados de "pais menos do que eficazes". Embora não tenham sido feitos comentários raciais evidentes, você percebeu insinuações raciais em alguns dos comentários do grupo dos pais.

Os dados não tinham mudado; as provas de fraco desempenho permaneciam claras. Mas os dados se conflitavam diante de suposições e valores arraigados. Você estava frustrado com os e--mails e mensagens telefônicas recebidas dos pais e com as conversas que você teve com membros do corpo docente. Você fez uma lista com os mais recentes comentários negativos:

- "Por que toda essa pressão para melhorar o desempenho daquele tipo de crianças? Talvez você devesse ser mais realista em relação às chances delas. Alguém tem que virar hambúrgueres e limpar banheiros."
- "Alguns alunos vão ir mal. O simples conhecimento da curva sinusoidal mostra isso."
- "Pagamos altos impostos para ter acesso a esta escola. Os pais falaram, mas você não está dando ouvidos ao que as pessoas querem."

- "Não vejo razão para mudar o que venho fazendo há 20 anos."
- "O desempenho dos alunos não é minha responsabilidade. É responsabilidade do aluno. Se eles escolhem fracassar, o problema é deles, e eles precisam aprender com isso".
- "Qual é o problema com nossa escola tradicional, afinal de contas?"

Agora você entende que as pessoas têm ideias diferentes sobre educação e sobre quem deveria ser educado. Também entende que a tradição pode ser mais importante do que o sucesso. Em seus momentos mais céticos, você teve a sensação de que o sistema de classes sociais pode importar mais do que os alunos individuais. Você pega o dossiê com os dados e se encaminha ao auditório para se reunir com seus professores. Seus passos ecoam no corredor, e você se pergunta para onde ir a partir deste ponto. Como a prática educativa pode avançar em sua escola? O que mais pode ser feito para ajudar professores e pais a compreender a necessidade de mudar? Que interesses têm aqueles que se opõem à mudança? É possível que você esteja errado ao tentar reestruturar? Quanta voz cada grupo deve ter na decisão de como a educação deve ser entregue? Ao encarar os seus professores, seus pensamentos começam a se cristalizar e você começa a falar...

Suponha que você seja o diretor desta escola.

- Qual é o seu diagnóstico sobre o(s) problema(s)?
- O que é o seu plano de ação no curto prazo? No longo prazo?
- Delineie o que você vai dizer para os professores agora que você está diante deles em uma reunião do corpo docente.
- Tente antecipar as consequências negativas, bem como as positivas, de seu discurso para os professores e seu plano de ação.
- Você considera que o diretor neste caso pode liderar com eficiência? Por quê?

CASO 5

Exigência dos pais[3]

Judy Claxton foi contratada como diretora da Escola Oak Street, uma das três escolas de ensino fundamental (anos iniciais), que servem uma próspera comunidade-dormitório 32 km ao norte de uma florescente área metropolitana. Com quase 400 alunos, quadro funcional de 22 professores e 12 funcionários de apoio, a Escola Oak Street era sem dúvida a mais antiga do distrito. Na verdade, durante 25 anos foi a única escola de ensino fundamental a atender todas as crianças nos anos iniciais, situação que mudou há menos de uma década, com a inauguração das novas escolas. Embora os alunos que moravam em residências luxuosas no perímetro da cidade frequentassem as duas novas e modernas escolas, a Oak Street era a mais diversificada das três escolas. Seus alunos vinham predominantemente de famílias que viviam na comunidade há várias gerações, e muitos na comunidade estavam cada vez mais desconfortáveis com o influxo de "dinheiro novo". Embora muitos "alunos da Oak Street" também viessem de famílias abastadas de profissionais liberais, a escola realmente tinha um pequeno número de estudantes provenientes das classes socioeconômicas menos favorecidas.

Essa era a primeira gestão de Judy como diretora de escola. Depois de começar a carreira como professora de ciências do 7° ano, ela mais recentemente atuou como diretora do currículo elementar em distrito de condado rural do outro lado do estado. Sentindo muita falta da interação diária com os alunos, ela sabia que queria ser diretora de escola e embarcou em uma busca em todo o estado para encontrar uma posição. Após a ação oficial do conselho de educação para contratá-la na segunda-feira de agosto, ela mal tivera duas semanas para transferir seus pertences, se enfronhar em sua escola, se apresentar às equipes de ensino e de apoio, além de preparar a escola para as 400 crianças que estariam chegando ao final do mês para o começo do ano letivo.

Dizer que ela ficou surpresa ao conseguir o emprego é pouco. Afinal de contas, ela ficou sabendo, por intermédio de um amigo de longa data que casualmente era professor do ensino médio na mesma cidade, que ninguém menos que Daniel Baines também havia se candidatado ao cargo. Baines, professor do 5º ano, trabalhava naquela escola na mesma sala de aula há 24 anos. Ele era muito respeitado e querido pelo resto do pessoal, e várias cartas de apoio dos colegas pareciam torná-lo o favorito desde o início. Por que cargas d'água o comitê responsável não o selecionou era um mistério, mas os sentimentos dele por ter sido preterido não eram. Ele se mostrou amargo, e nunca iria perdoar os responsáveis.

Certa manhã cedinho, enquanto os professores preparavam suas salas de aula no opressivo calor de agosto, Judy Claxton encontrou o sr. Baines inventariando livros didáticos e saudou:

– Bom dia, Dan. – O professor ergueu a cabeça de leve, até perceber quem tinha falado com ele. – Posso fazer algo para ajudar? Está encontrando tudo que precisa? – perguntou ela educadamente. – Baines continuou a trabalhar, contando os livros didáticos, cuidadosamente verificando a condição de cada um. Judy se esforçou para encontrar algo mais a dizer. – Por favor, não hesite em me chamar se houver alguma coisa que eu possa fazer por você. Quero que saiba que minha porta está aberta.

– Olha só – vociferou Baines. – Esse seria o MEU cargo! Não sei quem mexeu os pauzinhos a seu favor, nem sei como você conseguiu, mas tenho certeza absoluta de que não há nada que você possa fazer por mim, além de me deixar em paz.

Atordoada, Judy Claxton deu meia-volta e rumou ao gabinete dela. Não era bem isso que ela esperava do primeiro contato com o sr. Baines. Ela não tinha conhecimento algum de que alguém no gabinete central havia mexido os pauzinhos a favor dela. Ela NÃO conhecia ninguém no gabinete central. Ninguém lhe devia favor algum. Ela estava certa de que havia sido escolhida com base em seu desempenho como professora de sala de aula e administradora, sua visão sobre liderança escolar e sua dedicação à profissão. Por enquanto, ela daria a Dan Baines a distância que ele pediu, embora soubesse que, mais cedo ou mais tarde, ela precisaria confrontá-lo novamente.

Embora caótica e às vezes esmagadora, a abertura da escola foi bem para a sra. Claxton, mas duas semanas após o início das aulas os contratempos começaram. À noitinha, ela recebeu uma ligação da Dra. Marcy Davis, expressando preocupação sobre um incidente na escola envolvendo seu filho, Hunter, e o professor dele. A Dra. Davis avisou a diretora que ela e seu mari-

do, John, advogado de uma proeminente família na cidade, estariam no escritório do diretor pontualmente às 8h da manhã para formalizar uma reclamação. Antes que a diretora Claxton tivesse uma chance de responder, a linha telefônica emudeceu. Ela se sentou, desorientada.

Determinada a chegar cedo à escola na manhã seguinte, a diretora Claxton chegou às 7h15 e foi direto aos arquivos dos alunos. Folheando os arquivos, ela encontrou uma guia com um arquivo fino rotulado "Hunter Scott Davis". Abriu o arquivo e encontrou pouca evidência sobre quaisquer problemas. Na verdade, a única sugestão de dificuldade parecia estar na turma de Hunter este ano – o 5º ano, com o professor Baines. O diretor não tinha falado com Baines desde sua repreensão lapidar há algumas semanas, mas sabia instintivamente de que essa reunião com os pais provavelmente poderia conduzir a um confronto com ele.

Às 7h30, o Prof. Baines destrancava a porta da sala de aula exatamente como fizera todas as manhãs durante 26 anos. Desta vez, em pé, atrás dele, estava a diretora.

– Dan, recebi um telefonema ontem à noite da mãe de Hunter Davis – Baines pareceu irritado. – Ela estava chateada sobre um incidente que aconteceu na escola ontem, mas não me deu nenhum detalhe. Ela e o marido estão chegando às 8h para conversar comigo. Há algo que eu deva saber?

– Não tenho nem ideia do assunto que ela vai tratar – limitou-se a dizer o professor Baines friamente. – Não aconteceu nada. Mas tenho certeza de que seja lá o que os Daves desejam, eles vão conseguir. Sempre conseguem.

Sua voz foi diminuindo à medida que ele entrava na sala de aula, deixando a diretora Claxton plantada sozinha no corredor.

Pouco antes das 8h, a secretária da diretora, Nancy Drummond, chegou. A diretora Claxton imediatamente a chamou para sua sala.

– Tenho uma reunião às 8h com Marcy e John Davis sobre o filho deles, Hunter. Você sabe alguma coisa sobre essas pessoas?

Os olhos de Nancy se iluminaram.

– Ah – engasgou ela – eles são maravilhosos! Sempre oferecem apoio à escola e aos professores. Voluntários... fazem grandes doações... ex-alunos... os dois se formaram aqui há uns 15 anos. Você não vai ter qualquer dificuldade.

– E que tal o filho deles, Hunter? – sondou Judy.

Administração Educacional **443**

– Bem, sabe como os meninos podem ser às vezes – respondeu Nancy com desdém. – Parece que ele sempre se mete em encrenca. Mas nada de grave; ele só é um pouco genioso... Tal pai, tal filho – concluiu a secretária e, com uma risadinha pensativa, suspirou e saiu.

Pouco tempo depois, a diretora ouviu a sua secretária dar entusiasmadas boas-vindas aos Davis na antessala. A diretora Claxton apareceu e cumprimentou os pais com um sorriso confiante e um aperto de mão. Então ela os convidou para sua sala, fechou a porta e começou:

– Contem-me sobre as suas preocupações.

Incisivamente, a Dra. Davis explicou que o Prof. Baines acusou Hunter injustamente de praticar *bullying* com outros alunos do 5º ano e o ordenou a ficar de castigo junto à parede. Inocente, Hunter tentou explicar o seu lado da história. Foi quando o professor agarrou-o, derrubou-o e depois arrastou Hunter por um braço até o ponto mais distante na parede onde ele ficou sob o sol escaldante sem água ou sombra durante 20 minutos.

– Hunter estava profundamente chateado quando eu o apanhei na escola. Então entrei em contato com os pais dos colegas dele, e eles confirmaram tudo o que Hunter contou. Os amigos dele viram tudo.

Judy interrompeu respeitosamente:

– Vocês falaram com sr. Baines sobre isso?

– Não! – responderam os pais em uníssono. – Estamos com medo de que se falarmos alguma coisa, ele vai descontar em Hunter. É o sistema dele. Outros pais já nos alertaram sobre ele.

– Acho que seria melhor se eu pedisse para o Prof. Baines descer e ouvíssemos a explicação dele – sugeriu Judy.

Os pais se recusaram a aceitar, solicitando que Hunter fosse transferido para outra turma de 5º ano.

– Você deve saber, sra. Claxton – a mãe se levantou – que o presidente do conselho e a superintendente são nossos amigos chegados e nossos vizinhos. Eles já me garantiram que o Prof. Baines será punido rápida e severamente. Hoje deixamos Hunter em casa e esperamos que a senhora o transfira de turma até amanhã de manhã.

Ela se virou e saiu desafiadoramente. O marido a seguiu, parando apenas para acrescentar:

– Acho mesmo que não podemos aceitar professores como Baines na sala de aula.

Judy Claxton tirou os óculos, recostou-se na cadeira, esfregou os olhos e respirou fundo. Sentia que as coisas poderiam rapidamente se precipitar e sair do controle.

- Quais são os problemas imediatos de Judy Claxton?
- Qual é o seu problema de longo prazo?
- Ela deve agir rapidamente para proteger a criança ou cautelosamente proteger os direitos do professor?
- Ela deve envolver os estudantes que alegam ter testemunhado o incidente?
- Como é que ela pode ganhar tempo sem pôr em risco a segurança da criança ou negligenciar o pedido dos pais?
- Quais são as consequências positivas e negativas de honrar o pedido dos pais para transferir a criança a uma nova turma?
- A superintendente deve ser consultada?
- Coloque-se no papel da diretora e desenvolva uma estratégia para lidar com a dificuldade.

CASO 6

Dilema em Urban High[4]

A Urban High é uma das mais de 100 escolas de ensino médio em um grande centro metropolitano. Vista do lado de fora, Urban High parece ameaçadora. É um prédio de tijolos de cinco andares construído em parte por avós e bisavós de seus alunos atuais. A igualmente antiga e imponente igreja católica, a alguns quarteirões de distância, foi construída quase inteiramente pelo trabalho dos então recentes imigrantes. O bairro é um modelo de estabilidade, e o comércio local tem um charme italiano. Com efeito, a linguagem comum é o italiano, e algumas padarias e restaurantes têm uma reputação em toda a região por sua excelência.

A outra face da estabilidade é um isolamento que mantém moradores, jovens e velhos, focados interna e estreitamente. As pessoas desta comunidade não participam da cidade maior ao qual seu bairro pertence. Em muitos aspectos, a comunidade é um retrocesso aos tempos anteriores de segregação étnica, e esse contexto se revela nas escolas de modo surpreendente.

Um número considerável dos alunos da escola de ensino médio não está preparado para falar inglês formal. Eles vêm de lares que falam italiano, em que o italiano é a primeira língua. Eles aprenderam inglês suficiente para avançar nos programas escolares locais do ensino fundamental; porém, ao se depararem com os desafios do ensino médio, enfrentam dificuldades de leitura, e a consequência é muitas vezes a reprovação. Não tenha dúvida: esses alunos têm o talento, mas, infelizmente, essa habilidade não se traduziu em uma compreensão fundamental e no uso do inglês padrão.

O diretor Dante Lavelli tem raízes no bairro. Por méritos de trabalho árduo e de uma mãe esclarecida, ele teve sucesso nos sistemas de ensino médio público e depois na universidade da cidade. Depois que ele concluiu seu doutorado em liderança educacional na universidade da cidade teve a oportunidade de cumprir seu desejo de voltar a uma escola onde ele tinha sido aluno e professor há alguns anos. Nesse meio-tempo, enquanto continuava seus estudos, ele havia trabalhado como diretor-assistente e, por fim, diretor de outra grande escola de ensino médio da cidade. Mas havia algo especial no retorno a Sorrento Heights, o velho bairro.

O Dr. Lavelli compreende a situação de muitos desses jovens que têm dificuldades com o inglês não por culpa própria. Determinado a fazer alguma coisa para resolver o problema, ele conseguiu desenvolver um programa subsidiado para ajudar os alunos que não tinham as habilidades de linguagem para acompanhar o programa de inglês regular. Embora o programa educacional não fosse exclusivamente composto por alunos falantes da língua italiana provenientes de Sorrento Heights, eles abrangiam pouco mais da metade do corpo de alunos. O restante desses matriculados com limitada proficiência em inglês eram alunos transferidos para Urban High de outras partes da cidade ou imigrantes recentes.

O programa de Lavelli foi bem-sucedido. Orientado por pesquisas relevantes, o programa de leitura não tinha turmas maiores do que 20 alunos; na verdade, a média de alunos era 15. Os professores forneciam tutoriais independentes para os alunos e cada aluno progredia no seu ritmo. O programa era individualizado e intensivo. Normalmente, depois de um ano no programa, os alunos eram capazes de se juntar a seus colegas no programa regular e mostrar bom desempenho. Parecia bom demais para ser verdade.

Infelizmente, depois de apenas dois anos, Urban High entrou em uma fase de vacas magras. Não havia fundos disponíveis para continuar o programa de sucesso. As agências responsáveis pelos subsídios não tinham recursos, e os recursos da cidade eram necessários para os programas de maior prioridade. Todo mundo estava verdadeiramente triste por ver os recursos acabarem e o programa terminar, mas na metrópole é assim que as coisas funcionam.

Lavelli estava comprometido com as crianças e com o programa, mas foi barrado em todas as tentativas em sua busca por financiamento. Seus superiores lhe disseram que "entendemos seu dilema, e nos solidarizamos, mas estamos de mãos atadas". Lavelli estava determinado a ir em frente e responder às necessidades dos seus alunos. O que ele poderia fazer?

- A quem Lavelli poderia recorrer?
- Qual é o seu problema imediato? O problema no longo prazo?
- Será que essa questão vale a pena o tempo e o esforço necessários para fazer a diferença?
- Trata-se de um problema político? Com uma solução política?
- Ele pode mobilizar a comunidade?
- Desenvolva estratégias de ação de curto e longo prazos.

NOTAS

1. Escrito para esta obra por Eileen McMahon.
2. Escrito para esta obra por Nancy Nestor-Baker.
3. Escrito para esta obra por Thomas Reed.
4. Escrito para esta obra por John Tarter.

REFERÊNCIAS

ABBOTT, A. D. *Methods of discovery*: heuristics for the social sciences. New York: W. W. Norton, 2004.

ABBOTT, M. G. Hierarchical impediments to innovation in educational organizations. In: ABBOTT, M. G.; LOVELL, J. T. (Eds.). *Change perspectives in educational administration*. Auburn: Auburn University, 1965b. p. 40-53.

ABBOTT, M. G. Intervening variables in organizational behavior. *Educational Administration Quarterly*, v. 1, n. 1, p. 1-14, 1965a.

ABBOTT, M. G.; CARACHEO, F. Power, authority, and bureaucracy. In: BOYAN, N. J. (Ed.). *Handbook of research on educational administration*: a project of the American Educational Research Association. New York: Longman, 1988. p. 239-257.

ABELL, P. The new institutionalism and rational choice theory. In: SCOTT, W. R.; CHRISTENSEN, S. (Eds.). *The institutional construction of organizations*: international and longitudinal studies. Thousand Oaks: Sage, 1995. p. 3-14.

ABELSON, R. P.; LEVI, A. Decision-making and decision theory. In: LINDZEY. G.; ARONSON, E. (Eds.). *Handbook of social psychology*. 3rd ed. Reading: Addison-Wesley, 1985. v. 1, p. 231-309.

ADAMS, J. E.; KIRST, M. W. New demands and concepts for educational accountability: striving for results in an era of excellence. In: MURPHY, J.; LOUIS, K. S. (Eds.). *Handbook of research on educational administration*: a project of the American Educational Research Association. 2nd ed. San Francisco: Jossey-Bass, 1999. p. 463-489.

ADLER, P. S.; BORYS, B. Two types of bureaucracy: enabling and coercive. *Administrative Science Quarterly*, v. 41, n. 1, p. 61-89, 1996.

ADLER, R. B.; RODMAN, G. *Understanding human communication*. Fort Worth: Holt, Rinehart and Winston, 1991.

ALBANESE, M. A.; MITCHELL, S. A. Problem-based learning: a review of literature on its outcomes and implementation issues. *Academic Medicine*, v. 68, n. 1, p. 52-81, 1993.

ALBERTO, P. A.; TROUTMAN, A. C. *Applied behavior analysis for teachers*. 8th ed. London: Pearson Education International, 2009.

ALDRICH, H. E. An organization-environment perspective on cooperation and conflict between organizations in the manpower training system. In: NEGANDHI, A. R. (Ed.). *Conflict and power in complex organizations*. Kent: Kent State University, 1972. p. 11-37.

ALDRICH, H. E. *Organizations and environments*. Englewood Cliffs: Prentice-Hall, 1979.

ALDRICH, H. E.; HERKER, D. Boundary spanning roles and organization structure. *Academy of Management Review*, v. 2, n. 2, p. 217-230, 1977.

ALDRICH, H. E.; MINDLIN, S. Uncertainty and dependence: two perspectives on environment. In: KARPIK, L. (Ed.). *Organization and environment*: theory, issues and reality. Beverly Hills: Sage, 1978. p. 149-170.

ALDRICH, H. E.; PFEFFER, J. Environments of organizations. *Annual Review of Sociology*, v. 2, p. 79-105, 1976.

ALESSANDRA, A. J.; HUNSAKER, P. L. *Communicating at work*. New York: Simon and Schuster, 1993.

ALEXANDER 3RD, E. R.; PENLEY, L. E.; JERNIGAN, I. E. The effect of individual differences on managerial media choice. *Management Communication Quarterly*, v. 5, n. 2, p. 155-173, 1991.

ALIG-MIELCAREK, J. M.; HOY, W. K. Instructional leadership: its nature, meaning, and influence. In: HOY, W. K.; MISKEL, C. G. (Eds.). *Educational leadership and reform*. Greenwich: Information Age, 2005. p. 29-51.

ALLINDER, R. M. The relationship between efficacy and the instructional practices of special education teachers and consultants. *Teacher Education and Special Education*, v. 17, n. 2, p. 86-95, 1994.

ALLISON, G. T. *Essence of decision*: explaining the Cuban missile crisis. Boston: Little, Brown, 1971.

ALUTTO, J. A.; BELASCO, J. A. Patterns of teacher participation in school system decision making. *Educational Administration Quarterly*, v. 9, n. 1, p. 27-41, 1973.

ANDERMAN, E. M.; ANDERMAN, L. H. *Motivating children and adolescents in schools*. Upper Saddle River: Prentice-Hall, 2009.

ANDERMAN, E. M.; MAEHR, M. L. Motivation and schooling in the middle grades. *Review of Educational Research*, v. 64, n. 2, p. 287-309, 1994.

ANDERSON, B. Socioeconomic-status of students and schools bureaucratization. *Educational Administration Quarterly*, v. 7, n. 2, p. 12-24, 1971.

ANDERSON, C. S. The search for school climate: a review of the research. *Review of Educational Research*, v. 52, n. 3, p. 368-420, 1982.

446 Referências

ANDERSON, D. P. *Organizational climate of elementary schools*: a study of the relationships between organizational climate of elementary schools and personal variables of the principals. Minneapolis: Educational Research and Development Council of the Twin Cities Metropolitan Area, 1964.

ANDERSON, J. Giving and receiving feedback. In: LAWRENCE, P. R.; BARNES, L. B.; LORCSH, J. W. (Eds.). *Organizational behavior and administration*: cases and readings. Homewood: Irwin, 1976. p. 103-111.

ANDERSON, J. R. *Cognitive psychology and its implications*. 4th ed. New York: W. H. Freeman, 1995.

ANDERSON, J. R. *Cognitive psychology and its implications*. 7th ed. New York: Worth, 2010.

ANDERSON, J. R.; REDER, L. M.; SIMON, H. A. *Applications and misapplication of cognitive psychology to mathematics education*. [S.l.: s.n.], 1996.

ANDERSON, L. M. Learners and learning. In: REYNOLDS, M. C. (Ed.). *Knowledge base for the beginning teacher*. New York: Pergamon, 1989. p. 85-100.

ANDREWS, J. H. M. School organizational climate: some validity studies. *Canadian Education and Research Digest*, v. 5, p. 317-334, 1965.

ANTONAKIS, J.; AVOLIO, B. J.; SIVASUBRAMANIAM, N. Context and leadership: an examination of the nine-factor full-range leadership theory using the multifactor leadership questionnaire. *Leadership Quarterly*, v. 14, n. 3, p. 261-295, 2003.

ANTONENKO, P., PAAS, F., GRABNER, R. et al. Using electroencephalography to measure cognitive load. *Educational Psychology Review*, v. 22, n. 4, p. 425-438, 2010.

APPLEBERRY, J. B.; HOY, W. K. The pupil control ideology of professional personnel in "open" and "closed" elementary schools. *Educational Administration Quarterly*, v. 5, n. 3, p. 74-85, 1969.

ARENDS, R. *Learning to teach*. 5th ed. Dubuque: McGraw-Hill, 2000.

ARGOTE, L.; TURNER, M. E.; FICHMAN, M. To centralize or not to centralize: the effects of uncertainty and threat on group structure and performance. *Organizational Behavior and Human Performance*, v. 43, n. 1, p. 58-74, 1989.

ARIELY, D. *Predictably irrational*: the hidden forces that shape our decisions. New York: Harper and Collins, 2008.

ARMBRUSTER, B. B.; ANDERSON, T. H. Research synthesis on study skills. *Educational Leadership*, v. 39, n. 2, p. 154-156, 1981.

ARMOR, D.; SUMMER, G. C.; THOMPSON, V. M. et al. *Analysis of the school preferred reading program in selected Los Angeles minority schools*: prepared for the Los Angeles Unified School District. Santa Monica: Rand, 1976. (Series n. R-2007-LAUSD).

ASHCRAFT, M. H. *Cognition*. 4th ed. Upper Saddle River: Prentice-Hall, 2006.

ASHCRAFT, M. H.; RADVANSKY, G. A. *Cognition*. 5th ed. Boston: Prentice-Hall, 2010.

ASHFORD, S. J. Feedback-seeking in individual adaptation: a resource perspective. *Academy of Management Journal*, v. 29, n. 3, p. 465-487, 1986.

ASHTON, P. T., OLEJNIK, S., CROCKER, L. et al. Measurement problems in the study of teachers' sense of efficacy. In: ANNUAL MEETING OF THE AMERICAN EDUCATIONAL RESEARCH ASSOCIATION, 1982, New York.

ASHTON, P. T.; WEBB, R. B. *Making a difference*: teachers' sense of efficacy and student achievement. New York: Longman, 1986.

AT-TWAIJRI, M. I. A.; MONTANARI, J. R. The impact of context and choice on the boundary-spanning process: an empirical extension. *Human Relations*, v. 40, n. 12, p. 783-797, 1987.

ATWATER, D. C.; BASS, B. M. Transformational Leadership in Teams. In: BASS, B. M.; AVOLIO, B. J. (Eds.). *Improving organizational effectiveness through transformational leadership*. Thousand Oaks: Sage, 1994. p. 48-83.

AUDIA, G.; KRISTOF-BROWN, A.; BROWN, K. G. et al. Relationship of goals and microlevel work processes to performance on a multipath task. *Journal of Applied Psychology*, v. 81, n. 5, p. 483-497, 1996.

AUPPERLE, K. E.; ACAR, W.; BOOTH, D. E. An empirical critique of in search of excellence: how excellent are the excellent companies? *Journal of Management*, v. 12, n. 4, p. 499-512, 1986.

AUSUBEL, D. P. *The psychology of meaningful verbal learning*. New York: Grune and Stratton, 1963.

AVOLIO, B. J. *Full leadership development*: building the vital forces in organizations. Thousand Oaks: Sage, 1999.

AVOLIO, B. J. The alliance of total quality and the full range of leadership. In: BASS, B. M.; AVOLIO, B. J. (Eds.). *Improving organizational effectiveness through transformational leadership*. Thousand Oaks: Sage, 1994. p. 121-145.

AVOLIO, B. J.; BASS, B. M.; JUNG, D. I. Re-examining the components of transformational and transactional leadership using the multifactor leadership questionnaire. *Journal of Occupational and Organizational Psychology*, v. 72, 441-462, 1999.

BABBIE, E. R. *Survey research methods*. 2nd ed. Belmont: Wadsworth, 2011.

BABBIE, E. R. *The basics of social research*. 5th ed. Belmont: Wadsworth, 2011.

BACHARACH, S. B.; BAMBERGER, P.; CONLEY, S. C. et al. The dimensionality of decision participation in educational organizations: the value of multi-domain evaluative approach. *Educational Administration Quarterly*, v. 26, n. 2, p. 126-167, 1990.

BACHARACH, S. B.; MUNDELL, B. L. Organizational politics in schools: micro, macro, and logics of action. *Educational Administration Quarterly*, v. 29, n. 4, p. 423-452, 1993.

BACON, F. *Meditationes sacrae*. Londini: Excusum impensis Humfredi Hooper, 1597.

BADDELEY, A. D. Is working memory still working? *American Psychologist*, v. 56, n. 11, p. 851-864, 2001.

BADDELEY, A. L. *Working Memory, Thought, and Action*. New York: Oxford University, 2007.

BADDELEY, A. L.; HITCH, G. J.; ALLEN, R. J. Working memory and binding in sentence recall. *Journal of Memory and Language*, v. 61, n. 3, p. 438-456, 2009.

BAIER, A. Trust and antitrust. *Ethics*, v. 96, n. 2, p. 231-260, 1986.

BAKKENES, I.; DE BRABANDER, C.; IMANTS, J. Teacher isolation and communication network analysis in primary schools. *Educational Administration Quarterly*, v. 35, n. 2, p. 166-202, 1999.

BANDURA, A. Cultivate self-efficacy for personal and organizational effectiveness. In: LOCKE, E. A. (Ed.). *The Blackwell handbook of principles of organizational behavior*. Malden: Blackwell Business, 2000. p. 120-136.

BANDURA, A. Perceived self-efficacy in cognitive development and functioning. *Educational Psychologist*, v. 28, n. 2, p. 117-148, 1993.

BANDURA, A. *Self-efficacy*: the exercise of control. New York: Freeman, 1997.

BANDURA, A. Self-efficacy: toward a unifying theory of behavioral change. *Psychological Review*, v. 84, n. 2, p. 191-215, 1977.

BANDURA, A. Social cognitive theory of self-regulation. *Organizational Behavior and Human Decision Processes*, v. 50, n. 2, p. 248-287, 1991.

BANDURA, A. *Social foundations of thought and action*: a social cognitive theory. Englewood Cliffs: Prentice-Hall, 1986.

BANDURA, A. The evolution of social cognitive theory. In: SMITH, K.; HITT, M. A. (Eds.). *Great minds in management*: the process of theory development. New York: Oxford University, 2005. p. 9-35.

BANTZ, C. R.; PEPPER, G. L. *Understanding organizations*: interpreting organizational communication cultures. Columbia: University of South Carolina, 1993.

BARNARD, C. I. Comments on the job of the executive. *Harvard Business Review*, v. 18, p. 295-308, 1940.

BARNARD, C. I. *Functions of an executive*. Cambridge: Harvard University, 1938.

BARNES, K. M. *The organizational health of middle schools, trust and decision participation*. 1994. Tese (Doutorado) - Rutgers University, New Brunswick, 1994.

BARNES, R. M. *Motion and time study*. New York: John Wiley and Sons, 1949.

BARNETT, B. G. Subordinate teacher power in school organizations. *Sociology of Education*, v. 57, n. 1, p. 43-55, 1984.

BARNHILL, G. P. Functional behavioral assessment in schools. *Intervention in School and Clinic*, v. 40, n. 3, p. 131-143, 2005.

BARON, R. A. *Psychology*. 4th ed. Boston: Allyn and Bacon, 1998.

BARRY, B.; CRANT, J. M. Dyadic communication relationships in organizations: an attribution/expectancy approach. *Organization Science*, v. 11, n. 6, p. 648-664, 2000.

BARTON, P. E. *Facing the hard facts in educational reform*. Princeton: Educational Testing Service, 2001.

BASS, B. M. Does the transactional-transformational leadership paradigm transcend organizational and national boundaries? *American Psychologist*, v. 52, n. 2, p. 130-139, 1997.

BASS, B. M. *Leadership and performance beyond expectations*. New York: Free, 1985b.

BASS, B. M. *Organizational decision making*. Homewood: Irwin, 1985a.

BASS, B. M. *The Bass handbook of leadership*: theory, research, and managerial applications. 4th ed. New York: Free, 2008.

BASS, B. M. *Transformational leadership*: industrial, military, and educational impact. Mahwah: L. Erlbaum, 1998.

BASS, B. M.; AVOLIO, B. J. Introduction. In: BASS, B. M.; AVOLIO, B. J. (Eds.). *Improving organizational effectiveness through transformational leadership*. Thousand Oaks: Sage, 1994. p. 1-10.

BASS, B. M.; RIGGIO, R. E. *Transformational leadership*. 2nd ed. Mahwah: L. Erlbaum, 2006.

BATEMAN, T. S.; ORGAN, D. W. Job satisfaction and the good soldier: the relationship between affect and employee "citizenship". *Academy of Management Journal*, v. 26, n. 4, p. 587-595, 1983.

BATES, R. J. Conceptions of school culture: an overview. *Educational Administration Quarterly*, v. 23, p. 79-116, 1987.

BAUMGARTNER, F. R.; LEECH, B. L. *Basic interests*: the importance of groups in politics and in political science. Princeton: Princeton University, 1998.

BAUMGARTNER, F. R.; WALKER, J. L. Educational policy making and the interest group structure in France and the United States. *Comparative Politics*, v. 21, p. 273-288, 1989.

BAZERMAN, M. H.; CHUGH, D. Decisions without blinders. *Harvard Business Review*, v. 84, n. 1, p. 88-97, 133, 2006.

BEALL, A. E. Body language speaks: reading and responding more effectively to hidden communication. *Communication World*, v. 21, n. 2, p. 18-20, 2004.

BEARD, K. S.; HOY, W. K.; WOOLFOLK HOY, A. W. Academic optimism of individual teachers: confirming a new construct. *Teaching and Teacher Education*, v. 26, n. 5, p. 1136-1144, 2010.

BECERRA, M.; GUPTA, A. K. Perceived trustworthiness within the organization: the moderating impact of communication frequency on trustor and trustee effects. *Organization Science*, v. 14, n. 1, p. 32-44, 2003.

BECKER, T. E.; KLIMOSKI, R. J. A field study of the relationship between the organizational feedback environment and performance. *Personnel Psychology*, v. 42, n. 2, p. 343-358, 1989.

BELASCO, J. A.; ALUTTO, J. A. Decisional participation and teacher satisfaction. *Educational Administration Quarterly*, v. 8, n. 1, p. 44-58, 1972.

BEN-PERETZ, M.; SCHONMANN, S. Informal learning communities and their effects. In: LEI-

THWOOD, K. A.; LOUIS, K. S. (Eds.). *Organizational learning in schools*. Lisse: Swets and Zeitlinger, 1998. p. 47-66.

BENNIS, W. G. Leadership theory and administrative behavior. The problem of authority. *Administrative Science Quarterly*, v. 4, p. 259-301, 1959.

BENNIS, W. G. *On becoming a leader*. Reading: Addison-Wesley, 1989.

BENNIS, W. G.; NANUS, B. *Leaders*: the strategies for taking charge. New York: Harper and Row, 1985.

BENSON, J. K. The interorganizational network as a political economy. *Administration Science Quarterly*, v. 20, n. 2, p. 229-249, 1975.

BENVENISTE, L.; CARNOY, M.; ROTHSTEIN, R. *All else equal*: are public and private schools different? New York: Rutledge Falmer, 2003.

BERG, C. A.; CLOUGH, M. Hunter lesson design: the wrong one for science teaching. *Educational Leadership*, v. 48, n. 4, p. 73-78, 1990-1991.

BERIETER, C. Situated cognition and how to overcome it. In: KIRSHNER, D.; WHITSON, J. A. (Eds.). *Situated cognition*: social, semiotic, and psychological perspectives. Mahwah: L. Erlbaum, 1997. p. 281-300.

BERLO, D. K. *The process of communication*. New York: Holt, Rinehart and Winston, 1970.

BERMAN, P.; MCLAUGHLIN, M. W.; BASS, G. et al. *Federal programs supporting educational change*: factors affecting implementation and continuation. Santa Monica: Rand, 1977. v. 7.

BERTHOLD, K.; RENKL, A. Instructional aids to support a conceptual understanding of multiple representations. *Journal of Educational Psychology*, v. 101, n. 1, p. 70-87, 2009.

BETZ, E. L. Two tests of Maslow's theory of need fulfillment. *Journal of Vocational Behavior*, v. 24, n. 2, p. 204-220, 1984.

BEYER, J. M.; TRICE, H. M. How an organization's rites reveal its culture. *Organizational Dynamics*, v. 15, n. 4, p. 5-24, 1987.

BIDWELL, C. E. The school as a formal organization. In: MARCH, J. G. (Ed.). *Handbook of organizations*. Chicago: Rand McNally, 1965. p. 972-1022.

BIGLEY, G. A.; PEARCE, J. L. Straining for shared meaning in organizational science: problems of trust and distrust. *Academy of Management Review*, v. 23, n. 3, p. 405-421, 1998.

BIMBER, B. A. *School decentralization*: lessons from the study of bureaucracy. Santa Monica: Rand, 1993.

BLAKE, R. R.; MOUTON, J. S. *The managerial grid III*: a new look at the classic that has boosted productivity and profits for thousands of corporations worldwide. Houston: Gulf, 1985.

BLANKENSHIP, K. L.; HOLTGRAVES, T. The role of different markers of linguistic powerlessness in persuasion. *Journal of Language and Social Psychology*, v. 24, n. 1, p. 3-24, 2005.

BLAU, P. M. *Bureaucracy in modern society*. New York: Random House, 1956.

BLAU, P. M. *The dynamics of bureaucracy; a study of interpersonal relations in two government agencies*. [Chicago]: University of Chicago, 1955.

BLAU, P. M.; SCOTT, W. R. *Formal organizations*: a comparative approach. San Francisco: Chandler, 1962.

BLAU, P. M.; SCOTT, W. R. *Formal organizations*: a comparative approach. Stanford: Stanford Business Books, 2003.

BLUMBERG, A. *School administration as a craft*: foundations of practice. Boston: Allyn and Bacon, 1989.

BLUMBERG, A. The craft of school administration and some other rambling thoughts. *Educational Administration Quarterly*, v. 20, n. 4, p. 24-40, 1984.

BOBBITT, F. Some general principles of management applied to the problems of city school systems. In: BOBBITT, F. *Twelfth yearbook of the National Society for the Study of Education*: part I: the supervision of city schools. Chicago: University of Chicago, 1913. p. 137-196.

BOJE, D. M.; WHETTEN, D. A. Effects of organizational strategies and contextual constraints on centrality and attributions of influence in interorganizational networks. *Administrative Science Quarterly*, v. 26, n. 3, p. 378-395, 1981.

BOLMAN, L. G.; DEAL, T. E. *Reframing organizations*: artistry, choice, and leadership. 3rd ed. San Francisco: Jossey-Bass, 2003.

BOLMAN, L. G.; DEAL, T. E. *Reframing organizations*: artistry, choice, and leadership. 4th ed. San Francisco: Jossey-Bass, 2008.

BOSE, C. E.; FELDBERG, R.; SOKOLOFF, N. J. *Hidden aspects of women's work*. New York: Praeger, 1987.

BOSSERT, S. T. School effects. In: BOYAN, N. J. (Ed.). *Handbook of research on educational administration*: a project of the American Educational Research Association. New York: Longman, 1988. p. 341-352.

BOSSERT, S. T.; DWYER, D. C.; ROWAN, B. et al. The instructional management role of the principal. *Educational Administration Quarterly*, v. 18, n. 3, p. 34-64, 1982.

BOWERS, D. G. *Systems of organizations*: management of the human resource. Ann Arbor: University of Michigan, 1976.

BOYAN, N. J. *A study of the formal and informal organization of a school faculty*: the identification of the systems of interactions and relationships among the staff members of a school and an analysis of the interplay between these systems. 1951. Tese (Doutorado) - Harvard University, Cambridge, 1951.

BOYD, W. L.; CROWSON, R. L. The quest for a new hierarchy in education: from loose coupling back to tight? *Journal of Educational Administration*, v. 40, n. 6, p. 521-533, 2002.

BRADIC, J. J.; WISEGRAVER, R. Ascribed status, lexical diversity, and accent: determinants of perceived status, solidarity, and control of speech style. *Journal of Language and Social Psychology*, v. 3, n. 4, p. 239-255, 1984.

BRADSHAW, C. P., ZMUDA, J. H., KELLAM, S. G. et al. Longitudinal impact of two universal preventive interventions in first grade on educational outcomes in high school. *Journal of Educational Psychology*, v. 101, n. 4, p. 926-937, 2009.

BRANSFORD, J. D.; BROWN, A. L.; COCKING, R. R. *How people learn*: brain, mind, experience, and school. Washington: National Academy, 2000.

BRAYBROOKE, D.; LINDBLOM, C. E. *The strategy of decision*: policy evaluation as a social process. New York: Free, 1963.

BREDEKAMP, S.; COPPLE, C. (Eds.). *Developmentally appropriate practice in early childhood education programs*. Washington: NAEYC, 1997.

BRIDGES, E. M. A model for shared decision making in the school principalship. *Educational Administration Quarterly*, v. 3, n. 1, p. 49-61, 1967.

BROMS, H.; GAHMBERG, H. Communication to self in organizational cultures. *Administrative Science Quarterly*, v. 28, n. 3, p. 482-495, 1983.

BROOKOVER, W. B.; SCHWEITZER, J. H.; SCHNEIDER, J. M. et al. Elementary school social climate and school achievement. *American Educational Research Journal*, v. 15, n. 2, p. 301-318, 1978.

BROPHY, J. E.; GOOD, T. L. Teacher behavior and student achievement. In: WITTROCK, M. C. (Ed.). *Handbook of research on teaching*. 3rd ed. New York: Macmillan, 1986. p. 328-375.

BROWN, A. F. Two strategies for changing climate. *CAS Bulletin*, v. 4, p. 64-80, 1965.

BROWN, A. Metacognition, executive control, self-regulation, and other more mysterious mechanisms. In: WEINERT, F. E.; KLUWE, R. (Eds.). *Metacognition, motivation, and understanding*. Hillsdale: L. Erlbaum, 1987. p. 65-116.

BROWN, D. J. *Decentralization and school-based management*. New York: Falmer, 1990.

BROWN, J. S. Toward a new epistemology for learning. In: FRASSON, C.; GAUTHIER, G. (Eds.). *Intelligent tutoring systems*: at the crossroads of artificial intelligence and education. Norwood: Ablex, 1990. p. 266-282.

BRUNER, J. S.; GOODNOW, J. J.; AUSTIN, G. A. *A study of thinking*. New York: Wiley, 1956.

BRUNING, R. H.; SCHRAW, G. J.; NORBY, M. M. *Cognitive psychology and instruction*. 5th ed. Boston: Pearson, 2011.

BRUNING, R. H.; SCHRAW, G. J.; RONNING, R. R. *Cognitive psychology and instruction*. 3rd ed. Upper Saddle River: Merrill, 1999.

BRUNSELL, E. Project-based learning: project-based learning and gulf of oil spill. *Edutopia*, 12 july 2010. Disponível em: <http://www.edutopia.org/blog/oil-spill-project-based-learning-resources>. Acesso em: 30 out. 2014.

BRYK, A. S. SCHNEIDER, B. L. *Trust in schools*: a core resource for improvement. New York: Russell Sage Foundation, 2002.

BRYK, A. S.; SEBRING, P. B.; ALLENSWORH, E. et al. *Organizing schools for improvement*: lessons from Chicago. Chicago: University of Chicago, 2010.

BRYMAN, A. Leadership in organizations. In: CLEGG, S. R.; HARDY, C.; NORD, W. R. (Eds.). *Handbook of organizational studies*. Thousand Oaks: Sage,1996.

BURBULES, N. C. *Dialogue in teaching*: theory and practice. New York: Teachers College, 1993.

BURBULES, N. C.; BRUCE, B. C. Theory and research on teaching as dialogue. In: RICHARDSON, V. (Ed.). *Handbook of research on teaching*. 4th ed. Washington: American Educational Research Association, 2000.

BURNS, J. M. *Leadership*. New York: Harper and Row, 1978.

BURNS, T.; STALKER, G. M. *The management of innovation*. London: Travistock, 1961.

CALLAHAN, R. E. *Education and the cult of efficiency*. Chicago: University of Chicago, 1962.

CAMBURN, E.; ROWAN, B.; TAYLOR, J. E. Distributed leadership in schools: the case of elementary schools adopting comprehensive school reform models. *Educational Evaluation and Policy Analysis*, v. 25, n. 4, p. 347-373, 2003.

CAMERON, K. Organizational effectiveness: its demise and re-emergence through positive organizational scholarship. In: SMITH, K.; HITT, M. A. (Eds.). *Great minds in management*: the process of theory development. New York: Oxford University, 2005. p. 394-429.

CAMERON, K. S. The effectiveness of ineffectiveness. *Research in Organizational Behavior*, v. 6, p. 235-285, 1984.

CAMERON, K. S.; QUINN, R. E. *Diagnosing and changing organizational climate*. New York: Addison-Wesley, 1999.

CAMPBELL, D. T. *Assessing the impact of planned social change*. Kalamazoo: Western Michigan University, 1976.

CAMPBELL, J. P.; DUNNETTE, M. D.; LAWLER 3RD, E. E. et al. *Managerial behavior, performance, and effectiveness*. New York: McGraw-Hill, 1970.

CAMPBELL, J. P.; PRITCHARD, R. D. Motivation theory in industrial and organizational psychology. In: DUNNETTE, M. D. (Ed.). *Handbook of industrial and organizational psychology*. Chicago: Rand McNally, 1976. p. 63-130.

CAMPBELL, R. F. NCPEA - then and now. In: NATIONAL CONFERENCE OF PROFESSORS OF EDUCATIONAL ADMINISTRATION MEETING, 1971, Salt Lake City.

CAMPBELL, R. F.; FLEMING, T.; NEWELL, L. J. et al. *A history of thought and practice in educational administration*. New York: Teachers College, 1987.

CANTRELL, S. C.; ALMASI, J. F.; CARTER, J. C. et al. The impact of a strategy-based intervention on the comprehension and strategy use of struggling adolescent readers. *Journal of Educational Psychology*, v. 102, n. 2, p. 257-280, 2010.

CAPON, N.; KUHN, D. What's so good about problem-based learning? *Cognition and Instruction*, v. 22, n. 1, p. 61-79, 2004.

450 Referências

CAREY, S.; SMITH, C. On understanding the nature of scientific knowledge. *Educational Psychologist*, v. 28, n. 3, p. 235-251, 1993.

CARLSON, R. O. *Executive succession and organizational change*: place-bound and career-bound superintendents of schools. Chicago: University of Chicago, 1962.

CARNOY, M.; LOEB, S. Does external accountability affect student outcomes? a cross-state analysis. *Educational Evaluation and Policy Analysis*, v. 24, n. 4, p. 305-331, 2003.

CARTWRIGHT, D.; ZANDER, A. F. *Group dynamics*: research and theory. Evanston: Row, Peterson, 1953.

CASCIARO, T.; PISKORSKI, M. J. Power imbalance, mutual dependence, and constraint absorption: a closer look at resource dependence theory. *Administrative Science Quarterly*, v. 50, n. 2, p. 167-199, 2005.

CASTROGIOVANNI, G. J. Environmental munificence: a theoretical assessment. *Academy of Management Review*, v. 16, n. 3, p. 542-565, 1991.

CATT, S. E.; MILLER, D. S.; HINDI, N. M. Don't misconstrue communication cues: understanding MISCUES can help reduce widespread and expensive miscommunication. *Strategic Finance*, v. 86, n. 12, p. 51-56, 2005.

CHANDLER, M. Stumping for progress in a post-modern world. In: AMSEL, E.; RENNINGER, K. A. (Eds.). *Change and development*: issues of theory, method, and application. Mahwah: L. Erlbaum, 1997. p. 1-26.

CHARAN, R. Conquering a culture of indecision. *Harvard Business Review*, v. 84, n. 1, p. 108-116, 2006.

CHARTERS JR., W. W. Stability and change in the communication structure of school faculties. *Educational Administration Quarterly*, v. 5, n. 3, p. 15-38, 1969.

CHASE, F. S. Factors for Satisfaction in Teaching. *Phi Delta Kappan*, v. 33, n. 3, p. 127-132, 1951.

CHATMAN, J. A.; JEHN, K. A. Assessing the relationship between industry characteristics and organizational culture: how different can you be? *Academy of Management Journal*, v. 37, n. 3, p. 522-553, 1994.

CHEMERS, M. M. *An integrative theory of leadership*. Mahwah: L. Erlbaum, 1997.

CHEMERS, M. M.; SKRZYPEK, G. J. Experimental test of contingency model of leadership effectiveness. *Journal of Personality and Social Psychology*, v. 24, n. 2, p. 172-177, 1972.

CHEN, Z.; MO, L. Schema induction in problem solving: a multidimensional analysis. *Journal of Experimental Psychology*: learning, memory, and cognition, v. 30, n. 3, p. 583-600, 2004.

CHERRINGTON, D. J. Need theories of motivation. In: STEERS, R. M.; PORTER, L. W. (Eds.). *Motivation and work behavior*. 5th ed. New York: McGraw-Hill, 1991. p. 31-44.

CHRISTENSEN, C. M.; HORN, M. B.; JOHNSON, C. W. *Disrupting class*: how disruptive innovation will change the way the world learns. New York: McGraw-Hill, 2008.

CHUNG, K. A. *A comparative study of principals' work behavior*. 1987. Tese (Doutorado) - University of Utah, Salt Lake City, 1987.

CHUNG, K. A.; MISKEL, C. A comparative study of principals' administrative behavior. *Journal of Educational Administration*, v. 27, p. 45-57, 1989.

CIALDINI, R. B. Harnessing the power of persuasion. *Harvard Business Review*, v. 79, p. 72-79, 2001.

CIALDINI, R. B. *The science of influence*. Hoboken: Wiley, 2005.

CIOFFI, D.; GARNER, R. On doing the decision: the effects of active versus choice on communication and self-perception. *Personality and Social Psychology Bulletin*, v. 22, p. 131-147, 1996.

CLAMPITT, P. G. *Communicating for managerial effectiveness*. 2nd ed. Thousand Oaks: Sage, 2001.

CLARK, D. L.; ASTUTO, T. A.; FOSTER, W. P. et al. Organizational studies: taxonomy and overview. In: HOY, W. K.; ASTUTO, T. A.; FORSYTH, P. B. (Eds.). *Educational administration*: the UCEA document base. New York: McGraw-Hill Primus, 1994.

CLARK, D. L.; LOTTO, L. S.; ASTUTO, T. A. Effective schools and school improvement: a comparative analysis of two lines of inquiry. *Educational Administration Quarterly*, v. 20, n. 3, p. 41-68, 1984.

CLUNE, W. H.; WITTE, J. F. (Eds.). *Choice and control in american education*: the practice of choice, decentralization and school restructuring. New York: Falmer, 1990. v. 2.

COBB, P.; BOWERS, J. Cognitive and situated learning: perspectives in theory and practice. *Educational Researcher*, v. 28, n. 2, p. 4-15, 1999.

COBURN, C. E.; TOURE, J.; YAMASHITA, M. Evidence, interpretation, and persuasion: instructional decision making at the district central office. *Teachers College Record*, v. 111, n. 4, p. 1115-1161, 2009.

COGGSHALL, J. G. Reform refractions: organizational perspectives on standards-based reform. In: HOY, W. K.; MISKEL, C. G. (Eds.). *Educational administration, policy, and reform*: research and measurement. Greenwich: Information Age, 2004.

COGNITION AND TECHNOLOGY GROUP AT VANDERBILT. Looking at technology in context: a framework for understanding technology and educational research. In: BERLINER, D. C.; CALFEE, R. C. (Eds.). *Handbook of educational psychology*. New York: Macmillan, 1996. p. 807-840.

COHEN, D. K. Standards-based reform: policy, practice, and performance. In: LADD, H. F. (Ed.). *Holding schools accountable*: performance-based reform in education. Washington: Brookings Institution, 1996. p. 99-127.

COHEN, D. K.; RAUDENBUSH, S. W.; BALL, D. L. Resources, instruction, and research. *Educational Evaluation and Policy Analysis*, v. 25, n. 2, p. 119-142, 2003.

COHEN, M. D.; SPROULL, L. (Eds.). *Organizational learning*. Thousand Oaks: Sage, 1996.

COLEMAN, J. S. Families and schools. *Educational Researcher*, v. 16, n. 6, p. 32-38, 1987.

COLEMAN, J. S. *Foundations of social theory*. Cambridge: Belknap, 1990.

COLEMAN, J. S. *The adolescent society*: the social life of the teenager and its impact on education. New York: Free, 1961.

COLEMAN, J. S.; CAMPBELL, E. Q.; HOBSON, C. J. et al. *Equality of educational opportunity*. Washington: U.S. Government Printing Office, 1966.

COLLINS, A.; BROWN, J. S.; HOLUM, A. Cognitive apprenticeship: making thinking visible. *American Educator*, v. 15, n. 3, p. 38-39, 1991.

COLLINS, A.; BROWN, J. S.; NEWMAN, S. E. Cognitive apprenticeship: teaching the crafts of reading, writing, and mathematics. In: RESNICK, L. B. (Ed.). *Knowing, learning, and instruction*: essays in honor of Robert Galser. Hillsdale: L. Erlbaum, 1989.

COLLIVER, J. A. Effectiveness of problem-based learning curricula: research and theory. *Academic Medicine*, v. 75, n. 3, p. 259-266, 2000.

COMMONS, J. R. *Legal foundations of capitalism*. New York: Macmillan, 1924.

CONANT, J. B. *Science and common sense*. New Haven: Yale University, 1951.

CONLEY, S. C. A metaphor for teaching: beyond the bureaucratic-professional dichotomy. In: BACHARACH, S. B. (Ed.). *Educational reform*: making sense of it all. Boston: Allyn and Bacon, 1990. p. 313-324.

CONLEY, S. C.; BACHARACH, S. B. From school site-management to participatory site-management. *Phi Delta Kappan*, v. 71, n. 7, p. 539-544, 1990.

CONLEY, S. C.; BOWER, S.; BACHARACH, S. B. The school work environment and teacher career satisfaction. *Educational Administration Quarterly*, v. 25, p. 58-81, 1989.

CONSTAS, H. Max Weber's two conceptions of bureaucracy. *American Journal of Sociology*, v. 63, n. 4, p. 400-409, 1958.

CONWAY, J. A. Test of linearity between teachers' participation in decision making and their perceptions of schools as organizations. *Administrative Science Quarterly*, v. 21, n. 1, p. 130-139, 1976.

CONWAY, J. A. The myth, mystery, and mastery of participative decision making in education. *Educational Administration Quarterly*, v. 20, n. 3, p. 11-40, 1984.

COOK, S. D.; YANON, D. Culture and organizational learning. In: COHEN, M. D.; SPROULL, L. (Eds.). *Organizational learning*. Thousand Oaks: Sage, 1996. p. 430-459.

CORCORAN, T.; GOERTZ, M. Instructional capacity and high performance schools. *Educational Researcher*, v. 24, n. 9, p. 27-31, 1995.

CORWIN, R. G.; BORMAN, K. M. School as workplace: structural constraints on administration. In: BOYAN, N. J. (Ed.). *Handbook of research on educational administration*: a project of the American Educational Research Association. New York: Longman, 1988. p. 209-237.

CORWIN, R. G.; HERRIOTT, R. E. Occupational disputes in mechanical and organic social systems: an empirical study of elementary and secondary schools. *American Sociological Review*, v. 53, n. 4, p. 528-543, 1988.

COSNER, S. Building organizational capacity through trust. *Educational Administration Quarterly*, v. 45, n. 2, p. 248-291, 2009.

COX, A. J. *The Cox report on the American corporation*. New York: Delacorte, 1982.

CRAIG, R. T. Communication theory as a field. *Communication Theory*, v. 9, n. 2, p. 119-161, 1999.

CRAIG, T. Achieving innovation through bureaucracy: lessons from the Japanese brewing industry. *California Management Review*, v. 38, n. 1, p. 8-36, 1995.

CRAIK, F. I. M.; LOCKHART, R. S. Levels of processing: a framework for memory research. *Journal of Verbal Learning and Verbal Behavior*, v. 11, n. 6, p. 671-684, 1972.

CREHAN, E. P. *A meta-analysis of Fiedler's contingency model of leadership effectiveness*. 1985. Tese (Doutorado) - University of British Columbia, Vancouver, 1985.

CRONE, D. A.; HORNER, R. H. *Building positive behavior support systems in schools*: functional behavioral assessment. New York: Guilford, 2003.

CUBAN, L. Cycles of history: equity versus excellence. In: BACHARACH, S. B. (Ed.) *Education reform*: making sense of it all. Boston: Allyn and Bacon, 1990. p. 135-140.

CUNNINGHAM, W. G.; GRESSO, D. W. *Cultural leadership*: the culture of excellence in education. Boston: Allyn and Bacon, 1993.

CUSELLA, L. P. Feedback, motivation, and performance. In: JABLIN, F. M.; PUTNAM, L. L.; ROBERTS, K. H. et al. (Eds.). *Handbook of organizational communication*: an interdisciplinary perspective. Newbury Park: Sage, 1987. p. 624-678.

CUSICK, P. A. A study of networks among professional staffs in secondary schools. *Educational Administration Quarterly*, v. 17, n. 3, p. 114-138, 1981.

CUSICK, P. A. Organizational culture and schools. *Educational Administration Quarterly*, v. 23, p. 3-117, 1987.

CYBULSKI, T. G.; HOY, W. K.; SWEETLAND, S. R. The roles of collective efficacy of teachers and fiscal efficiency in student achievement. *The Journal of Educational Administration*, v. 43, n. 5, p. 439-461, 2005.

CYERT, R. M.; MARCH, J. G. *A behavioral theory of the firm*. Englewood Cliffs: Prentice-Hall, 1963.

D'AUNNO, T.; SUTTON, R. I.; PRICE, R. H. Isomorphism and external support in conflicting institutional environments: a study of drug abuse treatment units. *Academy of Management Journal*, v. 34, n. 3, p. 636-661, 1991.

DAFT, R. L. *Organization theory and design*. 3rd ed. Saint Paul: West, 1989.

DAFT, R. L. *Organizational theory and design*. 4th ed. Saint Paul: West, 1994.

452 Referências

DAFT, R. L.; BETTENHAUSEN, K. R.; TYLER, B. B. Implications of top managers' communication choices for strategic decisions. In: HUBER, G. P.; GLICK, W. H. (Eds.). *Organizational change and redesign*: ideas and insights for improving performance. New York: Oxford University, 1993.

DAFT, R. L.; LENGEL, R. H. Information richness: a new approach to managerial behavior and organizational design. *Research in Organizational Behavior*, v. 6, p. 191-233, 1984.

DAFT, R. L.; LENGEL, R. H. Organizational Information Requirements, Media Richness, and Structural Design. *Management Science*, v. 32, n. 5, p. 554-571, 1986.

DAHNKE, G. L.; CLATTERBUCK, G. W. (Eds.). *Human communication*: theory and research. Belmont: Wadsworth, 1990.

DAMANPOUR, F. Organizational innovation: a meta-analysis of effects of determinants and moderators. *Academy of Management Journal*, v. 34, n. 3, p. 555-590, 1991.

DANSEREAU, D. F. Learning strategy research. In: SEGAL, J. W.; CHIPMAN, S. F.; GLASER, R. (Eds.). *Thinking and learning skills*: relating instruction to research. Hillsdale: L. Erlbaum, 1985. v. 1.

DARLING-HAMMOND, L. Valuing teachers: the making of a profession. *Teachers College Record*, v. 87, p. 205-218, 1985.

DARLING-HAMMOND, L.; WISE, A. E. Beyond standardization: state standards and school improvement. *Elementary School Journal*, v. 85, n. 3, p. 315-336, 1985.

DATNOW, A.; PARK, V.; WOHLSTETTER, P. *Achieving with data*: how high-performing schools use data to improve instruction for elementary students. Los Angeles: University of Southern California, 2007.

DAVID, J. L.; PURKEY, S.; WHITE, P. *Restructuring in progress*: lessons from pioneering districts. Washington: Center for Policy Research, National Governor's Association, 1989.

DEAL, T. E. The symbolism of effective schools. *Elementary School Journal*, v. 85, n. 5, p. 601-620, 1985.

DEAL, T. E.; KENNEDY, A. A. *Corporate cultures*: the rites and rituals of corporate life. Reading: Addison-Wesley, 1982.

DEAL, T. E.; PETERSON, K. D. *Shaping school culture*: pitfalls, paradoxes, and promises. 2nd ed. San Francisco: Jossey-Bass, 2009.

DEAL, T. E.; PETERSON, K. D. *The principal's role in shaping school culture*. Washington: Department of Education, 1990.

DECHARMS, R. *Enhancing motivation*: change in the classroom. New York: Irvington, 1976.

DECHARMS, R. Intrinsic motivation, peer tutoring, and cooperative learning: practical maxims. In: LEVINE, J. M.; WANG, M. C. (Eds.). *Teacher and student perceptions*: implications for learning. Hillsdale, NJ: L. Erlbaum, 1983. p. 391-398.

DECI, E. L.; KOESTNER, R.; RYAN, R. M. A meta-analytic review of experiments examining the effects of extrinsic rewards on intrinsic motivation. *Psychological Bulletin*, v. 125, n. 6, p. 692-700, 1999.

DECI, E. L.; RYAN, R. M. (Eds.). *Handbook of self-determination research*. Rochester: University of Rochester, 2002.

DECI, E. L.; RYAN, R. M. *Intrinsic motivation and self-determination in human behavior*. New York: Plenum, 1985.

DECI, E. L.; RYAN, R. M. The "what" and "why" of goal pursuits: human needs and the self-determination of behavior. *Psychological Inquiry*, v. 11, n. 4, p. 227-268, 2000.

DECI, E. L.; VALLERAND, R. J.; PELLETIER, L. G. et al. Motivation and education: the self-determination perspective. *Educational Psychologist*, v. 26, n. 3-4, p. 325-346, 1991.

DECORTE, E.; GREER, B.; VERSCHAFFEL, L. Mathematics learning and teaching. In: BERLINER, D. C.; CALFEE, R. C. (Eds.). *Handbook of educational psychology*. New York: Macmillan, 1996. p. 491-549.

DE DREU, C. Productive conflict: the importance of conflict management and conflict issues. In: DE DREU, C.; VAN DE VLIERT, E. (Eds.). *Using conflict in organizations*. London: Sage, 1997. p. 9-22.

DEE, J. R.; HENKIN, A. B.; DEUMER, L. Structural antecedents, and psychological correlates of teacher empowerment. *Journal of Educational Administration*, v. 41, n. 3, p. 257-277, 2003.

DEETZ, S. Conceptual foundations. In: JABLIN, F. M.; PUTNAM, L. L. (Eds.). *The new handbook of organizational communication*: advances in theory, research, and methods. Thousand Oaks: Sage, 2001. p. 3-46.

DEFLEUR, M. L.; KEARNEY, P.; PLAX, T. G. *Mastering communication in contemporary America*: theory, research, and practice. Mountain View: Mayfield, 1993.

DENISON, D. R. What is the difference between organizational culture and organizational climate? a native's point of view on a decade of paradigm wars. *Academy of Management Review*, v. 21, n. 3, p. 619-654, 1996.

DENNIS, A. R.; KINNEY, S. T.; HUNG, Y-T. C. Gender differences and the effects of media richness. *Small Group Research*, v. 30, n. 4, p. 405-437, 1999.

DERRY, S. J. Beyond symbolic processing: expanding horizons for educational psychology. *Journal of Educational Psychology*, v. 84, n. 4, p. 413-418, 1992.

DERRY, S. J.; HMELO-SILVER, C. E.; NAGARAJAN, A. et al. Cognitive transfer revisited: can we exploit new media to solve old problems on a large scale? *Journal of Educational Computing Research*, v. 35, n. 2, p. 145-162, 2006.

DEWEY, J. *How we think*: a restatement of the relation of reflective thinking to the educative process. Boston: Heath, 1933.

DIEBERT, J. P.; HOY, W. K. "Custodial" high schools and self-actualization of students. *Educational Research Quarterly*, v. 2, n. 2, p. 24-31, 1977.

DILLON, S. Overriding a key education law: waivers offered to sidestep a 100 percent proficiency rule. *New York Times*, 8 aug. 2011, p. A12.

DIMAGGIO, P. J. Interest and agency in institutional theory. In: ZUCKER, L. G. (Ed.). *Institutional patterns and organizations*: culture and environment. Cambridge: Ballinger, 1988. p. 3-21.

DIMAGGIO, P. J.; POWELL, W. W. The iron cage revisited: institutional isomorphism and collective rationality in organizational fields. *American Sociological Review*, v. 48, n. 2, p. 147-160, 1983.

DIMAGGIO, P. J.; POWELL, W. W. The iron cage revisited: institutional isomorphism and collective rationality. In: POWELL, W. W.; DIMAGGIO, P. J. (Eds.). *The new institutionalism in organizational analysis*. Chicago: University of Chicago, 1991. p. 41-62.

DIONNE, S. D.; YAMMARINO, F. J.; HOWELL, J. P. et al. Substitutes for leadership, or not. *Leadership Quarterly*, v. 16, n. 1, p. 169-193, 2005.

DIPAOLA, M. F.; HOY W. K. Formalization, conflict, and change: constructive and destructive consequences in schools. *International Journal of Educational Management*, v. 15, n. 5, p. 238-244, 2001.

DIPAOLA, M. F.; HOY, W. K. Organizational citizenship of faculty and achievement of the high school students. *The High School Journal*, v. 88, n. 3, p. 35-44, 2005a.

DIPAOLA, M. F.; HOY, W. K. Organizational properties that foster organizational citizenship. *Journal of School Leadership*, v. 15, p. 391-410, 2005b.

DIPAOLA, M. F.; HOY, W. K. Teacher militancy: a professional check on bureaucracy. *Journal of Research and Development in Education*, v. 27, n. 2, p. 83-88, 1994.

DIPAOLA, M. F.; TARTER, C. J.; HOY, W. K. Measuring organizational citizenship: the OCB scale. In: HOY, W. K.; MISKEL, C. G. (Eds.). *Educational leadership and reform*. Greenwich: Information Age, 2005. p. 319-342.

DIPAOLA, M. F.; TSCHANNEN-MORAN, M. Bridging or buffering? the impact of schools' adaptive strategies on student achievement. *Journal of Educational Administration*, v. 43, n. 1, p. 60-71, 2005.

DIPAOLA, M. F.; TSCHANNEN-MORAN, M. Organizational citizenship behavior in schools and its relationship to school climate. *Journal of School Leadership*, v. 11, n. 5, p. 424-447, 2001.

DRISCOLL, J. W. Trust and participation in decision making as predictors of satisfaction. *Academy of Management Journal*, v. 21, n. 1, p. 44-56, 1978.

DRUCKER, P. F. *The age of discontinuity*: guidelines to our changing society. New York: Harper and Row, 1968.

DRUCKER, P. F. *The effective executive*. New York: Harper and Row, 1966.

DUCHASTEL, P. Learning objectives and the organization of prose. *Journal of Educational Psychology*, v. 71, n. 1, p. 100-106, 1979.

DUIGNAN, P. Administrative behavior of school superintendents: a descriptive study. *Journal of Educational Administration*, v. 18, n. 1, p. 5-26, 1980.

DUKE, D. L.; SHOWERS, B. K.; IMBER, M. Teachers and shared decision making: the costs and benefits of involvement. *Educational Administration Quarterly*, v. 16, n. 1, p. 93-106, 1980.

DVIR, T.; EDEN, D.; AVOLIO, B. J. et al. Impact of transformational leadership on follower development and performance: a field experiment. *Academy of Management Journal*, v. 45, n. 4, p. 735-744, 2002.

DWECK, C. S. *Mindset*: the new psychology of success. New York: Random House, 2006.

DWECK, C. S. *Self-theories*: their role in motivation, personality, and development. Philadelphia: Psychology, 1999.

DWECK, C. S.; BEMPECHAT, J. Children's theories on intelligence: consequences for learning. In: PARIS, S. G.; OLSON, G. M.; STEVENSON, H. W. (Eds.). Learning and motivation in the classroom. Hillsdale: L. Erlbaum, 1983. p. 239-256.

DYER, W. G. The cycle of cultural evolution in organization. In: KILMANN, R. H.; SAXTON, M. J.; SERPA, R. (Eds.). *Gaining control of the corporate culture*. San Francisco: Jossey-Bass, 1985. p. 200-230.

EBBINGHAUS, H. *Memory*: a contribution to experimental psychology. New York: Dover, 1964.

EINSTEIN, A.; INFELD, L. *The evolution of physics*: from early concepts to relativity and quanta. New York: Simon and Schuster, 1938.

ELLIOT, A. J.; DWECK, C. S. (Eds.). *Handbook of competence and motivation*. New York: Guilford, 2005.

ELMES, M. B.; COSTELLO, M. Mystification and social drama: the hidden side of communication skills training. *Human Relations*, v. 45, p. 5, p. 427-445, 1992.

ELMORE, R. F. *Building a new structure for school leadership*. Washington: Albert Shanker Institute, 2000. Disponível em: <http://www.shankerinstitute.org/Downloads/building.pdf>. Acesso em 20 nov. 2014.

ELMORE, R. F. *Early experiences in restructuring schools*: voices from the field. Washington: National Governor's Association, 1988.

ELMORE, R. F. Unwarranted intrusion. *Education Next*, v. 2, n. 1, p. 31-35, 2002.

ELSBACH, K. D.; SUTTON, R. I. Acquiring organizational legitimacy through illegitimate actions: a marriage of institutional and impression management theories. *Academy of Management Journal*, v. 35, n. 4, p. 699-738, 1992.

EMBRY, D. D. The good behavior game: a best practice candidate as a universal behavior vaccine. *Clinical Child and Family Psychology Review*, v. 5, n. 4, p. 273-297, 2002.

EMMER, E. T.; EVERTSON, C. M. *Classroom management for middle and high school teachers*. 8th ed. Boston: Allyn and Bacon, 2009.

EMMER, E. T.; EVERTSON, C. M.; ANDERSON, L. M. Effective classroom management at the begin-

454 Referências

ning of the school year. *Elementary School Journal*, v. 80, n. 5, p. 219-231, 1980.

ENOCH, Y. Change of values during socialization for a profession: an application of the marginal man theory. *Human Relations*, v. 42, n. 3, p. 219-239, 1989.

ERDELYI, M. H. The ups and downs of memory. *American Psychologist*, v. 65, n. 7, p. 623-633, 2010.

EREZ, M.; ZIDON, I. Effects of goal acceptance on the relationship of goal difficulty to performance. *Journal of Applied Psychology*, v. 69, n. 1, p. 69-78, 1984.

ETZIONI, A. *A comparative analysis of complex organizations*: on power, involvement, and their correlates. New York: Free, 1975.

ETZIONI, A. Humble decision making. *Harvard Business Review*, v. 67, p. 122-126, 1989.

ETZIONI, A. Mixed scanning: a 'third' approach to decision making. *Public Administration Review*, v. 27, n. 5, p. 385-392, 1967.

ETZIONI, A. Mixed scanning revisited. *Public Administration Review*, v. 46, n. 1, p. 8-14, 1986.

ETZIONI, A. *Modern organizations*. Englewood Cliffs: Prentice-Hall, 1964.

ETZIONI, A. Two approaches to organizational analysis: a critique and a suggestion. *Administrative Science Quarterly*, v. 5, n. 2, p. 257-278, 1960.

EVENSEN, D. H.; SALISBURY-GLENNON, J. D.; GLENN, J. A qualitative study of six medical students in a problem-based curriculum: toward a situated model of self-regulation. *Journal of Educational Psychology*, v. 93, n. 4, p. 659-676, 2001.

EVERTSON, C. M.; EMMER, E. T. Effective classroom management at the beginning of the school year in junior high classes. *Journal of Educational Psychology*, v. 74, n. 4, p. 485-498, 1982.

FAHY, P. F.; WU, H. C.; HOY, W. K. Individual academic optimism of teachers: a new concept and its measure. In: HOY, W. K.; DIPAOLA, M. F. (Eds.). *Analyzing school contexts*: influences of principals and teachers in the service of students. Charlotte: Information Age, 2010. p. 209-227.

FARLING, M. L.; STONE, A. G.; WINSTON, B. E. Servant leadership: setting the stage for empirical research. *Journal of Leadership and Organizational Studies*, v. 6, n. 1-2, p. 49-72, 1999.

FARNAHAM-DIGGORY, S. Paradigms of knowledge and instruction. *Review of Educational Research*, v. 64, n. 3, p. 463-477, 1994.

FAUSKE, J. R.; JOHNSON JR, B. L. Principals respond to the school environment with fluidity, alignment, vigilance, and fear. In: HOY, W. K.; MISKEL, C. G. (Eds.). *Theory and research in educational administration*. Greenwich: Information Age, 2002. p. 91-119.

FERGUSON, K. E. *The feminist case against bureaucracy*. Philadelphia: Temple University, 1984.

FERGUSON, K. J. *The organizational climate of elementary schools and dimensions of school mindfulness*: a study of social processes. 2006. Tese (Doutorado) - University of Texas, San Antonio, 2006.

FEYNMAN, R. P. *"Surely you're joking, Mr. Feynman!"*: adventures of a curious character. New York: Norton, 1985.

FIEDLER, F. E. *A theory of leadership effectiveness*. New York: McGraw-Hill, 1967.

FIEDLER, F. E.; CHEMERS, M. M.; MAHAR, L. *Improving leadership effectiveness*: the leader match concept. New York: Wiley, 1976.

FIEDLER, F. E.; GARCIA, J. E. *New approaches to effective leadership*: cognitive resources and organizational performance. New York: Wiley, 1987.

FINKELSTEIN, R. *The effects of organizational health and pupil control ideology on the achievement and alienation of high school students*. 1998. Tese (Doutorado) - St. John's University, New York, 1998.

FINN, J. D.; ACHILLES, C. M. Tennessee's class size study: findings, implications, and misconceptions. *Educational Evaluation and Policy Analysis*, v. 21, n. 2, p. 97-109, 1999.

FINN JR, C. E. Foreword. In: THE BROAD FOUNDATION. *Better leaders for America's schools*: a manifesto. Washington: Thomas B. Fordham Institute, 2003b. Disponível em: <http://www.broadeducation.org/asset/1128-betterleadersforamericasschools.pdf>. Acesso em: 20 nov. 2014.

FINN JR, C. E. Reforming education: the hard part lies ahead. *Education Gadfly*, v. 3, n. 1, 2003a.

FIRESTONE, W. A.; HERRIOTT, R. E. Images of organization and the promotion of change. *Research in the Sociology of Education and Socialization*, v. 2, p. 221-260, 1981. [3]

FIRESTONE, W. A.; HERRIOTT, R. E. Two images of schools as organizations: an explication and illustrative empirical test. *Educational Administration Quarterly*, v. 18, n. 2, p. 39-59, 1982.

FIRESTONE, W. A.; LOUIS, K. L. Schools as cultures. In: MURPHY, J.; LOUIS, K. S. (Eds.). *Handbook of research on educational administration*: a project of the American Educational Research Association. 2nd ed. San Francisco: Jossey-Bass, 1999. p. 297-322.

FIRESTONE, W. A.; WILSON, B. L. Using bureaucratic and cultural linkages to improve instruction: the principal's contribution. *Educational Administration Quarterly*, v. 21, n. 2, p. 7-30. 1985.

FISKE, S. T. Interpersonal stratification status: status, power, and subordination. In: FISKE, S. T.; LINDZEY, G.; GILBERT, D. T. (Eds.). *Handbook of social psychology*. 5th ed. Hoboken: Wiley, 2010. p. 941-982.

FISKE, S. T.; CUDDY, A. J. C.; GLICK, P. Universal dimensions of social cognition: warmth and competence. *Trends in Cognitive Science*, v. 11, n. 2, p. 77-83, 2007.

FLANAGIN, A. J.; WALDECK, J. H. Technology use and organizational newcomer socialization. *International Journal of Business Communication*, v. 41, n. 2, p. 137-165, 2004.

FLYVBJERG, B. *Personality and power*: democracy in practice. Chicago: University of Chicago, 1998.

FOLGER, R. The road to fairness and beyond. In: SMITH, K.; HITT, M. A. (Eds.). *Great minds in management*: the process of theory development. New York: Oxford University, 2005. p. 55-83.

FOLLETT, M. P. *Creative experience*. London: Longman and Green, 1924.

FORD, M. E. *Motivating humans*: goals, emotions, and personal agency beliefs. Newbury Park: Sage, 1992.

FORSYTH, P. B.; ADAMS, C. M.; HOY, W. K. *Collective trust*: why schools can't improve without it. New York: Teachers College, 2011.

FORSYTH, P. B.; HOY, W. K. Isolation and alienation in educational organizations. *Educational Administration Quarterly*, v. 14, n. 1, p. 80-96, 1978.

FOX, E.; RICONSCENTE, M. Metacognition and self-regulation in James, Piaget, and Vygotsky. *Educational Psychology Review*, v. 20, n. 4, p. 373-389, 2008.

FREDERICK, D.; LIBBY, R. Expertise and auditors' judgment of conjunctive events. *Journal of Accounting Research*, v. 24, n. 2, p. 270-290, 1986.

FRENCH, J. R. P.; RAVEN, B. H. Bases of social power. In: CARTWRIGHT, D.; ZANDER, A. F. (Eds.). *Group dynamics*: research and theory. New York: Harper and Row, 1968. p. 259-270.

FRIEBEL, G.; RAITH, M. Abuse of authority and hierarchical communication. *RAND Journal of Economics*, v. 35, n. 2, 224-244, 2004.

FRIED, Y.; SLOWIK, L. H. Enriching goal-setting theory with time: an integrated approach. *Academy of Management Review*, v. 29, n. 3, p. 404-422, 2004.

FRIEDMAN, R. A.; PODOLNY, J. Differentiation of boundary spanning roles: labor negotiations and implications for role conflict. *Administrative Science Quarterly*, v. 37, n. 1, p. 28-47, 1992.

FRIESEN, D.; DUIGNAN, P. How superintendents spend their working time. *Canadian Administrator*, v. 19, n. 5, p. 1-5, 1980.

FROMM, E. *Escape from freedom*. New York: Henry Holt, 1969.

FROMM, E. *Man for himself*. New York: Farrar and Rinehart, 1948.

FROOMAN, J. Stakeholder influence strategies. *Academy of Management Review*, v. 24, n. 2, p. 191-205, 1999.

FUHRMAN, S. H. *The new accountability*. Philadelphia: University of Pennsylvania, 1999. (CPRE policy brief, RB-27).

FUHRMAN, S. H.; ELMORE, R. F.; MASSELL, D. School reform in the united states: putting it into context. In: JACOBSON, S. L.; BERNE, R. (Eds.). *Reforming education*: the emerging systemic approach. Thousand Oaks: Corwin, 1993. p. 3-27.

FULK, J.; BOYD, B. Emerging theories of communication in organizations. *Journal of Management*, v. 17, n. 2, p. 407-446, 1991.

GAGE 3RD, C. Q. *The meaning and measure of school mindfulness*: an exploratory analysis. 2004. Tese (Doutorado) - The Ohio State University, Columbus, 2004.

GAGNÉ, E. D.; YEKOVICH, C. W.; YEKOVICH, F. R. *The cognitive psychology of school learning*. 2nd ed. New York: Harper Collins, 1993.

GAGNÉ, R. M. *The conditions of learning and theory of instruction*. 4th ed. New York: Holt, Rinehart and Winston, 1985.

GALBRAITH, J.; CUMMINGS, L. L. An empirical investigation of the motivational determinants of task performance: interactive effects between instrumentality-valence and motivation-ability. *Organization Behavior and Human Performance*, v. 2, n. 3, p. 237-257, 1967.

GANZ, H. J.; HOY, W. K. Patterns of succession of elementary principals and organizational change. *Planning and Changing*, v. 8, n. 2-3, p. 185-190, 1977.

GARRISON, J. Deweyan pragmatism and the epistemology of contemporary social constructivism. *American Educational Research Journal*, v. 32, n. 4, p. 716-740, 1995.

GAZIEL, H. Teacher empowerment reform and teacher perceived effectiveness: contradictory or complimentary? a theoretical framework and some empirical evidence. *Education and Society*, v. 20, n. 1, p. 79-89, 2002.

GEARY, D. C. Sexual selection and sex differences in spatial cognition. *Learning and Individual Differences*, v. 7, n. 4, p. 289-301, 1995.

GEIJSEL, F.; SLEEGERS, P.; LEITHWOOD, K. et al. Transformational leadership effects on teachers' commitment and effort toward school reform. *Journal of Educational Administration*, v. 41, n. 3, p. 228-256, 2003.

GEIST, J. R.; HOY, W. K. *Cultivating a culture of trust*: enabling school structure, teacher professionalism, and academic press. [S.l.: s.n.], 2003.

GEIST, J.; HOY, W. K. Cultivating a culture of trust: enabling school structure, professionalism, and academic press. *Leading and Managing*, v. 10, p. 1-18, 2004.

GERGEN, K. J. Constructing constructivism: pedagogical potentials. *Issues in Education*, v. 3, p. 195-202, 1997.

GERTH, H. H.; MILLS, C. W. (Eds.). *From Max Weber*: essays in sociology. New York: Oxford University, 1946.

GETZELS, J. W.; GUBA, E. G. Social behavior and the administrative process. *The School Review*, v. 65, n. 4, p. 423-441, 1957.

GETZELS, J. W.; LIPHAM, J. M.; CAMPBELL, R. F. *Educational administration as a social process*: theory, research, and practice. New York: Harper and Row, 1968.

GIBSON, J. L.; IVANCEVICH, J. M.; DONNELLY, J. H. *Organizations*: behavior, structure, and processes. Dallas: Business, 1976.

GIBSON, S.; DEMBO, M. H. Teacher efficacy: a construct validation. *Journal of Educational Psychology*, v. 76, n. 4, p. 569-582, 1984.

GIGERENZER, G. *Adaptive thinking*: rationality in the real world. New York: Oxford University, 2000.

456 Referências

GIGERENZER, G. *Calculated risks*: how to know when numbers deceive you. New York: Simon and Schuster, 2002.

GIGERENZER, G. Fast and frugal heuristics: the tools of bounded rationality. In: KOEHLER, D. J.; HARVEY, N. (Eds.). *Blackwell handbook of judgment and decision making*. Oxford: Blackwell, 2004. p. 62-88.

GIGERENZER, G. *Gut feelings*: the intelligence of the unconscious. New York: Viking, 2007.

GIGERENZER, G. Striking a blow for sanity in theories of rationality. In: AUGIER, M.; MARCH, J. G. (Eds.). *Models of a man*: essays in honor of Herbert A. Simon. Cambridge: MIT, 2004. p. 389-410.

GIGERENZER, G.; TODD, P. M. *Simple heuristics that make us smart*. New York: Oxford University, 1999.

GILLIGAN, C. *In a different voice*: psychological theory and women's development. Cambridge: Harvard University, 1982.

GILMER, B. H. *Industrial psychology*. 2nd ed. New York: McGraw-Hill, 1966.

GILOVICH, T. *How we know what isn't so*: the fallibility of human reason in everyday life. New York: Free, 1991.

GIST, M. E. Self-efficacy: implications for organizational behavior and human resource management. *Academy of Management Review*, v. 12, n. 3, p. 472-485, 1987.

GIST, M. E.; MITCHELL, T. R. Self-efficacy: a theoretical analysis of its determinants and malleability. *Academy of Management Review*, v. 17, n. 2, p. 183-211, 1992.

GLADWELL, M. *Blink*: the power of thinking without thinking. New York: Little, Brown and Company, 2005.

GLADWELL, M. The talent myth: are smart people overrated? *New Yorker*, 22 july 2002, p. 28-33. Disponível em: <http://www.newyorker.com/magazine/2002/07/22/the-talent-myth>. Acesso em: 21 nov. 2014.

GLASS, G. V. *Fertilizers, pills, and magnetic strips*: the fate of public education in america. Charlotte: Information Age, 2008.

GODDARD, R. D. A theoretical and empirical analysis of the measurement of collective efficacy: the development of a short form. *Educational and Psychological Measurement*, v. 62, n. 1, p. 97-110, 2002a.

GODDARD, R. D. Collective efficacy and school organization: a multilevel analysis of teacher influence in schools. In: HOY, W. K.; MISKEL, C. G. (Eds.). *Theory and research in educational administration*. Greenwich: Information Age, 2002b. p. 169-184.

GODDARD, R. D. Collective efficacy: a neglected construct in the study of schools and students achievement. *Journal of Educational Psychology*, v. 93, n. 3, p. 467-476, 2001.

GODDARD, R. D.; HOY, W. K.; LOGERFO, L. Collective efficacy and student achievement in public high school: a path analysis. In: ANNUAL MEETING OF THE AMERICAN EDUCATIONAL RESEARCH ASSOCIATION, 2003, Chicago.

GODDARD, R. D.; HOY, W. K.; WOOLFOLK HOY, A. Collective efficacy beliefs: theoretical developments, empirical evidence, and future directions. *Educational Researcher*, v. 33, n. 3, p. 3-13, 2004.

GODDARD, R. D.; HOY, W. K.; WOOLFOLK HOY, A. Collective teacher efficacy: its meaning, measure, and impact on student achievement. *American Educational Research Journal*, v. 37, n. 2, p. 479-507, 2000.

GODDARD, R. D.; SWEETLAND, S. R.; HOY, W. K. Academic emphasis and student achievement in urban elementary schools. In: ANNUAL MEETING OF THE AMERICAN EDUCATIONAL ASSOCIATION, 2000a, New Orleans.

GODDARD, R. D.; SWEETLAND S. R.; HOY, W. K. Academic emphasis of urban elementary schools and student achievement in reading and mathematics: a multilevel analysis. *Educational Administration Quarterly*, v. 36, n. 5, p. 683-702, 2000b.

GODDARD, R. D.; TSCHANNEN-MORAN, M.; HOY, W. K. A multilevel examination of the distribution and effects of teacher trust in students and parents in urban elementary schools. *Elementary School Journal*, v. 102, n. 1, p. 3-17, 2001.

GODDARD, R. G.; LOGERFO, L.; HOY, W. K. High school accountability: the role of perceived collective efficacy. *Educational Policy*, v. 18, n. 3, p. 403-425, 2004.

GODDEN, D. R.; BADDELEY, A. D. Context-dependent memory in two natural environments: on land and underwater. *British Journal of Psychology*, v. 66, n. 3, p. 325-331, 1975.

GOERTZ, M. E.; DUFFY, M. C. *Assessment and accountability across the 50 states*. Philadelphia: University of Pennsylvania, 2001. (CPRE policy brief, RB-33).

GOES, J. B.; PARK, S. H. Interorganizational links and innovation: the case of hospital services. *Academy of Management Journal*, v. 40, n. 3, p. p. 673-696, 1997.

GOLDBERG, M. A. On the efficiency of being efficient. *Environment and Planning*, v. 7, p. 921-939, 1975.

GOLDRING, E. B.; CHEN, M. Preparing empowered teachers for leadership. *Planning and Changing*, v. 23, n. 1, p. 3-14, 1992.

GONZALES, I. *Aspects of school climate and dimensions of student bullying*: a study of elementary schools. 2006. Tese (Doutorado) - University of Texas, San Antonio, 2006.

GOOD, T. L. Classroom research: a decade of progress. *Educational Psychologist*, v. 18, n. 3, p. 127-144, 1983.

GOOD, T. L. Teaching effects and teacher evaluation. In: SIKULA, J. (Ed.). *Handbook of research on teacher education*: a project of the Association of Teacher Educators. New York: Macmillan, 1996. p. 617-665.

GOOD, T. L.; BROPHY, J. E. School effects. In: WITTROCK, M. C. (Ed.). *Handbook of research on teaching*. 3rd ed. New York: Macmillan, 1986. p. 570-602.

GOOD, T. L.; GROUWS, D.; EBMEIER, H. *Active mathematics teaching*. New York: Longman, 1983.

GORDON, C. W. *The social system of the high school*: a study in the sociology of adolescence. Glencoe: Free, 1957.

GOULDNER, A. W. Cosmopolitans and locals: toward an analysis of latent social roles-II. *Administrative Science Quarterly*, v. 2, n. 4, p. 444-480, 1958.

GOULDNER, A. W. Organizational analysis. In: MERTON, R. K.; BROOM, L.; COTTRELL JR.; L. S. (Eds.). *Sociology today*: problems and prospects. New York: Basic Books, 1959. p. 400-428.

GOULDNER, A. W. *Patterns of industrial bureaucracy*. New York: Free, 1954.

GOULDNER, A. W. *Studies in leadership*: leadership and democratic action. New York: Harper, 1950.

GRAEN, G. Instrumentality theory of work motivation: some experimental results and suggested modifications. *Journal of Applied Psychology*, v. 53, n. 2, parte 2, p. 1-25, 1969.

GRAHAM, L. L. *Expectancy theory as a predictor of college student grade point average, satisfaction, and participation*. 1980. Tese (Doutorado) - University of Kansas, Lawrence, 1980.

GRAHAM, S. A review of attribution theory in achievement contexts. *Educational Psychology Review*, v. 3, n. 1, p. 5-39, 1991.

GRAHAM, S.; WEINER, B. Theories and principles of motivation. In: BERLINER, D. C.; CALFEE, R. C. (Eds.). *Handbook of educational psychology*. New York: Macmillan, 1996. p. 63-84.

GRANDORI, A. A prescriptive contingency view of organizational decision making. *Administrative Science Quarterly*, v. 29, n. 2, p. 192-209, 1984.

GRAY, P. *Psychology*. 6th ed. New York: Worth, 2011.

GREENBERG, J. A taxonomy of organizational justice theories. *Academy of Management Review*, v. 12, n. 1, p. 9-22, 1987.

GREENBERG, J. Promote procedural justice to enhance acceptance of work outcomes. In: LOCKE, E. A. (Ed.). *The blackwell handbook of principles of organizational behavior*. Malden: Blackwell Business, 2000. p. 181-195.

GREENBERG, J. Stealing in the name of justice: informational and interpersonal moderators of theft reactions to underpayment inequity. *Organizational Behavior and Human Decision Processes*, v. 54, n. 1, p. 81-103, 1993b.

GREENBERG, J. The social side of fairness: interpersonal and informational classes of organizational justice. In: CROPANZANO, R. (Ed.). *Justice in the workplace*. Hillsdale: L. Erlbaum, 1993a. p. 79-103.

GREENBERG, J.; BARON, R. A. *Behavior in organizations*. 6th ed. Englewood Cliffs: Prentice Hall, 1997.

GREENBERG, J.; COLQUITT, J. A. *Handbook of organizational justice*. Mahwah: L. Erlbaum, 2005.

GREENBERG, J.; LIND, E. A. The pursuit of organizational justice: from conceptualization to implication to application. In: COOPER, C. L.; LOCKE, W. E. (Eds.). *Industrial and organizational psychology*: linking theory with practice. Malden: Blackwell, 2000. p. 72-105.

GREENBERG, J.; SCOTT, K. S. Why do workers bite the hands that feed them? employee theft as a social exchange process. In: STAW, B. M.; CUMMINGS, L. L. (Eds.). *Research in organizational behavior*: an annual series of analytical essays and critical reviews. Greenwich: JAI, 1995. v. 18.

GREENE, C. N.; PODSAKOFF, P. M. Effects of withdrawal of a performance - contingent reward of supervisory influence and power. *Academy of Management Journal*, v. 24, n. 3, p. 527-542, 1981.

GREENLEAF, R. K. *Servant leadership*: a journey into the nature of legitimate power and greatness. New York: Paulist, 1977.

GREENO, J. G.; COLLINS, A. M.; RESNICK, L. B. Cognition and learning. In: BERLINER, D. C.; CALFEE, R. C. (Eds.). *Handbook of educational psychology*. New York: Macmillan, 1996. p. 15-46.

GREENWALD, R.; HEDGES, L. V.; LAINE, R. D. The effect of school resources on student achievement. *Review of Educational Research*, v. 66, n. 3, p. 361-396, 1996.

GRIFFITHS, D. E. Administrative theory. In: BOYAN, N. J. (Ed.). *Handbook of research on educational administration*: a project of the American Educational Research Association. New York: Longman, 1988. p. 27-51.

GRIFFITHS, D. E. *Administrative theory*. New York: Appleton-Century-Crofts, 1959.

GRIFFITHS, D. E.; GOLDMAN, S.; MCFARLAND, W. J. Teacher mobility in New York city. *Educational Administration Quarterly*, v. 1, p. 15-31, 1965.

GRONN, P. C. Talk as the work: the accomplishment of school administration. *Administrative Science Quarterly*, v. 28, n. 1, p. 1-21, 1983.

GRONN, P. Distributed leadership as a unit of analysis. *Leadership Quarterly*, v. 13, n. 4, p. 423-451, 2002.

GRONN, P. Leadership: who needs it? *School Leadership and Management*, v. 23, n. 3, p. 267-291, 2003.

GRONN, P. Substituting for leadership: the neglected role of the leadership couple. *Leadership Quarterly*, v. 10, n. 1, p. 41-62, 1999.

GRONN, P.; HAMILTON, A. 'A bit more life in the leadership': co-principalship as distributed leadership practice. *Leadership and Policy in Schools*, v. 3, n. 1, p. 3–35, 2004.

GROSS, E.; ETZIONI, A. *Organizations in society*. Englewood Cliffs: Prentice-Hall, 1985.

GRUBB, N. W. Multiple resources, multiple outcomes: testing the "improved" school finance with NELS 88. *American Educational Research Journal*, v. 45, n. 1, p. 104-144, 2006.

GRUBB, N. W. *The money myth*: school resources, outcomes, and equity. New York: Russell Sage Foundation, 2009.

GUEST, R. H. *Organizational change*: the effect of successful leadership. Homewood: Dorsey, 1960.

GUIDETTE, M. R. M. *The relationship between bureaucracy and staff sense of powerlessness in secondary schools*. 1982. Tese (Doutorado) - Rutgers University, New Brunswick, 1982.

458 Referências

GULICK, L. H. Notes on the theory of organization. In: GULICK, L. H.; URWICK, L. F. (Eds.). *Papers on the science of administration*. New York: Institute of Public Administration, 1937. p. 3-45.

GUO, C.; ACAR, M. Understanding collaboration among nonprofit organizations: combining resource dependency, institutional, and network perspectives. *Nonprofit and Voluntary Sector Quarterly*, v. 34, n. 3, p. 340-361, 2005.

GUSKEY, T. R. Context variables that affect measures of teacher efficacy. *Journal of Educational Research*, v. 81, n. 1, p. 41-47, 1987.

GUSKEY, T. R.; PASSARO, P. D. Teacher efficacy: a study of construct dimensions. *American Educational Research Journal*, v. 31, n. 3, p. 627-643, 1994.

HAGE, J. *Theories of organizations*: form, process, and transformation. New York: Wiley, 1980.

HALL, R. H. *Organizations*: structures, processes, and outcomes. 4th ed. Englewood Cliffs: Prentice-Hall, 1987.

HALL, R. H. *Organizations*: structures, processes, and outcomes. 5th ed. Englewood Cliffs: Prentice-Hall, 1991.

HALL, R. H. *Organizations*: structures, processes, and outcomes. 8th ed. Upper Saddle River: Prentice-Hall, 2002.

HALL, R. H. The concept of bureaucracy: an empirical assessment. *American Journal of Sociology*, v. 69, n. 1, p. 32-40, 1963.

HALLINGER, P. A review of three decades of doctoral studies using the principal instructional rating scale: a lens on methodological progress in educational leadership. *Educational Administration Quarterly*, v. 47, n. 2, p. 271-306, 2011.

HALLINGER, P. Instructional leadership and the school principal: a passing fancy that refused to fade away. *Leadership and Policy in Schools*, v. 4, n. 3, p. 221-239, 2005.

HALLINGER, P. Leading educational change: reflections on the practice of instructional and transformational leadership. *Cambridge Journal of Education*, v. 33, n. 3, p. 329-351, 2003.

HALLINGER, P.; HECK, R. H. Exploring the principal's contribution to school effectiveness, 1980-1995. *School Effectiveness and School Improvement*, v. 9, n. 2, p. 157-191, 1998.

HALLINGER, P.; HECK, R. H. Reassessing the principal's role in effectiveness: a review of empirical research, 1980-1995. *Educational Administration Quarterly*, v. 32, n. 1, p. 5-44, 1996.

HALLINGER, P.; MURPHY, J. Assessing the instructional management behavior of principals. *Elementary School Journal*, v. 86, n. 2, p. 217-247, 1985.

HALPIN, A. W. *Theory and research in administration*. New York: Macmillan, 1966.

HALPIN, A. W.; CROFT, D. B. *The organization climate of schools*. [S.l.]: U.S. Office of Education, 1962. Projeto de pesquisa. (Contract #SAE 543–8639).

HALPIN, A. W.; CROFT, D. B. *The organizational climate of schools*. Chicago: University of Chicago, 1963.

HALPIN, A. W.; WINER, B. J. *The leadership behavior of the airplane commander*. Washington: Department of the Air Force, 1952.

HAMMOND, J. S.; KEENEY, R. L.; RAIFFA, H. The hidden traps in decision making. *Harvard Business Review*, v. 84, n. 1, p. 118-126, 2006.

HAMMOND, J. S.; KEENEY, R. L.; RAIFFA, R. *Smart choices*: a practical guide to making better decisions. Boston: Harvard Business School, 1998.

HANSON, E. M. *Educational administration and organizational behavior*. 5th ed. Boston: Allyn and Bacon, 2003.

HANSON, M. Institutional theory and educational change. *Educational Administration Quarterly*, v. 37, n. 5, p. 637-661, 2001.

HANUSHEK, E. A. Assessing the effects of school resources on student performance: an update. *Educational Evaluation and Policy Analysis*, v. 19, n. 2, p. 141-164, 1997.

HANUSHEK, E. A. The economics of school quality. *German Economic Review*, v. 6, n. 3, p. 269-286, 2005.

HANUSHEK, E. A. The failure of input-based schooling policies. *Economic Journal*, v. 113, n. 845, p. F64-F98, 2003.

HANUSHEK, E. A. The impact of differential expenditures on school performance. *Educational Researcher*, v. 18, n. 4, p. 45-62, 1989.

HANUSHEK, E. A. Throwing money at schools. *Journal of Policy Analysis and Management*, v. 1, n. 1, p. 19-41, 1981.

HANUSHEK, E. A.; RAYMOND, M. E. Sorting out accountability systems. In: EVERS, W. M.; WALBERG, H. J. (Eds.). *School accountability*. Stanford: Hoover, 2002. p. 75-104.

HARDER, J. W. Play for pay: effects of inequity in pay-for-performance context. *Administrative Science Quarterly*, v. 37, n. 2, p. 321-335, 1992.

HARDY, C.; LEIBA-O'SULLIVAN, S. The power behind empowerment: implications for research and practice. *Human Relations*, v. 51, n. 4, p. 451-483, 1998.

HARRIS, K. R.; ALEXANDER, P.; GRAHAM, S. Michael Pressley's contributions to the history and future of strategies research. *Educational Psychologist*, v. 43, p. 86-96, 2008.

HARRIS, T. E. *Applied organizational communication*: perspectives, principles, and pragmatics. Hillsdale: L. Erlbaum, 1993.

HARTLEY, M. C.; HOY, W. K. "Openness" of school climate and alienation of high school students. *California Journal of Educational Research*, v. 23, n. 1, p. 17-24, 1972.

HATTIE, J. *Visible learning*: a synthesis of over 800 meta-analyses relating to achievement. New York: Routledge, 2009.

HAYMOND, J. E. *Bureaucracy, climate, and loyalty*: an Aston study in education. 1982. Tese (Doutorado) - Rutgers University, New Brunswick, 1982.

HAYNES, P. A. Towards a concept of monitoring. *Town Planning Review*, v. 45, n. 1, p. 5-29, 1974.

HECK, R. H. Examining school achievement over time: a multilevel, multi-group approach. In: HOY, W. K.; MISKEL, C. G. (Eds.). *Contemporary issues in educational policy and school outcomes*. Greenwich: Information Age, 2005. p. 1-28.

HECK, R. H. Examining the impact of school quality on school outcomes and improvement: a value-added approach. *Educational Administration Quarterly*, v. 36, n. 4, p. 513-552, 2000.

HECK, R. H. Proposing and testing a multilevel model of school and teacher effects on student achievement. In: HOY, W. K.; DIPAOLA, M. F. (Eds.). *Analyzing school contexts*: influences of principals and teachers in the service of students. Charlotte: Information Age, 2010. p. 39-69.

HECK, R. H.; HALLINGER, P. Examining the moderating effect of instructionally focused leadership on teacher effectiveness and student learning. In: ANNUAL MEETING OF THE AMERICAN EDUCATIONAL RESEARCH ASSOCIATION, 2010, Denver.

HECK, R. H.; LARSEN, T. J.; MARCOULIDES, G. A. Instructional leadership and school achievement: validation of a causal model. *Educational Administration Quarterly*, v. 26, n. 2, p. 94-125, 1990.

HECLO, H. Issue networks and the executive establishment. In: KING, A. (Ed.). *The new American political system*. Washington: American Enterprise Institute for Public Policy Research, 1978. p. 87-124.

HEDGES, L. V.; LAINE, R. D.; GREENWALD, R. Does money matter? a meta-analysis of studies of the effects of differential school inputs on student outcomes. (An exchange: part 1). *Educational Researcher*, v. 23, n. 3, p. 5-14, 1994.

HEINTZMAN, M.; LEATHERS, D. G.; PARROT, R. L. et al. Nonverbal rapport-building behaviors' effects on perceptions of a supervisor. *Management Communication Quarterly*, v. 7, n. 2, p. 181-208, 1993.

HELLER, M. F.; FIRESTONE, W. A. Who's in charge here? sources of leadership for change in eight schools. *Elementary School Journal*, v. 96, n. 1, p. 65-86, 1995.

HELLRIEGEL, D.; SLOCUM, J. W.; WOODMAN, R. W. *Organizational behavior*. 6th ed. Saint Paul: West, 1992.

HEMPHILL, J. K.; COONS, A. E. *Leader behavior description questionnaire*. Columbus: Ohio State University, 1950.

HENDERSON, J. E.; HOY, W. K. Leader authenticity: the development and test of an operational measure. *Educational and Psychological Research*, v. 3, n. 2, p. 65-75, 1983.

HENEMAN, H. G.; SCHWAB, D. P. An evaluation of research on expectancy theory predictions of employee performance. *Psychological Bulletin*, v. 78, n. 1, p. 1-9, 1972.

HERNSHAW, L. S. *The shaping of modern psychology*: a historical introduction from dawn to present day. London: Routledge and Kegan Paul, 1987.

HERZBERG, F. *The managerial choice*: to be efficient and to be human. 2nd ed. Salt Lake City: Olympus, 1982.

HERZBERG, F.; MAUSNER, B.; SNYDERMAN, B. B. *The motivation to work*. New York: Wiley, 1959.

HESS, F. M. *A license to lead?*: a new leadership agenda for America's schools. Washington: Progressive Policy Institute, 2003. Disponível em: <http://www.broadeducation.org/asset/1128-new_leadership_0103.pdf>. Acesso em: 20 nov. 2014.

HIGGINS, E. T. Making a theory useful: lessons handed down. *Personality and Social Psychology Review*, v. 8, n. 2, p. 138-145, 2004.

HILL, P. T.; BONAN, J. J. *Decentralization and accountability in public education*. Santa Monica: Rand, 1991.

HILL, W. F. *Learning*: a survey of psychological interpretations. 7th ed. Boston: Allyn and Bacon, 2002.

HIRSCHMAN, A. O. *Exit, voice, and loyalty*: responses to the decline in firms, organizations, and states. Cambridge: Harvard University, 1970.

HITT, M. A.; IRELAND, R. D. Peters and Waterman revisited: the unended quest for excellence. *Academy of Management Executive*, v. 1, n. 2, p. 91-98, 1987.

HMELO-SILVER, C. E. Problem-based learning: what and how do students learn? *Educational Psychology Review*, v. 16, n. 3, p. 235-266, 2004.

HMELO-SILVER, C. E.; RAVIT, G. D.; CHINN, C. A. Scaffolding and achievement in problem-based and inquiry learning: a response to Kirschner, Sweller, and Clark (2006). *Educational Psychologist*, v. 42, n. 2, p. 99-107, 2007.

HMELO, C. E. Problem-based learning: effects on the early acquisition of cognitive skill in medicine. *Journal of the Learning Sciences*, v. 7, n. 2, p. 173-208, 1998.

HOFFMAN, J. D. *The organizational climate of middle schools and dimensions of authenticity and trust*. 1993. Tese (Doutorado) - Rutgers University, New Brunswick, 1993.

HOFFMAN, J. D.; SABO, D.; BLISS, J. et al. Building a culture of trust. *Journal of School Leadership*, v. 4, n. 5, p. 484-501, 1994.

HOFMAN, W. H. A.; HOFMAN, R. H. Smart management in effective schools: effective management configurations in general and vocational education in the Netherlands. *Educational Administration Quarterly*, v. 47, n. 4, p. 620-645, 2011.

HOLDAWAY, E. A.; NEWBERRY, J. F.; HICKSON, D. J. et al. Dimensions of organizations in complex societies: the educational sector. *Administrative Science Quarterly*, v. 20, n. 1, p. 37-58, 1975.

HOLTGRAVES, T. Social psychology and language: words, utterances, and conversations. In: FISKE, S. T.; LINDZEY, G.; GILBERT, D. T. (Eds.). *Handbook of social psychology*. 5th ed. Hoboken: Wiley, 2010. p. 1386-1422.

HOMANS, G. C. *The human group*. New York: Harcourt, 1950.

HONIG, M. I.; COBURN, C. Evidence-based decision making in school district central offices: toward a

460 Referências

policy and research agenda. *Educational Policy*, v. 22, n. 4, p. 578-608, 2008.

HONIG, M. I.; HATCH, T. C. Crafting coherence: how schools strategically manage multiple, external demands. *Educational Researcher*, v. 33, n. 8, p. 16-30, 2004.

HOUSE, R. J. Leadership research: some forgotten, ignored, or overlooked findings. In: HUNT, J. G. BALIGA, B. R.; DACHLER, H. P. et al. (Eds.). *Emerging leadership vistas*. Lexington: Lexington, 1988. p. 245-260.

HOUSE, R. J.; BAETZ, M. L. Leadership: some empirical generalizations and new research directions. *Research in Organizational Behavior*, v. 1, p. 341-423, 1979.

HOWELL, J. M.; AVOLIO, B. J. Transformational leadership, transactional leadership, locus of control, and support of innovation: key predictors of consolidated-business-unit performance. *Journal of Applied Psychology*, v. 78, n. 6, p. 891-902, 1993.

HOWELL, J. M.; FROST, P. J. A laboratory study of charismatic leadership. *Organizational Behavior and Human Decision Processes*, v. 43, n. 2, p. 243-269, 1989.

HÖWLER, M. Diversity of word usage as a stress indicator in an interview situation. *Journal of Psycholinguistic Research*, v. 1, n. 3, p. 243-248, 1972.

HOY, W. K. A few quibbles with Denison. *The Academy of Management Review*, v. 22, n. 1, p. 13-14, 1997.

HOY, W. K. A model for school conditions that promote achievement. [Naples]: The Ohio State University, c2005-2013d. Disponível em: <http://www.waynekhoy.com/school_conditions.html>. Acesso em: 22 nov. 2014.

HOY, W. K. An analysis of enabling and mindful school structures: some theoretical, research, and practical considerations. *Journal of Educational Administration*, v. 41, n. 1, p. 87-109, 2003.

HOY, W. K. Collective efficacy scale (CE-SCALE). [Naples]: The Ohio State University, c2005-2013a. Disponível em: <http://www.waynekhoy.com/collective_efficacy.html>. Acesso em: 12 nov. 2014.

HOY, W. K. Dimensions of student alienation and characteristics of public high schools. *Interchange*, v. 3, n. 4, p. 38-51, 1972.

HOY, W. K. Faculty trust: a key to student achievement. *Journal of School Public Relations*, v. 23, n. 2, p. 88-103, 2002.

HOY, W. K. Organizational climate and culture: a conceptual analysis of the school workplace. *Journal of Educational and Psychological Consultation*, v. 1, n. 2, p. 149-168, 1990.

HOY, W. K. Organizational climate index (OCI). [Naples]: The Ohio State University, c2005-2013e. Disponível em: <http://www.waynekhoy.com/oci.html>. Acesso em: 12 nov. 2014.

HOY, W. K. Organizational socialization: the student teacher and pupil control ideology. *Journal of Educational Research*, v. 61, n. 4, p. 153-155, 1967.

HOY, W. K. PCI form. [Naples]: The Ohio State University, c2005-2015c. Disponível em: <http://www.waynekhoy.com/pupil_control.html>. Acesso em: 12 nov. 2014.

HOY, W. K. Pupil control and organizational socialization: the influence of experience on the beginning teacher. *School Review*, v. 76, p. 312-323, 1968.

HOY, W. K. Pupil control ideology and organizational socialization: a further examination of the influence of experience on the beginning teacher. *School Review*, v. 77, n. 3-4, p. 257-265, 1969.

HOY, W. K. *Quantitative research in education*: a primer. Los Angeles: Sage, 2010.

HOY, W. K. School characteristics that make a difference for the achievement of all students: a 40-year odyssey. *Journal of Educational Administration*, v. 50, n. 1, p. 76-97, 2012.

HOY, W. K. School organizational citizenship behavior. [Naples]: The Ohio State University, c2005-2013f. Disponível em: <http://www.waynekhoy.com/org_citizenship.html>. Acesso em: 12 nov. 2014.

HOY, W. K. Science and theory in the practice of educational administration: a pragmatic perspective. *Educational Administration Quarterly*, v. 32, n. 3, p. 366-378, 1996.

HOY, W. K. The omnibus T-scale. [Naples]: The Ohio State University, c2005-2013b. Disponível em: <http://www.waynekhoy.com/faculty_trust.html?>. Acesso em: 12 nov. 2014.

HOY, W. K. The pupil control studies: a historical, theoretical, and empirical analysis. *Journal of Educational Administration*, v. 39, n. 5, p. 424-441, 2001.

HOY, W. K., GAGE 3RD, C. Q., AND TARTER, C, J. School mindfulness and faculty trust: necessary conditions for each other? *Educational Administration Quarterly*, v. 42, n. 2, p. 236-255, 2006.

HOY, W. K.; AHO, F. Patterns of succession of high school principals and organizational change. *Planning and Changing*, v. 4, n. 2, p. 82-88, 1973.

HOY, W. K.; APPLEBERRY, J. B. Teacher principal relationships in "humanistic" and "custodial" elementary schools. *Journal of Experimental Education*, v. 39, n. 2, p. 27-31, 1970.

HOY, W. K.; BLAZOVSKY, R.; NEWLAND, W. Bureaucracy and alienation: a comparative analysis. *The Journal of Educational Administration*, v. 21, n. 2, p. 109-120, 1983.

HOY, W. K.; CLOVER, S. I. R. Elementary school climate: a revision of the OCDQ. *Educational Administration Quarterly*, v. 22, n. 1, p. 93-110, 1986.

HOY, W. K.; FELDMAN, J. A. Organizational health profiles for high schools. In: FREIBERG, H. J. (Ed.). *School climate*: measuring, improving and sustaining healthy learning environments. Philadelphia: Falmer, 1999.

HOY, W. K.; FELDMAN, J. A. Organizational health: the concept and its measure. *Journal of Research and Development in Education*, v. 20, n. 4, p. 30-37, 1987.

HOY, W. K.; FERGUSON, J. A theoretical framework and exploration of organizational effectiveness in schools. *Educational Administration Quarterly*, v. 21, n. 2, p. 117-134, 1985.

HOY, W. K.; FORSYTH, P. B. Beyond clinical supervision: a classroom performance mode. *Planning and Changing*, v. 18, n. 4, p. 210-223, 1987.

HOY, W. K.; FORSYTH, P. B. *Effective supervision*: theory into practice. New York: Random House, 1986.

HOY, W. K.; HANNUM, J. W. Middle school climate: an empirical assessment of organizational health and student achievement. *Educational Administration Quarterly*, v. 33, n. 3, p. 290-311, 1997.

HOY, W. K.; HANNUM, J. W.; TSCHANNEN--MORAN, M. Organizational climate and student achievement: a parsimonious and longitudinal view. *Journal of School Leadership*, v. 8, n. 4, p. 336-359, 1998.

HOY, W. K.; HENDERSON, J. E. Principal authenticity, school climate, and pupil-control orientation. *Alberta Journal of Educational Research*, v. 29, n. 2, p. 123-130, 1983.

HOY, W. K.; HOFFMAN, J.; SABO, D. et al. The organizational climate of middle schools: the development and test of the OCDQ-RM. *Journal of Educational Administration*, v. 34, n. 1, p. 41-59, 1996.

HOY, W. K.; NEWLAND, W.; BLAZOVSKY, R. Subordinate loyalty to superior, esprit, and aspects of bureaucratic structure. *Educational Administration Quarterly*, v. 13, n. 1, p. 71-85, 1977.

HOY, W. K.; REES, R. Subordinate loyalty to immediate superior: a neglected concept in the study of educational administration. *Sociology of Education*, v. 47, n. 2, p. 268-286, 1974.

HOY, W. K.; REES, R. The bureaucratic socialization of student teachers. *Journal of Teacher Education*, v. 28, n. 1, p. 23-26, 1977.

HOY, W. K.; SABO, D. J. *Quality middle schools*: open and healthy. Thousand Oaks: Corwin, 1998.

HOY, W. K.; SMITH, P. A. Influence: a key to successful leadership. *International Journal of Educational Management*, v. 21, n. 2, p. 158-167, 2007.

HOY, W. K.; SMITH, P. A.; SWEETLAND S. R. A test of a model of school achievement in rural schools: the significance of collective efficacy. In: HOY, W. K.; MISKEL, C. G. (Eds.). *Theory and research in educational administration*. Greenwich: Information Age, 2002a. p. 185-202.

HOY, W. K.; SMITH, P. A.; SWEETLAND, S. R. The development of the organizational climate index for high schools: its measure and relationship to faculty trust. *The High School Journal*, v. 86, n. 2, p. 38-49, 2002b.

IIOY, W. K.; SOUSA, D. A. Delegation: the neglected aspect of participation in decision making. *Alberta Journal of Educational Research*, v. 30, n. 4, p. 320-331, 1984.

HOY, W. K.; SWEETLAND, S. R. Designing better schools: the meaning and nature of enabling school structure. *Educational Administration Quarterly*, v. 37, n. 3, p. 296-321, 2001.

HOY, W. K.; SWEETLAND, S. R. School bureaucracies that work: enabling, not coercive. *Journal of School Leadership*, v. 10, n. 6, p. 525-541, 2000.

HOY, W. K.; SWEETLAND, S. R.; SMITH, P. A. Toward an organizational model of achievement in high schools: the significance of collective efficacy. *Educational Administration Quarterly*, v. 38, n. 1, p. 77-93, 2002.

HOY, W. K.; TARTER, C. J. A normative model of shared decision making. *Journal of Educational Administration*, v. 31, p. 4-19, 1993a.

HOY, W. K.; TARTER, C. J. *Administrators solving the problems of practice*: decision-making cases, concepts, and consequence. 2nd ed. Boston: Allyn and Bacon, 2004b.

HOY, W. K.; TARTER, C. J. *Administrators solving the problems of practice*: decision-making cases, concepts, and consequence. 3rd ed. Boston: Pearson, 2008.

HOY, W. K.; TARTER, C. J. *Administrators solving the problems of practice*: decision-making concepts, cases, and consequences. Boston: Allyn and Bacon, 2003.

HOY, W. K.; TARTER, C. J. *Administrators solving the problems of practice*. Boston: Allyn and Bacon, 1995.

HOY, W. K.; TARTER, C. J. Collaborative decision making: empowering teachers. *Canadian Administration*, v. 32, p. 1-9, 1992.

HOY, W. K.; TARTER, C. J. Crafting strategies, not contriving solutions: a response to downey and knight's observations on shared decision making. *Canadian Administration*, v. 32, p. 1-6, 1993b.

HOY, W. K.; TARTER, C. J. Organizational climate school health and student achievement: a comparative analysis. [S.l.: s.n.], 1990. Artigo não publicado.

HOY, W. K.; TARTER, C. J. Organizational justice in schools: no justice without trust. *International Journal of Educational Management*, v. 18, n. 4, p. 250-259, 2004a.

HOY, W. K.; TARTER, C. J. Power principles for educational leaders: research into practice. *International Journal of Educational Administration*, v. 25, n. 2, p. 124-133, 2011.

HOY, W. K.; TARTER, C. J. Swift and smart decision making: heuristics that work. *International Journal of Educational Management*, v. 24, n. 4, p. 351-358, 2010.

HOY, W. K.; TARTER, C. J. *The road to open and health schools*: handbook for change, elementary edition. Thousand Oaks: Corwin, 1997b.

HOY, W. K.; TARTER, C. J. *The road to open and healthy schools*: a handbook for change: secondary edition. Thousand Oaks: Corwin, 1997a.

HOY, W. K.; TARTER, C. J.; KOTTKAMP, R. B. *Open schools, healthy schools*: measuring organizational climate. Newbury Park: Sage. 1991.

HOY, W. K.; TARTER, C. J.; WISKOWSKIE, L. Faculty trust in colleagues: linking the principal with school effectiveness. *Journal of Research and Development in Education*, v. 26, n. 1, p. 38-45, 1992.

HOY, W. K.; TARTER, C. J.; WOOLFOLK HOY, A. Academic optimism of schools: a second-order confirmatory factor analysis. In: HOY, W. K.; MISKEL, C. G. (Eds.). *Contemporary issues in educational policy and school outcomes*. Greenwich: Information Age, 2006a. p. 135-157.

HOY, W. K.; TARTER, C. J.; WOOLFOLK HOY, A. Academic optimism of schools: an important force for student achievement. 2006b. Artigo não publicado. The Ohio State University.

HOY, W. K.; TSCHANNEN-MORAN, M. Five faces of trust: an empirical confirmation in urban elementary schools. *Journal of School Leadership*, v. 9, n. 3, p. 184-208, 1999.

HOY, W. K.; TSCHANNEN-MORAN, M. The conceptualization and measurement of faculty trust in schools. In: HOY, W. K.; MISKEL, C. G. (Eds.). *Studies in leading and organizing schools*. Greenwich: Information Age, 2003. p. 181-207.

HOY, W. K.; WILLIAMS, L. B. Loyalty to immediate superior at alternate levels in public schools. *Educational Administration Quarterly*, v. 7, n. 2, p. 1-11, 1971.

HOY, W. K.; WOOLFOLK HOY, A. An organizational model for school achievement. In: ANNUAL CONVENTION OF THE EUROPEAN ASSOCIATION FOR RESEARCH ON LEARNING AND INSTRUCTION - EARLI, 2011, Exeter.

HOY, W. K.; WOOLFOLK, A. E. Socialization of student teachers. *American Educational Research Journal*, v. 27, n. 2, p. 279-300, 1990.

HOY, W. K.; WOOLFOLK, A. E. Socialization of student teachers. In: ANNUAL MEETING OF THE AMERICAN EDUCATIONAL RESEARCH ASSOCIATION, 1989, San Francisco.

HOY, W. K.; WOOLFOLK, A. E. Teachers' sense of efficacy and the organizational health of schools. *Elementary School Journal*, v. 93, n. 4, p. 355-372, 1993.

HUBER, G. P. Organizational learning: the contributing processes and literatures. In: COHEN, M. D.; SPROULL, L. (Eds.). *Organizational learning*. Thousand Oaks: Sage, 1996. p. 124-162.

HUBER, G. P.; DAFT, R. L. The information environments of organizations. In: JABLIN, F. M.; PUTNAM, L. L.; ROBERTS, K. H. et al. (Eds.). *Handbook of organizational communication*: an interdisciplinary perspective. Newbury Park: Sage, 1987. p. 130-164.

HUBER, V. L. The sources, uses, and conservation of managerial power. *Personnel*, v. 51, p. 66-67, 1981.

HUNTER, M. C. *Mastery teaching*. El Segundo: TIP, 1982.

IANNACCONE, L. Informal organization of school systems. In: GRIFFITHS, D. E.; CLARK, D. L.; WYNN, D. R. et al. (Eds.). *Organizing schools for effective education*. Danville: Interstate, 1962. p. 227-293.

IMBER, M. Increased decision making involvement for teachers: ethical and practical considerations. *Journal of Educational Thought*, v. 17, n. 1, p. 36-42, 1983.

IMBER, M.; DUKE, D. L. Teacher participation in school decision making: a framework for research. *Journal of Educational Administration*, v. 22, n. 1, p. 24-34, 1984.

IMMEGART, G. L. Leadership and Leader Behavior. In: BOYAN, N. J. (Ed.). *Handbook of research on educational administration*: a project of the American Educational Research Association. New York: Longman, 1988. p. 259-277.

INGERSOLL, R. M. Loosely coupled organizations revisited. *Research in the Sociology of Organizations*, v. 11, p. 81-112, 1993.

INGERSOLL, R. M. The status of teaching as a profession. In: BALLANTINE, J. H.; SPADE, J. Z. (Eds.). *Schools and society*: a sociological approach to education. Belmont: Wadsworth, 2001. p. 106-118.

INGERSOLL, R. M. *Why do high-poverty schools have difficulty staffing their classrooms with qualified teachers?*: research report. [S.l.]: Center for American Progress, 2004.

INSTITUTE FOR HUMAN AND MACHINE COGNITION. Cmap tools. [Pensacola]: IHMC, [2014]. Disponível em: <http://cmap.ihmc.us/>. Acesso em: 30 nov. 2014.

IRWIN, J. W. *Teaching reading comprehension processes*. 2nd ed. Boston: Allyn and Bacon, 1991.

ISAACSON, G. *Leadership behavior and loyalty*. 1983. Tese (Doutorado) - Rutgers University, New Brunswick, 1983.

ISAACSON, W. *Kissinger*: a biography. New York: Simon and Schuster, 2005.

ISHERWOOD, G. B.; HOY, W. K. Bureaucracy, powerlessness, and teacher work values. *Journal of Educational Administration*, v. 11, n. 1, p. 124-138, 1973.

IVEY, A. E.; IVEY, M. B. *Intentional interviewing and counseling*: facilitating client development in a multicultural society. Pacific Grove: Brooks and Cole, 1999.

JABLIN, F. M. Formal organization structure. In: JABLIN, F. M.; PUTNAM, L. L.; ROBERTS, K. H. et al. (Eds.). *Handbook of organizational communication*: an interdisciplinary perspective. Newbury Park: Sage, 1987. p. 389-419.

JABLIN, F. M. Organizational communication theory and research: an overview of communication climate and network research. *Communication Yearbook*, v. 4, p. 327-347, 1980.

JABLIN, F. M.; SIAS, P. M. Communication competence. In: JABLIN, F. M.; PUTNAM, L. L. (Eds.). *The new handbook of organizational communication*: advances in theory, research, and methods. Thousand Oaks: Sage, 2001. p. 819-864.

JACKSON, S. E.; SCHULER, R. S. A meta-analysis and conceptual critique of research on role ambiguity and role conflict in work settings. *Organizational Behavior and Human Decision Processes*, v. 36, n. 1, p. 16-78, 1985.

JAMES, W. *Talks to teachers on psychology and to students on some of life's ideals*. Cambridge: Harvard University, 1983.

JAMES, W. *The principles of psychology*. Cambridge: Harvard University, 1981. v. 1.

JANIS, I. L. Sources of error in strategic decision making. In: PENNINGS, J. M. (Ed.). *Organizational strategy and change*. San Francisco: Jossey-Bass, 1985. p. 157-197.

JANIS, I. L.; MANN, L. *Decision making*: a psychological analysis of conflict, choice, and commitment. New York: Free, 1977.

JARROLD, C.; TAM, H.; BADDELEY, A. D. et al. How does processing affect storage in working memory tasks? evidence for both domain-general and domain-specific effects. *Journal of Experimental Psychology*: learning, memory, and cognition, v. 37, n. 3, p. 688-705, 2011.

JEPPERSON, R. L. Institutions, institutional effects, and institutionalism. In: POWELL, W. W.; DIMAGGIO, P. J. (Eds.). *The new institutionalism in organizational analysis*. Chicago: University of Chicago, 1991. p. 164-182.

JOHNSON, B. L. Exploring and explicating the distinctive features of educational organizations. In: HOY, W. K.; DIPAOLA, M. F. (Eds.). *Analyzing school contexts*: influences of principals and teachers in the service of students. Charlotte: Information Age, 2010. p. 1-38.

JOHNSON, D. W.; JOHNSON, R. T. An educational psychology success story: social interdependence theory and cooperative learning. *Educational Researcher*, v. 38, n. 5, p. 365-379, 2009.

JOHNSON, P. E.; CHRISPEELS, J. H. Linking the central office and its schools for reform. *Educational Administration Quarterly*, v. 46, n. 5, p. 738-775, 2010.

JONES, E. E.; KELLY, J. R. Contributions to group discussion and perceptions of leadership: does quantity always count more than quality? *Group Dynamics*, v. 11, n. 1, p. 15-30, 2007.

JONES, M. S.; LEVIN, M. E.; LEVIN, J. R. et al. Can vocabulary-learning strategies and pair-learning formats be profitably combined? *Journal of Educational Psychology*, v. 92, n. 2, p. 256-262, 2000.

JUDGE, T. A.; PICCOLO, R. F.; KOSALKA, T. The bright and dark side of leader traits: a review and theoretical extension of the leader trait paradigm. *Leadership Quarterly*, v. 20, n. 6, p. 855-875, 2009.

KAGAN, S. *Cooperative learning*. San Juan Capistrano: Kagan Cooperative Learning, 1994.

KAHNEMAN, D. K.; TVERSKY, A. On the reality of cognitive illusions. *Psychological Review*, v. 103, n. 3, p. 582-591, 1996.

KAHNEMAN, D.; KNETSCH, J. L.; THALER, R. H. Anomalies: the endowment effect, aversion, and status quo bias. *Journal of Economic Perspectives*, v. 5, n. 1, p. 193-206, 1991.

KAHNEMAN, D.; KNETSCH, J. L.; THALER, R. H. Experimental tests of the endowment effect and coase theorem. *Journal of Political Economy*, v. 98, n. 6, p. 1325-1348, 1990.

KAHNEMAN, D.; SOLVIC, P.; TVERSKY, A. *Judgment under uncertainty*: heuristics and biases. Cambridge: Cambridge University, 1982.

KALYUGA, S. Cognitive load theory: how many types of load does it really need? *Educational Psychology Review*, v. 23, n. 1, p. 1-19, 2011.

KANFER, R. Motivation theory and industrial organizational psychology. In: DUNNETTE, M. D.; HOUGH, L. M. (Eds.). *Handbook of industrial and organizational psychology*. 2nd ed. Palo Alto: Consulting Psychologists, 1990. p. 75-170.

KANIGEL, R. *The one best way*: Frederick Winslow Taylor and the enigma of efficiency. New York: Viking, 1997.

KANNER, L. *Machiavellianism and the secondary schools*: teacher-principal relations. 1974. Tese (Doutorado) - Rutgers University, New Brunswick, 1974.

KANT, I. *Kritik der Reinen Vernunft*. 4th ed. Riga: J. R. Hartknoch, 1794. Título em inglês: Critique of pure reason.

KANTER, R. M. *Men and women of the corporation*. New York: Basic Books, 1977.

KARK, R.; VAN DIJK, D. Motivation to lead, motivation to follow: the role of self-regulatory focus in leadership processes. *Academy of Management Review*, v. 32, n. 2, p. 500-528, 2007.

KARPOV, Y. V.; HAYWOOD, H. C. Two ways to elaborate Vygotsky's concept of mediation: implications for instruction. *American Psychologist*, v. 53, n. 1, p. 27-36, 1998.

KATZ, D.; KAHN, R. L. *The social psychology of organizations*. 2nd ed. New York: Wiley, 1978.

KATZELL, R. A.; THOMPSON, D. E. Work motivation: theory and practice. *American Psychologist*, v. 45, n. 2, p. 144-153, 1990.

KATZENBACH J. R.; INAYAT-KHAN, Z. *Leading outside the lines*: how to mobilize the (in)formal organization, energize your team, and get better results. San Francisco: Jossey-Bass, 2010.

KEARNEY, W. S.; SMITH, P. A. Principal influence and school change orientation in elementary schools: the importance of campus leadership. *The John Ben Sheppard Journal of Practical Leadership*, v. 5, n. 1, p. 1-25, 2010.

KEITH, N. V. A critical perspective on teacher participation in urban schools. *Educational Administration Quarterly*, v. 32, n. 1, p. 45-79, 1996.

KELLER, R. T. Transformational leadership, initiating structure, and substitutes for leadership: a longitudinal study of research and development project team performance. *Journal of Applied Psychology*, v. 91, n. 1, p. 202-210, 2006.

KELSEY, J. G. T. *Conceptualization and instrumentation for the comparative study of secondary school structure and operation*. 1973. Tese (Doutorado) - University of Alberta, Edmonton, 1973.

KENNEDY, M. M. *Working knowledge and other essays*. Cambridge: The Huron Institute, 1982.

KERLINGER, F. N. *Foundations of behavioral research*. 3rd ed. New York: Holt, Rinehart and Winston, 1986.

KERR, S.; JERMIER, J. M. Substitutes for leadership: their meaning and measurement. *Organizational*

Behavior and Human Performance, v. 22, n. 3, p. 375-403, 1978.

KIEWRA, K. A. A review of note-taking: the encoding storage paradigm and beyond. *Educational Psychology Review*, v. 1, n. 2, p. 147-172, 1989.

KIEWRA, K. A. Cognitive aspects of autonomous note taking: control processes, learning strategies, and prior knowledge. *Educational Psychologist*, v. 23, n. 1, p. 39-56, 1988.

KIEWRA, K. A. Investigating notetaking and review: a depth of processing alternative. *Educational Psychologist*, v. 20, n. 1, p. 23-32, 1985.

KILMANN, R. H. *Beyond the quick fix*: managing five tracks to organizational success. San Francisco: Jossey-Bass, 1984.

KILMANN, R. H.; SAXTON, M. J.; SERPA, R. (Eds.). *Gaining control of the corporate culture*. San Francisco: Jossey-Bass, 1985.

KINGDON, J. W. *Agendas, alternatives and public policies*. 2nd ed. New York: Harper and Collins, 1995.

KIRBY, M. M.; DIPAOLA, M. Academic optimism and achievement: a path model. In: HOY, W. K.; DIPAOLA, M. (Eds.). *Studies in school improvement*. Charlotte: Information Age, 2009. p. 77-94.

KIRK, S. A.; GALLAGHER, J. J.; ANASTASIOW, N. J. et al. *Educating exceptional children*. 11th ed. Boston: Houghton Mifflin, 2006.

KIRSCHNER, P. A.; SWELLER, J.; CLARK, R. E. Why minimal guidance during instruction does not work: an analysis of the failure of constructivist, discovery, problem-based, experiential, and inquiry-based teaching. *Educational Psychologist*, v. 41, n. 2, p. 75-86, 2006.

KLEIN G.; WOLF, S.; MILITELLO, L. et al. *Characteristics of skilled option generation in chess*: organizational behavior and human decision processes. San Diego: Academic, 1995.

KLEIN, G. An overview of naturalistic decision making applications. In: ZSAMBOK, C. D.; KLEIN, G. A. (Eds.). *Naturalistic decision making*. Mahwah: L. Erlbaum, 1997. p. 49-59.

KLEIN, G. *The power of intuition*. New York: Doubleday, 2003.

KMETZ, J. T.; WILLOWER, D. J. Elementary school principals' work behavior. *Educational Administration Quarterly*, v. 18, n. 4, p. 62-78, 1982.

KNAPP, M. L. *Nonverbal communication in human interaction*. New York: Holt, Rinehart, and Winston, 1972.

KOCK, N. Media richness or media naturalness? the evolution of our biological communication apparatus and its influence on our behavior toward E-communication tools. Professional Communication, v. 48, n. 2, p. 117-130, 2005.

KOFMAN, F.; SENGE, P. M. Communities of commitment: the heart of learning organizations. *Organizational Dynamics*, v. 22, n. 2, p. 5-23, 1993.

KOLESAR, H. *An empirical study of client alienation in the bureaucratic organization*. 1967. Tese (Doutorado) - University of Alberta, Edmonton, 1967.

KOLLMAN, K. *Outside lobbying*: public opinion and interest group strategies. Princeton: Princeton University, 1998.

KOTTER, J. P. *Power and influence*: beyond formal authority. New York: Free, 1985.

KOTTER, J. P. Power, success, and organizational effectiveness. *Organizational Dynamics*, v. 6, n. 3, p. 27-40, 1978.

KOTTER, J. P. *The general managers*. New York: Free, 1982.

KOTTKAMP, R. B.; MULHERN, J. A. Teacher expectancy motivation, open to closed climate and pupil control ideology in high schools. *Journal of Research and Development in Education*, v. 20, n. 2, p. 9-18, 1987.

KOTTKAMP, R. B.; MULHERN, J.; HOY, W. K. Secondary school climate: a revision of the OCDQ. *Educational Administration Quarterly*, v. 23, n. 3, p. 31-48, 1987.

KOUZES, J. M.; POSNER, B. Z. *Leadership practices inventory (LPI)*: facilitator's guide. 2nd ed. San Francisco: Jossey-Bass, 2001.

KOZULIN, A.; PRESSEISEN B. Z. Meditated learning experience and psychological tools: Vygotsky's and Feuerstein's perspectives in a study of student learning. *Educational Psychologist*, v. 30, n. 2, p. 67-75, 1995.

KRAATZ, M. S. Learning by association? interorganizational networks and adaptation to environmental change. *Academy of Management Journal*, v. 41, n. 6, p. 621-643, 1998.

KRONE, K. J.; JABLIN, F. M.; PUTNAM, L. L. Communication theory and organizational communication: multiple perspectives. In: JABLIN, F. M.; PUTNAM, L. L.; ROBERTS, K. H. et al. (Eds.). *Handbook of organizational communication*: an interdisciplinary perspective. Newbury Park: Sage, 1987. p. 18-40.

KRUEGER, A. B. Economic considerations and class size. *Economic Journal*, v. 113, n. 485, p. F34-F63, 2003.

KUHLMAN, E. L.; HOY, W. K. The socialization of professionals into bureaucracies: the beginning teacher in the school. *Journal of Educational Administration*, v. 12, n. 2, p. 18-27, 1974.

KUHNERT, K. W.; LEWIS, P. Transactional and transformational leadership: a constructive/developmental analysis. *Academy of Management Review*, v. 12, n. 4, p. 648-657, 1987.

KULIK, C. T.; AMBROSE, M. L. Personal and situational determinants of referent choice. *Academy of Management Review*, v. 17, n. 2, p. 212-237, 1992.

KUNZ, D.; HOY, W. K. Leader behavior of principals and the professional zone of acceptance of teachers. *Educational Administration Quarterly*, v. 12, p. 49-64, 1976.

LACHTER, J.; FORSTER, K. I.; RUTHRUFF, E. Forty-five years after Broadbent (1958): still no identification without attention. *Psychological Review*, v. 111, n. 4, p. 880-913, 2004.

LALLY, V.; SCAIFE, J. Towards a collaborative approach to teacher empowerment. *British Educational Research Journal*, v. 21, n. 3, p. 323-338, 1995.

LANDRUM, T. J.; KAUFFMAN, J. M. Behavioral approaches to classroom management. In: EVERTSON, C. M.; WEINSTEIN, C. S. (Eds.). *Handbook of classroom management: research, practice, and contemporary issues*. Mahwah: L. Erlbaum, 2006.

LANDY, F. J.; BECKER, W. S. Motivation theory reconsidered. *Research in Organizational Behavior*, v. 9, p. 1-38, 1987.

LANE, K.; FALK, K.; WEHBY, J. Classroom management in special education classrooms and resource rooms. In: EVERTSON, C. M.; WEINSTEIN, C. S. (Eds.). *Handbook of classroom management*: research, practice, and contemporary issues. Mahwah: L. Erlbaum, 2006.

LANGER, E. J. *Mindfulness*. Cambridge: Perseus, 1989.

LARSON JR, J. R. The dynamic interplay between employee's feedback-seeking strategies and supervisors' delivery of performance feedback. *Academy of Management Review*, v. 14, n. 3, p. 408-422, 1989.

LARSON, C. L. Is the land of OZ an Alien Nation?: a sociopolitical study of school community conflict. *Educational Administration Quarterly*, v. 33, n. 3, p. 312-350, 1997.

LATHAM, G. P. Motivate employee performance through goal-setting. In: LOCKE, E. A. (Ed.). *The blackwell handbook of principles of organizational behavior*. Malden: Blackwell Business, 2000. p. 107-119.

LATHAM, G. P.; LOCKE, E. A. Self-regulation through goal setting. *Organizational Behavior and Human Decision Processes*, v. 50, n. 2, p. 212-247, 1991.

LATHAM, G. P.; WINTERS, D. C.; LOCKE, E. A. Cognitive and motivational effects of participation: a mediator study. *Journal of Organizational Behavior*, v. 15, n. 1, p. 49-63, 1994.

LATHAM, G. P.; YUKL, G. A. A review of research on the application of goal setting in organizations. *Academy of Management Journal*, v. 18, n. 4, p. 824-845, 1975.

LATHAM, G.; BALDES, J. J. The "practical significance" of locke's theory of goal setting. *Journal of Applied Psychology*, v. 60, n. 1, p. 122-124, 1975.

LAVE, J. The culture of acquisition and the practice of understanding. In: KIRSHNER, D.; WHITSON, J. A. (Eds.). *Situated cognition*: social, semiotic, and psychological perspectives. Mahwah: L. Erlbaum, 1997. p. 17-35.

LAVE, J., WENGER, E. *Situated learning: legitimate peripheral participation*. Cambridge: Cambridge University, 1991.

LAWLER 3RD, E. E. Education, management style, and organizational effectiveness. *Personnel Psychology*, v. 38, n. 1, p. 1-26, 1985.

LAWLER 3RD, E. E. *Motivation in work organizations*. Monterey: Brooks and Cole, 1973.

LAWRENCE, P. R.; LORSCH, J. W. *Organization and environment*: managing differentiation and integration. Boston: Harvard University, 1967.

LEACH, D. J.; WALL, T. D.; JACKSON, P. R. The effect of empowerment on job knowledge: an empirical test involving operators of complex technology. *Journal of Occupational and Organizational Psychology*, v. 76, n. 1, p. 27-52, 2003.

LEAVITT, H. J.; DILL, W. R.; EYRING, H. B. *The organizational world*. New York: Harcourt Brace Jovanovich, 1973.

LEE, J.; SHUTE, V. J. Personal and social-contextual factors in k–12 academic performance: an integrative perspective on student learning. *Educational Psychologist*, v. 45, n. 3, p. 185-202, 2010.

LEFKOWITZ, J.; SOMERS, M. J.; WEINBERG, K. The role of need level and/or need salience as moderators of the relationship between need satisfaction and work alienation-involvement. *Journal of Vocational Behavior*, v. 24, n. 2, p. 142-158, 1984.

LEITHWOOD, K. A.; JANTZI, D.; STEINBACH, R. Leadership and other conditions which foster organizational learning in schools. In: LEITHWOOD, K. A.; LOUIS, K. S. (Eds.). *Organizational learning in schools*. Lisse: Swets and Zeitlinger, 1998. p. 47-66. p. 67-90.

LEITHWOOD, K. A.; LOUIS, K. S. (Eds.). *Organizational learning in schools*. Lisse: Swets and Zeitlinger, 1998.

LEITHWOOD, K. Leadership for school restructuring. *Educational Administration Quarterly*, v. 30, n. 4, p. 498-518, 1994.

LEITHWOOD, K. The emotional side of school improvement: a leadership perspective. *International Handbook of School Effectiveness and Improvement*, v. 17, p. 615-634, 2007.

LEITHWOOD, K.; DAY, C.; SAMMONS, P. et al. *Successful school leadership*: what it is and how it influences pupil learning. Nottingham: University of Nottingham, 2006.

LEITHWOOD, K.; LOUIS, K. S.; ANDERSON, S. et al. *How leadership influences student learning*. New York: Wallace Foundation, 2004. Disponível em: <http://www.wallacefoundation.org/knowledge-center/school-leadership/key-research/Documents/How-Leadership-Influences-Student-Learning.pdf>. Acesso em: 20 nov. 2014.

LEITHWOOD, K.; AITKEN, R.; JANTZI, D. *Making school smarter*: leading with evidence. 3rd ed. Thousand Oaks: Corwin, 2006.

LEITHWOOD, K.; JANTZI, D. A review of transformational school leadership research 1996–2005. *Leadership and Policy in Schools*, v. 4, n. 3, p. 177-199, 2005.

LEITHWOOD, K.; JANTZI, D. Transformational school leadership effects. *School Effectiveness and School Improvement*, v. 10, n. 4, 1999.

LEITHWOOD, K.; LEVIN, B. Assessing leadership effects on student learning. In: HOY, W. K.; MISKEL, C. G. (Eds.). *Contemporary issues in educational policy and school outcomes*. Greenwich: Information Age, 2005. p. 53-76.

LEITHWOOD, K.; PATTEN, S.; JANTZI, D. Testing a conception of how school leadership influences student learning. *Educational Administration Quarterly*, v. 46, n. 5, p. 671-706, 2010.

LEITHWOOD, K.; SUN, J. Transformational school leadership effects on schools, teachers, and students. In: HOY, W. K.; DIPAOLA, M. (Eds.). *Studies in school improvement*. Charlotte: Information Age, 2009. p. 1-22.

LEPPER, M. R.; GREENE, D. *The hidden costs of rewards*: new perspectives on the psychology of human motivation. Hillsdale: L Erlbaum, 1978.

LEVEL JR, D. A. Communication effectiveness: method and situation. *Journal of Business Communication*, v. 9, p. 19-25, 1972.

LEVENTHAL, G. S.; KARUZA, J.; FRY, W. R. Beyond fairness: a theory of allocation of preferences. In: MIKULA, G. (Ed.). *Justice and social interaction*: experimental and theoretical contributions, from psychological research. New York: Springer-Verlag, 1980. p. 167-218.

LEVERETTE, B. B. *Professional zone of acceptance*: its relation to the leader behavior of principals and socio-psychological characteristics of teaching. 1984. Tese (Doutorado) - Rutgers University, New Brunswick, 1984.

LEVIN, J. R. Educational applications of mnemonic pictures: possibilities beyond your wildest imagination. In: SHEIKH, A. A.; SHEIKH, K. S. (Ed.). *Imagery in education*: imagery in the educational process. Farmingdale: Baywood, 1985.

LEVITT, B. L.; MARCH, J. G. Organization learning. In: COHEN, M. D.; SPROULL, L. (Eds.). *Organizational Learning*. Thousand Oaks: Sage, 1996. p. 516-540.

LEWIS, P. V. *Organizational communications*: the essence of effective management. Columbus: Grid, 1975.

LEWIS, T. J.; SUGAI, G.; COLVIN, G. Reducing problem behavior through a school-wide system of effective behavioral support: investigation of a school-wide social skills training program and contextual interventions. *School Psychology Review*, v. 27, n. 3, p. 446-459, 1998.

LIAO, Y. M. *School climate and effectiveness in Taiwan's secondary schools*. 1994. Tese (Doutorado) - St. John's University, New York, 1994.

LICATA, J. W.; HACK, W. G. School administrator grapevine structure. *Educational Administration Quarterly*, v. 16, n. 3, p. 82-99, 1980.

LIKERT, R. *The human organization*: its management and value. New York: McGraw-Hill, 1967.

LINDBLOM, C. E. *The intelligence of democracy*: decision making through mutual adjustment. New York: Free, 1965.

LINDBLOM, C. E. *The policy-making process*. 2nd ed. Englewood Cliffs: Prentice-Hall, 1980.

LINDBLOM, C. E. The science of "muddling through". *Public Administrative Review*, v. 19, n. 2, p. 79-88, 1959.

LINDBLOM, C. E.; COHEN, D. K. *Usable knowledge*: social science and social problem solving. New Haven: Yale University, 1979.

LIPHAM, J. A. Getzel's model in educational administration. In: BOYAN, N. J. (Ed.). *Handbook of research on educational administration*: a project of the American Educational Research Association. New York: Longman, 1988. p. 171-184.

LIPHAM, J. A.; FRANCKE, D. C. Nonverbal behavior of administrators. *Educational Administration Quarterly*, v. 2, n. 2, p. 101-109, 1966.

LITCHFIELD, E. H. Notes on a general theory of administration. *Administrative Science Quarterly*, v. 1, n. 1, p. 3-29, 1956.

LITWIN, G. H.; STRINGER JR, R. A. *Motivation and organizational climate*. Boston: Harvard University, 1968.

LOCKE, E. A. The motivation sequence, the motivation hub, and the motivation core. *Organizational Behavior and Human Decision Processes*, v. 50, n. 2, p. 288-299, 1991.

LOCKE, E. A. Toward a theory of task motivation and incentives. *Organizational Behavior and Human Performance*, v. 3, n. 2, p. 157-189, 1968.

LOCKE, E. A.; LATHAM, G. Has goal setting gone wild or have its attackers abandoned good scholarship? *Academy of Management Perspectives*, v. 18, n. 8, p. 17-23, 2009.

LOCKE, E. A.; LATHAM, G. P. *A theory of goal setting and task performance*. Englewood Cliffs: Prentice-Hall, 1990.

LOCKE, E. A.; LATHAM, G. P. Building a practically oriented theory of goal setting and task motivation: a 35-year odyssey. *American Psychologist*, v. 57, n. 8, p. 705-717, 2002.

LOCKE, E. A.; LATHAM, G. P. Goal setting theory: theory building by induction. In: SMITH, K.; HITT, M. A. (Eds.). *Great minds in management*: the process of theory development. New York: Oxford University, 2005. p. 128-150.

LOCKE, E. A.; LATHAM, G. P. *Goal setting*: a motivational technique that works! Englewood Cliffs: Prentice-Hall, 1984.

LOCKE, E. A.; LATHAM, G. P.; EREZ, M. The determinants of goal commitment. *Academy of Management Review*, v. 13, n. 1, p. 23-39, 1988.

LOCKE, E. A.; SCHWEIGER, D. M. Participation in decision making: one more look. *Research in Organizational Behavior*, v. 1, p. 265-339, 1979.

LORTIE, D. C. The balance of control and autonomy in elementary school teaching. In: ETZIONI, A. (Ed.). *The semi-professions and their organization*: teachers, nurses, social workers. New York: Free, 1969. p. 1-53.

LOUIS, K. S.; KRUSE, S. D. Creating community in reform: images of organizational learning in inner-city schools. In: LEITHWOOD, K. A.; LOUIS, K. S. (Eds.). *Organizational learning in schools*. Lisse: Swets and Zeitlinger, 1998. p. 47-66. p. 17-45.

LOUIS, K. S.; LEITHWOOD, K.; WAHLSTROM, K. L. et al. *Learning from leadership project*: investigating the links to improved student learning: final report of research findings. Minneapolis: University of Minnesota, 2010.

LUGG, C. A.; BOYD, W. L. Leadership for collaboration: reducing risk and fostering resilience. *Phi Delta Kappan*, v. 75, n. 3, p. 253-256, 258, 1993.

LUNENBURG, F. C. Pupil control ideology and self-concept as a learner. *Educational Research Quarterly*, v. 8, p. 33-39, 1983.

LUNENBURG, F. C.; SCHMIDT, L. J. Pupil control ideology, pupil control behavior, and quality of school life. *Journal of Research and Development in Education*, v. 22, p. 35-44, 1989.

LYNN, M. L. Organizational buffering: managing boundaries and cores. *Organization Studies*, v. 26, n. 1, p. 37-61, 2005.

MA, X. The relation of teacher characteristics to student achievement. In: HATTIE, J.; ANDERMAN, E. M. (Eds.). *International guide to student achievement*. New York: Routledge, 2012.

MAAG, J. W.; KEMP, S. E. Behavioral intent of power and affiliation: implications for functional analysis. *Remedial and Special Education*, v. 24, n. 1, p. 57-64, 2003.

MACGEORGE, E. L.; GILLIHAN, S. J.; SAMTER, W. et al. Skill deficit or differential motivation? Testing alternative explanations for gender differences in the provision of emotional support. *Communication Research*, v. 30, n. 3, p. 272-303, 2003.

MACHIAVELLI, N. *The prince*. Harmondsworth: Penguin, 1984.

MACKAY, D. *An empirical study of bureaucratic dimensions and their relations to other characteristics of school organization*. 1964. Tese (Doutorado) - University of Alberta, Edmonton, 1964.

MACKINNON, J. D.; BROWN, M. E. Inclusion in secondary schools: an analysis of school structure based on teachers' images of change. *Educational Administration Quarterly*, v. 30, n. 2, p. 126-152, 1994.

MAGER, R. F. *Preparing instructional objectives*: a critical tool in the development of effective instruction. 3rd ed. Atlanta: Center for Effective Performance, 1997.

MAGER, R. F. *Preparing instructional objectives*. 2nd ed. Palo Alto: Fearon, 1975.

MAIKA, S. A. *The organizational climate of elementary schools and aspects of change orientation*. 2007. Tese (Doutorado) - University of Texas, San Antonio, 2007.

MALEN, B. Enacting site based management: a political utilities analysis. *Educational Evaluation and Policy Analysis*, v. 16, n. 3, p. 249-267, 1994.

MALEN, B.; OGAWA, R. T. Site-based management: disconcerting policy issues, critical policy, and choices. In: LANE, J. J.; EPPS, E. G. (Eds.). *Restructuring the schools*: problems and prospects. Berkeley: McCutchan, 1992. p. 185-206.

MALEN, B.; OGAWA, R. T.; KRANZ, J. What do we know about school-based management? a case study of the literature-a call for research. In: CLUNE, W. H.; WITTE, J. F. (Eds.). *Choice and control in american education*: the practice of choice, decentraliza-

tion and school restructuring. New York: Falmer, 1990. v. 2. p. 289-342.

MANN, R. D. A review of the relationships between personality and performance in small groups. *Psychological Bulletin*, v. 56, n. 4, p. 241-270, 1959.

MANNA, P.; PETRILLI, M. Double standard? "scientifically based research" and the no child left behind act. In: HESS, F. M. (Ed.). *When research matters*: how scholarship influences educational policy. Cambridge: Harvard Education, 2009. p. 63-88.

MANNING, P. K. *Organizational communication*. New York: Aldine De Gruyer, 1992.

MARCH, J. G. Appendix 2: mundane, organizations, and heroic leaders. In: MARCH, J. G.; WEIL, T. *On leadership*. Malden: Blackwell, 2005. p. 113-121.

MARCH, J. G. Footnotes to organizational change. *Administrative Science Quarterly*, v. 26, n. 4, p. 563-577, 1981.

MARCH, J. G.; SIMON, H. A. *Organizations*. New York: Wiley, 1958.

MARCH, J. G.; WEIL, T. *On leadership*. Malden: Blackwell, 2005.

MARION, R. *Leadership in education*: organizational theory for the practitioner. Upper Saddle River: Prentice-Hall, 2002.

MARJORIBANKS, K. Bureaucratic orientation, autonomy and professional attitudes of teachers. *Journal of Educational Administration*, v. 15, n. 1, p. 104-113, 1977.

MARKS, H. M.; LOUIS, K. S. Does teacher empowerment affect the classroom? the implications of teacher empowerment for instructional practice and student academic performance. *Educational Evaluation and Policy Analysis*, v. 19, n. 3, p. 245-275, 1997.

MARKS, H. M.; LOUIS, K. S. Teacher empowerment and the capacity for organizational learning. *Educational Administration Quarterly*, v. 35, n. 5, p. 707-750, 1999.

MARKS, H. M.; PRINTY, S. M. Principal leadership and school performance: an integration of transformational and instructional leadership. *Educational Administration Quarterly*, v. 39, n. 3, p. 370-397, 2003.

MARSH, J. A.; PANE, J. F.; HAMILTON, L. S. *Making sense of data-driven decision-making in education*: evidence from recent RAND research. Santa Monica: RAND, 2006.

MARTA, S.; LERITZ, L. E.; MUMFORD, M. D. Leadership skills and the group performance: situational demands, behavioral requirements, and planning. Leadership Quarterly, v. 16, n. 1, p. 97-120, 2005.

MARTIN, J. Deconstructing organizational taboos: suppression of gender conflict in organizations. *Organizational Science*, v. 1, n. 4, p. 339-359, 1990b.

MARTIN, J. Rereading Weber: searching for feminist alternatives to bureaucracy. In: ANNUAL MEETING OF THE ACADEMY OF MANAGEMENT, 1990a. San Francisco.

MARTIN, J. Social cultural perspectives in educational psychology. In: ALEXANDER, P. A.; WINNE,

P. H. (Eds.). *Handbook of educational psychology*. 2nd ed. Mahwah: L. Erlbaum, 2006. p. 595-614.

MARTIN, J.; KNOPOFF, K. The gendered implications of apparently gender-neutral theory: rereading Weber. In: FREEMAN, E.; LARSON, A. (Ed.). *Business ethics and women's studies*. Oxford: Oxford University, 1999. v. 3.

MARTIN, W. J.; WILLOWER, D. J. The managerial behavior of high school principals. *Educational Administration Quarterly*, v. 17, n. 1, p. 69-90, 1981.

MARTIN, Y. M.; ISHERWOOD, G. B.; LAVERY, R. E. Leadership effectiveness in teacher probation committees. *Educational Administration Quarterly*, v. 12, n. 2, p. 87-99, 1976.

MASLOW, A. H. *Eupsychian management*: a journal. Homewood: Irwin, 1965.

MASLOW, A. H. Motivation and personality. 2nd ed. New York: Harper and Row, 1970.

MASLOWSKI, R. A review of inventories for diagnosing school climates. *Journal of Educational Administration*, v. 44, n. 4, p. 6-35, 2006.

MAYER, R. C.; DAVIS, J. H.; SCHOORMAN, F. D. An integrative model of organizational trust. *Academy of Management Review*, v. 20, n. 3, p. 709-734, 1995.

MAYER, R. E. *Applying the science of learning*. Boston: Pearson, 2011.

MAYO, E. *The social problems of an industrial civilization*. Boston: Harvard University, 1945.

MCCASKEY, M. B. The hidden messages managers send. *Harvard Business Review*, v. 57, n. 6, p. 135-148, 1979.

MCCASLIN, M.; HICKEY, D. T. Self-regulated learning and academic achievement: a vygotskian view. In: ZIMMERMAN, B. J.; SCHUNK, D. H. (Eds.). Self-regulated learning and academic achievement: theoretical perspectives. 2nd ed. Mahwah: L. Erlbaum, 2001. p. 227-252.

MCCLELLAND, D. C. *Human motivation*. Glenview: Scott, Foresman, 1985.

MCCLELLAND, D. C. *The achieving society*. Princeton: Van Nostrand, 1961.

MCCLELLAND, D. C. Toward a theory of motive acquisition. *American Psychologist*, v. 20, n. 5, p. 321-333, 1965.

MCCORMICK, C. B.; LEVIN, J. R. Mnemonic prose-learning strategies. In: PRESSLEY, M.; MCDANIEL, M. (Eds.). *Imaginary and related mnemonic processes*. New York: Springer-Verlag, 1987.

MCDONNELL, L. M. No child left behind and the federal role in education: evolution or revolution. *Peabody Journal of Education*, v. 80, n. 2, p. 19-38, 2005.

MCELROY, J. C.; SCHRADER, C. B. Attribution theories of leadership and network analysis. *Journal of Management*, v. 12, n. 3, p. 351-362, 1986.

MCGUIGAN, L.; HOY, W. K. Principal leadership: creating a culture of academic optimism to improve achievement for all students. *Leadership and Policy in Schools*, v. 5, n. 3, p. 203-229, 2006.

MCINTYRE, J. R. A review of teacher efficacy research: implications for professional learning. In:

DIPAOLA, M. F.; FORSYTH, P. B. (Eds.). *Leading research in educational administration*: a festschrift for Wayne K. Hoy. Charlotte: Information Age, 2011. p. 45-73.

MCKINLEY, W. Organizational theory development: displacement of ends? *Organizational Studies*, v. 31, n. 1, p. 47-68, 2010.

MCMAHON, E.; HOY, W. K. Professionalism in teaching: toward a structural theory of professionalism. In: HOY, W. K.; DIPAOLA, M. (Eds.). *Studies in school improvement*. Charlotte: Information Age, 2009. p. 205-230.

MCNAMARA, V.; ENNS, F. Directive leadership and staff acceptance of the principal. *Canadian Administrator*, v. 6, p. 5-8, 1966.

MCNEIL, L. M. Contradictions of control, part 1: administrators and teachers. *Phi Delta Kappan*, v. 69, n. 5, p. 333-339, 1988a.

MCNEIL, L. M. Contradictions of control, part 2: teachers, students, and curriculum. *Phi Delta Kappan*, v. 69, n. 6, p. 432-438, 1988b.

MCNEIL, L. M. *Contradictions of control*: school structure and school knowledge. New York: Routledge and Kegan Paul, 1986.

MCNEIL, L.; VALENZUELA, A. The harmful impact of the TAAS system of testing in Texas: beneath the accountability rhetoric. In: ORFIELD, G.; KORNHABER, M. L. (Eds.). *Raising the standards or raising barriers?*: inequality and high stakes testing in public education. New York: The Century Foundation, 2001. p. 127-150.

MECHANIC, D. Sources of power of lower participants in complex organizations. *Administrative Science Quarterly*, v. 7, n. 3, p. 349-364, 1962.

MEIR, K. J.; O'TOOLE JR., L. J. Management theory and Occam's razor: how public organizations buffer the environment. *Administration and Society*, v. 39, n. 8, p. 931-958, 2008.

MENTO, A. J.; LOCKE, E. A.; KLEIN, H. J. Relationship of goal level to valence and instrumentality. *Journal of Applied Psychology*, v. 77, n. 4, p. 395-405, 1992.

MERTON, R. K. *Social theory and social structure*. New York: Free, 1957.

METZ, M. H. *Different by design*: the context and character of three magnet schools. New York: Routledge and Kegan Paul, 1986.

MEYER, H-D. From "Loose coupling" to "tight management"? making sense of the changing landscape in management and organizational theory. *Journal of Educational Administration*, v. 40, n. 6, p. 515-520, 2002.

MEYER, J. W.; ROWAN, B. Institutionalized organizations: formal structure as myth and ceremony. *American Journal of Sociology*, v. 83, n. 2, p. 340-363, 1977.

MEYER, J. W.; ROWAN, B. The structure of educational organizations. In: MEYER, M. W. (Ed.). *Environments and organizations*. San Francisco: Jossey-Bass, 1978. p. 78-109.

MEYER, J. W.; SCOTT, W. R.; DEAL, T. E. Institutional and technical sources of organizational structure: explaining the structure of educational organizations. In: MEYER, J. W.; SCOTT, W. R. (Eds.). *Organization environments*: ritual and rationality. Newbury Park: Sage 1992. p. 45-67.

MEYER, M. W. Introduction: recent developments in organizational research and theory. In: MEYER, M. W. (Ed.). *Environments and organizations*. San Francisco: Jossey-Bass, 1978. p. 1-19.

MICHAELS, R. E.; CRON, W. L.; DUBINSKY, A. J. et al. Influence of formalization on the organizational commitment and work alienation of salespeople and industrial buyers. *Journal of Marketing Research*, v. 25, n. 4, p. 376-383, 1988.

MIDGLEY, C.; FELDLAUFER, H.; ECCLES, J. S. Change in teacher efficacy and student self- and task-related beliefs in mathematics during the transition to junior high school. *Journal of Educational Psychology*, v. 81, n. 2, p. 247-258, 1989.

MILES, M. B. Education and innovation: the organization in context. In: ABBOTT, M. G.; LOVELL, J. T. (Eds.). *Change perspectives in educational administration*. Auburn: Auburn University, 1965. p. 54-72.

MILES, M. B. Planned change and organizational health: figure and ground. In: CARVER, F. D.; SERGIOVANNI, T. J. (Eds.). *Organizations and human behavior*: focus on schools. New York: McGraw-Hill, 1969. p. 375-391.

MILLER, D. Environmental fit versus internal fit. *Organization Science*, v. 3, n. 2, p. 159-178, 1992.

MILLER, G. A. The magical number seven, plus or minus two: some limits on our capacity for processing information. *Psychological Review*, v. 63, p. 81-97, 1956.

MILLER, G. A.; GALANTER, E.; PRIBRAM, K. H. *Plans and the structure of behavior*. New York: Henry Holt, 1960.

MILLER, L. E.; GRUSH, J. E. Improving predictions in expectancy theory research: effects of personality, expectancies, and norms. *Academy of Management Journal*, v. 31, n. 1, p. 107-122, 1988.

MILLER, P. H. *Theories of developmental psychology*. 4th ed. New York: Worth, 2002.

MILLER, S. *Conversation*: a history of a declining art. New Haven: Yale University, 2006.

MILLIKEN, F. J.; MORRISON, E. W. Shades of silence: emerging themes and future directions for research on silence in organizations. *Journal of Management Studies*, v. 40, n. 6, p. 1563-1568, 2003.

MIND GARDEN. Home. Menlo Park: Mind Garden, c2005-2013. Disponível em: <http://mindgarden.com/>. Acesso em: 20 nov. 2014.

MINER, A. S.; AMBURGEY, T. L.; STEARNS, T. M. Interorganizational linkages and population dynamics: buffering and transformational shields. *Administrative Science Quarterly*, v. 35, n. 4, p. 689-713, 1990.

MINER, J. B. *Organizational behavior*. New York: Random House, 1988.

MINER, J. B. *Organizational behavior I*: essential theories of motivation and leadership. Armonk: M. E. Sharp, 2005.

MINER, J. B. *Organizational behavior*: essential theories of motivation and leadership. Armonk: Sharp, 2004. v. 1.

MINER, J. B. *Organizational behavior*: foundations, theories, and analysis. New York: Oxford University, 2002.

MINER, J. B. *Theories of organizational behavior*. Hinsdale: Dryden, 1980.

MINTZBERG, H. *Mintzberg on management*: inside our strange world of organizations. New York: Free, 1989.

MINTZBERG, H. Organizational structure and alienation from work. In: ANNUAL MEETING OF THE AMERICAN EDUCATIONAL RESEARCH ASSOCIATION, 1980, Boston.

MINTZBERG, H. *Power in and around organizations*. Englewood Cliffs: Prentice-Hall, 1983a.

MINTZBERG, H. *Structure in fives*: designing effective organizations. Englewood Cliffs: Prentice-Hall, 1983b.

MINTZBERG, H. The manager's job: folklore and fact. *Harvard Business Review*, v. 53, n. 4, p. 49-61, 1981.

MINTZBERG, H. *The nature of managerial work*. New York: Harper and Row, 1973.

MINTZBERG, H. *The structuring of organizations*: a synthesis of the research. Englewood Cliffs: Prentice-Hall, 1979.

MINTZBERG, H.; RAISINGHANI, D.; THÉORÊT, A. The structure of "unstructured" decision processes. *Administrative Science Quarterly*, v. 21, n. 2, p. 246-275, 1976.

MISHRA, A. K. Organizational responses to crisis: the centrality of trust. In: Kramer, R. M.; Tyler, T. R. (Eds.). *Trust in organizations*: frontiers of theory and research. Thousand Oaks: Sage, 1996. p. 261-287.

MISKEL, C. G.; COGGSHALL, J. G.; DEYOUNG, D. A. et al. *Reading policy in the States*: interests and processes. [Washington]: U.S. Department of Education, 2003. Final report for the field initiated studies grant PR/Award No. R305T990369.

MISKEL, C. G.; SONG, M. Passing reading first: prominence and processes in an elite policy network. *Educational Evaluation and Policy Analysis*, v. 26, n. 2, p. 89-109, 2004.

MISKEL, C.; DEFRAIN, J. A.; WILCOX, K. A test of expectancy work motivation theory in educational organizations. *Educational Administration Quarterly*, v. 16, n. 1, p. 70-92, 1980.

MISKEL, C.; FEVURLY, R.; STEWART, J. Organizational structures and processes, perceived school effectiveness, loyalty, and job satisfaction. *Educational Administration Quarterly*, v. 15, n. 3, p. 97-118, 1979.

MISKEL, C.; MCDONALD, D.; BLOOM, S. Structural and expectancy linkages within schools and organizational effectiveness. *Educational Administration Quarterly*, v. 19, n. 1, p. 49-82, 1983.

MISKEL, C.; OGAWA, R. Work Motivation, Job Satisfaction, and Climate. In: BOYAN, N. J. (Ed.). *Handbook of research on educational administration*: a project of the American Educational Research Association. New York: Longman, 1988. p. 279-304.

MITCHELL, T. R. Expectancy models of job satisfaction, occupational preference, and effort: a theoretical, methodological and empirical appraisal. *Psychological Bulletin*, v. 81, p. 1053-1077, 1974.

MITCHELL, T. R. Organization behavior. *Annual Review of Psychology*, v. 30, p. 243-281, 1979.

MIZRUCHI, M. S.; FEIN, L. C. The social construction of organizational knowledge: a study of the uses of coercive, mimetic, and normative isomorphism. *Administrative Science Quarterly*, v. 44, n. 4, p. 653-683, 1999.

MOE, T. M. Politics, control, and the future of school accountability. In: PETERSON, P. E.; WEST, M. R. (Eds.). *Leave no child behind?*: the politics and practices of school accountability. Washington: Brookings Institution, 2003. p. 80-106.

MOELLER, G. H.; CHARTERS JR, W. W. Relation of bureaucratization to sense of power among teachers. *Administrative Science Quarterly*, v. 10, n. 4, p. 444-465, 1966.

MOHAN, M. L. *Organizational communication and cultural vision*: approaches for analysis. Albany: State University of New York, 1993.

MOHRMAN JR, A. M.; COOKE, R. A.; MOHRMAN, S. A. Participation in decision making: a multidimensional perspective. *Educational Administration Quarterly*, v. 14, n. 1, p. 13-29, 1978.

MONGE, P. R. The network level of analysis. In: BERGER, C. R.; CHAFFEE, S. H. (Eds.). *Handbook of communication science*. Newbury Park: Sage, 1987. p. 239-270.

MONGE, P. R.; CONTRACTOR, N. S. Emergence of Communication Networks. In: JABLIN, F. M.; PUTNAM, L. L. (Eds.). *The new handbook of organizational communication*: advances in theory, research, and methods. Thousand Oaks: Sage, 2001. p. 440-502.

MONK, D. H.; PLECKI, M. L. Generating and managing resources for school improvement. In: MURPHY, J.; LOUIS, K. S. (Eds.). *Handbook of research on educational administration*: a project of the American Educational Research Association. 2nd ed. San Francisco: Jossey-Bass, 1999. p. 491-509.

MOOLENAAR, N. M.; DALY, A. J.; SLEEGERS, P. J. C. Occupying the principal position: examining relationships between transformational leadership, social network position, and schools' innovative climate. *Educational Administration Quarterly*, v. 46, n. 5, p. 623-670, 2010.

MOON, N. J. *The construction of a conceptual framework for teacher participation in school decision making*. 1983. Tese (Doutorado) - University of Kentucky, Lexington, 1983.

MORSE, P. S.; IVEY, A. E. *Face to face*: communication and conflict resolution in schools. Thousand Oaks: Sage, 1996.

MORTIMORE, P. *The road to improvement*: reflections on school effectiveness. Lisse: Swets and Zeitlinger, 1998.

MOSHMAN, D. Exogenous, endogenous, and dialectical constructivism. *Developmental Review*, v. 2, n. 4, p. 371-384, 1982.

MOSHMAN, D. Pluralist rational constructivism. *Issues in Education*, v. 3, p. 235-244, 1997.

MOTT, P. E. *The characteristics of effective organizations*. New York: Harper and Row, 1972.

MOWDAY, R. T. The exercise of upward influence in organizations. *Administrative Science Quarterly*, v. 23, n. 1, p. 137-156, 1978.

MOWDAY, R. T.; PORTER, L. W.; STEERS, R. M. *Employee-organizational linkages*: the psychology of commitment, absenteeism, and turnover. New York: Academic, 1982.

MULLINS, T. *Relationships among teachers' perception of the principal's style, teachers' loyalty to the principal, and teachers' zone of acceptance*. 1983. Tese (Doutorado) - Rutgers University, New Brunswick, 1983.

MUMFORD, M. D.; ZACCARO, S. J.; HARDING, F. D. et al. Leadership skills for a changing world: solving complex social problems. *Leadership Quarterly*, v. 11, n. 1, p. 11-35, 2000.

MURDOCK, S. G.; O'NEILL, R. E.; CUNNINGHAM, E. A comparison of results and acceptability of functional behavioral assessment procedures with a group of middle school students with emotional/behavioral disorders (E/BD). *Journal of Behavioral Education*, v. 14, n. 1, p. 5-18, 2005.

MURPHY, M. J. *Testimony*. Sacramento: California Commission on the Teaching Profession, 1985.

MYERS, M. T.; MYERS, G. E. *Managing by communication*: an organizational approach. New York: McGraw-Hill, 1982.

NADLER, D. A.; LAWLER 3RD, E. E. Motivation: a diagnostic approach. In: HACKMAN, J. R.; LAWLER 3RD, E. E.; PORTER, L. W. (Eds.). *Perspectives on behavior in organizations*. New York: McGraw-Hill, 1977. p. 26-38.

NADLER, D. A.; TUSHMAN, M. L. A general diagnostic model for organizational behavior applying a congruence perspective. In: HACKMAN, R. J.; LAWLER, E. E.; PORTER, L. W. (Eds.). *Perspectives on behavior in organizations*. New York: McGraw-Hill, 1983. p. 112-124.

NADLER, D. A.; TUSHMAN, M. L. Organizational frame bending: principles for managing reorientation. *Academy of Management Executive*, v. 3, n. 3, p. 194-204, 1989.

NEEDELS, M. C.; KNAPP, M. S. Teaching writing to children who are underserved. *Journal of Educational Psychology*, v. 86, n. 3, p. 339-349, 1994.

NELSON, T. O. Consciousness and metacognition. *American Psychologist*, v. 51, n. 2, p. 102-116, 1996.

NESPOR, J. The role of beliefs in the practice of teaching. *Journal of Curriculum Studies*, v. 19, n. 4, p. 317-328, 1987.

NEUBERT, M. J.; KACMAR, K. M.; CARLSON, D. S. et al. Regulatory focus as a mediator of the influence of initiating structure and servant leadership on employee behavior. *Journal of Applied Psychology*, v. 93, n. 6, p. 1220-1233, 2008.

NEWBERRY, J. F. *A comparative analysis of the organizational structures of selected post-secondary educational institutions*. 1971. Tese (Doutorado) - University of Alberta, Edmonton, 1971.

NEWMAN, F. M.; KING, M. B.; RIGDON, M. Accountability and school performance: implications from restructuring schools. *Harvard Educational Review*, v. 67, p. 41-75, 1997.

NG, S. H.; BRADAC, J. J. *Power in language*: verbal communication and social influence. Newbury Park: Sage, 1993.

NICHOLLS, J. G.; MILLER, A. Conceptions of ability and achievement motivation. In: AMES, R.; AMES, C. (Eds.). *Research on motivation in education*: student motivation. New York: Academic, 1984. v. 1. p. 39-73.

NICHOLS, S. L.; BERLINER, D. C. *Collateral damage*: how high-stakes testing corrupts america's schools. Cambridge: Harvard Education, 2007.

NIETZSCHE, F. *The will to power*. New York: Vintage Books, 1968.

NIETZSCHE, F. *Twilight of the idols*. Harmondsworth: Penguin, 1968.

NISBETT, R. E.; ROSS, L. *Human interferences*: strategies and shortcomings in social judgments. Englewood Cliffs: Prentice Hall, 1980.

NORTHCRAFT, G. B.; EARLEY, P. C. Technology, credibility, and feedback use. *Organizational Behavior and Human Performance*, v. 44, n. 1, p. 83-96, 1989.

NORTHCRAFT, G. B.; NEALE, M. A. Experts, amateurs, and real estate: an anchoring-and-adjustment perspective on property pricing decisions. *Organizational Behavior and Human Decision Processes*, v. 39, n. 1, p. 84-97, 1987.

NORTHOUSE, P. G. *Leadership*: theory and practice. 3rd ed. Thousand Oaks: Sage, 2004.

NORTHOUSE, P. G. *Leadership*: theory and practice. 5th ed. Thousand Oaks: Sage, 2010.

NUTT, P. C. Types of organizational decision processes. *Administrative Science Quarterly*, v. 29, n. 3, p. 414-450, 1984.

NYE, B.; HEDGES, L. V.; KONSTANTOPOULOS, S. The effects of small classes on academic achievement. the results of the Tennessee class size experiment. *American Educational Research Journal*, v. 37, n. 1, p. 123-151, 2000.

O'DEMPSEY, K. Time analysis of activities, work patterns and roles of high school principals. *Administrator's Bulletin*, v. 7, p. 1-4, 1976.

O'DONNELL, A. M.; O'KELLY, J. Learning from peers: beyond the rhetoric of positive results. *Educational Psychology Review*, v. 6, n. 4, p. 321-349, 1994.

O'REILLY 3RD, C. A.; CHATMAN, J.; CALDWELL, D. F. People and organizational culture: a profile comparison approach to assessing person-organization fit. *Academy of Management Journal*, v. 34, n. 3, p. 487-516, 1991.

O'REILLY, C. A. I.; PONDY, L. R. Organizational communication. In: KERR, S. (Ed.). *Organizational behavior*. Columbus: Grid, 1979. p. 119-150.

O'REILLY, C. A.; ROBERTS, K. H. Task group structure, communication, and effectiveness in three organizations. *Journal of Applied Psychology*, v. 62, n. 6, p. 674-681, 1977.

OGAWA, R. T. Institutional theory and examining leadership in schools. *International Journal of Educational Management*, v. 6, n. 3, p. 14-21, 1992.

OGAWA, R. T.; BOSSERT, S. T. Leadership as an organizational property. *Educational Administration Quarterly*, v. 31, p. 224-243, 1995.

OGAWA, R. T.; SCRIBNER, S. P. Leadership: spanning the technical and institutional dimensions of organizations. *Journal of Educational Administration*, v. 40, n. 6, p. 576-588, 2002.

ORDONEZ, L. D.; SCHWELTZER, M. E.; GALINSKY, A. D. et al. On good scholarship, goal setting, and scholars gone wild. *Academy of Management Perspectives*, v. 23, n. 3, p. 82-87, 2009.

ORGAN, D. W. *Organizational citizenship behavior*: the good soldier syndrome. Lexington: Lexington Books, 1988.

ORGAN, D. W.; RYAN, K. A meta-analytic review of attitudinal and dispositional predictors of organizational citizenship behavior. *Personnel Psychology*, v. 48, n. 4, p. 775-802, 1995.

ORTON, J. D.; WEICK, K. E. Loosely coupled systems: a reconceptualization. *Academy of Management Review*, v. 15, n. 2, p. 203-223, 1990.

OUCHI, W. G. *Making schools work*: a revolutionary plan to get your children the education they need. New York: Simon and Schuster, 2003.

OUCHI, W. G. *Theory Z*: how American business can meet the Japanese challenge. Reading: Addison-Wesley, 1981. [5]

PACE, C. R.; STERN, G. G. An approach to the measure of psychological characteristics of college environments. *Journal of Educational Psychology*, v. 49, n. 5, p. 269-277, 1958.

PACKARD, J. S.; WILLOWER, D. J. Pluralistic ignorance and pupil control ideology. *Journal of Educational Administration*, v. 10, n. 1, p. 78-87, 1972.

PAGE, C. H. Bureaucracy's other face. *Social Forces*, v. 25, n. 1, p. 88-94, 1946.

PAJARES, F. Current directions in self-research: self-efficacy. In: ANNUAL MEETING OF THE AMERICAN EDUCATIONAL RESEARCH ASSOCIATION, 1996, New York.

PAJARES, F. Current directions in self-efficacy research. In: MAEHR, M. L.; PINTRICH, P. R. (Eds.). *Advances in motivation and achievement*. Greenwich: JAI, 1997. p. 1-49.

PALINCSAR, A. S. Social constructivist perspectives on teaching and learning. In: SPENCE, J. T.; DARLEY, J. M.; FOSS, D. J. (Eds.). *Annual review*

472 Referências

of psychology. Palo Alto: Annual Reviews, 1998. p. 345-376. (Annual review of psychology, 49).

PALINCSAR, A. S. The role of dialogue in providing scaffolding instruction. *Educational Psychologist*, v. 21, p. 73-98, 1986.

PARIS, S. G.; BYRNES, J. P.; PARIS, A. H. Constructing theories, identities, and actions of self-regulated learners. In: ZIMMERMAN, B. J.; SCHUNK, D. H. (Eds.). *Self-regulated learning and academic achievement*: theoretical perspectives. 2nd ed. Mahwah: L. Erlbaum, 2001. p. 253-287.

PARIS, S. G.; CUNNINGHAM, A. E. Children becoming students. In: BERLINER, D. C.; CALFEE, R. C. (Eds.). *Handbook of educational psychology*. New York: Macmillan, 1996. p. 117-146.

PARIS, S. G.; LIPSON, M. Y.; WIXSON, K. K. Becoming a strategic reader. *Contemporary Educational Psychology*, v. 8, n. 3, p. 293-316, 1983.

PARSONS, T. Introduction. In: PARSONS, T. (Ed.). *Max Weber*: the theory of social and economic organization. 2nd ed. Glencoe: Free, 1947. p. 3-86.

PARSONS, T. *Sociological theory and modern society*. New York: Free, 1967.

PARSONS, T. *Structure and process in modern societies*. Glencoe: Free, 1960.

PARSONS, T.; SHILS, E. A. (Eds.). *Toward a general theory of action*. Cambridge: Harvard University, 1951.

PAYNE, H. J. Reconceptualizing social skills in organizations: exploring the relationship between communication competence, job performance, and supervisory roles. *Journal of Leadership and Organizational Studies*, v. 11, n. 2, p. 63-77, 2005.

PEABODY, R. L. Perceptions of organizational authority: a comparative analysis. *Administrative Science Quarterly*, v. 6, n. 4, p. 463-682, 1962.

PENNINGS, J. M. Structural contingency theory: a reappraisal. *Research in Organizational Behavior*, v. 14, p. 267-309, 1992.

PERROW, C. *Complex organizations*: a critical essay. 3rd ed. Glenview: Scott, Foresman, 1986.

PERROW, C. Demystifying organization. In: SARRI, R. C.; HASENFELD, Y. (Eds.). *The management of human services*. New York: Columbia University, 1978. p. 105-120.

PETERS, L. H.; HARTKE, D. D.; POHLMANN, J. T. Fiedler's contingency theory of effectiveness: an application of the meta-analysis procedures of Schmidt and Hunter. *Psychological Bulletin*, v. 97, n. 2, p. 274-285, 1985.

PETERS, T. J.; WATERMAN JR., R. H. *In search of excellence*: lessons from america's best-run companies. New York: Harper and Row, 1982.

PETERSON, C. The future of optimism. *American Psychologist*, v. 55, n. 1, p. 44-55, 2000.

PETERSON, K. D. The principal's tasks. *Administrator's Notebook*, v. 26, p. 1-4, 1977-1978.

PEVERLY, S. T.; BROBST, K. E.; GRAHAM, M. et al. College adults are not good at self-regulation: a study on the relationship of self-regulation, note taking, and test taking. *Journal of Educational Psychology*, v. 95, n. 2, p. 335-346, 2003.

PFEFFER, J. Beyond management and the worker: the institutional function of management. *Academy of Management Review*, v. 1, n. 2, p. 36-46, 1976.

PFEFFER, J. *Managing with power*: politics and influence in organizations. Boston: Harvard Business School, 1992.

PFEFFER, J. *New directions for organization theory*: problems and prospects. New York: Oxford University, 1997.

PFEFFER, J. *Power*: why some people have it--others don't. New York: Harper and Collins, 2010.

PFEFFER, J. Size and composition of corporate boards of directors: the organization and its environment. *Administrative Science Quarterly*, v. 17, n. 2, p. 218-228, 1972.

PFEFFER, J.; SUTTON, R. I. Evidence-based management. *Harvard Business Review*, v. 84, n. 1, p. 63-74, 2006.

PHILLIPS, D. C. How, why, what, when, and where: perspectives on constructivism and education. *Issues in Education*, v. 3, p. 151-194, 1997.

PHILLIPS, D. C.; THOMAS, A. R. Principals' decision making: some observations. In: SIMPKINS, W. R.; THOMAS, A. R.; THOMAS, E. B. (Eds.). *Principal and task*: an Australian perspective. Armidale: University of New England, 1982. p. 74-83.

PIAGET, J. *Science of education and the psychology of the child*. New York: Viking, 1969.

PINDER, C. C. *Work motivation in organizational behavior*. Upper Saddle River: Prentice-Hall, 1998.

PINDER, C. C. *Work motivation*: theory, issues, and applications. Glenview: Scott, Foresman, 1984.

PINK, D. H. *Drive*: the surprising truth about what motivates us. New York: Riverhead Books, 2009.

PINKER, S. *The blank slate*: the modern denial of human nature. New York: Penguin, 2002.

PINTRICH, P. R.; GARCIA, T. Student goal orientation and self-regulation in the college classroom. In: MAEHR, M. L.; PINTRICH, P. R. (Eds.). *Advances in motivation and achievement*. Greenwich: JAI, 1991. p. 371-402.

PITNER, N.; OGAWA, R. T. Organizational leadership: the case of the superintendent. *Educational Administration Quarterly*, v. 17, n. 2, p. 45-65, 1981.

PODSAKOFF, P. M.; MACKENZIE, S. B. Kerr and Jermier's substitutes for leadership model: background, empirical assessment, and suggestions for future research. *Leadership Quarterly*, v. 8, n. 2, p. 117-132, 1997.

POOLE, M. S. Communication and organizational climates: review, critique, and a new perspective. In: MCPHEE, R.; TOMPKINS, P. K. (Eds.). *Organizational communications*: traditional themes and new directions. Beverly Hills: Sage, 1985. p. 79-108.

POPHAM, W. J. *Classroom assessment*: what teachers need to know. 4th ed. Boston: Allyn and Bacon, 2005.

PORTER, L. W. A Study of perceived need satisfaction in bottom and middle management jobs. *Journal of Applied Psychology*, v. 45, n. 1, p. 1-10, 1961.

PORTER, L. W.; LAWLER 3RD, E. E. *Managerial attitudes and performance*. Homewood: Irwin, 1968.

PORTER, L. W.; ROBERTS, K. H. Communication in organizations. In: DUNNETTE, M. D. (Ed.). *Handbook of industrial and organizational psychology*. Chicago: Rand McNally, 1976. p. 1533-1589.

POUNDER, D. G.; OGAWA, R. T.; ADAMS, E. A. Leadership as an organization-wide phenomena: its impact on school performance. *Educational Administration Quarterly*, v. 31, n. 4, p. 564-588, 1995.

PRESTINE, N. A. Shared decision making in restructuring essential schools: the role of the principal. *Planning and Changing*, v. 22, n. 3-4, p. 160-177, 1991.

PRINTY, S. How principals influence instructional practice: leadership levers. In: HOY, W. K.; DI-PAOLA, M. F. (Eds.). *Analyzing school contexts*: influences of principals and teachers in the service of students. Charlotte: Information Age, 2010. p. 71-102.

PUGH, D. S.; HICKSON, D. J. *Organizational structure in its context*. Westmead-Farnborough: Saxon House, 1976.

PUGH, D. S.; HICKSON, D. J.; HININGS, C. R. et al. Dimensions of organizational structure. *Administrative Science Quarterly*, v. 13, n. 1, p. 65-105, 1968.

PUGH, D. S.; HICKSON, D. J.; HININGS, C. R. et al. The context of organizational structure. *Administration Science Quarterly*, v. 14, n. 1, p. 91-114, 1969.

PUGH, K. J.; ZHAO, Y. Stories of teacher alienation: a look at the unintended consequences of efforts to empower teachers. *Teaching and Teacher Education*, v. 19, n. 2, p. 187-201, 2003.

PUTNAM, L. Productive conflict: negotiation as implicit coordination. In: DE DREU, C.; VAN DE VLIERT, E. (Eds.). *Using conflict in organizations*. London: Sage, 1997. p. 147-160.

QUINN, R. W.; QUINN, R. E. *Lift*: becoming a positive force in any situation. San Francisco: Berrett-Koehler, 2009.

RACHLIN, H. *Introduction to modern behaviorism*. 3rd ed. New York: Freeman, 1991.

RAFFINI, J. P. *150 ways to increase intrinsic motivation in the classroom*. Boston: Allyn and Bacon, 1996.

RAUDENBUSH, S. W.; ROWAN, B.; CHEONG, Y. F. Contextual effects on the self-perceived efficacy of high school teachers. *Sociology of Education*, v. 65, n. 2, p. 150-67, 1992.

RAUSCHENBERGER, J.; SCHMITT, N.; HUNTER, J. E. A test of the need hierarchy concept by a Markov model of change in need strength. *Administrative Science Quarterly*, v. 25, n. 4, p. 654-670, 1980.

REDDING, W. C. *Communication within the organization*. West Lafayette: Purdue Research Council, 1972.

REEVE, J. *Motivating others*: nurturing inner motivational resources. Boston: Allyn and Bacon, 1996.

REEVE, J.; DECI, E. L.; RYAN, R. M. Self-determination theory: a dialectical framework for understanding the sociocultural influences on studant motivation. In: MCINERNEY, D. M.; VAN ETTEN, S. (Eds). *Motivation and learning*: big theories revisited. Greenwich, CT: Information Age, 2004. v. 4, p. 31-59.

REEVES, J. B. *Academic optimism and organizational climate*: an elementary school effectiveness test of two measures. 2010. Tese (Doutorado) - University of Alabama, Tuscaloosa, 2010.

REILLY, B. J.; DIANGELO JR, J. A. Communication: a cultural system of meaning and value. *Human Relations*, v. 43, n. 2, p. 129-140, 1990.

REISS, F. *Faculty loyalty in and around the urban elementary school*. 1994. Tese (Doutorado) - Rutgers University, New Brunswick, 1994.

REISS, F.; HOY, W. K. Faculty loyalty: an important but neglected concept in the study of schools. *Journal of School Leadership*, v. 8, n. 1, p. 4-25, 1998.

REL-SOUTHEAST. *Making decisions about teacher professional development*: practices in 8 Alabama school districts. Greensboro: University of North Carolina, 2007.

RICE, J. K. Making the evidence matter: implications of the class size research debate for policy makers. In: MISHEL, L.; ROTHSTEIN, R. (Eds.). *The class size debate*. Washington: Economic Policy Institute, 2002. p. 89-94.

RICE, J. K. *Teacher quality*: understanding the effects of teacher attributes. Washington: Economic Policy Institute, 2003.

RICE, M. E.; SCHNEIDER, G. T. A decade of teacher empowerment: an empirical analysis of teacher involvement in decision making, 1980–1991. *Journal of Educational Administration*, v. 32, n. 1, p. 43-58, 1994.

RICE, R. E. Task analyzability, use of new media, and effectiveness: a multi-site exploration of media richness. *Organization Science*, v. 3, p. 4, p. 475-500, 1992.

RINEHART, J. S.; SHORT, P. M.; JOHNSON, P. E. Empowerment and conflict at school-based and non-school-based sites in the United States. *Journal of International Studies in Educational Administration*, v. 25, p. 77-87, 1997.

RINEHART, J. S.; SHORT, P. M.; SHORT, R. J. et al. Teacher empowerment and principal leadership: understanding the influence process. *Educational Administration Quarterly*, v. 34, n. 1, suppl., p. 630-649, 1998.

RIVKIN, S. G.; HANUSHEK, E. A.; KAIN, J. F. Teachers, schools, and academic achievement. *Econometrica*, v. 73, n. 2, p. 417-458, 2005.

ROBBINS, S. B.; LE, H.; LAUVER, K. Promoting successful college outcomes for all students: reply to Weissberg and Owen. *Psychological Bulletin*, v. 131, n. 3, p. 410-411, 2005.

ROBBINS, S. P. *Organizational behavior*: concepts, controversies, applications. 8th ed. Upper Saddle River: Prentice-Hall, 1998.

474 Referências

ROBBINS, S. P. *Organizational behavior*: concepts, controversies, applications. Upper Saddle River: Allyn and Bacon, 1991.

ROBINSON, D. H.; KIEWRA, K. A. Visual argument: graphic outlines are superior to outlines in improving learning from text. *Journal of Educational Psychology*, v. 87, n. 3, p. 455-467, 1995.

ROBINSON, V. M. J.; LLOYD, C. A.; ROWE, K. J. The impact of leadership on student outcomes: an analysis of the differential effects of leadership types. *Educational Administration Quarterly*, v. 44, n. 5, p. 635-674, 2008.

ROCKEY, E. H. *Communication in organizations*. Lanham: University Press of America, 1984.

ROETHLISBERGER, F. J.; DICKSON, W. J. *Management and the worker*: an account of a research program conducted by the Western Electric Company, Hawthorne Works, Chicago. Cambridge: Harvard University, 1939.

ROGOFF, B. Cognition as a collaborative process. In: KUHN, D. (Ed.). *Handbook of child psychology*: cognition, perception, and language. 5th ed. New York: Wiley, 1998. p. 679-744. v. 2.

ROSENSHINE, B. Content, time, and direct instruction. In: PETERSON, P. L.; WALBERG, H. J. (Eds.). *Research on teaching*: concepts, findings, and implications. Berkeley: McCutchan, 1979. p. 28-56.

ROSENSHINE, B. Explicit teaching. In: BERLINER, D.; ROSENSHINE, B. (Eds.). *Talks to teachers*. New York: Random House, 1988. p. 75-92.

ROSENSHINE, B.; STEVENS, R. Teaching functions. In: WITTROCK, M. C. (Ed.). *Handbook of research on teaching*. 3rd ed. New York: Macmillan, 1986. p. 376-391.

ROSS, J. A.; COUSINS, J. B.; GADALLA, T. Within-teacher predictors of teacher efficacy. *Teaching and Teacher Education*, v. 12, n. 4, p. 385-400, 1996.

ROSSMAN, G. B.; CORBETT, H. D.; FIRESTONE, W. A. *Change and effectiveness in schools*: a cultural perspective. Albany: State University of New York, 1988.

ROTHSTEIN, E. Are we having conversation yet? an art form evolves. *New York Times*, 20 march 2006.

ROTHSTEIN, R. *Class and schools*: using social, economic, and educational reform to close the black-white achievement gap. Washington: Economic Policy Institute, 2004.

ROTTER, J. B. Generalized expectancies for internal versus external control of reinforcement. *Psychological Monographs*, v. 80, n. 1, p. 1-28, 1966.

ROUSSEAU, D. M.; SITKIN, S. B.; BURT, R. et al. Not so different after all: a cross-discipline view of trust. *Academy of Management Review*, v. 23, n. 3, p. 393-404, 1998.

ROWAN, B. Institutional studies of organization: lines of analysis and data requirements. In: ANNUAL MEETING OF THE AMERICAN EDUCATIONAL RESEARCH ASSOCIATION, 1993, Atlanta.

ROWAN, B. Organizational structure and the institutional environment: the case of public schools. *Administrative Science Quarterly*, v. 27, n. 2, p. 259-279, 1982.

ROWAN, B. Rationality and reality in organizational management: using the coupling metaphor to understand educational (and other) organizations - a concluding comment. *Journal of Educational Administration*, v. 40, n. 6, p. 604-611, 2002.

ROWAN, B. The effects of institutionalized rules on administrators. In: BACHARACH, S. B. (Ed.). *Organizational behavior in schools and school districts*. New York: Praeger, 1981. p. 47-75.

ROWAN, B. The task characteristics of teaching: implications for the organizational design of schools. In: BERNHARDT, R.; HEDLEY, C. N.; CATTARI, G. et al. (Eds.). *Curriculum leadership*: rethinking schools for the 21st century. Creskill: Hampton, 1998. p. 37-54.

ROWAN, B.; CORRENTI, R.; MILLER, R. J. What large-scale, survey research tells us about teacher effects on student achievement: insights from the prospects study of elementary schools. *Teachers College Record*, v. 104, n. 8, p. 1525-1567, 2002.

ROWAN, B.; MISKEL, C. Institutional Theory and the Study of Educational Organizations. In: MURPHY, J.; LOUIS, K. S. (Eds.). *Handbook of Research on Educational Administration*: a project of the American Educational Research Association. 2nd ed. San Francisco: Jossey-Bass, 1999. p. 359-383.

ROWAN, B.; RAUDENBUSH, S. W.; CHEONG, Y. F. Teaching as a nonroutine task: implications for the management of schools. *Educational Administration Quarterly*, v. 29, n. 4, p. 479-499, 1993.

RUSS, G. S.; DAFT, R. L.; LENGEL, R. H. Media selection and managerial characteristics in organizational communication. *Management Communication Quarterly*, v. 4, n. 2, p. 151-175, 1990.

RUTTER, M.; MAUGHAM, B.; MORTIMORE, P. et al. *Fifteen thousand hours*: secondary schools and their effects on children. London: Open Books, 1979.

RYAN, E. B.; SEBASTIAN, R. J. The effects of speech style and social class background on social judgements of speakers. *British Journal of Clinical and Social Psychology*, v. 19, n. 3, p. 229-233, 1980.

RYAN, R. M.; DECI, E. L. Intrinsic and extrinsic motivation: classroom definitions and new directions. *Contemporary Educational Psychology*, v. 25, n. 1, p. 54-67, 2000.

RYAN, R. M.; DECI, E. L. Self-regulation and the problem of human autonomy: does psychology need choice, self-determination, and will? *Journal of Personality*, v. 74, n. 6, p. 1557-1586, 2006.

RYAN, R. M.; GROLNICK, W. S. Origins and pawns in the classroom: self-report and projective assessments of individual differences in the children's perceptions. *Journal of Personality and Social Psychology*, v. 50, n. 3, p. 550-558, 1986.

SACKNEY, L. E. *The relationship between organizational structure and behavior in secondary schools*. 1976. Tese (Doutorado) - University of Alberta, Edmonton, 1976.

SALAS, E.; KLEIN, G. (Eds.). *Linking expertise and naturalistic decision making*. Mahwah: L. Erlbaum, 2001.

SANDERS, W. L. Value-added assessment. *The School Administrator*, v. 55, p. 11, p. 24-32, 1998.

SASHKIN, M.; BURKE, W. W. Understanding and assessing organizational leadership. In: CLARK, K. E.; CLARK, M. B. (Eds.). *Measures of leadership*. West Orange: Leadership Library of America, 1990. p. 297-325.

SCHEIN, E. H. *Organizational culture and leadership*. San Francisco: Jossey-Bass, 1985.

SCHEIN, E. H. *Organizational culture and leadership*. 2nd ed. San Francisco: Jossey-Bass, 1992.

SCHEIN, E. H. *Organizational culture and leadership*. 3rd ed. San Francisco: Jossey-Bass, 2004.

SCHEIN, E. H. *The corporate culture survival guide*: sense and nonsense about culture change. San Francisco: Jossey-Bass, 1999.

SCHERMERHORN, J. R.; HUNT, J. G.; OSBORN, R. N. *Managing organizational behavior*. New York: Wiley, 1994.

SCHMIDT , H. G.; VAN DER MOLEN, H. T.; TE WINKEL, W. W. R. et al. Constructivist, problem-based learning does work: a meta-analysis of curricular comparisons involving a single medical school. *Educational Psychologist*, v. 44, n. 4, p. 227-249, 2009.

SCHMITZ, J.; FULK, J. Organizational colleagues, media richness, and electronic mail: a test of the social influence model of technology use. *Communication Research*, v. 18, n. 4, p. 487-523, 1991.

SCHMUCK, R. A.; RUNKEL, P. J. *The handbook of organization development in schools*. 3rd ed. Prospect Heights: Waveland, 1985.

SCHNEIDER, W.; BJORKLUND, D. F. Expertise, aptitude, and strategic remembering. *Child Development*, v. 63, n. 2, p. 461-473, 1992.

SCHRAW, G. Knowledge: structures and processes. In: ALEXANDER, P. A.; WINNE, P. H. (Eds.). *Handbook of educational psychology*. 2nd ed. Mahwah: L. Erlbaum, 2006. p. 245-264.

SCHRAW, G.; MOSHMAN, D. Metacognitive theories. *Educational Psychology Review*, v. 7, n. 4, p. 351-371, 1995.

SCHUNK, D. H. *Learning theories*: an educational perspective. 3rd ed. Upper Saddle River: Merrill, 2000.

SCHUNK, D. H.; PINTRICH, P. R.; MEECE, L. J. *Motivation in education*: theory, research, and applications. 3rd ed. Columbus: Merrill, 2008.

SCOTT, W. R. *Institutions and organizations*. 2nd ed. Thousand Oaks: Sage, 2001.

SCOTT, W. R. *Institutions and organizations*. Thousand Oaks: Sage, 1995.

SCOTT, W. R. *Organizations*: rational, natural, and open systems. 2nd ed. Englewood Cliffs: Prentice-Hall, 1987a.

SCOTT, W. R. *Organizations*: rational, natural, and open systems. 3rd ed. Englewood Cliffs: Prentice-Hall, 1992.

SCOTT, W. R. *Organizations*: rational, natural, and open systems. 4th ed. Englewood Cliffs: Prentice-Hall, 1998.

SCOTT, W. R. *Organizations*: rational, natural, and open systems. 5th ed. Upper Saddle River: Prentice-Hall, 2003.

SCOTT, W. R. The adolescence of institutional theory. *Administrative Science Quarterly*, v. 32, n. 4, p. 493-511, 1987b.

SCOTT, W. R.; DAVIS, G. F. *Organizations and organizing*: rational, natural, and open system perspectives. New Jersey: Prentice-Hall, 2007.

SCOTT, W. R.; MEYER, J. W. The organization of societal sectors: propositions and early evidence. In: POWELL, W. W.; DIMAGGIO, P. J. (Eds.). *The new institutionalism in organizational analysis*. Chicago: University of Chicago, 1991. p. 108-140.

SELIGMAN, M. E. P. *Flourish*. New York: Free, 2011.

SELIGMAN, M. E. P. *Learned optimism*. New York: A. A. Knopf, 1998.

SELZNICK, P. *Leadership in administration*: a sociological interpretation. New York: Harper and Row, 1957.

SELZNICK, P. *The moral commonwealth*: social theory and the promise of community. Berkeley: University of California, 1992.

SELZNICK, P. *TVA and the grass roots*. Berkeley: University of California, 1949.

SENATRA, P. T. Role conflict, role ambiguity, and organizational climate in a public accounting firm. *Accounting Review*, v. 55, n. 4, p. 594-603, 1980.

SENDJAYA, S.; SARROS, J. C.; SANTORA, J. C. Defining and measuring servant leadership behaviour in organizations. *Journal of Management Studies*, v. 45, n. 2, p. 402-424, 2008.

SENGE, P. M. *The fifth discipline*: the art and practice of the learning organization. New York: Doubleday, 1990.

SERGIOVANNI, T. J. *Building community in schools*. San Francisco: Jossey-Bass, 1994.

SERGIOVANNI, T. J. *Moral leadership*: getting to the heart of school improvement. San Francisco: Jossey-Bass, 1992.

SHARMA, C. L. Who should make what decisions? *Administrator's Notebook*, v. 3, 1-4, 1955.

SHELBY, A. N. The theoretical bases of persuasion: a critical introduction. *International Journal of Business Communication*, v. 23, p. 1, p. 5-29, 1986.

SHIN, J.; ARIELY, D. Keeping doors open: the effect of unavailability on incentives to keep options viable. *Management Science*, v. 50, n. 5, p. 575-586, 2004.

SHOCKLEY-ZALABAK, P. S.; MORREALE, S. P.; HACKMAN, M. Z. *Building the high-trust organization*: strategies for supporting five key dimensions of trust. San Francisco: Jossey-Bass, 2010.

SHUELL, T. J. Cognitive conceptions of learning. *Review of Educational Research*, v. 56, n. 4, p. 411-436, 1986.

SHUELL, T. Teaching and learning in a classroom context. In: BERLINER, D. C.; CALFEE, R. C.

(Eds.). *Handbook of educational psychology*. New York: Macmillan, 1996. p. 726-764.

SILINS, H. C. Effective leadership for school reform. *Alberta Journal of Educational Research*, v. 38, n. 4, p. 317-334, 1992.

SIMON, H. A. A behavioral model of rational choice. *Quarterly Journal of Economics*, v. 69, n. 1, p. 99-118, 1955.

SIMON, H. A. *Administrative behavior*: a study of decision-making process in administrative organization. 2nd ed. New York: Macmillan, 1957.

SIMON, H. A. *Administrative behavior*: a study of decision-making processes in administrative organization. [S.l.: s.n.], 1947.

SIMON, H. A. Keynote address. In: UCEA CONFERENCE, 1991, Baltimore.

SIMON, H. A. Making management decisions: the role of intuition and emotion. *Academy of Management Executive*, v. 1, n. 1, p. 57-64, 1987.

SIMON, H. A. Rational choice and the structure of the environment. *Psychological Review*, v. 63, n. 2, p. 129-138, 1956.

SIMS, C.; MCDANIEL, J.; MISKEL, C. G. The influence tactics of interest groups and national reading policy. In: ANNUAL CONVENTION OF THE NATIONAL READING CONFERENCE, 2000, Scottsdale.

SINDEN, J. E.; HOY, W. K.; SWEETLAND, S. R. An analysis of enabling school structure: theoretical, empirical, and research considerations. *Journal of Educational Administration*, v. 42, n. 4, p. 462-478, 2004a.

SINDEN, J. E.; HOY, W. K.; SWEETLAND, S. R. Enabling school structures: principal leadership and organizational commitment of teachers. *Journal of School Leadership*, v. 14, n. 2, p. 195-210, 2004b.

SIPE, J. W.; FRICK, D. M. *Seven pillars of servant leadership*: practicing the wisdom of leading by serving. New York: Paulist, 2009.

SKINNER, B. F. Are theories of learning necessary? *Psychological Review*, v. 57, n. 4, p. 193-216, 1950.

SKINNER, B. F. *Science and human behavior*. New York: Macmillan, 1953.

SKINNER, B. F. The origins of cognitive thought. *American Psychologist*, v. 44, n. 1, p. 13-18, 1989.

SLAVIN, R. E. *Cooperative learning*: theory, research, and practice. 2nd ed. Boston: Allyn and Bacon, 1995.

SMITH, D. D. *Introduction to special education*: teaching in an age of opportunity. 5th ed. Boston: Allyn and Bacon, 2006.

SMITH, J. F.; KIDA, T. Heuristics and biases: expertise and task realism in auditing. *Psychological Bulletin*, v. 109, n. 3, p. 472-489, 1991.

SMITH, M. S.; O'DAY, J. A. Systemic school reform. In: FUHRMAN, S. H.; MALEN, B. (Eds.). *The politics of curriculum and testing*. London: Falmer, 1991. p. 233-267.

SMITH, P. A.; HOY, W. K. Academic optimism and student achievement in urban elementary schools. *Journal of Educational Administration*, v. 14, n. 5, p. 556-568, 2007.

SMITH, P. A.; HOY, W. K.; SWEETLAND, S. R. Organizational health of high schools and dimensions of faculty trust. *Journal of School Leadership*, v. 11, n. 2, p. 135-151, 2001.

SMITH, P. A.; MAIKA, S. A. Change orientations: the effects of organizational climate on principal, teacher, and community transformation. *Journal of School Public Relations*, v. 29, n. 4, p. 476-498, 2008.

SMITH, S. M.; SHAFFER, D. R. Speed of speech and persuasion: evidence for multiple effects. *Personality and Social Psychology Bulletin*, v. 21, n. 10, p. 1051-1060, 1995.

SMYLIE, M. A. The enhancement function of staff development: organization and psychological antecedents to individual teacher change. *American Educational Research Journal*, v. 25, n. 1, p. 1-30, 1988.

SNOWMAN, J. Learning tactics and strategies. In: PHYE, G.; ANDRE, T. (Eds.). *Cognitive instructional psychology*. Orlando: Academic, 1984.

SNYDER, C. R.; SHOREY, H. S.; CHEAVENS, J. et al. Hope and academic success in college. *Journal of Educational Psychology*, v. 94, n. 4, p. 820-826, 2002.

SON, K. A.; MISKEL, C. G. *The effect of transformational/transactional leadership on work effectiveness of university presidents*: organizational culture as a moderating variable. [Seowan]: Seowan University, 2006.

SONG, M.; MISKEL, C. G. Who are the influentials? a cross-state social network analysis of the reading policy domain. *Educational Administration Quarterly*, v. 41, n. 1, p. 7-48, 2005.

SOODAK, L. C.; MCCARTHY, M. R. Classroom management in inclusive settings. In: EVERTSON, C. M.; WEINSTEIN, C. S. (Eds.). *Handbook of classroom management*: research, practice, and contemporary issues. Mahwah: L. Erlbaum, 2006.

SOUSA, D. A.; HOY, W. K. Bureaucratic structure in schools: a refinement and synthesis in measurement. *Educational Administration Quarterly*, v. 17, n. 4, p. 21-39, 1981.

SPECTOR, P. E. *Job satisfaction*: application, assessment, cause, and consequence. Thousand Oaks: Sage, 1997.

SPILLANE, J. P. *Distributed leadership*. San Francisco: Jossey-Bass, 2006.

SPILLANE, J. P.; HALVERSON, R.; DIAMOND, J. B. Investigating school leadership practice: a distributed perspective. *Educational Researcher*, v. 30, n. 3, p. 23-28, 2001.

SPILLANE, J. P.; SHERER, J. Z.; COLDREN, A. F. Distributed leadership: leadership practice and the situation. In: HOY, W. K.; MISKEL, C. G. (Eds.). *Educational leadership and reform*. Greenwich: Information Age, 2005. p. 149-167.

SPROULL, L. Managing education programs: a micro-behavioral analysis. *Human Organization*, v. 40, n. 2, p. 113-122, 1981.

STAGE, S. A.; SCOTT, A.; JACKSON, H. G. et al. A validity study of functionally-based behavioral consultation with students with emotional/behavioral disabilities. *School Psychology Quarterly*, v. 23, n. 3, p. 327-353, 2008.

STARKIE, D. Policy changes, configurations, and catastrophes. *Policy and Politics*, v. 12, n. 1, p. 71-84, 1984.

STEARNS, T. M.; HOFFMAN, A. N.; HEIDE, J. B. Performance of commercial television stations as an outcome of interorganizational linkages and environmental conditions. *Academy of Management Journal*, v. 30, n. 1, p. 71-90, 1987.

STEERS, R. M.; PORTER, L. W. (Eds.). *Motivation and work behavior*. 3rd ed. New York: McGraw-Hill, 1983.

STEERS, R. M.; PORTER, L. W. (Eds.). *Motivation and work behavior*. 5th ed. New York: McGraw-Hill, 1991.

STEINFIELD, C. W.; FULK, J. Task demands and managers' use of communication media: an information processing view. In: MEETING OF THE ACADEMY OF MANAGEMENT, 1986, Chicago.

STERNBERG, R. J.; STERNBERG, K. *Cognitive psychology*. 6th ed. Belmont: Wadsworth, 2012.

STINCHCOMBE, A. L. Bureaucratic and craft administration of production: a comparative study. *Administrative Science Quarterly*, v. 4, n. 2, p. 168-187, 1959.

STIPEK, D. J. *Motivation to learn*: from theory to practice. 2nd ed. Boston: Allyn and Bacon, 1993.

STIPEK, D. *Motivation to learn*: integrating theory and practice. 4th ed. Boston: Allyn and Bacon, 2002.

STOGDILL, R. M. Personal factors associated with leadership: a survey of the literature. *Journal of Psychology*, v. 25, n. 1, p. 35-71, 1948.

STOGDILL, R. M. Traits of leadership: a follow-up to 1970. In: BASS, B. M. (Ed.). *Stogdill's handbook of leadership*. New York: Free, 1981. p. 73-97.

STOHL, C. *Organizational communication*. Thousand Oaks: Sage, 1995.

STRAUSS, G. Workflflow frictions, interfunctional rivalry, and professionalism: a case study of purchasing agents. Human Organization, 23, 137–49, 1964.

STRUBE, M. J.; GARCIA, J. E. A meta-analytic investigation of Fiedler's contingency model of leadership effectiveness. *Psychological Bulletin*, v. 90, n. 1, p. 307-321, 1981.

SUCIIMAN, M. C. Managing legitimacy: strategic and institutional approaches. *Academy of Management Review*, v. 20, n. 3, p. 571-610, 1995.

SUTCLIFFE, K. M. What executives notice: accurate perceptions in top management teams. *Academy of Management Journal*, v. 37, n. 5, p. 1360-1378, 1994.

SUTTON, R. I.; STAW, B. M. What theory is not. *Administrative Science Quarterly*, v. 40, n. 3, p. 371-384, 1995.

SWEETLAND, S. R.; HOY, W. K. School characteristics: toward an organizational model of student achievement in middle schools. *Educational Administration Quarterly*, v. 36, n. 5, p. 703-729, 2000a.

SWEETLAND, S. R.; HOY, W. K. Varnishing the truth in schools: principals and teachers spinning reality. *Journal of Educational Administration*, v. 39, n. 3, p. 282-294, 2001.

SWEETLAND, S. R.; HOY, W. K. *Varnishing the truth in schools*: principals and teachers spinning reality. [S.l.: s.n.], 2000b. Artigo não publicado. The Ohio State University, College of Education.

SWELLER, J.; VAN MERRIËNBOER, J. J. G.; PAAS, F. G. W. C. Cognitive architecture and instructional design. *Educational Psychology Review*, v. 10, n. 3, p. 251-296, 1998.

TAGIURI, R. The concept of organizational climate. In: TAGIURI, R.; LITWIN, G. H. (Eds.). *Organizational climate*: explorations of a concept. Boston: Harvard University, 1968. p. 11-32.

TARTER, C. J.; HOY, W. K. A systems approach to quality in elementary schools: a theoretical and empirical analysis. *Journal of Educational Administration*, v. 42, n. 5, p. 539-554, 2004.

TARTER, C. J.; HOY, W. K. The context of trust: teachers and the principal. *High School Journal*, v. 72, n. 1, p. 17-24, 1988.

TARTER, C. J.; HOY, W. K.; BLISS, J. R. Principal leadership and organizational commitment: the principal must deliver. *Planning and Changing*, v. 20, n. 3, p. 139-140, 1989.

TARTER, C. J.; HOY, W. K.; KOTTKAMP, R. School health and organizational commitment. *Journal of Research and Development in Education*, v. 23, p. 236-243, 1990.

TAYLOR, F. W. *Scientific management*. New York: Harper, 1947.

TAYLOR, T.; MARTIN, B. N.; HUTCHINSON, S. et al. Examination of leadership practices of principals identified as servant leaders. *International Journal of Leadership in Education*, v. 10, n. 4, p. 401-419, 2007.

TE'ENI, D. A cognitive-affective model of organizational communication for designing IT. *MIS Quarterly*, v. 25, n. 2, p. 251-312, 2001.

THE OHIO STATE UNIVERSITY. *Wayne K. Hoy, fawcett professor emeritus in educational administration*. [Naples]: The Ohio State University, c2005-2013. Disponível em: <http://www.waynekhoy.com/>. Acesso em: 12 nov. 2014.

THOMAS, H. Mapping strategic management research. *Journal of General Management*, v. 9, p. 55-72, 1984.

THOMAS, K. Conflict and conflict management. In: DUNNETTE, M. D. (Ed.). *Handbook of industrial and organizational psychology*. Chicago: Rand McNally, 1976. p. 889-936.

THOMAS, K. W. Toward multi-dimensional values in teaching: the example of conflict behaviors. *Academy of Management Review*, v. 2, n. 3, p. 484-490, 1977.

THOMPSON, J. D. *Organizations in action*: social science bases of administrative theory. New York: McGraw-Hill, 1967.

478 Referências

TINGSTROM, D. H.; STERLING-TURNER, H. E.; WILCZYNSKI, S. M. The good behavior game: 1969-2002. *Behavior Modification*, v. 30, n. 2, p. 225-253, 2006.

TJOSVOLD, D. Conflict within interdependence: its value for productivity and individuality. In: DE DREU, C.; VAN DE VLIERT, E. (Eds.). *Using conflict in organizations*. London: Sage, 1997. p. 23-37.

TOLBERT, P. S.; HALL, R. H. *Organizations*: structures, processes, and outcomes. Indianapolis: Prentice-Hall, 2008.

TOSI, H. L. *Theories of organization*. Thousand Oaks: Sage, 2009.

TOTH, E. E.; KLAHR, D.; CHEN, Z. Bridging research and practice: a cognitively based classroom intervention for teaching experimentation to elementary school children. *Cognition and Instruction*, v. 18, n. 4, p. 423-459, 2000.

TRENTHAM, L.; SILVERN, S.; BROGDON, R. Teacher efficacy and teacher competency ratings. *Psychology in the Schools*, v. 22, n. 3, p. 343-352, 1985.

TREVINO, L. K.; LENGEL, R. H.; DAFT, R. L. Media symbolism, media richness, and media choice in organizations: a symbolic interactionist perspective. *Communication Research*, v. 14, n. 5, p. 553-574, 1987.

TSCHANNEN-MORAN, M. Collaboration and the need for trust. *Journal of Educational Administration*, v. 39, n. 4, p. 308-331, 2000.

TSCHANNEN-MORAN, M. Fostering teacher professionalism in schools. *Educational Administration Quarterly*, v. 45, n. 2, p. 217-247, 2009.

TSCHANNEN-MORAN, M. *Trust matters*: leadership for successful schools. San Francisco: Jossey Bass, 2004.

TSCHANNEN-MORAN, M.; HOY, W. K. A multidisciplinary analysis of the nature, meaning, and measurement of trust. *Review of Educational Research*, v. 70, n. 4, p. 547-593, 2000.

TSCHANNEN-MORAN, M.; ULINE, C.; WOOLFOLK HOY, A. et al. Creating smarter schools through collaboration. *Journal of Educational Administration*, v. 38, p. 247-271, 2000.

TSCHANNEN-MORAN, M.; WOOLFOLK HOY, A.; HOY, W. K. Teacher efficacy: its meaning and measure. *Review of Educational Research*, v. 68, n. 2, p. 202-248, 1998.

TUBBS, M. E.; BOEHNE, D. M.; DAHL, J. G. Expectancy, balance, and motivational force functions in goal-setting research: an empirical test. *Journal of Applied Psychology*, v. 78, n. 3, p. 361-373, 1993.

TVERSKY, A.; KAHNEMAN, D. Availability: heuristic for judging frequency and probability. *Cognitive Psychology*, v. 5, n. 2, p. 207-232, 1973.

TVERSKY, A.; KAHNEMAN, D. Judgment under uncertainty: heuristics and biases. *Science*, v. 185, n. 4157, p. 1124-1131, 1974.

TVERSKY, A.; KAHNEMAN, D. The framing of decisions and the psychology of choice. *Science*, v. 211, n. 4481, p. 453-458, 1981.

TYLER, T. R. Psychological models of the justice motive: antecedents of distributive and procedural justice. *Journal of Personality and Social Psychology*, v. 67, n. 5, p. 850-863, 1994.

UDY JR, S. H. "Bureaucracy" and "rationality" in Weber's organization theory. *American Sociological Review*, v. 24, p. n. 6, p. 791-795, 1959.

ULINE, C. L.; MILLER, D. M.; TSCHANNEN-MORAN, M. School effectiveness: the underlying dimensions. *Educational Administration Quarterly*, v. 34, n. 4, p. 462-483, 1998.

ULINE, C. L.; TSCHANNEN-MORAN, M.; PEREZ, L. Constructive conflict: how controversy can contribute to school improvement. *Teachers College Record*, v. 105, n. 5, p. 782-816, 2003.

UMBREIT, J. Functional analysis of disruptive behavior in an inclusive classroom. *Journal of Early Intervention*, v. 20, n. 1, p. 18-29, 1996.

UNITED STATES DEPARTMENT OF EDUCATION. ESEA Blueprint for Reform. Washington, D.C: USDE, Office of Planning, Evaluation and Policy Development, 2010. http://www2.ed.gov/programs/racetothetop/index.html .

UNITED STATES DEPARTMENT OF EDUCATION. National Commission on Excellence in Education. *A nation at risk*: the imperative for educational reform. Washington: U.S. Government Printing Office, 1983.

UNITED STATES OF AMERICA. Department of education. Individuals with disabilities educational act. [S.l.: s.n.], 1997. Disponível em: <http://www2.ed.gov/policy/speced/leg/idea/idea.pdf>. Acesso em: 2 nov. 2014.

UNITED STATES. Department of Education. *No Child Left Behind*. [Washington: s. n, 2002]. Disponível em: <http://www2.ed.gov/nclb/landing.jhtml>. Acesso em: 17 nov. 2014.

URWICK, L. F. Organization as a technical problem. In: GULICK, L. H.; URWICK, L. F. (Eds.). *Papers on the science of administration*. New York: Institute of Public Administration, 1937. p. 47-88.

VAN DE POL, J.; VOLMAN, M.; BEISHUIZEN, J. Scaffolding in teacher-student interaction: a decade of research. *Educational Psychology Review*, v. 22, n. 3, p. 271-296, 2010.

VAN DE VEN, A. H.; FERRY, D. L. *Measuring and assessing organizations*. New York: Wiley, 1980.

VAN EERDE, W.; THIERRY, H. Vroom's expectancy models and work related criteria: a meta-analysis. *Journal of Applied Psychology*, v. 81, n. 5, p. 575-586, 1996.

VAN GOG, T.; PASS, F.; SWELLER, J. Cognitive load theory: advances in research on worked examples, animations, and cognitive load measurement. *Educational Psychology Review*, v. 22, n. 4, p. 375-378, 2010.

VAN MERRIËNBOER, J. J. G.; SWELLER, J. Cognitive load and complex learning: recent developments and future directions. *Educational Psychology Review*, v. 17, n. 2, p. 147-177, 2005.

VAN METER, P. Drawing construction as a strategy for learning from text. *Journal of Educational Psychology*, v. 93, n. 1, p. 129-140, 2001.

VAN METER, P.; YOKOI, L.; PRESSLEY, M. College students' theory of note-taking derived from their perceptions of note-taking. *Journal of Educational Psychology*, v. 86, n. 3, p. 323-338, 1994.

VAN VUGT, M.; AHUJA, A. *Naturally selected*: the evolutionary science of leadership. New York: Harper and Collins, 2011.

VANSTEENKISTE, M.; LENS, W.; DECI, E. L. Intrinsic versus extrinsic goal contents in self-determination theory: another look at the quality of academic motivation. *Educational Psychologist*, v. 41, n. 1, p. 19-31, 2006.

VECCHIO, R. P. An empirical examination of the validity of Fiedler's model of leadership effectiveness. *Organizational Behavior and Human Performance*, v. 19, n. 1, p. 180-206, 1977.

VECCHIO, R. P. *Organizational behavior*. Chicago: Dryden, 1988.

VECCHIO, R. P. The impact of differences in subordinate and supervisor age on attitudes and performance. *Psychology and Aging*, v. 8, n. 1, p. 112-119, 1993.

VERA, A. H.; SIMON, H. A. Situated action: a symbolic interpretation. *Cognitive Science*, v. 17, n. 1, p. 7-48, 1993.

VINOVSKIS, M. A. *History and educational policymaking*. New Haven: Yale University, 1999.

VROOM, V. H. Leadership. In: DUNNETTE, M. D. (Ed.). *Handbook of industrial and organizational psychology*. Chicago: Rand McNally, 1976. p. 1527-1551.

VROOM, V. H. *Some personality determinants of the effects of participation*. Englewood Cliffs: Prentice-Hall, 1960.

VROOM, V. H. *Work and motivation*. New York: Wiley, 1964.

VROOM, V. H.; JAGO, A. G. On the validity of the Vroom-Yetton model. *Journal of Applied Psychology*, v. 63, n. 2, p. 151-162, 1978.

VROOM, V. H.; YETTON, P. W. *Leadership and decision making*. Pittsburgh: University of Pittsburgh, 1973.

VROOM, V. On origins of expectancy theory. In: SMITH, K.; HITT, M. A. (Eds.). *Great minds in management*: the process of theory development. New York: Oxford University, 2005. p. 239-260.

WAGNER, C. A.; DIPAOLA, M. F. Academic optimism of high school teachers: its relationship to organizational citizenship behaviors and student achievement. *Journal of School Leadership*, v. 21, n. 6, p. 893-926, 2011.

WAGNER, C.; DIPAOLA, M. Academic optimism of high school teachers: its relation-ship to school achievement and organizational citizenship behaviors. In: ANNUAL MEETING OF THE AMERICAN EDUCATIONAL RESEARCH ASSOCIATION, 2009, San Diego.

WALLER, W. *The sociology of teaching*. New York: J. Wiley and Sons, 1932.

WALUMBWA, F. O.; HARTNELL, C. A.; OKE, A. Servant leadership, procedural justice climate, service climate, employee attitudes, and organizational citizenship behavior: a cross-level investigation. *Journal of Applied Psychology*, v. 95, n. 3, p. 517-529, 2010.

WATKINS, K. E.; MARSICK, V. J. *Sculpting the learning organization*: lessons in the art and science of systemic change. San Francisco: Jossey-Bass, 1993.

WATTS, D. M. *Enabling school structure, mindfulness, and teacher empowerment*: test of a theory. 2009. Tese (Doutorado) - University of Alabama, Tuscaloosa, 2009.

WEBB, N.; PALINCSAR, A. Group Processes in the Classroom. In: BERLINER, D. C.; CALFEE, R. C. (Eds.). *Handbook of Educational Psychology*. New York: Macmillan, 1996. p. 841-876.

WEBER, J. Leading the instructional program. In: SMITH, S.; PIELE, P. (Eds.). *School leadership*. Eugene: Clearing House of Educational Management, 1996. p. 253-278.

WEBER, M. *The theory of social and economic organizations*. New York: Free, 1947.

WEICK, K. E. Educational organizations as loosely coupled systems. *Administrative Science Quarterly*, v. 21, n. 1, p. 1-19, 1976.

WEICK, K. E. The vulnerable system: an analysis of the Tenerife air disaster. *Journal of Management*, v. 16, n. 3, p. 571-593, 1990.

WEICK, K. E.; SUTCLIFFE, K. M. *Managing the unexpected*: assuring high performance in an age of complexity. San Francisco: Jossey-Bass, 2001.

WEICK, K.; WESTLEY, F. Organizational learning: affirming the oxymoron. In: CLEGG, S. R.; HARDY, C.; NORD, W. R. (Eds.). *Handbook of organizational studies*. Thousand Oaks: Sage, 1996. p. 440-458.

WEINER, B. Ability versus effort revisited: the moral determinants of achievement evaluation and achievement as a moral system. *Educational Psychologist*, v. 29, n. 3, p. 163-172, 1994a.

WEINER, B. An attributional theory of achievement motivation and emotion. *Psychological Review*, v. 92, n. 4, p. 548-573, 1985.

WEINER, B. *An attributional theory of motivation and emotion*. New York: Springer-Verlag, 1986.

WEINER, B. *Human motivation*: metaphors, theories, and research. Newbury Park: Sage, 1992.

WEINER, B. Integrating social and persons theories of achievement striving. *Review of Educational Research*, v. 64, n. 4, p. 557-573, 1994b.

WEINER, B. Interpersonal and intrapersonal theories of motivation from an attributional perspective. *Educational Psychological Review*, v. 12, n. 1, p. 1-14, 2000.

WEINER, B. The development of an attribution-based theory of motivation: a history of ideas. *Educational Psychologist*, v. 45, n. 1, p. 28-36, 2010.

WEINER, B. *Theories of motivation*: from mechanism to cognition. Chicago: Markham, 1972.

WEINERT, F. E.; HELMKE, A. Learning from wise Mother Nature or Big Brother instructor: the wrong choice as seen from an educational perspective. *Educational Psychologist*, v. 30, n. 3, p. 135-142, 1995.

WHITEHEAD, A. N. *Science and the modern world*. New York: Macmillan, 1925.

WHITEHEAD, A. N. *The aims of education*. New York: Macmillan, 1929.

WIETZ, S. *Non-verbal communication*. New York: Oxford, 1974.

WILDAVSKY, A. B. *Searching for safety*. New Brunswick: Transaction, 1991.

WILENSKY, H. L. The professionalization of everyone? *American Journal of Sociology*, v. 70, n. 2, p. 137-158, 1964.

WILLIAMS, B. W. *Organizational health and mindfulness and predictors of school effectiveness*. 2010. Tese (Doutorado) - University of Alabama, Tuscaloosa, 2010.

WILLIAMS, L. B.; HOY, W. K. Principal-staff relations: situational mediator of effectiveness. *Journal of Educational Administration*, v. 9, n. 1, p. 66-73, 1971.

WILLIS, Q. The work activity of school principals: an observational study. *Journal of Educational Administration*, v. 18, n. 1, p. 27-54, 1980.

WILLOWER, D. J. Inquiry in educational administration and the spirit of the times. *Educational Administration Quarterly*, v. 32, p. 341-365, 1996.

WILLOWER, D. J. The form of knowledge and the theory-practice relationship. *Educational Theory*, v. 13, n. 1, p. 47-52, 1963.

WILLOWER, D. J. Theory in educational administration. *Journal of Educational Administration*, v. 13, p. 77-91, 1975.

WILLOWER, D. J. Values, valuation, and explanation in school organizations. *Journal of School Leadership*, v. 4, n. 5, p. 466-483, 1994.

WILLOWER, D. J.; EIDELL, T. L.; HOY, W. K. *The school and pupil control ideology*. University Park: Pennsylvania State University, 1967. (The Pennsylvania State University studies, 24).

WILLOWER, D. J.; JONES, R. G. Control in an educational organization. In: RATHS, J. D.; PANCELLA, J. R.; VAN NESS, J. S. (Eds.). *Studying teaching*. Englewood Cliffs: Prentice-Hall, 1967. p. 424-428.

WILLOWER, D. J.; LICATA, J. W. *Values and valuation in the practice of educational administration*. Thousand Oaks: Corwin, 1997.

WILSON, M. The case for sensorimotor coding in working memory. *Psychonomic Bulletin and Review*, v. 8, n. 1, p. 44-57, 2001.

WILSON, T. D.; HOUSTON, C. E.; ETLING, K. M. et al. A new look at anchoring effects: basic anchoring and its antecedents. *Journal of Experimental Psychology General*, v. 125, n. 4, p. 382-407, 1996.

WILSON, W. J. *The truly disadvantaged*: the inner city, underclass, and public policy. Chicago: University of Chicago, 1987.

WIMPELBERG, R. K.; TEDDLIE, C.; STRINGFIELD, S. Sensitivity to context: the past and future of effective schools research. *Educational Administration Quarterly*, v. 25, n. 1, p. 82-107, 1989.

WINDSCHITL, M. Framing constructivism in practice as the negation of dilemmas: an analysis of the conceptual, pedagogical, cultural, and political challenges facing teachers. *Review of Educational Research*, v. 72, n. 2, p. 131-175, 2002.

WISE, A. E. The two conflicting trends in school reform: legislated learning revisited. *Phi Delta Kappan*, v. 69, n. 5, p. 328-333, 1988.

WISEMAN, C. Selection of major planning issues. *Policy Sciences*, v. 9, n. 1, p. 71-86, 1978.

WISEMAN, C. Strategic planning in the Scottish health service--a mixed scanning approach. *Long Range Planning*, v. 12, n. 2, p. 103-113, 1979b.

WITZIERS, B.; BOSKER, R. J.; KRÜGER, M. L. Educational leadership and student achievement: the elusive search for an association. *Educational Administration Quarterly*, v. 39, n. 3, p. 398-425, 2003.

WOLIN, S. S. *Politics and vision*: continuity and innovation in western political thought. Boston: Little, Brown, 1960.

WOOD, R.; BANDURA, A. Social cognitive theory of organizational management. *Academy of Management Review*, v. 14, n. 3, p. 361-384, 1989.

WOOD, S. E.; WOOD, E. G. *The world of psychology*. 3rd ed. Boston: Allyn and Bacon, 1999.

WOODS, B. S.; MURPHY, P. K. Thickening the discussion: what can William James tell us about constructivism? *Educational Theory*, v. 52, p. 443-449, 2002.

WOOLFOLK HOY, A. W.; HOY, W. K.; KURTZ, N. M. Teachers' academic optimism: the development and test of a new construct. *Teaching and Teacher Education*, v. 24, n. 4, p.821-835, 2008.

WOOLFOLK HOY, A.; HOY, W. K.; DAVIS, H. Teachers' self-efficacy beliefs. In: WENTZEL, K. R.; WIGFIELD, A. (Eds.). *Handbook of motivation in school*. New York: Routledge, 2009. p. 627-655.

WOOLFOLK, A. E. *Educational psychology*. 11th ed. Upper Saddle River: Pearson, 2010.

WOOLFOLK, A. E. *Educational psychology*. 12th ed. Boston: Pearson, 2013.

WOOLFOLK, A. E.; HOY, W. K. Prospective teachers' sense of efficacy and beliefs about control. *Journal of Educational Psychology*, v. 82, n. 1, p. 81-91, 1990.

WOOLFOLK, A. E.; ROSOFF, B.; HOY, W. K. Teachers' sense of efficacy and their beliefs about managing students. *Teaching and Teacher Education*, v. 6, n. 2, p. 137-148, 1990.

WOOLFOLK, A. *Educational psychology*. 11th ed. Upper Saddle River: Pearson, 2010.

WOOLFOLK, A. *Educational psychology*. 8th ed. Boston: Allyn and Bacon, 2000.

WOOLFOLK, A. W. The educational psychology of teacher efficacy. *Educational Psychology Review*, v. 16, p. 153-176, 2004.

WORTHY, J. C. Factors influencing employee morale. *Harvard Business Review*, v. 28, p. 61-73, 1950.

WRIGHT, P. M.; O'LEARY-KELLY, A. M.; CORTINA, J. M. et al. On the meaning and measurement of goal commitment. *Journal of Applied Psychology*, v. 79, n. 6, p. 795-803, 1994.

YAMAGISHI, T.; GILLMORE, M. R.; COOK, K. S. Network connections and the distribution of power in exchange networks. *American Journal of Sociology*, v. 93, n. 4, p. 833-851, 1988.

YAZICI, H. J. The role of communication in organizational change: an empirical investigation. *Information and Management*, v. 39, n. 7, p. 539-352, 2002.

YOUNG, T. V.; MISKEL, C. G. Interest group lobbying activities in state reading policy. In: ANNUAL MEETING OF THE AMERICAN EDUCATIONAL RESEARCH ASSOCIATION, 2004, San Diego.

YUCHTMAN, E.; SEASHORE, S. E. A system resource approach to organizational effectiveness. *American Sociological Review*, v. 32, n. 6, p. 891-903, 1967.

YUKL, G. A. An evaluation of conceptual weaknesses in transformational and charismatic leadership theories. *Leadership Quarterly*, v. 10, n. 2, p. 285-305, 1999.

YUKL, G. A. *Leadership in Organization*. 5th ed. Upper Saddle River: Prentice-Hall, 2002.

YUKL, G. A. *Leadership in Organizations*. 3rd ed. Englewood Cliffs: Prentice-Hall, 1994.

YUKL, G. A. *Leadership in Organizations*. 7th ed. Upper Saddle River: Prentice-Hall, 2010.

ZACCARO, S. J. Trait-based perspectives of leadership. *American Psychologist*, v. 62, n. 1, p. 6-16, 2007.

ZAHN, C. L. Face-to-face communication in an office setting: the effects of position, proximity, and exposure. *Communication Research*, v. 18, n. 6, p. 737-754, 1991.

ZALD, M. M.; BERGER, M. A. Social movements in organizations: coup d'etat, insurgency, and mass movements. *American Journal of Sociology*, v. 83, n. 4, p. 823-861, 1978.

ZAND, D. E. *The leadership triad*: knowledge, trust, and power. New York: Oxford University, 1997.

ZENGER, T. R.; LAWRENCE, B. S. Organizational demography: the differential effects of age and tenure distributions on technical communication. *Academy of Management Journal*, v. 32, n. 2, p. 353-376, 1989.

ZIELINSKI, A. E.; HOY, W. K. Isolation and alienation in elementary schools. *Educational Administration Quarterly*, v. 19, n. 2, p. 27-45, 1983.

ZUCKER, L. G. Institutional theories of organization. *Annual Review of Sociology*, v. 13, p. 443-464, 1987.

LEITURAS RECOMENDADAS

AMERICAN ASSOCIATION OF SCHOOL ADMINISTRATORS. *An introduction to total quality management*: a collection of articles on the concepts of total quality management and W. Edwards Deming. Arlington: American Association of School Administrators, 1991.

ABRAMOWITZ, S.; TENEBAUM, E. *High school '77*: a survey of public secondary school principals. Washington: National Institute for Education, 1978.

ADAMS, C. A.; FORSYTH, P. B. Student academic optimism: confirming a construct. In: DIPAOLA, M. F.; FORSYTH, P. B. (Eds.). *Leading research in educational administration*: a Festschrift for Wayne K. Hoy. Charlotte: Information Age, 2011. p. 73-88.

ADLER, P. S. *The oxford handbook of sociology and organizational studies*: classical foundations. Oxford: Oxford University, 2009.

ADLER, S.; SKOV, R. B.; SALVEMINI, N. J. Job characteristics and job satisfaction: when cause becomes consequence. *Organizational Behavior and Human Decision Processes*, v. 35, n. 2, p. 266-278, 1985.

AGHO, A. O.; MUELLER, C. W.; PRICE, J. L. Determinants of employee job satisfaction: an empirical test of a causal model. *Human Relations*, v. 46, n. 8, p. 1007-1027, 1993.

ALEXANDER, P. A. The past, present, and future of knowledge research: a reexamination of the role of knowledge in learning and instruction. *Educational Psychologist*, v. 31, n. 2, p. 89-92, 1996.

ALINSKY, S. D. *Rules for radicals; a practical primer for realistic radicals*. New York: Random House, 1971.

ALLEN, R. F.; KRAFT, C. *The organizational unconscious*: how to create the corporate culture you want and need. Englewood Cliffs: Prentice Hall, 1982.

ANDERSON, J. C.; RUNGTUSANATHAM, M.; SCHROEDER, R. G. A theory of quality management underlying the deming management. *Academy of Management Review*, v. 19, n. 3, p. 472-509, 1994.

ARCHES, J. Social structure, burnout, and job satisfaction. *Social Work*, v. 36, n. 3, p. 202-206, 1991.

ARISTOTLE. *Politics*: book I, chapter 5. London: Macmillan, 1883.

ARNOLD, H. J.; HOUSE, R. J. Methodological and substantive extensions to the job characteristics model of motivation. *Organizational Behavior and Human Performances*, v. 25, p. 161-183, 1980.

ASHFORTH, B. E. Climate formations: issues and extensions. *Academy of Management Review*, v. 10, p. 837-47, 1985.

ASTUTO, T. A.; CLARK, D. L. *Merit pay for teachers*. Bloomington: School of Education, University of Indiana, 1985.

ASTUTO, T. A.; CLARK, D. L. Strength of organizational coupling in the instructionally effective school. *Urban Education*, v. 19, n. 4, p. 331-356, 1985.

AVERCH, H. A.; CARROLL, S. J.; DONALDSON, T. S. et al. *How effective is schooling?*: a critical review and synthesis of research findings. Santa Monica: Rand, 1972.

BACHARACH, S. B. Four themes of reform: an editorial essay. *Educational Administration Quarterly*, v. 24, n. 4, p. 484-496, 1988.

BACHARACH, S. B. Organizational theories: some criteria for evaluation. *Academy of Management Review*, v. 14, n. 4, p. 496-515, 1989.

BACHARACH, S. B.; LAWLER, E. J. *Organizational politics*. Stamford: JAI, 2000.

BACHARACH, S. B.; CONLEY, S.; SHEDD, J. Beyond career ladders: structuring teacher career development systems. *Teachers College Record*, v. 87, n. 4, p. 563-574, 1986.

BAILYN, L. Autonomy in the R&D lab. *Human Resource Management*, v. 24, n. 2, p. 129-146, 1985.

BAKER, M. A. Gender and verbal communication in professional settings: a review of research. *Management Communication Quarterly*, v. 5, n. 1, p. 36-63, 1991.

BALTZELL, D. C.; DENTLER, R. A. *Selecting American school principals*: a sourcebook for educators. Cambridge: Abt Associates, 1983.

BARNABÉ, C.; BURNS, M. L. Teachers' job characteristics and motivation. *Educational Research*, v. 36, n. 2, p. 171-185, 1994.

BEARD, K. S.; HOY, W. K. The nature, meaning, and measure of teacher flow: a test of rival hypotheses. *Educational Administration Quarterly*, v. 46, n. 3, p. 426-458, 2010.

BECKER, W. C.; ENGELMANN, S.; THOMAS, D. R. *Teaching 1*: classroom management. Chicago: Science Research Associates, 1975.

BENNIS, W. G. *Changing organizations*: essays on the development and evolution of human organization. New York: McGraw-Hill, 1966.

BHAGAT, R. S.; CHASSIE, M. B. Effects of changes in job characteristics on some theory-specific attitudinal outcomes: results from a naturally occurring quasi-experiment. *Human Relations*, v. 33, n. 5, p. 297-313, 1980.

BIRNBAUM, R. Presidential succession: an interinstitutional analysis. *Educational Record*, v. 52, n. 2, p. 133-145, 1971.

BLACKBURN, R.; ROSEN, B. Total quality and human resources management: lessons learned from baldrige award-winning companies. *Academy of Management Executive*, v. 7, n. 3, p. 49-66, 1993.

BLOOM, B. S. Learning for mastery. *Evaluation comment*, v. 1, n. 2, 1968.

BLUEDORN, A. C.; DENHARDT, R. B. Time and organizations. *Journal of Management*, v. 14, n. 2, p. 299-320, 1988.

BOK, D. C. *The cost of talent*: how executives and professionals are paid and how it affects. New York: Free, 1993.

BONSTINGL, J. J. The quality revolution in education. *Educational Leadership*, v. 50, n. 3, p. 4-9, 1992.

BOWDITCH, J. L.; BUONO, A. F. *A primer on organizational behavior*. New York: Wiley, 1985.

BRADY, L. The "Australian" O. C. D. Q.: a decade later. *Journal of Educational Administration*, v. 23, n. 1, p. 53-58, 1985.

BREDDERMAN, T. Effects of activity-based elementary science on student outcomes: a qualitative synthesis. *Review of Educational Research*, v. 53, p. 499-518, 1983.

CAPPER, C. A.; JAMISON, M. T. Let the buyer beware: total quality management and educational research and practice. *Educational Researcher*, v. 22, n. 8, p. 25-30, 1993.

CAREY, M. R. Transformational leadership and the fundamental option for self-transcendence. *Leadership Quarterly*, v. 3, n. 3, p. 217-236, 1992.

CARLSON, R. O. Environmental constraints and organizational consequences: the public school and its clients. In: GRIFFITHS, D. E. (Ed.). *Behavioral science and educational administration*. Chicago: University of Chicago, 1964. p. 262-276.

CARNEGIE CORPORATION OF NEW YORK. A nation prepared: teachers for the 21st century. The report of the task force on teaching as a profession. New York: Carnegie Corporation, 1986.

CARPENTER, H. H. Formal organizational structural factors and perceived job satisfaction of classroom teachers. Administrative Science Quarterly, v. 16, n. 4, p. 460-466, 1971.

CARROLL, S. J. Management by objectives: three decades of research and experience. In: RYNES, S. L.; MILKOVICH, G. T. (Eds.). *Current issues in human resource management*: commentary and readings. Plano: Business, 1986.

CASNER-LOTTO, J. Expanding the teacher's role: Hammond's school improvement. *Phi Delta Kappan*, v. 69, n. 5, p. 349-353, 1988.

CHAPMAN, D. W.; HUTCHESON, S. M. Attrition from teaching careers: a discriminant analysis. *American Educational Research Journal*, v. 19, n. 1, p. 93-105, 1982.

CHOO, C. W. *The knowing organization*: how organizations use information to construct meaning, create knowledge, and make decisions. New York: Oxford University, 1998.

CIALDINI, R. E. *Influence*: science and practice. 4th ed. Boston: Allyn and Bacon, 2001.

CLARK, K. E.; CLARK, M. B. (Eds.). *Measures of leadership*. West Orange: Leadership Library of America, 1990.

COCH, L.; FRENCH JR, J. R. P. Overcoming resistance to change. *Human Relations*, v. 1, p. 512-532, 1948.

COHEN, D. K. Schooling more and liking it less: puzzles of educational improvement. *Harvard Educational Review*, v. 57, p. 174-177, 1987.

COHEN, D. K.; SPILLANE, J. P. Policy and practice: the relations between governance and instruction. *Review of Research in Education*, v. 18, p. 3-49, 1992.

COLEMAN, J. S. *Power and structure of society*. New York: Norton, 1974.

CONGER, J. A. Inspiring others: the language of leadership. *Academy of Management Executive*, v. 5, n. 1, p. 31-45, 1991.

CONGER, J. A. Charismatic and transformational leadership in organizations: an insider's perspective on these developing streams of research. *Leadership Quarterly*, v. 10, n. 2, p. 145-179, 1999.

CONGER, J. A.; KANUNGO, R. N. The empowerment process: integrating theory and practice. *Academy of Management Journal*, v. 13, n. 3, p. 471-482, 1988.

CONLEY, S.; LEVINSON, R. Teacher work redesign and job satisfaction. *Educational Administration Quarterly*, v. 29, n. 4, p. 453-478, 1993.

CONNOLLY, T.; CONLON, E. J.; DEUTSCH, S. J. Organizational effectiveness: a multiple-constituency approach. *Academy of Management Review*, v. 5, n. 2, p. 211-217, 1980.

CORDERY, J. L.; SEVASTOS, P. P. Responses to the original and revised job diagnostic survey: is education a factor in responses to negatively worded items? *Journal of Applied Psychology*, v. 78, n. 1, p. 141-143, 1993.

CORNO, L.; SNOW, R. E. Adapting teaching to individual differences in learners. In: WITTROCK, M. C. (Ed.). *Handbook of research on teaching*. 3rd ed. New York: Macmillan, 1986. p. 605-629.

COSGROVE, D. The effects of principal succession on elementary schools. 1985. Tese (Doutorado) - University of Utah, Salt Lake City, 1985.

CRANNY, C. J.; SMITH, P. C.; STONE, E. F. *Job satisfaction*: how people feel about their jobs and how it affects their performance. New York: Lexington, 1992.

DALTON, M. *Men who manage*. New York: Wiley, 1959.

DARLING-HAMMOND, L. *Beyond the commission reports*: the coming crisis in teaching. Santa Monica: Rand, 1984.

DEAL, T. E.; CELOTTI, L. D. How much influence do (and can) educational administrators have on classrooms? *Phi Delta Kappan*, v. 61, n. 7, p. 471-473, 1980.

DEAL, T.; WISE, M. Planning, plotting, and playing in education's era of decline. In: BALDRIDGE, V.; DEAL, T. (Eds.). *The dynamics of educational change*. San Francisco: McCutchan, 1983.

DEAN, J. W.; BOWEN, D. E. Management theory and total quality: improving research and practice through theory development. *Academy of Management Review*, v. 19, n. 3, p. 392-418, 1994.

DEMING, W. E. *Quality, productivity, and competitive advantage*. Cambridge: MIT, 1983.

DEMING, W. E. *Out of crisis*. Cambridge: MIT, 1986.

DEMING, W. E. *The new economics for economics, government, education*. Cambridge: MIT, 1993.

DENHARDT, R. B.; PERKINS, J. The coming of death of administrative man. *Women in Public Administration*, v. 36, n. 4, p. 379-384, 1976.

DENISON, D. R. *Corporate culture and organizational effectiveness*. New York: Wiley, 1990.

DEVITA, M. C. Taking stock in education leadership: how does it matter? In: LEITHWOOD, K.; LOUIS, K. S.; ANDERSON, S. et al. *How leadership influences student learning*. New York: Wallace Foundation, 2004.

DICKSON, P. H.; WEAVER, K. M. Environmental determinants and individual-level moderators of alliance use. *Academy of Management Journal*, v. 40, n. 2, p. 404-425, 1997.

DIMAGGIO, P. J. Comments on "what theory is not". *Administrative Science Quarterly*, v. 40, n. 3, p. 391-397, 1995.

DIPAOLA, M. F. Scandal at placido high: coincidence or conspiracy? *Journal of Cases in Educational Leadership*, v. 2, n. 3, p. 17-21, 1999.

DIPAOLA, M. F.; TSCHANNEN-MORAN, M. Organizational citizenship behavior in schools and its relationship to school climate. *Journal of School Leadership*, v. 11, p. 424-447, 2001.

DONMOYER, R. B. The continuing quest for a knowledge base: 1976–1998. In: MURPHY, J.; LOUIS, K. S. (Eds.). *Handbook of research on educational administration*: a project of the American Educational Research Association. 2nd ed. San Francisco: Jossey-Bass, 1999. p. 25-44.

DONMOYER, R. B.; SCHEURICH, J.; IMBER, M. L. (Eds.). *The knowledge base in educational administration*: multiple perspectives. Albany: SUNY, 1994.

DOWD, M. *Are men necessary?* New York: Putnam, 2005.

DOWNS, C. W. *Organizational communicator*. New York: Harper and Row, 1977.

DRUCKER, P. F. *The practice of management*. New York: Harper and Row, 1954.

DUBIN, R. *Theory building*. New York: Free, 1969.

DUNCAN, R. B. Characteristics of organizational environments and perceived environmental uncertainty. *Administrative Science Quarterly*, v. 17, n. 3, p. 313-327, 1972.

DUNCAN, R. B. What is the right organizational structure? decision free analysis provides the answer. *Organizational Dynamics*, v. 7, p. 59-80, 1979.

EBMEIER, H.; HART, A. W. The effects of a career-ladder program on school organizational process. *Educational Evaluation and Policy Analysis*, v. 14, n. 3, p. 261-281, 1992.

ELMORE, R. F. *Bridging the gap between standards and achievement*. Washington: Albert Shanker Institute, 2002.

EMERY, F. E.; TRIST, E. L. The causal texture of organization environments. *Human Relations*, v. 18, n. 1, p. 21-32, 1965.

ENGLISH, F. W. *Theory in educational administration*. New York: Harper and Collins, 1994.

ENGLISH, F. W. The cupboard is bare: the postmodern critique of educational administration. *Journal of School Leadership*, v. 7, n. 1, p. 4-26, 1998.

ENGLISH, F. W. *The postmodern challenge to the theory and practice of educational administration*. Springfield: Charles C. Thomas, 2003.

ETZIONI, A. *The moral dimension*: toward a new economics. New York: Free, 1988.

EVANS, M. G.; KIGGUNDU, M. N.; HOUSE, R. J. A partial test and extension of the job characteristics model of motivation. *Organizational Behavior and Human Performance*, v. 24, n. 3, p. 354-381, 1979.

FIEDLER, F. E. Validation and extension of the contingency model of leadership effectiveness: a review of empirical findings. *Psychological Bulletin*, v. 76, n. 2, p. 128-148, 1971.

FIEDLER, F. E. The contingency model and the dynamics of the leadership process. *Advances in Experimental Social Psychology*, v. 11, p. 60-112, 1973.

FIEDLER, F. E. *The contribution of cognitive resources and leader behavior to organizational performance*. Seattle: University of Washington, 1984. (Organization research technical report, 84-4).

FIEDLER, F. E.; CHEMERS, M. M. *Leadership and effective management*. Glenview: Scott, Foresman, 1974.

FIEDLER, K. Tools, toys, truisms, and theories: some thoughts on the creative cycle of theory formation. *Personality and Social Psychology Review*, v. 8, n. 2, p. 123-131, 2004.

FINN, J. D.; ACHILLES, C. M. Answers and questions about class size: a statewide experiment. *American Educational Research Journal*, v. 27, n. 3, p. 557-577, 1990.

FIRESTONE, W. A. Merit pay and job enlargement as reforms: incentives, implementation, and teacher response. *Educational Evaluation and Policy Analysis*, v. 13, n. 3, p. 269-288, 1991.

FIRESTONE, W. A., AND BADER, B. D. *Redesigning teaching*: professionalism or bureaucracy. Albany: State University of New York, 1992.

FIRESTONE, W. A.; PENNELL, J. Teacher commitment, working conditions, and differential incentives. *Review of Educational Research*, v. 63, n. 4, p. 489-525, 1993.

FLAVELL, J. H. *Cognitive development*. 2nd ed. Englewood Cliffs: Prentice-Hall, 1985.

FLAVELL, J. H.; FRIEDRICHS, A. G.; HOYT, J. D. Developmental changes in memorization processes. *Cognitive Psychology*, v. 1, n. 4, p. 324-340, 1970.

FLAVELL, J. H.; GREEN, F. L.; FLAVELL, E. R. Young children's knowledge about thinking. *Monographs of the Society for Research in Child Development*, v. 60, n. 1, 1995. Serial n° 243.

FOSTER, W. *Paradigms and promises*. Buffalo: Prometheus, 1986.

FOUCAULT, M. Nietzsche, genealogy, history. In: RABINOW, P. (Ed.). *The Foucault reader*. New York: Pantheon, 1984.

FOX, S.; FELDMAN, G. Attention state and critical psychological states as mediators between job dimensions and job outcomes. *Human Relations*, v. 41, n. 3, p. 229-245, 1988.

FRASE, L. E.; HECK, G. Restructuring in the Fort McMurray catholic schools: a research-based approach. *The Canadian School Executive*, v. 11, n. 8, p. 3-9, 1992.

FRASE, L. E.; MATHESON, R. R. Restructuring: fine-tuning the system in Fort McMurray catholic schools. *Challenge*, v. 29, n. 1, p. 16-22, 1992.

FRASE, L. E.; SORENSON, L. Teacher motivation and satisfaction: impact on partici-patory management. *NASSP Bulletin*, v. 76, n. 540, p. 37-43, 1992.

FREEMAN, J. H. Going to the well: school district administrative intensity and environmental constraint. *Administrative Science Quarterly*, v. 24, n. 1, p. 119-133, 1979.

FREIBERG, H. J. *School climate*: measuring, improving and sustaining healthy learning environments. Abingdon: Routledge Falmer, 2005.

FROST, P. J.; MOORE, L. F.; LOUIS, M. R. et al. (Eds.). *Reframing organizational culture*. Newbury Park: Sage, 1991.

FULLAN, M. G. *The new meaning of educational change*. 2nd ed. New York: Teachers College, 1991.

GARDNER, D. G.; CUMMINGS, L. L. Activation theory and job design: review and reconceptualization. *Research in Organizational Behavior*, v. 10, p. 81-122, 1988.

GARDNER, W. L.; AVOLIO, B. J. The charismatic relationship: a dramaturgical perspective. *Academy of Management Review*, v. 23, n. 1, p. 32-58, 1998.

GARNER, R. When children and adults do not use learning strategies: toward a theory of settings. *Review of Educational Psychology*, v. 60, n. 4, p. 517-529, 1990.

GARTNER, W. B.; NAUGHTON, M. J. The Deming theory of management. *Academy of Management Review*, v. 17, p. 138-142, 1988.

GEERTZ, C. (1973). *The interpretation of cultures*. New York: Basic.

GERHARDT, E. *Staff conflict, organizational bureaucracy, and individual satisfaction in selected Kansas school districts*. 1971. Tese (Doutorado) - University of Kansas, Lawrence, 1971.

GIGERENZER, G. On narrow norms and vague heuristics: a reply to Kahneman and Tversky. *Psychological Review*, v. 103, n. 3, p. 592-596, 1996.

GILBOA, I. *Theory of decision under uncertainty*. New York: Cambridge University, 2009.

GILBOA, I. *Making better decisions*: decision practice and theory. Malden: Wiley-Blackwell, 2011.

GLAUB, J. Made in Japan. *Illinois School Board Journal*, v. 58, p. 5-7, 1990.

GLISSON, C.; DURICK, M. Predictors of job satisfaction and organizational commitment in human service organizations. *Administrative Science Quarterly*, v. 33, n. 1, p. 61-81, 1988.

GODDARD, R. D.; GODDARD, Y. L. A multilevel analysis of teacher and collective efficacy in urban schools. *Teaching and Teacher Education*, v. 17, n. 7, p. 807-18, 2001.

GOFFMAN, E. The characteristics of total institutions. In: WALTER REED ARMY INSTITUTE OF RESEARCH. *Symposium on prevention and social psychiatry*. Washington: Walter Reed Army Institute of Research, 1957. p. 43-84.

GOODMAN, P. S.; PENNINGS, J. M. Toward a workable framework. In: GOODMAN, P. S.; PENNINGS, J. M. (Eds.). *New perspectives on organizational effectiveness*. San Francisco: Jossey-Bass, 1977. p. 147-184.

GOODSTEIN, J. D. Institutional pressures and strategic responsiveness: employer involvement in work-family issues. *Academy of Management Journal*, v. 37, n. 2, p. 350-382, 1994.

GORDON, G. E.; ROSEN, N. Critical factors in leadership succession. *Organizational Behavior and Human Performance*, v. 27, n. 2, p. 227-254, 1981.

GORSUCH, R. A. An investigation of the relationships between core job dimensions, psychological states, and personal work outcomes among public school teachers (Doctoral diss., University of Maryland, 1976). *Dissertation Abstracts International*, v. 38, p. 1779A, 1977.

GOVINDARAJAN, V. A contingency approach to strategy implementation at the business-unit level: integrating administrative mechanisms with strategy. *Academy of Management Journal*, v. 31, n. 4, p. 828-853, 1988.

GRABE, M.; LATTA, R. M. Cumulative achievement in a mastery instructional system: the impact of differences in resultant achievement motivation and persistence. *American Educational Research Journal*, v. 18, n. 1, p. 7-14, 1981.

GRASSIE, M. C.; CARSS, B. W. School structure, leadership quality, teacher satisfaction. *Educational Administration Quarterly*, v. 9, p. 15-26, 1973.

GRAY, J. *Men are from mars, women are from venus*. New York: Harper and Collins, 1992.

GREENE, R. *The 48 laws of power*. New York: Penguin, 2000.

GREENFIELD, T. B.; RIBBINS, P. (Eds.). *Greenfield on educational administration*: towards a human science. London: Routledge, 1993.

GRIFFETH, R. W. Moderation of the effects of job enrichment by participation: a longitudinal field experiment. *Organizational Behavior and Human Decision Processes*, v. 35, n. 1, p. 73-93, 1985.

GRIFFIN, R. W. Toward an integrated theory of task design. *Research in Organizational Behavior*, v. 9, p. 79-120, 1987.

GRIFFIN, R. W. Effects of work redesign on employee perceptions, attitudes, and behaviors: a long-term investigation. *Academy of Management Journal*, v. 34, n. 2, p. 425-435, 1991.

GRIFFITHS, D. E.; STOUT, R. T.; FORSYTH, P. B. The preparation of educational administrators. In: GRIFFITHS, D. E.; STOUT, R. T.; FORSYTH, P. B. (Eds.). *Leaders for America's schools*. Berkeley: McCutchan, 1988. p. 284-304.

GRUSKY, O. Administrative succession in formal organizations. *Social Forces*, v. 39, n. 2, p. 105-115, 1960.

GRUSKY, O. Corporate size, bureaucratization, and managerial succession. *American Journal of Sociology*, v. 67, n. 3, p. 261-269, 1961.

GUSKEY, T. R.; GATES, S. L. Synthesis of research on mastery learning. *Education Leadership*, v. 43, p. 73-81, 1986.

HACKMAN, J. R.; OLDHAM, G. R. Development of the job diagnostic survey. *Journal of Applied Psychology*, v. 60, n. 2, p. 159-170, 1975.

HACKMAN, J. R.; OLDHAM, G. R. Motivation through the design of work: a test of a theory. *Organizational Behavior and Human Performance*, v. 16, n. 2, p. 250-279, 1976.

HACKMAN, J. R.; SUTTLE, J. L. *Improving life at work*. Santa Monica: Goodyear, 1977.

HACKMAN, J. R.; WAGEMAN, R. Total quality management: empirical, conceptual, and practical issues. *Administrative Science Quarterly*, v. 40, n. 2, p. 309-342, 1995.

HAJNAL, V. J.; DIBSKI, D. J. Compensation management: coherence between organization directions and teacher needs. *Journal of Educational Administration*, v. 31, n. 1, p. 53-69, 1993.

HALL, R. H. Effectiveness theory and organizational effectiveness. *Journal of Applied Behavioral Science*, v. 16, p. 536-545, 1980.

HALLAHAN, D. P.; KAUFFMAN, J. M. *Exceptional learners*: introduction to special education. 7th ed. Boston: Allyn and Bacon, 1997.

HALLER, E. J.; MONK, D. H. New reforms, old reforms, and the consolidation of small rural schools. *Educational Administration Quarterly*, v. 24, n. 4, p. 470-483, 1988.

HALLINGER, P. *Assessing the instructional management behavior of principals*. 1983. Tese (Doutorado) - Stanford University, Stanford, 1983. (ERIC document n° 8320806).

HAMILTON, R. J. A framework for the evaluation of the effectiveness of adjunct questions and objectives. *Review of Educational Research*, v. 55, n. 1, p. 47-86, 1985.

HANNUM, J. *The organizational climate of middle schools, teacher efficacy, and student achievement*. 1994. Tese (Doutorado) - Rutgers University, New Brunswick, 1994.

HANUSHEK, E. A. Why quality matters in education. *Finance and Development*, v. 42, n. 2, p. 15-19, 2005.

HART, A. W. A career ladder's effect on teacher career and work attitudes. *American Educational Research Journal*, v. 24, n. 4, p. 479-503, 1987.

HART, A. W. Impacts of the school social unit on teacher authority during work redesign. *American Education Research Journal*, v. 27, n. 3, p. 503-532, 1990.

HART, A. W. Reconceiving school leadership: emergent views. *The Elementary School Journal*, v. 96, n. 1, p. 9-28, 1995.

HART, A. W. Work redesign: a review of literature for education reform. *Advances in Research and Theories of School Management*, v. 1, p. 31-69, 1990.

HART, A. W.; MURPHY, M. J. New teachers react to redesigned teacher work. *American Journal of Education*, v. 98, n. 3, p. 224-250, 1990.

HART, D. K.; SCOTT, W. G. The organizational imperative. *Administration and Society*, v. 7, p. 259-285, 1975.

HATRY, H. P.; GREINER, J. M. *Issues and case studies in teacher incentive plans*. Washington: Urban Institute, 1985.

HAYES, A. E. A reappraisal of the Halpin-Croft model of the organizational climate of schools. In: ANNUAL MEETING OF THE AMERICAN EDUCATIONAL RESEARCH ASSOCIATION, 1973, New Orleans.

HEINZ, J. P.; LAUMANN, E. O.; NELSON, R. L. et al. *The hollow core*: private interests in national policymaking. Cambridge: Harvard University, 1993.

HERBERT, W. *On second thought*: outsmarting your mind's hard-wired habits. New York: Crown, 2010.

HERRIOTT, R. F.; FIRESTONE, W. A. Two images of schools as organizations: a refinement and elaboration. *Educational Administration Quarterly*, v. 20, n. 4, p. 41-58, 1984.

HERSEY, P. W. *The NASSP assessment center*: validation and new development. Reston: National Association of Secondary School Principals, 1982.

HERSHEY, P.; BLANCHARD, K. H. *The management of organizational behavior*. 3rd ed. Englewood Cliffs: Prentice-Hall, 1977.

HIRSCHHORN, L. *Reworking authority*: leading and following in a post-modern organization. Cambridge: MIT, 1997.

HODGKINSON, C. *Educational leadership*: the moral art. Albany: State University of New York, 1991.

HODGKINSON, G. P.; STARBUCK, W. H. *The oxford handbook of organizational decision making*. Oxford: Oxford University, 2008.

HOFFMAN, A. J. Institutional evolution and change: environmentalism and the U.S. chemical industry. *Academy of Management Journal*, v. 42, n. 4, p. 351-371, 1999.

HOLDAWAY, E. A. Facet and overall satisfaction of teachers. *Educational Administration Quarterly*, v. 14, n. 1, p. 30-47, 1978.

HOLDAWAY, E. A. *Job satisfaction*: an Alberta report. Edmonton: University of Alberta, 1978.

HOLMES GROUP. *Tomorrow's teachers*. East Lansing: Holmes Group, 1986.

HOPPOCK, R. *Job satisfaction*. New York: Harper, 1935.

HOUSE, R. J. A 1976 theory of charismatic leadership. In: HUNT, J. G; LARSON, L. L. (Eds.). *Leadership*: the cutting edge. Carbondale: Southern Illinois University, 1977. p. 189-207.

HOUSE, R. J.; HOWELL, J. M. Personality and charismatic leadership. *Leadership Quarterly*, v. 3, n. 2, p. 81-108, 1992.

HOUSE, R. J.; SPANGLER, W. D.; WOYCKE, J. Personality and charisma in the U.S. presidency: a psychological theory of leader effectiveness. *Administrative Science Quarterly*, v. 36, n. 3, p. 364-396, 1991.

HÖWLER, M. Diversity of word usage as a stress indicator in an interview situation. *Journal of Psycholinguistic Research*, v. 1, n. 3, p. 243-248, 1972.

HOWELL, J. P. "Substitutes for leadership: their meaning and measurement" - an historical assessment. *Leadership Quarterly*, v. 8, n. 2, p. 113-116, 1997.

HOY, W. K. Scientific research in educational administration. *Educational Administration Quarterly*, v. 14, p. 1-12, 1978.

HOY, W. K.; BROWN, B. L. Leadership behavior of principals and the zone of acceptance of elementary teachers. *Journal of Educational Administration*, v. 26, n. 1, p. 23-38, 1988.

HOY, W. K.; MISKEL, C. G. *Educational administration*: theory, research, and practice. 4th ed. New York: McGraw-Hill, 1991.

HOY, W. K.; ASTUTO, T. A.; FORSYTH, P. B. (Eds.). *Educational administration*: The UCEA document base. [Hightstown]: McGraw-Hill Primus, 1994.

HOY, W. K.; BLAZOVSKY, R.; NEWLAND, W. Organizational structure and alienation from work. In: ANNUAL MEETING OF THE AMERICAN EDUCATIONAL RESEARCH ASSOCIATION, 1980, Boston.

HUNT, J. G. *Leadership*: a new synthesis. Newbury Park: Sage, 1991.

HUSEMAN, R. C.; MILES, E. W. Organizational communication in the information age: implications of computer-based systems. *Journal of Management*, v. 14, p. 181-204, 1988.

ISHIKAWA, K. *What is total quality control?*: the Japanese way. Englewood Cliffs: Prentice-Hall, 1985.

JABLIN, F. M.; PUTNAM, L. L. (Eds.). *The new handbook of organizational communication*: advances in theory, research, and methods. Thousand Oaks: Sage, 2001.

JABLIN, F. M.; PUTNAM, L. L.; ROBERTS, K. H. et al. (Eds.). *Handbook of organizational communication*: an interdisciplinary perspective. Newbury Park: Sage, 1987.

JACKSON, J. Interview with Jesse Jackson. *Parade*, 28 jan. 1990, p. 5.

JAMES, L. R.; CHOI, C. C.; KO, C. E. et al. Organizational and psychological climate: a review of theory and research. *European Journal of Work and Organizational Psychology*, v. 17, n. 1, p. 5-32, 2008.

JAMES, W. *The principles of psychology*. Cambridge: Harvard University, 1981. v. 1.

JAMISON, D.; SUPPES, P.; WELLS, S. The effectiveness of alternative instructional media: a survey. *Review of Educational Research*, v. 44, n. 1, p. 1-67, 1974.

JANIS, I. L. *Groupthink*: psychological studies of policy decisions and fiascoes. Boston: Houghton Mifflin, 1982.

JOHNS, G.; XIE, J. L.; FANG, Y. Mediating and moderating effects in job design. *Journal of Management*, v. 18, n. 4, p. 657-676, 1992.

JOHNSON, S. M. Incentives for teachers: what motivates, what matters. *Educational Administration Quarterly*, v. 22, p. 54-79, 1986.

JURAN, J. A. M. *Juran on leadership and quality*. New York: Free, 1989.

JURKOVICH, R. A core typology of organizational environments. *Administrative Science Quarterly*, v. 19, n. 3, p. 380-394, 1974.

KAHNEMAN, D. *Thinking, fast and slow*. New York: Farrar, Straus and Giroux, 2011.

KAHNEMAN, D.; TVERSKY, A. On the psychology of prediction. *Psychological Review*, v. 80, p. 251-273, 1973.

KAKABADSE, A. Organizational alienation and job climate. *Small Group Behaviour*, v. 17, n. 4, p. 458-471, 1986.

KANTER, R.; BRINKERHOFF, D. Organizational performance: recent developments in measurement. *Annual Review of Sociology*, v. 7, p. 321-349, 1981.

KEELEY, M. Impartiality and participant-interest theories of organizational effectiveness. *Administrative Science Quarterly*, v. 29, n. 1, p. 1-25, 1984.

KELLY, J. Does job re-design theory explain job re--design outcomes? *Human Relations*, v. 45, n. 8, p. 753-774, 1992.

KETS DE VRIES, M. F. R.; MILLER, D. Personality, culture, and organization. *Academy Management Review*, v. 11, n. 2, p. 266-279, 1986.

KIGGUNDU, M. N. An empirical test of the theory of job design using multiple job ratings. *Human Relations*, v. 33, p. 339-351, 1980.

KILMANN, R. H.; SAXTON, M. J. *Kilmann-Saxton culture gap survey*. Tuxedo: Organizational Design Consultant, 1983.

KIRCHHOFF, B. A. Organization effectiveness measurement and policy research. *Academy of Management Review*, v. 2, p. 347-355, 1977.

KLEIN, G. A. *Streetlights and shadows*: searching for the keys to adaptive decision making. Cambridge: MIT, 2009.

KONDRASUK, J. N. Studies in MBO effectiveness. *Academy of Management Review*, v. 6, n. 3, p. 419-430, 1981.

KULIK, C. L.; KULIK, J. A.; BANGERT-DROWNS, R. L. Effectiveness of mastery learning programs: a meta-analysis. *Review of Educational Research*, v. 60, n. 2, p. 265-299, 1990.

LAU, L. J. Education production functions. In: CONFERENCE ON SCHOOL ORGANIZATION AND EFFECTS, 1978, Washington.

LAVE, J. *Cognition in practice*: mind, mathematics, and culture in everyday life. New York: Cambridge University, 1988.

LAWLER 3RD, E. E. *The ultimate advantage*. San Francisco: Jossey-Bass, 1992.

LAWLER 3RD, E. E. Total quality management and employee involvement: are they compatible? *Academy of Management Executive*, v. 8, n. 1, p. 68-76, 1994.

LEE, V. E.; BRYK, A. S.; SMITH, J. B. The organization of effective secondary schools. *Review of Research in Education*, v. 19, p. 171-267, 1993.

LEONARD, J. F. Applying Deming's principles to our schools. *South Carolina Business*, v. 11, p. 82-87, 1991.

LOCKE, E. A. The nature and causes of job satisfaction. In: DUNNETTE, M. D. (Ed.). *Handbook of industrial and organizational psychology*. Chicago: Rand McNally, 1976. p. 1297-1349.

LOCKE, E. A.; LATHAM, G. P. What should we do about motivation theory? recommendations for the twenty-first century. *Academy of Management Review*, v. 29, n. 3, p. 388-403, 2004.

LOGAN, C. S.; ELLET, C. D.; LICATA, J. W. Structural coupling, robustness, and effectiveness of schools. *Journal of Educational Administration*, v. 31, n. 1, p. 19-32, 1993.

LORSCH, J. W. Strategic myopia: culture as an invisible barrier to change. In: KILMANN, R. H.; SAXTON, M. J.; SERPA, R. (Eds.). *Gaining control of the corporate culture*. San Francisco: Jossey-Bass, 1985. p. 84-102.

LORTIE, D. C. *Schoolteacher*: a sociological study. Chicago: University of Chicago, 1975.

MACKENSIE, D. E. Research for school improvement: an appraisal and some recent trends. *Educational Research*, v. 12, n. 4, p. 5-17, 1983.

MADAUS, G. F.; AIRASIAN, P. W.; KELLAGHAN, T. *School effectiveness*: a reassessment of the evidence. New York: McGraw-Hill, 1980.

MAEROFF, G. I. *The empowerment of teachers*: overcoming the crisis of confidence. New York: Teachers College, 1988.

MALEN, B.; MURPHY, M. J.; HART, A. W. Restructuring teacher compensation systems: an analysis of three incentive strategies. In: ALEXANDER, K.; MONK, D. H. (Eds.). *Eighth annual yearbook of the American Educational Finance Association*. Cambridge: Ballinger, 1988. p. 91-142.

MANNA, P. *School's in*: federalism and the national education agenda. Washington: Georgetown University, 2006.

MARCH, J. G. *Decisions and organizations*. Oxford: Blackwell, 1988.

MARCH, J. G.; OLSEN, J. P. *Ambiguity and choice in organization*. Bergen: Universitetsforlaget, 1976.

MARCH, J. G.; SIMON, H. *Organizations*. 2nd ed. Cambridge: Blackwell, 1993.

MARK, J. H.; ANDERSON, B. D. Teacher survival rates in St. Louis, 1969–1982. *American Educational Research Journal*, v. 22, n. 3, p. 413-421, 1985.

MARKMAN, E. M. Realizing that you don't understand: a preliminary investigation. *Child Development*, v. 48, n. 3, p. 986-992, 1977.

MARKMAN, E. M. Realizing that you don't understand: elementary school children's awareness of inconsistencies. *Child Development*, v. 50, n. 3, p. 643-655, 1979.

MARSHALL, H. Implications of differentiating and understanding constructivist approaches. *Journal of Educational Psychology*, v. 31, n. 3-4, p. 235-40, 1996.

MARTIN, J. Can organizational culture be managed? In: FROST, P. J.; MOORE, L. F.; LOUSI, M. R. et al. (Eds.). *Organizational culture*. Beverly Hills: Sage, 1985. p. 95-98.

MARTIN, J. *Cultures in organizations*. New York: Oxford University, 1992.

MARX, K. *Karl Marx*: early writings. London: Watts, 1963.

MAXEY, S. J. *Democracy, chaos, and new school order*. Thousand Oaks: Corwin, 1995.

MCCONKIE, M. L. A clarification of the goal setting and appraisal process in MBO. *Academy of Management Review*, v. 4, n. 1, p. 29-40, 1979.

MCKAY, M.; MARTHA, D.; FANNING, P. *Messages*: the communication skills book. 3rd ed. Oakland: New Harbinger, 2009.

MCNALL, S. G.; MCNALL, S. A. *Sociology*. Englewood Cliffs: Prentice-Hall, 1992.

MEANY, D. P. Quest for quality. *California Technology Project Quarterly*, v. 2, p. 8-15, 1991.

MENNUTI, N.; KOTTKAMP, R. B. Motivation through the design of work: a synthesis of the job characteristics model and expectancy motivation tested in middle and junior high schools. In: ANNUAL MEETING OF THE AMERICAN EDUCATIONAL RESEARCH ASSOCIATION, 1986, San Francisco.

MEYER, H. D. The new managerialism in (higher) education: between corporatization and organization learning. *Journal of Educational Administration*, v. 40, p. 534-551, 2002.

MEYER, J. W.; SCOTT, W. R. *Organizational environments*: ritual and rationality. Beverly Hills: Sage, 1983.

MICHELS, R. *Political parties*. Glencoe: Free, 1949.

MIDGLEY, C.; WOOD, S. Beyond site-based management: empowering teachers to reform schools. *Phi Delta Kappan*, v. 75, n. 3, p. 245-252, 1993.

MILGRAM, S. Behavioral study of obedience. *Journal of Abnormal and Social Psychology*, v. 17, p. 371-378, 1963.

MILGRAM, S. The perils of obedience. *Harper's*, p. 62-66, 75-77, 1973.

MILGRAM, S. *Obedience to authority*: an experimental view. New York: Harper and Row, 1974.

MILLER, P. H. *Theories of developmental psychology*. New York: Freeman, 1983.

MINDLIN, S. E.; ALDRICH, H. Interorganizational dependence: a review of the concept and a reexamination of the findings of the Aston Group. *Administrative Science Quarterly*, v. 20, n. 3, p. 382-392, 1975.

MINTZBERG, H. Patterns in strategy formulation. *International Studies of Management and Organization*, v. 9, n. 3, p. 67-86, 1979.

MITROFF, I. I.; KILMANN, R. H. *Methodological approaches to social science*: integrating divergent concepts and theories. San Francisco: Jossey-Bass, 1978.

MONK, D. H. Education productivity research: an update and assessment of its role in education finance reform. *Educational Evaluation and Policy Analysis*, v. 14, n. 4, p. 307-332, 1992.

MORAN, E. T.; VOLKWEIN, J. F. The cultural approach to the formation of organizational climate. *Human Relations*, v. 45, n. 1, p. 19-47, 1992.

MORGAN, G. *Images of organizations*. Thousand Oaks, CA: Sage, 2006.

MORRIS, V. C.; CROWSON, R. L.; HURWITZ JR, E. JR. et al. *The urban principal*. Chicago: University of Illinois at Chicago, 1981.

MORTIMORE, P. School effectiveness and the management of effective learning and teaching. *School Effectiveness and School Improvement*, v. 4, n. 4, p. 290-310, 1993.

MURNANE, R. J. Interpreting the evidence on school effectiveness. *Teachers College Record*, v. 83, n. 1, p. 19-35, 1981.

MURNANE, R. J. Understanding teacher attrition. *Harvard Educational Review*, v. 57, p. 177-182, 1987.

MYERS, I. B.; BRIGGS, K. C. *The Myers-Briggs type indicator*. Princeton: Educational Testing Service, 1962.

NATIONAL COMMISSION ON EXCELLENCE IN EDUCATIONAL ADMINISTRATION. *Leaders for America's schools*. Tempe: University Council for Educational Administration, 1987.

NICHOLSON, J. H. *Analysis of communication satisfaction in an urban school system*. 1980. Tese (Doutorado) - George Peabody College for Teachers of Vanderbilt University, Nashville, 1980.

NIETZSCHE, F. *Ecce homo*. New York: Vintage Books, 1969.

ODIORNE, G. S. *MBO II*: a system of managerial leadership for the 80s. Belmont: Pitman, 1979.

OGAWA, R. T. Enchantment, disenchantment, and accommodation: how a faculty made sense of the succession of a principal. *Educational Administration Quarterly*, v. 27, n. 1, p. 30-60, 1991.

OKEAFOR, K. R.; TEDDLIE, C. Organizational factors related to administrator's confidence in teachers. *Journal of Research and Development in Education*, v. 23, n. 1, p. 28-36, 1989.

OLDHAM, G. R.; KULIK, C. T. Motivation enhancement through work redesign. In: BESS, J. L. (Ed.). College and university organization. New York: New York University, 1984. p. 85-104.

OLDHAM, G. R.; MILLER, H. E. The effect of significant other's job complexity and employee reactions to work. *Human Relations*, v. 32, p. 247-260, 1979.

ORGAN, D. W. Organizational citizenship behavior: it's construct clean-up time. *Human Performance*, v. 10, n. 2, p. 85-97, 1997.

ORPEN, C. The effects of job enrichment on employee satisfaction, motivation, involvement, and performance: a field experiment. *Human Relations*, v. 32, n. 3, p. 189-217, 1979.

OSTROFF, C.; SCHMITT, N. Configurations of organizational effectiveness and efficiency. *Academy of Management Journal*, v. 36, n. 6, p. 1345-1361, 1993.

OUCHI, W.; WILKINS, A. L. Organizational culture. *Annual Review of Sociology*, v. 11, p. 457-483, 1985.

PACKARD, J. S. The pupil control studies. In: BOYAN, N. J. (Ed.). *Handbook of research on educational administration*: a project of the American Educational Research Association. New York: Longman, 1988. p. 185-207.

PALLAS, A. M.; NEUMANN, A. Blinded by the light: the applicability of total management to educational organizations. In: ANNUAL MEETING OF THE AMERICAN EDUCATIONAL RESEARCH ASSOCIATION, 1993, Atlanta.

PALLAS, A. M.; NATRIELLO, G.; MCDILL, E. L. The changing nature of the disadvantaged population: current dimension and future trends. *Educational Researcher*, v. 18, n. 5, p. 16-22, 1989.

PARSONS, T.; BALES, R. F.; SHILS, E. A. *Working papers in the theory of action*. Glencoe: Free, 1953.

PASTOR, M. C.; ERLANDSON, D. A. A study of higher order need strength and job satisfaction in secondary public school teachers. *Journal of Educational Administration*, v. 20, n. 2, p. 172-183, 1982.

PAWAR, B. S.; EASTMAN, K. K. The nature and implications of contextual infl uenceinfluences on transformational leadership: a conceptual examination. *Academy of Management Review*, v. 22, n. 1, p. 80-109, 1997.

PENLEY, L. E.; ALEXANDER, E. R.; JERNIGAN, I. E. et al. Communication abilities of managers: the relationship to performance. *Journal of Management*, v. 17, n. 1, p. 57-76, 1991.

PENNINGS, J. M. *Organizational strategy and change*. San Francisco: Jossey-Bass, 1985.

PERKINS, D. N. Technology meets constructivism: do they make a marriage? *Educational Technology*, v. 31, n. 5, p. 18-23, 1991.

PETERSON, P. E. The public schools: monopoly or choice? In: CONFERENCE ON CHOICE AND CONTROL IN AMERICAN EDUCATION, 1989, Madison.

PFEFFER, J. *Power in organizations*. Boston: Pitman, 1981.

PFEFFER, J.; LEBLEBICI, H. The effect of competition on some dimensions of organizational structure. *Social Forces*, v. 52, n. 2, p. 268-279, 1973.

PFEFFER, J.; SALANCIK, G. *The external control of organizations*: a resource dependence perspective. New York: Harper and Row, 1978.

PINTRICH, P. R. A process-oriented view of student motivation and cognition. In: STARK, J. S.; METS, L. A. (Eds.). *Improving teaching and learning through research*. San Francisco: Jossey-Bass, 1988. p. 65-79.

PINTRICH, P. R.; MARX, R. W.; BOYLE, R. A. Beyond cold conceptual change: the role of motivational beliefs and classroom contextual factors in the process of conceptual change. *Review of Educational Research*, v. 63, n. 2, p. 167-199, 1993.

PODGURSKI, T. P. *School effectiveness as it relates to group consensus and organizational health of middle schools*. 1990. Tese (Doutorado) - Rutgers University, New Brunswick, 1990.

PODSAKOFF, P. M.; NIEHOFF, B. P.; MACKENZIE, S. B. et al. Do substitutes for leadership really substitute for leadership? an empirical examination of Kerr and Jermier's situational leadership model.

Organizational Behavior and Human Decision Processes, v. 54, n. 1, p. 1-44, 1993.

POWELL, T. C. Total quality management as competitive advantage: a review and empirical study. *Strategic Management Journal*, v. 16, n. 1, p. 15-37, 1995.

POWELL, W. W.; DIMAGGIO, P. J. Introduction. In: POWELL, W. W.; DIMAGGIO, P. J. (Eds.). *The new institutionalism in organizational analysis*. Chicago: University of Chicago, 1991. p. 1-38.

PRESSLEY, M.; LEVIN, J.; DELANEY, H. D. The mnemonic keyword method. *Review of Research in Education*, v. 52, p. 61-91, 1982.

QUARSTEIN, V. A.; MCAFEE, R. B.; GLASSMAN, M. The situational occurrences theory of job satisfaction. *Human Relations*, v. 45, n. 8, p. 859-873, 1992.

RATSOY, E. W. Participative and hierarchical management of schools: some emerging generalizations. *Journal of Educational Administration*, v. 11, n. 2, p. 161-170, 1973.

REDER, L. M.; ANDERSON, J. R. A comparison of texts and their summaries: memorial consequences. *Journal of Verbal Learning and Verbal Behavior*, v. 19, n. 2, p. 121-134, 1980.

REEVES, C. A.; BEDNAR, D. A. Defining quality: alternatives and implications. *Academy of Management Review*, v. 19, n. 3, p. 419-445, 1994.

RESNICK, L. B. Instructional psychology. *Annual Review of Psychology*, v. 32, p. 659-704, 1981.

REYNOLDS, P. D. *A primer in theory construction*. Indianapolis: Bobbs-Merrill, 1971.

RHODES, L. A. Why quality is within our grasp … if we reach. *School Administrator*, v. 47, n. 10, p. 31-34, 1990.

RICE, A. W. *Individual and work variables associated with principal job satisfaction*. 1978. Tese (Doutorado) - University of Alberta, Edmonton, 1978.

ROBBINS, S. P. *The structure and design of organizations*. Englewood Cliffs: Prentice-Hall, 1983.

ROBERTS, K. H.; HULIN, C. L.; ROUSSEAU, D. M. Developing an interdisciplinary science of organizations. San Francisco: Jossey-Bass, 1978.

ROBERTS, N. C.; BRADLEY, R. T. Limits of charisma. In: CONGER, J. A.; KANUNGO, R. N. (Eds.). *Charismatic leadership*: the elusive factor in organizational effectiveness. San Francisco: Jossey-Bass, 1988. p. 253-275.

ROGERS, R. C.; HUNTER, J. E. The impact of management by objectives on organizational productivity. *Journal of Applied Psychology*, v. 76, n. 2, p. 322-336, 1991.

ROSENAU, P. M. Post-modernism and the social sciences: insights, inroads, and intrusions. Princeton: Princeton University, 1992.

ROTTER, J. B. *Social learning and clinical psychology*. Englewood Cliffs: Prentice-Hall, 1954.

ROUSSEAU, D. M. Characteristics of departments, positions, and individuals: contexts for attitudes and behavior. *Administrative Science Quarterly*, v. 23, n. 4, p. 521-540, 1978.

ROWAN, B. Commitment and control: alternative strategies for the organizational design of school. *Review of Research in Education*, v. 16, p. 353-389, 1990.

ROWAN, B.; BOSSERT, S. T.; DWYER, D. C. Research on effective schools: a cautionary note. *Educational Researcher*, v. 12, n. 4, p. 24-31, 1983.

RUMELHART, D.; ORTONY, A. The representation of knowledge in memory. In: ANDERSON, R.; SPIRO, R.; MONTAGUE, W. (Eds.). *Schooling and the acquisition of knowledge*. Hillsdale: L. Erlbaum, 1977.

RUSSELL, R. D.; RUSSELL, C. J. An examination of the effects of organizational norms, organizational structure, and environmental uncertainty on entrepreneurial strategy. *Journal of Management*, v. 18, n. 4, p. 639-656, 1992.

SANCHEZ, P. How to craft successful employee communication in the information age. *Communication World*, v. 16, n. 7, p. 9-15, 1999.

SAYLES, L. R.; STRAUSS, G. *Human behavior in organizations*. Englewood Cliffs: Prentice-Hall, 1966.

SCHEIN, E. H. Organizational culture. *American Psychologist*, v. 45, n. 2, p. 109-119, 1990.

SCHERKENBACH, W. *Deming's road to continual improvement*. Knoxville: SPC, 1991.

SCHERKENBACH, W. *The deming route to quality and production*. Washington: CEE, 1992.

SCHMIDT, F. L.; HUNTER, J. E. Development of a causal model of processes determining job performance. *Current Directions in Psychological Science*, v. 1, n. 3, p. 89-92, 1992.

SCHUNK, D. H. Goal and self-evaluative influences during children's cognitive skill learning. *American Educational Research Journal*, v. 33, n. 2, p. 359-382, 1996.

SCHWARTZ, B.; REISBERG, D. *Learning and memory*. New York: Norton, 1991.

SCHWARTZ, B.; WASSERMAN, E. A.; ROBBINS, S. J. *Psychology of learning and behavior*. 5th ed. New York: Norton, 2002.

SCOTT, W. R. Effectiveness of organizational effectiveness studies. In: GOODMAN, P. S.; PENNINGS, J. M. (Eds.). *New perspectives on organizational effectiveness*. San Francisco: Jossey-Bass, 1977. p. 63-95.

SCOTT, W. R. Introduction: from technology to environment. In: MEYER, J. W.; SCOTT, W. R. (Eds.). *Organizational environments*: ritual and rationality. Beverly Hills: Sage, 1983. p. 13-17.

SCOTT, W. R. Unpacking institutional arguments. In: POWELL, W. W.; DIMAGGIO, P. J. (Eds.). *The new institutionalism in organizational analysis*. Chicago: University of Chicago, 1991. p. 164-182.

SCOTT, W. R. *Institutions and organizations*: ideas and interests. 3rd ed. Thousand Oaks: Sage, 2008.

SCOTT-LADDEN, B.; TRAVAGLIONE, A.; MARSHALL, V. Causal inferences between participation in decision making, task attributes, work effort, rewards, job satisfaction, and commitment. *Leadership and Organizational Development Journal*, v. 27, n. 5, p. 399-414, 2006.

SHAKESHAFT, C. *Women in educational administration*. Newbury Park: Sage, 1986.

SHAMIR, B.; HOWELL, J. M. Organizational and contextual influences on the emergence and effectiveness of charismatic leadership. *Leadership Quarterly*, v. 10, n. 2, p. 257-283, 1999.

SHAMIR, B.; HOUSE, R. J.; ARTHUR, M. B. The motivational effects of charismatic leadership: a self-concept based theory. *Organization Science*, v. 4, n. 4, p. 577-594, 1993.

SHAMIR, B.; ZOKAY, E.; BREININ, E. et al. Correlates of charismatic leader behavior in military units: subordinates' attitudes, unit characteristics, and superiors' appraisals of leader performance. *Academy of Management Journal*, v. 41, n. 4, p. 387-409, 1998.

SHANKER, A. Does money make a difference? a difference over answers. *New York Times*, 14 may 1989.

SICKLER, J. L. Teachers in charge: empowering the professionals. *Phi Delta Kappan*, v. 69, n. 5, p. 354-356, 1988.

SILVER, P. *Educational administration*: theoretical perspectives in practice and research. New York: Harper and Row, 1983.

SIMON, H. A. *Models of man*. New York: Wiley, 1957.

SIMON, H. A. Administrative behavior. In: SULS, D. (Ed.). *International encyclopedia of the social sciences*. New York: Macmillan, 1968. p. 74-79.

SIMON, H. A. Decision-making: rational, nonrational, and irrational. *Educational Administration Quarterly*, v. 29, n. 3, p. 392-411, 1993.

SIMS, R. *Mindfulness and academic optimism*: a test of their relationship. 2011. Tese (Doutorado) - University of Alabama, Tuscaloosa, 2011.

SINDEN, J. E.; HOY, W. K.; SWEETLAND, S. R. A analysis of enabling school structure: theoretical, empirical, and research considerations. *Journal of Educational Administration*, v. 42, n. 4, p. 462-478, 2004.

SIROTNIK, K. A.; CLARK, R. School-centered decision making and renewal. *Phi Delta Kappan*, 69, n. 9, p. 660-664, 1988.

SLAVIN, R. E.; KARWEIT, N. L.; MADDEN, N. A. *Effective programs for students at risk*. Boston: Allyn and Bacon, 1989.

SMITH, L. *Necessary knowledge*: piagetian perspectives on constructivism. Hillsdale: L. Erlbaum, 1993.

SMITH, M. S. What's next: our gains have been substantial, promising, but not enough. *Education Week*, v. 25, n. 17, special issue, p. 66, 68, 70-71, 2006. Disponível em: <http://www.edweek.org/ew/articles/2006/01/05/17smith.h25.html>. Acesso em: 20 nov. 2014.

SMYLIE, M. A. Redesigning teachers' work: connections to the classroom. *Review of Research in Education*, v. 20, p. 129-177, 1994.

SMYLIE, M. A.; BROWNLEE-CONYERS, J. Teacher leaders and their principals: exploring the development of new working relationships. *Educacional Administration Quarterly*, v. 28, n. 2, p. 150-184, 1992.

SMYLIE, M. A.; SMART, J. C. Teacher support for career enhancement initiatives: program characteristics and effects on work. *Educational Evaluation and Policy Analysis*, v. 12, n. 2, p. 139-155, 1990.

SOMECH, A. Explicating the complexity of participative management: investigation of multiple dimensions. *Educational Administration Quarterly*, v. 38, n. 3, p. 341-371, 2002.

SOMECH, A. Directive versus participatory leadership: two complementary approaches to managing school effectiveness. *Educational Administration Quarterly*, v. 39, p. 1-24, 2003.

SOMECH, A. Relationships of participative leadership with relational demographic variables: a multi-level perspective. *Journal of Organizational Behavior*, v. 24, n. 8, p. 1003-1018, 2003.

SOMECH, A. Participative decision making in schools: a mediating-moderating analytical framework for understanding school and teacher outcomes. *Educational Administration Quarterly*, v. 46, n. 2, p. 174-209, 2010.

SOMECH, A.; WENDEROW, M. The impact of participative and directive leadership on teacher performance: the intervening effects of job structure, decision domain, and LMX. *Educational Administration Quarterly*, v. 42, p. 746-772, 2006.

SPENCER, B. A. Models of organization and total quality management. *Academy of Management Review*, v. 19, n. 3, p. 446-471, 1994.

SPENNER, K. I. Social stratification, work, and personality. *Annual Review of Sociology*, v. 14, p. 69-97, 1988.

SPILLANE, J. P.; JENNINGS, N. E. Aligned instructional policies and ambitious pedagogy: exploring instructional reform from the classroom perspective. *Teachers College Record*, v. 98, n. 3, p. 449-481, 1997.

SPILLANE, J. P.; HALLETT, T.; DIAMOND, J. B. Forms of capital and the construction of leadership: instructional leadership in urban elementary schools. *Sociology of Education*. v. 76, n. 1, p. 1-17, 2003.

STAW, B. M. Organizational behavior: a review and reformulation of the field's outcome variables. *Annual Review of Psychology*, v. 35, p. 627-666, 1984.

STEERS, R. M. Problems in the measurement of organizational effectiveness. *Administrative Science Quarterly*, v. 20, n. 4, p. 546-558, 1975.

STEERS, R. M. *Organizational effectiveness*: a behavioral view. Santa Monica: Goodyear, 1977.

STEVENSON, H.; STIGLER, J. W. *The learning gap*. New York: Summit Books, 1992.

STINCHCOMBE, A. L. *The logic of social science research*. Chicago: University of Chicago, 2005.

STRANG, D. The administrative transformation of american education: school district consolidation. *Administrative Science Quarterly*, v. 32, n. 3, p. 352-366, 1987.

SWANSON, C. B. Making the connection: a decade of standards-based education. *Education Week*, v. 25, n. 17, special issue, p. 1-16, 2006. Disponível em: <http://www.edweek.org/media/ew/qc/2006/MakingtheConnection.pdf>. Acesso em: 20 nov. 2014.

SWANSON, H. L. The influence of metacognitive knowledge and aptitude on problem solving. *Journal of Educational Psychology*, v. 82, n. 2, p. 306-314, 1990.

TAGIURI, R. The concept of organizational climate. In: TAGIURI, R.; LITWIN, G. H. (Eds.). *Organizational climate*: explorations of a concept. Boston: Harvard University, 1968. p. 11-32.

TANNEN, D. *You just don't understand*: women and men in conversation. New York: Ballantine, 1990.

TERREBERRY, S. The evolution of organizational environments. *Administrative Science Quarterly*, v. 12, n. 4, p. 590-613, 1968.

THOMAS, A. R.; SLATER, R. C. The OCDQ: a four factor solution for australian schools? *Journal of Educational Administration*, v. 10, n. 2, p. 197-208, 1972.

TICHY, N. M.; BENNIS, W. G. *Judgments*: how winning leaders make great calls. New York: Penguin, 2007.

TICHY, N. M.; DEVANNA, M. A. *The transformational leader*. New York: Wiley, 1986.

TIEGS, R. B.; TETRICK, L. E.; FRIED, Y. Growth need strength and context satisfactions as moderators of the relations of the job characteristics model. *Journal of Management*, v. 18, n. 3, p. 575-593, 1992.

TOBIAS, S.; DUCHASTEL, P. C. Behavioral objectives, sequence, and anxiety in CAI. *Instructional Science*, v. 3, n. 3, p. 231-242, 1973.

TRICE, H. M.; BEYER, J. M. *The culture of work organizations*. Englewood Cliffs: Prentice Hall, 1993.

TSUI, A. S. A multiple-constituency model of effectiveness: an empirical examination at the human resource subunit level. *Administrative Science Quarterly*, v. 35, n. 3, p. 458-483, 1990.

VAN HOUTTE, M.; VAN MAELE, D. The black box revelation: in search of conceptual clarity regarding climate and culture in school effectiveness research. *Oxford Review of Education*, v. 37, n. 4, p. 505-524, 2011.

VANCE, V. S.; SCHLECHTY, P. C. Do academically able teachers leave education: the North Carolina case. *Phi Delta Kappan*, v. 63, n. 2, p. 106-112, 1981.

VANCE, V. S.; SCHLECHTY, P. C. The distribution of academic ability in the teaching force: policy implications. *Phi Delta Kappan*, v. 64, n. 1, p. 22-27, 1982.

VERDUGO, R. R.; GREENBERG, N. M.; HENDERSON, R. D. et al. School governance regimes and teachers' job satisfaction: bureaucracy, legitimacy, and community. *Educational Administration Quarterly*, v. 33, n. 1, p. 38-66, 1997.

VROOM, V. H.; JAGO, A. G. The role of situation in leadership. *American Psychologist*, v. 62, n. 1, p. 17-24, 2007.

492   Referências

WANG, M. C.; WALBERG, H. J. (Eds.). *School choice or best systems*: what improves education. Mahwah: L. Erlbaum, 2001.

WEICK, K. What theory is not, theorizing is. *Administrative Science Quarterly*, v. 40, n. 3, p. 385-390, 1995.

WEICK, K. Theory construction as disciplined reflexivity: tradeoffs in the 90s. *Academy of Management Review*, v. 24, n. 4, p. 797-806, 1999.

WEINER, B. History of motivational research in education. *Journal of Educational Psychology*, v. 82, n. 4, p. 616-622, 1990.

WEINER, B. Social motivation, justice, and the moral emotions. Mahwah: Erlbaum, 2006.

WEINER, B. Examining emotional diversity in the classroom: an attribution theorist considers the moral emotions. In: SCHUTZAND, P. A.; PEKRUN, R. (Eds.). *Emotion in education*. San Diego: Academic, 2007. p. 75-88

WENDEL, F. C.; KELLEY, E. A.; KLUENDER, M. et al. *Use of assessment center processes*: a literature review. Lincoln: Teachers College, 1983.

WESTPHAL, J. D.; GULATI, R.; SHORTELL, S. M. Customization or conformity? an institutional network perspective on the content and consequence of TQM adoption. *Administrative Science Quarterly*, v. 42, n. 2, p. 366-394, 1997.

WILKINS, A.; PATTERSON, K. You can't get there from here: what will make culture-change projects fail. In: KILMANN, R. H.; SAXTON, M. J.; SERPA, R. (Eds.). *Gaining control of the corporate culture*. San Francisco: Jossey-Bass, 1985. p. 262-291.

WILKINS, B. M.; ANDERSEN, P. A. Gender differences and similarities in management communication: a meta-analysis. *Management Communication Quarterly*, v. 5, n. 1, p. 6-35, 1991.

WILLOWER, D. J. Some issues in research on school organization. In: IMMEGART, G. L.; BOYD, W. (Eds.). *Currents in administrative research*: problem finding in education. Lexington: Heath, 1979. p. 63-86.

WILLOWER, D. J. Inquiry into educational administration: the last twenty-five years and the next. *Journal of Educational Administration*, v. 25, n. 1, p. 12-28, 1987.

WILLOWER, D. J. Fighting the fog: a criticism of postmodernism. *Journal of School Leadership*, v. 8, n. 5, p. 448-463, 1998.

WILLOWER, D. J.; FORSYTH, P. B. A brief history of scholarship on educational administration. In: MURPHY, J.; LOUIS, K. S. (Eds.). *Handbook of research on educational administration*: a project of the American Educational Research Association. 2nd ed. San Francisco: Jossey-Bass, 1999.

WILSON, J. Q. *Bureaucracy*: what government agencies do and why they do it. New York: Basic Books, 1989.

WITTROCK, M. C. An empowering conception of educational psychology. *Educational Psychologist*, v. 27, n. 2, p. 129-141, 1992.

WOOLFOLK, A. *Educational psychology*. 10th ed. Boston: Allyn and Bacon, 2007.

WRIGHT, R. Motivating teacher involvement in professional growth activities. *Canadian Administrator*, v. 24, p. 1-6, 1985.

YEKOVICH, F. R. A theoretical view of the development of expertise in credit administration. In: HALLINGER, P.; LEITHWOOD, K. A.; MURPHY, J. (Eds.). *Cognitive perspectives on educational leadership*. New York: Teachers College, 1993. p. 146-166.

YUKL, G. A. Toward a behavioral theory of leadership. *Organizational Behavior and Human Performance*, v. 6, n. 4, p. 414-440, 1971.

ZBARACKI, M. J. The rhetoric and reality of total quality management. *Administrative Science Quarterly*, v. 43, n. 3, p. 602-636, 1998.

ZEY, M. *Decision making*: alternatives to rational choice models. Newbury Park: Sage, 1992.

ÍNDICE ONOMÁSTICO

Abbott, A., 2-3
Abbott, M., 29-30, 98, 100-101
ABC Research Group, 304, 313-314
Abell, P., 252-253
Abelson, R. P., 304
Acar, M., 248-249
Acar, W., 165-166
Achilles, C. M., 277-278
Adams, C., 176-181, 199, 243, 283-284
Adams, E. A., 398-399
Adams, J. E., 271-272
Adams, V. H., III, 176-177
Adler, P.S., 102-103
Adler, R. B, 352-353, 363-364
Ahuja, A., 407-408, 410
Aitken, R., 405
Albanese, M. A., 74-75
Alberto, P. A., 43-44
Aldrich, H. E., 114-115, 244-245, 247-249
Aldrich H. E., 243
Alessandra, T., 355
Alexander, E. R., 355-356
Alexander, P., 64-65
Alig-Mielcarek, J. M., 197-198, 394
Alinsky, S., 207
Allen, R. J., 55-56
Allensworth, E., 243-244, 278-280
Allinder, R. M., 147-148
Allison, G. T., 27-28, 224-225, 230
Almasi, J. F., 64-65
Ambrose, M. L., 138-139
Amburgey, T. L., 246-247
Anastasiow, N. J., 78
Anderman, E. M., 137-138, 145-146, 154
Anderman, L. H., 145-146, 154
Anderson, B., 99-100
Anderson, C. S., 189-190
Anderson, D. P., 192-193
Anderson, J., 357-358

Anderson, J. R., 50, 54-55, 58-63, 72-73
Anderson, L. M., 50, 325-326
Anderson, S., 289-291, 405
Anderson, S. E., 243-244
Anderson, T. H., 66-67
Andrews, J. H. M., 192-193
Antonakis, J., 400-403
Antonenko, P., 57
Appleberry, J. B., 181-182
Arends, R. I., 75-76
Argote, L., 370-371
Ariely, D., 325-326
Aristotle, 382-383
Armbruster, B. B., 66-67
Armor, D., 144-145
Ashcraft, M. H., 51-53, 55-58, 61-62
Ashford, S. J., 355, 357-358
Ashton, P. T., 145-148
Astuto, T. A., 14-15, 97, 167
At-Twaijri, M. I. A., 247-248
Atwater, D. C., 401-403
Audia, G., 151-152
Aupperle, K. E., 165-166
Austin, G. A., 51
Ausubel, D. P., 51
Avolio, B. J., 400-406

Babbie, E., 1-2
Bacharach, S. B., 216-217, 255-256
Bacon, F., 222
Baddeley, A., 54-57, 61-62
Baetz, M. L., 388-389
Baier, A., 174-175
Bakkenes, I., 367-368
Baldes, J., 149-150
Ball, D. L., 274-277
Bandura, A., 124-151, 171-175, 179-180, 228-229, 311-312
Bantz, C. R., 168-169, 363-364
Barnard, C. I., 18-19, 26-27, 94-95, 161-162, 209-211, 301-302, 335, 339-340, 368-369, 373-374
Barnes, K. M., 192-193

Barnes, R. M., 9
Barnett, B. G., 375
Barnhill, G. P., 45-47
Baron, R. A., 128-129, 138-141, 149-152, 304
Barry, B., 360-361
Bartlett, F. C., 62-63
Barton, P. E., 259-260
Bass, B. M., 301-302, 382-383, 385-388, 400-407
Bass, G., 144-145
Bateman, T. S., 199-200
Bates, R., 169-170
Baumgartner, F. R., 250-252
Bazerman, M., 151-152, 304
Beady, C. H., 167
Beall, A. E., 361-362
Beard, K. S., 180-181
Becerra, M., 357-358
Becker, T. E., 363-364
Becker, W. S., 128-129, 142-143
Beishuizen, J., 73-74
Beitzel, B., 67, 74-75
Bennion, J. W., 9-10
Bennis, W. G., 16-17, 176, 382, 402-403
Ben-Peretz, M., 31-32
Benson, J. K., 243
Benveniste, L., 243-244
Berg, C. A., 50
Berger, M. A., 233-234
Berieter, C., 72-73
Berliner, D. C., 263-264
Berlo, D. K., 363-364
Berman, P., 144-145
Berthold, K., 58
Bettenhausen, K. R., 360-361, 365
Betz, E. L., 128-129
Beyer, J., 168-169
Bidwell, C. E., 21-22, 113-115
Bigley, G.A., 174-175
Bimber, B., 101-102
Bjorklund, D. F., 51
Blake, R. R., 390-391
Blankenship, K., 358-359

494 Índice Onomástico

Blau, P. M., 88-89, 92-93, 95-97, 115-116, 208-212, 219-220t, 426-427
Blazovsky, R., 100-101, 114-115
Bliss, J., 174-175, 192-193, 211-212
Bloom, S., 143, 286-288, 372-373
Blumberg, A., 7-9
Bobbit, F., 9-11
Boehne, D., 143
Boje, D. M., 250
Bolman, L. G., 85-86, 169-171, 207-208, 223-225
Bonan, J., 101-102
Booth, D. E., 165-166
Borman, K. M., 98, 100-101, 114-115
Borys, B., 102-103
Bose, C., 97
Bosker, R. J., 289-290
Bossert, S. T., 277-278, 289-291, 393, 398-399
Bowers, D. G., 363-364
Bowers, J., 70-72
Boyan, N. J., 95-96
Boyd, B., 360-361
Boyd, W. L., 114-115, 216-217
Bradic, J. J., 358-360
Bradshaw, C. P., 44-46
Bransford, J. D., 51
Braybrook, D., 305-306
Bredekamp, S., 68-69
Brekke, N., 304
Bridges, E. M., 327-328, 335-336
Brobst, K., 65-66
Brogdon, R., 144-145
Broms, H., 353-354
Brookover, W. B., 167
Brooks, D., 269
Brophy, J. E., 48-49, 289-290
Brown, A. F., 200-202
Brown, A. L., 51, 63-64
Brown, D., 73-74, 101-102
Brown, J. S., 75-77
Brown, K. C., 151-152
Brown, M. E., 100-101
Bruce, B. C., 358-359
Bruner, J. S., 51, 422-423
Bruning, R. H., 52-54, 60-61, 63-65, 67-68, 70-72
Brunner (2002), 354-355
Bryk, A. S., 174-180, 197-198, 243-244, 278-280, 283-286
Bryman, A., 392-393
Burbules, N. C., 348, 354-359
Burke, W. W., 402-403
Burns, J. M., 400

Burns, T., 247-249
Burt, R., 174-175
Byrnes, J. P., 68-69

Cairns, I., 361-362
Caldwell, D., 167
Callahan, R. E., 10-11
Camburn, E., 398-399
Camerer, C., 174-175
Cameron, K. S., 167, 271-272
Campbell, D. T., 263-264
Campbell, E. Q., 276-277
Campbell, J. P., 125-127, 143, 387-388
Campbell, R., 9-10, 14-16, 21-22
Cantrell, S. C., 64-65
Capon, N., 75-76
Caracheo, F., 98, 100-101
Carey, S., 3-4
Carlson, D. S., 406-407
Carnoy, M., 243-244, 258-259
Carter, J. S., 64-65
Cartwright, D., 388
Casciaro, T., 244-245, 250
Castrogiovanni, G. J., 243-244
Catt, S. E., 351-352
Chandler, M., 70-72
Charan, R., 304
Charters, W. W., Jr., 99-100, 375
Chase, F. S., 335
Chatman, J. A., 167
Cheavens, J., 176-177
Chemers, M. M., 382, 395-396
Chen, M., 101-102
Chen, Z., 64-65, 75-76
Cheong, Y., 146-147
Chernobilsky, E., 74-75
Cherrington, D. J., 126-129, 131-132
Chinn, C. A., 74-76
Chonko, L. B., 406-407
Chrispeels, J. H., 370-371
Christensen, C., 313-314
Chugh, D., 304
Chung, K. A., 348-349, 382-383, 405
Cialdini, R. B., 226-229
Cioffi, D., 228-229
Clampitt, P. G., 353-354, 370-372
Clark, D. L., 14-15, 97, 167
Clark, R. A., 364-365
Clark, R. E., 50
Clatterbuck, G. W., 359-360
Clough, M., 50
Clover, S. I. R., 181-182
Clune, W. H., 101-102
Cobb, P., 70-72

Coburn, C., 261-262
Cocking, R. R., 51
Coggshall, J. G., 250-251
Cognition and Technology Group at Vanderbilt (CTGV), 74-75
Cohen, D. K., 260-261, 274-277, 305-306
Cohen, M. D., 171-172
Coldren, A. F., 399
Coleman, J. S., 174-175, 180-181, 243-244, 276-277
Coleman, M. R., 78
Collins, A., 75-77
Collins, A. M., 51, 72-73
Colliver, J. A., 75-76
Colquitt, J. A., 138-141
Colvin, G., 47-48
Commons, J. R., 209-210
Conant, J. B., 2-3
Conley, S. C., 216-217
Conry-Oseguera, P., 144-145
Constas, H., 96-97
Contractor, N. S., 365-366
Cook, K. S., 367-368
Cook, S. D., 171-172
Coons, A., 388-389
Copple, C., 68-69
Corbett, H. D., 169-170
Corcoran, T., 243-244
Correnti, R., 276-277, 291-292
Cortinak, J. M., 149-150
Corwin, R. G., 98, 100-101, 114-115
Cosner, S., 174-175
Costello, M., 356-357
Cousins, J. B., 146-147
Cox, A., 227-228
Cox, M., 144-145
Craig, R. T., 349-350
Craig, T., 102-103
Craik, F. I. M., 58, 61-62
Crant, J. M., 360-361
Crehan, E. P., 395-396
Crocker, L., 145-146
Croft, D. B., 189-190
Cron, W. L., 102-103
Crone, D. A., 47-48
Crowson, R. L., 114-115
Cuban, L., 270-271
Cuddy, A. J., 358-359
Cummings, L. L., 140-141
Cunningham, A. E., 51-52
Cunningham, E., 46-47
Cunningham, W. G., 170-171
Cusella, L. P., 355

Índice Onomástico 495

Cusick, P. A., 167, 213-214
Cybulski, T., 174-175
Cyert, R. M., 223, 301-302

Daft, R. L., 26-27, 246-248, 360-361, 365
Dahl, J. G., 143
Dahnke, G. L., 359-360
Daly, A. J., 405
Damanpour, F., 102-103
Dansereau, D. F., 77-78
Darling-Hammond, L., 113-114
Datnow, A., 261-262
D'Aunno, T., 253-254
David, J. L., 101-102
Davis, H., 145-146
Davis, J. H., 174-175
Day, C., 405
De Brabander, C., 367-368
Deal, T. E., 85-86, 162-171, 183-184, 207-208, 223-225, 255-257
DeCharms, R., 132-134
Deci, E. L., 132-133, 152-154, 243-245, 325-326
DeCorte, E., 68-69
DeDreu, C., 233-234
Dee, J. R., 216-217
Deetz, S., 365
DeFleur, M. L., 355-357, 365, 374
DeFrain, J., 143
Dembo, M., 145-148
Denison, D. R., 189
Dennis, A. R., 360-361
Derry, S. J., 72-75
Dewey, J., 6-8, 67-68, 422-423
DeYoung, D. A., 250-251
Diamond, J. B., 399
DiAngelo, J. A., 364-365
Dickson, W. J., 13-14
Diebert, J. P., 181-182
Dillon, S., 272-273
DiMaggio, P. J., 253-255, 257
Dionne, F. D., 397-398
DiPaola, M. F., 117, 178-180, 199-201, 233-234, 246-247, 283-284
Donnelly, J. H., 363-364
Drucker, P. F., 9, 299-300, 430
Dubinsky, A. J., 102-103
Duchastel, P., 47-48
Duemer, L., 216-217
Duffy, M. C., 259-260
Duke, D., 336-337
Dunnette, M. D., 387-388
Durkheim, E., 1
Dvir, T., 405-406
Dweck, C. S., 136-137
Dwyer, D., 393

Dyer, W. G., 166-167

Earley, P. C., 363-364
Easton, J. Q., 243-244, 278-280
Ebbinghaus, H., 62-63
Ebmeier, H., 49-50
Eccles, J. S., 144-145
Eckley, M., 216-217
Eden, D., 405-406
Eidell, T. L., 180-182
Einstein, A., 3-4
Elliot, A. J., 136-137
Elmes, M. B., 356-357
Elmore, R. F., 113-114, 259-260, 273-274, 382, 397-398
Elsbach, K. D., 257
Embry, D. D., 44-45
Emmer, E. T., 325-326
Enns, F., 395-396
Enoch, Y., 117-118
Erdelyi, M. H., 62-63
Erez, M., 149-152
Etling, K. M., 304
Etzioni, A., 14-16, 215, 245-246, 307-310, 373-374, 389-390
Evensen, D. H., 75-76
Evertson, C. M., 325-326
Fahy, P. F., 180-181
Falk, K., 45-46
Farling, M. L., 406-407
Farnaham-Diggory, S., 51
Fauske, J. R., 246-247
Fayol, H., 9
Fein, L. C., 252-253
Feldberg, R., 97
Feldlaufer, H., 144-145
Feldman, J., 193-194
Ferguson, J., 286-288
Ferguson, K. E., 97
Ferguson, K. J., 199
Ferry, D. L., 244-245
Fevurly, R., 286-288
Feynman, R. P., 59-60
Fichman, M., 370-371
Fiedler, F. E., 385-386, 394-397
Finkelstein, R., 181-182
Finn, C. E., Jr., 259-260, 382
Finn, J. D., 277-278
Firestone, W. A., 98, 100-101, 168-170, 397-398
Fiske, S., 358-360
Fleishman, E. A., 386-387
Fleming, T., 9-10
Flood, P. K., 167
Flyvbjerg, B., 221-222
Folger, R., 138-139
Follett, M. P., 13-14

Ford, M. E., 148-149
Forster, K. I., 54-55
Forsyth, P. B., 94-96, 176-181, 193-194, 199, 243, 283-284, 367-368
Foster, W. P., 14-15, 97
Fox, E., 63-64
Francke, D. C., 362-363
Frederick, D., 304
French, J. R. P., 213-216, 219-220t, 220-221
Frick, D. M., 406-407
Friebel, G., 368-370
Fried, Y., 151-152
Friedman, R. A., 247-248
Fromm, E., 181-182, 325-326
Froosman, J., 244-245
Frost, P. J., 402-403
Fry, W. R., 140-141
Fuhrman, S. H., 258-260, 273-274
Fulk, J., 360-361

Gadalla, T., 146-147
Gage, C. Q., 105-106
Gagné, E. D., 59-60
Gagné, R. M., 61-62
Gahmberg, H., 353-354
Galanter, E., 51
Galbraith, J., 140-141
Galinsky, A., 151-152
Gallagher, J. J., 78
Garcia, J. E., 394-396
Garcia, T., 144-145
Garner, R., 228-229
Garrison, J., 69-70, 72-73
Gates, R. M., 381
Gaynor, A. K., 14-15, 97
Gaziel, H., 216-217
Geary, D. C., 70-72
Geijsel, F., 402-403
Geist, J. R., 176
Gergen, K. J., 69-70
Gerth, H. H., 85-86, 96-97
Getzels, J. W., 8-9, 21-22
Gibson, J. L., 363-364
Gibson, S., 145-148
Gigerenzer, G., 297-298, 304, 311-315
Gilligan, C., 97
Gillihan, S. J., 364-365
Gillmore, M. R., 367-368
Gilmer, B. H., 189
Gilovich, T., 8-9
Gist, M. E., 143-145
Gladwell, M., 137-139, 302-303
Glass, G. V., 263-264
Glenn, J., 75-76

496 Índice Onomástico

Glick, P., 358-359
Goddard, R. D., 173-177, 179-180, 196-197
Godden, D. R., 61-62
Goertz, M., 243-244
Goertz, M. E., 259-260
Goes, J. B., 248-249
Goldberg, M. A., 307-308
Goldman, S., 225-227
Goldring, E. B., 101-102
Gonzales, I., 199
Good, T. L., 48-50, 289-290
Goodnow, J. J., 51
Gordon, C. W., 180-181
Gouldner, A., 15-16, 87-89, 90, 96-97, 99-100, 102-103
Grabner, R., 57
Graen, G., 140-141
Graham, L. L., 143
Graham, M., 65-66
Graham, S., 64-65, 134-136, 152-154
Grandori, A., 305-306, 309-310
Gray, P., 56-57
Greenberg, J., 138-141, 304
Greene, C. N., 215
Greene, D., 132-133
Greenleaf, R. K., 406-407
Greeno, J. G., 51, 72-73
Greenwald, R., 277-278
Greer, B., 68-69
Gregory, B. E., 406-407
Gresso, D. W., 170-171
Griffi ths, D. E., 3-4, 225-227
Grolnick, W. S., 133-134
Gronn, P., 398-399
Gronn, P. C., 348-349, 396-399
Gross, E., 245-246
Grouws, D., 49-50
Grubb, W. N., 243-244
Grush, J. E., 141-142
Guba, E. G., 8-9, 21-22
Gulick, L., 9-10
Guo, C., 248-249
Gupta, A. K., 357-358
Guskey, T. R., 145-146

Hack, W. G., 371-372
Hackman, M. Z., 176
Hage, J., 100-101
Hall, R. H., 85-86, 98-103, 275-276, 349-350, 365, 368-369
Hallinger, P., 289-291, 393–394
Halpin, A. W., 188-190, 388-389
Halverson, R., 399
Hamilton, A., 398-399
Hamilton, L., 261-262

Hammond, J. S., 304
Hannum, J., 196-198
Hanson, E. M., 165-166
Hanson, M., 254-255
Hanushek, E. A., 259-260, 276-278, 291-292
Harder, J. W., 139-140
Harding, F. D., 386-387
Hardy, C., 216-217
Harris, A., 405
Harris, K. R., 64-65
Harris, T. E., 355, 357-358, 365-372, 374, 375
Hart, A. W., 14-15, 97
Hartke, D. D., 395-396
Hartley, M., 192-193
Hartnell, C. A., 405-407
Harvey, C., 55-56
Hatch, T. C., 243-244, 246-247, 256-257
Hattie, J., 284-287, 291-292
Haynes, P. A., 307-308
Haywood, H. C., 69-70
Heck, R. H., 269, 275-276, 278-279, 289-393
Heclo, H., 251-252
Hedges, L. V., 277-278
Heide, J. B., 248-249
Heintzman, M., 361-362
Heller, M. F., 397-398
Hellriegel, D., 26-27
Helmke, A., 49-50
Hemphill, J. K., 388-389
Henderson, J. E., 212-314
Heneman, H. G. I., 143
Henkin, A. B., 216-217
Herker, D., 247-248
Hernshaw, L. S., 50
Herriott, R. E., 98, 100-101
Herzberg, F., 128-129, 418-419
Hess, F. M., 382
Hickey, D. T., 67-68, 73-74
Higgins, E. T., 2-4
Hill, P. T., 101-102
Hill, W. F., 39-42
Hindi, N. M., 351-352
Hirschman, A. O., 223-224
Hitch, G. J., 55-56
Hitt, M. A., 165-166
Hmelo, C. E., 75-76
Hmelo-Silver, C. E., 74-76
Hobson, C. J., 276-277
Hoffman, A. N., 248-249
Hoffman, J., 192-193
Hoffman, J. D., 174-175, 211-213
Hofman, R. H., 393

Hofman, W. H. A., 393
Hollenbeck, J. R., 149-150
Holtgraves, T., 358-360
Holum, A., 75-76
Homans, G. C., 8-9
Honig, M., 243-244, 246-247, 256-257, 261-262
Hopkins, D., 405
Horn, M. B., 313-314
Horner, R. H., 47-48
House, R. J., 388-389, 403-404
Houston, C. E., 304
Howeler, M., 358-359
Howell, J. M., 402-403
Howell, J. P., 397-398
Hoy, W. K., 4-5, 85-86, 94-96, 98-108, 114-115, 117-118, 140-141, 145-148, 169-170, 173-182, 189-194, 196-202, 210-213, 216-217, 221-223, 227-229, 233-234, 243, 261-262, 278-280, 283-288, 307-309, 311-314, 324, 327-328, 334-343, 367-368, 388-389, 394-396, 424-425
Huber, G. P., 171-172, 215, 360-361
Hung, Y. C., 360-361
Hunsaker, P., 355
Hunt, J. G., 216-217
Hunter, J. E., 128-129
Hunter, M., 49-50
Hutchinson, S., 406-407

Ialongo, N. S., 44-46
Iannacone, L., 94-95
Imants, J., 367-368
Imber, M., 336-337
Immegart, G. L., 384-385
Infeld, L., 3-4
Ingersoll, R. M., 114-115, 117, 243, 256-257
Ireland, R. D., 165-166
Irwin, J. W., 65-66
Isaacson, G., 211-213
Isaacson, W., 227-228
Isherwood, G., 99-101, 395-396
Ivancevich, J. M., 363-364
Ivey, A. E., 356-358
Ivey, M. B., 356-357

Jablin, F. M., 349-350, 355-356, 370-373
Jackson, P. R., 216-217
Jackson, S., 102-103
Jacobs, T. O., 386-387
Jago, A. G., 313-314, 327-331
James, W., 6-7, 312-313

Índice Onomástico **497**

Janis, I. L., 314-316, 342-343
Jantzi, D., 31-32, 289-291, 402-405
Jarrold, C., 55-56
Jehn, K. A., 167
Jepperson, R. L., 252-253
Jermier, J. M., 396-397
Jernigan, I. E., 355-356
Jinks, M., 406-407
Joachimsthaler, E. A., 102-103
Johnson, B. L., Jr., 7-8, 246-247
Johnson, C. W., 313-314
Johnson, D. W., 76-78
Johnson, P., 370-371
Johnson, P. E., 216-217
Johnson, R. T., 76-78
Jones, E. E., 359-360
Jones, M. S., 67
Jones, R. G., 180-181
Judge, T. A., 384-385
Jung, D. I., 400

Kackmark, K. M., 406-407
Kagan, S., 77-78
Kahn, R. L., 248-249, 348-349, 374, 426-427
Kahneman, D., 304, 311-312, 315-316, 325-326
Kain, J. F., 291-292
Kalyuga, S., 58
Kanfer, R., 125-126, 134-136, 140-141
Kanigel, R., 10-11
Kanner, L., 192-193
Kant, I., 221-222
Kanter, R. M., 230-234
Kark, R., 406-407
Karpov, Y. V., 69-70
Karuza, J., 140-141
Katz, D., 248-249, 348-349, 374, 426-427
Katzell, R. A., 131-132
Katzenbach, J. R., 95-96
Kauffman, J. M., 40-41
Kearney, W. S., 199
Keeney, R. L., 304
Kellam, S. G., 44-46
Keller, R. T., 388-389, 396-397
Kellerman, B., 323
Kelly, J. R., 359-360
Kemp, S. E., 45-46
Kennedy, A. A., 162-169
Kennedy, M. M., 261-262
Kerlinger, F. N., 2-5
Kerr, S., 396-397
Keynes, J. M., 4-5
Khan, Z., 95-96
Kida, T., 304

Kiewra, K. A., 65-67
Kilmann, R. H., 182-184
King, M. B., 243-244
King, N., 144-145
Kingdon, J. W., 250
Kinney, S. T., 360-361
Kirby, M. M., 179-180, 283-284
Kirk, S. A., 78
Kirschner, P. A., 50
Kirst, M. W., 271-272
Kissinger, H., 226-228
Klahr, D., 75-76
Klein, G., 302-303
Klein, H. J., 149-150
Klimoski, R. J., 363-364
Knapp, M., 73-74
Knapp, M. L., 361-362
Knetsch, J., 325-326
Knopoff, K., 97
Kock, N., 360-361
Koestner, R., 152-154
Kofman, F., 13
Kolesar, H., 98, 99-100
Kollman, K., 250-251
Konstantopoulos, S., 277-278
Kosalaka, T., 384-385
Kotter, J. P., 210-211, 215
Kottkamp, R., 143, 176, 190-194, 197-198
Kouzes, J. M., 406-407
Kozulin, A., 69-70
Kraatz, M. S., 248-249
Kranz, J., 101-102
Kristof-Brown, A., 151-152
Krone, K. J., 349-350
Krueger, A. B., 277-278
Kruger, M. L., 289-290
Kruse, S. D., 31-32
Kuhlman, E., 117
Kuhn, D., 75-76
Kuhnert, K. W., 400-401, 403-404
Kulik, C. T., 138-139
Kunz, D., 388-389
Kurtz, N. M., 180-181

Lachter, J., 54-55
Laine, R., 277-278
Lally, V., 216-217
Landrum, T. J., 40-41
Landy, F. J., 128-129, 142-143
Lane, K., 45-46
Langer, E. J., 326-327
Larsen, T. J., 393
Larson, C. L., 237
Larson, J. R. J., 358-359
Latham, G. P., 48-49, 148-152, 325-326

Lauver, K., 64-65
Lave, J., 67-68, 72-73
Lavery, R. G., 395-396
Lawler, E. E., III, 126-127, 140-141, 387-388
Lawler, M. L., 142-143
Lawrence, B. S., 364-365
Lawrence, P. R., 19-20
Le, L., 64-65
Leach, D. J., 216-217
Leathers, D. G., 361-362
Lee, G., 393
Lee, J., 278-281
Leech, B. L., 250-251
Lefkowitz, J., 128-129
Leiba-O'Sullivan, S., 216-217
Leithwood, K., 31-32, 243-244, 289-291, 402-405
Lengel, R. H., 360-361
Lens, W., 154
Lepper, M. R., 132-133
Leritz, L. E., 386-387
Levanthal, G. S., 140-141
Level, D. A., Jr., 360-361
Leverette, B. B., 388-389
Levi, A., 304
Levin, B., 290-291
Levin, J. R., 66-67
Levin, M. E., 67
Levitt, B. L., 171-172
Lewin, K., 1
Lewis, P., 400-401, 403-404
Lewis, P. V., 349-350, 365-366, 375
Lewis, T. J., 47-48
Liao, Y. M., 196-197
Libby, R., 304
Licata, J. W., 371-372
Likert, R., 176
Lind, E. A., 140-141
Lindblom, C. E., 305-307
Lipham, J., 21-22, 362-363
Lipson, M. Y., 51
Litchfield, E. H., 298-299, 305-306
Litwin, G., 189
Lloyd, C. A., 290-291
Locke, E. A., 48-49, 125, 148-152, 325-326
Lockhart, R. S., 58, 61-62
Loeb, S., 258-259
LoGerfo, L., 174-175, 179-180
Lorsch, J. W., 19-20
Lotto, L. S., 167
Louis, K. L., 169-170

498 Índice Onomástico

Louis, K. S., 31-32, 216-217, 243-244, 405
Lugg, C. A., 216-217
Lunenburg, F. C., 181-182
Luppescu, S., 243-244, 278-280
Lynn, M. L., 246-248, 256-257

Maag, J. W., 45-46
MacGeorge, E. L., 364-365
Machiavelli, N., 207, 221-222
MacKay, D. A., 98-100
Mackely, T., 112-113, 146-147
MacKensie, S. B., 397-398
MacKinnon, J. D., 100-101
Madden, A., 64-65
Maehr, M. L., 137-138
Mager, R., 47-48
Mahar, L., 395-396
Malen, B., 101-102, 255-256
Mann, L., 314-316
Mann, R. D., 383-384
Manna, P., 261-262
Manning, P. K., 349-350
March, J. G., 12–13, 171-172, 223, 248-249, 301-302, 398-399, 430
Marcoulides, G. A., 393
Marion, R., 167
Marjoribanks, K., 117
Marks, H. M., 112-113, 216-217, 405
Marsh, J., 261-262
Marsick, V. J., 30-31
Marta, S., 386-387
Martin, B. N., 406-407
Martin, J., 67-68, 97
Martin, Y. M., 395-396
Maslow, A., 125-129, 418-419
Maslowski, R., 167, 170-171
Massell, D., 273-274
Maugham, B., 167
Mausner, B., 128-129
Mayer, R. C., 174-175
Mayer, R. E., 39-40, 58
Mayo, E., 13-14, 161-162
McAuliffe, M., 145-146
McCarthy, M. R., 46-47
McCaskey, M. B., 361-363
McCaslin, M., 67-68, 73-74
McClelland, D. C., 130-133, 385-386
McCormick, C. B., 66-67
McDaniel, J., 250-252
McDonald, D., 143, 286-288, 372-373
McDonnell, L., 144-145, 260-261
McElroy, J. C., 367-368
McFarland, W. J., 225-227

McGuigan, L., 176-177, 179-180, 283-284
McIntyre, J. R., 145-146
McKinley, W., 3-4
McLaughlin, M., 144-145
McMahon, E., 117
McNamara, V., 395-396
McNeil, L. M., 113-114, 263-264
McPartland, J., 276-277
Mechanic, D., 230
Meese, L. J., 144-145
Meier, K. J., 257
Mento, A. J., 149-150
Merton, R., 12, 88-89, 209-210
Metz, M. H., 169-170
Meyer, H. D., 114-115
Meyer, J. W., 114-115, 242, 252-258
Meyer, M., 8-9, 114-115
Michaels, R. E., 102-103
Midgley, C., 144-145
Miles, M. B., 98
Militello, L., 302-303
Miller, A., 136-137
Miller, D., 248-249
Miller, D. M., 200-201
Miller, D. S., 351-352
Miller, G. A., 51, 56-57
Miller, L. E., 141-142
Miller, P. H., 68-69
Miller, R. J., 276-277, 291-292
Miller, S., 354-355, 371-372
Milliken, F. J., 374
Mills, C. W., 85-86, 96-97
Mind Garden, Inc., 405-406
Mindlin, S., 244-245, 247-248
Miner, A. S., 246-247
Miner, J. B., 2-3, 128-132, 135-136, 140-141, 149-150, 183-184, 327-328
Mintzberg, H., 3-5, 27-28, 85, 98, 107-114, 161-164, 216-220, 219-220t, 220-221,223-225, 230-234, 248-249, 418-419
Mishra, A. K., 174-175
Miskel, C., 143, 189-190, 250-256, 286-288, 327-328, 348-349, 372-373, 382-383, 405
Mitchell, S. A., 74-75
Mitchell, T. R., 143-145, 388-389
Mizruchi, M. S., 252-253
Mo, L., 64-65
Moe, T. M., 259-260
Moeller, G. H., 99-100
Mohan, M. L., 168-169
Monge, P. R., 365-367

Monk, D. H., 276-278
Montanari, J. R., 247-248
Mood, A. M., 276-277
Moolenaar, N. M., 405
Morreale, S., 176
Morrison, E. W., 374
Morse, P. S., 356-358
Mortimore, P., 167, 275-276
Moshman, D., 63-64, 68-72
Mott, P. E., 200-201, 286-288
Mouton, J. S., 390-391
Mowday, R. T., 143, 167
Mulhern, J. A., 143
Mullins, T., 211-213
Mumford, M. D., 386-387
Mundell, B. L., 255-256
Murdock, S. G., 46-47
Murphy, J., 393–394
Murphy, P. K., 69-70
Myers, G. E., 352-353, 365, 373-374
Myers, M. T., 352-353, 365, 373-374

Nadler, D. A., 142-143
Nagarajan, A., 74-75
Nanus, B., 402-403
National Commission on Excellence in Education, 271-272
Neale, M. A., 304
Needels, M., 73-74
Nelson, T. O., 63-64
Nespor, J., 133-134
Neubert, M. J., 406-407
Newell, L. J., 9-10
Newland, W., 100-101, 114-115
Newman, F. M., 243-244
Newman, S. E., 76-77
Ng, S. H., 359-360
Nicholls, J. G., 136-137
Nichols, S. L., 263-264
Nietzsche, F., 221-222
Nisbett, R. E., 315-316
Norby, M. M., 52-54, 60-61, 63-64, 67-68
Northcraft, G. B., 304, 363-364
Northouse, P. G., 382, 386-387, 405-406, 415-416
Novak, J., 66-67
Nye, B., 277-278

O'Day, J. A., 258-259, 273-274
O'Donnell, A. M., 77-78
Ogawa, R. T., 101-102, 189-190, 254-256, 382, 398-399
Oke, A., 405-407
O'Kelly, J., 77-78

Índice Onomástico 499

O'Leary-Kelly, A. M., 149-150
Olejnik, S., 145-146
O'Neill, R. E., 46-47
Ordonez, L., 151-152
O'Reilly, C. A. I., 167, 372-373
Organ, D. W., 199-200
Orton, J. D., 114-115
Osborn, R. N., 216-217
Osguthorpe, R. D., 250-251
O'Toole, L. J., Jr., 257
Ouchi, W., 113-114, 162-167, 176
Ousten, J., 167

Paas, F., 56-58
Pace, C. R., 189
Packard, J. S., 202-203
Page, C. H., 95-96
Pajares, F., 145-146
Palincsar, A. S., 67-68, 76-78, 355
Pane, J., 261-262
Paris, A. H., 68-69
Paris, S. G., 51-52, 68-69
Park, S. O., 248-249
Park, V., 261-262
Parrot, R. L., 361-362
Parsons, T., 18-19, 23-24, 38-39, 96-97
Pascal, A., 144-145
Passaro, S. L., 145-146
Patten, S., 290-291
Pauly, E., 144-145
Payne, H. J., 348-349, 355-356
Peabody, R., 209-212, 219-220 t
Pelletier, L. G., 132-133
Penley, L. E., 355-356
Pennings, J. M., 246-248
Perez, L., 233-234
Perrow, C., 15-16, 85-86
Peters, L. H., 395-396
Peters, T. J., 94-96, 161-167
Peterson, C., 176-177
Peterson, K. D., 169-170, 183-184
Petrilli, M., 261-262
Peverly, S., 65-66
Pfeffer, J., 27-28, 215, 226-227, 245-246, 248-250, 256-257, 304
Phillips, D. C., 67-68, 70-72
Piaget, J., 38, 67-69, 422-423
Piccolo, R. G., 384-385
Pinder, C. C., 127-133, 143-144, 150-154
Pink, D. H., 132, 154
Pinker, S., 132-133, 312-313
Pintrich, P. R., 144-145
Piskorski, M., 244-245, 250
Plax, T. G., 355-357, 365, 374
Plecki, M. L., 276-278

Podolny, J., 247-248
Podsakoff, P. M., 215, 397-398
Pohlman, J. T., 395-396
Pondy, L. R., 372-373
Poole, M. S., 189-190
Popham, W. J., 47-48
Porter, L. W., 125-126, 128-130, 132-133, 140-141, 167, 349-350, 360-361, 370-371, 374
Posner, B. Z., 406-407
Pounder, D. G., 398-399
Powell, W. W., 253-255, 257
Presseisen, B. Z., 69-70
Pressley, M., 65-66
Prestine, N. A., 113-114
Pribram, K. H., 51
Price, R. H., 253-254
Printy, S. M., 112-113, 405
Pritchard, R. D., 125-127, 143
Pugh, K., 216-217
Pulvers, K. M., 176-177
Purkey, S., 101-102
Putnam, L., 233-234, 349-350

Quinn, R. E., 167, 286-289
Quinn, R. W., 286-289

Rachlin, H., 40-41
Radvansky, G. A., 52-53, 55-58, 61-62
Raffi ni, J. P., 152-154
Raiffa, H., 304
Raisinghani, D., 232-233
Raith, M., 368-370
Raudenbush, S. W., 146-147, 274-277
Rauschenberger, J., 128-129
Raven, B. H., 213-216, 219-220t, 220-221
Ravit, G. D., 74-76
Raymond, M. E., 259-260
Redding, W. C., 360-361
Reder, L. M., 50, 72-73
Rees, R., 117-118, 210-212
Reeve, J., 152-154
Reeves, J. B., 106
Reilly, B. J., 364-365
Reiss, F., 192-193, 211-212
REL-Southeast, 261-262
Renkl, A., 58
Resnick, L. B., 51, 72-73
Rice, J. K., 275-276, 291-292, 360-361
Rice, M. E., 216-217
Riconscente, M., 63-64
Rigdon, M., 243-244
Riggio, R. E., 385-386, 400-404

Rinehart, J. S., 216-217
Rintamaa, M., 64-65
Rivkin, S. G., 291-292
Robbins, S. B., 64-65
Robbins, S. P., 94-96, 167
Roberts, J. A., 406-407
Roberts, K. H., 349-350, 360-361, 370-374
Robinson, D. H., 66-67
Robinson, V. M. J., 290-291
Rockey, E. H., 357-358
Rodman, G., 352-353, 363-364
Roethlisberger, F., 13-14
Rogoff, B., 72-73
Ronning, R. R., 64-65, 70-72
Rosenshine, B., 48-50
Rosoff, B., 147-148
Ross, J. A., 146-147
Ross, L., 315-316
Rossman, G. B., 169-170
Rothstein, E., 348-349
Rothstein, R., 243-244
Rotter, J. B., 145-146
Rousseau, D. M., 174-175
Rowan, B., 114-115, 146-147, 241, 244-245, 252-258, 276-277, 291-292, 393, 398-399
Rowe, K. J., 290-291
Runkel, P. J., 353-354
Russ, G. S., 360-361
Ruthruff, K. I., 54-55
Rutter, M., 167
Ryan, E. B., 358-359
Ryan, K., 199-200
Ryan, R. M., 132-134, 152-154, 243, 244-245, 325-326

Sabo, D., 174-176, 192-194, 196-198, 211-212, 286-288
Salas, E., 302-303
Salisbury-Glennon, J. D., 75-76
Sammons, P., 405
Samter, W., 364-365
Sanders, W. L., 290-291
Santora, J. C., 406-407
Sarros, J. C., 406-407
Sashkin, M., 402-403
Saxton, M. J., 182-184
Scaife, J., 216-217
Schaffer, D. R., 358-359
Schein, E. H., 162-164, 166-167, 169-170, 183-184
Schermerhorn, J. R., 216-217
Schmidt, H. G., 75-76
Schmidt, J. L., 181-182
Schmitt, N., 128-129
Schmitz, J., 360-361

500 Índice Onomástico

Schmuck, R. A., 353-354
Schneider, B., 174-180, 197-198, 243-244, 283-286
Schneider, G. T., 216-217
Schneider, J. M., 167
Schneider, W., 51
Schonmann, S., 31-32
Schoorman, F. D., 174-175
Schrader, C. B., 367-368
Schraw, G. J., 51-54, 60-61, 63-65, 67-68, 70-72
Schuler, R. S., 102-103
Schunk, D. H., 70-72, 131-132, 135-136, 144-146
Schwab, D. P., 143
Schweitzer, J. H., 167
Schwelzer, M., 151-152
Scott, K. S., 139-140
Scott, W. R., 8-12, 14-16, 20-22, 85-86, 88-89, 91-93, 96-97, 115-116, 208-212, 219-220t, 242, 244-245, 251-258, 274-275, 368-369, 426-427
Scribner, S. P., 382
Seashore, S. E., 278-279
Seashore Louis, K., 289-291
Sebastian, R., 358-359
Sebring, P. B., 243-244, 278-280
Seligman, M. E. P., 179-180, 228-229
Selznick, P., 4-5, 161-162, 228-229, 252-253
Senatra, P. T., 102-103
Sendjaya, S., 406-407
Senge, P. M., 13, 30-32, 417, 430
Sergiovanni, T. J., 176, 403-404
Serpa, R., 182-184
Shamir, B., 405-406
Shaw, R., 65-66
Shelby, A. N., 363-364
Sherer, J. Z., 399
Shin, J., 325-326
Shockley-Zalabak, P. S., 176
Shorey, H. S., 176-177
Short, P. M., 216-217
Short, R. J., 216-217
Showers, B. K., 336-337
Shuell, T., 48-49, 51
Shute, V., 278-281
Sias, P. M., 355-356, 370-371
Silins, H. C., 405
Silvern, S., 144-145
Simon, H. A., 10-13, 18-19, 50, 72-73, 208-209, 296-298, 311-313, 335, 339-340
Sims, C., 250-252

Sinden, J. E., 106
Sipe, J. W., 406-407
Sitkin, S. B., 174-175
Skinner, B. F., 39-42, 421-422
Skrzypek, G. J., 395-396
Slavin, R. E., 77-78
Sleegers, P., 402-403, 405
Slocum, J. W., 26-27
Slowik, L. H., 151-152
Smith, A., 167
Smith, C., 3-4
Smith, J. F., 304
Smith, M. S., 78, 258-259, 273-274
Smith, P. A., 174-177, 179-180, 196-197, 199, 227-228, 283-284
Smith, S. M., 358-359
Smylie, M. A., 144-145
Snowman, J., 65-66
Snyder, C. R., 176-177
Snyderman, B., 128-129
Sokoloff, N., 97
Somers, M. J., 128-129
Song, M., 250-251
Soodak, L. C., 46-47
Spector, P. E., 275-276
Spillane, J. P., 399
Sproull, L. S., 171-172
Stage, S. A., 45-46
Stalker, G. M., 247-249
Starkie, D., 309-310
Staw, B. M., 3-4
Stearns, T. M., 246-249
Steers, R. M., 125-126, 128-130, 167
Steinbach, R., 31-32, 404
Steinfi eld, C. W., 360-361
Sterling-Turner, H. E., 44-45
Stern, G. C., 189
Sternberg, K., 52-54, 58-60
Sternberg, R. J., 52-54, 58-60
Stevens, R., 48-50
Stewart, J., 286-288
Stinchcombe, A. L., 96-97
Stipek, D. J., 131-132, 134, 136-137
Stogdill, R. M., 383-385
Stohl, C., 365, 368-369
Stone, A. G., 406-407
Strauss, G., 27-28, 224-225
Stringer, R., 189
Stringfi eld, S., 270-271
Strube, M. J., 395-396
Suchman, M. C., 208-209
Sugai, G., 47-48
Sun, J., 405
Sutcliffe, K. M., 104-105, 244-245

Sutton, R. I., 3-4, 253-254, 257, 304
Sweetland, S. R., 85-86, 98, 100-108, 106, 174-176, 192-193, 196-197, 199, 216-217, 221-222
Sweller, J., 50, 56-58

Taguiri, R., 189
Tam, H., 55-56
Tarter, C. J., 106, 140-141, 176-177, 179-181, 190-194, 196-201, 216-217, 223, 261-262, 278-279, 283-284, 286-288, 307-309, 311-312, 324, 327-328, 334-343, 424-425
Taylor, F., 9–10-11
Taylor, J., 398-399
Taylor, T., 406-407
Teddlie, C., 270-271
Te'eni, D., 348-351
te Winkel, W. W. R., 75-76
Thaler, R., 325-326
Theoret, A., 232-233
Thierry, H., 143
Thomas, H., 307-308
Thomas, K., 234-236
Thompson, D. E., 131-132
Thompson, J. D., 9-10, 301-302
Thoreau, H. D., 324-325
Tingstrom, D. H., 44-45
Tjosvold, D., 233-234
Todd, P. M., 304, 313-314
Tolbert, P. S., 85-86
Tosi, H. L., 2-3
Toth, E., 75-76
Toure, J., 261-262
Trentham, L., 144-145
Trevino, L. K., 360-361
Trice, H., 168-169
Troutman, A. C., 43-44
Tschannen-Moran, M., 112-113, 145-148, 174-177, 196-197, 199-201, 228-229, 233-234, 246-247
Tubbs, M. E., 143
Turner, M. E., 370-371
Tversky, A., 304, 311-312, 315-316
Tyler, B. B., 360-361, 365
Tyler, T. R., 138-139

Udy, S. H., 96-97
Uline, C., 112-113, 146-147, 200-201, 233-234
Umbreit, J., 46-47
Urwick, L. F., 9
U.S. Department of Education, 260-261, 272-273

Índice Onomástico 501

Valenzuela, A., 263-264
Vallerand, R. J., 132-133
van de Pol, J., 73-74
Van de Ven, A. H., 244-245
van der Molen, H. T., 75-76
Van Dijk, D., 406-407
Van Eerde, W., 143
van Gog, T., 58
van Merrienboer, J. J. G., 56-57
van Merriënboer, J. J. G., 58
Van Meter, P., 65-67
Vansteenkiste, M., 154
van Vugt, M., 407-408
Vecchio, R. P., 225-228, 387-388, 395-396
Verschaffel, L., 68-69
Villa, J., 397-398
Vinovskis, M. A., 271-274
Volman, M., 73-74
von Gog, T., 57
Vroom, V. H., 140-142, 313-314, 327-335, 328-331, 335, 388-389
Vygotsky, L. S., 67-70, 422-423

Wagner, C., 178-180, 283-284
Wahlstrom, K., 243-244, 289-291, 405
Walker, J. L., 251-252
Wall, T. D., 216-217
Waller, W., 20-21, 180-181
Walumbwa, F. O., 405-407
Waterman, R. H., Jr., 94-96, 161-167
Watkins, K. E., 30-31
Watts, D. M., 105-106
Webb, N., 76-77
Webb, R. B., 145-148
Weber, J., 394
Weber, M., 18-19, 85-88, 96-97, 207-210, 417-419
Wehby, J., 45-46
Weick, K. E., 31-32, 104-105, 114-115, 326-327, 387-388

Weil, T., 430
Weinberg, K., 128-129
Weiner, B., 134-136, 152-154
Weinert, F. E., 49-50
Weinfeld, F. D., 276-277
Wenger, E., 72-73
Westley, F., 31-32
Whetten, D. A., 250
White, J. F., 101-102
White, P., 101-102
Whitehead, A. N., 8-9, 74-75
Wietz, S., 361-362
Wijnen, W. H. F. W., 75-76
Wiklund, C., 176-177
Wilcox, K., 143
Wilczynski, S. M., 44-45
Wildavsky, A., 105-106
Wilensky, H., 117
Williams, B. W., 106
Williams, L. B., 210-212, 395-396
Willower, D. J., 2-3, 5-6, 180-182, 202-203
Wilson, B., 168-170
Wilson, M., 58-59
Wilson, T. D., 304
Wilson, W. J., 243-244
Wimpelberg, R. K., 270-271
Windschitl, M., 67-68, 72-74, 243
Winer, B. J., 388-389
Winters, D. C., 149-150
Wise, A., 113-114
Wisegraver, R., 358-359
Wiseman, C., 307-308
Wisenbaker, J. M., 167
Wiskowskie, L., 196-197, 286-288
Witziers, B., 289-290
Wixson, K. K., 51
Wohlstetter, P., 261-262
Wolf, S., 302-303
Wolin, S., 12
Wood, E. G., 132-133
Wood, R., 143-145

Wood, S. E., 132-133
Woodman, R. W., 26-27
Woods, B. S., 69-70
Woolfolk, A. E., 44-45, 64-65, 132-134, 137-138, 147-148, 152-154, 196-197, 201-202, 324, 358-359
Woolfolk Hoy, A., 112-113, 145-148, 173-177, 179-181, 283-284, 284-287
Worthy, J. C., 9-10
Wright, P. M., 149-150
Wu, H. C., 180-181

Xin Ma, 49-50

Yamagishi, T., 367-368
Yamashita, M., 261-262
Yammarino, S. J., 397-398
Yanon, D., 171-172
Yekovich, C. W., 59-60
Yekovich, F. R., 59-60
Yetton, P. W., 327-331
Yokoi, L., 65-66
York, R. L., 276-277
Young, T. V., 250-252
Yuchtman, E., 278-279
Yukl, G. A., 150-151, 215-217, 382-388, 390-391, 396-397, 402-404

Zaccaro, S. J., 384-387
Zahn, C. L., 370-371
Zald, M. M., 233-234
Zand, D., 174-176
Zander, A., 388
Zellerman, G., 144-145
Zellman, G., 144-145
Zenger, T. R., 364-365
Zhau, Y., 216-217
Zidon, I, 151-152
Zielinski, A. E., 367-368
Zmuda, J. H., 44-46
Zsambok, C., 302-303
Zucker, L., 2-3

ÍNDICE

AASA; *ver* American Association of School Administrators
Abertura, clima de, 189-194, 419-420
  clima aberto *versus* fechado, 191-192
  medição do, 189-194, 200-201
  resultados de pesquisa sobre, 192-194
  síntese com saúde, 197-199
Abertura organizacional, 189-194
Abordagem centrada no crescimento para o clima escolar, 200-204
Abordagem cognitiva, à aprendizagem, 39-40, 50-67, 79, 421-422, 429-430
  aplicações de ensino na, 63-67, 79
  conhecimento e aprendizagem na, 51-53
  memória na, 51-64
  metacognição na, 63-64
  modelo de processamento de informações na, 51-54
  princípios orientadores da, 63-65
Abordagem comportamental, à aprendizagem, 39-50, 79, 421-422, 429-430
Abordagem dos traços de liderança, 383-388
Abrangência de controle, 9-10, 12
Abundância, de recursos, 243-244
Aceitação, das decisões, 328, 335-336, 339-340
Acesso aos detentores do poder, 217-218
Acomodação, 68-69
Acrônimos, como ferramenta de memória, 66-67

Adaptação, 407-408
Administração; *ver também cargos, tarefas e problemas específicos*
  definição de, 7-9
  democrática, 13-15
  desafios da, 270-272
  funções de, 9
  natureza do trabalho na, 382-383
  perspectiva da dependência de recursos e, 245-252
Administradores; *ver também* Liderança
  autoridade dos, 209-213
  comunicação como atividade primordial dos, 348-349
  e eficiência escolar, 279-281, 289-291
Adocracia, 109-110
Ajuste mútuo, 107-108
Alocação de pessoal, como função da administração, 9
Altruísmo, 199-200
Aluno(s)
  confiança do corpo docente nos, 175-177
  controle de e por, 180-182
  superdotados, 78
Ambiente, 241-268, 422-423
  adaptação ao, 255-259
  ajustes estruturais ao, 247-249
  da escola como sistema social, 22-24, 27-30
  definição de, 27-28
  de formulação de políticas, moldar elementos no, 250-252
  de sistema aberto, 17-21, 242
  e desempenho acadêmico, 279-281
  e liderança, 387-388, 390-392
  estratégias adaptativas internas para, 245-249, 422-423

  estratégias adaptativas interrorganizacionais para, 245-246, 248-252, 422-423
  estudo de caso sobre, 264-266
  externo, 241-268
  guia prático, 265-267
  institucional, 253-254
  local de trabalho, 161-162; *ver também* Clima organizacional; Cultura organizacional
  perpassar de fronteiras e, 246-248
  perspectiva da dependência de recursos sobre, 242-252, 422-423
  perspectiva institucional sobre, 242, 251-259, 422-423
  princípios e pressupostos básicos sobre, 266-267
  proteção e, 246-247, 256-257
  responsabilização e, 258-264
  resposta da escola ao, 28-29, 255-259
American Association of School Administrators (AASA), 66-67
American Recovery and Reinvestment Act (ARRA, Lei Norte-Americana de Recuperação e Reinvestimento), 261-262
Análise
  da eficiência de Hattie, 284-287
  do trabalho, 9-11
  teorizar como modo de, 6-8
Antecedentes, na abordagem comportamental, 39-40, 42-44
Ápice estratégico, 108-109
Apoio
  à contingência, 73-74
  de recursos, 193-195
Apoios comportamentais positivos (PBS), 44-48
Apoios essenciais, para desempenho acadêmico, 281-284

504 Índice

Aprendizagem
  abordagem cognitiva à, 39-40, 50-67, 79, 421-422, 429-430
  abordagem comportamental à, 39-50, 79, 421-422, 429-430
  abordagem construtivista à, 39-40, 67-80, 421-423, 429-430
  com base em problemas, 74-76
  como o cerne técnico da escola, 23-24, 27-28, 421-423
  conhecimento e, 51-53
  cooperativa, 76-81
  definição de, 38-40
  de mestria, 49-50
  dilema nas abordagens à, 429-430
  e saúde organizacional, 193-195
  exercício de portfólio sobre, 83-84
  guia prático, 81-82
  liderança e, 392-394
  princípios e pressupostos básicos sobre, 81-82
  situada, 71-73
Armadilha
  da ancoragem, 304-305
  da memória, 304-305
  da prudência, 304-305
  do conforto, 304-305
  do enquadramento, 304-305
  do excesso de confiança, 304-305
  do reconhecimento, 304-305
  dos custos irrecuperáveis, 304-305
  na tomada de decisão, 304-305
  representativa, 304-305
ARRA; *ver* American Recovery and Reinvestment Act
Árvores de tomada de decisão, 329-334
Assimilação, 67-69
Assistir, como habilidade de escuta, 356-357
Associação Nacional para a Educação Infantil (National Association for the Education of Young Children), 68-69
Atenção, 53-55
  na tomada de decisões, 326-328
Atratividade, 228-229
Autenticidade, da autoridade, 212-213

Autoconfiança, dos líderes, 384-385
Autoeficácia
  definição de, 143-144
  desenvolvimento da, 143-146
  dos líderes, 385-386
  dos professores, 145-148, 171-175
  e desempenho do aluno, 144-146
  exercício de portfólio sobre, 159-160
Autonomia, necessidade por, 132-134
Autoridade
  autenticidade da, 212-213
  burocrática, dilema da, 211-212
  características nas escolas, 208-209
  carismática, 208-209
  definição de, 207-209
  fontes de, 207-213
  formal, 209-210, 420-421
  funcional, 209-210
  informal, 209-210, 420-421
  hierárquica; *ver* Hierarquia de autoridade
  legal, 209-210
  legítimo, 207-208
  na administração escolar, 209-213
  sistema de, 217-219
  tipos de cargos, 210-211
  versus autoritarismo, 207-209
  tradicional, 208-209
Autorregulação emocional, 326-328
Avaliação
  como a habilidade cognitiva, 63-64
  comportamental funcional, 46-47
Avisar, 43-44

Bate-papo, comunicação via, 94-96, 365-366, 371-373
Bloco de notas visuoespacial, 54-57
Boatos, 371-372
Bodes expiatórios, 226-228
Bullying, clima escolar e, 199
Burocracia
  altamente desenvolvida, organização escolar como, 98

conflito profissional com, 98, 115-120, 116, 426-428
crítica da, 87-97
crítica feminista à, 97
estrutura dualística da, 96-97
expectativas e papéis na, 23-25
funções *versus* disfunções na, 87-91
Hall sobre, 98-103, 98-99
Hoy e Sweetland sobre, 102-108
interação com indivíduos, 24-26
mecânica, 109-113
Mintzberg sobre, 107-114, 418-419
modelo weberiano da, 18-19, 85-88, 417-419
perspectiva de vinculação frouxa na, 113-116
profissional, 109-114
simples, 111-112
tipo ideal de, 87-88, 96-99, 417-419
Burocracia weberiana, 18-19, 85-88, 417-419
  como tipo ideal, 87-88, 96-99, 417-419
  crítica da, 87-97
  crítica feminista à, 97
  funções *versus* disfunções na, 87-91
  natureza dualística da, 96-97
  negligência da organização informal na, 87-88, 91-97
Busca problemística, 301-302
Bush, George H., 272-273

Capacidade, crenças sobre, 136-139
Capacidade profissional, 281-284
Capacidades cognitivas, e comunicação, 363-365
Capital social, 282-284
Capital social de conexão, 282-284
Capital social de ligação 282-284
Características
  da tarefa, em substitutos para modelo de liderança, 396-398
  dos subordinados, em substitutos para o modelo de liderança, 396-398
  motivacionais, dos líderes, 385-387

Índice **505**

Carga cognitiva, 57-58
  externa, 58
  intrínseca, 57-58
  pertinente, 58
Causalidade, 134-137
Central executiva na memória
  de trabalho, 54-57
Centralização, 102-104
  capacitadora, 103-104, 107
  entravadora, 103-104, 107
  e redes de comunicação, 369-
  371
Cerimônias, na cultura escolar,
  168-169
Cerne técnico, 23-24, 27-28, 38-
  39, 392-393, 421-423; *ver também*
  Aprendizagem; Ensino
Ciclo fonológico, 55-57
Ciclos de *feedback*
  externos, 29-31
  internos, 29-30
Cidadania organizacional, 199-
  201
Ciência
  definição de, 2-3
  organizacional, 1-3
  teoria e, 1-3
Clientelismo, 225-228
Clima; *ver* Clima organizacional
  aberto, 191-192
  de aprendizagem centrado no
   aluno, 282-284
  de aprendizagem escolar, 281-
   284
  fechado, 191-192
Clima escolar, 419-421
  aberto e saudável, exemplo
   de, 199
  aberto *versus* fechado, 191-192
  abertura, 189-194, 419-420
  abordagem centrada no crescimento para, 200-204
  cidadania, 199-201
  definição de, 189-190
  e desempenho acadêmico,
   192-193, 196-201, 279-283
  estratégia clínica sobre, 200-
   203
  estudo de caso sobre, 203-204
  exercício de portfólio sobre,
   206
  fechado, 191-192
  guia prático, 204-205
  importância de analisar, 189-
   190
  mudar, 200-204

  princípios e pressupostos básicos sobre, 204-206
  promover o positivo, na liderança, 393
  saudável *versus* enfermo, 194-
   196
  saúde, 193-198, 420-421
  síntese das medições do, 197-
   199
Clima organizacional, 188-206,
  419-420
  aberto *versus* fechado, 191-192
  abertura, 189-194
  cultura organizacional *versus*,
   189
  definição de, 189-190
  estudo de caso sobre, 203-204
  exercício de portfólio sobre,
   206
  guia prático, 204-205
  padrões dominantes de comportamento em, 189
  princípios e pressupostos básicos sobre, 204-206
  saudável *versus* enfermo, 194-
   196
  saúde, 193-198
  síntese das medições do, 197-
   199
Cmaps, 66-67
Coalizões
  externas, 223-224, 420-421
  externas divididas, 223-224
  externas dominadas, 223
  internas, 223, 420-421
  interorganizacionais, 250
  na política organizacional,
   223-224, 420-421
  passivas externas, 223-224
Coesão, organizações informais
  e, 94-96
Cognição, 24-25
Colaboração, entre organizações,
  248-250
Colaborativos, 250
Coleguismo, 228-229
Colocação de andaimes, 73-74
Comandar, como função da administração, 9
Commission on Excellence in
  Education, 271-272
Comparações sociais, 138-139
Competência
  da comunicação, 355-359, 424-
   425

  dos líderes, 398-399
  técnica, 98-99
Comportamento administrativo,
  425-427
  de cidadania organizacional
   (OCB), 199-201, 199-200
  do professor profissional, 198
  orientado para o poder, 215
  na liderança, 388-392
Comportamentos orientados
  para a mudança de líderes,
   390-392
  para a tarefa, de líderes, 389-
   392
  para as relações, dos líderes,
   389-392
Comprometimento público,
  228-229
Comunicação, 348-380, 424-425
  advertências sobre, 348-349
  ascendente, 373-375
  bidirecional, 354-355, 424-425
  capacidades cognitivas na,
   363-365
  como atividade primordial
   dos administradores, 348-349
  contexto para, 351-352, 364-
   365
  coordenação *versus*, 426-428
  credibilidade na, 363-364
  definição de, 349-350
  de informações, 94-96
  descendente, 373-374
  direção da, 365-367, 372-375
  escolar, 168-169, 351-353, 365-
   375
  escrita, 360-362
  estudo de caso sobre, 376-378
  exercício de portfólio sobre,
   380
  expressiva, 373-374
  fontes na, 363-365
  guia prático, 378
  habilidades de falar em público para, 358-360
  horizontal, 365-366, 373-375
  informal, 94-96
  instrumental, 373-374
  mídias para, 350-351, 359-363
  modelo geral de, 349-353
  na estrutura escolar capacitadora, 103-104
  na estrutura escolar entravadora, 103-104
  não verbal, 360-363
  oral *versus* escrita, 360-362

506 Índice

organizacional, 365

perspectivas organizacionais sobre, 365-375

princípios e pressupostos básicos sobre, 379-380

propósitos da, 348-349

substância da, 372-374

unidirecional, 352-354, 424-425

verbal, 360-362

vertical, 365-366, 373-375

Comunicação nas escolas, 168-169, 351-353, 365-375, 424-425

como atividade primordial dos administradores, 348-349

em escolas de ensino fundamental *versus* escolas de ensino médio, 371-372, 375

estudo de caso sobre, 376-378

exercício de portfólio sobre, 380

guia prático, 378

princípios e pressupostos básicos sobre, 379-380

propósitos da, 365-366

redes complementares de, 372-375

redes formais de, 365-366, 368-371

redes informais de, 365-366, 371-373

Conceito(s), 2-3

Condições fronteiriças, 300-301

Confiança

clima escolar e, 199

corpo docente, definição da, 175-176

cultura da, 174-177

e desempenho acadêmico, 282-286

evidências de pesquisas sobre, 176-177

exercício de portfólio sobre, 186-187

medição da, 175-176, 182-183

na tomada de decisão compartilhada, 335-340

no otimismo acadêmico, 176-181, 282-286

relacional, 282-284

teste da, 336-337

Confiança do corpo docente, 174-177

clima escolar e, 199

definição de, 175-176

e desempenho acadêmico, 282-286

evidências de pesquisas sobre, 176-177

exercício de portfólio sobre, 186-187

medição da, 175-176, 182-183

na cultura de otimismo acadêmico, 176-181, 282-286

Conflito

afetivo, 233-235

cognitivo, 233-235

dimensões do comportamento que geram, 234-236

profissional-burocrático, 98, 115-120, 426-428

teoria de Janis-Mann sobre, 314-316

Conformidade

categorizada, 257-258

coercitiva, 254-255

estrutural, 258

imitativa, 254-256

institucional, 253-258

normativa, 255-256

processual, 258

Congruência, de mensagens, 362-363

Conhecimento, 51-53, 430

autorregulatório, 51-53

condicional, 51-52

construção do, 70-74

controle sobre, 216-218

declarativo, 51-53

de domínio específico, 51-53

geral *versus* situado, 70-73

poder *versus*, 222

processual, 51-53

situado, 70-73

Conhecimentos gerais, 51-53

Consciência, 199-200

Consenso grupal, 338-339

Consideração

individualização na, 400-403

na liderança, 388-390, 400-403

na saúde organizacional, 193-195

Construção de coalizões, 225-228

Construtivismo, 79, 421-423, 429-430

abordagem à aprendizagem, 39-40, 67-80

aplicações de ensino do, 72-80

conhecimento geral *versus* situado, 70-73

construção do conhecimento no, 70-74

ideias centrais do, 67-68

primeira onda, 68-69

psicológico/individual, 67-69, 79

radical, 69-72

segunda onda, 68-69

social, 68-70, 79

teoria de Piaget sobre, 67-69, 79

teoria de Vygotsky sobre, 68-70, 73-74, 79

tipos de, 67-72

Consultoria grupal, 338-339

Consultoria individual, 338-339

Contato visual, 361-362

Conteúdo do objetivo, 148-149

Contexto

para a aprendizagem situada, 71-73

para a comunicação, 351-352, 364-365

para a eficácia dos professores, 146-147

para a memória de longo prazo, 60-62

Continuum de liderança de gama completa, 400, 400

Controlabilidade, na teoria da atribuição, 134-137

Controle

abrangência de, 9-10, 12

burocrático, 217-219

como função da administração, 9

cultura do, 180-182

de aluno, 180-182

pessoal, 217-219

situacional, na liderança, 394-396

Conversa, 354-355

Cooperação guiada, 77-78

Cooptação, 250

Coordenação

como função da administração, 9

discreta, 399

versus comunicação, 426-428

Cortesia, 199-200

Credibilidade, 363-364

Crenças

compartilhadas, cultura como, 164-166

definição de, 133-134

Índice **507**

individuais, 133-149, 156, 418-419
sobre capacidade, 136-139
sobre causalidade, 134-137
sobre imparcialidade, 138-141
sobre resultados, 140-144
Criatividade
na eficiência organizacional, 289-290
na liderança, 401-402
na tomada de decisão, 302-303
Crítica feminista à burocracia, 97
Culto da eficiência, 10-11
Cultura
cerceadora, 180-182
corporativa japonesa, 164-166
humanística, 181-182
na organização, 26-27; *ver também* Cultura organizacional
no sistema escolar, 22-24, 26-27, 29-30 ; *ver também* Cultura escolar
nos sistemas sociais, 21-22
Cultura escolar, 22-24, 26-27, 29-30, 167-185, 419-421
alterar ou gerenciar, 169-170, 182-184
cerceadora, 180-182
como moldura simbólica, 170-171
comunicação na, 168-169
cultura da eficácia, 171-175
cultura de confiança, 174-177
cultura de controle, 180-182
cultura de otimismo acadêmico, 176-181, 282-286
desempenho acadêmico na, 282-286
eficiente, forte, 167-168
estudo de caso sobre, 184-185
exercício de portfólio sobre, 186-187
guia prático, 184-185
metáforas para, 168-170
pesquisa sobre, 169-171
princípios e pressupostos básicos sobre, 185-186
ritos e rituais em, 168-169
símbolos na, 168-170
Cultura organizacional, 26-27, 161-187, 419-420; *ver também* Cultura escolar
clima organizacional *versus*, 189

como crenças e valores compartilhados, 164-166
como normas compartilhadas, 162-165
como suposições tácitas, 165-167
definição de, 162-164
forte, 165-166
funções de, 167
níveis de, 162-167, 163-164
popularidade do termo, 162-164
teoria Z, 164-166
valores fundamentais da, 165-166
Culturas de teoria Z, 164-166
Culturas fortes, 165-168
Cúpula Educacional de Charlottesville (1989), 272-273

Dar a deixa, 43-44
Debate, 354-355
Decisão(ões)
critérios para a solução satisfatória em, 300-301
exclusiva, 299-301
genérica, 299-301
melhorar a qualidade e a aceitação das, 328
unilateral, 338-339
Definição de objetivos, 48-49, 131-132, 149-152
Dependência, de recursos, 243-246
Desacoplagem, 256-257
Desempenho acadêmico
análise de Hattie sobre, 284-287
autoeficácia e, 144-146
clima escolar e, 192-193, 196-201, 279-283
condições escolares que promovem o, 177-179, 286-287
confiança do corpo docente e, 176-177
cultura escolar e, 282-286
efeitos do administrador no, 289-291
efeitos do professor no, 279-287, 290-292
eficácia coletiva e, 173-175
eficiência escolar e, 275-276, 278-287
envolvimento do estudante e, 279-281

estratégias de aprendizagem e, 279-281
estrutura escolar e, 99-101
fatores sociocontextuais no, 279-281
modelo de Bryk e colaboradores de, 278-284
modelo de Hoy e Woolfolk Hoy de, 278-280, 282-286
modelo de Lee e Shute de, 278-281
modelo organizacional para, 282-286
necessidade por, 130-133
padrões e, 258-263
suportes essenciais para, 281-284
Desempenho do aluno; *ver* Desempenho acadêmico
Desenvolvimento cognitivo
teoria de Piaget sobre, 67-69
teoria de Vygotsky sobre, 68-70, 73-74
Deslocamento do objetivo, 90
Destacar, como estratégia de aprendizagem, 64-66
Desvanecimento, 73-74
Determinação, poder da, 324-328
Diagramas, como estratégia de aprendizagem, 66-67
Dificuldades de aprendizagem, 78
Dilema(s)
da autoridade burocrática, 211-212
definição de, 426-427
organizacional, 426-430
Diretores(as); *ver também* Liderança
autoridade dos(das), 209-213
como líder intelectual, 179-180
confiança do corpo docente nos(nas), 175-177
influência sobre a eficiência escolar, 279-281, 289-291
influência sobre a saúde organizacional, 193-195
Dirigir, como função da administração, 9
Disfunções, na burocracia, 87-91
Disponibilidade, de recursos, 243-244
Distanciamento emocional, 211-212

508 Índice

Divisão do trabalho, 9-10, 12, 13, 418-419
  disfunção da, 88-89
  na burocracia weberiana, 85-86, 88-89
Dominação, 211-212, 231-232

Educador, na tomada de decisão compartilhada, 338-340
Efeitos da comunicação, 351-352
Eficácia
  coletiva, 171-181, 282-286
  cultura da, 171-175
  de professores, 145-148, 171-175
  na eficiência escolar, 282-286
  no otimismo acadêmico, 176-181,177-178, 282-286
Eficácia coletiva, 171-175
  conclusões de pesquisas sobre, 173-175
  definição de, 171-172
  fontes de, 171-173
  formação da, 172-174
  medição da, 173-174
  modelo de, 173-174
  no desempenho acadêmico, 282-286
  no otimismo acadêmico, 176-181, 282-283
Eficácia do professor, 145-148
  coletiva, 171-175, 282-286
  definição de, 146-147
  e desempenho acadêmico, 282-286
  especificidade contextual da, 146-147
  modelo de, 146-148
  natureza cíclica da, 146-148
  questões básicas na, 147-148
Eficiência; *ver* Eficiência da liderança; Eficiência escolar; Eficiência organizacional
  culto da, 10-11
  na burocracia weberiana, 86-88
  nas organizações informais, 95-96
Eficiência da liderança, 391-392
  definição de, 391-392
  indicadores para, 391-392
  no modelo de colega de trabalho menos preferido, 395-396
Eficiência escolar, 269-295, 423-424
  critérios de entrada para, 274-275

critérios transformacionais para, 277-279
definição de, 270-271
desafios na, 270-272
e desempenho acadêmico, 275-276, 278-287
efeitos de administrador em, 279-281, 289-291
efeitos do professor no, 279-287, 290-292
em sistemas abertos, 273-279
estudo de caso sobre, 292-293
exercício de portfólio sobre, 294-295
guia prático, 292-293
iniciativas de reforma e, 271-274, 286-288
modelo de Bryk e colaboradores de, 278-284
modelo de Hoy e Woolfolk Hoy da, 278-280, 282-286
modelo de Lee e Shute de, 278-281
modelo organizacional de, 282-286
modelos de, 278-292
pesquisa sobre entradas--saídas, 275-278
princípios e pressupostos básicos sobre, 293
resultados de desempenho, 274-276
Eficiência organizacional
  critérios para, 286-288
  índice de, 286-288
  modelo geral de Mott de, 286-288
  modelos dos valores competitivos para, 288-290
Elaboração, 60-61
Emissão de relatórios, como função da administração, 9
Empoderamento, 216-220, 323-324; *ver também* Tomada de decisão compartilhada
Ênfase acadêmica
  na cultura escolar, 176-181
  na eficiência escolar, 279-280, 282-286
  no clima escolar, 194-195, 197-199
Engenheiros humanos, 9-11
Ensino
  abordagem cognitiva no, 63-67, 79

abordagem comportamental no, 43-50, 79
abordagem construtivista no, 72-80
ativo, 48-50; *ver também* Instrução direta
como cerne técnico da escola, 23-24, 27-28, 38-39, 421-423
como profissão, 116-118
de língua inglesa para estrangeiros, 78
direcionado aos testes, 263-264
e saúde organizacional, 193-195
exercício de portfólio sobre, 83-84
guia prático, 81-82
liderança e, 392-394
objetivos de aprendizagem no, 47-49
princípios e pressupostos básicos sobre, 81-82
Entrada(s)
  abstratos, 274-275
  como indicador de eficiência, 274-275
  em sistemas abertos, 17-18, 20, 242, 270, 274-275
  na escola como sistema social, 22-23, 29-30
Entropia, 20-21
Envolvimento do aluno, 279-281
Equifinalidade, 20-21
Equilíbrio organizacional, 18-19
Equipe de apoio, 108-110
Escala de confiança, 175-176, 182-183
Escala de Eficácia Coletiva (escala de EC), 173-174
Escala de Estrutura Capacitadora (ESS), 122-123
Escala de Liderança Instrucional, 394
Escala de Otimismo Acadêmico, 182-183
Escassez de recursos, 243-244
Escola como sistema social, 20-31, 417-432
  ambiente de, 22-24, 27-30
  cerne técnico da, 23-24, 27-28, 38-39, 420-422; *ver também* Aprendizagem; Ensino
  ciclos de *feedback* na, 29-31, 423-424

congruência entre os elementos-chave na, 28-30, 278-279
cultura da, 22-24, 26-27, 29-30; *ver também* Cultura escolar
elementos essenciais da, 22-31
enferma, 194-196
estrutura da, 22-25, 29-30, 417-419; *ver também* Estrutura escolar
estudo de caso sobre, 31-35
exercício de portfólio sobre, 36-37
indivíduos na, 22-26, 29-30, 418-420
política de, 22-24, 26-30, 420-421
pressupostos básicos da, 20-22
resultados da, 28-30
saudável, 194-196, 420-421
Escola de qualidade, características da, 198
Escolas atentas, 104-106, 199
Escuta ativa, 356-357
Espaço de trabalho e comunicação, 361-363
Especialização, 418-419
disfunção da, 88-89
em sistemas racionais, 12, 13
na burocracia (escolas), 23-25
na burocracia weberiana, 85-86, 88-89
no inventário organizacional de Hall, 98-99
Especificação processual, 98-99
Espírito esportivo, 199-200
Esquecimento, 62-63
Esquemas
na memória semântica, 59-61
no construtivismo, 67-68
ESS; *ver* Escala de Estrutura Capacitadora
Estabilidade
como dimensão da causalidade, 134-137
do ambiente, 247-249
no arcabouço da eficiência organizacional, 288-290
Estado
afetivo, e eficiência, 144-145, 172-173
fisiológico e autoeficácia, 144-147
Estilos de gestão de conflitos, 234-237
colaborativo, 235-236
competitivo, 235-236

condescendente, 235-236
evitador, 235-236
transigente, 235-236
Estilos de liderança
delegado, 389-390
de relações, 389-390
de tarefa, 389-390
dinâmico, 389-390
Estilos de tomada de decisão
autocrático informado, 329-330
consultivo grupal, 329-330
consultivo individual, 329-330
de acordo grupal, 329-330
Estratégias
cognitivas, 279-280
de aprendizagem, 64-67, 279-281
de mudança de normas, 182-184
de tarefas, objetivos e, 150-152
megacognitivas, 279-280
na comunicação, 349-351
Estratégia clínica, no clima escolar, 200-203
Estratégias adaptativas
internas, 245-249, 422-423
interorganizacionais, 245-246, 248-252, 422-423
na tomada de decisões, 307-309
Estresse
na tomada de decisão, 314-316
tolerância, pelos líderes, 385-386
Estrutura
ambiente externo e, 247-249
da tarefa, na liderança, 394-395
das escolas, 22-25, 29-30, 417-419; *ver também* Estrutura escolar
das organizações, níveis de, 38-39
de iniciação, 193-195, 388-390
de Mintzberg, 107-114, 418-419
do modelo racional e aberto, 10-13
dos sistemas sociais, 21-22
dualística, da burocracia, 96-97
mecanicista, 248-249
orgânica, 248-249
simples, 109-113

Estrutura autoritária, 99-100
mudança na, 100-103
Estrutura caótica, 99-100
mudança na, 100-103
Estrutura escolar, 22-25, 29-30, 85-121, 417-419
adocracia, 109-110
ambiente externo e, 247-249
atenta, 104-106
burocracia mecânica, 109-113
burocracia profissional, 109-114
burocrática *versus* padrão profissional de, 98-100
caótica, 99-100
capacitadora, 103-107, 122-123
compartimentada, 109-110
conflito profissional-burocrático na, 98, 115-120
e desempenho do aluno, 99-101
e poder do professor, 99-102, 113-118
e organização informal, 92-95
entravadora, 103-107, 122-123
exercício de portfólio sobre, 122-123
formalização na, 102-103
guia prático, 120-121
Hall sobre, 98-103
Hoy e Sweetland sobre, 102-108
idade da escola e, 113-114
Mintzberg sobre, 107-114, 418-419
mudança ou evolução da, 100-103
na escola como sistema social, 23-25
no sistema aberto, 18-20
perspectiva de vinculação frouxa na, 113-116
princípios e pressupostos básicos sobre, 120-121
profissional, 99-100
simples, 109-113
tamanho da escola e, 113-114
tipos de, 98-103
weberiana, 99-100
Estrutura profissional, 99-100
mudança para, 100-103
Estrutura weberiana, 99-100
mudança para, 100-103
Estudo das escolas públicas de Chicago, 281-284

510 Índice

Estudos
   de Hawthorne, 13-16, 94-95
   de tempo e movimento, 9
   sobre função de produção, 275-278
Excitação e autoeficácia, 144-147
Expectativa, 141-142
Expectativas, 23-25, 385-386
Experiência
   de iluminação, 13-14
   de mestria, 143-147, 171-172
   vicária, 144-147, 171-172
Expertise
   na burocracia, 98-99
   na política organizacional, 229
   nas escolas atentas, respeito à, 105-106
   no conflito profissional burocrático, 115-118, 426-428
   sistema de, 217-219
   teste de, 335-340
Explicação, pelas regras, 89, 91
Expressão facial, 361-362
Extroversão, dos líderes, 385-386

Falar em público, 358-360
Falhas
   foco nas, nas escolas atentas, 104-105
Fatores situacionais
   na liderança, 383-384, 387-388, 403-404
   na tomada de decisão compartilhada, 335-340
Fazer *lobby*, 250-252
Feedback, 351-352, 355-356
   ciclos de, 29-31, 423-424
   definição de, 20
   estratégias para buscar, 357-359
   na definição de objetivos, 150-152
   na escola como sistema social, 29-31
   na motivação por realização, 131-132
   negativo, 355, 357-358
   no sistema aberto, 20
   positivo, 355, 357-358
Ferramentas
   culturais, no construtivismo, 69-70
   simbólicas, no construtivismo, 69-70

visuais para aprendizagem, 65-67
Fontes, no processo de comunicação, 363-365
Forma compartimentada, 109-110
Forma de comunicação, 350-351
Formalização coercitiva, 102-103
   capacitadora, 102-103
   definição de, 10-11, 102-103
   em sistemas abertos e naturais, 15-16
   em sistemas abertos e racionais, 10-12
   na estrutura escolar, 102-103
Formato de organização e comunicação, 369-371
Fracasso
   atribuição e, 135-137
Fragmentação, 58
Fronteiras, do sistema, 20
Função
   astro, na rede de comunicação, 366-368
   de margem de manobra, das regras, 90-91
   isolada, na rede de comunicação, 366-368
Funcionários, regras para, 98-99
Funções de ensino de Rosenshine, 49-50
Funções POSDCoRB, 9, 64-67
Fundo de Investimento na Inovação, 272-273
Fundo para o Aperfeiçoamento de Professores e Líderes, 272-273

Ganhar a atenção dos superiores (GAS), 226-228
GAS, 226-228
Generalizações teóricas, 2-4
Gerenciador, na tomada de decisão compartilhada, 338-340
Gestão
   científica, 9-11, 34
   de conflitos, 233-238
   de imagem, 257
   de impressão, 225-228, 257
   de informações, 225-228
   por exceção ativa, 400-403
   por exceção passiva, 400-403
   por objetivos (MBO), 12, 48-49
Gramática, teoria da, 2-4
Grupos de interesse, 250-252

Habilidades
   básicas, 48-50
   colaborativas, na aprendizagem cooperativa, 76-78
   conceituais, dos líderes, 386-388
   de envio, 355-356
   de escuta, 355-358
   de *feedback*, 357-359
   dos líderes, 385-388
   interpessoais, dos líderes, 386-388
   metacognitivas, 62-63
   para falar em público, 358-360
   padronização das, 107-108
   técnicas, controle sobre, 216-218
Habilidades técnicas
   controle sobre, 216-218
   dos líderes, 386-388
Heurística
   de ancoragem e ajuste, 304
   de disponibilidade, 304
   de reconhecimento, 304
   na tomada de decisões, 303-305
   representativa, 304
Hierarquia de autoridade
   capacitadora *versus* entravadora, 102-105
   disfunção da, 88-89
   na burocracia weberiana, 86-89, 418-419
   no inventário organizacional de Hall, 98-99
Hierarquia das necessidades de Maslow, 125-129, 418-419
Higienes, 129-131
Hipóteses, 5-7
Histórias, na cultura escolar, 168-169
Homeostase, 20-21
Homogeneidade, princípio da, 9-10

Ícones, na cultura escolar, 168
IDEA; *ver* Individuals with Disabilities Education Act
Identificação, pelos líderes, 398-399
Ideologia, sistema de, 217-219; *ver também* Clima organizacional; Cultura organizacional
Ideologia do controle de aluno, 181-182

Igualdade de oportunidades edu-cacionais (Relatório Coleman), 276-277

IHMC; *ver* Instituto para a Cognição Humana e Mecânica

Imagens, na memória semântica, 59-60

Imparcialidade
crenças sobre, 138-141
exercício de portfólio sobre, 159-160
na política organizacional, 228-229
na teoria da equidade, 138-141
organizacional, 140-142

Incentivar, como habilidade de escuta, 356-357

Incentivo intelectual, 400-402

Inculturação, 71-72

Indagação, 354-355, 354-355

Independência hierárquica, 211-212

Índice de clima organizacional (OCI), 197-201

Índice de Eficiência Escolar Percebida (Índice SE), 286-288

Índice de saúde organizacional (OHI), 194-201, 203-204, 206

Indiferença, zona de, 209-211, 214, 335

Indispensabilidade, aumento da, 226-228

Individualização na consideração, 400-403

Individuals with Disabilities Education Act (IDEA), 46-47

Indivíduo (s), 29-30, 124-160
crenças do, 133-149, 418-419
integridade do, em organizações informais, 94-96
na escola como sistema social, 22-26, 418-420
necessidades do, 125-134, 418-419
objetivos do, 148-153, 418-419

Inequidade, 138-139

Influência, na política, 227 228

Influência dos pares, 279-281

Influência idealizada, 400-402
atribuída, 401-402
como comportamento, 401-402

Iniciativa
dos líderes, 398-399
versus planejamento, 428-430

Iniciativa Novas Escolas Norte-Americanas, 250

Iniciativas de reforma; *ver também* No Child Left Behind; Race to the Top
e eficiência escolar, 271-274, 286-288
e responsabilização, 242, 258-264, 268, 423
história das, 271-274
primeira onda de, 271-272
quarta onda de, 273-274
segunda onda de, 271-273
terceira onda de, 273-274

Inspiração motivacional, 400-402

Instituição(ões)
definição de, 252-253
organizações como, 161-162

Instituto para a Cognição Humana e Mecânica (IHMC), 66-67

Instrução
direta, 48-50
na comunicação bidirecional, 354-355

Instrumentalidade, 142-143

Integrador, 338-340

Integridade
individual, na organização informal, 94-96
institucional, 193-195, 197-198
liderança, 385-386

Intensidade do objetivo, 148-150

Interação incentivadora, 76-78

Interdependência positiva, 76-78

Inventário organizacional escolar (SOI), 98-99

Irracionalidade, na tomada de decisões, 314-316

Jogo
da boca no trombone ou delação, 232-233
da construção de alianças, 230-231
da construção de impérios, 230-232
da soma zero, 243-244
de *expertise*, 231-232
de gestores *versus* consultores, 231-233
de mano a mano, 232-233
de patrocínio, 230-231
do bom comportamento, 44-46

dos candidatos estratégicos, 232-233
dos jovens turcos, 233-234

Jogo do poder, 223-238
opções para os participantes do, 223-224
táticas políticas no, 224-228, 420-421

Jogos
de construção de poder, 230-231
de insurgência, 230
de mudança, 232-234
de poder, 223-238
de rivais, 231-233
políticos, 230-235

Joint-ventures, 250

Justiça, 138-142, 228-229
distributiva, 140-141
organizacional, 140-142
processual, 138-141

LBDQ; *ver* Questionário descritivo de comportamento de líder

Lealdade, 209-213, 223-224

Lei de Campbell, 263-264

Lei do ensino fundamental e médio, 260-261, 272-273; *ver também* No Child Left Behind

Leitura, eficácia do professor e, 145-146

Lendas, na cultura escolar, 168

Liberdade *versus* ordem, 426-430

Liderança, 381-416, 425-426
abordagem dos traços de, 382-388
análise de sistemas da, 36-37
bem-sucedida, práticas básicas de, 405
características motivacionais na, 385-387
colegial, 198
como qualidade organizacional, 397-398
compartilhada, 281-284. *ver também* Empoderamento
comportamentos na, 388-392
continuum de gama completa da, 400
controle situacional na, 394-396
definição de, 382
dilemas da, 430
distribuída, 397-399
estilos da, 389-390, 394-395

512 Índice

estudo de caso sobre, 411-413

exercício de portfólio sobre, 415-416

fatores situacionais na, 383-384, 387-388, 403-404

guia prático, 414

habilidades na, 385-388

instrucional, 392-395

laissez-faire, 400-403

modelo de Fiedler para a, 394-397

modelo do colega de trabalho menos preferido, 394-397, 415-416

modelos de contingência da, 392-399, 425-426

modelos heroicos de, 398-399

na eficiência escolar, 281, 289-291

na tomada de decisão compartilhada, 338-340

potencial para avaliação, 415-416

princípios e pressupostos básicos sobre, 414-415

recompensa contingencial, 400-403

servidora, 405-407

substitutos para, modelo de, 396-398

teoria evolucionista da, 407-411

traços de personalidade na, 384-387

transacional, 400-401

transformacional, 400-408, 400, 425-426

Liderança transformacional, 400-408, 425-426

em cenários educacionais, 404-406

fonte de, 403-404

incentivo intelectual em, 400-402

individualização na consideração na, 400-403

influência idealizada na, 400-402

inspiração motivacional na, 400-402

teoria e pesquisa sobre, 402-407

Líderes naturais, 407-408

Ligações, estabelecer favoráveis, 248-250

Ligações, na rede de comunicação, 366-369

Linha intermediária, 108-110

Lisonja, 226-228

Localização, organização por, 9-10

Lócus

como dimensão da causalidade, 134-137

de controle externo, 134-137

Maioria do grupo, 338-339

Mapeamento

de conceito, 64-67

visual, 65-67

Matemática do Missouri, 49-50

Maturidade emocional, 385-386

MBO; *ver* Gestão por objetivos

Mecanismos de coordenação, 107-109

Memória, 51-64

conceito do processamento de informações da, 51-54

de longo prazo, 51-53, 58-64

de trabalho (curto prazo), 51-58

ecoica, 52-54

episódica, 58-59

esquecimento e, 62-63

icônica, 52-54

mnemônicos e, 66-67

processual, 58-60

semântica, 58-61

sensorial, 51-55

tampão, 52-54

Memória de trabalho, 51-58

como parte da memória de longo prazo, 58-59

elementos da, 54-56

retenção de informações na, 58

Mensagens, 349-351

congruência de verbais e não verbais, 362-363

conversão de símbolos para, 350-351

formato das, 350-351

Metacognição, 63-64

Metáfora

da academia, 168-169

da comunidade, 169-170

da fábrica, 169-170

da prisão, 168-169

do clube, 169-170

para a cultura escolar, 168-170

Método da palavra-chave, 67

Método socrático, 355

Mídia, 350-351, 359-363

definição de, 350-351

forma de, 350-351

não verbal, 361-363

oral *versus* escrita, 360-362

riqueza de, 355-356, 360-361

verbal, 360-362

Missão, definição das missões da escola, 393

Mitos

na cultura escolar, 168-169

nas instituições, 253-255

racionalizados, 253-255

MLQ; *ver* Questionário de liderança multifatorial

Mnemônicos, 66-67

Modelagem, 144-147, 171-172

Modelo

administrativo, da tomada de decisão, 296-306, 309

clássico, de tomada de decisão, 296-297, 309

de ajuste ambiental, 248-249

de colega de trabalho menos preferido, 394-397, 415-416

de liderança de Fiedler, 394-397

de processamento de informações, 51-54

de processamento de informações da ciência cognitiva, 52-54

de varredura mista, de tomada de decisão, 307-309, 424

Hoy-Tarter, de tomada de decisão compartilhada, 334-343, 424-425

incremental, de tomada de decisão, 305-307, 309, 424

mecânico, 9-11

orgânico, 13-16

organizacional para o desempenho, 282-286

Vroom, de tomada de decisão compartilhada, 327-335

Modelos de contingência

de liderança, 392-399, 392-393, 425-426

de tomada de decisão, 309-312

Modelos de liderança heroica, 398-399

Moldura de referência, teoria, como 6-8

Moldura simbólica, cultura escolar como, 170-171

Monitoramento, como habilidade cognitiva, 63-64
Moral, 194-195
Motivação
autoeficácia e, 143-149, 156
crenças e, 133-149, 156, 418-420
definição de, 152-154
estudo de caso sobre, 154-158
exercício de portfólio sobre, 159-160
extrínseca, 152-154, 419-420
guia prático, 157-158
inspiração e, 400-402
intrínseca, 152-154, 419-420
modelo simplificado de, 153
nas restrições da tomada de decisão, 329
necessidades e, 125-134, 156
no trabalho, 24-25, 152-154, 418-420
objetivos e, 148-153, 156
princípios e pressupostos básicos sobre, 157-158
realização e, 130-133
teoria da atribuição e, 134-137, 156
teoria da equidade e, 138-141, 156
teoria da expectativa e, 140-144, 156
Motivadores, 129-131
Mulheres na burocracia, 97

Nation at risk, a, 271-272
National Governors' Association, 272-273
Necessidade(s), 125-134, 156, 418-419
autonomia, 132-134, 418-419
da tarefa, dos líderes, 385-386
de pertencimento, de amor e sociais, 125-128
de poder, dos líderes, 385-386
definição de, 125
e satisfação do trabalhador, 128-130
estima, 125-128
fisiológicas, 125-128
hierarquia de, 125-129, 418-419
interpessoais, dos líderes, 385-386
motivadores como, 129-131
pesquisas e evidências sobre, 128-129

precedência das, 126-127
realização, 130-133, 418-419
segurança e proteção, 125-128
Negociação, como função das regras, 90, 91
Neutralizadores, em situações de liderança, 396-397
Nível gerencial, de organização, 38-39
Nível institucional, da organização, 38-39
No Child Left Behind, 242, 260-262, 272-274, 423
críticas à lei, 259-260
e eficiência escolar, 286-288
e estrutura escolar, 101-102, 109-110, 113-116
exercício de portfólio sobre, 268
progresso anual sob, 189, 275-276
Norma(s)
compartilhadas, cultura como, 162-165
definição de, 164-165
na organização informal, 92-93
nos sistemas sociais, 21-22
valores versus, 92-93
Núcleo operacional
na escola atenta, sensibilidade à, 104-106
nos elementos estruturais de Mintzberg, 108-109

Obama, Barack, 261-262, 272-273
Objetivo (s), 148-153, 156, 418-419
alcançabilidade dos, 149-150
alcance dos, como indicador de eficiência, 274-276
comprometimento com os, 149-150
concorrentes, 275-276
de aprendizagem, 47-49
definição de, 10-11, 148-149
desafio dos, 149-152
em sistema abertos e racionais, 10-11
em sistemas abertos e naturais, 15-16
especificidade dos, 149-152
fonte de, 151-152
instrucionais, 47-49
na comunicação, 349-351

na tomada de decisão incremental, 305-307
nos sistemas sociais, 21-22
organizacionais, 274-275
quantitativos versus qualitativos, 151-152
resultados de desempenho dos, 29-30
OCB; ver Comportamento de cidadania organizacional
OCDQ; ver Questionário descritivo de clima organizacional
OCI; ver Índice de clima organizacional
Oficinas cognitivas, 75-77
OHI; ver Índice de saúde organizacional
Ohio State University, 388-390
Operações do cerne técnico, sensibilidade às, 104-106
Ordem versus liberdade, 426-430
Organização informal
benefícios da, 95-96
coesão promovida na, 94-96
comunicação na, 94-96
definição de, 13-14, 91-92
desenvolvimento da, 91-93
eficiência na, 95-96
em sistema naturais e abertos, 15-17
em sistemas naturais e fechados, 13-16
funções da, 94-96
integridade individual na, 94-96
nas escolas, ilustração da, 92-96
negligenciar a, 87-88, 91-97
no sistema aberto, 18-20
normas na, 92-93
organização formal e, 92-95
política na, 26-28
Organização(ões)
atentas, 105-106
autocrática, 110-111
carismática, 110-111
como função da administração, 9
como instituições, 161-162
de aprendizagem, 30-32
em substitutos para o modelo de liderança, 396-398
formal, 85-86, 98
na memória de longo prazo, 60-62

514 Índice

racionais, Hall sobre, 98-103, 98-99
saudável, 194-196
Orientação
burocrática, nas escolas, 116-118
instrucional, 281-284
por desempenho ou realização, dos líderes, 385-386
profissional, nas escolas, 116-118
Orientação de carreira
disfunção da, 88-89
na burocracia weberiana, 86-89
Orientação impessoal
disfunção da, 88-89
na burocracia weberiana, 85-89
no inventário organizacional de Hall, 98-99
Origens, autodeterminação das, 132-133
Otimismo
acadêmico; *ver* otimismo acadêmico
na política organizacional, 228-229, 229
Otimismo acadêmico
cultura do, 176-181, 282-286
definição de, 176-177, 282-283
dimensões do, 176-178
medição do, 182-183
utilidade do, 178-181
Otimização, na tomada de decisão, 296-297, 309, 311-312

PAA; *ver* Progresso Anual Adequado
Padrão(ões), 258-264
adaptação eficiente ao(s), 263-264
burocrático, 98-100
incapacidade de atingir, 259-260
No Child Left Behind e, 260-262
profissional, 98-100
Race to the Top e, 262-263
testes alinhados com, 259-260
Padrões de Avaliação e Currículo para Matemática Escolar do Conselho Nacional de Professores de Matemática, 72-73

Padrões de Conteúdo Essencial, 262-263
Padronização de produtos, 107-108
de habilidades, 107-108
do trabalho, 107-108
na gestão científica, 9-10
Pais
confiança do corpo docente nos, 175-177
influência na eficiência, 279-283
Parafrasear, 356-357
Paralinguagem, 361-362
Parcerias, 250
Parlamentar, 338-340
PBE; *ver* Prática com base em evidências
PBL; *ver* Aprendizagem com base em problemas
PBS; *ver* Apoios comportamentais positivos
PCI; *ver* Ideologia de controle do aluno
PCLA; *ver* Protótipos cognitivos de líder ancestral
Pensamento grupal, 341-344
"Pensamento sistêmico", 30-31, 430
Peões, 132-133
Percepção
definição de, 53-54
poder da, 324-325, 327-328
Perpassar de fronteiras, 246-248, 257-258
Perspectiva da dependência de recursos, 242-252, 422-423
administração na, 245-252
aplicação às escolas, 245-246
estratégias adaptativas internas na, 245-249, 422-423
estratégias adaptativas interorganizacionais na, 245-246, 248-252, 422-423
Perspectiva de Mintzberg sobre poder, 216-220
Perspectiva de sistemas, 8-18, 34, 430-431
crescimento e desenvolvimento de, 16-17
eficiência escolar na, 273-292
história de, 8-9
sistemas abertos (integrados), 8-9, 16-21, 34, 270-271, 417-418

sistemas abertos *versus* fechados, 8-9, 16-17
sistemas naturais, 8-9, 13-18, 34
sistemas racionais, 8-13, 16-17, 34
Perspectiva de vinculação frouxa, 113-116
Perspectiva institucional, 242, 251-259, 422-423
adaptação ao ambiente na, 255-259
conformidade na, 253-258
Persuasão
na política, 227-229
verbal e eficácia, 144-147, 171-173
PERT; *ver* Técnicas de avaliação e análise de desempenho
Pesquisa
científica, definição de, 4-5
sobre efeitos escolares, 278-279
sobre entradas-saídas, 275-278
sobre escolas eficientes, 278-279
sobre processo-produto, 278-279
teoria e, 4-7
Pessimismo, efeitos do, 179-181
Planejamento
como função da administração, 9
como habilidade cognitiva, 63-64
estratégico, 12
para a mudança ambiental, 246-247
versus iniciativa, 428-430
Planos de aula, objetivos de aprendizagem nos, 47-49
Pobreza, recursos que faltam na, 243-244
Poder, 207-240, 420-421
cargo, 394-395
coercitivo, 213-217
comparação e síntese das compartilhamento do, 216-220
definição de, 207-208
e racionalidade/racionalização, 220-222
exercício de portfólio sobre, 240
fontes de, 212-214
guia prático, 238
inevitabilidade da, 221-222

informal, 17-18

legítimo, 207-214, 420-421

organizacional, e política, 223-224

organizacional *versus* pessoal, 213-214

perspectiva de Mintzberg sobre, 216-220

perspectivas sobre, 219-221

pessoal, 213-214

política do, 26-28

princípios e pressupostos básicos sobre, 239

respostas dos subordinados ao, 215

sistemas internos de, 217-220

usos administrativos do, 215-217

Poder legítimo, 207-214, 420-421

respostas dos subordinados ao, 215, 215

uso administrativo do, 215-216

Poder perito, 214

respostas dos subordinados ao, 215

uso administrativo do, 215-216

Poder recompensador, 213-214

respostas dos subordinados ao, 215, 215

uso administrativo do, 215-216

Poder referente, 214

respostas dos subordinados ao, 215

uso administrativo do, 215-216

Política; *ver também* Poder

benefícios da, 224-225

coalizões na, 223-224, 420-421

equívocos comuns na, 227-228

exercício de portfólio sobre, 240

gestão de conflitos na, 233-237

guia prático, 238

inevitabilidade da, 221-222

influenciar o processo da, 250-252

na escola como sistema social, 22-24, 26-30

nas organizações, 223-238, 420-421; *ver também* Política organizacional

nos sistemas sociais, 21-22

organizacional, definição de, 223

persuasão e influência na, 227-229

poder organizacional e, 223-224

princípios e pressupostos básicos sobre, 239

sistema de, 218-219

Política organizacional, 223-238, 420-421

coalizões na, 223-224, 420-421

definição de, 223

equívocos comuns na, 227-228

gestão de conflitos, na 233-237

jogos na, 230-234

persuasão e influência na, 227-229

Pontes, na rede de comunicação, 366-368

Pontes; *ver* Perpassar de fronteiras

Pontos de Referência para Alfabetização Científica da Associação Norte-Americana para o Avanço da Ciência, 72-73

Postulado da congruência, 28-30, 278-279

Potenciadores, em situações de liderança, 396-398

PPBS; *ver* Sistemas de planejamento, programação e orçamentação

Prática; *ver também* práticas específicas

teoria e, 6-9

Prática com base em evidências (PBE), 260-262

Prazos, poder dos, 325-328

Precedência, de necessidades, 126-127

Prerrogativas legais, 217-218

Pressão por desempenho ou realização, 198

Previsão de mudanças ambientais, 246-247

Princípio

da exceção, 12

da homogeneidade, 9-10

Processo de transformação

como indicador de eficiência, 277-279

no sistema aberto, 17-18, 20, 22-23, 29-30, 270

Processos grupais, na aprendizagem cooperativa, 76-78

Procurador, na tomada de decisão compartilhada, 338-340

Produtos e serviços, como recursos, 243

Professor(es)

autoeficácia dos, 145-148, 171-175

autoridade e, 209-213

confiança pelos, 174-177

eficiente, características do, 284-286

empoderamento dos, 216-220, 323-324; *ver também* Tomada de decisão compartilhada

influência sobre eficiência escolar, 279-287, 290-292

Profissionalismo e conformidade, 255-256

no clima organizacional, 197-199

Programa instrucional, gestão, 393

Progresso Anual Adequado (PAA), 260-261, 275-276

Projeto STAR (Tennessee), 277-278

Propriedade, poder da, 325-328

Proteção, 89, 91, 246-247, 256-257

episódica, 54-57

pelas regras, 89, 91

Protótipos cognitivos de líder ancestral (PCLA), 409-410

Punição, 41-43

direta, 42-43

legitimação pelas regras, 89-91

poder coercitivo e, 213-214

reforço negativo *versus*, 41-42

remoção, 42-43

Quebra-cabeça, 77-78

Questionamento, 356-357

Questionamento guiado, 78

Questionário de liderança multifatorial (MLQ), 402-406

Questionário descritivo de clima organizacional (OCDQ), 189-194, 197-201, 206

Questionário descritivo de comportamento de líder (LBDQ), 388-390

Race to the Top, 242, 261-263, 272-274, 423

e eficiência escolar, 286-288

516 Índice

e estrutura escolar, 101-102, 109-110, 113-114
exercício de portfólio sobre, 268
prioridades da, 272-273
Racionalidade
definição de, 8-9, 220-221
limitada, 297-298
poder e, 220-222
Racionalização
definição de, 220-221
poder e, 220-222
Rand Corporation, 145-146
Realidade
poder e, 221-222
teoria e, 3-5
Realização; *ver* Desempenho acadêmico
Realização pessoal, 126-129, 133-134, 418-419
Receptores, 350-352, 363-365
Reciprocidade, 228-229
Recompensas, na abordagem comportamental, 44-46
Recurso(s)
abstratos, 243-245
complexos, 243-245
compostos, 243
controle sobre, 216-218
de gestão, 243
de informação, 243
dependência de, 243-246
de pessoal, 243
disponibilidade de, 243-244
e eficiência escolar, 274-275
fiscais, 243, 274-275
humanos, 15-17
simples, 243-245
tipos de, 243
Redes, 225-228
Redes de comunicação, 365-375
complementares, 372-375
direção das, 365-367, 372-375
formais, 365-366, 368-371
funções nas, 366-369
horizontais, 365-366
informais, 365-366, 371-373
substância na, 372-374
verticais, 365-366
Redes de comunicação formal, 365-366, 368-371, 369-370
centralização e, 369-371
formato organizacional e, 369-371

relacionamento com redes informais, 372-375
tecnologia e, 369-371
Redes de comunicação informal, 94-96, 365-366, 371-373
em escolas de ensino fundamental *versus* médio, 371-372
precisão nas, 371-372
propósitos da, 371-372
relacionamento com as redes formais, 372-375
Reforço, 40-42
definição de, 40-41
direto, 42-43
esquema para, 59-60
negativo, 41-43
positivo, 40-43
Reforma sistêmica, 273-274
Regra(s)
centradas em punição, 91, 99-100
da aceitação, para decisões, 328
da confiança, para decisões, 328
da contingência, 313-314
da incerteza, 312-313
da informação dos subordinados, 328
da participação, 313-314
da qualidade, para decisões, 328
da simplicidade, 312-313
da transparência, 313-314
de estrutura do problema, para decisões, 328
de informação do líder, para decisões, 328
do comprometimento dos subordinados, 328
do conflito dos subordinados, 328
do enquadramento, 311-312
do satisfazimento, 311-312
padrão, 311-313
pegue o melhor, 312-314
representativas, 91
"Regra de Kissinger", 227-228
Regras e regulamentos
burocráticos, 23-25
centrados em punição, 91, 99-100
desenvolver e utilizar, guias para, 91-92

deslocamento de objetivos por, 90
disfunção de, 88-91
explicação por, 89, 91
função de negociação ou margem de manobra de, 90, 91
funções de, 89-91
na burocracia weberiana, 86-91
na estrutura autoritária, 99-100
na formalização capacitadora, 102-103
na formalização coercitiva, 102-103
na perspectiva institucional, 253-254
na tomada de decisão (heurística), 303-305
nos jogos políticos, 230
para funcionários, 98-99
proteção por, 89, 91
punição legitimada por, 89-91
representativa, 91
Relações
humanas, 13-16, 34
líder-membros, 394-396
Relatório Coleman, 276-277
Relevância, teste de, 335-340
Remetentes, 349-350, 363-365
Resiliência, comprometimento com, 104-106
Resolução de problemas, 426-428
Responsabilidade
como dimensão da causalidade, 134-137
individual, na aprendizagem cooperativa, 76-78
necessidades de realização e, 130-132
Responsabilização, 258-264, 273-274, 286-288, 422-423
adaptação eficiente às políticas, 263-264
componentes dos planos para, 258-260
definição de, 258-259
demandas crescentes por, 242
individual, na aprendizagem cooperativa, 76-78
iniciativas de reforma federal e, 242, 260-263, 423
padrões em, 258-261
princípios e pressupostos básicos sobre, 266-267

Índice **517**

princípios subjacentes, 258-259

Respostas dos subordinados, ao poder, 215, 215

Resultados
como indicador de eficiência, 274-276
crenças sobre, 140-144
das escolas, 28-30
de desempenho, 29-30, 274-276
valor agregado, 275-276

Resumir, 357-358

Retenção de informações, na memória de trabalho, 58

Rimas como mnemônicos, 66-67

Riqueza da mídia, 355-356, 360-362

Ritos e rituais na cultura escolar, 168-169

Ruídos, na comunicação, 364-365

Saída(s)
como indicador de eficiência, 274-276
de sistema aberto, 17-18, 20, 242, 270, 274-276
na escola como sistema social, 22-23, 29-30
padronização de, 107-108
pesquisa sobre entradas-saídas, 275-278

Salas de aula inclusivas, aprendizagem cooperativa e, 78

Sanções, em sistemas sociais, 21-22

Satisfação do trabalhador, necessidades e, 128-130

Satisfazimento, 296-309, 311-312
adaptativo, 307-309
definição de, 296-297
truncado, 302-303
truncado adaptativo, 308-309

Saúde, clima de, 193-198, 420-421
conclusões das pesquisas sobre, 194-198
estudo de caso sobre, 203-204
medição da, 194-198, 200-201
nível gerencial de, 193-195
nível institucional de, 193-195
nível técnico da, 193-195
saudável *versus* enferma, 194-196
síntese com abertura, 197-199

Saúde organizacional, 193-198

Scientific Management (Taylor), 9

Seguidores, na teoria evolucionista da liderança, 407-408

Sentir reflexivo, 357-358

Símbolo(s)
definição de, 352-353
em interações sociais, 169-171
na cultura escolar, 168-170
não verbal(is), 359-361
no processo de comunicação, 349-350, 352-353, 359-363
verbal(is), 359-361

Simplificação
poder da, 324-325, 327-328
relutância em aceitar, 104-106

Sistema
de autoridade, 217-219
de *expertise*, 217-219
de ideologia, 217-219
de política, 218-219
organizacional de Hall, 98-103, 98-99

Sistemas abertos, 17-21, 34, 270-271, 417-418
ambiente dos, 17-21, 242
desenvolvimento dos, 16-21
eficiência escolar nos, 273-279
entradas nos, 17-18, 20, 242, 270, 274-275
entropia em, 20-21
equifinalidade nos, 20-21
feedback nos, 17-18, 20
fronteiras dos, 20
homeostase nos, 20-21
naturais, 15-17
processo de transformação nos, 17-18, 20, 270, 277-279
propriedades-chave dos, 19-21
racionais, 10-13
saídas dos, 17-18, 242, 270
sistemas escolares como, 21-22
sistemas fechados *versus*, 8-9, 16-17

Sistemas de planejamento, programação e orçamentação (PPBS), 12

Sistemas fechados
naturais (orgânicos), 13-16
racionais (mecânicos), 9-11
sistemas abertos *versus*, 8-9, 16-17

Sistemas naturais, 13-18, 34
abertos, 15-17
fechados, 13-16

organização informal em, 13-16
relações humanas, 13-16, 34

Sistemas racionais, 8-13, 16-17, 34
desvantagens dos, 12-13
estruturais abertos, 10-13
fechados, 9-11
gestão científica, 9-11

Sistemas sociais
escola como, 20-31, 417-432; *ver também* Escola como sistema social
pressupostos básicos de, 20-22

Situação
conflituosa, 336-338, 340
das partes interessadas, 336-338, 340
democrática, 336-338
do especialista, 337-338, 340
não colaborativa, 336-338, 340

Sobrevivência, como objetivo da organização, 15-17

Socialização burocrática, 117-118

SOI; *ver* Inventário organizacional escolar

Sublinhar, como estratégia de aprendizagem, 64-66

Substitutos para o modelo de liderança, 396-398

Sucessivas comparações limitadas, 305-307

Supervisão direta, 107-108

Suplementos, em situações de liderança, 396-398

Suposições tácitas, cultura como, 165-167

Tarefas autênticas, 73-74

Táticas de influência, na formulação de políticas, 250-252

Táticas políticas, 224-228, 420-421

Taylorismo (gestão científica), 9-11

Técnicas de avaliação e análise de desempenho (PERT), 12

Tecnoestrutura, 108-110

Tecnologia da informação, e comunicação, 369-371

Tecnologia e comunicação, 369-371

TEL; *ver* Teoria evolucionista da liderança

518 Índice

Tempo como fator na tomada de decisão, 302-303, 310-311, 325-329

Tennessee, Projeto STAR no, 277-278

Teoria, 1-9; *ver também teorias específicas*
  da atribuição, 134-137, 156
  da autoeficácia, 143-149, 156
  da definição de objetivos, 149-153, 156
  da equidade, 138-141, 156
  da expectativa, 140-144, 156
  da Gestalt, 67-68
  da motivação por realização, 130-133
  da motivação-higiene, 128-131, 156
  da *n*-realização, 130-133
  definição de, 2-3
  do conflito de Janis-Mann, 314-316
  do lócus de controle, 145-146
  e ciência, 1-3
  e pesquisa, 4-7
  e prática, 6-9
  e realidade, 3-5
  elementos da, 2-4
  em ciências sociais, ceticismo sobre, 1-2
  hipóteses deduzidas a partir de, 5-7
  social cognitiva, 146-147

Teoria evolucionista da liderança (TEL), 407-411
  análise sobre, 409-410
  definições na, 407-408
  hipóteses na, 408-410
  premissa básica da, 407-408
  recomendações de liderança da, 410-411
  suposições na, 407-409

Ter boa aparência, mas fracassar, 263-264

Testes
  de alto impacto, 259-264
  ensino direcionado aos, 263-264
  No Child Left Behind e, 260-262
  padrões e, 259-264

Tipo ideal, de burocracia, 87-88, 96-99, 417-419

Tomada de decisão, 296-322, 424-425
  análise das dificuldades na situação existente na, 299-301
  armadilhas na, 304-305
  autorregulação emocional e, 326-328
  ciclo de ação da, 297-299, 324
  compartilhada, 323-324, 327-347, 424-425; *ver também* Tomada de decisão compartilhada
  criatividade na, 302-303
  deliberação e seleção em, 303-304
  desenvolvimento de plano ou estratégia de ação na, 301-304
  determinação e, 324-328
  especificação de alternativas na, 301-303
  estilos de, 329-330
  estresse e irracionalidade na, 314-316
  estudo de caso sobre, 316-320
  exercício de portfólio sobre, 320-321
  guia prático, 319-320
  individual *versus* grupal, 329
  iniciação de plano de ação na, 304-306
  modelo administrativo da, 296-306, 309
  modelo clássico da, 296-297, 309
  modelo de contingência para a, 309-312
  modelo de varredura mista, 307-309, 424
  modelo incremental de, 305-307, 309, 424
  percepção e, 324-325, 327-328
  previsão de consequências na, 303
  princípios e pressupostos básicos sobre, 320-321
  proposições gerais para a, 327-328
  propriedade e, 325-328
  rápida e inteligente, princípios de, 311-315
  reconhecimento e definição do problema ou questão na, 298-300
  regras (heurística) na, 303-305

  restrições na, 329
  simplificação e, 324-328
  tempo como fator na, 302-303, 310-311, 325-329
  teoria como guia para, 6-9
  vigilância na, 314-317, 326-328

Tomada de decisão compartilhada, 323-324, 327-347, 424-425
  confiança e fatores situacionais na, 335-340
  desenvolvimento de professores para, 340-342
  estruturas da, 338-339
  estudo de caso sobre, 343-344
  exercício de portfólio sobre, 345-347
  guia prático, 344
  modelo Hoy-Tarter (simplificado) de, 334-343, 424-425
  modelo normativo da, 339-341
  modelo Vroom de, 327-335, 424-425
  papéis de liderança na, 338-340
  pensamento grupal como precaução na, 341-344
  princípios e pressupostos básicos sobre, 345

Tomar notas, 65-66

Trabalho, divisão do, 9-10, 12, 13, 418-419
  disfunção do, 88-89
  na burocracia weberiana, 85-86, 88-89

Trabalho, padronização do, 107-108

Traços de personalidade, dos líderes, 384-387
  transferência aos alunos, 73-74

Treinamento
  de manutenção, 58
  e memória, 58
  elaborativo, 58

Tríade escura, 407-408

Trote, 264-266

Tutoria dos pares, 78

Um plano de reforma: a reautorização da lei dos ensinos fundamental e médio (A blueprint for reform: the reauthorization of the elementary and secondary education act), 272-273

Valência, 142-143
Valor(es)
  compartilhados, cultura como, 164-166
  concorrentes, e eficiência organizacional, 288-290
  definição de, 164-165
  fundamental(is), 165-166, 168
  na liderança transformacional, 403-404
  na tomada de decisão, 297-299
  normas *versus*, 92-93
Verdade, poder *versus*, 222
Vigilância
  na tomada de decisões, 314-317, 326-328

oportunista, 301-302
suave, 326-328
Vínculos entre pais-escola--comunidade, 281-284
Virtude cívica, 199-200
Visão sobre eficiência organizacional
  colaborativa, 289-290
  competitiva, 288-290
  controladora, 289-290
Visão da capacidade
  de crescimento, 136-138
  de entidade, 136-138
  estável, 136-138
  incremental, 136-138
Vocabulário da teoria, 2-3

Vulnerabilidade
  na cultura da confiança, 174-176
  institucional, 198, 198

Zona
  de aceitação, 335-336, 339-340
  de indiferença, 209-211, 214, 335

IMPRESSÃO:

Santa Maria - RS - Fone/Fax: (55) 3220.4500
www.pallotti.com.br